장서개발관리론

장서개발관리론

Peggy Johnson 지음

이종권 · 노동조 옮김

문현
MUN HYUN

　흔히들 한 도서관의 성격을 규정짓는 것은 그 도서관의 장서라고 말한다. 그만큼 장서가 중요하다는 뜻이기도 하다. 장서는 도서관 서비스의 수단이자 출발점이다. 장서가 도서관에 들어와야 비로소 정리, 배가되며, 사서의 손을 거쳐 이용자에게 전달된다. 훌륭한 장서 없이 훌륭한 도서관 서비스는 기대할 수 없다.

　디지털도서관, 하이브리드 도서관, 유비쿼터스 도서관에 대한 기대와 전망으로 책 없는 도서관시대가 올 것이라는 논의가 계속되고 있다. 하지만 세상이 아무리 변한다 해도 종이책은 여전히 존재할 것으로 보는 견해가 아직은 지배적이다. 또한 장서의 의미도 물리적인 형태의 종이책뿐만 아니라 접근 가능한 온라인 콘텐츠를 포함하는 개념으로 진화되고 있다.

　역자들은 지난 수년간 대학에서 장서개발 분야의 강의를 담당해 왔다. 몇 해 전 우리 두 사람은 장서개발론 강의 콘텐츠에 대하여 이야기하던 중 장서관리 분야의 전공 서적이 있기는 하나 대부분 오래되었고, 또 그 책들의 개정판이 나오기는 했으나 최초 원본의 내용과 크게 달라지지 않았다는 사실에 공감하고, 차제에 시대의 변화를 수용한 새로운 책을 저술하자는 데 의견을 모았다. 그러던 차에 미국도서관협회에서 간행한 장서개발에 관한 원서 한권을 발견하게 되었다. 마치 가뭄에 단비를 만난 기분이었다. 우리 두 사람은 주저 없이 이

책을 번역하기로 했다. 그래서 원저자 및 미국도서관협회와 이메일로 연락, 번역출판에 따른 저작권료를 지불하고 본격적으로 번역에 착수하였다.

이 책은 "장서개발과 관리의 의의", "조직과 인사", "정책, 기획, 예산", "장서의 개발", "장서의 관리", "마케팅, 홍보", "장서의 분석과 평가", "협력적 장서개발과 관리", "학술 커뮤니케이션" 등 총 9개의 장으로 구성하여 도서관장서의 개발과 관리를 이론과 실제 양면에서 체계적으로 다루고 있다. 부록으로는 "장서개발관리 참고자료 목록", "선택도구들", "장서개발 정책서 사례", "라이선싱 계약조건", "용어해설"이 있다. 부록은 주로 자료목록이나 사례들이어서 번역하지 않고 원문을 그대로 실었다.

흔히 외국 책의 번역본은 우리 실정에 맞지 않다고들 비판한다. 그러나 이것은 당연한 일이다. 외국의 사정이 우리의 현실과는 다르기 때문이다. 중요한 것은 한 발 앞서 발전하고 있는 다른 나라의 도서관에 대하여 그들의 이론과 실제를 연구하는 것은 우리의 현실을 개선하기 위해 필수적이라는 것이다. 대학에서 수많은 교과목을 원서로 공부하는 것은 그것이 우리 실정에 맞아서가 아니라 우리의 시야를 세계화하는 데 그 목적이 있다.

원서의 번역이 만만한 작업은 아니다. 역자들은 이번에도 예외 없이 번역작업에 크고 작은 어려움을 겪으면서 각자 영어 실력은 물론 우리말 실력에도 한계가 있음을 뼈저리게 느꼈다. 필연적으로 오역과 오기가 눈에 뜨일 것이다. 독자 여러분의 기탄없는 조언과 질정을 바랄뿐이다. 아무쪼록 이 책이 장서관리 분야의 연구자들과 도서관 실무자들에게 유용한 자료로 많이 활용되기를 바라며 나아가 우리나라 도서관의 현실을 개선하는 데 도움이 되기를 바란다.

이번 번역작업에는 상명대학교 대학원 석사과정에 재학 중인 이경숙 학생의 도움이 있었다. 이 자리를 빌어서 그동안의 노고에 감사의 뜻을 전한다. 또한 매번 우리 두 사람의 졸고를 흔쾌히 받아 좋은 책으로 만들어주시는 도서출판 문현의 한신규 사장께도 심심한 감사의 뜻을 전한다.

2012년 8월

이종권 · 노동조 拜

 이 개정판의 목적은 초판의 목적과 같다. 필자는 이 책이 학생들 및 경력 사서들에게 장서개발이라는 주제에 관하여 이해의 폭을 넓혀줄 수 있기를 바라며, 장서개발 및 관리업무를 수행하는데 신선한 활력소가 되기를 희망한다. 필자는 이 책을 장서관리의 역사, 이론, 실무, 나아가 도서관 정보관리와 관련된 유용한 외부 문헌들을 섭렵하여 종합적으로 그려내고자 노력하였다. 이 책은 비록 미국의 도서관에 초점을 맞춘 것이지만, 이 책에서 다루어지는 장서개발 관리의 이론과 실제는 나라에 관계없이 전체 도서관 및 사서들에게 관련되는 문제들이다.

 초판을 발행한 이후 도서관과 장서, 장서담당사서의 역할, 장서관리의 환경 등 모든 면에서 많은 변화가 있어왔다. 선택 및 디지털자료의 접근 문제는 이제 더 이상 소설에 국한된 문제가 아니다. 장서담당 사서의 역할은 계속 새롭게 확장되어 왔다. 모든 종류의 수많은 도서관에서 장서의 개발과 관리는 가장 중요한 책임영역이 되었다. 책임과 그 영향 문제는 모든 종류의 도서관과 사서들이 당면한 문제이다. 이용자들의 관심과 요구를 파악하고 그 충족 정도를 측정하기 위한 이용자 사회에 대한 연구는 그 어느 때보다 중요하게 되었다. 본 개정판의 목적은 장서의 개발과 관리가 도서관 활동에 쌍벽을 이루는 문제라는 인식을 갖게 하고, 사서들이 업무를 통해 그러한 인식을 짜임새 있게 실현하는 길을 제시하는 데 있다.

 필자는 이번 제2판에서 내용의 업데이트 뿐 아니라 내용의 개선을 이루고자

하였다. 이를 위해 초판에 대한 서평들을 읽고, 초판을 사용해 온 대학원 학생들과 교수들을 접촉하였다. 초판에 대한 평가의 초점은 모든 종류의 도서관에 적용될 수 있는 장서개발과 관리의 문제를 다루지 못했다는 데 있었다. 그래서 본 개정판에서는 공공, 학교, 전문도서관에 관련되는 문제를 더 보완하였다. 비록 초판을 낼 당시 전자 자원의 문제가 별도의 장으로 할애할 만큼 충분히 새로운 것이라 하더라도, 교수들은 이러한 주제는 책 전체를 통해서 융합되는 것이 바람직하다는 의견을 제시하였으며, 필자는 이러한 의견을 반영하였다. 필자는 본서에서 학술커뮤니케이션에 관한 장을 추가하였는데 이는 교수들의 요청이 있었고, 또 이 주제는 도서관의 종류에 관계없이 모든 사서들에게 매우 중요한 문제라는 것을 확신하기 때문이다. 마지막으로, 독자들의 요청에 따라 장서개발과 관리의 일상 업무에 도움이 되는 많은 실제적인 정보를 추가하였다.

초판에서와 마찬가지로, 각 장에는 더 읽어야 할 추가 자료의 목록을 제시하였다. 이들은 2004년 이후에 개정 및 새로 발행된 온라인 및 인쇄 자료들로서 모든 종류의 도서관들을 포괄적으로 다룬 것들이다. 전문용어도 업데이트하고 추가하였다. 본서에는 4가지 부록, A "장서개발관리에 관한 전문 자료원 소개", B "선택 도구", C "장서개발정책 샘플", D "계약 및 라이선싱 계약조건" 등을 실었다. 제2장부터 제9장까지 수록된 사례연구들은 모두 새로운 것들이다. 예로 제시한 사례들은 픽션이지만 사서들이 매일 직면하는 도전적 문제들을 나타낸 것이다. 필자는 이들이 연구과제로서 뿐 아니라 참여하는 사서들의 토론을 위한 촉매제catalyst가 되기를 희망한다.

필자는 이 책에서 오늘날의 장서개발 및 관리에 있어 주요 문제들을 종합적으로 제시하는데 목적을 두었다. 각 주제들은 더 심도 있게 확장될 수 있으며, 책의 내용이 진행됨에 따라 독자들은 더 읽어야 할 보충자료들을 발견하고 활용할 수 있을 것이다. 필자는 이 개정판 장서개발관리론이 모든 독자들에게 유용하고도 실제적인 정보를 제공할 수 있기를 기대한다.

 장서개발과 관리에 관한 책을 쓰는 일에는 두 가지 도전적 문제가 있다. 장서개발 관리의 실제에서와 마찬가지로 무엇을 포함하고 무엇을 제외할 것인가의 문제이다. 이 책은 전반적으로 각 장에서 제시된 주제(topics)에 관하여 기술하였다. 필자는 이 책을 단행본이라는 한계 안에서 장서개발 및 관리의 이론과 실제를 안내하고, 그 속에 내재되어 있는 각각의 책임 문제를 논의하는데 목적을 두었다. 나아가 각 장에서는 이러한 책임과 토픽이 주요 영향요인들과 어떻게 연관되어 왔는지에 대하여 그 역사를 간략히 기술하였다.

 장서의 개발과 관리는 도서관의 고기와 감자다. 만일 장서가 없다면 도서관도 없는 것이다. 초창기 도서관들은 보존의 필요성에도 불구하고 도서관이 존재하는 한 장서의 축적 및 추가 장서확보 등 소장에 중점을 두었다. 중세의 성직자들은 자료를 보존하기 위하여 전 생애를 바쳐 원고본(manuscript) 필사에 매달렸다. 이는 필사의 과정에서 내용변화(mutability of content) 문제를 야기하며, 이는 오늘날 우리가 겪는 비슷한 문제이기도 하다.

 1970년대 말까지 장서개발과 관리는 전문직의 특수 분야로, 그리고 "선택" 그 이상의 것(만일 그런 것이 있었다면)으로 받아들여지고 있었다. 최근 30년 동안 장서개발과 관리는 책임의 문제를 포함하게 되었다. 이 책은 그 책임의 범위를 밝히는 데 목적을 둔다. 제1장은 장서관리와 개발의 전반적인 문제를 개관한다. 제2장은 도서관에서의 장서개발 및 관리의 조직과 책임의 분담에 대하여 논의한다. 제3장은 정책 및 예산 등 계획 활동을 살펴본다. 제4장 "장서개발"에서는 자료형태의 정의에 대한 여러 가지 개념적 위상(topology 位相)을 소개하고, 선택의 과정과 선택기준, 표제(title) 인식을 위한 도구자료와 수서업무 및 선택에서 직면하는 문제를 다룬다.

제5장 "장서관리"에서는 낱개의 자료들이 장서에 추가된 이후 발생되는 책임 문제를 다룬다. 즉, 자료의 제적, 보관, 보존 및 복원, 연속간행물 구독 취소, 도난 및 손상 방지 등을 논의한다. 이용자사회의 이해와 외연의 확대에 대한 책임 문제는 매우 중요하며 이는 제6장에서 논의한다. 전자 자료는 모든 장에서 다루지만 그 특수성, 전자 자료의 도전과 기회의 문제는 제7장에서 다룬다. 제8장은 도서관의 협력 및 장서개발 관리 책임과 관련한 협력 증대의 중요성을 논의한다. 마지막 제9장은 장서의 우수성 평가("좋은" 장서인가?), 장서의 적합성 평가(이용자 사회에 적절한가?)를 다룬다. 부록에는 선택의 도구들과 이 책에서 사용된 도서관 관련 전문용어들을 수록하였다.

장서개발 및 관리업무는 인터넷과 디지털형태 자료의 선택폭(options)의 확대로 인하여 급격히 변화되고 있다. 사서들은 디지털화될 인쇄자료를 선택하고, 원격 전자자원, 전자책(e-book) 및 CD-ROM 자료, 도서관의 이용자사회와 연관되는 무료 웹 자원을 선택한다. 전자 자원에 대한 의사결정은 사서들이 날마다 수행하는 선택, 예산, 기획, 우수성 및 적합성평가, 구독 취소 및 폐기 등의 결정과 분리될 수 없다. 이런 의미에서 필자는 각 장에서 디지털자료와 전통적 자료를 총체적으로 다루고자 하였다. 그럼에도 불구하고 전자 자료는 지속적으로 특별한 도전을 야기하고 있어 이러한 필요성을 논의하는 별도의 장을 마련한 것이다.

　장서개발과 관리는 진공상태에서 존재하는 게 아니다. 이는 업무 수행자들이 도서관 내에서 다른 사람들과, 그리고 장서의 이용자 및 잠재 이용자들과 지속적으로 상호작용을 할 때라야 잘 수행될 수 있다. 사서의 직무는 업무를 수행하는 도서관에서 담당 책임의 범위나 특수성에 관계없이 다른 분야의 전문적 조사연구 및 이론의 영역과 분리될 수 없다. 필자는 이 점을 염두에 두고 독자들에게 전통적인 도서관 정보관리에 관한 문헌 이외의 관련되는 문헌과 정보원을 소개하고자 노력했다. 참고문헌들은 사회학에 관련되는 조사연구, 조직행태론, 커뮤니케이션 이론, 과학기술의 역사, 기업경영론 관련 자료들이다. 각 장에는 더 읽어야 할 자료의 목록을 넣었다.

　제 1장을 제외한 각 장에는 사례연구를 넣었다. 독자들은 각 장의 주제를 이해하는 데 필요한 도서관에서의 가상 상황을 접할 수 있을 것이다. 각 사례들은 문제를 분석하고, 해결하고, 제안하는 데 도움이 될 만한 적절한 사실들을 제시하였다. 독자들은 각 장의 "추천 독서 자료"에 있는 자료들을 검토하여 사례에서 제시하는 문제를 해결하는 데 도움을 받을 수 있을 것이다. 필자의 의도는 먼저 이론적 토대를 구축한 다음 사서들이 날마다 직면하는 실제적인 문제를 가지고 개별 연구와 그룹토의를 통하여 분석, 해결할 수 있도록 하는 데 있다. 이러한 목적을 위해 연구는 문제제기, 활동섹션의 아웃라인 구성, 각 결

과의 종합 순으로 이어진다. 본서에서 참고한 모든 URL은 2003년 말 현재 유효한 것이다. 미국도서관협회의 웹사이트에 있는 URL은 계속 변경되고 있으므로 미국도서관협회의 웹사이트 안에서 자료원의 위치를 찾는 단계적인 절차 (sequence of steps)를 안내하였다.

 이 책은 장서개발관리에 경험이 별로 없는 사서 지망 학생들을 위한 준비 그리고 기존 경력사서들이 새로운 책임영역을 확장하는 데 도움을 주기 위한 의도에서 집필한 것이다. 필자는 역사, 이론, 추세, 그리고 실제에 대한 논의를 종합하고 있는 이 책이 사서들의 관심을 북돋우고 현재의 장서개발과 관리의 중요 이슈를 전망하는 데 도움을 되기를 희망한다.

감사의 글

이 개정판을 준비하는 데는 기꺼이 시간을 내어 전문적 의견을 제공해 주신 많은 분들의 도움이 있었다. 특히 공공도서관과 학교도서관미디어센터에서 장서관리 및 개발에 관한 전망과 의견을 주신 Ginny Brodeen, Karen Folden, Gail Mueller Schultz에게 감사를 드린다. 이 책의 초판을 수업에서 활용한 많은 대학원 학생들(수가 너무 많아 여기에 이름을 적지는 못하지만)은 본서의 개선할 점들을 사려 깊게 제시해 주었다. 특히, Robert P. Holley, SheilaS. Intner, Cindy Mediavilla의 조언은 큰 도움이 되었다. 또한 4장과 9장의 초안을 검토해 준 Karla Hahn과 Bonnie MacEwan에게 깊은 감사를 드린다. 이 책은 나의 남편 Lee English의 지원이 없었다면 불가능했을 것이다. 남편에게 무한한 감사를 표한다.

차례

역자 서문 / 5
개정 2판 서문 / 8
초판 서문 / 11
감사의 글 / 15

1장 장서개발과 관리의 의의 *19*

2장 조직과 인사 *73*

3장 정책, 기획, 예산 *125*

4장 장서의 개발 *185*

5장 장서의 관리 *263*

6장 마케팅, 홍보 *331*

7장 장서의 분석과 평가 *387*

8장 협력적 장서개발과 관리 *455*

9장 학술 커뮤니케이션 *523*

부록 A 장서개발관리 참고자료 *581*
부록 B 선택 보조 도구 *587*
부록 C 장서개발 정책서 사례 *594*
부록 D 라이선싱 계약조건 *611*

용어해설 *615*

찾아보기 *641*

장서개발관리론

1

장서개발과 관리의 의의

Introduction to Collection Management and Development

본장에서는 장서개발의 용어와 개념 및 장서개발의 역사를 미국을 중심으로 살펴본다. 수집된 장서의 역사와 자료를 소장하고 있는 도서관의 역사를 살펴보는 일은 현재의 장서개발업무가 과거 장서개발의 바탕위에 구축된다는 점에서 매우 유용하다. 자료 선택 담당자는 지난날의 이해와 관행에 따라 장기간에 걸쳐 개발되어온 도서관 장서를 바탕으로 업무를 수행한다. 본장에서 다루는 주제들은 후속 장들의 내용을 좀 더 깊이 있게 이해하는 데 도움이 될 것이다.

첫째는 '장서의 개발과 관리collection development and management'라는 용어의 의미가 무엇인가를 살펴보는 일이다. '장서개발collection development'이라는 용어는 1960년대 후반 '선택selection'이라는 용어 대신 널리 사용되었으며, 기관의 우선순위와 지역사회 또는 이용자의 요구 및 관심을 반영한 도서관 자료개발의 사려 깊은 과정을 반영하는 보다 포괄적인 용어가 되었다. 장서개발이란 선택, 결정, 선택정책조정, 이용자 및 잠재이용자의 요구 평가, 장서이용에 관한 연구, 장서분석, 예산관리, 장서요구의 파악, 지역사회 및 이용자와의 연계, 자원공유계획 수립을 포함하는 도서관 자료의 개발과 관련되는 많은 활동들을 포괄하는 개념으로 이해된다.

1980년대에는 장서개발이라는 용어대신 장서관리라는 용어가 포괄적 용어로 등장하였다. 장서관리라는 용어는 장서개발을 포함하여 제적대상자료 솎아내기, 연속간행물 구독 취소, 저장, 보존에 관련된 의사결정문제로 확장되었다.

또한 장서관리는 장서업무의 조직과 책임의 분담문제를 포함한다. 장서관리와 장서개발은 본서에서는 흔히 동의어로 또는 상호 교환적으로 사용된다. 예를 들어 미국도서관협회(ALA)의 도서관장서 및 기술서비스분과는 장서관리 및 개발부서라고 할 수 있다. 참고 및 이용자 서비스분과는 장서개발 및 평가부서라고 하며 흔히 CODESCollection Development and Evaluation Section라고 부른다. 장서개발사서의 포트폴리오인 업무, 기능, 책임에는 모든 형태의 자료의 선택, 장서의 유지(제적 및 폐기대상 자료를 솎아내기 위한 선택, 저장, 보존, 연속간행물 구독 취소), 예산과 재정, 이용자 및 잠재이용자의 요구 평가, 장서와 이용자와의 의사소통 확대, 장서의 평가, 자원공유를 위한 협력을 포함한다.

다음 사례들은 실무자들이 장서개발과 관리를 어떻게 이해하는지를 분명히 보여준다.

간단히 말해, 장서관리는 도서관의 자원을 체계적, 효과적, 경제적으로 관리하는 일이다.[1]

장서개발 조직의 목적은 도서관이 인력과 재정의 범위 내에서 고객의

---

1) Paul H. Mosher, "Collection Development to Collection Management: Toward Stewardship of Library Resources," *Collection Management* 4, no. 4 (1982): 45.

요구를 충족시킬 수 있는 장서를 제공하는 데 있다. 이러한 목적을 달성하기 위해 장서관리 담당 각 부서는 도서관의 사명 및 지역주민의 요구에 맞는 자원을 지속적으로 개발하지 않으면 안 된다.[2]

장서관리는 정보의 수집, 의사소통, 조정업무로서 공식화, 평가, 계획에 대한 정책과정으로 정의된다. 이러한 과정들은 해당 지역사회의 지적 요구를 충족하는데 있어 수서, 보존, 정보원에 접근을 제공하는 의사결정의 과정이다. 장서개발은 기본적으로 수서에 관하여 의사결정을 내리는 장서관리 업무의 일부분이다.[3]

장서개발은 이용자의 연구, 교육, 조사, 레크리에이션, 기타 요구에 부응하기 위하여 도서관 장서를 체계적으로 구성하는 과정을 나타내는 용어이다. 이 과정은 현행 또는 소급 자료에 대한 선택 및 제외, 일관된 수서를 위한 전략 계획 수립, 이용자의 요구에 적합한지 여부를 확인하기 위한 장서 평가를 포함한다.[4]

장서관리를 담당하는 사서는 선택사서, 서지전문가, 장서담당사서, 주제전문가, 주제중개인, 장서개발사서, 장서관리자, 장서개발자 등 여러

2) Bonita Bryant, "The Organizational Structure of Collection Development," *Library Resources and Technical Services* 31 (1987): 118.
3) Charles B. Osburn, "Collection Development and Management," in *Academic Libraries: Research Perspectives*, ed. Mary Jo Lynch, 1-37, ACLC Publications in Librarianship no. 47 (Chicago: American Library Association, 1990), 1.
4) Michael R. Gabriel, *Collection Development and Evaluation:* A Sourcebook (Lanham, Md.: Scaresrow, 1995), 3.

기지로 지칭된다. 또 장서구성 및 관리지라는 명칭도 사용된다. 이 책에서는 이들 용어들을 장서의 개발, 관리 및 장서 안내를 담당하는 도서관 직원을 의미하는 용어로 상호 교환적으로 사용할 것이다. 도서관에서 장서에 대한 책임은 사서들의 주요 책임가운데 하나다. 장서관리에 대한 책임은 다음 중 하나 이상에 해당된다.

- 수서 및 접근을 위한 자료선택
- 제적, 저장, 보존
- 장서개발정책의 수립 및 개정
- 이용촉진 마케팅
- 장서 및 정보원의 해석
- 장서 평가 및 관련서비스
- 지역사회 연계 및 홍보
- 예산관리
- 다른 도서관과의 협력적 장서개발
- 장서개발 및 관리를 위한 추가 자금 확보

등이다. 이와 같은 요소들은 도서관에 따라서 업무분담과 중요성은 각기 다를지라도 어느 도서관에서나 장서관리의 보편적인 요소들이다. 따라서 이 책에서는 도서관의 종류별로 별도의 장을 나누지 않았다.

이러한 모든 책임은 도서관이 처한 지역사회에 대한 지식, 재정 및 인적 자원, 사명, 가치, 모기관의 사명과 목적에 따른 우선적 요구 등에 보조를 맞추어야 한다. 장서관리는 도서관 내 모든 운영요소와 융합되어야만, 그리고 장서관리 책임 사서가 전체 도서관 운영 및 서비스에 대하여 긴밀한 이해와 협조관계를 유지할 때에만 성공할 수 있다. 장서관리사서의 주요 고려사항으로는 누가 현장 자료와 온라인자료에 접근할 것인가의 문제, 대출정책, 도서관이 지원하는 인터페이스의 형태, 서지레코드의 품질 및 서지작성의 우선순위(quality of bibliographic records and the priority given to their creation), 그리고 해당지역의 도서관목록과의 연계 또는 온라인 자원 접근을 위한 포털사이트 접근문제 등이다. 이 책 전체의 일관된 주제는 장서관리 업무를 수행하는 도서관의 내부 및 외부 환경의 중요성에 관한 것이다.

장서관리의 역사 Historial Overview

고대 니네베도서관Nineveh, 알렉산드리아도서관Alexandria, 페르가몬도서관Pergamum에서는 어떻게 선택 결정을 했는지 기록이 없어 알 수 없는 일이지만, 도서관 자료의 선택 문제는 도서관이 존재하는 한 지속되어 왔다. 어떤 이는 기록 자료의 희귀성과 기록으로서의 유일한 가치야말로 종합적이고도 완전한 보존의 원칙이라고 말한다. 서기 800년대, 바그다드의 지도자 알 마문Al-Mamun은 비잔틴 왕국으로부터 가능한 한 많은 고전을 수집하고, 이들을 아랍어Arabic로 번역하여 지혜의 집the House of Wisdom에 보존하였다.5) 도서관들은 기본적으로 지식 전파의 도구 또는 레크리에이션 독서의 원천이 아니라 저장소로서의 역할을 수행하였다. 종합적인 완벽한 보존은 무역의 확대, 르네상스, 활자의 발명, 문해력의

---

5) Kanwal Ameen, "Developments in the Philosophy of Collection Management: A Historical Review," *Collection Building* 24, no. 4 (2005): 112-16

확대, 계몽주의, 공공도서관 운동, 전자자원의 급증 등 전 시대를 통하여 도서관의 목적으로 지속되어 왔다. 도서관의 규모 문제는 오늘날에도 도서관의 우수성을 측정하는 유일한 수단으로서 보편적으로 유지되고 있다.

초기의 몇 몇 사서들이 선택에 관하여 기록을 남겼다고 하더라도 선택에 대한 체계적 철학은 19세기 말까지도 형성되지 못하였다. 마자랭 Cardinal Mazarin이 1600년에 그의 사립도서관을 경영하기 위하여 채용한 사서 노데Gabriel Naude는 선택의 문제가 도서관 경영에서 다루어야 할 문제임을 최초로 언급하였다. 그는 "아무리 보잘 것 없고 하찮은 책이라도 언젠가, 누군가는 찾을 것이라는 최대의 원칙이 정착되어 있는 것 같다"고 말했다.6) 완벽한 장서를 목적으로 했던 과거와는 달리 최선의 가장 적절한 자료를 선택하려는 요구가 나타나게 되었다.

1780년에 Jean-Baptiste Cotton des Houssays는 도서관은 "진짜 좋은 genuine merit, 잘 정제된 도구well-approved utility"로서의 책들로만 구성해야 한다고 말하고, "계몽 교육을 위한 경제성enlightened economy"7)의 기준을 새롭게 추가하였다. 최적의 선택 기준은 수세기 동안 사서들과 이용자들의 지속적인 논쟁거리가 되어왔다.

---

6) Gabriel Naude, *Advice on Establishing a Library*, with an introduction by Archer Taylor (Berkeley: University of California Press, 1950), 17.
7) Jean-Baptiste Cotton des Houssays, *The Duties and Qualifications of a Librarian*, English translation (Chicago: A. C. McClurg, 1906), 43.

미국에서의 장서구성 Collection building in the United States

미국 식민지시대 도서관들은 처음에는 개인장서 및 교육기관의 장서로 출발하였다. 이들 초기 도서관들은 규모가 작았으며, 이는 주로 신대륙에서의 출판물이 상대적으로 적었고, 재정의 한계와 수서의 어려움 등에 기인한다. 미국에서 발간된 정기간행물은 1810년 26종에서 1850년[8] 말 600종으로 늘어나는데 그쳤다. 단행본의 출판도 드물었고, 대부분의 책은 종교서적이었다.

대학도서관 Academic Libraries

대학도서관들은 초기에는 예산이 지속적으로 배정되지 않았기 때문에 자료의 선택은 주요 관심사가 되지 못했다. 대학도서관에 대한 장서확충은 대체로 기부 및 기증으로부터 출발하여 구입으로 변화된 것이다. 식민시대에 미국 대학도서관에서 구입으로 추가된 장서는 전체 장서의 1할 정도에 불과했다.[9] 기증은 모두 환영을 받았다. 교육기관의 예산은 정규적으로 배정되지 못하고 후원 이사들이나 운영위원회로부터 경우에 따라 지원을 받는 정도였다. 상당수의 교육기관에서는 학생들로부터 사전에 또는 1년 단위로 도서관 이용료를 징수하였다.[10] John Langdon Sibley가 하버드대학 사서가 되었을 무렵인 1856년까지도 수서 및 제본을 위한

---

8) Howard Clayton, "The American College Library, 1800-1860," *Journal of Library History* 3 (April 1968): 120-37.
9) Louis Shores, *Origins of the American College Library*, 1638-1800 (Nashvile, Tenn.: George Peabody College, 1934).
10) Arthur T. Hamlin, *The University Library in the United States, Its Origins and Development* (Philadelphia: University of Pennsylvania Press, 1981).

예산은 연간 250달러에 불과하였다.11) 이와 같은 자료구입 능력은 오늘날 화폐가치로 따지면 약 6,100달러에 해당된다(소비자 가격지수 적용). 이에 비하여 2006 회계연도 하버드대학의 수서 및 자료접근(acquisitions and access) 예산은 27,569,823달러(약 320억 원)이었다.12) 쓸 수 있는 예산이 있다 해도 자료 수집은 쉽지 않았다. 모든 것을 미국 동부해안 도시들 또는 유럽에 가서 구입하지 않으면 안 되었다.

장서의 증가속도는 매우 더뎠다. 하버드대학 도서관장서는 1790년까지 겨우 12,000권에 불과했다. 이전 135년간 증가한 자료는 연 평균 82권에 지나지 않았다. 당시 미국에서 두 번째로 큰 대학인 William and Mary대학 도서관의 장서 수는 겨우 3,000권이었다. 1800년 이전까지 대학도서관들의 장서는 연 평균 30권에서 100권 정도 증가하는 데 그쳤다. 또한 추가되는 장서들은 거의 기증에 의한 것이었기 때문에 당시 교육 프로그램과는 별 관련이 없었다.13) 1850년까지 50,000권 이상의 장서를 보유한 교육기관은 오직 하나밖에 없었다. : 당시 하버드대학의 장서는 72,000권에 이르렀다.14) 19세기 중반에 약 700여 곳의 대학, 직업전문학교 및 공공도서관의 전체 장서 수는 총 220만권이었다.15)

대학도서관들은 당시 미국의 교육 우선순위를 반영하였는데, 연구보다는 교육에, 학자보다는 학생에게, 그리고 학습과 조사연구보다는 질서와

---

11) Orvin Lee Shiflett, *Origins of American Academic Librarianship* (Norwood, N.J.: Ablex, 1981).
12) Association of Research Libraries, "ARL Statistics Tables 2005-06," www.arl.org/ stats/annualsurvey/ arlstats06.shtml.
13) Shores, *Origins of the American College Library*.
14) George Livermore, Remarks on Public Libraries (Cambridge, Mass: Boils and Houghton, 1850), 17.
15) Michael K. Buckland, "The Roles of Collections and the Scope of Collection Development," Journal of Documentation 45, no. 3 (1989): 213-26.

규율 유지에 치중하였다. 미국 남북전쟁(American Civil War : 1861~1865년 미국 역사에서 연방정부와 연방서 분리할 권리를 주장했던 남부 11개주 사이에 일어난 4년 간의 전쟁) 이전에는 어느 대학의 규정에서도 사색과 연구를 고려하지 않았다. 그 결과 대학도서관은 대학 내에서 그다지 중요하지 않았으며, 서적 저장소로서의 기능만을 수행하고 있었다.

남북전쟁 이후 대학도서관과 대학들은 중대한 변화의 시기를 맞게 되었다. 대학이 성장함에 따라서 도서관도 크게 성장하였다. 1850~1900년대에는 학문 연구의 중심으로 발전된 독일 대학들의 영향을 받아 미국 대학의 학문 연구 풍토에도 근본적인 구조적 변화가 일어났다. 교재(text)에 대체하여 강의와 세미나로 교육의 중점이 이동하였고, 기록메모, 재인용, 그리고 연구의 중요성이 증대됨에 따라 도서관에 관심이 높아지게 되었다. 1862년 모릴법(the Morrill Act)이 통과됨에 따라 랜드 그랜트 대학(the land-grant colleges)들이 창립되었다.(역자 주 : the Morrill Act와 land-grant college : 모릴법은 1862년 버몬트 주의원 저스틴 스미스 모릴이 제안한 법으로 이 법에 따라 각 주를 대표하는 의원들은 연방정부의 땅을 1만 2,000ha씩 교부받았다. 이 땅을 판 자금으로 농업과 기계학을 가르치는 학교를 하나 이상씩 설립했는데 이를 land-grant college라고 한다. 이 법의 의도는 급속한 산업화에 따라 국가가 필요로 하는 숙련공을 양성하는 데 있었다. 또한 과학적 농경법의 개발도 촉진되어 농업생산성이 오르고 농업종사자들의 노동력 절감으로 다른 산업부문으로의 이동이 이루어졌다. 모두 69개의 대학이 설립되어 농업, 공학, 수의학 등 기술과목을 가르쳤다. 뉴욕 주에 일부가 있는 코넬대학교, 인디애나 주의 퍼듀대학교, 매사추세츠공과대학, 오하이오 주립대학교, 어배나에 있는 일리노이대학교, 매디슨에 있는 위스콘신대학교 등이 유명하다. 백과사전 참조). 이를 계기로 대학들은 사회발전을 위해 의무적으로 지식을 생산, 공유해야 한다는 개념을 형성하게 되었다. 이에 따라 학술지와 단행본의 출판이 급격히 증가하였다. 연구소 연구원들과 교수들의 연구 관행 및 서적 수요는 예전과는 완전히 달라졌다. 대학도서관에 대한 학자들의 태도는 도서관이 학문을 기초에서부터 방향을 잡아주는 (orientation) 재 경험의 장으로 바뀌게 되었다. 이제 대학도서관은 대학의 필수기관이 되었다. 학자들은 더 이상 재산 축적의 수단으로 개인장서를 수집하지는 않게 되었다. 출판물의 홍수는 개인적 자력이 있는 몇몇 학자들조차 새로운 정보를 개인적으로 유지하고 관리할 수 없다는 것을 의미했다. 학자들은 연구에 필요한 모든 자료를 상담하고 접근하기 위해 대학도서관을 필요로 했다. 도서관의 중요성이 고등교육기관에서 점차 증대됨에 따라 장서개발의 과정도 중요하게 부각되었다.

1900년대까지 대학도서관의 거의 모든 자료는 교수들이 선정하였다. 1838년에 미시간대학the University of Michigan에 Asa Gray 교수가 채용되었는데, 그는 처음으로 유럽으로 건너가 도서관의 자료를 수집하였다. 1854년 Ohio Wesleyan대학의 총장은 뉴욕과 유럽에 가서 도서관의 책을 구입하였다.[16] 독일의 대학 도서관들에서는 교수들은 개입하지 않고 사서와 직원이 직접 자료선택의 책임을 맡았다. 독일의 괴팅겐대학에서는 1763년부터 1812년까지 사서인 Christian Gottlob Heyne가 장서개발의 주된 역할을 담당하였다.[17] 1930년 미국 대학도서관 수서에서는 교수들이 80%, 사서들이 20%를 선택하였다.[18] 이러한 비율은 1960년대에 바뀌기 시작했고, 1970년대에는 역전되었다. 그러나 많은 소규모의 대학도서관

---

16) Shiflett, *Origins of the American Academic Librarianship*.
17) Margaret Ann Johnson, "Christian Gottlob Heyne as Librarian" (master's thesis, University of Chicago Graduate Library School, 1973).
18) U.S. Office of Education, *Survey of Land-Grant College and Universities*, Bulletin no. 9, 2 vols. (Washington, D.C.: U.S. Government Printing Office, 1930).

에서는 교수들이 여전히 자료선택에 중요한 역할을 담당하고 있으며, 사서들이 일부 책임을 지고 있는 자료에 대해서는 교수들과 협력하여 선정하고 있다. 이러한 변화는 사서들의 전문성 증대, 사서들에 대한 주제전문 교육 강화, 출판물량의 증가, 그리고 연구와 출판 등 책임수행에 따른 교수들의 중압감 등과 관련이 있다. 장서구성의 책임이 교수로부터 사서로 전환 또는 책임의 공유에 따라 선택의 강조점도 기본적으로 자료의 선택에서 교수들의 특수한 요구와 관심을 충족시키는 방향으로 바뀌게 되었으며, 현재와 미래의 우선적 요구를 충족시키는 통일된 장서구성으로 변화하게 되었다.

공공도서관 Public Libraries

미국에서 공공도서관은 대학도서관보다 한발 늦게 발전하였다. 미국 최초의 무료 공공도서관으로 알려진 것은 1833년에 뉴햄프셔(New Hampshire)주에 설립된 피터바로 타운도서관(the Peterborough Town Library)이었다.[19] 1790년에는 Massachusetts주 플랭클린에 벤자민 플랭클린(Benjamin Franklin)의 자금으로 116권의 책을 구입하여 설립한 도서관이 모든 주민에게 개방되었다.[20] 이들은 비록 공공이라고는 하지만 공공의 자금으로 운영되는 것은 아니었다. 미국 식민지 시대에는 특정 이용자 및 자금 출연자만 이용할 수 있는 회원제 도서관이 100년 이상 존속되었다.

---

19) Jesse H. Shera's *Foundations of the Public Library: The Origins of the Public Library Movement in New England 1629-1855* (Chicago: University of Chicago Press, 1949) is the classic history of public libraies and the source of information presented here.
20) James C. Baughman, "Scene Is Preferable to Sound," *Library Journal* 111 (Oct. 1986): 44.

이들 중 가장 잘 알려진 도서관은 1731년 벤자민 플랭클린이 50명의 출연자와 함께 책과 저널의 구입비를 공동 부담하여 설립한 필라델피아 도서관 회사(the Philadelphia Library Company)였다. 또 잘 알려지지는 않았지만 1828년과 1860년 사이에 미 북동부 지역에서는 아프리카 출신 미국인들이 무료로 이용할 수 있는 문맹퇴치를 위한 사회적 도서관이 있었다. 초창기 도서관의 하나로서 1828년에 설립된 필라델피아 회원 도서관은 가입비(initiation fees) 및 월 회비(임대료 및 전기료를 제외한) 전액을 도서 구입비에 사용하도록 했다.[21] 1933년에 뉴욕에 설립된 Phoenix 도서관조합은 "각기 특색 있는 이용자들이 적절한 비용부담으로 정신적 즐거움을 누릴 수 있도록 하는 대출도서관의 설립"에 목적을 두었다.[22]

또 자선사업가나 대규모 공장경영자들이 설립한 도서관들은 건전한 사회 윤리적 환경을 제공하고, 빈곤층 및 교육 혜택을 받지 못한 도시 이주민들에게 자기 교육의 기회를 제공하기 위한 것이었다. 대출도서관들은 주로 소설류와 같은 대중인기자료를 수수료를 받고 빌려주는 상업적 도서관이었다. 이 모든 초기 도서관들이 종합적으로 고려되어 오늘날 정보, 교육, 레크리에이션 자료를 제공하는 장서의 개념이 구축되었다.

보스톤(Boston)은 1852년 미국 최초의 공공도서관이 설립된 도시다. 도서관 이사회는 공공도서관의 목적을 교육에 두고 있었다. 비록 소설류를 수서할 계획은 없었지만 대중이 좋아하는 책은 수서에 포함하고자 했다.

---

21) Elizabeth McHenry, "Black Readers and Their Reading Rooms," in Institutes of Reading: *The Social Life of Libraries in the United States*, ed. Thomas Augst and Kenneth Carpenter, 99-108 (Amherst, Mass.: University of Massachusetts Press, 2007).

22) *Address and Constitution of the Phoenix Society of New York, and the Auxiliary Ward Association* (1833), reprinted in Dorothy Burnett Porter, comp., *Early Negro Writing, 1760-1837* (Boston: Beacon Press, 1971), 144.

도서관위원회는 1차 보고서에서 "대규모 공공도서관은 공교육시스템을 완성하는 수단으로서 매우 중요한 의미를 갖는다."라고 쓰고 있다.[23] 도 서관이 이용자를 교육할 책임 및 좋은 책과 저널을 제공해야 할 책임은 설립 시부터 공공도서관 자료 선택지침의 주요 주제가 되어왔으며, 무엇 이 적절한 자료인가에 대한 정의는 지속적인 논쟁거리가 되어왔다.

초기 공공도서관들은 후원회에서 지명한 위원들이 자료를 선택하였다. 1800년대 말 사서직이 전문직으로 발전함에 따라 다나(John Cotton Dana) 는 도서의 선택은 후원회나 도서위원회에서 지정하는 사서들에게 넘길 것을 권고하였다.[24] 그 후 점진적 변화의 과정을 거쳐 사서들에게 현재 와 같은 장서 구성의 책임을 부여하게 되었다. 미국에서는 공공도서관 사서들이 대학도서관 사서들보다 앞서 전반적 자료선택의 책임을 맡았 다. 이러한 변화는 대학의 교수들은 공공도서관 운영위원들에 비하여 도 서관 장서에 보다 적극적인 관심을 가지고 있었기 때문이다. 도서관학교 의 설립 및 사서직의 전문화의 진전에 따라 사서들에게 자료 선택에 대 해 더 많은 책임을 기대하게 되었고, 도서관후원회, 나아가 대학의 교수 들도 사서들에게 기꺼이 자료선택의 책임을 넘겨주게 되었다.

2차 세계대전 이후 국가적, 광역적, 지역적 수준에서 교육 및 공공도서 관 양측면 모두에 자금 지원이 증대됨으로서 모든 형태의 도서관장서가 급격하게 증가되었다. 도서관장서가 무한정 증가될 것으로 보임에 따라 사서의 책임도 그만큼 확대되었다. 사서들은 개별적인 책의 평가 및 선

---

23) Boston Public Library, *Upon the Objects to Be Attained by the Establishment of a Public Library: Reported of the Trustees of the Public Library of the City of Boston, July, 1852* (Boston: J. H. Eastburn, City Document no. 37, 1852 ; reprint, Boston: Hall, 1975), 8-9.

24) John Cotton Dana, *A Library Primer* (Chicago: Library Bureau, 1899).

택을 넘어서 장서의 구성을 중요한 책임으로 인식하기 시작하였다. 곧
이어 사서들은 세계 도처로부터 자료를 수집하기 시작했고, 장서의 수집
범위도 서유럽은 물론 아시아, 아프리카, 중동, 동유럽으로 확대되었
다.[25]

장서관리 이론은 누가 도서관의 자료를 선택하고, 선택 결정은 어떻게,
어떠한 기준으로 해야 하며, 장서 구성을 위한 개별 자료 선택에 대한 대
안은 무엇인지에 초점을 두기 시작했다. 이 시기에는 장서의 증가 및 이
를 효과적으로 관리하는데 강조점을 두었다. 1944년에 Fremont Rider는
연구도서관의 장서는 16년마다 2배씩 증가한다는 유명한 말을 남겼다.[26]
1953년 Kenneth J. Brough는 하버드대학도서관의 사명은 "모든 인쇄본
장서를 수집 및 보존하는 것"이라고 쓰고 있다.[27] 1950년대 서적상들은
사서들이 자유롭게 출판사로부터 직접 주문을 할 수 있도록 하는 수서서
비스를 시작했다. 많은 서적 중개상들은 승인플랜(approval plan)이나 백지
플랜(blanket plan)을 통하여 자료 선택 담당자들이 자유롭게 적정한 자료
를 식별하고 획득할 수 있는 자료 공급 서비스를 마련하였다.

1970년대 말에는 공공도서관에 대한 자금이 동결되거나 감소되기 시
작했다. 정부의 모든 산하기관이 세금으로 운영되어야 한다는 압력은 지
방자치단체로 하여금 한정된 예산에 대한 배분결정을 어렵게 하였고, 이
에 따라 도서관에 대한 예산지원도 감소하게 되었다. 반면, 사서들은 선

---

25) Edward G. Holley, "North American Efforts at Worldwide Acquisitions since 1945," *Collection Management* 9 (Summer/Fall 1987): 89-111.

26) Fermont Rider, *The Scholar and the Future of the Research Library* (New York: Hadham, 1944).

27) Kenneth J. Brough, *Schloars Workshop: Evolving Concepts of Library Service* (Urbana: University of Illinois Press, 1953), 99.

택의 우선순위 및 부족한 예산의 사용처－운영시간, 인건비, 서비스, 장서 등의 방향 결정에 어려움을 겪게 되었다. 많은 공공도서관들은 분관의 문을 닫았고, 대중 인기자료의 복본 구입을 감축하였다. 서적상들은 도서관들의 한정된 장서 예산을 보완하기 위하여 대중 인기서적의 복본을 구비한 순회문고를 제공하는 장서 임대사업을 시작하였다. 2005년 미국에서 공공도서관을 위해 투자한 1인당 예산금액은 최저 $13.50(Mississippi주)로부터 최고 $56.65(District of Columbia)로 평균 $31.65 정도였다.[28] 도서관은 이러한 자금을 장서에만 사용하는 것이 아니라 도서관 경영에 따른 모든 비용을 충당하지 않으면 안 되었다. 이러한 절박한 재정적 고통으로 인해 도서관들은 다른 미디어의 자료들(CDs, VHS tapes, DVDs)과 온라인 접근 가능한 전자 자원으로 장서의 확대를 모색하게 되었다.

학교도서관 School Libraries

학교도서관의 기원은 1578년 Dorothy McGinnis에서 그 흔적을 찾을 수 있는데, 이 시기는 영국의 Shrewsbury에서 한 법령이 통과되었을 때였다. 학교도서관 센터에 관한 생각은 학교는 다양한 교육 미디어를 제공해야 한다는 데 기인한다. 이에 따르면 학교는 "도서관과 갤러리 등을 갖추고 도서, 지도, 지구본, 천문기구, 기타 학습에 필요한 부속 장비들을 구비해야 하며 이들은 기증이나 학교 발전기금으로 마련하였다."[29] 미국

---

28) National Center for Education Statistics, Public Libraries in the United States: Fiscal Year 2005 (Washington, D.C.: U.S. Department of Education, 2007), http://nces.ed.gov/pubs2008/2008301.pdf.
29) Dorothy McGinnis, "Instructional Materials Centers—Something New?" *California School Libraries* 34, no. 1 (1962): 4.

의 학교도서관은 18세기 말 뉴잉글랜드(New England)주의 초기 사립학교들에서 출현하였다.30) 장서는 주로 참고도서로 구성되었으며 후원에 의해 지원되었다. 미국의 공립학교 도서관들은 최초로 1827년 뉴욕의 주지사인 DeWitt Clinton이 제안한 주 법률에 의해 추진되었고, 1839년 재정을 확보하게 되었다.31) 1876년까지 전국 21개 주에서 공립학교 도서관 지원에 관한 법률이 통과되었다.32) 도서는 학교운영위원회 위원들, 학교 고위경영진, 후원자들, 그리고 경우에 따라 학교도서관에 직접 책임을 맡은 인사들에 의해 선택되었다. 공공도서관에서 제기된 적정 도서에 관한 논쟁은 학교도서관에서도 이어졌다. 1843년 뉴욕의 학교 감독자들은 학교도서관에서의 소설의 존재를 못마땅하게 여겼다.33) 자료의 수서는 학생들에게 교육적인 자료 및 "유해 출판물"의 배제에 역점을 두었다.34)

학교도서관 사서의 역할과 책임은 1896년 설립된 전국교육협의회(the National Education Association)의 학교도서관 분과위원회(the School Library Section)에서 논의되기 시작하였다. 1900년 Mary Kingsbury라는 사서가 브루클린(Brooklyn)의 에라스무스 홀 고등학교(the Erasmus Hall High School) 사서로 임명되었는데, 이는 도서관학교를 졸업한 사람이 최초로 고등학교 도서관 사서 직위에 임명된 기록이며, 동시에 학교에 처음으로 도서

---

30) Cheryl Ann McCarthy , "Progress in School Library Media Programs: Where Have We Been? Where Are We Now? And Where Are We Going? *Advances in Librarianship* 30 (2006): 271-97.

31) Tim J. Cole, "The Origin and Development of School Libraries," *Peabody Journal of Education* 37, no. 2 (1959): 87-92.

32) U.S. Bureau of Education, *Public Libraries in the United States of America: Their History, Condition, and Management, Special Report* (Washington, D.C.: U.S. Government Printing Office, 1876).

33) Frank Hermann Koos, *State Participation in Public School Library Service* (New York: Columbia University Teachers College, 1927).

34) Josiah W. Leeds, *Concerning Printed Poison* (Philadelphia: Printed by the author, 1885), 7.

관 전문교육을 받은 전문가가 상근 직원으로 채용된 기록이다.[35] 1914년 미국도서관협회(ALA)는 학교도서관 분과 구성을 위한 ALA 일반 및 고등학교 도서관 사서 평의회에서 결의한 청원서를 승인하였고, 1915년 6월 제 1차 학교도서관분과 연례 총회를 개최하였다. 1951년 학교도서관분과 위원회는 미도서관협회(ALA)의 분과위원회 겸 미학교도서관사서협회(AASL : American Association of School Librarians)가 되었다. 이러한 학교도서관 사서의 전문직 공인에도 불구하고 1950년대까지 대부분의 학교도서관 자료는 주교육위원회(state education boards)가 마련한 목록에 의거 수집되었다.

학교도서관에 대한 최초의 기준은 1918년에 발행되어 공인과정을 거친 후 1920년 규모별 중등학교 도서관 조직 및 시설 기준(Standard Library Organization and Equipment for Secondary Schools of Different Sizes)이라는 제목으로 미도서관협회에 의해 재 발행되었다. 이 기준은 학교도서관 사서에게 교실수업, 학생들의 레크리에이션 및 문화적 필요성, 교과과정의 필요 및 교사들의 추천에 기초하여 도서를 선택하도록 하고, 이 모든 선택은 학교장의 승인을 받도록 의무화 했다. 이 최초의 기준은 "도서관 접근의 자유, 참고도서 상담의 자유, 보충학습연구의 자유, 나아가 레크리에이션 및 즐거움을 위한 독서의 자유를 보장해야 한다."라고 기술하였다.[36] 뒤이어 1925년에 초등학교 도서관 기준(Elementary School Library Standards)이 마련되었고, 이를 1954에 미도서관협회(ALA)가 학교도서관 오늘과 내일

---

35) Cole, "Origin and Development."
36) Casper Carl Certain, *Standard Library Organization and Equipment for Secondary Schools of Different Sizes*(Washington, D.C.: National Education Association, Department of Secondary Education, 1981), 7.

(School Libraries for Today and Tomorrow)이라는 제목으로 다시 발간하여 유치원에서 고등학교 3학년(K-12)까지 교육지원을 위한 학교도서관의 최초의 양적, 질적 기준으로 성립되었다.[37]

1940년대 초에는 전국적으로 공립학교의 18%만이 학교도서관을 보유한 것으로 보고되었다.[38] 1953년까지 모든 공립학교의 36%가 학교도서관미디어센터를 가지고 있었으며, 이는 주로 중등학교 중심이어서 중등학교의 95%가 도서관을 갖춘 반면, 초등학교는 단 24%만이 도서관을 보유하였다.[39] 학교 내에 별도의 도서관 미디어 시설을 갖추어야 한다는 기준이 있었지만 1958국방교육법(NDEA : the 1958 National Defense Education Act) 및 1965초중등교육법(ESEA : the 1965 Elementary and Secondary Education Act) 제정 이전에는 대부분의 주에 초등학교 도서관이 존재하지 않았다.[40] 학교도서관은 1957년 소련의 스푸트닉 인공위성 발사(the Soviet Union's launch of Sputnik in 1957)에 대한 대응책으로 마련된 국방교육법에 처음으로 언급되었다. 그 결과 책과 자료(특히 과학, 외국어, 수학)를 국방교육예산(NDEA funds)으로 구입할 수 있었다. 그러나 이들 자료가 전부 도서관에 비치되지는 않았다. 학교 행정담당자들은 도서관을 기초 교육적 역할을 수행하는 곳으로 여기지 않았고, 자료의 선택도 효과적으로 이루

---

37) Casper Carl Certain, *Elementary School Library Standards* (Chicago: American Library Association, 1925); American Library Association, *School Libraries for Today and Tomorrow: Functions and Standards* (Chicago: American Library Association, 1945).

38) Joan Michie and Barbara Holton, *Fifty Years of Supporting Children's Learning: A History of Public School Libraries and Federal Legislation from 1953-2000* (Washington, D.C.: National Center for Education Statistics, U.S. Dept. of Education, Institute of Education Sciences, 2005).

39) National Center for Education Statistics, *American Public School Libraries: 1953-2000* (Washington, D. C. : NCES, 2005), http://nces.ed.gov/pubs2005/2005324.pdf.

40) McCarthy, "Progress in School Library Media Programs," 271-97.

어지지 못했다.

프로그램 가이드라인이 발행되고, 또 시간이 경과함에 따라 국방교육법이 개정되어 도서관과 사서의 역할, 특히 자료선택에 대한 사서의 책임이 강화되었다. 초·중등교육법 제2차 개편(ESEA Title II)에서는 학교도서관 자료 및 기타 교육기관 자료구입 예산으로 연방정부 직접 보조금 1억 달러($100 million)를 책정하였다. 초·중등교육법 제2차 개편(ESEA Title II)에 의거 학교도서관 직원들은 선택, 수서, 조직, 교육 자료의 이용에 있어 주도적인 역할을 담당하게 되었다.[41] 초·중등교육법은 학교도서관미디어센터의 설립에 깊은 영향을 미쳤다. 1965년부터 1968년까지 모든 공립학교의 12%가 학교도서관을 설립하였고, 같은 기간 동안 약 193,600건의 도서관 확충 프로젝트에 예산이 지원되었다.[42]

초·중등교육법(ESEA)은 1981년까지 5년 간격으로 재정비되었으며, 제4차 개편(ESEA Title IV)에서는 교육진흥법(the Education Consolidation and Improvement Act)으로 통합되어 동법 제2장(the Chapter 2 block grant)에 재정지원 프로그램 부분이 신설되었다. 이에 따라 각 주단위로 그들이 우선권을 결정한 지역 학군에 대하여 자금을 배분하였다. 그 결과 학교도서관 지원을 목표로 하는 특별 자금은 감소되었다. 이 자금은 거의 공통으로 학교의 컴퓨터 설비 도입에 사용되었다. 1984 / 1985년까지 이 자금(local block grants)의 29%만이 도서관미디어센터 지원에 사용되었다.[43] 그

---

41) U.S. Department of Health, Education, and Welfare, *An Evaluative Servey Report on ESEA Title II: Fiscal Years 1966-1968* (Washington, D.C.: U.S. Government Printing Office, 1972).

42) U.S. Department of Health, Education, and Welfare, *School Library Resources, Textbooks, and Other Instructional Materials; Title II, Elementary and Secondary Education Art of 1964, Third Annual Report, Fiscal Year 1968* (Washington, D.C.: U.S. Government Printing Office, 1971).

43) Michael S. Knapp et al., *The Education Book Grant at the Local Level: The Implementation of Chapter 2*

결과 직전 20년 동안 학교도서관미디어센터 장서는 일관된 증가세를 보였다.

2001년의 어린이보호법(The No Child Left Behind Act of 2001)은 재정지원을 받지 못한 지역의 학군에 일정 부분을 지원하기 위해 마련되었는데, 이러한 지역의 학생 중 최소한 20%는 가족의 소득수준이 극빈층(incomes below the poverty line)에 해당되었다. 이 프로그램 시행 첫해(2002 회계연도)에는 1천 2백 50만 달러를 지원하여 94개 학교가 혜택을 받았다.[44] 이는 초기 초·중등교육법 제2차 개편(ESEA Title II) 시행 때의 가용자금이 매년 1억 달러인 것과 비교해도 비슷한 수준이라 할 수 있다.

20세기 후반에 학교도서관은 장서 및 규모면에서 본질적인 변화가 있었다. 1960년대 학교도서관은 대안 미디어(alternative media)를 포함하기 시작하였다. 1960년 AASL은 이미 오래된 1945년의 학교도서관 오늘과 내일에 대한 전망(School Libraries for Today and Tomorrow)을 갱신하였다.[45] 1960년 새 학교도서관 프로그램 기준(Standards for School Library Programs)은 시청각자료(수량기준을 정하지는 않았지만)를 포함시켰다.[46] 1960년 인쇄자료의 수량기준은 학생 수 200명~999명인 경우 최소 6천책에서 1만 책이었고, 학생 수 1,000명 이상의 경우 학생 1인당 10책으로 되어 있었다. 1969년 국가 교육연합회 시청각 교육위원회(The National Education

---

of the Education Consolidation and Improvement Act in Districts and Schools (Menlo Park, Calif.: SRI International, 1986).

44) Michie and Holton, *Fifty Years of Supporting Children's Learning.*

45) Mary Peacock Douglas, *School Libraries for Today and Tomorrow: Functions and Standards* (Chicago: American Library Association, 1945).

46) American Association of School Librarians, *Standards for School Library Programs* (Chicago: American Library Association, 1960).

38 장서개발관리론

Association Department of AudiovisualInstruction)의 협력으로 제정한 개정판은 학교미디어프로그램기준이라는 제목을 붙였으며,47) 이러한 제목의 변화는 학교도서관 및 학교도서관 프로그램에서 학교 미디어센터(또는 학교도서관미디어센터) 및 학교도서관 미디어 프로그램으로의 변화를 의미하는 것으로 교육과 학습을 지원하는 다양한 형태의 미디어 제공의 중요성을 강조한 것이다. 양적인 기준도 6천에서 1만 점 또는 학생 수 250명 이상의 학교에서는 1인당 20점 이상으로 변화되었다. 처음으로 시청각자료에 대한 적정수준의 수량기준이 제시된 것이다.

그 다음 개정판으로 1975년 교육구청 및 학교미디어프로그램(Media programs: District and School)이 출현하였다.48) 이 문서는 기존의 양적인 기준을 유지하면서도 질적인 목적에 초점을 두었다. 학생 수 500명 이하의 학교는 최소한 2만점 또는 1인당 40점의 도서, 연속간행물, 시청각자료 및 관련 장비를 갖추도록 하였다. 학생 수 500명 이상의 학교도 1인당 40점 이내의 자료를 갖추도록 했다.

1988년에 출판된 "정보의 힘 : 학교도서관 미디어 프로그램 가이드라인(Information power: Guidelines for School Library Media Programs)"은 질적인 측정으로 변화되었으며 부록에서 양적인 데이터를 제공하였다.49) 이 가이드라인은 1998년 "정보의 힘 : 학습의 파트너십 구축계획 가이드(The

---

47) American Association of School Librarians and National Education Association, Department of Audiovisual Instruction, *Standards for School Media Programs* (Chicago: American Library Association, 1969).
48) American Association of School Librarians, *Media Programs: District and School* (Chicago: American Library Association, 1975).
49) American Association of School Librarians, *Information Power: Guidelines for School Library Media Programs* (Chicago: American Library Association; Washington, D.C.: Association for Educational Communications and Technology, 1988).

Plann ing Guide for Information Power: Building Partnerships for Learning)"로 개정되었으며, 이 자료에서는 수량적 데이터를 완전히 배제하고 정보리터러시(information literacy)로 초점을 전환하였다.[50] 장서의 규모가 학교도서관미디어센터의 가치를 측정하는 유일한 수단은 아니지만 최근 데이터는 연방정부의 자금지원 감축이 학교도서관에 심대한 영향을 미치고 있음을 보여준다. 2004 회계연도에 학교도서관미디어센터의 65%만이 도서관 전문 상근 인력을 두었으며, 학생 100명당 평균 자료 보유량은 1,891점으로서 학생 1인당 20점 기준을 약간 밑도는 것으로 나타났다.[51] 고무적인 뉴스는 학교도서관미디어센터의 95.1%가 인터넷에 연결되어 있다는 사실이지만, 컴퓨터 워크스테이션 수는 학생 100명당 평균 2.3대에 지나지 않는다.

Marilyn L. Shontz and Lesley S. J. Farmer의 보고서에 따르면 지방 학교도서관미디어센터 예산은 2002년부터 2005년까지 동결상태이다.[52] 책 소비는 가격상승 기조를 유지하고 있으나 시청각자료, 컴퓨터 소프트웨어, CD-ROM, 그리고 웹 기반의 자료들에 대한 소비는 여전하다. 대부분의 자금이 지역 예산에서 나오지만 조사에 응답한 4분의 1 정도는 연방

---

50) American Association of School Librarians and Association for Educational Communications and Technology, *Planning Guide for Information Power: Building Partnerships for Learning* (Chicago: American Association of School Librarians, American Library Association, 1999).

51) National Center for Education Statistics, Digest of Education Statistics, table 416: "Selected Statistics on Public School Libraries/Media Centers, by Level and Enrollment Size." From U.S. Department of Education, National Center for Education Statistics, Schools and Staffing Survey (SASS), Public School Library Media Center Questionnaire, 2003-04 (Sept. 2006), http://nces.ed.gov/programs/digest/d06/tables/ dt06_416.asp.

52) Marilyn L. Shontz and Lesley S. J. Farmer, "Expenditures for Resources in School Library Media Center, 2005," in *Bowker Annual: Library and Book Trade Almanac 2007*, 52nd ed, Dave Bogart, ed. (Medford, N. J.: Information Today, 2007), 445-58.

정부의 자금을 받는 것으로 보고되었다.

긴축재정의 문제 Fiscal Stringency

1970년대까지 모든 종류의 도서관 예산은 동결 또는 감축되었다. 도서관들은 급격히 증가하는 자료비용과 출판물량을 감당하기 어려웠다. 사서들은 적은 예산으로 합리적 의사결정을 할 수 있는 방법을 모색하기 시작했다. 종합적으로 자급자족할 수 있는 충분한 장서를 갖춘다는 목적은 점점 비현실적으로 되어갔다. 따라서 연속간행물 장서규모의 축소 및 도서관간 협력시스템의 구축에 관심을 갖게 되었다. 장서개발정책서는 도서관이 한정된 예산으로 이용자의 다양한 요구를 충족하는 길을 모색하는 방향으로 보편화되었다. 1974년에는 "경제 침체 및 재정 불확실성의 위협에 대비하여 도서관간 계획적, 상호협력의 파트너십" 구축을 위해 연구도서관그룹(The Research Libraries Group)이 결성되었다.[53] 1967년에 오하이오(Ohio)주에서 대학도서관간 협력을 위해 설립된 OCLC(Online Computer Library Center)는 지역이나 자원공유 능력 그리고 서지데이터에 관계없이 모든 종류의 도서관을 회원으로 받아들였다.

도서관장서의 성장은 긴축재정으로 인해 크게 위축되었다. 연구도서관연합(ARL : the Association of Research Libraries)은 1986년부터 2001년 사이에 회원도서관에서 구입 연속간행물 5%, 구입 단행본 9%가 감소되었다고 기록하고 있다. 같은 기간 동안 연속간행물의 가격은 68%, 단행본 가격

---

53) Jenne Sohn, "Cooperative Collection Development: A Brief Overview," *Collection Management* 8, no. 2 (1986): 4.

은 66%가 인상되었다.[54] 1986년부터 2006년까지 20년 동안 연속간행물 비용(인쇄 및 전자잡지 모두)은 321%, 그리고 단행본 비용은 82%가 증가하였다. 대규모 대학도서관들은 이제 전자잡지를 포함한 연속간행물에 예산의 상당 부분을 사용하게 되었고, 단행본 예산지출 비율은 점점 감소되고 있다.

지역 이용자의 요구를 충족하기 위해서는 도서관간 상호대차가 절실하게 되었다. 사서들은 도서관 상호대차 및 문헌전달을 둘러싸고 소유와 접근의 문제를 논의하게 되었다. 특정 문헌을 바로 그 도서관에서("just in case") 제공해야 한다는 종합장서구축에 대한 전통적인 생각은 점점 빛을 잃게 되었다. 사서들은 이용자의 요구를 제때에("just in time")충족시켜주기 위한 보다 합리적인 예산 활용방법을 모색하였다. 1988년 Maurice B. Line는 다음과 같은 의견을 제시하였다. :

> 2차 세계대전 이전에는 하나의 부가적인 선택업무 내지 이용자를 위한 특별 서비스 업무로 여겨졌던 도서관 상호대차업무는 점점 필수적인 업무로 되어왔고, 몇몇 연구도서관들은 자기 도서관의 실패를 인정하고 어딘가 다른 곳에서 자료를 구하는 일을 당연시하게 되었다. 이제 모든 도서관들은 규모가 큰 도서관이라도 장서의 자가 충족은 불가능하며, 많은 부분을 다른 곳으로부터 획득해야 한다는 사실을 인정하게 되었다.[55]

---

54) Association For Libraries, "Monograph and Serial Expenditures in ARL Libraries, 1986-2006" www.arl.org/bm~doc/monser06.pdf. Information at this site is updated annually as ARL member libraries' statistics are added.

55) Maurice B. Line, "Interlending and Document Supply in a Changing World," in *Interlending and Document Supply: Proceeding of the First International Conference Held in London, November, 1988*, ed. Graham P Cornish and Alison Gallicao, 1-4 (Ballston Spa, England: IFLA Office for International

20세기 마지막 25년 동안은 도서관 내외로부터 여러 가지 압력이 가중되었다. 그 가운데서도 중요한 것은 급격한 사회변화 및 이용자의 기대 변화, 출판산업, 통신기술, 저작권법, 연구자간의 커뮤니케이션 변화 등이라고 할 수 있다. 이제 모든 종류의 도서관에서 장서관리 사서들은 자료보존의 문제, 장서구성 및 자원 공유의 문제, 연속 간행물의 구독 취소, 장서의 폐기 및 저장의 문제 등에 부족한 재정자원을 적절히 활용하는 방안을 강구하고 있다. 20년 이상 도서관에 지속된 엄격한 재정통제에 수반하여 도서관의 우선 추진사업은 계속 조정되지 않을 수 없었으며, 장서관리라는 용어가 도서관 전문직에게 더욱 의미를 더해주는 기본적인 이유가 되었다.

1980년대에는 디지털 정보라는 또 하나의 도전이 나타났다. 몇몇 대학 도서관들은 수년간 매그네틱 테이프(magnetic tapes)나 펀치카드(punched cards)에 수록된 데이터파일을 수집하였다. 그러나 마이크로컴퓨터가 널리 보급되면서 플로피디스크 형태의 다양한 정보원이 등장하고, 곧 이어 CD-ROM이 도서관에 들어왔다. 인터넷의 성장과 유비쿼터스 방식의 정보접근은 도서관으로 하여금 온라인 자원의 선택 문제를 고민하게 하였다. 전자자원의 선택에 직면한 사서들은 라이선스, 소프트웨어, 기술 지원정도, 운영시스템, 호환성, 그리고 하드웨어 등의 새로운 결정을 내리지 않으면 안 되게 되었다. 유비쿼터스 방식으로 정보에 손쉽게 접근하고자 하는 이용자의 기대는 계속 증대되어 왔다. 장서관리 사서들은 온라인 전자자원에 접근할 수 있는 권리를 확보(구매)하기 위해 라이선스

Lending, 1989), 1.

계약 조건 및 라이선스 협약사항을 숙지하지 않으면 안 되게 되었다. 21세기 초에 이르러 많은 문헌들은 도서관이 직면한 인쇄자료와 전자자료의 동시 운용문제에 초점을 맞추어왔다.

그럼에도 불구하고, 현대는 도서관에서 일하는 것이 흥미로운 시대가 되었으며, 이는 특히 장서를 개발하고 관리하는 문제와 직결되어 있다. 이용자들은 계속해서 그들의 정보요구와 레크레이션 욕구를 충족시키기 위하여 직접 또는 온라인으로 도서관을 방문하고 있다. 2008년에 미국인 1,000~1600명을 대상으로 온라인 시대 미국 성인들의 정보추구방법 및 이들이 직접방문, 온라인접근 양 측면에서 공공도서관들과 박물관들의 상호작용에 미치는 영향을 알아보기 위하여 5회에 걸친 IMLS 연구가 수행되었다.[56] Jose-Marie Griffiths and Donald W. King이 주도한 이 연구팀은 도서관과 박물관의 온라인 정보자원이 미국 성인 가운데 모든 연령, 모든 교육수준, 모든 민족에 걸쳐 가장 신뢰할만한 정보자원이라는 것을 발견하였다. 도서관과 박물관은 정부, 상업기관, 개인웹사이트를 포함한 다른 정보자원보다 유의미한 상위 레벨을 차지하였다. 이용 가능한 온라인 정보의 폭발적 증가는 더 많은 정보에 대한 미국인들의 욕구를 자극하는 것으로 나타났다. Griffiths and King은 또 인터넷이 도서관 및 박물관 방문을 대신하는 것은 아니며, 오히려 도서관과 박물관의 현장 방문 이용을 증가시킨다는 것을 발견했다. 이 보고서는 인터넷시대에 있어서도 공공도서관과 박물관이 모든 연령대의 시민들에게 믿을만한 정보원

---

56)Jose-Marie Griffiths and Donald W. King, *InterConnections: The IMLS National Study on the Use of Libraries, Museums and the Internet: public Libraries Report* (Washington, D.C.: Institute of Museum and Library Services, 2008), http://interconnectionsreport.org/reports/ConclusionSummaryFinalB.pdf.

으로 살아남을 수 있다는 증거를 보여주었다.

선택이론 Theory of Selection

장서개발 관리의 기원은 선택이론이라 할 수 있다. 미국에서 선택에 관한 최초의 가이드는 하버드대학 사서였던 Thaddeus M. Harris가 1973년에 작성한 것이다. 그녀는 원거리에 거주하는 일반 독자를 위한 "소규모 도서관"들의 도서선택을 위한 제안에서 "도서의 물량이 급격히 증가함에 따라 유용성이 떨어지는 수많은 도서 가운데서 평가가 좋은 책들을 선택하도록 최대한의 주의를 기울일 필요가 있다."고 주장하였다.[57] 1960년대까지 미국에서 개발된 선택이론은 공공도서관을 위한 자료 선택에 초점을 맞추고 있다. 모든 종류의 도서관들은 요구와 가치의 문제를 경험해왔고, 자료선택문제의 대부분은 이용자들의 요구와 사서들의 믿음 사이에 존재하는 불일치의 문제였다. 이는 시민교육을 기본 목적으로 하는 공공도서관에서는 당연한 것이었다. 요구 대 가치의 괴리 중 일부는 소설에 관한 문제였다. 소설 선택은 초창기 독자들에게 특히 문제가 되었는데, 이는 과거 오랜 세월동안 쌓여온 소설읽기에 대한 청교도들의 태도 때문이라고 할 수 있다. 1899년에 발행된 Library journal에서 Lucious Page Lane(뉴욕 주 도서관학교, class of 1899)은 "통속 소설은 일반적으로 공공도서관 이용자 특히 청소년 독자들에게 부정적 영향을 미치며,

---

57)Thaddeus M. Harris, Seleced [sic] *Catalogue of Some of the Most Esteemed Publications in the English Language. Proper to Form a Social Library, with an Introduction upon the Choice of Books* (Boston: I. Thomas and E. T. Andrew, 1793), ii.

정신적으로 매우 해롭다."는 한 교장선생님의 말을 인용하였다.[58] 초기의 사서들은 도서선택과 장서 구성에 있어 가정적이고 온정적인 엘리트주의적 입장을 고수하였다.

장서 품질 관리자로서의 사서 Librarians as Arbiters of Quality

미국 도서관학의 초창기 듀이Melvil Dewey, 다나John C. Dana, 푸트남Herbert Putnam, 스포포드Ainsworth Spofford와 같은 선각자들은 도서관은 기본적으로 교육기관의 역할을 해야 한다고 주장하였다. 이는 곧 도서관의 책임은 사서가 정선한 고품질의 도서를 제공해야 한다는 것을 의미하는 것이다. 많은 사서들은 자신들이 자료의 품질을 결정한다는 점에서 자료 평가자로서의 역할을 자랑스럽게 여겼다. Arthur E. Bostwick는 1908년 미국도서관협회 회장 성명에서 공공도서관 사서들이 자료 평가자로서 능동적인 역할을 해줄 것을 강조하였다. 그는 사서들이 진·선·미라는 관점에서 자료를 선택할 책임이 있다고 말문을 열었다.[59] 이와는 대조적으로 풀William F. Poole, 윈서Justin Winsor, 커터Cutter와 같은 당시의 또 다른 지도적 사서들은 좀 더 대중적인 자료의 선택도 보장해야 한다고 주장하였다.

공공도서관에서 대중 자료의 독서를 가장 강력하게 주장한 사람은 시카고 공공도서관의 초대 관장이었던 풀Poole이었다. 그는 "아직도 독자들을 교양서적 위주로 유도하는 관점이 널리 퍼져 있다"고 말하였다. 그는

---

58) "Monthly Report from Public Librarians upon the Reading of Minos: A Suggestion," *Library Journal* 23 (Aug. 1899): 479.
59) Arthur E. Bostwick, "Librarian as a Censor." *Library Journal* 33 (July 1908): 257-59.

1876년 다음과 같이 쓰고 있다.

> 그러므로 독자들의 다양한 요구를 충족하기 위해서는 도서관의 서가에
> 교양인들이 읽을 책 뿐 아니라 비록 수준이 좀 낮더라도 정신발달의 각
> 단계에 알맞은 책을 비치해야 한다. 그 핵심적 판단 기준은 대중의 인기
> 정도에 있는 것이 아니다. 즉 책을 찾는 사람들의 입맛에 의해서가 아니
> 라 문학성의 스케일에 있으며, 공립학교의 교과서나 선독 자료와 마찬가
> 지로 무엇인가 보다 나은 방향으로 이끌어 줄 수 있는 책을 의미한다.[60]

모든 사서들이 진·선·미를 담고 있는 책을 자신 있게 선택하기는 어
렵다. 또한 독자들을 높은 수준으로 이끌어주는 좋은 책을 식별하는 것
도 쉽지 않다. 사서직의 전문성이 개발됨에 따라 사서들은 이용자들에게
개별 자료선택을 안내하기 위하여 전문협회 및 사서직 단체에 눈길을 돌
리게 되었다. 1900년대 초에는 사서들의 좋은 책 선택을 돕기 위한 여러
가지 평가도구들이 출현하였는데 여기에는 미국도서관협회 선택목록ALA
Booklist(1905), 서평다이제스트Book Review Digest(1906), 그리고 소설 목록
Fiction Catalog(1908)이 포함되었다. 1902년 미국도서관협회는 '참고도서의
연구 및 이용 안내' 창간호(현 참고도서 안내 now Guide to Reference)를 발간
하였다.

도서관 지도자들 사이의 가치냐 요구냐를 둘러싼 이론적 논쟁에도 불

---

60) William F. Poole, "The Organization and Management of Public Libraries," in *Public Libraries in the United States of America: Their History, Condition, and Management; Special Report*, Part Ⅰ, by the U.S. Bureau of Education (Washington, D.C.: U.S. Government Printing Office, 1876), 479-80.

구하고 미국 공공도서관에서의 소설 장서량은 지속적으로 증가하였다. 1876년까지 모든 미국공공도서관들은 소위 "좋은 책"을 주장하면서도 최소한의 소설자료를 제공하였다. 제1차 세계대전 중 미국 공공도서관에서의 소설에 대한 반대 움직임은 나라 전체가 심각한 분위기에 쌓여 대중소설의 천박성에 대한 이론적 논쟁이 팽배해졌다. 오래곤주 도서관 사서였던 마빈(Cornelia Marvin)은 다음과 같은 슬로건을 내걸었다. "전쟁 중 소설 신규구입 금지".61) 반면 많은 사서들은 병영도서관에 제공할 자료들을 선택하였으며, 장병들에게 오락이나 정신적 위안을 위한 소설자료들을 망설임 없이 제공하였다.(All the same, many librarians selected materials for military camp libraries and were not hesitant about choosing fiction to entertain and distract thetroops.)62)

제1차 세계대전 이후 공공도서관에서의 소설의 역할에 관한 논쟁이 계속 이어졌다. 많은 사람들은 공공도서관이 귀환 장병들을 위해 가능한 한 매력적인 역할을 해줄 것을 기대하였다. 그럼에도 불구하고 대 공황에 따른 경제 침체의 여파로 도서관 재정이 감축됨으로써 소설의 문제는 여전히 사서들 사이에 논쟁의 중심이 되었다. 몇몇 도서관 지도자들은 1930년대는 도서관이 교육적 독서에 역점을 두는 시기였다고 말하고 있다. 시카고 공공도서관의 로덴Carl B. Roden은 다음과 같이 묻고 있다. "우리들 가운데 1,000명의 소설 독자를 위해 최신 소설을 제공하기 보다는 10명의 자학자습 학생을 위해 경쟁력 있는 책을 제공하는 편이 낫다고 생각하지 않는 자 누가 있겠는가?"63)("Who among us would not rather supply

---

61) Cornelia Marvin, "No New Fiction during the War," *Public Libraries* 23, no. 6 (1918): 269.
62) American Library Association, "Our Libraries and the War," *Library Journal* 42 (Aug. 1917): 606-11.
63) Carl B. Roden, "The Library in Hard Times," *Library Journal* 56 (Dec. 1, 1931): 981-87.

the books and competent guidance for ten self-students than the latest novels for a thousand fiction readers?" 역자 주 : 논조로 보아서 "그런 사람 있으면 나와 보라고 해."라는 의미 같다.) 이와는 달리 또 다른 사서들은 공공도서관의 사명의 하나로 소설을 제공할 의무가 있다고 생각했다. 적정 도서관 자료에 대한 논쟁은 미국 공공도서관에서의 소설 문제를 다룬 커리어Esther Jane Carrier가 쓴 2권의 책에 기록되어 있는데, 이 책에는 소설에 대한 찬 반 논쟁에 대한 상세한 정황과 소설 문제가 장서관리의 일부로 대두되게 된 배경을 보여주고 있다.64)

선택이론의 진화 Evolution of Selection Theory

도서선택에 관한 최초의 종합적 연구는 Francis K. W. Drury(1930)와 Helen Haines(1935)가 저술한 교과서들이다. 이 교과서들은 당시의 시대 상황을 반영하고 있는데, 예를 들면 Haines는 "개체 인간의 개발에 있어서 성격 형성, 지성 개발, 풍부한 자료원의 제공, 그리고 감성의 심화와 같은 책이 지니고 있는 의미내용을 고려"해야 하며, 이는 장서관리의 원리를 흐르는 지속적인 바이블이 되어야 한다고 강조했다.65) Drury의 장서관리의 목적은 흥미에 관련된 몇 가지 예외사항을 제외하면 오늘날의

---

64) Esther Jane Carrier, *Fiction in Public Libraries, 1876-1900* (New York: Scarecrow, 1965); and *Fiction in Public Libraries, 1900-1950* (Littleton, Colo.: Libraries Unlimited, 1985). For explorations of the manner in which librarians' cultural and social attitudes and biases have affected their theories of selection and service, see Lee Garrison, *Apostles of Culture: The Public Librarian and American Society, 1876-1920* (New York: Free Press, 1979); and Evelyn Geller, *Forbidden Books in American Public Libraries, 1879-1939: A Study in Cultural Change* (Westport, Conn: Greenwood, 1984).

65) Helen Haines, *Living with Books: The Art of Book Selection* (New York: Columbia University Press, 1935), 3.

장서관리 원칙과 매우 관련이 깊다. 그는 도서선택의 목적, 그리고 선택 사서들의 목적을 다음과 같이 제시 하였다.

- 지역사회의 특성 분석
- 다양한 형태의 자료들에 대한 다양한 용도 인식
- 도서관의 특성과 정책 고려
- 판단력의 개발 및 구입 자료 선택에 있어서의 가치
- 독자들에 대한 적절성을 염두에 둘 것
- 정보의 소스를 잘 파악해 둘 것
- 도서관의 시각(관점)에서 도서 및 저자 정보의 최신성 유지
- 도서관의 목적에 따른 도서의 검토, 비평, 해제 능력 개발
- 도서관의 도서선택 조직 적합성 판단
- 자료선택에 대한 기본적 필수적 업무수행 방법 숙지
- 선택사서에 대한 정신적 개인적 적합성 세부조사[66]

Drury는 "유능한 선택사서는 지역사회의 요구를 파악하고, 도서관의 책과 가용 예산을 숙지하고, 전문적 지식을 활용하여 그가 유용할 것이라고 믿는 다양한 도서를 선택한다."고 말하였다.[67]

요구와 가치 사이에 팽팽한 긴장이 지속됨에 따라 선택 업무는 사서의 전문성과 관련된 주제가 되었다. Leon Carnovsky는 공공도서관은 진실한 (true) 자료를 제공해야 한다고 말함으로써 가치에 대한 그의 확고한 입장

---

66) Fransics K. W. Drury, *Book Selection* (Chicago: American Library Association, 1930), xii-xiii.
67) Ibid., 2.

을 형성하였다.[68] 제2차 세계대전 이전 그는 도서관의 내부 자료검열에 대한 지지 입장을 학술적으로 뒷받침하였다. 그는 공공도서관은 이 현안 이슈에 대하여 진실(truth)에 입각한 확고한 입장을 고수해야 한다고 주장 했다. 그는 검열에 대한 지역사회의 의견을 옹호하고, "도서관은 자료의 검열자로서의 권한을 확고히 할 때 민주적인 역할을 수행할 수 있다"고 말하였다.[69] 제2차 세계대전의 정치적 함의는 사서로 하여금 어떤 것이 진리이고 어떤 것이 진리가 아닌지에 대한 자료선택 능력 및 선택지식에 대한 믿음에 혼란을 주었으며, 이로 인해 Carnovsky도 1950년대와 1960 년대에 와서는 그의 입장을 완화하게 되었다.

공공도서관에서의 대중 인기자료에 대한 논쟁은 계속되었다. 1940년 대 말엽 공공도서관에서는 소설의 비치에 관한 의문이 또 다시 심각하게 제기되었다. 사회과학 연구위원회(the Social Science Research Council)는 Carnegie재단의 자금지원으로 도서관 및 도서관 서비스, 장서 및 이용자 에 초점을 둔 조사연구를 수행하였다. Bernard Berelson은 공공도서관에 대한 엘리트적 관점을 다룬 이 보고서 요약문에서 도서관의 목적은 "중 대한"것이며, 도서관의 적절한 역할은 모든 사람들에게 다가가려는 것이 라기보다는 지역사회 구성원들에게 문화적인 경각심을 제공하려는 데 있다고 말하고 있다.[70]

---

68) Leon Carnovsky, "The Role of Public Library: Implications for Library Education," in *The Intellectual Foundations of Library Education*, ed. Don R. Swanson, 13-23 (Chicago: University of Chicago Press, 1965).

69) Leon Carnovsky, "Community Analysis and the Practice of Book Selection," in *The Practice of Book Selection*, ed. Louis R. Wilson, 20-39 (Chicago: University of Chicago Press, 1940), 27.

70) Bernard Berelson, *The Library's Public: A Report of the Public Library Inquiry* (New York: Columbia University Press, 1949).

또 다른 사서들은 공공도서관의 의무는 이용자들이 가장 관심을 갖는 도서를 제공하는 데 있다고 주장하였다. 그들은 사회는 물론 도서관도 민주주의적 원리에서 작동되어야 한다고 믿었다. 그들은 독서의 자유, 독자들이 좋아하는 도서를 선택할 권리의 중요성을 점차적으로 인식하게 되었다. 1939년 미국도서관협회(ALA)는 최초로 자료의 검열 및 시민의 독서의 자유에 대한 압력을 거부하는 공식적인 입장을 밝힌 도서관권리장전(Library Bill of Rights)을 채택하였다. Lester Asheim은 1953년 "검열 대신 선택(Not Censorship but Selection)"이라는 그의 논문에서 나쁜 책(bad ones)을 배제하는 대신 좋은 책(good books)을 선택한다는 긍정적 의미에서 선택의 개념을 강조하였다.71)

사서들은 20세기 후반에 와서 도서관장서는 모든 주제를 골고루 동등하게 갖추어야 한다는 보다 발전된 생각을 갖게 되었다. 균형 있는 장서란 모든 관점에서 중요한, 논쟁 가능성이 있는 자료도 선택해야 한다는 것을 의미한다. 사서들은 점차 도서관 자료의 선택에 있어 내용과 형태의 양 측면에서 주의 깊게 자료를 선택해야 한다는 책임의식을 갖게 되었다.

전문분야로서의 장서개발과 관리
Collection Development and Management as a Specialization

자료의 선택업무가 사서에게 넘어옴에 따라 흔히 수서담당 사서에게 그 책임이 부과되었다. 초기의 선택담당 사서들은 1951년에 발족된 미국

---

71) Lester Asheim, "Not Censorship buy Selection," *Wilson Library Bulletin* 28 (Sept. 1953): 63-67. See also his "Selection and Censorship: A Reappraisal," *Wilson Library Bulletin* 58 (Nov. 1983): 180-84.

도서관협회 수서전문위원회(ALA Board of Acquisition of Library Materials)를 중심으로 그들의 전문성을 구축해 나갔다. 1957년 미국도서관협회 자원 및 기술서비스분과ALA Resources and Technical Services Division, RTSD가 발족되고, 이 RTSD 내에 도서관자료 수서위원회Board of Acquisition of Library Materials 가 수서에 관한 전문부서로 창립되었다.

1977년 ALA 연차총회에 앞서 디트로이트Detroit에서 개최된 예비회의에서는 수서업무로부터 분리된 새로운 전문분야로서 장서개발에 관해 사서직의 인식을 제고하기 위한 획기적인(landmark) 이벤트가 열렸다. ALA RTSD의 새 장서개발 위원회(Collection Development Committee of the Resources Section)에서 Juanita Doares, Shella Dowd, Hendrik Edelman, Murray Martin, Paul H. Mosher, David Zubatsky를 포함한 일군의 학자들은 도서관의 미래를 조망하기 위하여 장서개발에 관한 예비회의 및 분과위원회를 발족시켰다.

새로운 출판물들이 급속하게 늘어나면서 출판계는 더욱 복잡한 양상을 띠게 되었지만, 도서관 수서예산의 증가는 매우 더디게 이루어졌다. 이제 일시적으로 참여하는 교수들이나 전문성이 없는 사서들은 선택업무를 더 이상 제대로 수행할 수 없게 되었다. 대학도서관 서서들로 구성된 1977년의 예비회의 기획자들은 더욱 확고한, 의식적, 계획적인, 기록으로 체계화 하는 방식으로 연구 장서를 개발할 필요성을 직시하게 되었다. 그들은 이러한 필요성을 기존의 수서업무와 구별하여 '새 특별 장서개발'이라고 이름 지었다. 1977년 예비회의의 목적은 이 새로운 세부 주제에 대하여 도서관의 전문성, 즉 그 성격과 구성요소에 대하여 교육하는 것이었다. 예비회의가 끝난 직후 장서개발위원회에서는 장서개발 가이드라인 초판을 발행하였다.[72] 이 가이드라인은 1979년에 개정되었고,

보다 다양한 분야에 초점을 맞춰 여러 가지 장서 관리 및 개발 가이드라인 시리즈물이 출간되었다.

RTSD(now Association of Library Resources and Technical Services) 장서개발위원회(Collection Development Committee)의 후원으로 1981년 최초의 장서관리 및 개발 연구 모임이 스탠포드대학(Stanford University)에서 구성되었다. 기획자들은 장서관리를 단순한 개발이나 장서 증가의 측면만이 아니라 새로운 도서관 전문성에 대한 미래의 기본적 문제로 인식하게 되었다. 그들은 수서 기타 도서관 내부 경영 및 서비스 그리고 지역 선거권자들과 밀착된 업무라는 포괄적 측면에 초점을 맞추었다. 그들은 모든 형태의 도서관에 근무하는 사서들과의 의미 연관 속에서 장서관리를 정의하고자 하였다.

1980년대 초에는 많은 전문단체들이 장서의 개발과 관리에 관심을 가졌다. 1984년에는 공공도서관협회(Public Library Association)가 후원한 예비회의가 개최되었다.[73] ARL은 장서개발위원회를 설립하였다. 연구도서관 그룹(Research Libraries Group)은 장서관리 및 개발위원회를 발의하였고 미국도서관협회 내의 성인서비스분과(Adult Services Division, 현재는 참고 및 이용자서비스 위원회(Referenceand User Services Association)), 공공도서관협회, 대학 및 연구도서관협회 등 다른 분과위원회들도 장서개발은 언제나 수서와 밀접하게 관련되어왔다는 점을 강조하여 장서관리 및 개발위원회를 설치하였다. 대규모도서관에서는 이 두 가지 기능을 수서개발과 관리로

---

72) David L. Perkins, ed., *Guidelines for Collection Development* (Chicago: Collection Development Committee, Resources and Technical Services Division, American Library Association, 1979).

73) Judith Serebnick, ed., *Collection Management in Public Libraries: Proceedings of a Preconference to the 1984 ALA Annual Conference, June 21-22, 1984, Dallas* (Chicago: American Library Association, 1986).

분리하기 시작했지만 공공도서관 서비스에서는 이 기능을 서로 통합하여 수행하기도 한다.

1970년대 말과 1980년대에 사서 전문직들은 장서관리를 더욱 중요한 일(a cause celebre)로 여기게 되었다. 1970년대에 나타났던 수서나 선택에 비하여 장서관리를 다룬 수많은 텍스트, 매뉴얼, 서평지, 저널기사가 쏟아져 나왔고, '장서관리(Collection Management, 1976)', '장서구성(Collection Building, 1983)' 그리고 '도서관장서, 수서 및 기술서비스(Library Collections, Acquisitions and Technical Services(그 이전에는 도서관의 수서 : 이론과 실제 Library Acquisitions: Practice and Theory; 1977)'가 출판되었다. 1970년대에는 수서와 선택을 넘어 보다 광범하게 접근한 장서개발에 관한 몇몇 텍스트가 출현하였다. 그 대표적 연구로 Collection Development in Libraries : A Treatise를 들 수 있다.[74] 1980년대 중반까지의 연구논문들은 도서관의 장서개발을 주요 주제로 다루고 있으며, 대부분의 도서관학교들은 하나 또는 그 이상의 교과목에서 장서의 개발과 관리에 초점을 맞춘 교육과정을 제공하였다. Richard Kryzs는 당시 장서개발을 주제로 한 기본 교육과정으로서 도서관 및 도서의 역사적 배경, 도서관의 형태와 지역사회, 도서관 자료, 출판사와 출판사정, 자료의 선택, 자료의 수서, 자료의 저장, 제적, 보존, 대체 결정 등 장서평가를 교과목 주제에 포함하고 있다.[75] 1980년 중

---

74) Robert D. Stueart and George B. Miller Jr., eds., *Collection Development in Libraries: A Treatise*, 2 vols., Foundations in Library and Information Science, vol. 10 (Greenwich, Conn.: JAL Press, 1980). A new collection of essays updated this publication—Charles B. Osburn and Ross Atkinson, eds., *Collection Management: A New Treaties*, 2 vols., Foundations in Library and Information Science, vol. 26 (Greenwich, Conn.: JAL Press, 1991).

75) Richard Kryzs, "Collection Development Courses," in *Internationalizing Library and Information Science Education: A Handbook of Policies and Procedures in Administration and Curriculum*, ed. John F. Harvey and Frances Laverne Carroll, 201-14 (New York: Greenwood, 1987); John M. Budd and Patricia L. Brill,

반까지 장서개발 사서의 직위는 확고하게 자리매김 되었다.[76]

1980년 이후의 장서개발과 관리
Collection Development and Management since 1980

1980년대는 모든 종류의 도서관들이 도전에 직면한 시기로서 사서들의 관심은 당시 정보 풍요의 시대에 있어 어떤 조건의 장서구성을 할 것인가를 놓고 고민하게 되었다. 도서관들은 장서의 이용 과다, 열악한 환경조건, 산성 종이를 사용한 부서지기 쉬운 책들로 인해 공간문제를 시급히 해결하지 않으면 안 되게 되었다. 대규모도서관들은 부서지기 쉬운 자료들을 보정하기 위한 실험실을 갖추고 자료보존부서를 설치하였다. 또 선택사서는 수선(treatment) 대상 자료를 선택하는 역할도 수행하게 되었다. 국가인문학기금(The National Endowment for the Humanities)은 수천 권에 이르는 열화된 책들의 내용을 보존하기 위해 많은 마이크로필름 제작 프로젝트에 자금을 지원하였다. 사서들과 정부는 산성 종이의 열화 장서는 서서히 연소되고 있다는 것을 인식하게 되었다.[77]

독서의 권리, 자료의 검열, 지적자유의 문제도 중요한 관심사로 떠올

"Education for Collection Management: Results of a Survey of Educators and Practitioners," *Library Resources and Technical Services* 38, no. 4 (1994): 343-53 ; Paul Metz, "Collection Development in the Library and Information Science Curriculum," in *Recruiting, Educating, and Training Librarians for Collection Development*, ed. Peggy Johnson and Sheila S. Intner, 87-97 (Westport, Conn.: Greenwood, 1994).

76) Karen Schmidt, "Past Perfect, Future Tense: A Survey of Issues in Collection Development," *Library Collections, Acquisitions, and Technical Services* 28, no. 4 (2004): 360-72.

77) American Film Foundation, Slow Fires: *On the Preservation of the Human Record*, sponsored by the Council on Library Resources, Library of Congress, and National Endowment for Humanities (Santa Monica, Calif: American Film Foundation, 1989).

랐다. ALA는 1982년 학교도서관과 공공도서관에서의 도서선택의 문제점을 부각하는 금서(Banned Books Week) 문제를 제기하였다. 사서들은 정치, 종교, 성, 사회철학 분야에서 서로 상반된 입장을 다룬 자료들을 도서관에 비치해야 한다는 인식을 갖게 되었다. 장서에 사회의 다면성, 직업의 다양성, 그리고 세계적 시각을 반영할 필요가 있음을 깨닫게 되었다. 미국 도서관협회는 다민족, 다문화 장서 및 서비스 프로그램 정보원을 제공하기 위하여 다문화자료교환소(ALA Ethnic Materials Information Exchange Round Table, renamed the Ethnic and Multicultural Information Exchange Round Table in 1998)를 설치하였다.

1980년대는 또 비인쇄자료(오디오 및 비디오자료, 슬라이드, 필름, 사진, 도면, 줄필름, 그리고 실물교재 realia)가 주요 주제로 남아 있었지만, 컴퓨터 소프트웨어, 컴퓨터 파일, CD-ROM의 출현으로 그늘에 가려졌다. 후자는 아직 비전통적 형식의 자료로서 사서들은 도서관이 이를 수집해야 하는지, 수서예산(아직도 흔히 "도서구입예산"으로 지칭)을 사용해야 하는지, 하드웨어는 어떻게 지원할 것인지, 이들 자료에 대한 적정 평가기준은 무엇인지에 대하여 논의하고 있다. 사서들은 또 출판사들의 전자출판물 보호조치에 따라 라이선스 계약이라는 초유의 경험을 하게 되었다. 장서개발 사서는 라이선스 계약의 의미, 계약 갱신, 계약 서명권자 등의 문제를 해결하기 위하여 법률전문가와 지속적인 유대를 갖기 시작했다. 장서개발사서가 1980년대 말에 직면한 가장 충격적인 문제는 학술잡지 가격의 급격한 상승으로서 흔히 "연속간행물의 위기(serials crisis)"라고 불렀다. ARL은 소비자가격지수에 비추어 연속간행물과 단행본의 단위비용, 구입비용, 구입수량에 관하여 그 추이를 분석하기 시작했다. 모든 도서관 사서들은 학술지 가격 검토, 학술지 구독 취소 검토, 가격에 영향을 미치는 전자출판물 구입 검토, 불공정 거래 관행의 검토 등에 매달리게 되었다. 장서담당 사서들에게는 다양한 주제와 형태의 자료에 한정된 예산을 가장 적절하게 배분하는 문제, 그리고 재정 책임에 대한 문제가 가장 큰 관심사항으로 대두되었다.

출판사와 벤더들이 합병함에 따라 출판시장은 크게 변화하였다. 6대 그룹(Reed Elsevier, Taylor and Francis Informa, Wolters Kluwer, Candover and Cinven, Wiley Blackwell, and Verlagsgruppe George von Holtzbrinck)이 40여 개 출판사를 통제하였다. Reed Elservier그룹은 2007년 출판시장의 24.6%를 통제하였다.[78] 기업인수합병은 가격상승으로 이어졌다. Elsevier Reed그룹이 Pergamon을 인수하자 Pergamon의 저널가격은 27% 인상되었고, Kluwer그룹이 Lippincott를 인수하면서 Lippincott의 출판물 가격은 30%가 인상되었다.

20세기의 마지막 10년 동안 자동화의 영향과 장서관리에 대한 의미 변화는 연속간행물 가격의 지속적인 상승과 중첩되어 도서관에 대한 도전으로 합류하였다. 1980년대 초 많은 사서들은 수서 대상 자료를 식별하기 위해 Books in Print, 출판사 카탈로그, 국가서지목록 등 노동집약적 매뉴얼에 의존하고 있었다. 또한 그들은 전동타자기나 수동타자기로 5개 부분으로 구분된 주문 양식을 타자하여 사용하였다. 그로부터 10년, Tin Berners-Lee는 세계적인 하이퍼텍스트 시스템(웹)을 제안하고 기술개발을 시작하여 오늘날 세계적으로 정보 생산자인 출판사와 벤더들의 커뮤니케이션을 지원하게 되었다.[79] 웹(the Web)의 급속한 발전으로 내용

---

78) University of California-Berkeley Library, Library Collections, Hot Topics — Publisher Mergers (2007), www.lib.berkeley.edu/scholarlycommunication/publisher_mergers.html.

(content) 접근과 전달이 실현되면서 장서의 성격과 장서구성, 장서관리의 역할에 궁극적인 변화가 일어났다.

곧 디지털도서관이 나타났는데, 디지털도서관의 개념은 다음과 같이 정의되었다.

> 전문직원, 자료선택, 구조화, 내용접근, 번역, 배포, 통합보존, 장서의 영속성 보장 등 디지털 정보자원을 제공하기 위해 마련된 조직으로서 일정한 사회 또는 일련의 지역사회에서 경제적으로 이용할 수 있는 도서관 조직
>
> organizations that provide the resources, including the specialized staff, to select, structure, offer intellectual access to, interpret, distribute, preserve the integrity of, and ensure the persistence over time of collections of digital works so that they are readily and economically available for use by a defined community or set of communities.[80]

이에 따라 장서개발사서들은 디지털 기술, 즉 전문가 시스템, 내부 웹페이지in-house web pages, 자동 장서분석도구automated collection analysis tools, 기타 중계인 제공 상품other vendor products(온라인 자료선택 포함)들이 어떻게 그들의 업무활동을 지원할 수 있는지 검토하기 시작했다. 그들은 전자자원의 선택에 대한 기준을 지속적으로 고민하면서 이러한 전자자원들(인

---

79) Tim Berners-Lee, "Information Management: A Proposal," www.w3.org/History/1989/proposal.html.
80) Daniel Greenstein, "DLF Draft Strategy and Business Plan," public version 2.0(Washington, D.C.: Digital Library Federation, 2005), www.diglib.org/about/strategic.htm.

터넷으로 이용 가능한 자원 포함)을 기존 도서관업무의 주축 흐름mainstream에 접목하기 위하여 노력하였다.

전자저널의 수는 급증하였다. 1991년 처음으로 발행된 전자저널 목록 the Directory of Electronic Journals, Newsletters and Academic Discussion Lists(1991)에는 110개의 저널 및 뉴스레터 그리고 517개의 학술 토론자료 또는 회의 자료가 등재되었으며, 1997년까지 3,400개 이상의 전자저널과 뉴스레터 그리고 3,800개가 넘는 회의 자료가 등재되었다.[81] 1996년과 1997년에는 Academic Press, Chapman-Hall, Elsevier, and Springer-Verlag와 같은 거대 상업출판사들이 전자저널 출판을 시작함으로써 그 성장속도가 최고조에 달하였다. 당시 사서들은 전자저널이 도서관이 직면한 연속간행물 가격 상승문제를 해결하는 대안이 되어주기를 희망하였다. 1990년대 말에는 상업출판사들은 전자저널을 패키지로 묶어 단가를 책정하면서 만일 도서관들이 패키지 단위로, 구독 취소를 하지 않는 조건을 수용할 경우 가격 상승 억제를 약속하겠다는 소위 "빅딜"을 제안하였다.

온라인 전자 자료의 접근과 이용을 위한 라이선스 계약은 이 분야에 경험이 적거나 전혀 없는 도서관 및 사서들에게 주요 이슈가 되었다. 많은 단체들은 사서들에게 전자자원에 대한 라이선스 계약을 도와주기 위하여 워크숍을 개최하였다. 1996년 예일대학은 사서들의 라이선스 계약 협상을 돕기 위해 웹사이트에 Liblicense(www.library.cale.edu/~license/)라는 교육 사이트를 개설하였다. 이 사이트는 사서와 출판계에 표준 라이선스 계약조건 및 정의(definitions)를 지속적으로 제시하면서 사용할 용어(language to use)와

---

81) Dru Mogge, "Seven Years of Tracking Electronic Publishing: The ARL Directory of Electronic Journals, Newsletters and Academic Discussion List," *Library Hi Tech* 17, no. 1 (1999): 17-25.

피해야 할 용어(language to avoid), 여러 정보접근 툴(게이트)과 자원들 간 라이선스의 모델 계약서를 제시하고 있다.

1990년대는 소유냐 접근이냐의 문제로 논쟁이 일기 시작했다. 사서들은 전통적인 인쇄 장서의 소유로부터 즉각 이용할 수 있는, 이용자들이 선호하는 전자버전으로 전환하기 위해 인쇄 잡지의 구독 취소 문제를 숙고하게 되었다. 접근은 라이선스 계약상 합의 규정이 없는 한 영구이용을 보장하지 못한다. 전자 자료의 이용을 위한 라이선스계약은 도서관간 상호대차를 제한하며 협력적 장서개발에 장애가 되었다. 이와 같은 여러 가지 어려움 때문에 사서들은 취급위반에 관련한 계약 조항들을 면밀하게 검토하게 되었다.

연속간행물 구독을 취소해야 하는 현실적 필요성 및 전자 자료를 최적 가격으로 협상해야 할 필요성 때문에 협력적 장서개발에 대한 관심이 다시 살아났다. 도서관 컨소시엄이 새롭게 등장하여 여러 컨소시엄 회원들(회원 전부는 아님)에게 할인 가격을 제시하는 계약협상을 하게 되었다. 개별 컨소시엄 사이의 정보교환 및 출판사, 중계상들과의 소통을 촉진하기 위해 1997년 도서관국제컨소시엄연합(The International Coalition of Library Consortia : ICOLC)이 결성되었다. ICOLC는 1998년 전자정보의 선택과 구입에 관한 현황과 전망("Statement of Current Perspective and Preferred Practices for theSelection and Purchase of Electronic Information")을 발행하였다.[82] ICOLC는 새로운 전자정보원, 전자출판사와 중계상의 가격책정 동향, 컨소시엄의

---

82) International Coalition of Library Consortia, "Statement of Current Perspective and Preferred Practices for the Selection and Purchase of Electronic Information" (March 1998), www.library.yale.edu/consortia/statement.html.

지도자 및 위원회의 관심사항 등을 모니터한다. 라이선스 가격 협상은 장서관리사서에게 새롭고도 지속적인 책임분야가 되었다.

　20세기 마지막 10년 동안 장서개발사서는 전자콘텐츠의 라이선스계약 이외에도 지적소유권과 저작권, 디지털 관리권, 오픈 엑세스(open access to works), 도서관 및 기록관에서의 저작권 예외 자료, 고아 자료(역자 주 : 고아 자료orphan works란 절판되어 저자와 연락이 닿지 않는 자료), 전자서비스의 공정 이용, 인터넷 유해 자료에 대한 어린이 보호 등 많은 법률적 문제에 직면하게 되었다. 미국 정보통신제한법(Communications Decency Act, 1966년 정보통신에 관한 법률 제5호 Title V of the Telecommunications Act of 1996)은 미국 대법원이 위헌으로 판결한 부분을 제외한 인터넷상에서의 외설 음란물 규제를 추진하였다. 그 결과 2000년 12월 음란물을 규제하는 어린이 인터넷 보호법Children's Internet Protection Act(CIPA)이 공표, 발효되었다. 이 법률은 학교 및 공공도서관은 미성년자에게 해로운 음란물 영상, 어린이포르노물을 걸러낼 수 있는 컴퓨터 소프트웨어를 의무적으로 설치해야 한다고 규정하였다. 만일 어떤 도서관이 연방정부의 전자자원 이용 보조금 : 학교와 도서관에 정보통신과 인터넷 이용을 촉진할 목적으로 요금 할인 혜택을 주는 기금(federal E-rate funds : discounts to assist most schools and libraries toobtain affordable telecommunications and Internet access)을 받는다면 이 자금은 어른들에게만 해당되는 것이다. 또한 만일 도서관이 도서관 서비스 기술지원법(LSTA : Library Services and Technology Act)의 지원금만 받는다면 이는 모든 후원자들에 해당되는 것이다. 공공도서관 사서들은 어린이 인터넷 보호법(CIPA)이 독서의 권리 및 지적자유에 저촉된다고 판단하고 이에 저항하였다. 미국도서관협회는 2001년에 이 법에 대하여 위헌소송을 제기하였으나 2003년에 미국 대법원의 판결은 이 법을 옹호하였다.

1998년에 발효된 디지털 밀레니엄 저작권법(The digital Millennium Copyright Act enacted into law in 1998)은 저작권의 단순한 위반이 아닌 저작권 위반을 교묘하게 회피할 목적으로 기술을 개발 보급하는 행위를 금지하고, 인터넷을 통한 저작권 위반에 대한 벌금을 인상하였다. 이 법은 미 법률 제17호로 개정되었는데, 이는 이용자들의 저작권 위반으로부터 온라인 공급자의 책임을 규정하는 동시에 저작권의 범위를 확대하기 위한 것이었다. 1998년의 저작권 연장에 관한 법(The Copyright Term Extension Act of 1998)—the Sonny Bono Copyright Term Extension Act 및 the Mickey Mouse Protection Act 로 알려진—은 미국에서의 저작권 존속기간을 20년간 연장하였다. 이 법 이전의 저작권 존속기간은 저자의 생존기간 더하기 저자 사후 50년 또는 법인 저작자의 경우는 75년간이었다. 따라서 이 법은 저작권의 존속기간을 저자의 생존기간 더하기 사후 70년으로, 법인의 경우는 95년으로 각각 연장한 것이다. 이 법은 또 1978년 1월 1일 이전에 저작권이 있는 출판물에 대해서도 저작권 보호기간을 20년 연장하였다. 도서관계에서는 저자와 출판사에 대한 이러한 저작권 보호 연장은 도서관의 이용 및 자료의 보존과 접근을 위한 도서관 자료의 소급 디지털 변환 가능성을 위축시킬 것이라는 입장을 표명하였다.

1990년대에는 학술정보커뮤니케이션을 정보 식량의 공급 체인점으로 삼자는 아이디어가 나왔다. 즉 대학도서관은 연구자들이 이용할 정보원을 구입하고, 연구자들은 그들의 연구결과를 저널출판사에 보내고, 출판사는 연구자의 연구결과물을 학술저널로 제작하여 도서관에 판매하는 방식이다. 그러나 사서들은 이러한 시스템에 의문을 갖기 시작했다. 그것은 도서관이 정보식량 체인의 힘없는 말단에 위치하게 되어 학문의 보급을 위축시킬 가능성이 있다고 여겼기 때문이다.(Librarians began to question this system, which placed libraries at the low(and expensive) end of the food chain and potentially reduced the dissemination of scholarship) 1997년 미국 연구도서관그룹(ARL)은 학술정보커뮤니케이션 시스템의 시장 역기능에 건설적으로 대응하기 위하여 대학과 연구도서관 연합, 그리고, 전문 기관들이 참여하는 학술출판 정보자원 연합(SPARC : the Scholarly Publishing and Academic Resources Coalition)을 발족시켰다. 대학도서관 장서관리 사서들은 지식의 창출 및 배포에 있어 사서의 고유 역할과 책임에 관하여 소속 대학 교수들의 의식을 촉구하고 나섰다.

1990년대 말에는 모든 종류의 도서관들이 그들의 주제 책임 맥락에서 외연의 확대 및 외부와의 연계 역할을 강조함에 따라 "순수" 서지전문가의 개념, 주제전문가로서의 장서개발 관리에 대한 사서의 책임은 점점 흐려지기 시작했다. 반면에 자료선택이나 장서관리를 담당하지 않았던 많은 사서들(참고사서, 기술서비스사서)이 이러한 책임(역자 주 : 외부와의 연계 책임)을 맡게 되었다.

21세기로 넘어오면서 전자자료(책, 저널, 색인 및 초록, 참고자료, 미디어, 기록 자료 등)는 지속적으로 확대되었다. 2007년 전자저널의 수는 25,000에서 50,000종 사이로 도서관들은 전자자료 및 전자서비스에 수서예산의 평균 35%를 사용하는 것으로 추산되었다.[83]

전자 자료가 급증함에 따라 장서개발의 성격도 변화되고 있다. 2003년

---

83) Richard W. Boss for the Public Library Association, "eContent," PLA Tech Notes, April 4, 2007, www.ala.org/ala/pla/plapubs/technotes/technotes.cfm; Richard W. Boss for the Public Library Association, "Evaluating Electronic Products and Services," PLA Tech Notes, www.pla.org/ala/pla/plapubs/technotes/ evaluatingelectronic.cfm.

Daniel G. Dorner의 연구에 따르면 디지털자료에 대한 책임 및 관련 활동에 따른 소요시간은 지난 5년에 비하여 증가한 것으로 나타났다.[84]

라이선스 계약, 계약 갱신, 접근 및 저작권 제한 등의 추세가 지속됨에 따라 이들 업무는 장서개발사서 및 연속간행물 담당사서의 업무를 압도하고 있다.

몇몇 도서관들이 처음 자체 개발하여 자관에서만 사용하던 도구들이 전자자원관리시스템(ERM : electronic resources management systems)으로 불리면서 전자자료 라이선스를 관리하였지만, 기입 요소의 복수데이터 처리 및 기존 도서관 자동화시스템과의 연결에 어려운 문제점이 대두되었다. 곧 이어 상업 벤더들이 턴키시스템(역자 주 : 턴키란 건설이나 기술용역을 수주한 자가 모든 것을 제조하여 계약자에게 열쇠만 넘겨주면 가동할 수 있게 하는 계약방식이다.)을 제공하기 시작했고, 전체도서관시스템과 통합하거나 예약구독대리점 시스템과 통합하기도 하였다.

전자저널의 급증으로 수집상 데이터베이스와 온라인 출판사 사이트 모두 색인 데이터베이스 및 전자적 전문 텍스트 데이터베이스를 원활하게 이어주는 연결 장치의 개발이 필요하게 되었다. 이러한 기술로 목록 이용자는 도서관 목록 범위 내 검색으로부터 한 번의 클릭으로 직접 전자 자원으로 들어갈 수 있게 되었다. 많은 연결문제 해결 장치는 알파벳순으로 검색 가능한 전자저널 목록, 전자저널 목록 도구, MARC 작성 서비스를 포함한 일련의 서비스 패키지로 출시되었다. 이러한 종합 도구들로 인해 사서들은 전문 텍스트 정보를 중심으로 접근, 전자적 전문(全文)

84) Daniel G. Dorner, "The Impact of Digital Information Resources on the Roles of Collection Managers in Research Libraries," Library Collections, Acquisitions, and Technical Services 28, no. 3 (2004): 249-74.

장서를 수집 결정하는데 도움을 받을 수 있게 되었다. 링크 해결 시스템은 단순 교류, 종합 포털, 또는 합동 검색 메커니즘을 통하여 사서들이 선택한 모든 자료의 소재파악, 식별 및 접근 능력을 강화시켜 준다. 이 시스템의 목적은 지역 도서관 이용자를 위해 콘텐츠와 정보를 모아주는 데 있다. 이러한 콘텐츠와 자료원의 선택은 특정 이용자 사회에 적합한 자료를 지속적으로 선택해야 하는 장서개발사서의 책임분야이다. Primo (from ExLibris) 및 Endeca 같은 기업 수준 솔루션은 이용자 인터페이스를 통해서 다양한 장서(디지털 및 인쇄, 소장 또는 온라인)로부터 기관의 자원과 자료를 쉽게 발견, 전달할 수 있도록 해 준다. 또한 데이터보존소 및 웹사이트가 여러 가지 응용 프로그램으로 일반화 되고, 데이터들이 풍부하게 탑재되어감으로써 사서들은 이들 데이터보존소와 웹사이트를 돌아다니며 자료를 선택할 수 있게 되었다. 이 시스템은 단일 목록 형태의 솔루션에서 목표하는 웹자료를 종합적으로 탐색할 수 있기 때문에 강력한 장서개발 도구가 되었다.

디지털 프로젝트, 디지털 보존, 본 디지털(born-digital) 콘텐츠는 21세기의 일반적인 화두가 되었다. 2001년에 연구도서관그룹(the Research Libraries Group)과 OCLC는 "디지털 저장의 신뢰성 확보 : 연구 자료의 수요 충족을 위하여 Attributes of a Trusted Digital Repository: Meeting the Needs of Research Resources"라는 공동보고서를 냈는데 여기에서는 디지털 내용 보존의 장기 영구보존 문제를 다루고 있다.[85] 도서관들은 조그만, 디지

---

85) RLG and OCLC, "Attributes of a Trusted Digital Repository: Meeting the Needs of Research Resources," RLG-OCLC report, draft for public comment (Mountain View, Calif.: RLG, 2001), www.oclc.org/programs/ourwork/past/trustdrep/attributes01.pdf.

털화된 부티크(잡화점) 프로젝트로부터 보존과 접근을 위해 인쇄자료와 디지털자료를 일관되게 담아내는 장서보존소로 변모되고 있다. 도서관이 소유하는 콘텐츠를 디지털로 변환하기 위한 충분하고도 지속적인 계획을 세우는 일은 장서개발사서들의 책임이라 할 수 있다. 2004년 12월 구글의 대량 디지털화 움직임(Google's move into mass digitization)은 금세기 들어 지금까지 나온 장서개발에 관한 가장 거대한 담론일 것이다. 구글은 미시간대학(the University of Michigan), 하버드대학(Harvard University), 스탠포드대학(Stanford University) 옥스퍼드대학(the University of Oxford), 그리고 뉴욕공공도서관(the New York Public Library)과 손잡고 약 1500만 권(fifteen million volumes)에 달하는 책을 디지털로 변환하는 프로젝트에 착수하였다. 이 프로젝트는 저작권이 있는 자료를 포함한 모든 도서관 소장 자료를 디지털화할 계획이다. 이 계획의 최초 발표 이래 미국 내외의 다른 도서관들도 이 프로젝트에 합류하고 있다. 출판사와 저작자 단체들은 곧 구글의 디지털화 계획에 대하여 저작권 보호 차원에서 법정소송을 제기하였다. 구글의 계획은 야후(Yahoo)그룹으로 번져나가 야후그룹도 Open Content Alliance(www.opencontentalliance.org)라는 공공도메인 저작물을 디지털화하여 자유롭게 이용할 수 있도록 하는 동등 수준의 프로젝트를 시작했다.

이와 동시에 대학도서관들은 그들 모 기관의 지적 저작물들은 디지털 형태로 수집, 보존하기 위한 자체 디지털보존소(institutional repositories) 개발에 착수하였다. 디지털보존소(digital depositories, repositories, and conservancies)라고 불리는 이 기관은 주로 대학에 위치하며, 해당 대학 교수들의 출판된 연구논문과 대학기관이 생산한 디지털 자산을 전자 버전에 담아내는데, 여기에는 대학 행정서류, 교육과정 기록, 학습목표 및 기타 교육

자료, 통계 기타 본래부터 디지털로 만든 연구데이터, 멀티미디어(오디오, 비디오 등)자료와 논문을 포함한다. 이러한 보존소들은 디지털 자산을 저장 보존하는 아카이브로서 기관 내에서 이들 자료를 자유롭게 접근 이용시킬 목적으로 만들어진다. 장서개발사서와 보존전문가들은 일반적으로 콘텐츠를 식별하고 검색하며, 교직원들에게 그들의 출판물 및 연구물들을 탑재 저장하도록 독려하는 막중한 역할을 담당하고 있는 것이다.

요약 Summary

장서개발 및 관리의 이론과 실제는 도서관 자료의 수서를 위한 선택문제 해결에 그 기원을 두고 있다. 초창기 미국의 도서관들에서는 예산제약이 있었지만 출판물량 자체가 적었으므로 자료선택문제는 별로 신경 쓸만한 대상이 아니었다. 대학도서관의 수서 대상 자료는 교수들 및 운영위원회에서 결정하였고, 공공도서관에서는 후원회나 도서관위원회에서, 그리고 학교도서관들은 학교 최고경영진 및 후원회에서 결정하였다. 19세기 후반에는 수서예산 및 출판물량이 증가하고 사서직이 전문직으로 발전함에 따라 공공도서관에서는 사서들이 자료선택의 책임을 맡게 되었다. 제2차 세계대전 이후에는 대학도서관에서도 동일한 변화가 일어났다. 사서와 교수들이 대학도서관의 장서개발 책임을 분담하기 시작했다. 학교도서관에서는 1920년대 초부터 사서들이 자료선택 책임을 맡게 되었다.

도서관 자료의 선택에 있어 가능한 많은 량의 장서를 수집하는 문제와 최선의 적절한 자료를 선택하는 문제 사이에는 팽팽한 긴장관계가 지속되었다. 어떤 것이 좋은 책이며 적절한 책인가를 정의하는 문제, 이용자들의 요구와 서서들의 가치인식 간의 균형 문제도 아울러 대두되었다. 공공도서관 사서들은 장서에 대중소설을 비치하는 문제와 공중에의 봉사를 위해 공중의 자금으로 운영하는 공공도서관의 사명 실현을 두고 골치를 앓았다. 초창기 공공도서관의 자료선택은 대체로 독자들에게 '좋은' 작품을 안내해야 한다는 도서관의 책임에 초점이 맞추어져 있었다. 20세기 들어 의도적이건 아니건 자료의 검열 문제, 지적 자유의 보장에 대한 도서관의 책임문제, 원하는 책을 읽을 권리를 아울러 고려하게 되었다. 사서들은 장서의 포괄범위를 확대하고자 노력하게 되었다. 장서개발에 있어 현재의 요구와 장기적인 책임간의 균형 문제도 쟁점 이슈로 남게 되었다.

전문 분야로서의 장서개발과 관리는 1970년대에도 같은 경향으로 이어져 전문직 단체, 회의체, 연구소 및 이 분야 문헌들은 자료의 선택문제와 함께 장서 책임의 다양성에 초점을 맞추어 논의하였다. 현재 장서개발과 관리는 선택정책의 수립 및 조정, 이용자 및 잠재이용자의 요구 평가, 장서 이용 연구, 장서분석, 예산관리, 장서 요구의 인식, 지역사회 및 이용자 사회와의 소통 및 연계 확대, 자원공유계획, 폐기·저장·보존 결정, 장서관리 조직 및 책임 배분 등을 포함한다.

1970년대 말까지 전 세계적으로 출판 물량이 지속적으로 급증하고, 모든 형태의 정보 자료 가격이 빠르게 인상되어 도서관의 예산은 이를 감당할 수 없었다. 동시에 설상가상으로 종이 인쇄자료는 기존의 예산 범위 내에서 보존비용의 문제를 결정하지 않으면 안 될 처지에 놓이게 되었다. 이러한 압력은 전자정보의 폭발적 증가, 이와 관련된 법적인 문제, 보존 및 영구 접근의 문제와 혼합되어 복잡한 양상을 띠게 되었다. 도서관이 제공하는 서비스, 장서, 접근 등에 대한 이용자의 기대는 장서의 개발 및 관리에 심대한 영향을 미치고 있다.

참고문헌 Suggested Readings

Agee, Jim. Acquisitions Go Global: An Introduction to Library Collection Management in the 21st Century. Oxford, England: Chandos, 2007.

Atkinson, Ross. Community, Collaboration and Collections: The Writings of Ross Atkinson. Edited by Robert Alan and Bonnie MacEwan. Chicago: Association for Library Collections and Technical Services, 2005.

Bishop, Kay. The Collection Program in Schools: Concepts, Practices, and Information Sources. 4th ed. Westport, Conn.: Libraries Unlimited, 2007.

Blake, Virgil L. P. "Navigating the Parallel Universe: Education for Collection Management in the Electronic Age." Library Trends 48, no. 4 (2000): 891 - 922.

Branin, Joseph. "Shifting Boundaries: Managing Research Library Collections at the Beginning of the Twenty-first Century." In Cooperative Collection Development: Significant Trends and Issues, edited by Donald B. Simpson, 1 - 17. New York: Haworth, 1998.

Branin, Joseph, Frances Groen, and Suzanne Thorin. "The Changing Nature of Collection Management in Research Libraries." Library Resources and Technical Services 44, no. 1 (2000): 23 - 32.

Brodie, Carolyn S. "A History of School Library Media Center Collection Development." In The Emerging School Library Media Center: Historical Issues and Perspective, edited by Kathy Howard Latrobe, 57 - 73. Englewood, Colo.: Libraries Unlimited, 1998.

Carrigan, Dennis P. "Toward a Theory of Collection Development." Library Acquisitions: Practice and Theory 19 (Spring 1995): 97 - 106.

Casserly, Mary F. "Collection Management as Risk Management." Library Collections, Acquisitions, and Technical Services 28, no. 1 (2004): 79 - 92.

Clayton, Peter, and G. E. Gorman. Managing Information Resources in Libraries: Collection Management in Theory and Practice. London: Library Association Publishing, 2001.

Cohen, Henry, and Mary Minow. "Intellectual Freedom in Libraries: Then and Now." Advances in Librarianship 30 (2006): 73 - 101.

Evans, G. Edward, and Margaret Zarnosky Saponaro. Developing Library and Information Center Collections. 5th ed. Westport, Conn.: Libraries Unlimited, 2005.

Hughes-Hassell, Sandra, and Jacqueline C. Mancall. Collection Management for Youth: Responding to the Needs of Learners. Chicago: American Library Association, 2005.

Jenkins, Clare, and Mary Morley, eds. Collection Management in Academic Libraries. 2nd ed. Aldershot, Hampshire, England, and Brookfield, Vt.: Gower, 1999.

Johnson, Peggy, and Bonnie MacEwan, eds. Virtually Yours: Models for Managing Electronic Resources and Services: Proceedings of the Joint Reference and User Services Association and Association for Library Collections and Technical Services Institute, Chicago, Illinois, October 23 – 25, 1997. ALCTS Papers on Library Technical Services and Collections no. 8. Chicago: American Library Association, 1999.

Kerby, Mona. Collection Development for the School Library Media Program: A Beginner's Guide. Chicago: American Association of School Librarians, 2006.

Latrobe, Kathy Howard, ed. The Emerging School Library Media Center: Historical Issues and Perspectives. Englewood, Colo.: Libraries Unlimited, 1998.

Lougee, Wendy Pradt. Diffuse Libraries: Emergent Roles for the Research Library in the Digital Age. Washington, D.C.: Council on Library and Information Resources, 2002.

Lukenbill, W. Bernard. Collection Development for a New Century in the School Library Media Center. Westport, Conn.: Greenwood, 2002.

McGregor, Joy, Ken Dillon, and James Henri, eds. Collection Management for School Libraries. Lanham, Md.: Scarecrow, 2003.

Miller, Ruth H., "Electronic Resources and Academic Libraries, 1980 – 2000: A Historical Perspective." Library Trends 48, no. 4 (2000): 645 – 70.

Obama, Barack. "Bound to the Word." American Libraries 36, no. 7 (2005): 48 – 52.

Osburn, Charles B. "Toward a Reconceptualization of Collection Development." Advances in Library Administration and Organization 2 (1983): 175 – 98.

Pankake, Marcia. "From Book Selection to Collection Management: Continuity and Advances in an Unending Work." Advances in Librarianship 13 (1984): 185 – 220.

Raber, Douglas. Librarianship and Legitimacy: The Ideology of the Public Library Inquiry. Contributions in Librarianship and Information Science no. 90. Westport, Conn.: Greenwood, 1997.

Stephens, Claire Gatrell, and Patricia Franklin. Library 101: A Handbook for the School Library Media Specialist. Westport, Conn.: Libraries Unlimited, 2007.

Sudduth, Elizabeth A., Nancy B. Newins, and William E. Sudduth, comps. Special Collections in College and University Libraries. CLIP Note no. 35. Chicago: Association of

College and Research Libraries, 2005.

Sullivan, Michael. Fundamentals of Children's Services. Chicago: American Library Association, 2005.

Toor, Ruth, and Hilda K. Weisburg. New on the Job: A School Library Media Specialist's Guide to Success. Chicago: American Library Association, 2007.

Turner, Philip M., and Ann Marlow Riedling. Helping Teachers Teach: A School Library Media Specialist's Role. 3rd ed. Westport, Conn.: Libraries Unlimited, 2003.

2

조직과 인사

Organization and Staffing

장서개발 및 관리에는 많은 업무와 책임이 따른다. 본 장에서는 장서
관리의 업무와 책임을 전반적으로 개관하고, 도서관 장서개발 및 관리
업무를 어떻게 조직해야 하는지 살펴볼 것이다. 그리고 후속되는 장들에
서는 이러한 업무, 기능, 책임 등을 보다 심도 있게 검토해 나갈 것이다.
본 장에서는 또 장서관리 담당사서에게 요구되는 업무 적격성, 장서관리
업무 자동화 효과, 단순 반복적 업무들의 분업화 현상, 장서관리 사서의
현장 교육훈련, 장서개발 및 관리업무와 관련한 윤리적 문제, 그리고 장
서관리 업무의 성과 평가에 대하여 살펴볼 것이다.

책임과 업무분장 Responsibilities and Their Assignment

장서개발 및 관리는 수많은 업무활동으로 이루어진다. 장서관리사서가
장서개발과 관리의 모든 책임을 지는 것은 아니다. 대부분의 사서들은
선택 담당자, 서지전문가, 주제전문가, 주제간 연계 및 통합, 장서개발 또
는 장서관리사서 등의 직책을 가지고 그들에게 배분된 업무와 기능을 수
행한다. 소규모 도서관에서는 1인 사서가 위와 같은 책임을 수행함과 아

울러 자료의 주문, 입수, 목록작성, 참고봉사, 정보리터러시교육, 대출 등 많은 업무와 책임을 수행하기도 한다. 장서개발 및 관리의 일반적인 업무와 책임은 아래와 같이 정리할 수 있다.

자료선택

- 수서와 접근을 위한 형태별 최신자료 선택
- 디지털 자원의 접근 방법 선택
- 소급 자료에 대한 수서 및 접근 결정
- 기증 자료의 수용 여부 선택
- 무료 웹사이트와 웹기반 자원의 도서관 목록 및 접근 또는 도서관 포털을 통한 접근 가능성 평가
- 제적, 보관, 보존, 디지털화 및 구독 취소할 자료의 선택
- 디지털 보존에 포함할 자료의 식별 및 신청

예산

- 예산 배분 요청 및 정당성 확보
- 배분된 자금의 관리 및 지출
- 기증자 관련 업무, 현물 및 현금 잠재 기증자 파악
- 정부 보조금 제안서 작성 및 보조금 관리

기획 및 조직

- 도서관 내 다른 업무와 장서개발 관리업무 조정
- 승인플랜의 모니터링 및 재검토
- 교환협정의 모니터링 및 재검토

- 장서평가 및 관련 서비스 평가
- 협력적 장서개발 및 촉진
- 장서개발정책 수립 및 개정

의사소통 및 보고

- 장서 관련 내부 및 외부 위원회 지원
- 도서관의 도전, 성과, 활동들에 대하여 행정책임자(기관장, 경영진 등) 및 이해관계자들과 공감대 형성 유지
- 장서 및 정보자원에 대한 해설, 마케팅, 이용촉진
- 이용자 사회와의 연계 및 찾아가는 도서관 활동 수행
- 다른 도서관 및 사서와의 유대관계 유지
- 독자에 대한 자문(독자자문서비스), 북 토크 시행

위의 요약에서는 과거 도서관학교 교육과정에서 일상적으로 가르치던 수서를 위한 서지 준비에 관련한 사항은 제시되지 않았다. 몇몇 장서관리 사서들이 다양한 분량으로 분석서지와 열거서지 리스트를 준비하고 있지만, 이러한 서지 준비 기능은 위의 목록에 제시된 것들만큼 흔히 있는 일은 아니다.[1] 주제 기반 웹사이트 혹은 이용자 기반 도서관 웹사이트 및 정보자원 관련 리스트들이 개발되면서 이들이 수서를 위한 서지목록 준비를 대신하게 되었다.

---

1) See Robert B. Harmon, *Elements of Bibliography: A Guide to Information Sources and Practical Applications*, 3rd ed. (Lanham, Md.: Scarecrow, 1998), for an introduction to the art of bibliography.

조직 내 장서관리 활동의 책임 분담은 도서관의 규모, 예산, 사명 및 이용자 커뮤니티에 따라 다양하다. 규모가 작은 도서관에서는 모든 활동이 오직 한 사람에 의해 처리될 수도 있다. 규모가 큰 도서관에서는 주제별 책임, 이용자 커뮤니티, 도서관 직원의 근무 위치, 장서개발과 관리활동으로 여겨지는 많은 기능들의 조합방식에 따라 고도로 중앙집중화 되거나 널리 분산될 수 있다.

오늘날 장서개발과 관리업무는 모든 업무활동을 서로 다른 개인이나 조직단위에서 분담 수행함에 따라 각 업무활동 사이에 긴밀한 조정이 필수불가결한, 포괄적 밀착관계로 이해되고 있다. 한 사람의 직원이 위의 리스트에 있는 모든 기능을 수행하지 않을 경우, 각 직원들은 관련된 업무를 처리하는 다른 직원들과 긴밀히 협조하여 업무를 수행해야 한다. 예를 들면, 보존부서는 처리가 필요한 개별 자료를 식별하고, 대안을 제시하나, 그 개별 자료를 제적, 대체, 보존, 보호하는 문제는 장서관리사서에게 의뢰한다. 승인플랜 벤더를 선택하는 문제는 수서부서와 장서개발부서의 공동 책임일 것이다. 장서관리사서는 장서에 영향을 미치는 모든 문제에 대하여 깊은 지식을 갖추지 않으면 장서를 효과적으로 개발하고 관리할 수 없다.

대학도서관 Academic Libraries

도서관장서에 책임을 분담하는 주제전문가의 아이디어는 1800년대 독일에서 발전하였다. 독일의 대학도서관들은 특정분야의 자료선택 업무를 그 분야의 학사학위를 가진 도서관 직원들에게 맡기기 시작했다.[2] 미국의 도서관들은 대학도서관의 자료선택업무가 교수진에서 대학도서관 사서로 전환되는 제2차 세계대전 이후에 비로소 주제전문가(때로는 분야별 전문가로 지칭)를 채용하기 시작했다.[3] 도서관에서 전문가의 해결을 요하는 복잡한 서지문제, 언어문제, 수서문제 등 특수문제를 해결하기 위해서는 주제전문가를 두는 것이 가장 적절한 것으로 생각되었다. 일부에서는 자료선택 책임이 교수진에서 사서직으로 전환된 것은 사서직의 영향력 향상과 사서 전문성의 인식 제고에 있는 것으로 보고 있다.[4] 한동안 주제전문가subject specialist 혹은 주제서지전문가subject bibliographer라는 명칭은 장서활동에 전일제로 배정된 사서를 의미하는 것으로 이해되었다. 그 후 의미가 변천되어 현재는 주제전문가나 서지전문가라고 하면 참고봉사, 목록작성, 그들의 고유 언어와 주제전문지식을 활용하여 이용자 사회에 좀 더 다가갈 수 있는, 부가적인 책임을 지는 사서를 의미하게 되었다.

많은 소규모 대학도서관들에서는 사서들이 장서관리 업무를 수행하지만, 자료의 선택업무에서는 교수들이 주도적인 역할을 담당한다. 교수진은 승인플랜 공지문(인쇄본 혹은 전자적 정보)을 통해, 또는 신규 승인플랜을 받아보고, 수서를 위해 최신 자료를 식별하고 검토한다. 교수진은 추천권을 가지며, 도서관의 주문서를 승인하는 최종 권한을 행사한다. 보다 작은 대학도서관들은 큰 규모 도서관에서와 동일한 수준의 주제전문 지식의 폭과 깊이를 갖추기는 어려우므로 해당분야에서 활동하는 전문 교수

---

2) J. Periam Danton, "The Subject Specialist in National and University Libraries, with Special Reference to Book Selection," *Libri* 17, no. 1 (1967): 42 - 58.
3) Russell Duino, "Role of the Subject Specialist in British and American University Libraries: A Comparative Study," *Libri* 29, no. 1 (1979): 1 - 19.
4) Raven Fonfa, "From Faculty to Librarian Materials Selection: An Element in the Professionalization of Librarianship," in *Leadership and Academic Librarians*, ed. Terrence F. Mech and Gerard B. McCabe, 22 - 36 (Westport, Conn.: Greenwood, 1998).

진에게 의뢰하는 것이 상책이다. 교수들에 의한 자료선택의 성공 여부는 교수들의 도서관 업무에 대한 관심 및 관여 정도에 달려 있다. 이러한 환경에서 사서들은 전통적으로 참고집서의 개발과 관리, 그리고 보다 대중적인 자료수집에 대한 책임을 맡게 된다.

주제전문사서 제도의 발전은 모든 규모의 대학도서관에서 사서들에게 장서개발 및 관리에 적어도 한 가지 이상의 주제 분야에 기본적 책임을 부과하려는 경향성을 보여준다. 1994년 미국 연구도서관(ARL)그룹 86개 회원도서관을 대상으로 한 조사연구에서는 장서개발 업무와 함께 다른 주제 분야에 선택책임을 부여하는 분권화 모델이 가장 빈도가 높은 것으로 밝혀졌다.[5] 이 조사에 응답한 도서관 중 절반 이상이 장서관리에 배치된 전일제 직원은 없다고 응답했다. 선택업무는 이제 대부분의 대학도서관 사서들이 공통적으로 수행하는 여러 가지 업무책임 가운데 하나가 되었다.

전통적으로 대학도서관의 업무는 참고봉사 및 장서개발 관리가 결합된 것이다. 지금까지는 주제전문가나 서지전문가들이 특화된 참고봉사를 제공해왔지만, 이제 그들은 참고서비스 및 대민서비스의 일부로서 이용자를 연계하는(리에종) 업무와 정보리터러시 업무를 더욱 빈번하게 수행할 것이다. 이 밖에 대규모 연구도서관에서 나타나는 또 하나의 추세는 목록작성과 같은 비 대민서비스 부서 직원들에게 장서관리 책임을 분담시키는 것이다.[6] 결과적으로 이제 대학도서관의 많은 사서들은 수많은

5) Gordon Rowley, comp., *Organization of Collection Development*, SPEC Kit no. 207 (Washington, D.C.: Association of Research Libraries, 1995).
6) James E. Bobick, *Collection Development Organization and Staffing in ARL Libraries*, SPEC Kit, no. 131 (Washington, D.C.: Association of Research Libraries, 1987).

책임 가운데서 그 책임이 주요한 것이든 부차적인 것이든 자료선택과 장서관리 책임을 분담한다는 것이다. 장서책임을 담당하는 사서의 수에 상관없이 모든 활동들은 세심하게 조정되어야 하며, 그러하지 못할 경우 장서는 초점과 일관성을 잃게 될 것이다.

전일제 서지전문가로 일하는 것과 장서관리 책임을 분담하는 것 가운데 어느 것이 유리한지에 대한 논쟁이 몇몇 대학도서관, 연구도서관, 공공도서관에서 이어지고 있다. 전일제 선택전문가들(이 용어는 여기서는 장서개발과 관리기능의 모든 범주를 담당하는 의미로 사용)은 장서관리 업무책임이 여타 도서관 업무에 종속되는 것이 아니라는 점을 확인해 주는 것이므로 직무 위상이 높아진다고 생각한다. 전일제 대학도서관 서지전문가들의 직위는 처음부터 학자사서(scholar-librarian)로 인식되어 선택 담당 교수진을 대체할 수 있게 하였고, 교수들에게도 도서관내에 적절한 대체직무를 마련해 줌으로써 그들을 고무시킬 의도로 시작된 것이다.[7] 이 모델은 효과적인 선택전문가를 배치함으로써 더욱 발전하게 되는데, 즉 교육을 담당하는 교수들과 학자로서의 신뢰를 받는 선택담당 교수진과의 공식적인 의사소통을 원활히 해 주는 장점이 있다. 공공도서관에서의 전일제 장서관리 사서 인력운영은 업무의 효과성과 효율성을 고려한 것이다. 전일제 선택전문가에게 참고봉사 데스크 근무나 밀려있는 목록작업과 같은 장서업무 집중에 방해되는 요인을 없애줌으로써 장서의 구성과 관리 업무에 전념할 수 있도록 해 주는 것이다.

그러나 전일제 선택전문가 모델은 일종의 엘리트주의로서 전체도서관

---

7) John Haar, "Scholar or Librarian? How Academic Libraries' Dualistic Concept of the Bibliographer Affects Recruitment," *Collection Building* 12, nos. 1/2 (1993): 18 23.

서비스, 도서관에 대한 관심 및 문제점 인식과는 거리가 멀다는 비판을 받아왔다. 전일제 대학도서관 서지전문가는 그들이 지원하는 학과, 학부와 너무 가깝게 연계될 개연성이 높다. 전일제 서지전문가는 어느 누구라도 도서관의 전체적인 목적에 대한 통찰력을 잃기 쉽고, 균형 있는 장서개발에 실패할 소지가 있다. 결과적으로 전일제 서지전문가의 업무 독립성은 내부의 조직문화에 문제를 야기하고, 도서관의 조직구조와 잘 어울리지 못하는 직위로 전락될 수 있다.[8] 비록 도서관이 전통적 관료조직 구조에서 수평적이고 융통성 있는 조직형태로 변화되고 있지만 전일제 선택전문가의 독립적 업무특성은 그들 스스로를 고립시킬 수 있는 것이다.[9] 도서관 직원들은 전일제 서지전문가를 도서관의 계획과 문제 해결에 참여하거나 협력적 상호작용을 하지 않는 외부인으로 인식할 수 있다. 공공도서관 사서들은 중앙집중적 장서관리사서는 공중의 요구와 관심, 그리고 공중과 연관된 일상적 업무와 너무 동떨어져 있다고 느낄 수 있다. 중앙집권적 자료선택을 시행하는 교육구청 산하 학교도서관 사서들은 지역의 학교마다 다른 다양성을 잘 이해하지 못하는 교육구청을 통한 자료선택업무에 대하여 동일한 인식을 가질 것이다.

전일제 선택전문가에 대한 대안은 도서관의 많은 업무책임 중 일부 업무를 수행하는, 장서개발 및 관리의 일부를 담당하는 직원을 두는 것이

---

8) Eldred R. Smith, "The Impact of the Subject Specialist Librarian on the Organization and Structure of the Academic Research Library," in *The Academic Library: Essays in Honor of Guy R. Lyle*, ed. Evan Ira Farber and Ruth Walling, 71 - 81 (Metuchen, N.J.: Scarecrow, 1974).

9) The traditional bureaucratic organizational structure, as defined by Max Weber, is hierarchical and places decision making and responsibility at the top of the organization. Diminishing amounts of authority are delegated in prescribed portions to lower levels in the organizational pyramid. See Max Weber, "Bureaucracy," in *From Max Weber: Essays in Sociology*, trans. H. H. Gerth and C. Wright Mills, 196 - 244 (New York: Oxford University Press, 1962).

다. 이는 장서개발과 관리의 부분적 접근으로부터 전체적인 접근으로의 전환을 의미하는 것이다. 이 모델은 참고봉사를 통해서 얻어지는 정보 및 관외지원활동과 지역사회와의 연계 등 이용자들과의 정기적인 교류의 가치를 강조한 것이다. 이용자와의 접촉을 통해 그들의 직접적인 관심과 요구에 대한 정보를 파악할 수 있다. 일선 사서들은 서비스 현장에서 이용자의 지속적인 요구와 우선순위에 대하여 균형감각을 유지하면서 그들의 요구를 이해하고 재평가할 수 있는 중요한 위치에 있다. 많은 대학도서관 사서들은 이러한 전체적인 시각을 가질 수 있는 직위로서 '주제연계사서subject liaison' 또는 '학과연계사서departmental liaison'라는 직무명으로 근무하고 있다. 깊은 주제배경 및 언어 능력을 갖춘 목록담당사서는 그 분야에 대해서는 다른 사서보다 더 많은 지식과 기술을 가지고 있을 것이다. 능력이 있는 직원에게 장서 책임을 분담시키는 것은 인적자원을 가장 잘 활용하는 것이며 장서를 훌륭하게 이끌어가게 할 것이다. 그러나 장서 책임을 분담하는 사서들이 많다는 것은 조정을 더욱 어렵게 만드는 요인이 된다. 파트타임 선택전문가에 대한 주된 비판은 그들이 장서에 대한 업무 책임을 부차적인 것으로 여길 가능성이 있다는 것이며, 다른 일상 업무들이 바쁜 와중에서 장서관리를 적당히 꿰어 맞추려 할 것이라는 점이다. 몇몇 공공도서관과 학교도서관들은 현장으로 배분하여 관리하는 예산을 제외하고, 선택업무를 중앙에서 주도하여 수행함으로써 이러한 문제점을 해결할 수 있다고 주장해 왔다.

사서들 사이의 정서관리 책임분담 및 한 직위에 복합적 업무책임을 부과하는 것 사이에 균형을 유지할 필요성이 대두되었고, 이를 계기로 도서관 전문가들은 예산의 사용 및 장서 관리에 필요한 시간과 인력 수준을 신중히 결정하게 되었다. 어떤 저자는 장서업무가 너무 복잡할 뿐 아

니라 객관적이지 못하며, 관찰 가능한 것도 아니기 때문에 그러한 계산
은 불가능하다고 주장하였다.[10] Bonita Bryant는 "장서개발과 관리의 결
과를 질적으로 측정하는 것, 장서개발과 관리 과정을 양적으로 측정하는
것은 어렵다"고 주장하였다.[11] 이 딜레마에 대한 한 가지 해결책은 다양
한 업무에 배정된 과업의 우선순위를 분명히 하는 것이다.

　Paul Metz는 파트타임 서지전문가가 근무하는 한 대학도서관에서 장서
개발 업무 부하workload를 객관적, 수량적으로 측정할 수 있는 산출 공식
을 개발하였다.[12] Metz는 가중치 척도 공식을 제안하고 있는데, 이는 도
서관에 따라 달리 할당된 업무에 가중치를 부여하는 방법이다. 척도는 5
가지로 구분되는데, (1) 대학의 설치학과 수 및 서지전문가가 책임을 맡
고 있는 연구소 수, (2) 학과와 연구소에 배치된 종신 교수의 수, (3) 직전
회계연도 중 서지전문가가 예산을 집행한 확정주문 건수, (4) 서가목록으
로 측정된 담당분야 청구번호 또는 자동화 목록 타이틀의 의한 서가의
총 길이(call number responsibilities measured as total inches in the shelf list or via
automated title count), (5) 서지전문가의 장부상 계속주문 건수 및 진행 중
주문 건수(number of standing orders and continuations in all the bibliographer's
accounts) 등이다. 성공적인 선택담당자가 되는데 걸리는 시간이 어느 정
도인지는 아무도 모를 것이다. Metz는 모든 유형의 도서관에서 장서관리

---

10) See, e.g., Anthony W. Ferguson, "University Library Collection Development and Management Using
　a Structural-Functional Systems Model," *Collection Management* 8 (Spring 1986): 1 - 14; and Dan C.
　Hazen, "Modeling Collection Development Behavior: A Preliminary Statement," *Collection Management*
　4 (Spring 1982): 1 - 14.

11) Bonita Bryant, "The Organizational Structure of Collection Development," *Library Resources and
　Technical Services* 31, no. 2 (1987): 111.

12) Paul Metz, "Quantifying the Workload of Subject Bibliographers in Collection Development," *Journal
　of Academic Librarianship* 17, no. 5 (1991): 284 - 87.

업무를 구성하는 4가지 핵심 요소를 제시하였다. 이는 관외 지원활동 및 시민 연계, 주문을 위한 자료의 선택, 현존 장서의 관리, 연속간행물 및 계속주문의 관리 등이다.

공공도서관 Public Libraries

규모가 큰 공공도서관은 전일제나 파트타임 장서담당 사서 또는 전일제 사서와 파트타임 사서를 결합한 근무형태를 이용할 것이다. 대규모 공공도서관은 중앙에 장서조정담당자, 장서담당공무원, 장서개발자를 두고 장서와 예산을 관리하고, 중앙도서관 및 분관에 배치된 주제전문가의 업무를 조정하고 감독한다. Cynthia Orr에 의하면 공공도서관은 원가절감 수단으로 점차 중앙집중식 장서개발 방식을 택하고 있다고 한다.[13] 또한, 공공도서관의 많은 장서담당사서들은 참고봉사 업무, 그 외의 도서관서비스, 주제기반 혹은 이용자기반 부서단위(예를 들면, 음악서비스, 어린이서비스, 분관서비스) 업무책임을 맡고 있다. 주제전문가 및 부서책임자는 평가 보조도구를 모니터하고 그들 주제전문분야의 자료를 선택하는 책임을 진다. 흔히 선택업무에서는 출판사 및 자료형태에 따라, 또는 이 두 가지를 모두 고려해야 한다. 예를 들어, 한 선택사서는 대형 출판사 중심으로 자료를 선택하고, 또 다른 선택사서는 소형 출판사 중심으로 자료를 선택하도록 하는 것이다. 일부 큰 공공도서관에서는 모든 선택업무를 처리하는 한 두 명의 담당자를 두고, 장서관리는 각 서비스 현장에서 담

---

13) Cynthia Orr, "Collection Development in Public Libraries," in *Encyclopedia of Library and Information Science*, 2nd ed., Miriam A. Drake, ed., vol. 1, 585 - 90 (New York: Marcel Dekker, 2003).

당하도록 하고 있다. 많은 공공도서관들은 순환제로 구성되는 자료선택 위원회를 운영하고 있다.

한곳 이상의 분관이 있는 공공도서관은 장서가 특정 이용자 사회의 요구를 충족시킬 수 있도록 각 분관에서 일하는 사서들에게 자료 선택 책임을 부여할 것이다. 예를 들면, 노인이 애용하는 분관 도서관은 대 활자본 인쇄물이나 건강에 관한 보다 많은 자료를 소장할 것이다. 이민자 인구가 이용하는 분관 도서관은 중앙도서관에서는 폭넓게 수집되지 않은 그들의 언어와 관련한 많은 자료를 소장할 것이다. 중앙도서관에서 선택하는 경우 또는 자료선정위원회가 있는 도서관에서도 선택 담당사서 이외의 사서나 위원회의 구성원이 아닌 사람도 새로운 출판물에 대한 선택 제안을 할 수 있다. 선택 책임이 폭넓게 분산된 공공도서관에서 중앙에 위치한 선택조정자는 서평을 모니터링하고 복본을 구입하고, 승인플랜을 조정하는 등 일련의 책임을 맡는다.

공공도서관들은 중앙집중적 자료선택에 더 치중하는 경향을 보인다. 이것은 직원의 근무시간을 공공 서비스로 전용하는데 도움이 된다. 책임의 재분배에 대한 타당한 근거로 현재의 독서흐름은 다양한 독자에게 영향을 미치는 대중매체의 영향을 받기 때문에, 이용자의 관심과 분관들의 대출경향이 별 차이가 없다는 연구가 설득력을 얻고 있다.[14] 중앙집중적 자료 선택과 다양한 복본의 구입은 분관에 새로운 자료를 신속히 전달할

---

14) Catherine Gibson, "'But We've Always Done It This Way!' Centralized Selection Five Years Later," in *Public Library Collection Development in the Information Age*, ed. Annabel K. Stephens, 33‐40 (Binghamton, N.Y.: Haworth, 1998); Phyllis Sue Alpert, "Effect of Multiculturalism and Automation in Public Library Collection Development and Technical Services," in *Current Practices in Public Libraries*, ed. William Miller and Pita M. Pellen, 91-104 (Binghamton, N. Y.: Haworth, 2006).

수 있고, 분관 장서의 다양성을 향상시키며, 개별 장서의 편향성을 줄일 수 있다. 몇 개의 분관이 있는 여러 도서관들은 매일 혹은 격주로 분관에 문헌전달 서비스를 시행하므로 요청한 자료를 이용자가 있는 곳으로 보낼 수 있도록 한다. Ann Irvine이 91개의 공공도서관에서 수행한 연구는 100,000달러 이상의 예산을 가진 도서관 중 81%, 100,000달러 이하의 예산을 가진 도서관의 43%가 중앙집중적 선택 과정을 운영하고 있다고 보고했다.[15] 이러한 도서관들의 분관 사서는 선택 제안을 계속하면서 경우에 따라서는 자체적으로 선택결정을 한다.

모든 사서들은 그들이 받은 공식교육과 관심분야의 장점을 살릴 수 있는 업무를 하기 위해 중소규모 공공도서관의 장서개발 및 관리업무에 참여하기를 희망할 것이다. 선택과 장서관리는 전통적으로 직접적인 예산 책임이 있는 수석 사서가 조정한다. 예산이 적을수록 장서에 대한 지출도 적기 마련이지만, 자료 선택에는 철저한 검토가 필요하다. 소규모 공공도서관에서는 보통 장서개발과 관리를 주로 책임 사서 1인이 담당한다. 과거에는 수서예산이 적으면 인쇄 서평 자료원에의 접근이 제한되었다. 그러나 오늘날 인터넷 접근이 가능한 도서관이라면 사서들은 온라인 서평자료 호스트에 손쉽게 접근할 수 있다.

학교도서관미디어센터 School Library Media Centers

학교도서관미디어센터의 장서관리업무 배분은 공공도서관의 장서관리

---

15) Ann Irvine, "Is Centralized Collection Development Better? The Results of Survey," *Public Libraries* 34 (July/Aug. 1995): 216-18.

업무 배분 방식과 동일하다. 대규모 교육시스템에서는 중앙에 소속 학교들의 사서업무를 지도 감독하는 조정자가 있다. 몇몇 교육구청에서는 1인의 직원 또는 위원회가 각 급 학교의 다양성에 맞추어 각 학교에 배분될 자료를 선택한다(초등학교, 중학교, 고등학교). 이 방식은 각 급 학교에 배치된 사서들의 업무를 줄여줄 수 있지만 각 학교 내의 고유한 요구를 아우르지는 못한다. 교육시스템 내에서도 각 사서는 그들이 근무하는 학교에서 교사들과 협력하여 학생들의 요구와 관심에 부응하는 장서를 개발할 책임이 있다. 교육시스템에서의 처리과정은 보통 중앙에서 자료를 취합하여 주문, 검수, 배분한다. 이는 자료 선택이 각 학교에서 이루어질 경우에도 마찬가지이다. 만약 학교도서관 사서가 지역 교육시스템에 속해 있지 않은 경우라면 이러한 업무 책임은 해당 서서가 맡게 된다.

학교도서관미디어센터의 장서개발 관리가 다른 종류의 도서관과 다른 한 가지 측면은 장서관리 의사결정에 참여하는 그룹이 다양하다는 점이다. 이들은 일반교사, 학교행정담당자, 각종위원회, 학부모, 학생, 지역인사, 단체 등이다. W. Bernard Lukenbill은 이들 이해관계자들이 합리적 선택 결정에 도움이 되기도 하고 방해가 되기도 한다는 점을 지적하고 있다.16) 그는 학교도서관미디어센터 사서들이 이러한 문제점을 파악하고 선택 과정에 내재하는 복잡성을 인식해야 한다고 권고하고 있다. 사서들은 선택과정 전반에 대하여 관련자들을 지도안내하고, 선택 업무의 전문성을 강조하며, 보편적으로 인정되고 있는 선택도구 및 보조도구를 이용함으로써 학교도서관미디어센터에서 사서의 위상을 강화시킬 수 있다.

---

16) W. Bernard Lukenbill, *Collection Development for a New Century in the School Library Media Center* (Westport, Conn.: Greenwood, 2002).

학교들은 대체로 도서관자료의 선택과 장서문제를 다루는 상설 교육과정미디어위원회를 운용한다. 이 위원회는 보통 각 학년 담당 교사, 학생 대표, 특수교육 교사, ESL(역자 주: English as a Second Language 제2언어로서의 영어)교사 및 기타 교직원으로 구성된다. 학교도서관미디어센터가 선택 정책이 있을 경우에는 상설 교육과정미디어위원회가 이를 재검토하고 정책의 목적과 프로그램의 우선순위를 결정하게 된다. 위원회는 또 인터넷 접속 허용범위, 저작권, 기증처리, 제적, 지적자유 등 자료에 관련되는 정책에도 관여한다. 나아가 신청된 자료를 사전 평가하고, 자료 및 장비에 관해 협의하며 실물구입 및 온라인 접근을 제안하고, 문제가 되는 자료들을 검토하고 평가한다.

전문도서관 Special Libraries

전문도서관은 장서개발과 관리에 있어 여러 가지 독특한 환경에 처해 있다. 첫째, 전문도서관은 구체적인 사명을 가지고 한정된 이용자 커뮤니티에 봉사한다. 둘째, 전문도서관은 도서관의 모든 기능에 책임을 지는 1인 사서가 배치된다. 셋째, 장서는 주로 전문도서관의 이용자들이 요청한 자료를 중심으로 구성된다. 다수의 사서가 근무하는 규모가 큰 전문도서관에서는 사서들은 각각 한정적이고도 명백한 범위에서 주제전문 업무를 담당한다.

기술과 기능 Skills and Competencies

도서관들은 신입 사서들이 문헌정보학과 대학원과정에서 특정 기술과 기능을 연마했을 것으로 기대한다. 이들 능력은 OJT(on the job training : 직장 내 훈련)를 통해, 그리고 장서개발과 관리 업무를 지속적으로 수행함으로써 보완된다. 학교에서는 개념적인 지식을 학습한다. 이는 도서관의 업무스킬, 기본 원리, 사서직의 개념, 구성요소 및 실무를 위한 정신적 모델(마음가짐) 등이다. 이들은 장서개발업무의 이론적, 정신적 배경이 되므로 초보자뿐만 아니라 경력자에게도 매우 중요하다. 이들은 경력자들이 실무를 지속적으로 개선하는 중요한 참조 포인트가 될 뿐 아니라 다른 직원이나 이용자들에게 상황을 설명하는데 도움을 준다. 초보자들에게는 장서개발과 관리업무로 이끄는 논리적 근거를 이해할 수 있게 해준다.

문헌정보학 교육과정에서는 기초적인 기능과 원리를 포함해야 한다. George J. Soete는 이것을 "사서가 갖추어야 할 적격성assumed competencies"이라고 하고[17], 다음과 같은 사항을 제시하였다.

- 도서관 장서구성의 이유 및 자원 공유의 책임
- 도서관 이용자 이해의 중요성
- 효과적인 선택 및 장서관리 결정 요인들
- 지적자유에 대한 인식 및 다양한 견해의 존중

---

17) George J. Store, "Training for Success: Intergrating the New Bibliographer into the Library," in *Recruiting, Educating, and Training Librarians for Collection Development*, ed. Peggy Johnson and Sheila S. Intner, 160-69 (Westport, Conn.: Greenwood, 1994).

● 현재 및 미래를 위한 장서구성과 보존의 중요성

개념적 학습은 업무스킬 및 실습을 포함하는데, 이는 철학적 기초만큼이나 중요한 것이다. 선택담당자는 주제, 형태, 이용대상자에 대한 지식을 필요로 한다. 선택사서는 이용자 커뮤니티에 대하여 기본적으로 이해해야 하며 서비스 대상 특정 지역사회를 파악하는 기술적 지식을 갖추어야 한다. 만약 선택사서가 특정 주제 분야의 전문가가 아니라면 최소한 문헌에 대한 전문지식을 갖추어야 한다. 이상적인 것은 주제전문가는 특정분야의 전문 용어에 익숙하고, 그 분야의 기본 개념과 중요성을 이해하고, 현재의 논점 및 주요 연구자와 저자의 이름을 인지하고, 역사적인 흐름 및 사건, 그리고 그 분야가 다른 학문과 어떤 관련이 있는지를 알아야 한다. 예를 들면, 어린이와 10대가 이용하는 장서관리업무를 수행하는 사서는 어린이 책(소설, 논픽션)의 역사를 알고, 어린이들의 관심사, 그들의 읽기수준과 눈높이에 맞는 자료의 유형을 인지하고, 저명한 작가, 삽화가 및 수상 도서에 대하여 알고 있어야 한다.

도서관은 신임사서가 출판산업과 출판사들이 출판 시 고려하는 요소들, 주요 출판사가 전문적으로 다루는 자료의 유형, 출판물의 질, 주요 출판사의 신뢰도, 가격정책, 일반적 평판에 대해 이해하기를 기대한다. 신임 선택 사서는 출판동향, 출판통계 및 가격동향에 대해 연구해야 한다. 동시에 어떻게 자료가 도서관에 들어오는지, 다양한 자료 유형 가운데서 어떻게 적정 자료를 선택하는지를 파악하는 것이 중요하다. 또한 자료의 배포와 구입 메커니즘(벤더, 에이전트, 학술사회, 승인플랜, 확정주문 등)에 대해 익숙해야 한다. 학생들은 지적재산권, 저작권법, 라이선스 계약, 자원의 획득과 접근에서 라이선스 협정의 역할에 대하여 기본적으로 이해해야 한다. 대학도서관 사서가 되기를 희망하는 학생들은 학술 커뮤니케이션scholarly communication 및 학술 연구의 동향을 이해해야 한다.

John M. Budd와 Patricia L. Bril은 장서개발 실습은 대학원 교육에서 습득하는 가장 중요한 업무 기술로서 핵심자료를 식별하고 이용할 수 있는 최상의 능력이라는 점을 발견했다.[18] 신임 선택사서는 필요할 경우 자원과 정보의 출처(서평, 서지목록, 출판사 목록, 웹 페이지, 출판사 평판, 핵심 저자)에 대한 정보원을 확보하고 있어야 한다.

자동화 및 정보기술은 사서의 업무와 정보자원에 큰 영향을 미치고 있다. 기술 주도적 환경에서는 모든 일이 편리해 지는 것은 당연하다. 도서관 자동화, 서지네트워크 및 인터넷 자원에의 접근이 가능하여 자료 선택, 확인, 주문 준비, 클레임, 장서 평가, 예산 관리, 협력적 장서개발을 손쉽게 할 수 있고, 직원, 출판사, 벤더 및 공급자를 포함한 도서관 외부 사람들과의 의사소통 등 제반 장서관리 활동을 편리하게 수행할 수 있다. 관내 도서관 자동화시스템으로 다양하고 유용한 보고서를 생산할 수 있고, 필요시 예산집행현황, 자료의 단가, 업무 진행 정도, 공급자 관련 업무 통계 등을 PC를 통해 출력할 수 있다. 벤더와 에이전트는 그들의 업무진행성과를 평가할 수 있는 다양한 보고서를 제공해 주는데 이는 공급자들이 별도 비용 없이 온라인으로 제공하는 서비스의 일부이다.

몇몇 도서관과 사서들은 장서개발 및 관리 업무에 도움이 되는 웹기반 자원을 찾아내거나 지역단위로 개발된 온라인 도구를 활용하고 있다. 장서관리 사서를 위해 지역단위로 개발한 사이트는 주로 다른 사서들이 준

---

18) John M. Budd Patricia L. Bril, "Education for Collection Management: Result of a Survey of Educators and Practitioners," *Library Resources and Technical Services* 38, no. 4(1994): 343-53.

비한 유용한 외부사이트, 즉 벤더 홈페이지, 자주 이용하는 출판사 홈페이지, 지역사회의 정책, 절차, 서식 등과 접속할 수 있다. AcqWeb(www.acqweb.org)은 수서 및 장서개발 사서들에게 출판사 및 벤더의 목록 등 서지확인도구 및 관심을 끌만한 정보자원에 접속할 수 있도록 하는 사이트이다. 지역단위 사이트를 통해 Books in Print와 같은 도서관과 계약된 관련 전문협회 사이트에도 접속할 수 있다. 이밖에도 예산 및 자금 배분, 주제전문 선택담당자의 목록, 환율계산, 경영 통계 등을 활용할 수 있다. 지역단위 선택 사이트에 기여하는 일은 이제 선택담당사서들의 일상적 업무이다.

전자정보자원에 관한 업무는 다양한 기술skill과 전문지식이 요구된다. 장서관리사서는 반드시 디지털 환경에서 저작권, 라이선스 및 계약협상과 공동구입을 위한 새로운 형태의 콘소시엄 협정에 관하여 알고 있어야 한다. 실물정보와 온라인정보의 관리 및 서비스는 그 범위가 중첩되어 있기 때문에 많은 도서관 직원들이 이들 정보자원의 평가 및 선택결정에 관여하게 된다.

여러 저자들과 도서관전문협회는 신임사서가 갖춰야 하는 업무 적격성을 다음과 같이 제시한다.19)

---

19) Association for Library Collections and Technical Services, "ALCTS Educational Policy Statement," approved by the ALCTS Board of Directors, June 27, 1995, www.ala.org/ala/alcts/manual/conted/cepolich.cfm; Maria Otereo-Boisvert, "The Role of the Collection Development Librarian in the 90s and Beyon," in *Catalysts for Changing: Managing Library in the 1990s*, ed. Gisela M. von Dran and Jennifer Cargill, 159-70 (New York: Haworth, 1993); Patricia Battin, "Managing University and Research Libary Professionals: A Director's Perspective," *American Libraries* 14, no. 1 (1983): 22-25; Edward G. Holley, "Defining the Academic Librarians," College and Research Libraries 46 (Nov. 1985): 462-77.

- 정보에 대한 서지통정 능력
- 서비스 대상 지역사회 요구의 이해 및 접근 능력
- 양적·질적 평가 기술과 지식
- 장서개발정책 및 절차에 대한 이해
- 재무 분석과 예산 관리를 포함한 일반적 업무 관행에 대한 지식
- 환율 변동, 세계경제 동향, 세계시장을 분석하는 능력
- 디지털 기술과 온라인 자원의 접근, 제공을 위한 방법과 지식
- 비판적 분석, 문제 해결 및 핵심 사항에 대한 의사결정 능력
- 계속 교육 및 전문성 개발 의지
- 협상 기술
- 관리 기술 및 감독 기술
- 세일즈 기술
- 조직 행태, 권력관계, 정치 상황의 이해
- 행정 관례에 대한 이해
- 교부금 신청서 작성 및 관리에 대한 지식

일반적으로 문헌정보학 교육과정에서는 이러한 문제들을 다루지 않고 있다. 학생들이 현대의 장서개발과 관리 업무에 필요한 관리 기술과 지식을 습득하기 위해서는 경영학, 교육학, 공공정책 등의 다른 전문 분야 프로그램 수강을 고려할 필요가 있다.

대학도서관 사서인 Nancy M. Cline은 장서 담당 사서들이 공식 교육 연구를 통해 필수적으로 보완해야 할 업무 적격 능력을 다음과 같이 제시하였다.[20]

- 변화에 대한 인식 능력
- 혁신적, 창의적, 전략적 사고능력
- 고품질 서비스의 구현 의지
- 전문성에 대한 신념
- 분석적 추론 능력
- 적응성, 유연성, 탄력성
- 미래 비전
- 전 자원의 활용능력
- 지적 호기심
- 뛰어난 의사소통 및 대인관계 기술
- 정치적 맥락에 대한 예리한 감각
- 불명확성에 대한 관용 능력

Karen Schmidt는 성공적인 장서관리 사서가 필수적으로 갖추어야 할 능력으로 리더십, 위험관리, 감성 능력, 통합적 접근 능력 등을 들고 있다.[21] 이러한 특성은 전문직 사서로서 성공적 경력관리를 희망하는 사람은 누구나 갖추어야 할 능력이다.

전 절에서 신임 장서담당사서들이 대학원 과정에서 습득해야 할 핵심 능력은 기본원리, 개념, 스킬 등이라고 확인한 바 있다. 모든 사서가 모

---

20) Nancy M. Cline, "Staffing: The Aat of Managing Changes," in *Collection Management and Development: Issue in an Electronic Era*, ed. Peggy Johnson and Bonnie MacEwan, 13-28, ALCTS Papers on Library Technical Services and Collections no 5. (Chicago: American Library Association, 1994).

21) Karen Schmidt, "Past Perfect, Future Tense: A Survey of Issues in Collection Development," *Library Collections, Acquisitions, and Technical Services* 28, no. 4 (2004): 360-72.

든 분야의 과정을 이수해야 하는 것은 아니다. 장서관리업무를 성공적으로 수행하기 위한 모든 능력을 문헌정보학과에서 전부 가르칠 수는 없다. 많은 부분은 현장에 근무하면서 습득해 간다. 어떤 스킬은 개별 도서관에 고유한 것이 있는데, 이는 그 보직에 새로 부임하면 익힐 수 있다. 이것은 직무기술서상의 선택담당자의 책임, 도서관의 실물 장서 및 온라인 장서, 업무 절차서 등을 파악하면서 알아간다. 또한 자료 주문 방법, 다른 부서 단위와의 상호작용, 예산 시스템의 운용방법 등도 실무에서 파악한다. 지역사회의 문화 풍토와 조직 환경, 허용되는 행동과 그렇지 않은 행동, 의사결정의 방법, 개별 담당자의 업무 운용 방법 등을 파악한다.

학습과 숙련 Learning and Mastery

Peter M. Senge는 학습과 숙련의 차이점을 분석하고 다음과 같은 결론을 내렸다.[22] 성공적인 장서업무는 오직 업무수행에 의해서, 실제로 업무를 수행함으로써 완전히 습득할 수 있다. 실제 업무를 수행함으로써 이론과 실제의 차이점을 파악할 수 있다. 실제는 어떤 분야의 외부적 측면을 잘 정의해 준다는 점에서 어떤 전문 분야에서든 가장 명백한 증거를 나타내 주는 측면이 있다. 또한 실무는 담당자 개인이 새로운 경력이나 이론을 적용하는 주요 포인트이다. 초보자들은 아직 업무수행의 경험(second nature : 2차 성징)이 형성되지 않았으므로 의식적이고 일관된 노력

---

22) Peter M. Senge, The Fifth Discipline: *The Art and Practice of the Learning Organization*, rev. and updated (New York: Doubleday, 2006).

을 기울여야 하는 점에서 "규율"이 필요한 것이다.

　장서개발 관리에 대한 이론적 모델을 염두에 두고 작업에 임하는 신임 선택사서는 그들이 배워온 이론, 기술, 기능을 되새겨 보아야 한다. 시간이 지나고 경험이 쌓이면서 규율은 점점 자동 실천된다. 이것은 경험 있는 선택사서가 때로는 무엇이 선택과 장서개발 결정에 포함되는지, 선택, 비 선택에 있어 어떤 조건에 무게를 두고 선택, 대체, 제적, 취소가 이루어지는지를 설명하기 어려운 이유다.

　초보자는 기본원리를 이해했다는 사실만으로 규율에 대한 모든 것을 배웠다고 생각하기 쉽다. 이는 숙련이 무엇인지를 잘 알지 못하여 혼동을 일으키는 것이다. 불어를 공부하는 학생은 불어의 문법과 단어를 알지만, 불어를 자연스럽게 말하고 영어를 불어로 번역할 수 있을 때까지는 불어를 마스터한 것이라고 볼 수 없다. Senge는 이러한 차이를 규율의 본질과 관련지어 설명하고 있다. 규율의 핵심적 본질은 의식적인 주의력과 노력만으로는 얻어지는 것은 아니다. 규율의 본질은 그 규율에 대하여 고도의 경험을 해본 사람이 자연적으로 습득하는 상태인 것이다.

　이러한 관점에서 장서개발 담당사서가 되기 위해서는 단순히 장서개발업무를 담당하는 차원이 아니라 진정한 장서개발 전문가가 되어야 한다는 것이다. 이는 장서개발에 대한 선형적인 이해(빌딩을 구성하는 벽돌, 즉 구성요소)로부터 전체로서의 장서에 대한 비선형적, 내면적인 면에 이르기까지 전 과정을 이해하는 것이다. 이것은 문헌정보학과에서는 배울 수 없는 총체적인 과정이다. 신임 장서담당사서는 교육 프로그램을 통해 사서가 배울 수 있는 모든 것을 배운다. 그러나 실제 업무경험을 통해서 지금까지 배워 온 각 부분들의 총합보다 훨씬 더 큰 총체적인 맥락을 체득하는 것이다. 장서개발은 예술이자 과학이라 할 수 있다. 이는 창의력과 경험적 지식의 종합적 산물이다. 실제 업무는 이론에 의미를 부여하고, 성과를 새롭게 하며, 숙련을 쌓게 해준다.

현장훈련 Training on Site

다행히도 신임 선택사서는 사서직의 매뉴얼에 따른 공식적인 현장훈련을 받을 수 있다. 문헌정보학과에서 장서개발과 관리의 제반 요소를 가르친다고 해도 각 도서관들은 그들의 고유한 업무가 있고 신임사서에 대한 기대가 다르다. 다른 도서관에서 일한 경험이 있는 사서라도 새로운 자리에 부임하면 장서개발과 관리의 원칙, 가이드라인, 절차, 운용방법을 배워야 한다. 새로 부임한 장서담당 사서는 개별교육, 멘토링, 현장경험(on-the-job experience)을 통하여 새로 담당한 직위의 세부 업무를 배운다.

매뉴얼은 도서관에서 장서개발과 관리활동을 수행하는데 필요한 문서기록이다.[23] 이 문서는 업무의 실제를 체계적으로 기술함은 물론 각 선택담당자들에게 업무의 진행과정 및 업무의 품질 개선을 측정하는 계획도구이다. 기타 내부 훈련자료로는 도서관의 세부 장서개발정책서, 수서과정에 관한 절차서, 장서분석 가이드라인, 도서관 자동화시스템 이용절차서, 그리고 장서개발업무의 목적 등이 있다.

장서담당사서는 자신만의 훈련 프로그램을 개발해야 한다. 공식적인 프로그램이 없으면 장서개발사서 교육훈련 가이드(Guide for Training

---

23) Collection Management and Development Committee, Resources and Technical Services Division, American Library Association, *Guide for Writing a Bibliographer's Manual*, Collection Management and Development Guide no, 1 (Chicago: American Library Association, 1987).

Collection Development Librarians)를 참고하는 것이 좋다. 이 가이드라인은 훈련이 필요한 신임사서들에게 특정한 스킬과 전문지식을 제시하고 있다.[24] 공식적인 현장교육 프로그램이 있더라도 신임사서는 감독자와 상의하여 개별적 자기학습 계획을 수립해야 한다. 이 계획에는 다음과 같은 사항이 들어가는 것이 좋다.

- 도서관과 모기관의 조직관계 및 도서관 프로그램의 범위와 주안점
- 도서관 직원 명단 및 업무분장
- 업무와 연관이 있는 도서관 외부의 인사 및 단체
- 도서관 보유 장서 및 장서의 강점과 약점
- 이용자들의 장서이용 방법
- 자료예산의 배분, 추산, 사용 방법
- 수작업 또는 자동화시스템으로 이용 가능한 보고서
- 도서관의 장서개발 정책
- 협력적 장서개발 협정
- 벤더의 선정, 활용, 평가 및 벤더 활용에 관한 평가 방법
- 자체적인 선택, 주문, 처리과정

도서관이 직원들에게 복수의 책임을 부여하는 방향으로 나가고 있으므로 이전에 장서 책임을 맡지 않았던 많은 사서들도 장서관리 책임을

---

24) Susan L. Fales, ed. *Guide for Training Collection Development Libraries*, Collection Management and Development Guides no. 8(Chicago: Association for Library Collections and Technical Services, American Library Association, 1996).

분담하게 되었다. 이는 2가지 이유로 특별한 도전이라 할 수 있다. 첫째, 사서들은 상당히 오래 전에 대학원 교육을 받았고, 설령 장서관리과정의 교육내용을 기억하고 있다 하더라도 그러한 정보는 이미 쓸모없게 되었다는 점이다. 둘째, 감독자 및 동료들은 선택을 담당하게 된 직원이 내부 정책, 절차, 성과 측정에 익숙해 있다고 잘못 생각할 수 있다는 것이다. 훈련프로그램을 주의 깊게 설계하는 것은 신임사서에게 뿐 아니라 새로 장서업무 책임을 맡는 기존의 사서에게도 마찬가지로 중요하다.

장서관리 및 개발 활동을 효과적으로 수행하기 위해서는 이론과 실제 양면에서 그리고 책임을 맡은 특정 분야에서 지속적으로 학습을 해야 한다. 지적 호기심, 열정, 시간적 뒷받침과 아울러 자기교육에 대한 확고한 의지가 필수적이다.

이용자 커뮤니티의 이해 Understanding the User Community

어떤 유형의 도서관이든 장서개발과 관리는 이용자와 밀착되어 있다. 이용자와의 접촉결과는 선택 업무에 그대로 반영된다. 앞서 언급한 바와 같이 전문도서관의 자료선택과 수서는 기본적으로 이용자에 달려 있다. 대학 내 기관에 봉사하는 대학도서관은 자료선택을 교수진에게 의존한다. 학교도서관미디어센터는 사서, 교사, 행정직원, 학생, 학부모 등으로 구성된 위원회에 의존한다. 의사결정에 있어 조정, 소통, 협력은 언제나 중요하다.

도서관 스킬에 대한 기술의 영향
Technology's Influence on Skills

Harry Braverman은 기능단순화deskilling의 개념을 '노동과 독점자본Labor and Monopoly Capital'에 발표하였다.[25] Braverman은 기술은 자본주의와 결합하여 작업에 필요한 기능을 단순화시킴으로써 결과적으로 작업 가치를 강등시켰다고 주장하였다. Braverman에 따르면 자본주의는 이익을 목적으로 삼기 때문에 재화 및 서비스 산출에 보다 경제적인 방법을 동원한다. 하나의 예로, 예전에는 오직 의사들만이 수행했던 많은 복잡한 의료행위를 이제는 의료기술의 발전에 따라 간호사 및 인턴들이 맡게 된 점을 들 수 있다. Braverman의 연구는 그 후 수많은 논문 및 연구의 주제가 되어왔고, 경제학자, 사회학자, 역사학자들의 논쟁거리가 되어왔다.[26] 작업에 미치는 컴퓨터 기술의 영향에 대한 많은 분석들은 대체로 Braverman이 제기한 업무 단순화 과정의 연속선상에서 논의되는 추세다. 이와는 반대로 또 다른 연구자들은 새로운 테크놀로지가 어떤 의미에서는 새로운 스킬을 발전시키는 효과를 가져 온다고 보았다. 자동화에 따라 업무에 보다 복잡한 지식과 기술이 요구됨으로써 직위의 성격the nature of a position이 변화된다는 것이다.[27]

---

25) Harry Braverman, *Labor and Monopoly Capital: The Degradation of Work in the Twentieth Century* (New York: Monthly Review, 1974).

26) See a special issue of Monthly Review, vol. 46, no. 6 (1994), commemorationg Harry Braverman's *Labor and Monopoly Capital*; and Stephen Wood, ed. *The Degradation of Work? Skill, Deskilling, and the Labour Process* (London: Hutchinson, 1982).

27) Shoshana Zuboff, *In the Age of the Smart Machine: The Future of Work and Power* (New York: Basic Books, 1988).

스킬의 성질을 이해하는 것과 개인의 스킬과 특정 직위에 요구되는 스킬을 구별하는 것은 Braverman의 이론을 둘러싼 논쟁의 2가지 측면이라 할 수 있다. 개인은 직장 내 훈련과 업무경험을 통하여 일상 업무수행에 필요한 스킬을 익힐 수 있다. 그러나 그 인식의 수준에 따라 어떤 업무활동에 대한 새로운 요구가 발견된다. 수준 높은 교육과 폭넓은 경험을 통해 기존 일상 업무가 적절한 것이 아니라는 것을 알게 되며, 그 결과 새로운 상황에 맞출 수 있도록 준비하는 것이다. 자동화 환경에서도 중대한 변화가 발생되고 있으므로 능동적인 그리고 숙련된 직원들은 지속적으로 중요한 역할을 수행한다.

모호하긴 하지만 지금까지 전문사서와 보조직원의 구분은 업무 단순화를 기준으로 해 왔다. 지난 25년 동안 보조직원은 더 다양한 많은 책임을 떠맡아 왔다.28) 복잡한 업무들은 하위계층으로 내려오고 있다. 전문성을 구별하는 한 측면은 실무자들의 능력을 해당 분야의 기준이나 지식을 기반으로 업무를 조정할 수 있는가 하는 것이다.29) 사서와 사서전문협회는 도서관 업무를 수행하는데 필요한 자질에 대하여 그들의 주장을 배타적으로 고수할 수 없었다. 이것은 부분적으로 직원들을 위축시키고 모든 종업원을 효과적으로 활용하는 방향으로 이어지게 되었다. 더구나 자동화는 도서관 업무의 기술적 범위를 확대하게 되었다. 장서개발과 관리 분야에서 승인플랜이나 자동화 이용이 증가하면서 많은 도서관들은

---

28) Ron Ray, "Paraprofessionals in Collection Development: Report of the ALCTS / CMDS Collection Development Librarians of Academic Libraries Discussion Group," *Library Acquisitions: Practice and Theory* 18 (Fall 1994): 317-20.
29) Nina Toren, "Professionalization and Its Sources," *Sociology of Work and Occupations* 2 (Spring 1975): 323-27.

개별 자료 선택의 문제를 강조하지 않게 되었다.

그럼에도 불구하고 대부분의 도서관은 계속 장서책임을 전문직에게 배분한다. 개별 자료의 선택은 적어도 대학도서관에서는 전통적으로 주제전문사서의 업무범위로 남아 있다. 하지만 이 구별은 이전만큼 엄격하지는 않다. 대학도서관은 공식 교육을 받고 깊은 주제전문지식이 있는 직원 또는 그 도서관의 장서와 이용자에 대하여 폭넓은 경험을 가지고 있는 사서가 있다면 문헌정보학 대학원 학위가 없어도 선택업무를 맡긴다. 사서의 책임으로 남아있는 장서와 관련된 업무분야는 도서관의 미래에 미치는 추상적이고도 복잡다기한 영향력, 이용자사회, 이해당사자, 자료 및 서비스제공자들의 도서관에 대한 인식에 따라 구분된다. Allen B. Veaner는 이것을 '프로그램 책임programmactic responsibilities'이라고 부른다.[30] 그 분야는 장서개발프로그램의 계획, 예산 배분, 장서개발정책 수립 및 개정, 부서와 집단 관계 형성, 공급자, 벤더, 컨소시엄 업무를 포함한다.

조직 모형 Organizational Models

다양한 기능이나 활동을 누가 수행하는지, 개별 직원들을 어떻게 조직하는지, 직원들이 그 도서관의 내·외부 인사들과 어떻게 소통하는지에 따라 도서관 장서개발과 관리의 조직이 정해진다. 장서관리 조직에 대한 많은 문헌들은 대학도서관, 특히 대규모 대학도서관 및 연구도서관 조직

---

30) Allen B. Veaner, "Paradigm Lost, Paradigm Regained? A Persistent Personnel Issue in Academic Librarianship, II," *College and Research Libraries* 55 (1194): 389-402.

을 다루고 있다. 이들 문헌들은 복잡 다양한 조직구조 개발을 위해 직원, 장서, 예산에 초점을 두고 있다.

어떤 장서개발 조직모형도 완벽한 것은 아니다. 목적의 성공적 달성을 보장하는 최적 조직구조의 요소를 정의하기는 어렵다. 어떤 모형도 완벽한 것은 없다. 장서조직은 장서업무책임의 배분과 함께 기존 장서의 규모, 인력 수준, 예산, 장서개발 관리의 목적에 대한 지역사회의 인식 및 현재 도서관경영자의 선호에 따라 다양하게 나타난다.

Bonita Bryant는 장서조직은 다음 3개의 조건 중 한 가지 이상이 발생할 때 필요하다고 주장했다.[31] 이 세 가지 조건은 첫째, 구입의사결정과 자료 예산 사용을 도서관 관리자가 직접 책임지지 않을 경우, 둘째, 도서관의 기술 서비스technical services(예산관리부서)와 이용자 서비스public services(자료 선택과 이용자 연결이 이루어지는 부서, 즉 열람서비스 부서) 어느 곳에서도 체계적인 장서개발 관리를 위한 예산 관리 및 이용자접촉을 종합, 수렴하지 않을 때, 셋째, 장서증가, 장서이용, 이용자 요구가 서로 겉돌고 있음을 발견했을 때 등이다.

도서관들은 그들의 규모, 역사, 직원들의 특성을 고려하여 다양한 방법으로 업무의 보고라인 및 업무책임을 배분하게 된다. 여기에는 기능모델과 지역모델의 두 가지가 있다. 이 두 가지 모델 사이에는 다양한 연속적 단계가 있으며, 각 모델은 그 연속선상의 양 끝이라고 할 수 있다. 기능적 모델functional model에서 장서개발과 관리책임을 지는 직원은 단일 조직 부서로 그룹화 된다. 이 조직단위는 부, 과, 팀 등으로 명명되고, 이

---

31) Bryant, "Organizational Structure of Collection Development," 113-14.

부서에 전일제로 근무하지 않는 주제전문가들은 주제별 책임과 이용자 사회, 그들이 근무하는 사무실, 장서위치, 도서관 등에 따라서 파트타임으로 업무를 맡게 될 것이다.

지역모델 또는 고객모델geographic or client-based model에서 장서개발 사서들은 그들이 봉사하는 이용자 집단 및 지역으로 그룹화 되어 다양한 책임을 맡은 직원들이 함께 근무하는 부서의 구성원으로서 장서관리 업무를 하게 된다. 여기서도 사서들은 다시 풀타임 혹은 파트타임으로 장서 업무를 담당할 것이다. 기능적 모델과 마찬가지로 지역모델 혹은 고객모델의 구성원들은 보다 작은 하위 부서에 배치될 것이다. 이 경우에 하위 부서는 기능 또는 주제 기반으로 조직된다.

기능적 모델은 동종 업무책임을 수행하는 사서들 사이에 의사소통과 협조가 잘 될 수 있는 장점이 있다. 이는 장서개발의 일관성을 촉진하고, 연속간행물 구독 취소나 장서분석을 용이하게 하는 등 공통적 업무를 보다 원활하게 수행할 수 있다. 이 경우 장서개발자의 역할은 덜 복잡하게 되는데, 이는 그들이 직접적인 권한과 책임을 행사하기 때문이다. 그러나 단점으로는 타 업무를 담당하는 사서들과 멀어질 수 있고, 이용자사회로부터 멀어질 가능성이 있다는 것이다.

지역모델 혹은 고객모델은 특히 이용자 집단의 요구와 기대에 초점을 맞출 때 효과적이다. 나아가 장서담당사서들은 편목부서, 대출부서, 상호대차담당자 등 다른 직원들과 긴밀하게 협력함으로써 장서관리 업무를 효과적으로 통합, 수행할 수 있다. 이렇게 되면 계획 및 문제해결은 보다 더 쉬워질 것이다. 이 모델의 난점은 여러 지역 및 고객 단위로 이루어진 대규모 도서관의 경우 전 도서관에 걸친 업무의 협조가 어렵다는 점이다. 필요성과 목적간의 균형을 잡기가 어려운 것이다.

이들 "순수" 모델로 조직되는 도서관은 거의 없다. 대부분의 도서관 조직이 이들 두 가지 모델의 중간지점 어디에 속해 있을 것이다. 대규모 대학도서관은 장서개발을 위해 전일제 사서와 보조원으로 구성된 기능적 조직단위로 구성되며, 또한 과학기술 분야에서 파트타임으로 선택업무를 담당하는 직원 및 보조원으로 구성된 고객기반의 단위부서가 있을 것이다. 대규모의 공공도서관 시스템은 중앙에 도서관 전체의 책임을 지는 장서개발 부서가 있고, 장서개발관리를 포함한 복합적 업무책임을 지는 여러 분관도서관이 있을 것이다. 이러한 혼합모델은 앞의 두 가지 순수모델이 갖는 장점과 단점을 동시에 가지고 있다. 어떤 조직구조를 택하든 가장 중요한 것은 장서업무의 협력이며, 도서관의 사명 및 우선순위에 적절히 주의를 기울여야 한다는 점이다.

많은 도서관들은 부서간의 의사소통을 위하여 하나 이상의 상설위원회를 두고 있다. 전형적인 위원회로는 장서개발위원회, 연속간행물 평가위원회, 학과 또는 이용자 참여 위원회(예를 들면, 과학 분야 자료선정위원회, 어린이사서위원회), 전자자원 선정을 위한 위원회 등이다. 이들 위원회의 대부분은 장서업무의 중첩적 특성 때문에 여러 다른 부서의 직원을 위원으로 구성한다. 예를 들면, 일반 업무조정위원회는 재정부서, 편목부서, 상호대차 운용부서에서 위원으로 참여한다. 전자 자원을 관리하는 위원회는 언제나 도서관의 모든 부서, 수서, 편목, 자동화, 참고사서, 계약관리 및 모니터 담당직원 등을 참여시켜 구입과 접근을 위한 의사결정에 각부서 직원의 전문적 의견을 수렴한다. 도서관들은 선택책임을 위원회나 작업단에게 분배하고, 공동 관심사와 관련 주제를 논의하는 상설위원회 또는 실무협의위원회를 두고 있다. 임시위원회Adhoc committees는 신규 연속간행물 선정 또는 승인플랜 벤더 선정과 같은 한정된 문제나 프로젝트를 논의하기 위하여 구성된다. 이 모든 위원회의 목적은 전문지식을 갖춘 직원 및 부서 등 의사결정에 영향을 받는 사람들을 고루 참여시킴으로써 커뮤니케이션과 의사결정을 개선하려는 데 있다.

몇 명의 직원들이 장서관리책임을 지는 도서관들은 일반적으로 그들의 활동을 조정하는 직원이 있다. 대학도서관에서는 이런 직원을 장서개발 관리자(CDOs: collection development officers)라고 부른다. 1994년, 조사에 응답한 ARL회원 도서관의 82퍼센트가 수석사서에게 직접 보고하는 중견 CDO가 있다고 보고했다.[32] 다른 유형의 도서관에서도 이러한 직원은 장서관리자, 장서관리팀리더, 장서조정자, 장서개발책임자 또는 경영자, 장서개발과 관리보조원, 미디어 조정자 또는 이들 중 하나의 직무를 두고 있다. 대부분의 중·대규모의 대학도서관이나 연구도서관에서는 이 업무를 위해 고위직을 임명한다. 이 직원은 일반적으로 장서개발활동을 조정하고, 전체적인 자료예산을 관리하고, 장서개발과 관리업무와 관련 있는 모든 직원에 대하여 직접적인 감독 책임을 지기도 한다.

모든 유형의 대규모 도서관에서 장서관리자는 정보서비스, 공공서비스, 기술서비스, 참고봉사, 기획, 문헌전달 및 상호대차, 외부 자금의 확보, 전자자원의 관리, 자료보존 등 제반 업무 및 서비스에 대하여 관리감독 책임을 진다. 수서와 직접 연결된 장서개발부서 내에서 수서부서를 통하여, 또는 수서부서의 산하 부서로서의 기술서비스에 대하여 고위 행정적 책임을 지는 경우가 흔하다.[33] 이는 예산지출의 직접적인 통제로

32) Rowley, *Organization of Collection Development*, from updated prefatory materials.
33) See Nancy Courtney and Fred W. Jenkins, "Reorganizing Collection Development and Acquisitions in a Medium-Sized Academic Library," *Library Acquisitions: Practice and Theory* 22, no. 3 (1998): 287-93; and Kathleen Wachel and Edward Shreeves, "An Alliance between Acquisitions and Collection

이루어진다. 이러한 조정을 통해 장서개발과 관리의 부서 중첩적 특성과 고위 경영자의 인원 감축(책임 합병을 통한)문제를 모두 해결할 수 있다. 이러한 장서관리책임자는 도서관운영위원회 일원으로서 전반적 정책 개발과 기획에 참여한다. 장서관리자는 업무처리의 우선순위를 상호 협의를 통해 결정하기 위하여 다른 행정 관리자나 부서장들과 함께 업무를 수행한다.

장서관리자의 역할은 관내 통솔범위와 장서개발 및 관리 운용 방법에 따라 다양하다. 관장은 도서관의 전반적인 장서개발과 관리에 책임을 지며, 장서관리자는 일반적으로 인력과 장서에 대한 예산 신청, 예산 배분 및 모니터링—여러 요소에 배정된 예산의 지출 및 균형 유지—에 책임을 진다. 또한 직원 모집, 교육훈련, 관리감독, 업무평가 등의 업무를 책임진다.

장서관리책임자는 장서구성과 관리의 모든 측면을 총괄 감독한다. 우선적으로 장서개발정책을 제정 또는 개정하고, 그러한 정책이 장서의 평가와 보존, 제적, 이전, 연속간행물의 구독 취소 등 제반 업무에 적합한지 확인한다. 장서관리책임자는 수서를 위한 계약 협상, 전자 자료의 접근을 위한 라이선스 계약 협상에 책임을 지는 행정관리자이다. 또한 협력적 장서개발의 조정 및 컨소시엄 관련 업무 그리고 교부금 신청 및 기금 모금에 책임을 진다. 장서관리책임자는 개별 기증자와 상담하고 기증과 교환을 검토하며, 이용자 그룹, 모 기관 및 외부 단체에 대하여 도서관의 장서개발 프로그램을 홍보한다.

Managements," *Library Acquisitions: Practice and Theory* 16 (1994): 383-89.

Jasper G. Schad는 장서관리책임자의 리더십을 강조하고 있다. Schad는 리더십의 4가지 핵심적 과제로 팀 빌딩, 비전과 가치의 제시, 지속적인 공식 비공식 교육훈련, 업무량workload의 조정을 들었다.34) 이들 4가지 리더십의 과제를 효과적으로 수행할 때, 선택담당자들은 무슨 일을 어떻게 해야 할지, 왜 그것이 중요한지를 깨닫게 되고, 이러한 경험을 통해 좌절감을 줄이면서 업무능력에 대한 감각을 촉진시킬 수 있는 것이다. 풀타임 직원을 관리하든 파트타임 선택담당자를 조정하든 장서관리책임자는 선택담당자들에게 우선순위와 업무의 흐름을 파악하게 하여 그들의 임무를 완수할 수 있도록 도와주는 현실적이고도 중요한 역할을 수행한다. 여기서도 커뮤니케이션 및 대인관계 기술은 매우 중요하다.

어떤 도서관에서는 장서관리책임자가 장서개발 업무를 수행하는 사서들에 대하여 직접적인 관리 책임을 지지 않는 경우가 있다. 이러한 환경에서 선택담당자들은 다른 행정 관리자들에게 보고하게 되는데, 예를 들면, 대학도서관에서는 대학의 사서협의회, 공공도서관에서는 기술서비스 및 공공서비스 담당 부관장, 학교도서관미디어센터의 경우에는 그 학교의 교장과 같은 관리자들에게 업무를 보고한다.

윤리 문제 Ethical Issues

윤리규범은 직원 및 전문직을 관리하는 행동의 표준이며 업무 수행의

---

34) Jasper G. Schad, "Managing Collection Development in University Libraries That Utilize Librarians with Dual-Responsibility Assignments," *Library Acquisitions: Practice and Theory* 14. no. 2 (1990): 165-71.

원칙이라 할 수 있다. 윤리는 무엇이 옳고 그른지를 판단하는 업무 판단의 기준이라 할 수 있다. "먼저 상처를 주지 말 것(Primum non nocere)"은 의약계의 주요한 행동 윤리 가운데 하나이며, 모든 의대생들에게 가르치는 원칙이다. 윤리나 표준은 법적, 도덕적, 또는 개인적, 기관적인 것일 수 있다. 윤리규범으로 제정된 직업윤리는 매일매일 일상의 업무에 적용되어야 한다. 직업윤리는 때로는 직업가치, 즉 개인이나 단체가 바람직하다고 생각하는 콘셉트와 연관된다. 직업윤리는 장서담당 사서와 서적 판매상, 공급자, 에이전트는 물론 동료 직원들과 이용자 사회와의 상호작용에 영향을 미치는 것이다.

윤리에 맞는 업무행동은 내부적, 개인적 코드, 기관 및 직업 원리에서 도출된 외부적 맥락의 결과에서 나온다. 개인 차원의 윤리는 시민적 또는 종교적 확신으로부터 나온다. 사람들은 그들 스스로가 좋다고 느끼는 행동을 하고, 나쁘다고 생각하는 행동을 피한다. 또한 사람들은 그들이 속한 단체의 행동 준거 틀에 영향을 받는다. 다시 말하면 행동이란 사람이 그를 둘러싼 다른 사람들이 어떻게 느끼는가에 따라 그 결과로 나타나는 것이다. 사람들은 어떤 행위에 대하여 그들이 사용하는 윤리적 행동의 준거 틀에 맞추어 이해하고 반응한다.

Lee G. Bolman과 Terrence E. Deal은 윤리적 판단문제에 대하여 3가지 원리를 제시했다. 즉 상호성(관계 속의 모든 당사자는 그들의 게임의 규칙에 대해 동일한 이해를 지니고 있다.), 일반성(특정 행동은 모든 비슷한 상황에 적용되는 행동원리에 따른다), 유의성(하나의 행동은 다른 사람의 적당한 관심에 유의한다.) 등이다. Bolman과 Deal의 설명대로 "이 문제는 경영관리와 리더십의 도덕적 기준에 관한 대화에서 지속적으로 논의되어야 할 이슈이다".35) 가치, 윤리 그리고 적정 행동에 대한 입장은 원칙에 입각한 판단에 따라야 한다.

사서직의 윤리규범 Codes of Ethics in Librarianship

직업윤리는 사서들이 매일 행동하고 결정하는 준거 틀이다. 직업윤리는 사서직의 공식적, 비공식적 행동기준이다. 장서담당 사서와 관련되는 윤리 문제를 제시하면 다음과 같다.

- 검열(의도적, 비의도적)에 대한 태도
- 지적 자유와 표현의 자유
- 지적 재산과 저작권
- 개인적 사생활
- 벤더, 출판업자, 대리인과의 업무관계 및 이해관계의 분쟁
- 도서관과 모 기관의 요구 및 법규의 준수

사서직의 윤리에 대한 몇 가지 공식문서가 개발되었다. ALA는 1938년 최초로 "윤리 규범Code of Ethics"을 제정하였는데 이 문서는 1995년에 보완되어 "Freedom to Read Statement"와 "Freedom to View Statement"로 개정되었다.36) 도서관장서 및 기술서비스연합Association for Library Collec tions

---

35) Lee G. Bolman and Terrence E. Deal, *Reframing Organizations: Artistry, Choice and Leadership*, 2nd ed. (San Francisco: Jossey-Bass, 1997). 193.

36) American Library Association, "Code of Ethics of the American Library Association" (adopted June 28, 1995, by the ALA Council), www.ala.org/ala/oif/statementspols/codeofethics/codeethics.cfm. American Library Association, "The Freedom to Read Statement" (adopted June 25, 1953, by the ALA Council and the AAP Freedom to Read Committtee; amended January 28, 1972; January 16, 1991; July 12,

and Technical Services(ALCTS)은 ALA의 "윤리 규범"을 보완하여 일종의 가이드라인을 제정한 바 있는데 그 주요 내용은 다음과 같다.

ALCTS 회원도서관은 도서관의 사명과 프로그램에 대한 이용자 사회의 요구와 맥락을 같이하고 다음과 같이 봉사한다.

1. 장서개발정책과 우선순위를 바탕으로 하는 장서개발에 노력한다.
2. 편견을 배제하고 광범한 정보에의 접근 및 제공을 위해 노력한다.
3. 확립된 우선순위 및 프로그램에 따른 도서관 자료의 보관, 보존에 노력한다.
4. 이용자가 이용 가능한 정보를 확장, 개선할 수 있도록 자원 공유 프로그램을 개발한다.
5. 전문 가이드라인 및 표준의 개발 및 응용을 촉진한다.
6. 직원과 이용자들에게 안전한 환경을 제공한다.
7. 공정한, 윤리적·법적 업무관행을 확립한다.
8. 서류 및 보조금 검토에 있어 공평성과 신뢰성을 유지한다.
9. 도서관과 그 모기관이 정보자원의 접근, 수서, 자금조달 등과 관련하여 체결하는 계약사항을 지원하고 준수한다.[37]

2000; June 30, 2004), www.ala.org/ala/oif/statementspols/ftrstatement/freedomreadstatement.cfm; Ameri can Library Association, "The Freedom to View Statement" (endorsed January 10, 1990, by the ALA Council), www.ala.org/ala/oif/statementspols/ftvstatement/freedomviewstatement.cfm.

37) Association for Library Collections and Technical Services, "Guidelines for ALCTS Memebers to Supplement the American Library Association Code of Ethics" (developed by the ALCTS Task Force on Professional Ethnics and adopted by the ALCTS Board of Directors, Midwinter Meeting, February 7, 1994), www.ala.org/ContentManagement/ContentDisplay.cfm?ContentID=39659.

또한 희귀본, 필사본 등 특수 장서를 담당하는 사서들은 미국도서관협회의 Acquisitions Section of ALCTS에서 제정한 것과 유사한 윤리기준을 개발한 바 있다.[38)]

ALA는 1948년 최초로 도서관권리장전을 채택하였으며, 1996년에 개정하여 오늘에 이르고 있다.[39)]

※ 다음은 역자가 추가한 자료임

도서관권리장전 The Library Bill of Rights

미도서관협회는 모든 도서관은 정보와 사상의 광장으로서 다음과 같은 기본 정책에 따라 도서관 봉사를 수행하여야 함을 선언한다.
The American Library Association affirms that all libraries are forums for information and ideas, and that the following basic policies should guide their services.

1. 도서관은 지역사회의 모든 시민들이 흥미, 정보, 지식 개발을 할 수 있도록 책과 자료를 제공하여야 한다. 도서관 자료는 그 출처, 배경, 창작의 관점으로

---

38) "Standards for Ethnical Conduct for Rare Book, Manuscript, and Sepcial Collections Librarian, with Guidelines for Institutional Practice in Support of the Standards, 2nd ed., 1992" *College and Research Library News* 54, no. 4 (1993): 207-15, www.ala.org/Template.cfm?Section=standards&template=Content Management/ContentDisplay.cfm&ContentID=8969; Association for Library Collections and Technical Services, "Statement on Principles and Standards of Acquisitions Practice" (developed by the ALCTS Acquistions Section Ethics Task Force, endorsed by the ALCTS Acquisitons Section and adopted by the ALCTS Board of Directors, Midwinter Meeting, February 7, 1994), www.ala.org/ContentManagement/ ContentDisplay.cfm?ContentID=162505.

39) American Library Association, "Library Bill of Rights" (adopted June 18, 1948, by the ALA Council' amended February 2, 1961; amended June 28, 1967; amended January 23, 1980; inclusion of "age" reaffirmed January 24, 1996), www.ala.org/ala/oif/statemenspols/statementsif/librarybillrights.cfm.

인하여 선택에서 제외되어서는 안 된다.
 Books and other library resources should be provided for the interest, information, and enlightenment of all people of the community the library serves. Materials should not be excluded because of the origin, background, or views of those contributing to their creation.

2. 도서관은 현행 또는 역사적 문제에 대한 다양한 관점의 정보와 자료를 제공하여야 한다. 자료는 당파나 주의주장으로 인하여 금지되거나 제외되어서는 안 된다.
 Libraries should provide materials and information presenting all points of view on current and historical issues. Materials should not be proscribed or removed because of partisan or doctrinal disapproval.

3. 도서관은 정보의 제공 및 계몽을 위하여 모든 책임을 다해 자료의 검열에 대항하여야 한다.
 Libraries should challenge censorship in the fulfillment of their responsibility to provide information and enlightenment.

4. 도서관은 표현과 사상의 자유 침해에 대항하는 모든 개인 및 단체와 협력하여야 한다.
 Libraries should cooperate with all persons and groups concerned with resisting abridgment of free expression and free access to ideas.

5. 도서관에서 개인의 권리가 출신, 연령, 배경 또는 관점으로 인해 부정되거나 위축되어서는 안 된다.
 A person's right to use a library should not be denied or abridged because of origin, age, background, or views.

6. 공중이 전시공간이나 회의실을 이용할 수 있게 제공하는 도서관은 개인이나 단체의 신뢰 또는 회원가입에 관계없이 평등하게 이용할 수 있도록 하여야 한다.
 Libraries that make exhibit spaces and meeting rooms available to the public they serve should make such facilities available on an equitable basis, regardless of the beliefs or affiliations of

individuals or groups

Adopted June 19, 1939, by the ALA Council; amended October 14, 1944; June 18, 1948; February 2, 1961; June 27, 1967; January 23, 1980; inclusion of "age" reaffirmed January 23, 1996.

도서관 권리장전의 역사는 지적자유 매뉴얼 최신판에 실려 있다.
A history of the Library Bill of Rights is found in the latest edition of the Intellectual Freedom Manual.

 개별 직원들은 여러 참고 자료에 제시된 기준과 원칙을 종합적으로 고려하여 상황에 적응한다. 예를 들면 종교적, 도덕적 기준, 조직 내부의 법규적 요건, 직업윤리 등의 테두리 내에서 일을 처리하게 된다. 이들 여러 기준들이 서로 일치하지 않을 경우에는 과거의 갈등 경험에 따라 어느 기준이 가장 우선하는지를 판단하지 않으면 안 된다. 각기 다른 윤리 강령들이 상이한 결정이나 대응책을 제시하고 있을 경우 사서는 먼저 그 상충되는 부분을 해결해야 한다. 이는 매우 개인적인 판단이다. 사용자가 정한 윤리기준에 강요당하는 느낌을 받을 때도 있을 것이다. 예를 들어 모기관이나 지역사회가 각기 검열에 대하여 규정하고 있으나 사서는 지적 자유의 문제를 고려해야 한다는 생각을 가지고 있다면 이는 모기관의 윤리와 개인 및 직업윤리가 갈등상황에 있는 것이다. 반대로, 많은 도서관과 사서들은 개인 및 기관의 가치가 앞서 설명한 도서관 권리장전의 견해와 맞지 않는 경우가 있다고 생각하고 있다. 가장 논란이 되는 부분은 권리장전의 V항 "도서관을 이용하는 개인의 권리는 출신, 나이, 배경, 관점을 이유로 금지되거나 축소되어서는 안 된다."는 내용이다. Julian

Aiken의 연구에 따르면 조사에 응한 110개의 공공도서관 중 51%가 소수 민족에게 비 도서자료에 대한 자유로운 접근을 허용하지 않는다고 응답 했다.[40] Aiken은 이 데이터는 도서관에서 일상적으로 이루어지는 현실 및 서비스 정책은 미 도서관협회(ALA)가 정한 가치 및 원칙과 일치하지 않고 있음을 보여주는 증거라고 지적했다.

공급자 및 벤더 관련업무 Working with Suppliers and Vendors

장서관리사서는 공급자 및 벤더와의 관계에서 윤리문제에 직면할 수 있다. 사서는 공급자 및 벤더 대표자와 오찬, 회의, 리셉션 등을 통해 적절한 업무 관계를 형성하게 된다. 그렇기 때문에 많은 도서관과 모 기관들은 사서들에게 업체로부터의 선물 및 금품 수수행위를 금지하거나 한계를 정해두고 있다. 사서들은 업자들이 자기들의 사업을 효과적으로 관리하기 위해 도서관의 윤리에 개입하면서 접근하는 공급자들과 친해져서는 곤란하다. 사서들은 정직, 공평하게, 신념을 가지고 공급자들을 대해야 한다. 그러나 사업자들이 성공하도록 도와줄 의무는 없다. 사서들은 도서관의 재정 사정과 서비스에 유념하여 자료 구입과 라이선스 계약협상 및 서비스 계약협상에 이르기까지 도서관에 최대한으로 유리하도록 업무를 처리해야 한다.

또한 도서관과 도서관의 모 기관은 분명하고도 절대적인 준거 틀을 제시해야 한다. 어떤 대학에서는 "윤리규범Code of Ethics"이라는 문서를 만들

---

40) Julian Aiken, "Outdated and Irrelevant? Rethinking the Library Bill of Rights—Does It Work in the Real World? *American Libraries* 38, no. 8 (2007): 54-56.

어 외부 공급업체와 협상할 때 기관의 기대와 가치를 명확하게 지키도록 하고 있다. 이 문서에 따르면 교직원들은 "모든 구매활동에서 가치, 정책, 절차 등 대학이 정한 윤리기준을 준수하고… 구매 시마다 최선의 가치를 얻을 수 있도록 노력한다."[41]는 조항에 동의하도록 하고 있다.

명확한 가이드라인과 기준은 행정직원, 관리자, 직원들의 실천적 행동을 통하여 만들어진다. 가치기준은 문서화된 기준과 더불어 직원들의 실천적 행동을 통하여 구현되는 것이다.

오랫동안 거래한 제본소라도 시장가격으로 적정 품질의 제본을 보장할 수 없는 업체와는 거래관계를 유지해서는 안 된다. 현금 운용 문제로 출판사에 대금을 제때에 지불하지 못하는 연속간행물 에이전트는 미래를 보장할 수 없어 신뢰할 수 없는 에이전트다. 사서와 벤더 사이의 우호적 관계는 문제가 아니다. 구매 협상에서는 모든 이용 가능한 정보들을 검토 평가해야 한다. 각각의 협정은 도서관의 사업을 결정하는 일이므로 지속적으로 평가하고, 도서관의 요구사항을 협상의 우선순위에 놓아야 한다. 도서관의 결정은 지역사회에 영향을 주기 때문에 사서들은 지역사회의 지속적 관심이 무엇인지를 항상 명심해야 한다. 한 개인의 업무기간은 짧지만 사서는 반드시 위에 언급한 지역사회의 이익을 우선하는 윤리적 확신과 용기를 가져야한다. 에이전트 대표가 아무리 멋진 사람이라도, 또한 오랫동안 원만한 관계를 유지해 왔다 하더라도 의사결정에 있어서는 계약이행 가능성 및 재정 신뢰성을 결정의 요소로 삼아야 한다.

사서의 윤리의무는 두 가지 측면으로서 상호 존중과 신뢰를 바탕으로

---

41) University of Minnesota, "Code of Ethics for Department Staff Responsible for Buying," www.policy. umn.edu/groups/ppd/documents/form/codeofethics.pdf.

업무를 수행하고, 최선을 다하여 그가 속한 도서관 조직에 봉사하는 것이다. 윤리기준은 높은 수준의 전문성과 통합 능력의 실현을 목표로 한다. 그들은 정직, 신뢰, 존중, 공정이라는 가치를 바탕으로 인간관계를 유지하면서 사서협회가 개발, 제시하는 윤리 원칙, 가치, 정책, 절차를 존중해야 한다. 사서들은 윤리적 행동의 전통을 신중하고도 지속적으로 유지해 나갈 의무가 있다.

성과 평가 performance evaluation

모든 직위에 대하여 정기적으로 성과를 평가하는 일은 매우 중요하다. 여기에는 1년에 한 번 평가하는 공식 평가와 감독자들이 수시로 직원들과 만나 목표, 성취도, 문제점들을 알아내는 비공식 평가가 있다. 이러한 지속적인 대화를 통하여 사서들이 업무를 얼마나 명확히 이해하고 있으며, 어느 정도로 만족스럽게 업무를 수행하고 있는지를 확인할 수 있다. 공식적이든 비공식적이든 성과 평가 결과 건설적인 가이드라인을 도출해야 한다. 이상적인 것은 성과 평가는 개인의 직무기술로 부터 장서 활동의 상대적 중요도와 장서활동에 투입된 시간의 백분율로 나타난다. 직무기술은 책임(직원 각자가 수행한 일) 또는 업무 결과물을 바탕으로 한다.

장서개발사서들에 대한 평가는 평가기준의 개발 및 산출 측정의 어려움 때문에 매우 복잡하다. 만일 한 사람의 사서에게 여러 가지 업무를 배분하고 복수의 감독자들이 관리하는 경우라면 평가를 위한 준비와 기록 유지는 더욱 어려울 것이다. 한 명 이상의 감독자가 관리하는 경우 사서와 감독자들은 여러 업무 간 우선순위 및 각 업무에 투입하는 노력의 정도에 대하여 사전에 합의해야 한다. 대학도서관들은 감독자 평가에 추가 또는 대신하여 동료 평가를 활용할 수 있을 것이다. 평가를 받는 사서는 평가 기간의 분명한 목적, 성과기준에 대한 명확한 이해 및 측정 대상이 무엇인지를 미리 전달 받아야 한다.

신임 장서개발사서는 업무 첫날부터 성과 평가가 어떤 방식으로 이루어지는지를 알아야 한다. 도서관들은 직원들의 성과와 관련된 자료를 보완해 나갈 필요가 있으며, 직원들은 이 정보들을 계속적으로 수집해야 한다. 몇몇 도서관들은 직원들에게 매월 보고서를 내도록 요구한다. 대학도서관은 학과 교수진에게 의견을 요청한다.[42] 연간 평가과정은 평가 기간의 초기에 정한 구체적인 목표에 대하여 각자 그 달성 여부를 스스로 평가 보고하는 준비과정이라 하겠다.

성과 기대는 도서관의 전체적인 사명과 목적에 일치되어야 한다. 성과 기대는 매우 구체적이며, 이용자 관련 서비스의 양과 질, 예산 배분 관리 달성정도, 신규 수서의 질 및 전체 장서에 대한 기여도 등 직무 수행의 모든 부분을 상세하게 기술한다. 대학도서관과 학교도서관미디어센터의 사서는 승진 및 종신 근무 등 지속적인 보직 유지에 필요한 성과 기대수준을 정하고 있다. 대학도서관 사서는 연구, 출판, 교육, 전문성 개발 등 교수진과 유사한 성과 기대를 갖는다. 대부분 종신 근무 및 승진에 대한 결정은 성과달성의 이력에 기반을 두기 때문에 신임 사서는 채용 초기부터 감독자들 및 종신계약을 결정하는 위원회와 긴밀한 관계를 유지하면서 설득력 있는 자료들을 쌓아나가야 한다.

---

42) Jack Siggins, comp,. *Performance Appraisal of Collection Development Librarians*, SPEC Kit no. 181 (Washington, D. C.: Association of Research Libraries, 1992).

요약 Summary

　도서관의 실물장서 및 온라인 장서 관련 업무는 장서개발관리 사서가 담당한다. 도서관에서 책임의 배분 및 장서업무 배분은 도서관의 규모, 예산, 사명, 지역사회에 따라 다양하다. 작은 도서관에서는 모든 업무를 1인 사서가 처리할 것이다. 규모가 큰 도서관에서는 주제별 업무 배분, 이용자 사회, 직원의 근무 위치, 업무별 기능에 따라 중앙집권 또는 분권화 된다. 대규모 도서관에서는 장서개발과 관리를 전담하는 사서가 있지만, 전반적인 추세는 장서관리책임을 여러 직원들이 분담하고 통합하는 방향으로 나아가고 있다. 한 때 전문 사서의 권한이던 많은 기능들이 준전문직으로 넘어갔다. 장서담당 사서의 단독 책임으로 남아있는 것은 기획기능이라 할 수 있다. 왜냐하면 도서관의 방향을 전환하고, 새로운 프로그램을 개발하고, 어떻게 하면 구성원들이 이들을 받아들일 것인가 등 도서관의 미래를 설계할 수 있는 잠재력이 있기 때문이다. 그 책임의 범위는 자료선택(선택 배제), 예산, 기획과 조직화, 커뮤니케이션 및 보고 등이다.

　장서개발 업무책임을 배분, 관리하는 조직 모형은 도서관의 규모, 종류, 사명에 따라 매우 다양하다. 규모가 큰 도서관은 고위직 장서관리책임자를 둔다. 장서관리책임자는 장서개발과 관리 업무를 담당하는 모든 사서들의 업무 배분 및 조정 기능을 수행할 것이다. 장서관리책임자는 예산 권한을 가지고, 일관성 있는 조직적인 장서개발 관리를 위하여 핵심지침을 제공한다. 또한 많은 도서관들은 이들 업무를 위해 상설위원회를 두거나 다양한 부서와 분관을 대표하는 회원으로 위원회를 구성하여 문제를 해결한다. 작은 도서관에서는 모든 장서관리 업무를 1인 사서가 담당한다.

신임 사서가 장서개발 및 관리업무에서 직면하는 기술과 업무 적성은 지속적으로 쌓아가는 것이다. 효과적인 선택 및 개발에 도움이 되는 요소들, 이용자 사회를 분석하는 방법, 예산, 기획, 중요 의사결정 문제 등은 사서로서의 생애를 시작하는 시점부터 벽돌을 쌓아가듯 하나하나 축적해 가야 한다. 여타 부분들은 현장 훈련 및 업무수행을 통해서만 습득할 수 있다. 장서담당사서는 업무성과의 목표를 달성하기 위해서 감독자와 긴밀히 협조해야 한다. 신규채용이든 신임보직이든 장서개발과 관리를 담당하는 사서는 전문성의 목적, 업무성과의 달성, 생애경력의 축적 등에 대해 자발적인 책임의식을 갖추어야 한다.

도서관 자동화 및 정보 전달과 접근에 관련한 새로운 기술은 장서개발 사서의 업무에 큰 영향을 미치고 있다. 과거 전문사서가 처리하던 상당수의 업무와 책임을 이제 준 전문직이 맡고 있다. 컴퓨터의 보급으로 자료원의 식별, 주문, 관리 정보 제공 등을 더욱 빠르고 손쉽게 처리하고 있다. 디지털 정보는 라이선스 계약의 복잡성, 저작권, 자료의 공정 이용에 대한 새로운 해석, 형태가 다른 자료에 대한 접근과 서비스의 어려움 등 새로운 도전적 문제를 제기하고 있다. 전자 정보가 확장됨에 따라 도서관 운용 및 서비스에 있어 협력과 조정을 강화하지 않으면 안 되게 되었다.

직업윤리는 사서들과 이용자, 동료직원, 서적상, 공급자 및 서비스 에이전트들과의 업무관계에 영향을 미치는 행동기준이다. 장서담당사서의 윤리적 의무는 사서가 벤더 및 공급자와 어떻게 업무를 수행하는지, 업무수행의 모든 측면에서 도서관에 어떻게 기여하는지에 관한 것이다. 사람을 대하는데 있어서 정직, 신뢰, 존중, 공평성을 지키면서 윤리, 원칙, 가치, 정책, 전문단체가 제시하는 절차를 반드시 준수해야 한다.

사례연구 Case Study

Jeff는 최근 하나의 큰 중앙도서관과 하나의 작은 분관도서관으로 이루어진 지방 도서관의 장서개발책임자로 일하게 되었다. 장서 수(모든 포맷)는 대략 105,000 점으로, 지난 5년간 60퍼센트가 증가했다. 도서관은 자주 이용되고 (지역 거주자의 88퍼센트가 도서관 카드를 갖고 있다), 지역의 충분한 지원을 받아 연간 상당한 예산이 증가된다. 전체 직원은 70명이고, 70명 중의 대부분은 전문직보조원이다. Jeff가 오기 전, 도서관에는 장서개발책임자가 없었다. 도서관은 전체 장서나 장서의 다양한 부분에 대한 장서개발정책이 없었다. 선택에 책임이 있는 개인은 그들의 책임에 대한 서면으로 된 기술서가 없었고, 선택자를 위한 어떤 매뉴얼도 없다. 도서관은 선택 책임을 위한 공식적, 비공식적인 훈련 프로그램이 없다. 시간이 지나고 장서 예산이 증가함에 따라 부관장은 선택 책임을 25명의 직원에게 배분하였고, 그들 중 몇 명은 문헌정보학 학위를 갖고 있다. 책임은 듀이분류, 포맷, 언어와 소설 장르에 따라 다양하게 할당되었다. 이 분산 방식은 선택담당자가 소수인 중앙집중방식 만큼 흔하지는 않지만 몇 가지 장점이 있다. 직원은 열심히 일하고, 신이 나고, 책임감을 부여받은 것처럼 느끼고, 그들이 잘 아는 지역사회의 요구를 만족시키기 위해 자료를 선택한다. 문제는 조정의 부족, 커뮤니케이션의 부족, Jeff가 책임 맡은 전체 예산 관리의 어려움이다. 몇몇 직원은 선택과 장서 관리 활동에 아주 적은 시간을 소비하고, 몇몇 직원은 선택에 많은 시간을 쏟기 위해 다른 의무를 무시한다. Jeff는 분산선택시스템을 통제하고 조정하는 방법에 대한 조언이 필요하다.

과제활동 Activity

Jeff가 선택 조정을 개선하기 위해 이용할 수 있는 기준을 제시하라. 선택담당자와 Jeff 간의 의사소통을 향상시킬 수 있는 단계를 확인하라. 많은 선택담당자가 있는 현재 시스템이 바뀌어야한다면, 보다 효과적인 시스템을 제안하고, 왜 더 효과적인지 설명하라. 제안한 시스템의 장점과 단점을 열거하라.

참고: 이 책의 초판에도 조직과 인사에 대한 사례 연구 및 관련 활동을 제시하였다. 이는 www.ala.org/editions/extras/Johnson09720에서 이용할 수 있다.

참고문헌 Suggested Readings

Anderson, Cokie G. Ethical Decision Making for Digital Libraries. Oxford, England: Chandos, 2006.

Biery, Susan S. "Team Management of Collection Development from a Team Member' Perspective." Collection Management 25, no. 3 (2001): 11 - 22.

Booth, Heather. Serving Teens through Readers' Advisory. Chicago: American Library Association, 2007.

Bucknall, Carolyn. Guide for Writing a Bibliographer's Manual [prepared for theCollection Management and Development Committee, Resources and Technical Services Division]. Collection Management and Development Guides no. 1. Chicago: American Library Association, 1987.

Butler, Rebecca P. "The School Librarian and On-the-job Ethics." Knowledge Quest 33, no. 5 (2005): 33 - 34.

Carson, Janet. "Professional Practice and the Labour Process: Academic Librarianship at the Millennium." Advances in Library Administration and Organization 21 (2004): 3 - 59.

Carter, Nancy F. "Bibliographer's Manual: A New Life, a New Process." Collection Management 29, no. 1 (2004): 31 - 41.

Casserly, Mary F. "Collection Management as Risk Management." Library Collection, Acquisitions, and Technical Services 28, no. 1 (2004): 79 - 92.

Eckwright, Gail Z., and Mary K. Bolin. "The Hybrid Librarian: The Affinity of Collection Management with Technical Services and the Organizational Benefits of an Individualized Assignment." Journal of Academic Librarianship 27, no. 6 (2001): 452 - 56.

Finks, Lee W., and Elisabeth Soekefeld. "Professional Ethics." In Encyclopedia of Library and Information Science, edited by Allen Kent, vol. 52, supp. 15, 301 - 21. New York: Marcel Dekker, 1993.

Fisher, William. "Impact of Organizational Structure on Acquisitions and Collection Development." Library Collections, Acquisitions and Technical Services 25, no. 4 (2001): 409 - 19.

Forte, Eric, et al., "Developing a Training Program for Collections Managers." Library Collections, Acquisitions, and Technical Services 26, no. 3 (2002): 299 - 306.

Frazier, Kenneth. "Collection Development and Professional Ethics." In Collection Development in a Digital Environment, edited by Sul H. Lee, 33 - 46. New York: Haworth, 1999.

Gorman, Michael. Our Enduring Values: Librarianship in the Twenty-first Century. Chicago: American Library Association, 2000.

Harris, Roma M. "Information Technology and the Deskilling of Librarians." In Encyclopedia of Library and Information Science, edited by Allen Kent, vol. 53, supp. 16, 182 - 202. New York: Marcel Dekker, 1994.

Hazen, Dan. "Twilight of the Gods? Bibliographers in the Electronic Age." Library Trends 48, no. 4 (2000): 821 - 41.

Jenkins, Paul O. "Collection Development and Faculty." In Faculty-Librarian Relationships, 37 - 54. Oxford, England: Chandos, 2005.

Johnson, Peggy, and Sheila S. Intner, eds. Recruiting, Educating, and Training Librarians for Collection Development. New Directions in Information Management no. 33. Westport, Conn.: Greenwood, 1994.

Kennedy, John. "Education for Collection Management: Ending before It Ever Really Started, or Only Just Beginning?" Education for Information 16, no. 1 (1998): 45 - 56.

Koehler, Wallace C., and J. Michael Pemberton. "A Search for Core Values: Towards a Model Code of Ethics for Information Professionals." Journal of Information Ethics 9, no. 1 (2000): 26 - 54.

McMenemy, David, Alan Poulter, and Paul F. Burton. A Handbook of Ethical Practice: A Practical Guide to Dealing with Ethical Issues in Information and Library Work. Oxford, England: Chandos, 2007.

Mouw, James R. "Changing Roles in the Electronic Age: The Library Perspective." Library Acquisitions: Practice and Theory 22, no. 1 (1998): 15 - 21.

Munroe, Mary, John Haar, and Peggy Johnson. Guide to Collection Management Administration, Organization, and Staffing. Collection Management and Development Guides no. 10. Lanham, Md.: Scarecrow; Chicago: Association for Library Collections and Technical Services, 2001.

Neville, Robert, James Williams, and Caroline C. Hunt. "Faculty-Library Teamwork in Book Ordering." College and Research Libraries 59, no. 6 (1998): 524 - 33.

Rabine, Julie L., and Linda A. Brown. "The Selection Connection: Creating an Internal Web Page for Collection Development." Library Resources and Technical Services 44, no. 1 (2000): 44 - 49.

Rubin, Richard R., and Thomas Froehlich. "Ethical Aspects of Library and Information Science." In Encyclopedia of Library and Information Science, edited by Allen Kent, vol. 58, supp. 21, 33 - 52. New York: Marcel Dekker, 1996.

Saricks, Joyce G. Readers' Advisory Service in the Public Library. 3rd ed. Chicago: American Library Association, 2005.

Schweinsburg, Jane D. Finks. "Professional Awareness of the Ethics of Selection." In Encyclopedia of Library and Information Science, edited by Allen Kent and Carolyn Hall, vol. 63, supp. 26, 247 - 59. New York: Marcel Dekker, 1998.

Sorgenfrie, Robert, and Christopher Hooper-Lane. "Book Selection Responsibilities for the Reference Librarian: Professional Benefit or Burden?" Library Collections, Acquisitions, and Technical Services 25, no. 2 (2001): 171 - 78.

Stacy-Bates, Kristine K., et al. "Competencies for Bibliographers: A Process for Writing a Collection Development Competencies Document." Reference and User Services Quarterly 42, no. 3 (2003): 235 - 41.

Tucker, James Cory, and Matt Torrence. "Collection Development for New Librarians: Advice from the Trenches." Library Collections, Acquisitions, and Technical Services 28, no. 4 (2004): 397 - 409.

Webb, John. "Collections and Systems: A New Organizational Paradigm for Collection Development." Library Collections, Acquisitions, and Technical Services 25, no. 4(2001): 461 - 68.

Wengert, Robert G. "Some Ethical Aspects of Being an Information Professional." Library Trends 49, no. 3 (2001): 486 - 509.

Wicks, Don A., Laura Bartolo, and David Swords. "Four Birds with One Stone: Collaboration in Collection Development." Library Collections, Acquisitions, and Technical Services 25, no. 4 (2001): 473 - 83.

Winters, Barbara J. "Ethics in Acquisitions Management." In Understanding the Business of Library Acquisitions, 2nd ed., edited by Karen A. Schmidt, 335 - 45. Chicago: American Library Association, 1998.

Wyatt, Neal. The Readers' Advisory Guide to Nonfiction. Chicago: American Library Association, 2007.

3

정책, 기획, 예산
Policy, Planning, and Budgets

목적의 달성을 측정하는 평가기법과 함께 공식적이고 체계적인 계획 수립 및 목적 설정 업무는 지금까지 수많은 도서관에서 표준적인 업무로 자리 잡았다. 기획은 정적인 환경 하에서는 불필요한 것일지도 모른다. 그러나 도서관을 둘러싼 환경은 끊임없이 변화하고 있다. 이러한 변화는 사회, 교육, 경제, 인구, 정치, 정부, 기술, 제도 등 많은 분야에서 일어나고 있다. 본 장에서는 조직책임으로서의 기획을 소개하고 장서개발 정책과 예산 문제에 대하여 도서관에서 가장 공통적으로 사용하는 2가지 공식 계획 도구를 중심으로 논의할 것이다. 장서의 평가문제는 제7장에서 다룰 것이다.

도서관의 기획 Planning in Libraries

기획은 사서들의 책임 가운데 하나다. 공식 기획 업무를 경영진이나 행정관리자의 책임으로만 여겨서는 안 된다. 기획은 도서관의 전체 활동 가운데 일부가 되어야 한다. 기획은 무엇인가를 달성하기 위해 방법을 강구하는 활동이다. 기획업무는 어떤 결과의 달성을 추구하기 때문에 매일 일어나는 것이며, 그러한 결과에 도달하기 위하여 의사결정을 내려야 하며, 이러한 결정을 바탕으로 활동을 수행하는 것이다. 기획에는 사람들이 날마다 행하는 비공식 기획과 구조적, 의식적, 의도적으로 일어나는 공식기획으로 구별된다.

Peter Drucker는 공식적 기획 활동은 바람직한 "미래"를 위해 의사결정을 내리는 것이라고 하였다.[1] 급변하는 환경 속에서 공식적으로 기획활동을 지속하는 것은 매우 중요하다. 사서들이 변화를 예측하고 그러한 변화에 어떻게 대처할 것인지를 결정할 필요가 있는 것이다. 공식기획을 통해 있음직한probable 미래와 가능성 있는 미래possible future를 상정할 수 있다. 이상적으로는 도서관이 여러 가지 가능성이 있는 미래를 상정하고 어느 것이 가장 최선의 미래인가를 결정하는 것이다. 미래는 예단할 수 없으므로 많은 대안들을 손에 올려놓고 여러 가지 계획 변경을 모색할 필요가 있다. 미래는 불확실하기 때문에 기획은 지속적인 과정이 되어야 한다. 기획은 도서관의 사명과 우선순위를 염두에 두고 환경 변화에 대응하여 자원의 배분 및 재 배분을 지속해 나가는 과정이라 할 수 있다.

예를 들어, 디지털 형태의 정보가 미치는 영향을 생각해 보자. 사서들은 디지털 자료의 확산 및 도서관을 통해 디지털자료에 접근하려는 이용자의 기대 상승을 고려, 비용의 문제를 검토하지 않으면 안 될 것이다. 사서는 여러 가지 가능한 미래를 숙고하지 않으면 안 된다. 정보자료의 몇 퍼센트를 지금부터 5년, 10년, 20년 이내에 전자적으로 이용할 수 있게 할 것인가? 이는 현재 또는 앞으로의 수서예산에 어떤 영향을 미칠

---

1) Peter Drucker, Management: Tasks, Responsibilities, Practices (New York: Harper and Row, 1974), 125.

것인가? 지금부터 5년, 10년, 20년 이내에 예산의 몇 퍼센트를 전자 자료에 사용할 것인가, 그리고 다른 형태 자료의 수서에 어떠한 영향을 미칠 것인가? 역점 사업을 수행함으로써 도서관이 어디로 가고자 하며 그 방향으로 가기 위해서는 무엇을 해야 하는가? 여러 가지 대안 시나리오를 그려봄으로써 사서들은 각 대안의 소요예산, 장서개발정책, 서비스에 포함될 요소 등을 계획할 수 있게 될 것이다.

공식적 기획업무는 조직 학습의 한 형태이다. 미래에 대한 기획은 현재의 도서관이 무엇을 하고 있으며, 주어진 가능한 조건에서 미래에 무엇을 하고자 하는지, 그리고 결국 그러한 미래를 향해 가장 합리적인 길을 선택하는 것이다. 기획에 참여하는 사람들은—이상적으로는 기획은 한 조직 속의 모든 사람들이 널리 참여하여—도서관의 예산, 모 기관 조직, 외부 환경, 그리고 이용자사회에 대하여 공부해야 한다.

기획은 의사소통의 도구이다. 기획의 과정에서 정보는 도서관 내에서 공유되어야 한다. 현재의 서비스와 프로그램, 미래의 요구, 기대, 희망 등에 관한 정보를 수집하고 도서관의 고객 및 자금지원 단체와 공유하는 것 또한 매우 중요하다. 기획은 미래로 나아가는 길을 정하는 것이다. 기획은 사람들에게 미래를 알게 해주고, 그들이 미래 속으로 들어가는 기회의 메커니즘을 제공한다.

George Keller는 기획 시에 고려해야 할 몇 가지 유의사항을 제시하였다.[2] 기획은 반드시 엄격하게 지켜야 할 청사진(blueprint)을 만드는 것은 아니다. 공식 계획은 상투적인 언어와 전문용어를 나열한 세트가 아니다.

---

2) George Keller, Academic Strategy: The Management Revolution in American Higher Education (Baltimore, Md.: Johns Hopkins University Press, 1983).

또한 한 사람의 개인적 전망이나 유별나게 목소리 큰 개인 또는 집단 (vocal individual or group)의 의견진술이 아니다. 만일 기획이 미래를 회피하거나 교묘하게 빠져나갈 의도로 이루어진다면 그러한 기획은 작동되지 못할 것이다. 계획은 리스크를 줄여주지 못하며, 외부에 대한 방패막이 되지도 못한다. 기획은 1년짜리의 조직 연습으로 끝나서는 안 된다. 기획은 조직의 모든 문제를 해결하지는 못하며 또한 일시에 모든 문제를 담아낼 수 없다. 공식 기획은 도서관의 계속성 유지를 위한 가이드이다. 기획은 상정된 전망을 따라 미래로 나아가는 체계적인 길을 안내하며, 변화를 예측하여 긍정적인 영향을 극대화 시키고 부정적인 영향을 최소화 시켜준다.

기획모델 Planning Models

기획을 위한 단일한 최선의 스타일, 방법, 또는 모델은 없다. 동일한 도서관에서도 여러 가지 형태의 기획방법을 사용할 수 있다. 다음에 주로 많이 쓰이는 방법들 몇 가지를 소개한다.

예산Budgeting은 가장 전통적인 기획과정으로서 많은 프로그램을 계획하고 결정할 때 사용되며 본 장의 끝에서 논의한다. 예산은 다음에 설명하는 바와 같이 기획과정의 한 요소이다.

마스터 플래닝Master planning이란 조직의 상부로부터 결정되어 내려오는 계획이다. 예를 들어 종합대학이나 단과대학에서 총장, 학장이 각 학부 단위에 적용할 그 기관의 사명, 목적, 목표, 일정계획 등을 정하는 것이다. 시장이 결정하는 시정마스터플랜, 교육감이 정하는 교육마스터플랜도 동일한 맥락이다. 하부 단위 계획들은 마스터플랜에 부합하도록 짜야 한다. 이 모델은 계획의 책임이 분산되지 않고, 상부에서 변경하지 않는 한 변경의 여지도 없기 때문에 단순한 모델이라 할 수 있다. 조직 또는 기관 내 단위조직이나 구성원들은 이러한 방법에 만족하는 경우가 드물다. 왜냐하면 그들의 지식이나 전문성을 기획과정에 활용할 수 없고, 사서들이 일하는 현실과는 동떨어진 계획이기 때문이다.

상황대비기획Contingency planning은 어떤 있을 수 있는 미래상황 특히 바람직하지 못한 미래 상황에 대비하는 것이다. 예를 들면 도서관이 재난대비계획을 준비하여 두는 것이다. 그러한 계획은 홍수라든가, 설비고장, 서비스, 장서 등에서 발생할 수 있는 예기치 못한 사고를 예측, 대비하는 것이다. 상황대비계획은 있을 수 있는 재난상황에 따라 실행할 단계적 적정조치가 무엇인지를 인식시켜준다. 장서개발담당사서는 반드시 재난대비계획을 수립하고 자기 도서관장서규모에 알맞게 갱신해야 한다.

민주적 참여기획Formal democratic planning은 모든 업무단위들이 기관의 정규 일정에 따라 해당부서의 프로그램 개발 계획을 수립하는 것을 말한다. 계획은 도서관, 대학, 학교, 시청 등 모든 조직이 계획에 일사불란하게 도달될 수 있도록 동시 다발적으로 검토 수행되어야 한다. 아이디어의 원천은 기본적으로 개인과 개별 조직단위에서 나오는 것이기 때문이다. 조직에 기여하는 개인 및 단위조직은 한 가지 이상의 테마나 우선순위에 초점을 맞추는 것이 보통이다.

전략기획Strategic planning은 외부 환경에 초점을 맞추어 환경변화를 지속적으로 모니터하는 것이다. 환경을 적절히 읽어내는 것은 전략기획에 중요한 한 가지 요소일 뿐 아니라 모든 형태의 계획수립에도 매우 긴요하다. 전략적 계획수립은 외부적 조건은 물론 내부적 조건 변화를 지속적으로 평가하고, 적절한 대응방안을 마련하는 것이다. 이것은 조직의 미래의 비전설정으로부터 시작되며 목적, 목표, 전략을 형성하는 지표가 된다. 전략기획은 참여의 폭이 광범하며 때로는 일관된 계획수립을 위해 소집단을 이용한다. 전략계획은 1년, 3년, 5년 단위로 수립하지만 언제나 최종적이고 정태적인 것은 아니다. 전략계획은 최종 시점이 열려있으며, 환경변화의 단계마다 조직의 지속성장을 모색하는 지속적 과정이다. 장서개발은 환경조건에 의해 정의되고 계획되는 활동이다.

시나리오 기획scenario planning은 도서관이 미래의 대안을 묘사하는 시나리오를 개발하고 미래의 여러 가지 상황에 대비한 계획이나 전략을 수립하는 것이다. 시나리오계획수립은 전략기획 또는 보다 집중적인 기획에서 활용될 수 있다. 이는 도서관의 미래비전을 창의적으로 설정할 수 있는 기회를 제공하고, 있음직한 미래probable, 있을 수 있는 미래possible, 바람직한 미래preferable or desirable가 무엇인지를 숙고할 수 있게 한다(역자주: 미래의 차원에 대한 해석은 배규한. 2000. 미래사회학. 나남. p.20 참조).

기업가적 기획Entrepreneurial planning은 기회포착 기획opportunistic planning이라고도 하는데, 프로그램 기획에 대하여 일체의 간섭을 배제함으로써 구성원들이 자유롭게 기획할 수 있도록 하는 것이다. 즉 각자 프로그램에 대한 대안이나 확장 아이디어가 있을 때는 언제나 그 아이디어를 적용하게 하는 것이다. 이 방법은 아이디어를 기획함에 있어 아무런 제약이나 일정, 그리고 형식적인 요구를 하지 않는다. 이는 기회가 왔을 때 즉시 실행하는 것을 의미한다. 도서관에서 원격 전자자원을 선택하는 과정은 흔히 기업가적 기획의 과정이라 할 수 있다. 만일 새로운 정보자원이 갑자기 이용가능하고, 가격조건이 유리하며, 이용자의 요구도 많다면, 도서관은 그 특정 자료나 주제가 도서관 기획의 우선순위 면에서 분명하지 않더라도 우선 구입(접근)을 선택하게 될 것이다.

인센티브 기획 Incentive planning은 책임 경영을 실행하는 고등교육기관에서 자주 눈에 띄기는 하지만 비영리조직에서는 기업에서처럼 유행되지는 않고 있다. 기관은 경제성을 추구하는 조직이다. 기관 지도자들은 벤치마킹을 실행하고, 어떤 특정 활동에 대해서는 포상을 하는 인센티브 구조를 개발한다. 각 단위부서는 인센티브 구조에 기초하여 프로그램을 선택, 개발한다. 이러한 인센티브 기획은 대학기관에서 흔히 나타난다. 예를 들면, 수업료나 급여에서 수입이 보전되기를 기대한다. 도서관이 수입을 만들어낼 기회는 매우 적지만 공공성 또는 공공재로서의 인센티브를 목적으로 추진하는 기획을 인센티브 기획이라고 정의할 수 있을 것이다. 단위 대학기관들은 도서관에 세제지원을 할 수 있다. 이러한 맥락에서 대학도서관은 대학에 기여해야 한다는 압력에 직면하게 된다.

환경 스캐닝 Environmental Scanning

환경 스캐닝은 영리 부문에서 개발된 전형적 기법으로서 도서관을 둘러싼 환경을 적절히 파악할 수 있도록 제반 정보를 수집하는 활동이라 할 수 있다. 이는 전략기획의 핵심적인 요소이다. 환경 스캐닝은 관찰과 예측은 어렵지만 무시할 수도 없고 배제할 수도 없는 외부의 사회적, 경제적, 기술적 문제들을 읽어내는 방법으로 정의된다.[3] Eileen Abels은 모든 조직은 그들의 환경 변화를 스캐닝하고 환경과 관련된 강점과 약점을

---

3) John D. Stoffels, "Environmental Scanning for Future Success," Managerial Planning 31, no. 3 (1982): 4 - 12.

파악해야 한다고 기술하였다. 환경 정보의 중요성은 조직 성공 자체가 환경에 의존하는 정도에 따라 다르다.4) 환경 스캐닝의 목적은 조직운영의 대내외적 트렌드와 이슈를 탐색, 관찰, 분석하는 데 있다. 조직은 다가오는 미래 변화의 틀을 바탕으로 목적을 설정하고 계획을 수립해야 하기 때문에 환경스캐닝은 기획의 핵심적 요소라 하겠다.

환경스캐닝은 1960년대 말 기업들이 예기치 못한 위기를 피하고 급변하는 환경에 대처하는 방법을 모색함에 따라 널리 주목받게 되었다. 미국의 자동차산업은 소규모 핵가족의 확대, 연료비의 상승, 상징으로서의 신종 모델에 대한 관심하락 등을 예측하지 못하였다. 그 결과 미국 회사들은 외국 자동차회사들보다 소형차 시장 진입 시기가 수년간 뒤처지게 되었다. 궁극적으로 미국 회사들은 시장의 주요 변화와 시장을 지배하는 힘이 무엇인지를 파악하고 대비할 필요성을 깨닫게 되었다. 이러한 깨달음을 통해 조직에 큰 영향을 미치는 외부적 힘과 문제점들을 인식하게 되므로 경쟁에서 유리한 고지를 확보할 수 있다. 미래의 대안을 분석하고 위협요인과 기회요인을 효과적으로 모니터하는 조직은 다른 기업보다 앞선 조치를 취할 수 있다. 이는 현재의 의사결정을 변경하여 이를 빠르게 적용할 수 있는 것이다.

환경 스캐닝은 체계적 방법이므로 간단히 관찰해 보는 것과는 구별된다. 환경 스캐닝은 스캐닝, 분석, 리포트, 조직차원의 적정 대응방안 모색 등 4가지 요소로 구성된다. 공식적 환경 스캐닝을 위해서는 환경 스캐닝 팀을 구성하고, 정보를 수집, 분석하여야 한다. 환경 스캐닝 팀은 대상

---

4) Eileen Abels, "Environmental Scanning," Bulletin of the American Society for Information Science and Technology 28, no. 3 (2002): 16.

자료의 선택, 평가기준의 선택, 그리고 관찰 대상 트렌드의 범위 설정 등을 수행한다. 팀 구성원들은 개인별로 스캐닝 과제를 할당받아 정기적으로 트렌드를 분석한다. 또한 주요 트렌드들을 선정한 다음, 이들 트렌드에 대한 조직의 전략적인 중요성을 해석한다. 환경 스캐닝 팀은 조직 전체를 통해서 기획 및 의사결정과 관련하여 보고서 작성과 브리핑을 책임진다.

기업분야에서는 공식적 환경 스캐닝을 지속적으로 실행하고 활용하지만 비영리단체에서는 환경 분석 업무의 지나친 복잡성 때문에 널리 활용되지 못하고 있다. C. Davis Fogg는 전략기획은 환경 분석 없이는 불가능하다고 주장하였다.[5] 그러나 환경 스캐닝은 전부(全部) 혹은 전무(全無)의 명제는 아니다. 도서관은 변형된 접근방법을 적용하는 것이 유리하다. 트렌드를 인식하고 그 영향을 분석하여 우선순위를 정할 수 있고, 도서관에 위기가 도래하기 전에 예산, 직원, 시설에 관한 적절한 의사결정을 내릴 수 있다. 미래 대안 기획의 중요성이 증대됨에 따라 도서관들은 집행 가능한 모든 자원을 의사결정 정보에 활용할 필요가 있다. 미래 이용자 사회의 필요, 요구, 수요 등을 예측하는 것은 이용자 사회를 충족시키기 위한 장서 및 서비스 설계에 도움이 될 것이다.

많은 도서관들은 이미 보다 널리 적용할 수 있는 테크닉을 활용하여 그들의 대내외 환경을 모니터하고 있다. 이러한 모니터링 기술은 분석과 위임을 거쳐 기획활동으로 연결될 수 있다. 전형적인 방법으로는 근거 자료를 읽는 것, 전자적으로 토의되고 있는 이슈들의 목록, 개인적 접촉

---

5) C. Davis Fogg, Team-Based Strategic Planning: A Complete Guide to Structuring, Facilitating, and Implementing the Process (New York: American Management Association, 1994).

을 통한 문제점 추적, 그리고 이용자들에게 요청하여 의견을 듣는 것 등이 있다. 어떤 도서관들은 자료를 수집하여 관련 자료 파일을 직원들이 읽을 수 있도록 루트를 제공하고, 온라인을 통하여 수시로 알려주며, 인터넷을 통해 보고서와 서류에 접근할 수 있는 정보를 제공한다. 이들 근거 자료들은 운영위원이나 지역 도서관으로부터 들어오는 뉴스레터와 보고서, 관계논문 또는 신문사설, 단과대학과 종합대학, 교육구청, 정부기관, 연방 및 단체의 홍보물, 관련 공급업체의 홍보물, 도서관과 계약관계에 있는 컨소시엄 및 기관 단체의 뉴스레터와 홍보물 등이 포함된다. 문헌정보학 관련 수많은 학술지들은 사서들이 관심을 끌만한 중요한 발전 및 관심 이슈들을 다루는 난을 마련하고 있다.

이러한 정보원들은 최신정보주지current awareness 정보원보다 더 눈여겨 보아야 한다. 전통적 환경 스캐닝은 한 세트의 카테고리 개발 또는 트렌드와 이슈를 조직하는 사고방식mental models을 포함하고 있다. 이는 분산되어 있는 정보들을 함께 모아서 평면 위에 변화추세에 대한 완전한 그림을 그릴 수 있도록 해준다. 카테고리들은 조직의 관심에 따라 묶여져야 한다. 사서들은 흔히 그들의 책상 위에서 교차되는 정보들을 스캐닝함으로써 이러한 모델mental models을 사용하고 있다. 예를 들면, 공공도서관에서의 어린이담당 사서들은 지역 미디어에 올라오는 주간 보호가 필요한 아동의 가정이나 그 다음 등급으로 나아가는 가족 수요의 변화 정보에 주의를 집중한다. 그들은 어떤 책이 금서목록에 있고, 학교와 학부모간 분쟁 대상인지를 알아야 한다. 지역 학교의 숙제 토픽 추적, 지역 학령인구의 변화추세, 혹은 비영어권 가족의 증가 등은 도서관의 기획에서 매우 중요하다.

도서관에서 흔히 무시되기 쉬운 환경 스캐닝의 한 측면은 분석이다.

문제는 이러한 트렌드가 우리 도서관의 프로그램, 서비스 및 장서에 어떤 의미가 있는가 하는 점이다. 트렌드 분석은 특정 팀이 책임을 지고 정보를 분석하여 제시하는 것이 전부는 아니다. 구성원 개인이나 소집단은 기획 및 목적 설정에 필요한 브리핑을 할 수 있다. 이에 더하여 경영팀과 도서관위원회 또는 다른 팀들이 수시로 회의를 갖고 중요 주제들을 평가 분석하여 기획으로 통합될 수 있도록 해야 한다.

환경 스캐닝의 목적은 기획에 도움이 되는 트렌드를 식별 분석하는데 있다. 기업부문에서 환경스캐닝을 통하여 경쟁우위를 추구하는 것과 마찬가지로 도서관에서도 미래의 변화를 충족할 수 있도록 스스로 유리한 위치를 만들어가야 한다. 도서관이 트렌드, 사건, 아이디어를 인식하는 것은 재정 및 인적 자원의 경영에 지침이 된다. 동시에 도서관들은 그들이 통제할 수 없는 위협적 사건을 식별하고 이를 완화할 수 있는 길을 기획에 반영할 필요가 있는 것이다. 만일 문제나 트렌드를 조기에 식별한다면 사서들은 이들을 기획에 반영할 수 있다. 심각한 문제가 되기 이전에 환경 변화를 인식하고 반영하는 것이 환경 스캐닝의 목적이다.

왜 공식적으로 기획을 하는가? Why Undertake Formal Planning?

문제를 조기에 식별하고 분석하면 그만큼 더 성공적으로 대응할 수 있다. 기획 활동이 불확실성을 제거하는 것은 아니다. 기획은 조직으로 하여금 미래의 가능성에 대비하여 대응하는 길을 안내한다. 계획에 명시된 미래 전망은 조직으로 하여금 문제점을 예방하고 긍정적인 기회를 마련해줄 수 있다. 계획을 늦추거나 준비하지 않으면 미래의 영향을 최소화할 수 없다. 그러한 행위는 미래에 효과적으로 대응하는 능력을 없애는 것이다. 기획이 최악의 시나리오인 재난대비 계획에서만 검토되어야하는 것은 아니다. 주도적인 계획을 통해 도서관은 미래를 조정하는 조처를 취할 수 있다. 기획은 환경에 영향을 미칠 수 있는 기회를 준다. 계획을 준비하는 것은 준비 그 이상의 가치가 있다.

기획은 목적과 목적에 도달하는 목표 및 단계에 초점을 맞춤으로써 업무가 진행됨에 따라 측정 가능한 바람직한 산출을 내도록 해준다. 도서관과 같은 비영리조직에서는 회계책임의 중요성이 증대되고 있다. 도서관은 재정 자원을 얼마나 효과적으로 집행하는지를 문서로 제시해야 할 입장에 있다. 무엇이 달성되었는지를 짚어줌으로써 도서관은 계속 증가하는 재정자원을 정당화할 수 있다. 도서관의 계획에는 "21 세기의 도서관" 또는 "미래의 도서관 비전"과 같이 부제목을 붙이는 것이 보통이다. 이 부제목이 인기위주의 문구로 치부되어서는 안 된다. 목적, 목표, 전략을 갖춘 최종 계획은 공식적 기획의 결과물에 불과하다. 체계적인 기획의 과정은 그 자체로서 도서관의 비전을 창안하고, 모든 사람들이 그러한 비전을 공유할 수 있도록 약속해 주어야 한다.

도서관에서의 기획활동은 장서개발에 영향을 미치는데, 장서개발을 기획하는 일은 도서관의 전체적 기획이라는 맥락에서 검토되어야 한다. 장서개발정책은 여러 가지 기획모델 안에서 작성되고 갱신되어야 한다. 장서정책은 참여적 기획을 선택할 때 가장 효과적이다. 이는 문제점을 가장 잘 이해하고 있는 직원들이 작성해야만 그 계획을 잘 적용할 수 있기 때문이다.

장서개발정책서 Collection Development Policy Statements

장서개발정책이 없는 도서관은 영업계획이 없는 기업과 마찬가지다. 계획이 없다면 소유주나 종업원이나 현재 어떤 일을 해야 하는지, 미래에 무엇을 해야 하는지를 분명하게 이해할 수 없고, 잠재적 투자자들은 앞으로의 사업전망에 대하여 아무런 정보를 얻지 못할 것이다. 사업주는 업무진행의 정도를 가늠할 수 있는 벤치마킹의 대상이 없을 것이다. 매일의 업무가 맥락이 없는 가운데 진행되는 것이다. 정책문서를 가지고 있는 도서관이라도 그 정책서가 재검토되지 않고 정기적으로 갱신되지 않는다면 어려움을 겪게 된다. 장서개발정책문서는 선택정책, 정서기술문서, 장서개발계획 등으로도 지칭되는데 — 장서 구성 및 유지계획에 따라 소장이든 원격 접근이든 도서관 봉사의 현실을 반영해야 한다. 만일 도서관이 합리적 의사결정을 위한 성문화된 정책이 없다면 전체 도서관 차원에서 이루어지는 선택, 선택배제, 우선순위 결정이 일관성 없이 수행될 것이다.[6]

Paul H. Mosher는 장서개발은 "성문화된 정책 및 규정에 의거 합리적 절차를 수행하는 프로그램으로 구성되어야 하며, 어떤 의미에서는 도서관 이용자와 도서관 직원 간 누구를 위해서 무엇을 어느 수준으로 수서할 것인가에 대한 하나의 계약과 같은 것으로 보고 있다.[7] Marjorie L. Pappas는 "학교도서관미디어센터에서 가장 중요한 정책문서 중 하나는

---

6) Not all librarians are convinced of the necessity of collection development policies. See, e.g., Richard Snow, "Wasted Words: The Written Collection Development Policy and the Academic Library," Journal of Academic Librarianship 22 (May 1996): 191 – 94, which challenges this assumption.

7) Paul H. Mosher, "Fighting Back: From Growth to Management in Library Collection Development" (unpublished paper delivered at the Pilot Collection Management and Development Institute at Stanford University, July 6 – 10, 1981), 4.

선택정책 또는 장서개발정책"이라고 주장한다.[8] 장서개발정책은 장서(소장 및 원격접근)를 현재의 상태 및 미래 수서 방침에 따라 어떻게 장서를 개발할 것인가에 대한 계획을 기술하는 문서이다. 장서개발정책은 종합적이고도 상세한, 체계적인 문서로서 공공기획, 자원배분, 정보제공, 행정관리 및 직원훈련을 위한 정보 자원으로서 다양한 목적을 수행한다.[9]

성문화된 장서정책은 제2차 세계대전 이후 특히 대학도서관들을 중심으로 널리 확산되어 대학도서관 장서가 엄청나게 성장하였다. 그 후 10년 동안 모든 형태의 도서관들이 그들의 실제 및 목적을 문서화한 정책을 마련하기 시작했다. 1950년대 중반까지, 미국도서관협회는 모든 공공도서관들이 성문화된 선택 및 장서관리정책을 갖출 것을 권고하였다. 1961년 미국 학교도서관 사서협회는 학교도서관 자료의 선택을 위한 정책 및 절차서 Policies and Procedures for the Selection of School Library Materials를 발간하였다.[10]

Written collection policies became more widespread, particularly in academic libraries, after the Second World War and the tremendous growth of academic libraries' collections. In the decades that followed, libraries of all types began to

---

8) Marjorie L. Pappas, "Selection Policies," School Library Media Activities Monthly 21, no. 2(2004): 41.
9) Joanne S. Anderson, ed., Guide for Written Collection Policy Statements, 2nd ed., Collection Management and Development Guides no. 7 (Chicago: American Library Association, 1996).
10) American Library Association, Coordinating Committee on Revision of Public Library Standards, Public Library Service to America: A Guide to Evaluation, with Minimum Standards (Chicago: American Library Association, 1956); American Association of School Librarians, Policies and Procedures for the Selection of School Library Materials (Chicago: American Library Association, 1961).

prepare polices that documented practices and goals. By the mid-1950s, the ALA had recommended that every public library have a written selection and collection maintenance policy. In 1961, the American Association of School Librarians published *Policies and Procedures for the Selection of School Library Materials*.

정책서는 너무 일반적이거나 이상적이거나 이론적인 또는 모호한 것이 되어서는 안 된다. 그러나 너무 자세하고 다루기 어려워 쓸모없는 것이 되어서도 안 된다. 정책은 정태적 문서가 아니다. 지역사회가 재정지원을 하고 있으며 생산되는 정보 자원은 항상 변화하고 있으므로 정책도 지속적으로 작성, 평가, 갱신되어야 한다. Robert D. Stueart and Barbara B. Moran은 훌륭한 정책의 특징을 4가지로 들고 있는데, 일관성이 있어야 하며, 유연하여 필요시 변경할 수 있어야 하고, 규제하기보다는 안내해야 하고, 적용에 있어 재량권이 인정될 것, 그리고 반드시 문서화할 것을 강조하였다.[11] 그러나 아무리 잘 작성된 정책이라도 훌륭한 장서개발 및 관리를 대신해 주는 것은 아니다. 정책문서는 장서개발의 기본 윤곽을 정의하고 그 바로미터를 제시하는 것이지만, 특정 타이틀의 도서에 대하여 선택 또는 거절 방법을 말해주는 것은 결코 아니다. 아무리 자세한 장서개발정책을 정해두더라도 직원의 판단은 항상 필수적이다.

11) Robert D. Stueart and Barbara B. Moran, Library and Information Center Management, 7th ed. (Westport, Conn.: Libraries Unlimited, 2007).

목적 및 대상 Purposes and Audience

장서개발정책의 목적은 2가지 범주로 나눌 수 있다. 즉 정보의 제공과 보호이다. 정책이 지향하는 대상이 누구인지에 대해서도 정책을 수립할 때 반드시 고려하여야 한다.

정보 Information

장서개발정책은 먼저 도서관의 사명을 제시하고, 현재 장서의 강점과 약점을 기술하며, 미래의 목적을 설정해야 한다. 미래의 장서수준을 인식함으로써 정책은 그러한 수준에 도달하기까지 그 성공 정도를 측정할 수 있는 기준을 제시한다. 장서의 수준이 도서관의 사명에 부합되는 정도에 도달하면 정책은 그 장서가 교육적 수준인지, 엔터테인먼트 수준인지를 보장하면서 도서관의 모기관이나 지역사회에 도서관의 사명을 다시 검토하게 한다. 정책이란 "장서개발에 대한 교육적, 사회적, 문화적 논리근거를 설명하는 이론적 윤곽"을 제공한다.[12] 장서정책은 도서관의 우선순위를 설정하는 데 필요한 정보를 제공해 준다. 장서개발과 관리를 위한 정책에는 분명한 결과가 있다. Claire Gatrell Stephens과 Patricia Franklin은 장서개발정책은 바쁜 학교도서관 미디어 전문가들에게는 가외적 일이라는 인식이 있음에도 불구하고 장단기 목적을 원리에 맞게 지역사회에 분명히 알려준다는 점에서 중요하다고 말했다.[13] 전통적으로 장서개

---

12) W. Bernard Lukenbill, Collection Development for a New Century in the School Library Media Center (Westport, Conn.: Greenwood, 2002), 43.
13) Claire Gatrell Stephens and Patricia Franklin, Library 101: A Handbook for the School Library Media Specialist (Westport, Conn.: Libraries Unlimited, 2007).

발정책은 장서개발 및 관리책임을 누가 질 것인지의 윤곽을 정하는 것이다. 나아가 장서관리정책은 목록 작성, 소급자료 변환, 공간 배치, 예산, 자금 우선순위에 관한 정보를 제공한다. 또한 장서와 관련한 인사관리, 재정관리, 공간관리, 기타 자원관리의 가이드가 된다. 정책은 도서관이 중점을 두는 장서를 정함으로서 도서관의 소요인력을 산출하고 적정 직원을 배치할 수 있도록 한다.

정책은 예산산출에 필요한 대내외 정보를 제공함으로서 예산책정에 도움을 준다. 잘 작성된 정책은 도서관 행정 및 재정주체에 도서관의 방향성에 대한 정보를 제공하고, 도서관 장서구성에 대한 합리성을 분명하고 세심하게 제시해준다. 정책은 재정운영계획을 자세히 제시하고 자금 집행의 결과를 기술하므로 회계 책임을 분명하게 보여준다. 좋은 정책은 복잡하고 경쟁적인 관계에 있는 내부 혹은 외부 환경 속에서도 자원을 경쟁 우위적으로 활용할 수 있는 능력을 높여줄 수 있다. 정책은 획기적 제안, 예산요청, 자금 증액, 발전계획의 수립을 위한 정보를 제공할 수 있다. 정책은 새로운 교육 프로그램이나 새로운 서비스의 영향에 대한 타당성 조사accreditation surveys 및 요구 조사에 부응하여 활용될 수 있다.

정책은 도서관 직원간, 행정기관, 선거구constituencies 사이에 소통(커뮤니케이션) 수단이 된다. 정책은 도서관장서 및 그 강점과 약점에 대하여 자세히 기술함으로써 공식적이고 실제적인 기록문서가 된다. 정책은 도서관의 업무위임library's commitment을 위한 계약문서이며 이러한 업무위임을 기록으로 나타낸 것이다. 장서정책은 도서관 내에서 여러 직원들에게 자료선택의 책임이 분산되어 있을 경우, 그리고 지리적으로 여러 지역에 산재하는 도서관들 사이에서 선택을 조정하는 역할을 한다. 정책은 조정 통제 및 일관성을 높여준다.

도서관은 지속적으로 장서관리 책임 사서들을 교육해야 하므로 장서개발정책이 시대에 뒤떨어져서는 안 된다. 새로 선택업무를 맡은 직원, 사서, 학교도서관미디어 전문가들에게는 선택의 책임이 부과되므로 정책은 이들을 위한 교육훈련의 도구로 활용된다. 만일 정책이 선택과 선택배제, 집서수준, 기타 적정 분야pertinent areas에 대하여 지역사회의 서비스 우선순위, 대학교육 프로그램 및 연구동향, 학교 교육과정 기준의 현실을 반영하고 있다면, 정책은 새로운 선택담당자들에게 장서관리를 어디서부터 시작해야 하는지에 대하여 기초적 정보를 제공할 수 있다.

장서개발정책은 협력적 장서개발을 지원하는 점에서 특히 중요한 기능을 수행한다. 장서관리정책은 도서관이 참여하고 있는 현재의 모든 프로그램 : 장서구성, 자원 공유, 지역별 보유 자료, 전자 자료에 대한 접근 공유 등 협력 프로그램을 분명히 인지해야explicitly identify 한다. 정책은 도서관이 주제별, 이용자별로 수행하고 있고, 계획하고 있는 장서수준에 대하여 문서화함으로서 협력적 장서개발 및 자원공유프로그램을 더 용이하게 해줄 수 있다. 같은 컨소시엄 또는 자원공유그룹 내에서 동일한 형식(양식) 및 기술 용어들을 사용한다면 협력 및 조정을 촉진expedite할 수 있다.

보호 Protection

장서개발정책은 외부의 압력으로부터 도서관을 보호할 수 있다. 정책은 지적 자유를 수호하고 검열을 예방하는데 기여할 수 있다. 많은 도서관의 정책 기술은 도서관 권리장전the Library Bill of Rights을 인용 또는 참조하면서 지적자유의 문제를 언급하고 있다.[14] 사서들은 이러한 중대한 사항, 특히 도서관의 인터넷 접근에 쏠려 있는 공중의 관심에 주의를 기울여야 한다. 도서관은 각기 처해진 환경에 따른 정책을 마련하는데 최선을 다해야 한다. 정책은 도서관이 소장하고 있는 자료에 대한 간섭을 해결하는 절차를 마련해야 한다. 이는 자료에 대한 간섭을 전부 부정하라는 의미는 아니다. 정책은 도서관의 지적 자유의 실행을 보장하도록 기술해야 한다. 지적 자유에 관한 정책수립의 과정은 도서관 직원들에게 그러한 문제를 철저히 생각하고, 그들의 입장을 분명하게 할 수 있는 기회를 제공한다. 주의 깊게 작성하여 위원회의 승인을 받은 정책은 논란의 여지가 있는 특정 자료에 대한 도전의 가능성을 감소시킬 수는 없지만, 도전적인 자료들을 공정하게 검토하고 유지retained할 수 있는 가능성likelihood을 높여준다. 도서관이 도전에 직면할 때 사서들은 이에 대응할 준비가 되어 있어야 한다. 사서들은 정책문서에 의거 그들의 대응을 효과적으로 연습해두어야 한다. 많은 학교도서관미디어센터들의 장서정책은 자료의 재검토를 요청할 수 있는 절차를 규정하고 있으며 이러한 재검토 요청을 처리하는 절차를 마련하고 있다. 정책은 학생, 학부모, 감독자들이 도서관미디어센터에서 이용할 수 있는 자료원이 어떤 것인지를 알려줄 수 있다. 적절한 정책과 절차가 있으면 도전에 대응하여 정책과 불일치하는 문제 제기를 방어할 수 있다.

정책은 어떤 자료의 선택 배제를 견지하면서 동시에 부적절 또는 도서관 목적과 관련 없는 자료를 포함하라는 외부 압력을 방어할 수 있다. 정

---

14) The Library Bill of Rights and other resources on censorship, intellectual freedom and the law, and the ALA's Free to Read initiative can be found in the Intellectual Freedom Manual, 7th ed. (Chicago: American Library Association, 2006). The ALA Library Bill of Rights is also available at www.ala.org/ala/oif/statementspols/statementsif/librarybillrights.cfm.

책은 어떤 자료의 기증 또는 구입을 요구하는 사람들의 편파적 관심과 압력을 방어할 수 있다. 자료가 장서수집 가이드라인 때문에 배제되는 것이 아니라 원하지 않는 자료를 받아들이라고 요구하는 사람들 때문에 배제된다는 것을 분명히 해준다.

정책은 기증을 다루는 지침이 된다. 정책은 도서관이 기증을 받아들이거나 거절하는 조건을 규정한다. 기증을 규정한 정책은 도서관이 처해 있는 경제적, 사회적, 정치적 상황을 나타낸다. 기증을 감정appraise하지 않으려 하는 게 아니라 잠재적으로 기증 의사가 있는 외부 인사들에게 참고가 되게 하려는 것이다. 기증 정책은 대규모 도서관 및 도서관 시스템 내에서 특수 장서를 구축하기 위해 작성되는 것이다. 예를 들면, 특수 장서는 기증을 수용하는 고유정책을 마련한다.[15] 기증 자료를 받을 accepting 것인가 받지 않을declining 것인가, 감정appraising, 계승accessioning, 인정acknowledging, 가공processing할 것인가에 대한 정책과 절차를 마련함으로써 도서관과 기증자 모두를 법적, 실질적으로 보호하는 것이다.

도서관은 예산이 감축되고 자료 비용이 상승하는 시기에는 제적 weeding, 선택취소deselection, 연속간행물의 구독취소serial cancellations, 등을 적절히 계획함으로서 도서관을 보호할 필요가 있다. 이러한 운영원칙을 분명히 하면 편견 및 무책임한 행동으로부터 도서관을 보호할 수 있다. 정책은 구입 철회 및 구입취소 대상 자료를 누가 식별, 검토, 평가할 것인가에 대한 절차를 정의해야 한다. 이용자의 참여 절차에 대해서도 규

---

15) Elizabeth A. Sudduth, Nancy B. Newins, and William E. Sudduth, comps., Special Collections in College and University Libraries, CLIP Note no. 35 (Chicago: Association of College and Research Libraries, 2005).

정해야 한다. 정책은 이 부분에서 불필요한 자료의 처리지침을 포함해야 한다. 정책은 문제점을 신뢰성 있게 확인할 수 있도록 기술해야 한다. 정책은 사적인 정보, 예를 들면 기증자, 예산, 비용, 자료의 가치 등에 대해서는 정보의 형태를 자세히 규정함으로써, 도서관과 이용자, 모 기관 및 기증자를 보호할 수 있다.

정책의 대상 Audience

장서개발정책은 다양한 목적을 가지고 있으며 많은 사람들과 연관되고 있다. 도서관의 장서정책은 일반적으로 직원들이 활용할 수 있게 설계한다. 정책이 훌륭하면 훌륭할수록 더 빈번하게 활용될 수 있다. 정책문서는 선택 담당자뿐 아니라 모든 도서관 직원들이 이용할 수 있어야 한다. 많은 도서관들은 직원 및 이해관계자 모두가 정책을 쉽게 찾아볼 수 있도록 도서관 웹사이트에 공개한다.

때로는 장서정책의 이용 대상자가 매우 광범하다. 이것은 도서관 이용자, 교사 및 학교도서관미디어센터를 이용하는 학부모, 외부 자금 및 감독기관 등에게도 유의미하도록 설계될 수 있다. 장서정책은 특히 공공 도서관과 학교의 공식적인 위원회 정책이 될 수 있다. 정책은 사서 및 학교도서관 미디어 전문가들의 협의로 만들어지지만 운영위원회에서 승인함으로써 그 권한이 부여된다. 그렇기 때문에 정책은 도서관의 소장 및 접근 자료에 대한 도전적인 문제가 발생할 경우 유용하게 활용될 수 있다.

정책은 잘만 작성된다면 배정된 예산으로 도서관이 무슨 일들을 진행하는지를, 도서관의 자료예산은 제한도 정의도 없는 "블랙홀" 아니라는 사실을 행정 관리자 및 이용자 사회에 알려줄 수 있다. 다른 도서관들도 장서 정책의 대상이 될 수 있다. 만일 한 도서관의 장서정책이 협력적 장서구성 및 이용을 선도하고자 한다면 다른 도서관들은 실질적이고도 잠재적인 파트너로서 그 도서관과 장서개발정책을 공유해야 할 것이다.

장서개발정책문서의 작성
Writing the Collection Development Policy Statement

정책문서 작성은 형식, 내용 및 스타일을 고려하여야 한다.[16] 정책은 보통 표준 배열양식을 따른다. 작성자가 개인이든 위원회이든 정책문안 및 부속서류들을 작성할 때 정책의 기본목적과 대상을 염두에 두어야 한다. 예를 들어, 컨소시엄 내에서 공동 이용하는 협력적 장서개발정책 및 기획은 컨소시엄 내 다른 도서관의 정책과 스타일이 일치되어야 한다. 교사진 또는 고3 학부모에게 알려주는 정책은 교과과정의 용어와 일치해야 한다. 형식, 콘텐츠 및 스타일은 특정 목적을 충족하고, 특정 대상에게 설명할 수 있도록 만들어야 한다. 면밀히 숙고하여 잘 작성한 정책은 다양한 목적 및 대상자에게 효과적으로 적용될 수 있다.

---

16) Several resources on format, content, and style are available. Among these are Anderson's Guide for Written Collection Policy Statements; Elizabeth Futas, ed., Collection Development Policies and Procedures, 3rd ed. (Phoenix, Ariz.: Oryx, 1995); Frank W. Hoffmann and Richard J. Wood, Library Collection Development Policies: Academic Public, and Special Libraries (Lanham, Md.: Scarecrow, 2005); and Frank W. Hoffmann and Richard J. Wood, Library Collection Development Policies: School Libraries and Learning Resource Centers, Good Policy, Good Practice no. 2 (Lanham, Md.: Scarecrow, 2007). AcqWeb's Directory of Collection Development Policies on the Web (www.acqweb.org/cd_policy.html) provides example policies from public libraries, community college libraries, college libraries, university libraries, academic library special collections, national and state government libraries, and school libraries.

Frank W. Hoffmann and Richard J. Wood는 좋은 장서개발 정책에 필요한 구성 요소를 다음과 같이 제시하였다.17)

- 목적 purpose statement
- 배경 background statement
- 장서개발의 책임 responsibility for collection development
- 사명, 목적, 목표 mission, goals, and objectives
- 정책의 대상 target audiences
- 예산 및 자금조달 budgeting and funding
- 평가기준 evaluation criteria
- 형식 format
- 정부간행물 government publications
- 특수 자료원의 취급 treatment of specific resource groups
- 특수 장서 special collections
- 자원 공유 resources sharing
- 서비스 services
- 선택보조자료 selection aids
- 저작권 copyright
- 지적자유 intellectual freedom
- 수서 acquisitions
- 기증 및 교환 gifts and exchange

17) Hoffmann and Wood, Library Collection Development Policies: Academic, Public, and Special Libraries.

- 장서 유지관리 collection maintenance
- 제적 weeding
- 장서평가 collection evaluation
- 정책의 개정 policy revision
- 용어의 정의 definition of terms and glossary
- 참고문헌 bibliography
- 부록 appendixes

이 모든 구성 요소들을 한 정책문서에 담을 수 있다 해도 이러한 포괄적 내용이 언제나 보편적이고 필수적인 것은 아니다. 많은 부분으로 구성된 장서개발정책이 제대로 활용되기 어려운 이유는 정책 자체의 결함 또는 적용을 잘 못하거나 제때에 개정하지 않기 때문이다. 대부분의 도서관은 그들의 우선순위와 문제들에 대하여 가장 적절하게 안내할 수 있는 정책제정을 위해 노력하고 있다.

정책은 개요 또는 서론으로 시작된다. 먼저 정책의 목적을 기술한 다음 도서관(또는 모 기관)의 사명을 설명한다. 이것은 이용자의 요구와 이용자 수 및 이용형태를 포함한 이용자사회의 간략한 특징 및 프로필을 포함한다. 대학도서관의 이용자 유형으로는 학부생, 대학원생, 특별 수강생, 교직원, 원격 교육생과 일반인 등이다. 대학도서관의 장서정책은 교육과정, 인정학위, 학내연구소 등에 대하여 규정한다. 공공도서관의 장서정책은 시민과 그들의 요구사항을 기술한다. 이용자의 유형은 유치원생부터 고3까지의 학생, 지역의 고등교육기관, 소수민족, 의료보호시설 거주자, 지역 산업체 근로자, 노인, 시각 장애인, 교정시설 재소자 등이다. 학교도서관미디어센터 장서관리정책은 비영어권 학생ESL students(역자 주 :

ESL은 English as a Second Language의 약어), 특별지도 학생, 학년등급 수준, 교사 등 대상을 구분하여 규정한다. 이용자 커뮤니티에 대해서는 주된 이용자 및 부차적 이용자에 관련된 도서관봉사의 우선순위에 대한 일반적 사항을 규정한다. 이어 도서관의 사명 및 봉사대상 등 정책과 지침의 적용단계에 대하여 언급한다. 자료, 주제, 형식, 언어의 적합성에 관한 적용 지침은 도서관의 사명과 일관성을 유지해야 한다.

장서개발 및 관리에 영향을 미치는 각종 제한은 정책문서의 도입부분에 언급해야 한다. 도서관의 목적 달성에 영향을 주는 제한 및 도전요인을 나타내 주는 것이다. 추가 자금 확보 없이 새로운 학술 프로그램을 도입하는 것은 장서영역의 예산을 감축하는 결과가 된다. 소수민족 거주자들의 인구구성 변화에 따라 학교 등록학생 수 또는 인구수는 급격히 변화될 수 있다. 새로운 정보기술, 단행본 및 연속간행물의 가격 상승, 예산의 동결 및 삭감이 미치는 영향 등도 개요부분에서 규정한다.

기존 장서에 대한 간략 설명 및 수집의 범위도 기술한다. 이 부분에서는 장서의 역사 및 중점을 두는 주제 분야와 그렇지 않은 분야, 그리고 장서의 소장 위치를 기술한다. 기존 수집 업무의 관행, 현재 장서의 품질 및 특징을 개괄적으로 평가하여 제시한다. 장서의 선택 및 관리의 일반적 의사결정 기준도 서론부분에서 언급한다. 또 협력적 장서개발과 관리 및 자원 공유 협정에 대한 주요 목록을 제시한다. 끝으로 도서관의 장서개발 조직에 대하여 기술한다. 이는 장서구성 및 관리에 대한 업무책임을 정하는 것이다. 장서의 평가, 선택, 유지관리, 예산관리, 이용자 사회와의 연계와 같은 업무를 식별하여 배분하는 것이다.

도서관 전체 시스템의 정책 및 지침들도 개요부분에서 언급한다. 장서개발정책은 지역에 따라 그 포괄범위가 매우 다양할 수 있다. 정책은 일반적으로 선택 또는 선택하지 않는 자료의 형태, 특정 주제 분야에 대하여 적용할 고려사항들을 열거한다. 이들 목록에는 도서, 연속간행물, 신문, 교과서, 청소년 자료, 복사물reprints, 지도, 학술논문, 페이퍼백paperbacks, 마이크로폼microforms, 팜플렛, 대중잡지, 예술작품, 악보, 시청각자료, 소프트웨어 그리고 외부에서 접근할 수 있는 전자자원에 대하여 기술한다. 기타 정책 일반사항에 들어갈 이슈들은 특별 장서, 보존아카이브, 참고자료, 정부문서 등이다. 또 언어와 번역, 대중자료 및 무역관련 자료, 대체자료, 기증자료, 복사본, 그리고 고가품 자료에 대하여 규정하는 것이 일반적이다. 그리고 지적 자유, 소장 자료에 대한 접근문제, 도서관 자료의 재검토 등 3가지 주제를 다룬다. 이는 정책이 제공할 수 있는 보호 기능에 해당한다.

도서관의 장서정책은 위에서 언급한 정보를 반영하면 충분하며, 대여섯 페이지 이내의 분량으로 제공할 수 있다. 정책은 종종 광범위하게 이용가능하며 도서관이 공개하는 웹 페이지에 게시한다. 이 책의 부록 C에는 세인트 폴 공공도서관the Saint Paul(Minnesota) Public Library 정책을 제시했는데 이 정책에는 그 도서관의 민감한 요소들, 이용자 지역사회에 관한 것, 도서관을 지배하는 상위 관리기관 등에 대하여 기술하고 있다.

정책의 일반사항은 주제, 이용자 커뮤니티, 특수 장서에 초점을 맞춘 세부정책으로 보완된다. 공공도서관은 어린이 자료, 청소년 자료, 참고자료, 성인 소설자료 등을 다루는 일반적인 정책을 가지고 있다. 학술도서관이나 학교도서관미디어센터는 다양한 주제 또는 세부학문분야 - 역사, 화학, 지리, 영문학 등을 안내하는 세부정책을 가지고 있다. 이러한 세부정책은 서술식 모델, 개조식 모델, 또는 이 두 가지 요소를 혼합한 혼합 모델 등 3가지 종류가 있다.

서술식 모델 Narrative Model

장서개발정책의 서술식 모델은 교과서처럼 서술하는 방식이다. 그것은 각 주제, 분과 학문 또는 세부 분야의 장서에 관하여 대 주제, 중 주제, 소 주제로 순차적으로 서술하는 것이다. 이들 분야들은(예, 사회과학, 인문학, 자연과학, 성인소설, 어린이 소설, 그리고 참고자료) 광범위하게 나누어 정의할 수 있고, 각 분야에서는 더 범위를 좁혀(예를 들면 농업분야는 동물학, 농업경제학, 토양학으로, 또 성인 소설은 미스테리, 로맨스, 공상과학 등으로) 구분할 수 있다. 그 목적은 도서관이 정책을 마련하는데 있어 주제 및 하위 주제의 관점과 장서관리의 중점을 제시하는 데 있다. 서술식 모델은 지역에 직접적으로 친숙한 프로그램과 장서를 기술할 수 있는 점에 그 이점이 있다.

이러한 정책 기술은 일반적으로 문장형식을 취한다. 각기 도서관이 처한 특정 이용자 사회를 논의하고, 수집 또는 제외 자료, 도서관의 단위, 학제간의 연관관계, 추가 자원 및 기타 지역 요인의 책임성에 대하여 기술한다. 세인트 폴 공공 도서관정책(부록 C)은 서술식 정책이다.

개조식 모델 Classed Model

개조식 모델은 약어와 숫자를 이용하여 전통적으로는 미국의회도서관 분류 또는 듀이십진분류법에 따라 체계화하는 것이다. 이 또한 보존 수준과 미래 수집수준을 기술한다. 이 모델은 장서를 전체적으로 일별해 볼 수 있도록 차트 방식으로 전개한다. 이 형식은 주제 및 장서의 수준을 효과적이고 일관된 방법으로 개발하기 위한 도서관의 필요에서 나온 것이다. 연구도서관그룹(RLG)은 하나의 분류 분석 형식으로서 개요모델

Conspectus을 개발하는데 주도적인 역할을 수행하였다(제7장에 자세히 설명). 그리고 이를 검증하기 위한 후속 연구와 추가적 보완지침을 개발하였다. RLG의 개요모델Conspectus은 개념의 정의, 절차와 용어의 표준화 등 장서관리와 장서기술을 위한 일관된 테크닉을 제공하였다.[18] 개요모델Conspectus model은 미국연구도서관ARL에 의해 북미지역 장서 실사프로젝트에 적용되었고, 캐나다 국립도서관, 영국, 기타 유럽 여러 나라와 호주에서도 적용되었다. 개요모델은 처음에는 연구도서관들이 사용할 목적으로 개발한 것이지만 연구도서관의 범위를 넘어 주 또는 지역의 자원 공유, 자금 배분, 공간 배분 및 보존 프로젝트, 자료보존의 우선순위 결정에 변형, 사용되었다. 표준 용어를 사용하여 장서를 평가하는 Conspectus 모델의 접근 방법은 너무 개인의 주관적 인식에 의존하고 있다는 일부의 비판에도 불구하고 적용가능하고 널리 응용할 수 있는 도구로 인정되어 왔다.

개조식 모델을 사용하는 도서관은 자관의 장서구성에 이용하는 장서개발정책과 동일한 분류 시스템을 사용해야 한다. 이것은 현존 장서수준의 장서 수를 측정함과 동시에 정책에서 제시하는 향후의 장서 변화를 예측할 수 있게 해 준다. 도서관은 장서정책에 명시된 적정 수준의 장서를 선택할 수 있다. 원래의 개요모델The original Conspectus은 3,400개의 주제 분류를 사용하였으나 이들이 점점 간소화되어 주제를 더욱 적절하게 그리고 주제사이를 보다 넓은 범위에서 구별할 수 있도록 원래보다 훨씬

---

18) Dora Biblarz, "The Conspectus as a Blueprint for Creating Collection Development Policy Statements," in Collection Assessment: A Look at the RLG Conspectus, ed. Richard J. Wood and Katina P. Strauch, 169 - 76 (New York: Haworth, 1992).

적은 81개 분야로 축소되었다.

이 시스템에서는 주제 범위가 분류 범위와 주제설명으로 정의된다. 각 주제범위에는 기존 장서의 강도, 현재 수집 강도, 그리고 요구되는 수집 강도에 대하여 일련의 숫자가 배정된다. 그 숫자는 0(수집제외-이 주제는 아무것도 수집하지 않음)부터 5(종합적 수집-철저한 집중적 망라적 수집)까지로 장서수집의 심도를 나타낸다. 언어 코드는 각 카테고리에 부가할 수 있다. 범위 심도는 장서의 각 부분의 특징을 설명하는 데 사용할 수 있다. 사서들은 이러한 장서수준 인자에 미리부터 압도되어서는 안 된다. 장서의 수준이 곧 장서의 가치를 의미하는 것은 아니다. 4~5의 수준이라고 해서 그 도서관이 좋다는 의미는 아니다. 장서의 심도 지표를 사용하는 가장 중요한 이유는 선택 담당자가 도서관의 사명, 목적, 목표 및 예산에 부합하는 장서를 수집하도록 하는 것이다. 공식적으로 사용하는 개요모델은 표준화된 주제 및 용어를 사용함으로써 도서관 간 입증, 비교, 협력의 수단을 제공하고, 선택 책임에 따르는 주제간 조정을 분명히 해주며, 업무 진전 정도의 측정을 가능하게 하고, 나아가 선택과 장서관리의 맥락을 분명하게 형성시켜준다.

혼합모델 Combined Narrative and Classed Models

서술식 및 개조식 모델을 종합한 것으로 장서수집계획을 간단명료하게 기술하기 위해 각 모델의 가장 유용한 점을 차용한 것이다. 일반적으로 2-4 페이지를 넘지 않는 매우 간단한 것으로 환경 및 가용 자원의 변화에 따라 검토, 수정할 수 있는 유용한 도구라 할 수 있다. 미네소타대학에서 치과 및 치과 위생 프로그램을 지원하는 장서정책은(부록 C 참조)

국립도서관 의학 분류체계를 활용, 서술식과 개조식을 결합한 정책문서이다.

펜실베니아주립대학교 도서관 역사분야 장서개발정책(부록 C 참조)은 서술식 모델 및 개조식 모델을 변형한 혼합모델로서 주제 분야에 대하여 간단한 산문체 설명 문구를 사용했고, Conspectus levels을 이용한 수집 강도 및 언어 범위를 채택하고 있다.

어떤 모델을 택하든 장서개발정책은 각 부문의 모든 요소에 용어를 일관성 있게 표현하고 상세하면서도 장황하지 않도록 잘 조직해야 한다. 장서개발정책은 도서관의 성문화된 공공 정책이므로 이해하기 쉬우면서도 실제로 잘 활용할 수 있도록 작성되어야 한다. 잘 작성된 정책은 잘 활용될 수 있지만 그렇지 못한 정책은 서류파일 속에 그대로 방치될 것이다.

기타 보완 정책

기타 정책들은 특수 문제들을 처리하기 위해 작성된다. 기증자와의 관계 및 기증의 수용 여부, 고가 도서의 구매 승인 절차를 규정할 수 있다. 보존정책은 장서의 물리적 상태를 유지하기 위한 정책과 절차를 다룬다. 이들은 제본, 보존, 형태변경, 기타 자료의 처리 옵션에 대한 결정기준을 정하는 것이다. 자료 보존의 우선순위 선택도 여기에 포함된다. 제적에 관한 정책은 별도 조항을 두는 것이 유용하다. 이는 장서의 이동 배치, 원격 보존, 그리고 제적의 기준을 정의하는 것이다. 이 부분에서 정기간행물의 구독취소, 불필요한 자료의 처분에 대한 가이드라인을 포함할 수 있다. 가능하면 이 부분에서 향토자료, 주단위자료 또는 더 광범위한 지역에 관한 기록물이나 자료자원을 수집해야하는지에 대한 도서관의 책임 소재를 규정한다.

전자 자료가 도서관장서의 일부가 되었을 때 많은 도서관들은 전자 자료 선택 관리의 복잡성을 해결하기 위해 보완적 정책을 개발하였다. 지난 몇 년 동안 많은 도서관들은 자료의 형태나 전달 매커니즘에 관계없이 모든 자료에 대해 동일한 기준, 관행, 지침을 적용할 수 있다고 생각하고 전자 자료에 대하여 별도의 정책을 만들 생각을 하지 않았다. 전자 자료에 고유하게 요구되는 사항은 업무수행 과정에서 자료의 평가, 협상, 선택을 누가 책임지고 수행할 것인가를 포함한, 도서관들이 계약 및 라이선스를 어떻게 처리할 것인가의 문제라고 할 수 있다. 이러한 문제들에 대해서는 내부 절차를 만들어 해결하는 것이 보통이며, 선택 및 수서의 과정(예를 들면 누가 검토, 승인하고, 계약서 및 라이선스 합의서에 서명 권한을 가지는가) 그리고 도서관과 모기관이 요구하는 서비스, 조건, 또는 필수조항이 무엇인가를 기재한다. 예를 들어, 도서관은 모든 전자 자원을 통계상 어떤 수준과 형식으로 제공해야 한다고 규정할 수 있는데, 즉 도서관에 들어오는 비회원 이용자들의 이용, 아카이브 자원에의 접근 보장, 비승인 도서관에 대하여 배상 의무를 지우는 것 등이다. 전자자원에 초점을 둔 새로운 정책이-저널에 한해 전자버전으로 옮겨가는 정책-최근 대학도서관에 등장했다. 도서관은 어떤 저널은 전자버전으로만 수서하고 동일 저널의 인쇄버전은 수서하지 않도록 하는 기준을 제시하는 정책을 개발하고 있다. 기본적 기준으로는 충분한 학술적 내용을 담고 있는 것, 인쇄버전이 출판되기 전에 또는 동시에 이용 가능할 것, 이미지와 그래픽이 인쇄본과 동등한 품질수준일 것, 출판사의 신뢰성, 그리고 도서관이 비용을 지불하는 기간 동안에는 모든 내용에 대하여 접근이 가능할 것 등이다.

예산 및 재정운용 Budgeting and Finance

예산의 기초 Budget Basics

예산이라는 용어는 계획과 자금 배분이라는 두 가지 의미로 사용된다. 계획이라는 의미에서, 도서관의 예산은 1회계연도 중 사용할 자금에 대한 계획이며, 예산의 배분, 예상되는 수입, 예정사업비를 반영한다. 도서관은 자금요청서 및 도서관의 자금운영계획서를 갖춰 예산안을 작성, 재정당국에 제출한다. 예산의 배분이란 예산상 여러 가지 비목으로 할당되는 금액을 말한다. 예산은 예산서라고도 부른다. 예산은 자금의 배분 및 기타 잡수입, 전년도 미지급금 이월금액 등 수지균형을 이루어야 하며, 이는 상부기관의 승인을 받아야 한다. 예산의 자금 수지균형은 회계연도 말에 미 집행된 금액을 제외한 금액으로 구성된다. 미지급금은 집행은 되었지만 아직 청구되지 않은 사업비를 말한다. 미지급금은 지급의무 발생, 즉 청구서가 접수 승인되는 즉시 비용으로 처리된다. 미지급금이 회계 연도 말에 남아 있는 경우는 해당 사업이 완료될 때까지 조건부 지불로 보류된다.

예산은 일정기간 동안 도서관이 사용할 수 있는 총 금액을 의미한다. 예산은 해마다 달라진다. 사서는 전년대비 금년예산의 증가 또는 감소 여부를 확인함으로써 기간별 예산운용을 시작할 수 있다. 대부분의 도서관들은 책력연도 혹은 별도로 정한 회계연도에 따라 예산을 운영한다. 회계연도는 모 기관이 결정한다. (미국의 경우) 대부분의 대학, 학교, 공공도서관, 그리고 많은 기업들은 7월부터 다음연도 6월까지를 회계연도로 하지만, 일부 기관들은 책력연도에 따라, 또는 연방정부 회계연도인 10월 1일부터 다음해 9월 30일까지로 회계연도를 삼기도 한다.

계획과정에서 도서관의 목적과 목표를 이해하고 나면, 예산의 책정 배분은 이러한 결정을 문서화하고 목적과 목표를 달성하도록 조정하는 역할을 한다. 예산 배분은 계획에 명시된 목적을 달성하는 데 필요한 제반 활동을 지원하는 재정적 결정이다. 잘 작성된 예산은 도서관 업무 수행의 효과성을 측정할 내부 통제의 도구가 된다. 또한 수서예산, 장서예산이라고도 불리는 자료예산은 총 예산 중 일부분이다. Eugene L. Wie mers Jr.는 다음과 같이 언급하고 있다.

자료예산은 예산 범위 내에서 선택하도록 하는 계획이자 프레임 워크이다. "정확한" 예산은 도서관의 수집 목적과 우선순위를 반영하는 선택의 최적 조건을 만들어 냄으로써 이러한 목적에 도달하도록 이끌어주는 메커니즘을 제공한다.[19]

자료예산은 전체 도서관 예산의 일부분이다. 도서관은 도서관 운영에 지속적으로 발생되는 비용을 감당할 운영예산을 가지고 있다. 인건비는 전체 운영예산에 포함하여 관리하기도 하고, 전체 예산 내에서 제3의 영역으로 분리하여 관리하기도 한다. 많은 도서관들은 대체로 자료구입비 20~30%, 인건비 50~60%, 기타운영비 20% 정도로 배정한다. 많은 도서관에서는 전체 자금이 자료예산, 운영비 예산, 인건비 예산으로 배정되고

---

19) Eugene L. Wiemers Jr., "Budget," in Collection Management: A New Treatise, ed. Charles B. Osburn and Ross Atkinson, 67 - 79, Foundations in Library and Information Science, vol. 26 (Greenwich, Conn.: JAI Press, 1991), 67.

나면 도서관은 한 분야의 예산을 다른 분야로 전용할 수 없다. 예산의 기획과정에서 어느 예산이 어떤 형태의 비용을 커버하는지 분명히 정해야 한다. 자료예산은 자료의 저장에 필요한 장비구입, 전자자원 접근을 위한 기술지원, 제본 기타 보존 및 보존처리, 공급업체(벤더) 서비스 요금, 목록, 자료처리 과정에서 발생되는 비용, 선적 운송 및 부대비용, 회원관리 비용, 디지털자료 공동보존 등에 들어가는 예산이다. 어떤 도서관은 자료예산에 택배 요금을 넣기도 한다.

자료예산은 도서관의 장단기 계획과 일치되어야 한다. 예산은 조직의 맥락 속에서 준비되어야만 가장 효과적이고 현실적인 예산이 된다. 예산은 도서관의 전체 사명과 목적 그리고 각 부서의 목표를 모두 고려하여야한다. 예산은 회계 기간과 일치해야 하므로 장기간에 걸친 비용 전망 속에서도 단기적 계획에 초점을 맞추는 것이다. 도서관의 미래 및 환경의 변화가 매우 빠르기 때문에 장기 재정운용 계획의 수립은 매우 어렵다. 도서관은 예측한 자료비용과 물가상승의 영향, 출판의 동향, 국제 통화의 변동, 그리고 자금 가용 능력 등 문제에 직면하게 된다. 또한 모 기관은 이용자 사회와 그들의 요구 및 기대에 영향을 미치는 예기치 못한 변화들에 직면할 수 있다. 그럼에도 불구하고, 중요한 것은 전체 예산과정에서 장기계획을 반드시 고려해야 한다는 것이다.

자료예산은 자금 요청 및 자금을 배분할 때 장서관리에 책임을 맡은 사서가 참여해야 한다. 작은 도서관에서는 수석 사서가 전체예산과 자료예산을 편성할 수 있다. 학교도서관미디어센터에서는 사서 또는 미디어 전문가들이 학교전체 또는 교육청 예산의 전체맥락 속에서 수서예산을 편성한다. 학교도서관 사서는 수서에 배정된 자금을 적절히 사용할 수 있으며, 수서 예산의 자금이 어떻게 배정되는지(예 ; 주제, 독서수준, 임의적

비 임의적 구매 등)에 대하여 책임을 진다. 큰 규모의 도서관에서는 장서개발 및 관리 책임을 맡은 직원이 각 선택담당자들과 자료선정조정위원회의 협의를 거쳐 자료예산을 편성한다. 개별 선택 담당자들은 매년 다음 회계연도의 자금라인에서 그들이 배정받기를 희망하는 수준의 자금 요청서를 제출한다. 전체 자료예산에 책임을 맡은 관리자는 도서관의 총 예산금액에서 개별 요청 금액을 계상한다.

예산 기법 Budgeting Techniques

예산편성 기법은 도서관에 따라 다양하다. 모기관은 예산편성 방법을 미리 정하며, 어떤 조직에서는 예산편성 방법을 해마다 변경한다. 영기준 예산zero-based budget은 매년 새로운 예산을 시작할 것을 요구한다. 도서관은 백지상태에서 예산의 각 부문에 어느 정도 지출할 것인가를 결정해야 한다. 각 자금 요청은 과거의 관행과는 아무런 관계가 없다. 이 방법은 업무량이 방대하기 때문에 이를 채택하는 정부 및 비영리단체는 거의 없다. 프로그램 또는 기능예산은 예산을 특정 활동이나 프로그램에 할당하는 것으로 계획서와 명확하게 연계되며 매년 목표를 설정한다. 어떤 도서관은 전문적 기준 또는 지침에서 권장하는 공식에 근거하여 예산을 배분한다. 한 가지 방법은 (주제별)장서 가치의 백분율로 예산을 배분하는 것이다. 또 다른 방법은 1인당 금액기준 또는 모기관의 운영예산의 배분 비율을 기준으로 예산을 배분할 수도 있다.

대부분의 조직은 다양한 품목에서 필요한 증감 내용을 기준으로 결정하는 전통적 또는 품목별 예산 기법을 이용한다. 프로그램 예산과 품목별 예산을 결합하는 것이 일반적이다. 도서관은 전년도의 예산을 기반으로 하여 보다 높은 수준의 프로그램에 대한 투자 우선순위를 결정하게 된다.

사서는 모기관이 요구하는 방식으로 예산안을 작성해야 한다. 효율적인 예산 시스템은 자원의 배분 및 재 배분에 관한 합리적인 의사결정의 도구가 된다.

현재 도서관 예산과정에서 되풀이되는 주제는 책임 문제이다. 사서들은 그들이 배분 받아 사용하는 자금을 가장 효과적으로 집행할 책무를 지니고 있다. 효과성이란 대개 조직의 명시된 목적과 그 목적이 달성되는 정도에 의해 측정된다. 장서 성공정도의 측정은 전통적으로 자료 구입량, 연속간행물 구독 종수, 전자 자원의 수 등이었지만, 이제는 장서가 실현하는 결과물에 관심이 증대되고 있다. 만일 도서관이 노년 인구의 증가에 대비 대형 활자 도서를 확충할 계획을 세웠다면 그 성공의 정도는 그러한 자료의 수 및 대출 기록에 의해 측정될 것이다. 책임성을 나타내는 또 한 가지 고려사항은 회계연도 내 예산의 균형집행과 착오집행 여부이다.

자금원 Funding Sources

많은 도서관에서는 모기관이 예산을 승인, 지원한다. 도서관들은 회계연도가 끝나기 전에 자금 요청서를 작성 제출하고, 회계 연도의 시작 직후 예산 배분의 승인을 받는다. 많은 조직에서 도서관 자료예산은 수호할 예산 범주로 다루어지며 자료예산이 어떻게 배분되고 소비되는지가 보호와 관심의 대상이 된다. 이는 잘 짜인 계획과 예산을 연계할 필요성 및 배분된 자금을 효과적으로 집행했는지에 대한 회계책임의 필요성을 강조하는 것이다. 승인된 예산 이외의 자금원으로는 기증, 기부금, 보조금, 수수료, 요금, 과태료 등이 있다.

개발 활동 및 기금 제안서 작성
Development Activities and Grant Proposal Writing

대부분의 도서관에서는 예산외 보충 자금의 중요성이 점증하고 있다. 넓은 의미에서 기금 조성은 모 기관 이외의 다른 곳으로부터 추가자금을 조달하는 과정이며, 이는 기부, 유증, 보조금 등을 포함한다. 장서 담당사서가 기금조성에 개입하는 경우가 점점 늘어나고 있다. 그들은 장서구입 또는 유지 보수를 위한 기금 확보를 위해 기증자에게 제안서를 작성, 송부한다. 도서관들이 이러한 자금원에 의존하는 정도가 늘어남에 따라 장서와 이용자들에게 가장 가까이 있는 사서들이 기증자를 설득하여 기부를 요청하는 사례가 많은 것으로 나타났다. 기증자들의 열정과 헌신은 전파되어 나갈 수 있다. 기금조성에 성공하는 사람들은 제공자의 직업, 소속기관 및 기부자들의 특성을 파악한다.[20] 선택 담당자들은 업무처리 과정에서 현금 기부와 현물 기증을 적절히 관리함으로써 그들의 중요한 역할을 수행한다.

기부자는 돈이 어떻게 사용되는지 그들의 기부금이 특정 목적사업을 위해 기 할당된 예산 금액에 어느 정도 보탬이 되는지 알고자 한다. 대부분의 기부자들은 자신들의 기부가 기관의 목적달성에 잘 사용되고 있는

---

20) David Farrell, "Fundraising for Collection Development Librarians," in Collection Management and Development: Issues in an Electronic Era, ed. Peggy Johnson and Bonnie MacEwan, 133 – 142 (Chicago: American Library Association, 1994).

지 알고 싶어 한다. 선택 담당들은 기증자에게 감사편지를 보내거나 감사표시를 하고, 기부금이 어떻게 사용되는지 알려주며, 도서관을 지속적으로 후원할 수 있도록 고무시켜야 한다.

보조금은 도서관장서개발을 위한 추가 자금이 된다. 장서개발사서는 정부와 민간단체에 보조금을 요청할 수 있다. 보조금 요청서는 장서와 이용자에 대한 지식을 바탕으로 해야 하며, 글쓰기 기술도 필수적으로 요구된다.

도서관은 교부금, 처리시스템, 보고절차 등 보조금 지침에 명시된 사항을 파악해 두어야 한다. 보조금 실적보고 날짜는 개별 도서관의 회계연도에 따라 다르다. 교부금 지원 사업은 도서관의 계획과 일치해야 하며 도서관의 목적을 반영한 것이어야 한다.

자료예산 신청 Material Budget Requests

도서관은 회계 연도가 시작되기 전 예산신청서를 제출하여야 한다. 이는 모 기관의 전반적인 계획과정의 일부이다. 도서관은 예산 프로세스를 두 가지 목적, 즉 자금의 신청과 정보제공 목적으로 활용할 수 있다. 잘 작성된 예산제안서는 내부 및 외부에 도서관의 재정 필요성을 설명하는 것으로 시작된다. 도서관의 환경 분석 정보를 집성하고 도서관의 계획서를 보고하는 것이 이상적이다. 이러한 설명을 통해서 예산지원기관 또는 모 기관은 도서관이 직면한 어려움, 제약요인, 기대사항을 알 수 있게 된다. 초두에 외부적 및 내부적 조건을 요약하여 제시하면 제안의 설득력을 높일 수 있다. 정보를 명확하고 간결하게 표현하면서도 예산 요청을 정당화하는 자세한 자료를 제시해야 한다.

내부적 조건은 도서관의 직접 환경 요인들이다. 이들 가운데는 봉사 대상 인구의 변화가 포함된다. 많은 도서관들은 더욱 다양한 이용자 사회에 서비스를 제공하는데, 이러한 변화된 인구의 요구를 충족하기위해서는 새로운 자료원을 제공할 필요가 있다.

전문도서관은 새로운 제품의 연구 개발 및 새로운 기업 포인트를 제시할 수 있다. 학교도서관미디어센터는 등록 학생 수의 증가와 감소 및 새 졸업 기준을 제시할 수 있다.

대학도서관은 신규 대학원 프로그램, 학사학위 또는 연구소 등에 도서관 봉사를 제공해야 한다. 교육방법을 변경하면 사용되는 장서도 2차 자료의 증가, 온라인 접근 자원 등에 영향을 미친다. 예산제안서는 프로그램에 기초한다. 즉 프로그램이 레크리에이션 영역인지, 정보자원 영역인지, 새로 강조되는 영역인지에 따라 다르다.

예산에 미치는 또 다른 내부적 영향요인은 장서의 구성, 즉 장서 속에 들어있는 자료의 종류라 하겠다. 단행본에 비해 연속간행물의 점유비가 높으면 도서관의 재정적 부담이 커지고 있다는 것을 예고하는 것이다. 외국 자료 수서 점유비가 높으면 도서관이 환율 변동에 더 취약하다는 것을 뜻한다. 예산작성 작업은 내부 및 외부 요인을 바탕으로 미래의 자금 수요를 예측하는 일이다.

예산 작성에 주의를 기울여야 하는 외부 조건들은 도서관 자료와 서비스의 가격 동향, 출판되는 자료의 량, 전자 정보의 영향, 소비자 가격지수, 국제 시장에서의 달러가치 등이다. 지난 20여 년 동안 연속간행물 및 도서의 가격은 소비자 물가지수 또는 도서관의 연간 예산 증가액보다 훨씬 높은 비율로 증가하였다. 여기에 구입 대상 출판물의 량이 급격히 늘어나 압력을 가중시켰다. 또 전자 형태의 새로운 자료들도 신경을 쓰지 않으면 안 되었다. 이러한 자료원에의 접근을 통해 이용자 사회의 요구와 관심을 충족시키기 위하여 사서들은 예산 당국이 자료 예산에 대한 여러 가지 어려움을 인식할 수 있도록 증명해야만 했다.

시장 물가를 고려하여 자료 예산을 책정하는 것은 성공적인 전략이 되고 있다.[21] 중요한 전제는 도서관 예산이 모기관 운영비의 일부로 자리 잡아 자료 예산의 증액이 난방비 및 통신비를 증액하는 것과 동일하게 인식되어야 한다는 것이다. 도서 및 연속간행물의 수준, 환율 변동, 자료비의 상승을 모니터링하면서 수집 및 접근의 특정 비율을 유지할 수 있는 자금 수준을 산출해야 한다.

어떤 도서관들은 예산을 요청할 때 이미 인정된 동일규모 도서관 예산을 벤치마킹한다. 많은 경우 상급 기관이 도서관의 예산을 결정하며, 동일규모 그룹의 다른 도서관 자원을 비교하여 결정할 수 있다. 이러한 방법을 쓰더라도 자료예산은 어디까지나 여러 가지 자료 수준의 검토 결과를 분명하게 제시할 수 있어야 한다. 각종 통계 데이터와 유의미한 정보를 활용하여 예산 제안에 힘을 싣고, 도서관의 단기 및 장기 계획을 상급 기관에 보고해야 한다. 이 과정에서 도서관이 주의할 것은 과장이 아닌 사실에 입각한 자료들을 제시해야 한다는 점이다.

학교도서관 미디어 전문가는 장서의 최신성을 유지하고 좋은 자료의 점유비율을 높이기 위하여 정규 예산 이상의 자금 필요성을 제시하려고 노력한다. 학교 시스템의 예산은 개별 학교 수준에서 학교도서관 미디어 전문가들이 작성하며 3년 내지 5년간의 장기계획을 반영한다. 교사들은

---

21) Gay N. Dannelly, "Indexing Material Budgets at Ohio State University," in Collection Management and Development, ed. Johnson and MacEwan, 121-132.

예산의 당위성을 검토하는데 수시로 참여한다.

가격, 출판사정, 인구동향 등은 믿을만한 정보원들을 활용해야 한다. 이들 정보원은 다음과 같은 도서관 전문 출판물, 출판유통기관 및 도서관 서비스 벤더들이다.

- Book Industry Trends, published by the Book Industry Study Group
- Bowker Annual Library and Book Trade Almanac
- "Library Materials Price Index," prepared by the Association for Library Collection and Technical Services, Library Materials Price Index Committee
- "Periodical Price Survey," published annually by Library Journal
- Publisher's Weekly
- Statistical Abstract of the United States, issued by the U.S. Department of Commerce and Bureau of the Census
- Reports and projections prepared by serial and monograph service vendors, which can be found on their websites

자금 배분 Allocation of Funds

큰 도서관에서는 전문사서나 장서개발 담당자들이 자료예산 내에서의 세부자금 배분에 많은 시간을 할애한다. 연간 예산 배분과정에서 "재정 지원 수준에 상응하는 기대를 충족할 수 있도록 성공적인 예산을 만들어 낸다."[22] 예산배분의 목적은 도서관이 기획과정에서 설정한 목적과 우선순위 및 그러한 목적과 우선순위를 달성하기 위해 나아가야 할 도서관의 메커니즘을 디자인하는 것이다. 예산배분 방법에 대해서는 도서관 및 외부 당사자 모두가 분명하게 이해해야 한다.

　대부분의 자료 예산은 계층구조로 이루어진 항목별 예산으로서 전체 예산 내에서 하위 분야 또는 하위 계정으로 구성되어 있다. 라인 항목별 예산은 예산금액 및 비용 항목의 리스트로서 항목별 세부내용이 형태별로 분류된다. 라인항목예산은 연도별 비교가 용이하며 회계 책임성을 높여준다. 큰 도서관은 예산 항목이 100가지가 넘을 수도 있다. 대학도서관에서는 예산은 일반적으로 주제별 또는 학과별로 배정된다. 또한 많은 도서관들은 다음 중 한 가지 이상 ; 위치(본관, 분관, 어린이실, 원거리 연구소), 이용자의 유형(아동, 성인), 형태 또는 종류(단행본, 연속간행물, 참고자료, 소설, 마이크로자료, 온라인자료, 신문) 또는 출판사의 유형(상업출판사, 학술출판사, 작은 출판사)으로 배정하기도 한다. 대규모 도서관은 더욱 세분할 수 있다. 예를 들어, 대규모 공공도서관에서 어린이 자료 구입을 위해 배정된 예산에서 비소설, 소설, 그림책, 비디오 등으로 세분하여 배정할 수 있다. 이렇게 예산 배분은 도서관의 조직구조, 봉사대상 지역사회 및 장서개발 정책을 반영하는 것이다. 선택 담당자는 하나 이상의 라인항목에 책임을 진다. 항목 예산을 자세히 세분하면 담당자의 책임성을 높이고 예산 보고에 편리를 도모할 수 있다.

　라인항목예산이 불리한 점은 도서관의 외부인들에게 감시의 빌미를 쉽게 제공한다는 것이다. 라인항목예산은 도서관의 목적과 모기관의 목적을 간명하게 일치시킬 수 있으나 정치적 민감성은 높아진다. 시민, 교

---

22) Wiemers, "Budget," 68~69.

사, 연구자, 교수진은 자금 배분시 라인항목을 재빨리 식별할 수 있으므로 도서관이 한 부문에 많은 자금을 배분할 경우 의문을 제기할 것이다. 이렇게 되면 신규 역점 항목의 추가 및 기존 항목의 변경이 어려울 수 있다. 매우 세분된 라인 항목예산은 도서관들이 회계연도 내에서 남거나 부족한 항목간 자금전용을 할 수 있는 여지는 있지만 유연성이 제한될 수 있다.

복수의 자금원을 이용하지 않는 도서관이라도 연간 예산은 전통적으로 임의 배분가능 예산과 그렇지 않은 예산으로 구분된다. 임의 구입은 아이템별로 개별 주문서를 내는 것이고, 비임의 구입은 개별 주문서를 작성하지 않고 특수 계약에 의거 일상적, 자동적으로 자료를 구입하는 방법이다. 승인플랜Approval plan을 운영하는 도서관은 별도 자금을 할당하는데, 이는 자료의 개별적 선택과정이 없이 승인플랜을 통해 들어오는 자료의 구입비를 감당하기 위한 것이다.

최근 연속간행물 가격의 급격한 상승으로 연속간행물 구입비와 단행본 구입비간 기존 배분비율을 유지하기가 어렵게 되었다. 연속간행물 가격 상승에 따라 많은 도서관들은 기존 간행물의 유지 또는 구독취소를 최소화하기 위해 단행본 및 기타 임의 구입비를 감축해왔다. 연속간행물 대 단행본의 비율유지는 매우 중요하다. 도서관의 장서수집 목적이 이러한 비율 유지에 영향을 주지만 대학도서관에서의 일반적 관행은 연속간행물에 자료 예산의 30~70%를 배분한다. 공공 및 학교도서관은 일반적으로 50 : 50의 비율을 유지한다. 전문도서관들은 예산의 80% 가량을 연속간행물에 지출하는 것을 목표로 삼기도 한다. 도서관들은 전자자원의 구독에도 이러한 비율을 지침으로 활용한다.

전자자원 예산 Budgeting for Electronic Resources

전자자원은 도서관 예산에 여러 가지 도전적 문제를 제기하고 있다. 접근 계약의 고비용 및 전자자원의 예산 비율 증가, 지불조건의 복잡다양성, 인쇄물 등 전통적 자료와 무관한 보정판 비용, 옵션간의 비용 편익 분석의 어려움, 자본으로서의 장서 비용이 접근권leasing access이라는 소모성 비용으로 전환되는 문제, 공급자의 패키지에서는 개별 잡지에 대한 비용 산정이 불가능한 점 등이다. 전자자원에 배정되는 예산은 계속 증가하고 있으며, 이러한 전자자원 계획은 매우 주의 깊고 신중하게 수립해야 한다. 미국 연구도서관그룹 산하 도서관들(ARL member libraries)은 2002/3년의 전자자원 예산은 매년 평균 25%를 점유하였고 10년 전인 1992/93년보다 8배 증가했다고 밝힌바 있다.[23] 이러한 점유비는 전자저널 및 전자책에 대한 자금으로 직결되고 인쇄자료의 감축으로 이어져 결과적으로 도서관 수서예산 운영에 중대한 영향을 미치고 있다.

1990년대 중반까지 도서관이 취득하는 거의 모든 자산은 물리적 자원으로서 부서질 수 있는 장서tangible collection로 쌓이고 있었다. 이러한 자료들은 자본적 지출을 위한 비용으로 구성되었다. 즉 도서관장서는 고정자산으로서 시간이 지나면 대학에서나 지역사회에서 가장 소중한 자산이 될 수 있었다. 도서관장서는 잘만 보존 유지된다면 다른 자본과는 달리 가치가 증대되는 것으로 여겨졌다. 도서관의 연차 재정보고서에는 도서관이 장기 자본으로서 배분받은 비용과 장서가치의 증가 사이에 직접적 연관성을 보여주었다. 원격 자원의 접근권한을 구입하는 것 혹은 임

23) Mark Young and Martha Kyrillidou, comps., "ARL Supplementary Statistics 2002 - 03" (Washington, D.C.: Association of Research Libraries, 2004), www.arl.org/bm~doc/sup03.pdf.

대차 계약 기간이 종료되면 반환해야 하는 임대 제품을 구입하는 것은 자본적 지출이 아니다. 따라서 도서관과 그 모 기관들은 투자 회수 문제에 있어서 대 변화를 경험하는 중이다. 도서관 자료에 배정된 예산은 도서관의 자본 가치를 과거와 같은 정도로 증가시킬 수 없게 되었다. 장서 담당 사서들은 이러한 추세를 깨달아야 하며, 자료 접근성 향상과 이용자 만족을 위해서는 비용절감 및 전통적 장서가치의 감소라는 2가지 문제가 왜 발생하는지를 적절히 설명할 수 있어야 한다.

예산 배분 Allocating the Budget

예산 배분의 방법은 배분 공식을 이용하는 방법과 전통적 방식을 이용하는 방법이 있다. 배분 공식은 공급과 수요 요소에 기초하여 만들어진 것이다.[24] 공급 요소로는 주제 분야별 자료의 출판비 및 자료의 가격을 감안한 것이다. 수요 요소로는 학생수, 교원수, 교수수, 교육과정수, 등록된 학생수, 상호 대차 실시 여부 등이다. 또한 기관과 지역사회의 역점 우선순위 및 기타의 요소가 중요한 요인이 되기도 한다. 예를 들면, 박사과정 학생 수는 공식에서 그들의 특수한 수요를 감안, 학부 학생 수의 3배를 배정한다. 공공도서관은 각기 다양한 이용자 그룹에 대한 예산 배분 방식으로 가시적인 통계데이터를 고려할 수 있다. 대학도서관에서는 또 다른 예산 배분 공식으로 비율배분 방식을 사용할 수 있다. 비율에 기

---

24) Charles B. Lowry, in "Reconciling Pragmatism, Equity, and Need in the Formula Allocation of Book and Serial Funds," College and Research Libraries 53, no. 2 (1992):121 - 38, offers an overview of formulas, including their limits as allocation tools.

초하는 방식은 대학 전체의 학과 및 프로그램에 배정된 수서예산을 각 학과에 동등하게 배분하는 것이다.[25] 이 방법은 간단해서 좋지만 자료의 다양한 형태, 출판물 생산량, 각기 다른 주제 분야의 자료 가격을 고려할 수 없는 것이 단점이다.

공식을 적용하면 예산 배분에 대한 설명력이 높아지고 도서관 이용자의 높은 관심에도 근접할 수 있으며, 예산을 널리 공개하는 데도 유용하게 쓰일 수 있다. 공식은 이용자의 변화에 순응하여 자금을 빠르게 전환할 수 있다. 예를 들면 프로그램의 신설과 취소, 소규모 사업 지원을 위한 새로운 강조점의 변화 등을 반영할 수 있는 것이다. 공식은 현장 데이터의 필요성 및 복잡성 때문에 거추장스러울 수도 있다. 공식에 입각한 자금 배분은 대개 전문가적 판단에 따라 또는 수량화 할 수 없는 지역적인 요인에 따라 어느 정도 보완 조정할 수 있다.

예산 배분의 또 다른 방법은 흔히 사용되고 있는 역사적 방법이다. 중견 장서개발담당자 및 도서관장은 선택담당자들과 모 기관으로부터 정보를 수집하고 이러한 정보에 입각하여 역사적 관례에 따라 자금을 배분, 조정한다. 장서개발 담당자는 예산 배분 공식에서 사용되는 같은 요소들을 고려하면서도 모 기관, 이용자 사회, 도서관의 장기 목적에 대하여 그들이 쌓아온 지식을 유연하게in a less rigid manner 활용한다. 이 방법의 장점은 모기관의 변화와 예측 불가능한 영향 요인을 줄일 수 있다는 것이다.

---

25) Wanda V. Dole, "PBA: A Statistics-Based Method to Allocate Library Materials Budgets," in Statistics in Practice: Measuring and Managing: Proceedings of the IFLA Satellite Conference, Loughborough, August 2002, ed. Claire Creaser, 98‑115 (Loughborough, Leicestershire: Library and Information Statistics Unit, Department of Information Science, Loughborough University, 2003).

예산모델은 전자자원에 대한 배분 방법 및 자금집행의 책임에 따라 다양하다. 어떤 도서관은 모든 전자자원에 대하여 중앙 집중적 단일 자금라인을 운영한다. 이 방법은 1인 혹은 소수 선택 담당자가 근무하는 도서관에서 찾아볼 수 있다. 단일 자금집행 라인은 도서관 조직에서 전자자원의 우선순위를 강화하고 비용 집행을 손쉽게 하지만, 다른 자료의 선택 및 장서관리업무와는 분리된다. 또 다른 모델은 모든 자금을 주제별로 배분하는 방법인데, 이는 개별 선택담당자가 전통적 도서관 자료의 자금을 관리하면서 전자자원의 자금도 함께 관리하는 것이다. 선택담당자는 다른 선택담당자들과 자금을 통합 운영하면서 서로 협력하여 자료를 구입하지만 중앙에서는 자료에 대한 자금을 지원하지 않는다. 도서관 전체적 성격의 자료(일반정기간행물 색인 및 이와 연관된 텍스트 파일, 백과사전, 대행사가 제공하는 패키지)에 대해서는 도서관 전체의 이익을 위해 자금을 본부에 남겨두고, 각 주제 분야에는 극히 세부적인 주제에 대한 자료 구입 자금을 배분한다. 만일 전자 저널이 대행사 또는 출판사 패키지에 포함되어 있을 경우 장서개발사서들 및 도서관 회계부서 직원들은 이들 개별 자료의 비용을 분리 처리할 수 없게 된다. 이상적인 것은 자금관리의 책임을 선택 책임 및 장서관리 업무 책임과 일치시키는 정책이다.

대부분의 도서관들은 얼마간의 예비비를 운영하는데 이는 보통 장서개발책임자, 도서관장, 도서관위원회가 관리한다. 이 자금은 예상하지 못한 수요, 대형서적이나 고가서적 구입, 예측 불허의 이용자 요구 변동에 균형을 맞추기 위해 사용될 수 있다. 예비비는 도서관 자료 예산의 5~10%를 유지하는 것이 보통이다.

장서관리예산의 배분 및 운영은 모 기관의 재정 및 회계처리 요건에 맞추어 지혜롭게 의사결정을 해야 한다. 대부분의 비영리 조직들은 도서관 밖의 의사결정기구가 정한 규정, 제한사항, 한도 등에 따라, 또는 기부자가 정한 세부적 목표에 맞게 회계 계정을 운영하고 보고절차를 지켜야 한다. 예를 들면 운영예산을 자료예산으로 또는 자료예산을 컴퓨터 장비 구입이나 원격 자원 접근을 위한 데이터베이스 예산으로 전용할 수 없다. 비록 많은 도서관들이 회계직원을 두거나 모기관의 회계 조직에 의존하고 있더라도 선택담당사서는 회계규정, 제한사항, 한계점 등을 잘 이해하고 있어야 한다.

일단 장서예산이 배분되면 반드시 사용해야 한다. 예산의 집행은 계획에서 정한 일을 진행하는 과정으로서 예산집행 결과 모기관이나 감독기관에 운영보고를 할 수 있다. 도서관들은 예산사용실적을 가지고 선택사서와 도서관의 성과를 전체적으로 평가한다. 예를 들면 모 기관은 다양한 목적을 가지고 있다. 도서관은 다문화 인구를 지원하기 위해 일정 수량의 자료 구입 목표를 설정할 것이다. 도서관은 예산집행 실적을 통해 이러한 목적의 진행상황을 보고할 수 있다. 예산집행보고는 또 기부자에 대한 감사표시 전달 및 집행실적 보고에도 활용된다.

대부분의 도서관들은 회계연도 중 또는 회계연도 말 집행 목표 대 미집행 상황을 분석한다. 현금계정을 운영하는 기관들은 회계연도 말까지 모든 자금을 사용할 것을 요구하고, 불용자금의 다음연도 이월을 허용하지 않는다. 몇몇 현금계정을 운용하는 기관들은 자료 주문 및 검수 시점에서 대금을 지불할 수 있도록 계정에 남아 있는 미집행금액의 이월을 허용 한다. 발생회계 시스템the accrual system of accounting에서는 불용자금 및 가외 수입금을 다음연도로 이월하여 배분할 수 있도록 한다. 도서관 및 모기관은 현금 잉여금 발생을 꺼려하는데, 이를 잉여자금이라 부르며, 도서관 또는 특별예산라인으로 과잉 공급된 자금을 넘길 수 있다.

<표 3-1>은 도서관 불용자금 처리의 흐름을 보여주는 예산 순환 사이클이다.

〈표 3-1〉 예산관리순환 사이클

July	**Fiscal Year Closeout / New Year Startup** • Open and partial orders and funds are rolled over for new fiscal year cycle. • Preliminary allocations are made and selectors are advised to begin ordering, assuming they have 60% of previous year's allocation (all funds and endowments) and carryover and unexpended gift funds from previous year. • Administration notifies libraries about new general funds available for collections. • First half-year payment made to vendor to ensure approval plan discount.
August	**New Fiscal Year Allocation Planning** • Library Budget Advisory Group meets to determine distribution of general funds. • Selectors are advised if serial cancellations required. • Head of Collection Unit, in consultation with Collection Development Advisory Group, determines subject and collection allocations.
September	• End-of-fiscal-year documentation is prepared for selectors, including summaries of allocations, outstanding encumbrances, and expenditures by category. • Balance of current FY funds (new general funds and endowment funds) is allocated to subject and collection fund lines. • Serial title cancellations are due to Serials Department. • Selectors submit special purchase requests to the assistant dean, collections.
November	• General monographic funds should be 66% committed.
January	• General monographic funds should be 85% committed. • All non - U.S. source orders should be submitted by January 31. • Second half year payment is made to vendor to ensure approval plan discount.
March	• March 15: Deadline for submitting monographic orders (should be 100% committed). • March 31: Uncommitted general funds are pooled for special purchases.
April	• Research purchase requests are solicited, final decisions made, and orders placed.
June	• June 30: Endowment funds should be fully committed.

이 자료는 미국도서관협회 홈페이지에서 손쉽게 다운로드 받을 수 있음(www.ala.org/editions/extras/Johnson09720.)

<표 3-2>는 크게 3가지 주제 분야에서 책의 타이틀에 따라, 그리고 미리 정해놓은 범주(정기간행물, 전자 저널 라이선스 포함)에 따라 배분된 한 대학도서관의 회계연도 중반 재정 상태를 나타낸 것이다. 이 도서관은 승인플랜을 시행하지 않는다. 정해진 모든 자금이 회계연도 중간 시점

<표 3-2> 예산보고 사례 Sample of budget report

	Initial Allocation	Encumbrances	Expenditures	Free Balance	% Remaining
Fund Line	7/1/2007	12/31/2007	12/31/2007	12/31/2007	12/31/2007
Humanities					
Discretionary	$100,000	$60,000	$25,000	$15,000	15
Nondiscretionary	150,000	0	130,000	20,000	13
Social Sciences					
Discretionary	75,000	15,750	12,750	46,500	62
Nondiscretionary	175,000	0	170,000	5,000	3
Sciences					
Discretionary	100,000	25,000	25,000	50,000	50
Nondiscretionary	400,000	0	390,000	10,000	3
Contingency	25,000	0	0	25,000	100

에서 절반(주문 중 또는 수서완료된 것을 포함) 정도 사용된 것을 알 수 있다. 인문학분야의 예산은 회계연도 하반기에 15% 정도만 남아 있다. 사회 과학분야 예산은 62%가 남아 있다. 그러나 연속간행물 예산은 사용 자금이 없는 것으로 나타나는데 이 자금은 당초에 배정은 되었지만 그 기간 중에 주문이 성립되지 않았기 때문이다. 왜냐하면 연속간행물 및 전자 저널 인보이스는 가을(책력 연도가 시작되기 전)에 주문을 하기 때문이다. 예비비는 손대지 않은 상태이며 특별한 구매 수요가 발생할 경우 사용할 수 있다.

도서관들은 보통 주문한 날짜와 청구서 접수 및 대금 지불 날짜 사이에 상당한 시간 간격이 있음을 경험한다. 대규모 도서관에서는 이러한 시간 간격이 평균 90일정도 된다. 아주 특별한 자료의 경우에는 주문과 접수 사이의 기간이 1년이 걸리기도 한다. 선택담당자들은 자료를 받고 대금을 지불해본 경험에 근거하여 자금 사용의 목표 시점을 정해둔다. 이를 위한 가장 간단한 방법은 회계연도 말 그리고 자료의 접수 및 지불이 예상되는 마지막 날짜를 따져 보는 것이다. 도서관의 예산 집행 진행 과정을 체크하여 소요시간을 정하는 것은 매우 중요한 일이다. 출판 량은 해마다 매우 다를 수 있다. 도서관은 이러한 변화에 적응하면서 회계연도 말까지 사용할 소요자금을 년도 중반에 미리 조정해 둘 필요성이 있다.

대부분의 기관에서는 장서업무를 선택, 수서, 회계 분야로 구분한다. 도서관의 규모에 따라서 3명의 직원 또는 3개의 부서를 둘 수 있다. 큰 수서부서 내에서는 세부 담당이 각기 주문 및 검수를 따로 할 수 있다. 소규모 도서관에서는 한 사람이 그 모든 기능을 수행한다. 어느 경우든지 이 3가지 기능은 분명하게 구별하여 착오나 부정을 예방해야 한다. 이 기능을 잘 수행함으로써 감사도 성공적으로 받을 수 있다. 감사는 보통 도서관 외부기관에서 정기적으로 나오는데 주로 회계 기록을 검토한다. 감사는 회계기록이 정확하고 적절한지, 도서관이 조직의 일반 회계 규정과 절차를 준수했는지, 각 단위별로 효과적으로 운영되고 있는지를 밝혀낸다.

직원들은 자료 예산을 관리할 책임이 있다. 선택담당자는 자기에게 배분된 예산을 모니터하여 본인에게 할당된 목표 및 조직의 목적에 따라 집행되고 있는지를 확인할 책임이 있다. 장서관리책임자 기타 자료예산에 전반적 책임을 맡고 있는 사서는 집행되고 있는 전체 예산을 모니터하여 필요하다면 직원 각자의 목표 및 도서관의 목적에 따라 불용 자금을 재 배분할 수 있다. 이들은 예산이 도서관의 계획에 따라 적절히 집행되고 있는지를 확인할 책임이 있다. 도서관이나 조직의 재정 담당자는 예산집행 및 지불이 정확하게 기록되고 있는지 전체적 절차를 통괄 관리한다. 만일 어떤 자금을 다음 년도로 이월해야 할 경우 재정담당자는 그 절차를 검토하고 과정을 모니터해야 한다. 재정담당자는 년도 말 보고서를 준비하게 되는데, 이는 자금사용의 집행 리스트와 미지급 내용을 나타낸다. 장서개발담당자는 이 보고서를 활용하여 목적 달성 여부를 파악하고, 다음연도 예산 배분 신청에 반영하게 된다.

학교도서관 미디어전문가는 연말에 도서, 정기간행물, 오디오 비디오 자료, 온라인 자료로 구분하여 학생 1인당 비용을 산출, 연간예산 보고를 할 수 있다. 나아가 학교도서관 미디어전문가는 이 자료로 시간 경과에 따른 예산 변동 사항을 파악할 수 있고, 유사한 도서관(주 전체 또는 전국적으로)의 예산 배정실태와 비교해 볼 수 있으며, 지방의 예산 배분 실태와 출판시장의 변화 동향을 관찰할 수 있다. 이러한 기본 자료를 활용함으로써 학교도서관 미디어전문가는 지역 교육구의 예산 계획 과정에서 그 역할을 원활히 할 수 있는 것이다.

요약 Summary

도서관의 공식적, 체계적인 계획수립은 조직 및 개인의 양 측면이 있다. 도서관의 환경과 사명을 분석하여 계획을 수립하는 것은 의사결정의 질적 수준을 높여준다. 바꾸어 말하면, 도서관은 도서관이 추구하는 바람직한 미래와 그러한 미래를 달성하는 데 이용할 수 있는 자원을 어떻게 확보할 것인가에 대하여 보다 잘 이해하게 된다. 체계적인 계획은 특수 상황 또는 모 기관의 요구사항에 따라 하나 이상의 모델을 따를 수 있다. 환경 변화를 이해하고 대응하며 지속적으로 수정 보완하는 전략계획은 일반적으로 적용할 수 있는 계획모델이 되고 있다. 계획의 과정은 사서들이 도서관의 사명과 목적을 잘 이해함으로써 시작된다. 계획은 또한 도서관이 이러한 목적에 도달하기 위해 설계한 바람직한 목적과 목표의 구성 틀을 알려준다. 이는 도서관의 이용자 및 모 기관으로 하여금 도서관의 재정자원을 측정할 수 있는 근거를 제시해준다. 기획은 시간 소모적인 일이지만 성공적인 미래를 도모하는 점에서 그 중요성이 부각된다.

장서개발정책은 하나의 중요계획으로서 그 목적은 도서관 정보의 제공과 외부 압력에 대한 도서관의 보호에 있다. 정책은 현존 장서 범위를 규정하고 도서관의 목적을 달성하기 위한 장서의 목적을 규정하며, 모 기관의 사명을 도서관의 사명과 융합시키고, 현재와 미래 이용자의 요구를 인식할 수 있게 한다. 정책은 외부의 압력으로부터 지적 자유를 수호하고 검열을 방지하는 하나의 수단이 된다. 정책의 수혜자는 도서관 직원, 이용자, 도서관 관리 행정 조직이라 할 수 있다.

정책의 형식, 내용, 스타일은 정책 이용자들의 입장에서 선택해야 한다. 개조식Classed analysis, 서술식narrative, 혹은 이 두 가지를 혼합한 형식이 가장 많이 쓰인다. 대부분의 정책은 이용자 사회의 정보, 이용자 사회를 만족시키는 데 있어서의 제한점, 도서관 및 장서에 대한 전체적인 개관, 업무협력 및 조정에 관한 사항, 장서개발 관리를 결정하는 전반적인 방법, 정책 일반 사항, 가이드라인, 평가기준 등을 다룬다. 대규모 도서관의 정책은 특수 형태의 자료, 장르, 주제, 그리고 세부 갈래 등을 상세히 기술한다. 모든 정책은 분명, 간결하게 작성해야 한다. 장서정책은 장서 예산의 출처, 장서관리 의사결정 방법을 쉽게—시민의 목소리로—기술한다. 가장 효과적인 정책은 이론적 근거위에서 사실적으로 기술된 문서다. 장서개발정책의 중요성과 가치는 도서관의 모든 의사결정에 하나의 맥락을 형성해 준다는 점이다.

장서 예산은 계획의 과정 및 효과성을 추적하는 메커니즘의 중요한 부분이라 할 수 있다. 좋은 장서 예산은 모 기관의 목적을 잘 반영한다. 장서 예산은 구체적인 회계기간 동안 도서관의 목적을 실행하는 진행과정을 보여주는 메커니즘이다. 장서정책과 예산은 장서의 개발과 관리 정보를 알려주는 하나의 기획과정이다.

사례연구 Case Study

월넛Walnut공공도서관은 중서부의 작은 도시에 위치하며 봉사 대상 인구는 5,500명으로 매년 약 2%정도 증가하고 있다. 이중 20세 이하의 청소년 인구는 12%, 60세 이상 노인 인구는 18%이다. 도서관 통계에 의하면 전년도 적극적 이용자는 3,680명, 대출은 연 30,546명으로 나타났다. 월넛공공도서관은 그 지역 8개의 공공도서관 가운데 하나로서 종합온라인목록을 공유하고 주당 2회 도서관간 상호대차 서비스를 시행한다. 장서는 23,726권, 비디오자료 646건, 오디오자료 44건이며, 신간 예약 자료는 80건이다. 장서 가운데 약 3분의 2가 일반용, 나머지는 청소년 자료이다. 일반장서는 소설과 비소설이 거의 같은 비율로 구성되고, 청소년자료는 3분의 1이 비소설, 3분의 2가 소설이다. 3대의 터미널에서 종합 목록 및 인터넷에 접속할 수 있다.

지역 도서관시스템을 통한 현장 이용자들은 OCLC's WorldCat and Infotrac SearchBank에 접속할 수 있다. 온라인 자원의 연간 접근 경비는 자료예산과 별도로 책정되고 운영비의 일부로 간주된다. 상근 전문사서인 Marguerite은 6명으로 구성된 도서관 위원회에 업무를 보고하며 도서관을 관리한다. 또 도서관 관련 학위가 없는 직원 2.5명이 상근하고 있다. 그 가운데 Virginia는 어린이프로그램과 자료의 선택을 맡고 있다. Marguerite은 그 밖의 모든 자료를 선택한다. 현재 연간 자료예산은 $9,850달러이다.

과제활동 Activity

월넛공공도서관의 예산계획을 작성하고, 자료예산을 배분해 보라. 자금 비목의 형식과 명칭을 정하여 각 비목에 달러 금액으로 비용을 배분하라. 공공도서관 자료의 가격 동향을 조사하여 근거 서류를 만들고, 관계자에게 제출할 다음연도 예산 제안서를 만들어 제시하라. 어떤 부분에서 예산이 증액되어야 하는지 지적하고 그 이유를 설명해 보라.

참고: 이 책의 초판에서도 사례연구를 제시하였으며, 정책, 기획, 예산에 관하여 토론하도록 했다. 이에 관한 자료는 미국도서관협회 홈페이지에서 활용할 수 있다.(www.ala.org/editions/extras/Johnson09720)

참고문헌 Suggested Readings

Anjejo, Rose. "Collection Development Policies for Small Libraries." PNLA Quarterly 70, no. 2 (2006): 12 - 16.

Arora, Anish, and Diego Klabjan. "A Model for Budget Allocation in Multi-Unit Libraries." Library Collections, Acquisitions, and Technical Services 26, no. 4 (2002): 423 - 38.

Bodi, Sonia, and Katie Maier-O'Shea. "The Library of Babel: Making Sense of Collection Management in a Postmodern World." Journal of Academic Librarianship 31, no. 2 (2005): 143 - 50.

Bryson, John M. Strategic Planning for Public and Nonprofit Organizations: A Guide to Strengthening and Sustaining Organizational Achievement. 3rd ed. San Francisco: Jossey-Bass, 2004.

Canepi, Kitti. "Fund Allocation Formula Analysis: Determining Elements for Best Practices in Libraries." Library Collections, Acquisitions, and Technical Services 31, no.1 (2007): 12 - 24.

Carter, Betty. "Leading Forward by Looking Backward." Library Media Connection 25, no. 4 (2007): 16 - 20.

Clayton, Peter. "Managing the Acquisitions Budget: A Practical Perspective." Bottom Line 14, no. 3 (2001): 145 - 51.

Clendenning, Lynda Fuller, J. Kay Martin, and Gail McKenzie. "Secrets for Managing Materials Budget Allocations: A Brief Guide for Collection Managers." Library Collections, Acquisitions, and Technical Services 29, no. 1 (2005): 99 - 108.

Corrigan, Andy. "The Collecting Policy Reborn: A Practical Application of Web-Based Documentation." Collection Building 24, no. 2 (2005): 65 - 69.

Debowski, Shelda, "Collection Program Funding Management." In Collection Management for School Libraries, edited by Joy McGregor, Ken Dillon, and James Henri, 281 - 306. Lanham, Md.: Scarecrow, 2003.

_____. "Policies for Collection Management." In Collection Management for School Libraries, edited by Joy McGregor, Ken Dillon, and James Henri, 109 - 34. Lanham, Md.: Scarecrow, 2003.

Evans, G. Edward, Patricia Layzell Ward, and Bendik Rugaas. "The Planning Process." In

Management Basics for Information Professionals, 161 – 90. New York: Neal-Schuman, 2000.

Friend, Frederick J. "Policy: Politics, Powers and People." In Collection Management, edited by G. E. Gorman, 45 – 58. International Yearbook of Library and Information Management, 2000 – 2001. London: Library Association Publishing, 2000.

Gerding, Stephanie K., and Pamela H. MacKellar. Grants for Libraries: A ow-to-Do-It Manual. How-to-Do-It Manuals for Librarians no. 144. New York: Neal-Schuman, 2006.

German, Lisa, et al., eds. Guide to the Management of the Information Resources Budget. Collection Management and Development Guides no.9. Lanham, Md.: Scarecrow and the Association for Library Collections and Technical Services, 2001.

Hall-Ellis, Sylvia D., and Ann Jerabek. Grants for School Libraries. Westport, Conn.: Libraries Unlimited, 2003.

Hallam, Arlita, and Teresa R. Dalston. Managing Budgets and Finances: A How-to-Do-It Manual for Librarian and Information Professionals. How-to-Do-It Manuals for Librarians no. 138. New York: Neal-Schuman, 2005.

Hennen, Thomas J. Hennen's Public Library Planner: A Manual and Interactive CD-ROM. New York: Neal-Schuman, 2004.

Hoffmann, Frank W., and Richard J. Wood. Library Collection Development Policies: School Libraries and Learning Resource Centers. Good Policy Good Practice no. 2. Lanham, Md.: Scarecrow, 2007.

Hughes-Hassell, Sandra, and Jacqueline C. Mancall. "Budgeting for Maximum Impact on Learning." In Collection Management for Youth: Responding to the Needs of Learners, 52 – 65. Chicago: American Library Association, 2004.

_____. "Policy as the Foundation for the Collection." In Collection Management for Youth: Responding to the Needs of Learners, 19 – 32. Chicago: American Library Association, 2004.

International Federation of Library Associations and Organizations, Section on Acquisition and Collection Development. Guidelines for a Collection Development Policy Using the Conspectus Model. The Hague: IFLA, 2001.

Lankford, Ronald D. Book Banning. Detroit: Greenhaven, 2008.

Linn, Mott. "Budget Systems Used in Allocating Resources to Libraries." Bottom Line 20, no. 1 (2007): 20 – 29.

Mack, Daniel C. Collection Development Policies: New Directions for Changing Collections.

Binghamton, N.Y.: Haworth, 2004.

Maple, Amanda, and Jean Morrow. Guide to Writing Collection Development Policies for Music. Technical Reports Series no. 26. Lanham, Md.: Scarecrow and the Music Library Association, 2001.

Matthews, Joseph R. Strategic Planning and Management for Library Managers. Westport, Conn.: Libraries Unlimited, 2005.

Mesling, Cris Fowler. "Collection Development Policies in Community College Libraries." Community and Junior College Libraries 11, no. 2 (2003): 73 – 88.

Nelson, Sandra, for the Public Library Association. Strategic Planning for Results. PLA Results Series. Chicago: American Library Association, 2008.

Nelson, Sandra, and June Garcia. Creating Policies for Results: From Chaos to Clarity. Chicago: American Library Association, 2003.

Packer, Donna. "Acquisitions Allocations: Equity, Politics, and Bundled Pricing." portal: Libraries and the Academy 1, no. 3 (2001): 209 – 24.

Scholtz, James C. "Developing Video Collection Development Policies to Accommodate Existing and New Technologies." In Video Collection Development in Multi-Type Libraries: A Handbook, 2nd ed., edited by Gary P. Handman, 245 – 76. New York: Greenwood, 2002.

Smith, A. Arro, and Stephanie Langenkamp. "Indexed Collection Budget Allocations: A Tool for Quantitative Collection Development Based on Circulation." Public Libraries 46, no. 5 (2007): 50 – 54.

Smith, G. Stevenson. Managerial Accounting for Libraries and Other Not-for-Profit Organizations. 2nd ed. Chicago: American Library Association, 2002.

Smyth, Elaine B. "A Practical Approach to Writing a Collection Development Policy." Rare Book and Manuscripts Librarianship 14, no. 1 (1999): 27 – 31.

Snyder, Herbert. Small Change, Big Problems: Detecting and Preventing Financial Misconduct in Your Library. Chicago: American Library Association, 2006.

"Spending Smart: How to Budget and Finance." (Special section) Book Report 21, no. 1(2002): 6 – 24.

Steele, Victoria, and Stephen D. Elder. Becoming a Fundraiser: The Principles and Practice of Library Development. Chicago: American Library Association, 2000.

Stephens, Annabel K. "The Public Library Planning Process: Its Impact on Collection Development Policies and Practices." In Public Library Collection Development in the Information Age, edited by Annabel K. Stephens, 15 - 23. New York: Haworth, 1998.

Truck, Lorna. "Plain English Collection Budgets: A Collection Plan for Public Libraries." Bottom Line 15, no. 4 (2002): 167 - 73.

Turner, Anne M. Managing Money: A Guide for Librarians. Jefferson, N.C.: McFarland, 2007.

Walters, William. "A Regression-Based Approach to Library Fund Allocation." Library Resources and Technical Services 51, no. 4 (2007): 263 - 78.

4

장서의 개발

Developing Collections

　본 장에서는 실물 장서와 온라인 장서의 개발 및 구성에 대하여 살펴
본다. 이 일은 일찍이 "선택"이라고 불러왔다. 사서가 장서개발과 관리의
목적을 실행하려 할 때는 언제나 두 가지 이상의 옵션을 놓고 선택하게
된다. Dennis Carrigan은 "장서개발의 요체는 선택이다"라고 말한 바 있
다.[1] 본 장은 자료의 유형을 정의하는 다양한 측면을 소개하고, 선택과
정, 선택조건, 선택도구, 수서과정에서의 상호작용, 수서옵션, 다양한 이
용자 집단과 대체 문헌 그리고 검열 및 지적 자유의 문제를 논의할 것이
다.

출판물의 세계화 Universe of Published Materials

　매년 수많은 자료들이 출판되고 있으므로 자료 선택은 매우 어려운 일
처럼 생각된다. 전 세계적으로 출판량은 해마다 증가하고 있다. 1999년

---

1) Dennis P. Carrigan, "Librarians and the 'Dismal Science,'" *Library Journal* 113 (June 15, 1988): 22.

유네스코 통계연감UNESO Statistical Yearbook에 따르면 1996년 한 해 동안 전 세계적으로 양장본, 지장본 등 상업출판물이 90만 건 이상 발행된 것으로 나타났다.[2] UNESCO는 그 뒤 최신정보를 내놓지 않았지만 어떤 연구자는 이제 전 세계의 출판량은 100만종 이상일 것으로 추정하고 있다.[3] Bowker출판사는 2007년 미국의 서적 생산량은 276,649건으로 2006년의 274,416건에 비해 약간 증가했다고 보고했다.[4] 정기간행물 역시 계속해서 증가하고 있다. 2008년 1월 Bowker사의 Ulrich 웹사이트 Bowker's Ulrichsweb.com(www.ulrichsweb.com/urichsweb/)에 의하면 전 세계적으로 약 30만 건 이상의 학술지(오픈 액세스 출판물을 포함한 사독잡지査讀雜誌), 대중잡지, 신문, 뉴스레터, 기타 정기간행물이 발간되는 것으로 나타났다.

사서들은 방대한 출판량뿐 아니라 출판물의 가격 상승에도 어려움을 겪고 있다. 자료의 가격은 20년 이상 계속 물가상승률을 훨씬 앞질러 증가해왔으며, 거의 모든 도서관의 자료 예산을 초과하였다. 2005년과 2006년 사이에, 소비자 물가지수(CPI)는 2.5% 증가하였고, 미국 정기간행물의 평균 가격은 7.3% 증가했다. 또 2005년의 소비자물가지수 증가율은 3.4%인데 비해 북미지역 학술도서academic books의 평균 가격은 2004년보다 6.4% 증가하였다. 같은 기간 동안 양장본의 가격은 9.87% 증가했고, 지장본 가격도 2.3% 증가하였다.[5] 사서들은 이러한 상황에서 계속

---

2) UNESCO Statistical Yearbook (Paris: UNESCO, 1999).

3) Brian F. Lavoie and Roger C. Schonfeld, "Books without Boundaries: A Brief Tour of the System-wide Print Book Collection," Journal of Electronic Publishing 9, no. 2 (2006), http://quod.lib.umich.edu/cgi/t/text/text-idx?c=jep;view=text;rgn=main;idno=3336451.0009.208.

4) Bowker, "Bowker Reports U.S. Book Production Flat in 2007" (May 28, 2008), www.bowker.com/index.php/press-releases/526?task+view.

5) Janet Belanger Morrow, "Prices of U.S. and Foreign Published Materials," in The Bowker Annual: Library and Book Trade Almanac, 52nd ed., ed. Dave Bogart (Providence, N.J.: Bowker, 2007): 467.

선택을 해야 하므로 큰 어려움을 겪고 있다.

자료의 선택과 관리를 쉽게 하기 위해서는 전체 출판물을 몇 개의 범주로 나눌 필요가 있다. 대규모 도서관은 각 범주에 대한 업무책임을 직원들에게 배분할 것이다. 어떤 범주 구분은 지속적으로 사용되고 있으며, 중복되는 부분도 있을 수 있다. 자료의 형태 구분은 매우 전형적인 범주구분이다. 예를 들면, 인쇄본, 마이크로형태, 비디오, 오디오, 전자 자원을 구분하는 것과 같다. 형태 범주에 따라 도서관에서 자료를 다루는 방법도 달라진다. 즉 누가 목록작업을 할 것인지, 마크는 어떻게 표기할 것인지how it is marked, 어떻게 비치, 보존할 것인지, 대출 가능 여부 등이 각기 다르다. 또 다른 형태로서는 지도, 슬라이드, 사진, 지구본, 키트, 모형, 게임, 필사본, 보존문서, 실물자료 등이 있다.

자료의 유형에 있어 장르는 형태와 일치하지 않는 것이 보통이다. 같은 장르 안에서도 단행본, 총서, 만화, 애니메이션, 잡지, 논문, 악보, 신문, 소프트웨어 응용 프로그램, 수치 데이터, 전시회 카탈로그, 팜플렛, 소설, 희곡, 매뉴얼, 웹사이트, 백과사전, 단명자료, 회색문헌, 색인초록, 디렉토리, 학술잡지, 대중잡지, 교과서, 정부간행물 등이 있다. 단일한 장르라도 다양한 형태로 나올 수 있다. 예를 들면 시리즈물은 인쇄본, 마이크로형태, 디지털 형태로 수서할 수 있다.

자료는 주제에 따라 범주를 구분할 수 있다. 이것은 넓게 broad divisions(인문학, 사회과학, 자연과학)으로, 좁게는 narrower(문학, 사회학, 기술공학), 또는 더 좁게는 refined(미국문학, 가족사회학family social science, 화학공학)으로 나눌 수 있다. 범주 구분은 일반적으로 LC나 DDC와 같은 분류표 division에 따라 나눈다. 어떤 장르는 주제 및 그 세부 분야에서 흔히 등장한다. 예를 들어, 자연과학은 주로 회의록이나 연구보고서로 나오지만 실험 기타 측정 도구는 교육학 및 심리학 문헌에도 등장한다.

자료는 언어, 출판지역, 자료가 다루는 지역범위에 따라 세분된다. 자료는 어린이, 청소년, 성인과 같이 대상 독자의 연령에 따라 나눌 수 있다. 자료는 더 세분화 될 수도 있다(예를 들면, 그림책, 취학 전 어린이용early reader). 어떤 도서관은 도서관의 조직구조에 따라 자료의 범주를 나누기도 한다. 참고부서reference unit의 직원은 참고 자료를 선택하고, 어린이 서비스 부서의 사서는 어린이를 위한 모든 자료를 선택하며, 일반대중 독서그룹popular reading group을 담당하는 사서는 그 분야의 자료를 선택하는 것이다. 대학도서관과 연구도서관은 1차 자료(원문서), 2차 자료(서평지, 요약본state-of-the-art summaries, 교과서, 1차 자료 해제), 3차 자료(2차 자료 재편집물)를 구분한다.

자료의 층위 구분은 서평, 출판목록, 문학개론서 등이 어떻게 조직되고 정의되는지를 안내해 준다. Film and Video Finder와 같은 안내서는 이를 반영하는 사례라 할 수 있다.6) 이러한 구분은 주제 분야(예들 들면, Index to Social Sciences and Humanities Proceedings), 독자그룹(예, Best Books for Boys), 또는 장르(예, Public Library Core Collection: Fiction, A Selection Guide)에 대해서도 안내해 준다.7) 본서의 부록B에는 선택에 도움을 주는 서지도구와 디렉토리, 그리고 서평자료들을 수록하였다.

지금까지 사서들과 서평 미디어들은 전통적인 인쇄 자료에 초점을 맞

---

6) Film and Video Finder (Medford, N.J.: National Information Center for Educational Media, 1987 -).
7) Index to Social Sciences and Humanities Proceedings (Philadelphia: Thomson Scientific, 1979 -); MatthewPh. Zbaracki, Best Books for Boys: A Resource for Educators (Westport, Conn.: Libraries Unlimited -); M8); Public Library Core Collection: Fiction, a Selection Guide [formerly Fiction Catalog] (New York: Wilson, 2008 -).

추는 경향이 있어왔다. Sheila S. Inter는 이를 서지중심적 "bibliocentric" 입장이라고 부르고, 인쇄 자료를 넘어서 모든 형태의 지적 표현물 및 예술적 표현물을 포괄적으로 바라보는 비서지적nonbiblioncentric 접근법을 제안하였다.8) Stephen Abram은 이 접근법을 자료를 담는 그릇은 형태에 구애됨이 없이 수집하는 것이라고 설명하고 있다.9) 도서관 이용자들은 여러 가지 다른 형태의 자료들에 대하여 점점 더 관심을 보이고 있으므로 도서관이 이들 관심을 무시해서는 안 된다.

도서관을 이용하는 사람이든 아니든 오디오 및 비디오 자료를 좋아한다. 비디오 및 오디오 책은 이용자에게 인기가 높다. 2007년 오디오출판협회Audio Publishers Association의 판매실적 조사에 따르면, 전체 오디오 판매량 중 약 32%를 도서관들이 사들인 것으로 나타났다.10) 대학 및 연구도서관협회Association of College and Research Libraries가 2006년에 내놓은 "대학도서관의 미디어정보 가이드라인"에는 "모든 대학도서관은 미디어 자원을 수집할 것이다. 인쇄물과 다른 도서관 장서에 적용되는 장서관리 원리는 미디어 자원에도 동일하게 적용된다."11)라고 기술하고 있다. 오디오북의 매력과 가치는 어른들에게만 국한되지 않는다. Arnie Cardillo와 그의 동료연구자는 어린이와 10대를 위한 오디오북은 몇 가지 분야에서

8) Sheila S. Intner, "Recruiting Non-Bibliocentric Collection Builders," in Recruiting, Educating, and Training Librarians for Collection Development, ed. Peggy Johnson and Sheila S. Intner, 69 - 84 (Westport, Conn.: Greenwood, 1994).

9) Stephen Abram, "Social Libraries: The Librarian 2.0 Phenomenon," Library Resources and Technical Services 52, no. 2 (2008): 21.

10) Audio Publishers Association, "Americans Are Tuning in to Audio: Audiobook Sales on the Rise Nationally" (Aug. 24, 2007), www.audiopub.org/PDFs/2007SalesSurveyrelease.pdf.

11) Association of College and Research Libraries, Media Resources in Academic Libraries Review Task Force, "Guidelines for Media Resources in Academic Libraries (2006)," www.ala.org/ala/acrl/acrlstandards/mediaresources.cfm.

장점이 있다고 말한다.12) 오디오북은 독서를 위한 더 많은 시간을 제공하고, 언어학습의 모델로서 역할을 하고, 읽기를 싫어하는 독자들에게 독서동기를 부여하며, 비영어사용권 학생들의 영어 어휘력을 향상시킨다. 어린이와 청소년은 MP3 플레이어, 아이팟, 팟캐스트 등과 같이 새로운 미디어가 지배하는 환경 속에서 자란다. 만약 도서관이 빠르게 확장되는 미디어 환경에 효과적으로 대응하지 못한다면, 이용자는 다른 곳으로 발길을 돌릴 것이다. 더욱 중요한 것은 장서구성에서 모든 형태의 자료를 포괄하지 못한다면 정보의 엄청난 가치와 예술적 표현을 무시하는 결과가 된다는 점이다.

만화는 어린이와 청소년들에게 인기가 높은 장르이다. 만화는 이야기이기는 하지만 일반도서 길이의book-length 코믹한 작품이며, 픽션일 수도 있고 실제 이야기일 수도 있다. 만화(graphic novel)라는 용어 대신 사용되는 망가Manga는 일반적으로 일본식 만화를 의미한다(Manga는 코믹을 의미하는 일본어이다).13) 만화는 아주 시각적이지만 반드시 폭력적이거나 성적인 것은 아니다. 만화는 학교도서관미디어센터와 공공도서관에서 유치원부터 고등학교 3까지(K-12)의 교육과정을 지원하는 것, 학생들의 여가 독서를 충족시키는 것 등 다양한 역할을 수행할 수 있다. Philip Charles Crawford는 "만화는 10대들의 관심을 끌고, 독서 동기를 부여하는 유용한 도구다"라고 말하고 있다.14) 어른들도 만화에 대한 관심과 찬사를 보

---

12) Arnie Cardillo et al., "Tuning in to Audiobooks; Why Should Kids Listen?" Children and Libraries 5, no. 3 (2007): 42 - 46.

13) John A. Lent, "Introduction," in John A. Lent, ed., Illustrating Asia: Comics, Humor Magazines, and Picture Books, 3 - 4 (Honolulu: University of Hawai'i Press, 2001).

14) Philip Charles Crawford, Graphic Novels 101: Selecting and Using Graphic Novels to Promote Literacy for Children and Young Adults: A Resource Guide for School Libraries and Educators (Salt

내고 있다. Art Spiegelman가 집필한 「쥐: 한 생존자의 이야기」(Maus: A Survivor's Tale)는 1992년 퓰리처 특별상을 수상했다.15) 뉴욕타임즈New York Times Magazines에 실린 Charles McGrath의 2004년 기사 "Not Funnies"는 만화의 도서관적 가치를 상세히 논의하고 있다.16) 만화는 점차 주류 문학에서 재검토되고 있고 Harvey Award나 Eisner Award와 같은 상의 수상 대상이 되고 있으며 권장도서목록의 주제로 들어간다.17) 본장의 말미에 있는 자료의 일반적 평가기준은 만화에도 동일하게 적용된다. 또 어린이 청소년을 위한 만화류는 도서관 장서에 들여오기 전에 반드시 검토해야 한다고 주장한 Crawford의 경고도 함께 적용된다.

전자책E-book은 모든 유형의 도서관에서 계속 인기를 끌고 있다. 전자책은 검색엔진을 통해 전달이 가능하고, 장서를 확장할 수 있으며, 공간을 절약할 수 있고, 비용을 줄일 수 있다. 전자책은 책을 전자적으로 담은 디지털 물체이며, 주로 인쇄본의 전자판electronic analog으로 여겨져 왔다. 전자책은 1980년대 초부터 출현하였고, 처음에는 CD-ROM이나 디스크와 같은 물리적 미디어를 전달 도구로 삼았다. 그러나 이제 전자책e-book이라는 용어는 주로 온라인상으로 접근이 가능한 것으로서, 휴대용 장비나 퍼스널 컴퓨터로 읽을 수 있게 만들어진 디지털 자료를 의미한다. Barbara Blummer는 전문도서관, 대학도서관, 공공도서관에 대한 연구에서 도서관에서의 전자책의 증가 실태를 조사한 바 있다.18) 조사 결과

　　Lake City, Utah: Hi Willow Research and Publishing, 2003), 17.

15) Art Spiegelman, Maus: A Survivor's Tale (New York: Pantheon Books, 1986).

16) Charles McGrath, "Not Funnies," New York Times Magazine, July 11, 2004, http://query.nytimes.com/gst/fullpage.html?res=9F07E3D6143BF932A25754C0A9629C8B63.

17) Young Adult Library Services Association, Great Graphic Novels for Teens, www.ala .org/ala/yalsa/booklistsawards/greatgraphicnovelsforteens/gn.cfm.

그녀는 연구 당시(2006년)전문도서관 장서의 15~60퍼센트가 전자책이며 전문도서관이 전자책을 가장 선호하고 있다고 보고했다. 미국출판협회는 2007년 1월부터 11월까지 전자책의 판매량이 25.1% 증가했다고 발표했다.[19]

전자책은 낱권title-by-title 단위 또는 패키지 단위로 선택할 수 있다. 상업적 서비스 업체들은 도서관의 도서구입 능력 및 구독기간에 따라 여러 가지 옵션을 제시한다. NetLibrary(OCLC의 한 부서), Ebook Library, 이브러리ebrary 등은 온라인 접근이 가능한 몇몇 출판사들의 콘텐츠를 탑재하고 있다. 나아가 Elsevier, Springer, 옥스포드대학Oxford University 출판사 등 수많은 출판사들은 그들의 호스트를 통해 전자책을 출판하여 도서관에 직접 판매하거나 벤더를 통하여 판매하고 있다. 도서관 이용자들은 전자책을 대출받거나 온라인으로 열람하거나 퍼스널 컴퓨터로 다운로드받아 오프라인으로 보는 등 여러 옵션을 선택할 수 있다. 도서관은 전자책 라이선스계약에서 1인 단위로 또는 복수 단위로 접근할 수 있는 접근 계약을 협상한다.

새로운 형태로서의 전자책이 인기가 높아진 것은 전자책을 선호하는 개별 이용자들이 늘어났기 때문이다. 하지만 전자책읽기를 위한 장치는 도서관의 특수 장비 사용권device-specific licensing 문제를 야기한다. 디지털 저작권관리(DRM : Digital Right Management)는 출판사의 이익을 보호하기 위한 전략이 되고 있다. DRM은 다양한 종류의 콘텐츠에 대해 디지털 콘

---

18) Barbara Blummer, "E-Books Revisited: The Adoption of Electronic Books by Special, Academic, and Public Libraries," Internet Reference Services Quarterly 11, no. 2 (2006): 1 - 13.
19) Association of American Publishers, "Book Sales Continue Upward Swing for November" (Jan. 24, 2008), www.publishers.org/main/PressCenter/NovStatsRelease.htm.

텐츠 거래 기간digital content commerce 동안 지적재산권을 보호하기 위한 기술적, 도구적, 과정적 문제들을 다룬다.

만약 도서관이나 개인이 전자책 장치를 통해 전자 자료 비용을 지불하고 다운로드를 받는다면 그 전자 텍스트는 특정 장치에서만 이용이 가능하다. DRM은 전자책을 암호화하여 제공함으로써 전자책을 구입한 특정 독자만 읽을 수 있게 한다. 결과적으로 도서관은 PDF파일 형태로 개인용 컴퓨터에서 볼 수 있도록 인터넷을 통해 전자책을 전달한다. 그럼에도 불구하고 도서관 이용자들은 호환성이 없는 제한된 서비스로 인해 불편을 겪게 되므로 다기능의 전자책 이용 플랫폼의 필요성을 느끼게 된다.

국제디지털출판포럼(IDPF: International Digital Publishing Forum ; www.idpf.org)은 전자책 시스템의 기능 다양성을 목표로 설립된 디지털 출판물의 국제거래에 관한 표준 기구이다. 이 기구의 구성원들은 하드웨어 및 소프트웨어 관련회사, 출판사, 작가, 그리고 이에 관련된 단체들로서 전자 출판 및 전자책 활용의 호환성을 증진하는 스펙과 표준을 확립, 유지, 촉진하는 일을 수행한다. 이 기구는 출판구조 공개Open Publication Structure, 패키지형식공개Open Packaging Format, 컨테이너형식 공개Open Container Format 등 3가지 공개 표준을 개발하였다. 이 표준은 각 출판사들이 단일한 디지털 출판물 파일을 생산 배포함으로써 디지털 북, 기타 여러 가지 전자 출판물을 활용하는 소프트웨어와 하드웨어의 호환성을 높이고 있다. 이 3가지 표준은 출판사가 각각의 기계장치에 맞게 서적을 다시 포맷해야할 필요성을 없애고, 디지털저작권관리(DRM)의 불편함을 줄이는 효과가 있다.

초기에는 구텐베르크 프로젝트Project Gutenberg(http://promo.net/pg/)라는 비영리프로젝트가 1971년에 발족되었는데, 이것은 Micheal Hart와 한 자원봉사 단체가 Hart가 명명한 소위 "세계의 위대한 문헌"을 전자파일로 변환하여 보다 광범하게, 무료로 이용할 수 있도록 하자는 취지에서 시작된 것이다. 현재 이 구텐베르크 프로젝트는Project Gutenberg는 관계자 및 계열조직을 통해 공공도메인에 존재하는 100,000권 이상의 책에 대해서만 접근할 수 있도록 하고 있다.

전자책 컬렉션에 대한 보다 최근의 자료는 도서관이 소장한 자료를 대량으로 스캐닝한 책들mass scanning books이다. 이 분야에서 가장 대표적인 회사는 구글로서 구글은 구글 도서관 프로젝트Google Books Library Project에 착수 구글과 협약한 도서관들이 소장한 수백만 권의 책을 스캔하였다. 구글 도서검색Google Book Search은 구글이 스캔하여 저장한 도서의 원문을 검색하는 도구이다. 구글 도서 검색은 만약 출판사가 허락한다면 이용자가 책의 일부를 볼 수 있도록 하고, 출판사와 서점의 웹사이트에 링크를 제공하고, 그 책을 소장한 도서관에 대한 정보를 제공한다. 만약 책이 저작권 보호 중에 있다면, 구글은 볼 수 있는 페이지 수를 제한한다. 만약 책이 저작권의 보호 밖에 있거나 출판사가 허가를 한 경우라면, 독자들은 책의 머리말을 볼 수 있고 몇몇 경우에는 원문도 볼 수 있다. 만약 책이 공공영역 안에 있다면, 사람들은 PDF파일을 다운로드할 수 있다. 구글뿐만 아니라 다른 회사 및 협력 프로젝트, 그리고 일부 도서관들은 많은 스캔 장서를 보유하고 있다. 여기에는 또 오픈콘텐츠연맹Open Content Alliance(www.opencontentalliance.org)과 백만서적프로젝트Million Book Project(www.ulib.org/index.html)도 있다. 이 모든 프로그램이 인터넷에서 디지털 책을 공개적으로 제공하기 때문에 이용자들은 라이선스 협약 없이 이들 자료에 무료로 접근할 수 있다.

도서관들은 자료선택 책임을 배분 관리할 때, 여러 자료의 범주를 조합한다. 대학도서관은 주제 및 세부학문 전문가, 지리분야 전공사서, 정부간행물 사서로 조합하여 구성할 수 있다. 위원회는 정기간행물 위원회처럼 특별한 분야를 다루기 위해 구성된다. 공공도서관은 이용자 그룹, 세부 학문 또는 그 조합으로 범주를 나눌 수 있다. 공공도서관은 출판사 유형에 따라 책임을 나누기도 한다(예, 대규모 상업 출판사trade publisher, 작은 출판사small press). 학교도서관은 소설, 비소설, 독자의 연령, 세부 과목 등을 고려할 것이다. 장서업무를 수행할 때 범주 구분을 너무 엄격하게 고수하면 중요한 자원이 선택자의 담당 범위에서 벗어나 있거나, 어떤 장르나 범주가 선택도구 목록에 존재하지 않을 경우 중요한 정보자원이 무시될 가능성이 있다. 도서관의 전체 장서가 전체적으로 일관성을 유지할 때 도서관과 이용자 요구에 최선의 서비스를 제공할 수 있다.

선택 과정 The Selection Process

선택은 예술이자 과학이다. 선택은 지식, 경험, 직감이 결합되어 나오는 결과물이다. 경험이 많은 장서담당 사서라도 무엇을 추가하고 배제하는지, 이를 어떻게 결정하는지를 정확하게 설명하기는 쉽지 않다. John Rutledge와 Luke Swindler는 선택 기준에 가중치를 부여하는 정신적상상법mental model을 제안한다. John Rutledge와 Luke Swindler는 선택담당자가 이 모델을 염두하고 업무를 수행하면 다음 3가지 결론 중 하나에 도달한다고 말한다. 즉 반드시 추가되어야 하는 자료, 추가되어야 할 자료, 추가될 수도 있는 자료 등이다.[20] Lynn B. Williams는 의사결정 과정에서 마인드가 어떻게 작동하는지를 인식 작용을 인용하여 분석한다. 즉 "의사결정의 과정에서 단서는 일종의 친숙성을 테스트하는 과정이며, 여기에서 긍정적 또는 부정적인 반응이 나타난다는 것이다."[21] 인식은 선택 담당자가 어떤 자료가 적절한지 의사결정을 도와주고, 내용이 적절한지, 작가, 편집자, 출판사 또는 출판물이 친숙한지에 대한 정답을 찾도록 해준다. Williams는 인식 능력은 빈번하고 일상적이고 반복적인 장서 구성의 결과로서 강화된다는 사실에 주목했다. 숙달은 이러한 활동을 통해서 나온다. Brian Quinn은 장서관리과정에서 감정과 인식 사이의 상호작용을 연구하고, 감정이 의사 결정에 영향을 미칠 수 있다는 것에 주목한다.[22]

장서의 구성에 있어 경험, 직관, 때로는 감정이 중요 역할을 한다하더라도 선택담당자는 선택 도구에 익숙하면서 그것들이 지니는 테크닉, 과정, 잠재적 문제들을 이해해야만 성공적 장서구성을 해낼 수 있다. 선택담당자가 최적 자료를 찾아내기 위해서는 적정 자료원에 대해서 알아야 한다. 선택담당자는 다양한 자료 및 포맷에서 선택하는 스킬을 갖추어야 하며, 자료의 질을 평가하고, 자금 지출의 균형을 맞출 줄 알아야 한다.

모든 선택 결정은 이용자 사회, 도서관과 모 기관의 사명, 목적, 우선순위를 고려하여 이루어진다. 일찍이 Francis K. W. Drury는 "도서 선택의 숭고한 목적은 적서를, 적자에게, 적시에 제공하는 것이다."라고 말한 바 있다.[23] 비슷한 시기에 S. R. Ranganathan은 도서관학 5법칙을 제안했

---

20) John Rutledge and Luke Swindler, "The Selection Decision: Defining Criteria and Establishing Priorities," College and Research Libraries 48, no. 2 (1987): 128.

21) Lynn B. Williams, "Subject Knowledge for Subject Specialists: What the Novice Bibliographer Needs to Know," Collection Management 14, nos. 3/4 (1991): 39.

22) Brian Quinn, "Cognitive and Affective Processes in Collection Development," Library Resources and Technical Services 51, no. 1 (2007): 5 - 15.

는데, 여기에는 "모든 독자에게 그의 도서를", "모든 책은 독자에게로"가 포함되어 있다.[24] 이상적으로는 도서관은 성문화된 장서개발 정책을 갖추어야 하는데, 정책에는 도서관의 사명과 이용자 사회, 장서의 개발과 관리에 필요한 가이드라인 및 장서담당 사서들의 세부 업무 범위에 대한 책임 등을 규정해야 한다. 자체 장서개발정책이 없을 경우 사서들은 장서에 대한 연구 및 다른 도서관 사서들과의 협의를 통해 장서구성에 관한 비공식 가이드라인을 이해하도록 노력해야 한다. 이용자 사회, 장서관리 가이드라인, 장서관리 정책에 익숙해야만 자료선택 업무를 성공적으로 수행할 수 있다. 여기에다 본인이 책임을 맡은 분야의 문헌적 지식을 더해야 한다. 사서가 이들 구성요소들을 확고히 손에 잡았을 때라야 선택 업무를 수행할 준비가 되었다고 볼 수 있다.

선택과정은 4단계로 나누어 생각해 볼 수 있는데, (1) 연관성 인식 (2) 평가(선택 가치가 있는가?), 평가(장서로서 적합한가?), (3) 구입결정, (4) 주문서 준비와 주문 순이다. 가능성 있는 자료를 확인하는 데에는 저자, 제목, 출판사, 주제에 관한 기본적, 사실적 정보가 필요하다. 사서의 수서업무를 도와주는 수많은 선택도구와 자료원들이 나와 있다.

---

23) Francis K. W. Drury, Book Selection (Chicago: American Library Association, 1930), 1. 140 Developing Collections.
24) S. R. Ranganathan, The Five Laws of Library Science (Madras, India: Madras Library Association; London: Edward Goldston, 1931).

수집의 적절성 확인: 선택도구와 자원
Identifying the Relevant: Selection Tool and Resources

서지(bibliographies)와 목록(lists)은 도서관이나 도서관 관련 출판사, 교육청, 전문단체, 상업출판사들이 발행한다. 도서관들은 수십 년간 국가서지와 상업서지를 표준적 선택도구로 활용해 왔다. 또 도서관들은 다른 도서관이 작성한 신착자료 목록을 참고한다. 권장도서목록은 도서관협회나 각종 전문단체들이 발간한다. Pura Belpre Awards나 Newbery and Caldecott Medal books와 같은 수상도서 목록도 발행된다.[25] 상업 출판사가 발행한 서지목록은 보통 온라인 자원(지속적으로 갱신), 인쇄 자료, CD-ROM(연간 또는 분기별 갱신) 등이 있다. 서지와 목록은 기존 장서의 결함을 보완하는 안내 역할을 한다. 예를 들어, 어린이를 위한 아프리카계 미국 문학 장서를 보강하기 위해서는 Coretta Scott King Awards Books를 살펴보는 것이 좋을 것이다.[26] 색인과 초록은 색인된 도서목록을 제공하므로 이를 활용하여 도서관의 소장목록과 비교, 검토할 수 있다. 특정유형의 자료를 안내하는 목록도 있다. 예를 들면 만화는 핵심만화컬렉션 Graphic Novels Core Collection 목록을 활용할 수 있다.[27] Index to Social Sciences and Humanities Proceedings와 같은 색인지는 사회과학 및 인문학

25) Rose Zertuche Treviño, The Pura Belpré Awards: Celebrating Latino Authors and Illustrators (Chicago: American Library Association, 2006); Association for Library Service to Children, Newbery and Caldecott Medal Books: A Comprehensive Guide to the Winners (Chicago: American Library Association, 2007), which is updated annually.
26) Henrietta M. Smith, Coretta Scott King Book Awards Committee, and Ethnic and Multicultural Information Exchange Round Table, eds., The Coretta Scott King Awards Book: 1970 - 2004, 3rd ed. (Chicago: American Library Association, 2004).
27) Graphics Novels Core Collection (New York: Wilson, 2007 -).

등 특정 주제 또는 형식에 초점을 맞춘 서지도구이다.28) 하지만 서지와 목록은 모든 자료를 포괄하지 못하며 모든 분야에서 이용할 수 있는 것도 아니다. 또한 언제나 주석이 달려있는 것도 아니다. 오랫동안 활용되어온 공공도서관 목록Public Library Catalog(현재는 Public Library Core Collection: Nonfiction, A Selection Guide)과 같은 평판이 좋은 안내 목록이라도 작성자들의 개인적 관점과 지식이 반영된 것이기 때문에 균형 잡힌 시각이 부족할 수 있다.29)

선택담당자는 각종 학회나 협회의 목록정보directories를 이용할 수 있다. 예를 들면 미국 내 단체들의 백과사전Encyclopedia of Associations이나 국제기구의 연감Yearbook of International Organization 등이다.30) 목록정보에는 일반적으로 해당 학회나 협회의 정기 간행물 목록 및 출판 예정 자료들의 목록이 들어 있다.

도서관에 관련된 신문잡지, 대중매체, 학술지 등에는 서평Reviews이 게재된다. 이 서평들은 독자들의 관심을 유발하는 중요한 정보이므로 공공도서관 사서들은 대중매체에 게재되는 서평 기사를 지속적으로 수집 관리해야 한다. 오프라북클럽Oprah's Book Club에서 그들을 위한 신간도서를 선정할 때마다 그 책들에 대한 도서관 이용자들의 요구는 급격히 높아진다. 뉴욕타임즈 서평New York Times Book Review에 게재되는 도서나 베스트셀러 목록에 들어 있는 도서들은 언제나 수요가 높다. 인터넷의 도서안내

---

28) Index to Social Sciences and Humanities Proceedings.
29) Juris Dilevko and Lisa Gottlieb, "The Politics of Standard Selection Guides: The Case of the Public Library Catalog," Library Quarterly 73, no. 3 (2003): 289‒337.
30) Encyclopedia of Associations: National Organizations of the U.S. (Detroit: Gale, 1961 ‒); Yearbook of International Organizations (Munich: K. G. Saur, 1967 ‒).

사이트인 Bookwire(www.bookwire.com)는 인터넷에 있는 서평을 색인 제공하고, 전 세계 수천 개의 북사이트book sites를 링크하고 있다. 특정분야 학술잡지discipline-specific journal는 수개월 내지 수년간의 출판물을 추적하여 학술적으로 중요한 수준 높은 서평을 제공한다. 인터넷에서 서평을 찾기도 훨씬 쉬워졌다. 대학 및 연구도서관 뉴스College and Research Libraries News 는 매월 특정 주제에 대하여 선택된 인터넷 사이트를 소개하는 "Internet Resources"라는 특집기사를 싣고 있다.[31] Univeristy of Wisconsin-Madison 의 Internet Scout Project가 제공하는 Scout Report(www.scout.cs.wisc.edu)는 인터넷 사이트와 메일링 리스트의 신중한 선택을 도와주는 수천 개의 해제를 제공하고 있다. 미국도서관협회는 유아자료종합웹사이트Great Web Site for Kids(www.ala.org/greatsites/)를 유지 관리하고 있다. 그러나 여기서 다루는 도서의 총 수는 세계 출판물 가운데 작은 부분일 뿐이다.

출판사 홍보Publisher announcements(브로슈어, 광고물, 목록류, 웹사이트)는 상세한 내용 설명, 목차, 저자를 소개한다. 출판사 웹 페이지에서는 샘플로 책의 일부분을 게재하기도 한다. 출판사가 내 놓는 책 소식은 신중하게 살펴야한다. 왜냐하면 대부분의 출판사 홍보물은 도서의 판촉과정에서 발행되는 것이기 때문이다. 출판사의 발간 소식은 출판 전에 나오거나 출판과 동시에 나오므로 대학도서관, 전문도서관, 대 규모 공공도서관에서 때맞추어, 광범하게 활용된다.

서평Review이나 승인플랜에 의한 승인자료목록Approval copies은 이상적인 선택 보조 자료다. 출판사들은 도서관대회 전시장에서 서평지를 제공

31) College and Research Libraries News (Chicago: Association of College and Research Libraries); C&RL NewsNet, Internet Reviews Archive, www.bowdoin.edu/~samato/IRA/.

하고 때로는 출판물을 판매하기도 한다. 학술지 출판사들은 관람자의 요청이 있을 경우 해당 학술지 샘플을 제공한다. 많은 비디오 공급자는 사전 검토용 자료preview copy를 제공하는데 도서관이 이들을 선택하지 않을 경우 돌려주어야 한다. 승인플랜Approval plan의 특성은 "승인"에 있다. 승인플랜Approval plan의 당사자인 벤더와 도서관은 반납비율을 낮추는 것을 목표로 삼지만, 벤더는 도서관이 수용 불가로 판단한 자료에 대해서는 반납을 허용한다. 많은 전자 자원은 사서와 이용자가 제품을 사용해 볼 수 있도록 시험기간을 제공한다.

도서박람회Book Fairs와 서점들Bookstores은 구매 전에 자료를 살펴볼 수 있는 기회를 준다. 도서박람회는 출판사의 출판물을 전시, 홍보하기 위하여 수많은 출판사들을 한자리에 모은다. 도서박람회는 지역적, 국가적, 국제적 범위로 개최된다. 프랑크푸르트, 짐바브웨와 마드리드에서 열리는 도서박람회가 가장 유명하다. 많은 전문 컨퍼런스는 출판사 전시장을 운영한다. 비록 진정한 의미의 도서박람회는 아니라 해도, 각종 전문 컨퍼런스는 도서박람회와 동일한 목적으로 참가자에게 새로운 출판물이나 저자를 소개한다. 서점들은 전통적인 자료원에서는 나타나지 않는 주류문화 밖의 대체문헌이나 자료를 찾는데 특히 유용하다.

웹기반선택도구Web-based tool는 새로운 자료와 관련되는 기존 자료를 찾는데 몇 가지 길을 제시해 준다. 사서들은 서평, 절판자료 취급상, 특수 요구에 따른 검색, 벤더 및 출판사정보, 온라인 서점 등 모든 형태의 자료를 웹에서 찾아볼 수 있다. 아마존 닷 콤Amazon.com은 널리 알려진 온라인 중개사이트로 주제 탐색, 서평검토, 빠른 자료 배송 등 편리를 준다. 아마존Amazon.com은 전통적인 승인플랜 벤더가 제공하는 할인 혜택은 없지만 도서관의 자료 처리과정(필름 책 카버Mylar covers, **MARC** records, and labels)에 특별 서비스를 제공한다. 알리브리스 닷 콤Alibris.com은 절판자료를 다루는 온라인 사이트로서 6천만 건 이상을 안내하고 있다. 출판사들은 그들의 웹사이트에 신간의 목차와 내용샘플을 탑재해 놓고 있다. 사서들은 국가 서지기관과 여러 공공도서관 목록에서 주제탐색을 수행할 수 있다. 장서개발 및 수서담당 사서들은 웹사이트 상의 토론단체 및 뉴스레터들에게 특정 주제 및 형태의 자료와 출판사에 관한 정보를 제공할 수 있다.

도서관 상호대차 요청과 같은 관내 정보In-house information는 선택에 도움이 될 수 있다. 이용자가 반복적으로 요청하는 학술지 논문이 있다면 그 학술지는 수서 대상에 포함되어야 한다는 것을 의미한다. 어떤 자료가 도서관 상호대차 요청에 계속 포함되는 경우에도 마찬가지다. 한 책에 대하여 대출요청이 빈번하고 대출 대기자가 줄을 잇는다면 그 책은 복본 구입을 고려해야 한다. 몇몇 대학도서관은 이용자들이 도서관 상호대차를 요청하는 책들을 구입 제공하고, 신청자의 대출 기간이 종료된 후에는 도서관의 장서에 추가한다.32) 대부분의 도서관이 이용자로부터 구입 요청을 접수하되 특정 도서를 장서에 추가할 것인지를 고려하고, 장서에 추가할 자료의 형태, 주제, 장르 등을 검토해야 한다.

정부간행물government documents(국제적, 국가적, 지역적 공공기관들이 발행하는 간행물) 정보는 그 자체가 소재파악이 어렵다. 정부간행물의 선택목적은

---

32) Camille Livingston and Antje Mays, "Using Interlibrary Loan Data as a Selection Tool: ILL Trails Provide Collection Clues," Against the Grain 16, no. 2 (2004): 22, 24, 26, 28; Suzanne M. Ward, Tanner Wray, and Karl E. Debus-López, "Collection Development Based on Patron Requests: Collaboration between Interlibrary Loan and Acquisitions," Library Collection, Acquisitions, and Technical Services 27, no. 2 (2003): 203 - 13.

다른 자료들의 선택목적과 같다. Lisa A. Ennis는 "정부간행물의 목적은 이용자들에게 적절한 최적의 정보를 제공하기 위해 가능한 최선의 정부문서 컬렉션을 개발하는 것"[33]이라고 말했다. 정부인쇄국Government Printing Office은 미국 연방정부 문서 검색을 위한 몇 가지 온라인 도구를 제공하고 있다. 미국연방정부자료는 인쇄형태, 온라인 형태, 또는 양자 모두, 아니면 온라인을 통해서만 이용 가능한 것들이 혼합되어 나오므로 자료 수집에 중대한 변화를 초래하고 있다. 2006년에는 연방 출판물의 94%가 디지털형태로만 나오고 인쇄본으로는 발행되지 않았다.[34] 연방정부 기탁도서관프로그램Federal Depository Library Program에 의해 정부간행물 보존도서관으로 법적 지정된 기탁도서관들은 미국정부인쇄국Government Printing Office(GPO)로부터 모든 연방정부출판물을 인수하여 이들 정부출판물을 시민들에게 무료로 접근할 수 있도록 오픈 엑세스를 보장하고 있다. 정부간행물을 부분적으로 보존하는 도서관들은 GPO가 제공하는 출판물 목록이 나오기 전부터 정부연속간행물과 출판물을 선택, 프로파일을 만들어 장서를 구성하고 출판물을 수집한다. 정부간행물 보존의무가 없는 도서관들은 GPO가 제공하는 서평자료 및 미국정부간행물 목록 Catalog of U.S. Government Publications 및 기타 기본컬렉션Basic Collection과 미국 민주주의 핵심자료Core Documents of U.S. Democracy와 같은 도구를 이용하여 자료를 선택한다.[35]

---

33) Lisa A. Ennis, Government Documents Librarianship: A Guide for the Neo-Depository Era (Medford, N.J.: Information Today, 2007), 67.
34) U.S. Government Printing Office, "Digital Distribution" (April 10, 2007), handout from the Annual Spring Depository Library Council Meeting, April 15 - 18, 2007, Denver, Colorado.
35) Government Printing Office, Catalog of U.S. Government Publications, http://catalog.gpo.gov/F; Basic Collection, www.access.gpo.gov/su_docs/fdlp/coll-dev/basic-01.html; Core Documents of U.S. Democrac

주 단위 또는 지역의 정부문서를 확인하고 수서하는 가장 효과적인 방법은 발행기관과 직접 접촉하는 것이다. 주정부 기관은 일반적으로 출판물 목록과 온라인 자원을 웹사이트에 링크하고 있다. 몇몇 통계 참고색인Statistical Reference Index, LexisNexis Statistical과 Index to Current Urban Documents와 같은 상업적 색인들도 주정부 및 지역 자료를 다룬다.36)

외국의 문서와 국제기구가 발행한 문서들은 정부 및 기관의 목록과 웹사이트에 게재되는데 예로는, 미국정부간행물United Nations Publications(http://unp.un.org) 웹사이트를 들 수 있다. 해외 및 정부간 출판물은 계속 증가하고 있으며 이들 정보는 인터넷을 통해 무료로 이용할 수 있다. Bernan(www.bernan.com)은 아프리카와 라틴아메리카에서 나오는 미국과 다른 나라 정부간 간행물을 안내하는 온라인 정보원이다.

본질적 평가와 적합성 평가 Evaluation and Assessment

사서가 장서를 추가하고자 할 때 자료평가를 하는 것이 도움이 된다. 평가Evaluation는 자료에 내재되어 있는 본질을 살피는 것이다. 우선 지역사회의 요구 충족능력을 평가하기 전에 자료 자체가 지니는 장점을 고려하는 것이다. 실제에 있어서는 본질적 평가와 적합성 평가Assessment가 동시에 일어난다. 장서 담당 사서는 자료가 이용자에게 부적합하다고 생각

---

y, www.gpoaccess.gov/coredocs.html.
36) Statistical Reference Index: A Selective Guide to American Statistical Publications from Sources Other than the U.S. Government (Washington, D.C.: Congressional Information Service, 1981 -); LexisNexis Statistical [online resource] (Dayton, Ohio: LexisNexis); Index to Current Urban Documents (Westport, Conn.: Greenwood, 1972 -).

하면 본질적 평가를 위해 시간을 보내지 않을 것이다.

본질적 평가 Evaluation

평가의 기준은 개별 자료에 따라 또는 자료의 범주에 따라 다양하지만 일반적으로 다음과 같은 사항을 고려한다.

- 내용 또는 주제
- 언어
- 최신성currency
- 진실성
- 문체(예, 문장력, 가독성, 심미성)
- 완성도 및 취급범위
- 저자에 대한 평판, 신뢰성, 적격성, 출판사, 편집자, 서평자의 권위
- 지리적 범위
- 저자의 학문성
- 서지나 인용에 언급되는 빈도
- 내용이 설정한 대상독자 및 이용자의 수준
- 종합성, 내용의 광범성
- 갱신 및 개정 빈도
- 접근 점(예, 색인, 목차의 상세 정도)
- 이용 편의성
- 출판물을 색인하는 외부 자원

- 물리적 품질(예, 삽화, 종이와 표지, 포맷, 활판, 내구성, 시각, 청각적 특성)
- 내용의 독창성, 역량, 특징
- 시청각자료의 시청을 위해 필요한 장비의 이용 가능성
- 자료의 질과 관련된 비용

이 밖에도 몇몇 범주의 자료들은 선택을 위한 독특한 평가지준을 적용할 필요가 있다. 예를 들면, 그림책 선택 담당자는 그림의 특성과 삽화의 질을 검토해야 한다. Phyllis J. Van Orden과 Sunny Strong은 삽화의 텍스트(글이 없는 책이라면 그림을 통해 이야기가 명확하게 전개되는지를)가 명확한지를 검토하고 색감, 선, 모양, 구성과 디자인의 예술적 요소를 살펴야 한다고 제안한다.[37)]

전자 자료에 대해서는 다음과 같은 기준을 추가적으로 고려한다.

- 라이선스 계약조건, 제한사항 및 의무사항
- 계속 구독 또는 취소에 따른 할인 여부, 취소 제약 조건, 컨소시엄 구매 시 할인 등 가격관련 사항
- 완성도(전자버전에 제공되는 내용이 인쇄본과 동일한가?)
- 최신성currency(콘텐츠의 추가 및 갱신 주기)
- 출판사나 중개상이 패키지단위로 제안할 경우 개별 타이틀 또는 소단위로 선택, 또는 배제할 수 있는지
- 해당 지역 서비스에 미치는 영향

---

37) Phyllis J. Van Orden and Sunny Strong, Children's Books: A Practical Guide to Selection (New York: Neal-Schuman, 2007).

- 링크, 서지 및 인용 관리 소프트웨어, 과정 관리 소프트웨어의 호환성
- 최종이용자 인터페이스의 품질
- 정보 배포 지원(출력 옵션)
- 이용 및 효과 측정을 위한 통계 데이터 산출 가능성
- 응답시간
- 벤더의 지원 및 반응 정도
- 전자저널의 소급 파일 이용가능성
- 출판사의 전자 자원 보존 여부
- 구독 취소 시 이미 구매한 콘텐츠의 접근 허용 여부

CD-ROM과 같은 오프라인 매체의 전자 자료는 이에 맞는 평가기준이 추가되어야 한다.

- 공간, 비품, 하드웨어, 전선, 전자통신 및 데이터 포트port를 포함한 도서관 내의 물리적, 논리적 조건
- 테크놀로지의 효과적인 이용 가능성

여러 가지 형태로 나오고 있는 동일한 전자 콘텐츠를 비교하기는 어렵다. 제품은 인쇄물, CD-ROM, 온라인 등 각기 다른 가격으로 출시된다. 예를 들어, PsychINFO는 미국심리학회로부터 직접 구입할 수 있고, EBSCO, Ovid, OCLC, ProQuest, DIALOG 및 다른 벤더를 통해서도 구입할 수 있다. 가능한 한 도서관은 시연회나 무료이용 기회 등을 통해 공공 서비스 및 전자 정보자원을 평가할 수 있는 정보기술을 습득해야 한다.

유사 제품을 평가하는 하나의 방법은 각 제품에 기록된 가격을 포함한 여러 정보를 비교할 수 있는 매트릭스를 만드는 것이다.[38] 이를 통해 비슷한 점, 다른 점, 장점, 단점 등을 평가할 수 있다.

연속간행물을 선택하는 과정은 자료의 형태에 관계없이 다른 출판물을 선택하는 과정과 동일하다. 차이점은 구독을 시작할 때 또는 라이선스를 계약할 때부터 지속적으로 재정 부담 능력을 검토할 필요가 있고, 전자 자원 계약에서 발생할 수 있는 요구사항들을 계속 협상해야 한다는 것이다. 연속간행물이란 "연대나 숫자적 순차성을 가지고 종간을 예정하지 않고 연속적으로 발행되는 미디어이다."[39] 많은 사서들은 연속간행물serial과 정기간행물periodical이라는 용어를 상호 교환적으로 사용하고 있다. 연속간행물은 일반잡지를 포함하는데, 일반 잡지는 오락이나 취미, 사회 정치적 시사 정보를 제공한다. 한정된 독자를 대상으로 한 학술잡지, 연차보고서, 회사의 사보, 무역 및 기술 분야 잡지, 문학, 정치학 또는 문학과 정치학을 모두 다루는 "작은 잡지little magazines" 등 대안 문헌이라고 알려진 간행물들이 있다. 전자저널e-journal이라는 용어는 전자적으로 이용이 가능한 연속간행물을 의미한다. 계속자원continuing resources이라는 말은 연속간행물(시간 경과에 따라 계속 발행)과 모든 형태의 연속적 자원(예, 색인 초록, 온라인 백과사전, 디렉토리, 사전, 통계집 등)을 포괄하는 용어로 널리 사용되고 있다. 정보자원 해설Resource Description and Access의 제1부에 따르

---

38) Peggy Johnson, "Selecting Electronic Resources: Developing a Local Decision-Making atrix," in Electronic Resources: Selection and Bibliographic Control, ed. Ling-yuh W. Pattie nd Bonnie Jean Cox, 9 - 24 (New York: Haworth, 1996).

39) Association for Library Collections and Technical Services, Serials Section, Acquisitions Committee, "Serials Acquisitions Glossary," 3rd ed. rev. (2005), www.ala.org/ala/alctscontent/pubsbucket/webpublications/alctsserials/serialsacquisiti/05_serials_glossary.pdf.

면 통합자원이라는 용어는 추가 또는 변경되는 자원으로서 원래의 자료가 별개로 남아 있지 않고 전체로서 통합되는 자원을 말한다. 통합적 자원은 유형(대체 페이지를 갈아 끼워 업데이트하는 가제식)자원 또는 무형(지속적 또는 주기적으로 업데이트되는 웹사이트)자원이 있다.40)

계속자원continuing resources은 자료를 선택할 시점부터 도서관 재정에 지속적으로 부담을 준다. 도서관은 자료가 출판되기 전 또는 전자 자원이 발행되기 전에 보통 일 년 주기로 정기간행물 대금을 지불한다. 사서는 일반 자료 예산의 증가율을 초과하여 증가하는 계속자원의 구입비를 도서관 예산이 수용할 수 있는지 검토할 필요가 있다. 사서는 어떤 연속간행물 구독을 취소하면 새로운 자원 선택과정의 일부로서 예산의 범위 내에서 다른 계속자원을 도입할 준비를 해야 한다. 전자자원은 다년간의 장기계약을 요하며, 몇몇 벤더는 구독 취소에 대해 엄격한 제한을 둔다. 심지어 이전에 구독 취소한 자원을 다시 구독하는 것조차 제한하는 경우도 있다.

연속간행물을 선택할 때, 장서담당사서는 출판물의 목적 및 색인지 수록 여부에 특히 관심을 기울여야 한다. 일반잡지, 상업잡지trade journal, 학술잡지 등은 그들이 목표로 하는 대상독자가 있기 마련이다. 앞에서 제시한 평가 기준은 일반적으로 이들 잡지에도 적용된다. 예를 들면, 학술잡지를 평가하는 경우 내용 분석이 엄격하게 이루어지는지를 파악하기 위해서는 편집자 및 논평자의 자격을 살펴보아야 한다. 공공도서관이나 학교도서관은 대중잡지popular magazine가 Readers Guide to Periodical

40) Joint Steering Committee for the Development of RDA, Draft of Part I of RDA, 5JSC/ RDA/Part 1 (Dec. 5, 2005), 1 - 3, http://collectionscanada.gc.ca/jsc/docs/5rda-part1.pdf.

Literature에 색인되고 있는지 살펴볼 것이다.[41]

대규모 도서관들은 재정지출의 책임성을 담보하기 위하여 새로운 연속간행물 및 계속 자원을 평가할 때 자료선정위원회를 활용한다. 위원회는 몇 가지 연속간행물을 대상으로 동시에 비교 검토할 수 있고, 우선순위에 따라 순서를 정하여 최적 자료를 선정할 수 있다. 학교도서관은 교과 교사와 학교미디어전문가로 구성된 위원회를 운영한다. 대학도서관, 학교도서관미디어센터, 전문도서관은 교수진, 교사 및 연구진에게 평가를 요청할 수 있다. 기타 도서관들은 선택담당자에게 도서관 예산 범위 내에서 논문, 연속간행물, 그리고 다른 계속자원의 선택을 일임한다.

적합성 평가 Assessment

적합성 평가Assessment는 이용자의 요구, 기존 장서, 도서관의 사명, 지역사회의 정책과 관행, 협력 의무사항 등과 연관지어 자료를 평가하는 것이다. 도서관 자료는 학교 교육과정, 연구자들의 관심, 보조금 지원자, 교수진 또는 교사들의 관심 또는 특정 지역사회의 관심을 지원할 것인지를 검토하며, 이러한 질문에 대한 해법은 제6장에 제시되어 있다. 장서개발정책에서 정의하는 기준과 주제 영역 범위에 합당한 자료만을 수집할 것인지, 단기적 요구를 충족시키기 위해 자료를 구입한다면, 장기적인 장서 목적은 어떻게 달성할 것인지 심사숙고할 필요가 있다. 도서관이 이 주제 분야에 추가적인 자료가 필요한지? 그 자료가 장서의 틈새gap를 메

---

41) Readers' Guide to Periodical Literature (New York: Wilson).

꿀 수 있는지? 복본이 필요한지? 다른 도서관에서 쉽게 이용할 수 있는지? 만약 그 자료에 대하여 라이선스 계약을 해야 한다면, 라이선스 계약 조건은 지역사회 정책 및 관행과 상통하는지? 도서관은 그러한 자료를 취급할 능력이 있는지? 목록을 신속히 작성할 수 있는지? 도서관은 적정한 보존관리(서가 공간, 마이크로 형태 보관, 서버수용능력), 장비(마이크로자료 리더기, 프린터, 컴퓨터 워크스테이션, CD-ROM 드라이브), 전기통신 기반시설을 갖추고 있는지? 열람 봉사 직원은 자료의 이용 및 서비스 요구를 지원할 준비가 되어 있는지? 도서관은 그 자료의 구입에 있어 다른 기관과 협력할 의무를 가지고 있는지?

학교도서관 미디어전문가는 자료가 교육과정의 추세에 부합하는지를 평가한다. 학교도서관 사서와 미디어전문가는 교육과정 및 교육과정의 강조점이나 철학이 바뀔 때마다 이에 적응하려고 노력한다. Lotsee P. Smith는 학교도서관 장서의 3가지 주요 목적은 교육과정 지원, 오락적 이용을 위한 자료 제공, 교사용 전문자료 제공이며, 이 가운데 첫 번째 목적이 가장 중요하다고 주장했다.[42] 이러한 목적을 달성하기 위해서는 이용자 사회의 이해가 필수적이다. 학교도서관의 자료선택에 영향을 미치는 것은 현재 국가가 강조하는 학생들의 능력발전, 학년 승급 및 졸업을 위한 기본 요건의 충족이라 할 수 있다. 학교도서관 미디어 전문가는 교육과정 목적을 지원하는 장서를 우선으로 하면서도, 보다 광범위한 목적을 달성할 수 있는 핵심 장서를 구축해 나가야 한다. Sandra Hughes-Hassell과 Jacqueline C. Mancall은 학습자 중심 장서개발은 교사 및 기타

---

42) Lotsee P. Smith, "The Curriculum and Materials Selection: Requisite for Collection Development," Collection Management 7, nos. 3/4 (1985 – 86): 39.

이해관계자들의 폭넓은 참여를 통하여 교육과정에 대한 변화 요구 및 학생들의 오락적 관심을 아울러 수용하는 것을 목표로 한다고 주장했다.[43] Hughes-Hassell과 Mancall은 학교미디어센터 사서를 위해 의사결정 매트릭스를 개발했다. 이 매트릭스는 정보자원이 학습사회의 정보요구에 부응하는지, 학습자의 특성과 어울리는지, 교수-학습 맥락에 적합한지, 현행 지식기반과 일치하는지, 예산 한도 내에 들어있는지(혹은 다른 도서관에서 이용이 가능한지) 등의 질문을 던진다. 만약 이 가운데 어떤 질문에도 부합되지 않는다면 그 정보자원은 이용자 사회의 요구를 충족시키지 못하는 것이므로 선택되어서는 안 된다는 것이다.

전자자원을 위한 라이선스 계약에서는 계약서에 사용되는 조건들이 도서관의 정책과 관행에 부합되는지를 살펴보아야 한다. 처음에는 CD-ROM으로, 현재는 온라인으로 쉽게 접근할 수 있는 전자자원이 출현함으로서 사서들은 수서 및 구입에 있어 새로운 국면을 맞게 되었다. 사서들은 라이선스와 계약용어 및 제약조건과 의무사항을 평가해 보아야 한다. 도서관들은 이제 더 이상 실물장서 추가를 위해 모든 자료를 출간 즉시 구입하지는 않는다. 도서관들은 디지털 콘텐츠에 접근할 수 있도록 공급자와 계약을 체결한다. 거의 모든 출판사와 벤더가 도서관과의 사전계약에 의해 온라인 자원에의 접근을 허용하거나 CD-ROM 자료를 제공한다. 계약은 계약 당사자 사이에 법적 구속력을 부여하는 공식적 협정이다. 계약은 보통 문서로 하지만 당사자가 동의한 구두계약 역시 법적 효력이 있다. 도서관에서의 라이선스 협정은 벤더나 출판사가 등록한 하

---

43) Sandra Hughes-Hassell and Jacqueline C. Mancall, Collection Management for Youth: Responding to the Needs of Learners (Chicago: American Library Association, 2005).

나 이상의 서지데이터베이스, 전자저널이나 다른 온라인 자원에 대하여 대가를 받고 일정기간동안 사용 권리를 부여하는 계약이다. 계약기간 만료 시 계약이 갱신되지 않는다면 CD-ROM은 반납해야 하고 온라인 자원에의 접근 권한은 종료된다. 자원 평가의 과정은 자원 선택 결정이 이루어지기 전에 계약과 계약조건에 대하여 면밀히 검토하는 과정이다.

수많은 전통적 도서관 서비스 및 이용정책들에서는 전자자원에 대한 계약이 별로 다루어지지 않았다. 따라서 여기서는 전자자원 관리에 대한 용어와 계약 조건을 상세히 살펴볼 것이다. 계약은 법체계 하에서 계약법에 따라 이루어지기 때문에 법률용어를 사용한다. 본서 부록 D에는 자주 사용되는 기본용어들이 제시되어 있다. 계약서는 다음과 같은 조항으로 구성된다.

- 이용권한에 관한 사항(예, 상호 대차 및 비축의 허용 또는 금지)
- 이용권자의 도서관 내 또는 도서관 외부 이용 제한사항
- 이용권한 부여절차 및 이용권한 증명절차 명시
- 가격모델(건당 혹은 동시사용자 수), 보통 계약서 부록에 제시
- 계약 조건 또는 계약기간, 구독취소에 따른 금지 사항
- 갱신 및 취소 절차 명시
- 당사자 간 계약 의무 및 의무 불이행시 페널티 규정
- 계약 종료 시 도서관의 콘텐츠 접근, 영구 접근 가능 여부

이론적으로는 계약에 관한 모든 사항은 협상을 통해 변경할 수 있다. 계약의 특성상 계약은 서명하기 전 상호 합의에 도달해야 한다. 사서들의 목적은 이용자들이 일상적으로 정보를 이용할 수 있게 하고, 상품과

서비스에 대해서는 정당한 가격을 지불하며, 당사자의 권리, 의무, 그리고 법적 책임에서 형평성을 유지하는 것이다. 대부분의 도서관은 도서관이 원하는 방향으로 협상하기 위하여 바람직한 계약조건(예를 들면 많은 도서관은 도서관이 위치한 주 단위 법률 아래에서 계약을 체결하고자하나 이를 간과할 수 있음)과 도서관의 요구를 충족시키는 계약조건(예를 들면 도서관에 소속되지 않은 이용자에게 관내 이용을 제공하는 것)을 가지고 협상에 임한다. 계약법은 복잡하며 계약협상은 시간 소모적인 일일 수 있다. 2007년에 발표된 한 연구에 의하면 전자 콘텐츠에 대한 라이선스 계약 조건을 검토하는데 직원들이 연간 평균 229.74시간을 소비하는 것으로 나타났다.[44] 사서들은 계약 협상 시 거론할 필요성이 있는 문제들을 확인해야 한다. 사서들은 계약 전문가의 의견이나 충고를 요청할 적정 시기를 알고 있어야 한다. 사서들은 계약, 임대차 계약, 구매계약 등 모든 계약에 있어 그들이 수행하는 업무가 도서관의 정책과 일치하도록 보장하기 위해 도서관과 모 기관의 정책을 잘 알고 있어야한다.

전자자원에 대한 라이선스 계약과 관련하여 사서들에게 도움을 주는 몇 가지 자료원이 있다. 도서관 데이터베이스 라이선싱 사례 조사Survey of Library Database Licensing Practies는 90개의 회사, 법률회사, 대학, 종합대학, 공공도서관, 주립도서관, 비영리도서관들의 데이터베이스 라이선스 계약 사례를 제시하고 있다.[45] 모델케이스 라이선스 계약은 Liblicense와 Licensingmodels.com에서 찾아볼 수 있다.[46] 국제도서관협회연맹 연구소International

---

44) Primary Research Group, The Survey of Library Database Licensing Practices (New York: Primary Research Group, 2007).
45) Ibid.
46) Yale University Library, Liblicense: Licensing Digital Information: A Resource for Librarians, CLIR/DLF

Federation of Library Association and Institutions와 캘리포니아 대학도서관University of California Libraries은 라이선스 계약의 원칙을 개발해 왔다.47) 전자정보의 수서 및 라이선스 계약 가이드Guide to Licensing and Acquiring Electronic Information는 완전하지는 않지만 종합적인 출발점starting point을 제시하고 있다.48) 그 외 참고자료는 본장의 추천자료 "Suggested Reading"에 제시하였다.

라이선스 협상 없이 전자 자료를 수서하는 새로운 방법으로 국가정보표준기구 NISO(National Information Standards Organization)의 Shared Electronic Resources Understanding Best Practice(SERU)를 이용할 수 있다.49) SERU가 모든 라이선스 협정을 대체할 수 있는 것은 아니나 저렴한 전자 자원, 특히 계약협상을 할 인력이 없는 소규모 출판사들의 전자 자료를 이용하는 데는 편리한 접근방법이 될 수 있다. SERU는 라이선스 협약이 아니라 현존 법(예를 들면 저작권법)과 관련하여 전자자원 업무를 수행하는 일반적 관행들을 설명한 문서이다. 만약 도서관과 출판사가 합의한다면 SERU를 참고한 간단한 주문서로 전자 자료를 주문하고 도서관은 대금 지불 후에 전자 자료에 접근할 수 있다. 라이선스 계약서 서명이 필요 없

Model License, www.library.yale.edu/~llicense/modlic.shtml; Licensingmodels.com: Model Standard Licenses for Use by Publishers, Librarians and Subscription Agents for Electronic Resources, www.licensingmodels.com.

47) International Federation of Library Associations and Institutions, Committee on Copyright and Other Legal Matters, "Licensing Principles (2001)," www.ifla.org/V/ ebpb/copy.htm; University of California Libraries, Collection Development Committee, "Principles for Acquiring and Licensing Information in Digital Formats" (July 2006), http://libraries.universityofcalifornia.edu/cdc/principlesforacquiring.html.

48) Stephen Bosch, Patricia A. Promis, and Chris Sugnet, with contributions by Trisha Davis, Guide to Licensing and Acquiring Electronic Information, ALCTS Acquisitions Guides no. 2 and Collection Management and Development Guides no. 13 (Lanham, Md.: Association for Library Collections and Technical Services with Scarecrow, 2005).

49) National Information Standards Organization, "SERU: A Shared Electronic Resource Understanding" (Jan. 2008), NISO RP-7-2008, www.niso.org/publications/rp/RP-7- 2008.pdf.

으며 따라서 어떤 협상도 필요하지 않다. 사서들과 출판사들은 전자자원 수서에서 SERU를 이용한다는 의사를 표시하기 위해 NISO에 등록하면 된다.

구입결정 Decision to Purchase

선택사서는 모든 관련 서평자료들을 검토한 다음 그 자료를 추가할 것인지 여부를 결정한다. Ross Atkinson은 기존장서에 반하는 자료에 대한 판단기준은 지역성이 아닌 보편성이라고 말했다. 그는 또한 선택이란 "상당한 정도까지 기존 장서에 반하는 자료를 장서로 받아들일 것인지에 관하여 연속적으로 의사를 결정하는 과정"이라고 주장하고, 이어서 선택 결정은 선택담당사서가 어떤 자료를 구입할 것인가 하지 않을 것인가의 2가지 옵션만 있기 때문에 비교적 간단한 일이라고 말하고 있다.50) 선택 담당자는 현재와 미래 이용자들의 잠재적 유용성을 예상하는 일종의 상상 모델mental model을 활용한다. Atkinson은 자료의 수용과 거부의 분계선은 기본적으로 선택담당자가 사용할 수 있는 자금에 달려 있다고 믿는다. 출판되는 자료량과 도서관 예산의 한계를 감안하여 사서는 항상 무엇을 추가하고 무엇을 배제할 것인가의 선택의 기로에 서 있는 것이다.

---

50) Ross Atkinson, "Access, Ownership, and the Future of Collection Development," in Collection Management and Development: Issues in an Electronic Era, ed. Peggy Johnson and Bonnie MacEwan, 92 – 109 (Chicago: American Library Association, 1994), 97.

주문준비 Order Preparation

선택된 자료를 주문하고 획득하는 과정 및 체계processes and systems를 수서acquisition라고 부른다. 자료의 수서는 장서개발과 긴밀하게 연결되어 있다. 대부분의 중규모 및 대규모 도서관들에서 자료선택 및 수서업무는 각기 다른 부서 및 단위 조직에 근무하는 직원들이 수행하고 있지만 수서는 장서개발과 긴밀하게 연결되어 있다. 수서업무는 전통적으로 주문 (주문서 발행), 독촉claiming, 취소canceling, 인보이스 처리, 단행본 및 연속간행물 대행사의 제안서에 대한 검토preparing requests for proposals (RFPs) from monograph vendors and serials agents, 그리고 대금 지불과정이 포함된다. 전통적 회계처리 가이드라인은 지불승인과 지불행위는 서로 다른 직원에게 맡길 것을 요구하고 있다. 선택과 수서는 인력사정이 허락한다면 분리해서 맡길 수 있다. 그러나 선택과 수서기능을 통합해서 운용하는 것이 보통이다. 이는 선택담당자들이 직접 공급자의 온라인 데이터베이스에 들어가서 작업을 할 수 있는 장점이 있어 전통적 업무분담체제를 무색하게 하기 때문이다. 선택담당자들은 자료 확인 과정에서 온라인으로 직접 주문을 할 수도 있는 것이다.

선택담당자들은 일반적으로 책을 주문하기 전에 서명, 저자 또는 편집자, 출판사, 출판일, 가격 등을 확인한다. 또한 시리즈번호, ISBN 또는 ISSN, 출판물에서 이용할 수 있는 기타 소스 정보를 확인한다. 많은 도서관들은 선택담당서서들에게 프리프린트한 자료, 온라인에서 검색하고 인쇄한 자료, 완전한 온라인 정보를 담고 있는 일정 양식의 서지 정보를 작성, 제공할 것을 요구한다(<표 4-1> 참조). 이러한 양식은 일반적으로 선택담당자들에게 자금과 예산의 배분, 추가될 장서의 확인, 특수 취급 요청 그리고 복본 구입의 적절성 확인 등에 필요한 것이다. 만일 시리즈 물을 주문한다면 선택담당자는 주문한 책의 권 호수를 확인한다. 선택담당자는 책을 주문할 때 필요한 요소들을 <표 4-1>의 양식을 이용할 수 있을 것이다.

〈표 4-1〉 Sample online internal order form.

Selector:

Title:

ISBN:

Author:

Publisher:

Budget code:

Begin order with volumes/issue/year (if standing order):

Location:

Is a record in the catalog? ☐ No ☐ Yes BIB ID#:

Price:

Comments:

Submit   Reset

※ 이 양식은 ALA사이트(www.ala.org/editions/extras/Johnson09720)에서 이용 가능함.

전자 자료의 선택과 수서에 있어서는 여러 가지 이유로 장서담당 사서들과 수서담당직원들의 상호작용이 더욱 복잡하게 된다. 전자 자료는 값이 비싼데다 수서에는 특별한 승인 과정이 필요하다. 인쇄자료 수서를 위한 표준 시스템에는 전자 자료에 대한 사항이 빠져 있기 마련이다. 전자 자료는 일반적으로 생산자 또는 출판사와 보다 직접적인 상호작용을 해야 한다. 많은 경우 라이선스 계약협상 단계가 늘어나고, 도서관 또는 도서관의 모 기관의 권한 있는 당사자가 승인 서명을 해야 한다. 어떤 도서관에서는 선택담당자가 기관의 승인절차를 통해 라이선스 계약을 관리한다.

또 특정 장서관리 사서 또는 행정관리 직원이 책임을 지는 수도 있고, 수서담당 직원이 담당할 수도 있다. 어떤 학교도서관미디어센터에서는 특히 대단위 학교시스템 담당자, 관리자, 때로는 정보기술부서 직원이 담당하고 있다.

전자자료 계약서 서명 이후에 도서관이 직면하는 문제 중 하나는 이들을 관리하고 계약서에 명시된 계약 조건을 모니터링하는 일이다. 전자자료 관리시스템은 자동화시스템으로서 전자자료 계약에 관련된 정보의 생성, 이용, 유지관리를 하도록 되어 있다. 이 시스템은 내부에서 개발 또는 벤더로부터 구입하는데, 이들은 도서관 자동화 시스템과 통합될 수도 있고 안 될 수도 있다. 이 시스템들은 보통 선택, 실험, 계약협상 상태, 벤더, 시행일, 계약조건 및 갱신일, 비용 및 자금청구라인, 계약상 의무 및 제한사항에 관한 정보를 기록한다. 많은 정보들이 자동화 수서시스템에서 추적하는 정보와 중복되기 때문에 전자자료 관리시스템과 도서관 자동화시스템 사이에 호환성을 갖추는 것이 바람직하다.

수서 옵션 Acquisitions Options

단행본 자료들은 벤더에게 주문하는데, 그들은 다양한 출판사들의 신간 서적을 취급한다. 서적상들은 학문 분야별 또는 주제별, 출판사별, 도서관의 종류별(공공공도서관, 학교도서관, 대학도서관)로 전문화되어 있다. 미국출판협회the Association of American Publishers와 도서관장서 기술서비스협회 Association for Library가 1999년에 수행한 공동연구에 의하면 조사에 응답한 미국 305개 도서관의 77.3%가 벤더를 통하여 자료를 주문하는 것으로 나타났다.[51] 소규모 출판사나 대안출판사(역자 주 : 본격적인 상업출판사가 아닌 개인 또는 단체에서의 출판을 의미하는 것으로 생각됨)에서 나오는 자료들은 출판사에 직접 주문을 해야 한다.[52] 낱권 단위로 자료를 주문하는 경우임의 구매 또는 확정 주문이라고 한다. 확정주문은 도서명 및 납품 기한을 명시하여 주문하는 것으로 서적상은 도서관의 승인 없이 납품 기한을 초과해서는 안 된다. 확정주문은 개별도서를 선택하므로 미시적 선택 micro selection에 해당된다.

미시적 선택에 대한 대안은 거시적 선택macro selection이다. 이는 많은 량의 자료를 서가의 가로 세로en masse 블록en bloc단위로 추가하는 것이다. 거시적 선택은 대량 구입 계획을 통해─계속주문standing orders, 백지주문blanket orders, 승인플랜approval plans─또는 대량의 소급장서를 구입 또

51) Hendrik Edelman and Robert P. Holley, eds., Marketing to Libraries for the New Millennium: Librarians, Vendors, and Publishers Review the Landmark Third Industry-wide Survey of the Library Marketing Practices and Trends (Lanham, Md.: Association for Collections and Technical Services with Scarecrow, 2002).

52) Byron Anderson, Alternative Publishers of Books in North America, 6th ed. (Duluth, Minn.: Library Juice, 2006) and Len Fulton, ed., The Directory of Small Press and Magazine Editors and Publishers (Paradise, Calif.: Dustbooks) are two sources for identifying small press and alternative publishers.

는 기증을 통해 수서할 경우 활용된다. 거시적 선택은 주로 대규모 공공도서관이나 대학도서관에서 이용되지만 점차 소규모의 대학도서관, 공공도서관에서도 활용되고 있다. 몇몇 연구자들은 작은 도서관에서도 대규모도서관에서 활용하는 승인플랜을 활용하는 것이 수서의 능률성, 비용효과성, 원활한 장서운용well-rounded collections 면에서 바람직하다는 것을 설득력 있게 주장하고 있다.53)

거시적 선택은 실제 선택을 포함한다. 거시적 선택은 전통적으로 공급자료의 기준을 평가하는 자료선택 그룹의 평가의견을 활용하는 것이다. 이는 승인플랜 프로파일을 정기적으로 평가하거나 미시적 선택에서 사용하는 것과 동일한 기준으로 분석한다. 거시적 선택 프로그램은 프로그램 수립에 비용 및 시간이 소요되나 일단 도구화 되면 선택 담당자의 시간을 절약할 수 있어 자원 투자비용이 그만큼 보상된다.

많은 전자책과 전자저널에 대한 접근은 거시적 선택을 통해서, 즉 출판사 또는 대행사가 제공하는 광범위한 패키지를 통하여 이루어진다. 출판사가 제공하는 목록 패키지에는 총 이용금액 및 계약기간 중 가격인상률이 포함되어 있다. 이는 이른바 "빅딜 Big Deal" 계약이다. 이 방법은 여러 가지 상이한 가격산정 및 가격할인, 그리고 추가 자료를 제공한다고 하지만, 불리한 점이 많아 전문가들의 비판을 받아왔다.54) 선택 담당

---

53) Wanda V. Dole, "The Feasibility of Approval Plans for Small College Libraries," in Collection Development in College Libraries, ed. Joanne Schneider Hill, William E. Hannaford Jr., and Ronald H. Epp, 154 - 62 (Chicago: American Library Association, 1991); Susan Mueller, "Approval Plans and Faculty Selection: Are They Compatible?" Library Collections, Acquisitions, and Technical Services 29, no. 1 (2005): 61 - 70; Clare Appavoo, "Size Doesn't Matter: Book Approval Plans Can Be Catered to Tight Budgets," Feliciter 53, no. 5 (2007): 238 - 40.

54) Tina Feick, Gary Ives, and Jo McClamroch, "The Big E-Package Deals: Smoothing the Way through Subscription Agents," Serials Librarian 50, nos. 3/4 (2006): 267 - 70; Kenneth Frazier, "What's the

자는 개별 자료의 선택 또는 선택 배제에 대한 결정권을 잃게 된다. 분야별 개별 자료의 추적 및 예산라인 검토도 어려워질 수 있다. 도서관들은 더 이상 유효하지 않은 자료나 가치가 없는 자료를 목록 속에 보유하고 있어야 한다. 한편, 빅딜계약은 수많은 타이틀을 획득할 수 있는 비용 효과적인 접근 방법일 수 있다. Cecilia Botero, Steven Carrico, and Michele Tennant는 플로리다대학에서 빅딜계약을 통하여 비용을 절감한 내용을 비교 데이터로 제시하였다. 이에 따르면 도서관은 더 이상 라이선스를 통해 추가되는 저널의 논문들에 대하여 문헌전달비용document delivery charges을 부담하지 않고, 인쇄 자료에서는 미리 알 수 없는 논문 타이틀에 접근할 수 있는 장점이 있다는 것이다.[55] 또 다른 장점으로는 많은 자료들을 한번 검색으로 접근할 수 있고, 수많은 자료를 한 번의 주문 또는 라이선스 계약으로 이용할 수 있고, 이용 통계자료를 지속적으로 제공해 준다는 점이다.

연속간행물은 에이전트를 통해, 출판사(상업출판사, 학회 등)로부터 직접, 또는 전자저널 대행사를 통하여 구입할 수 있다. 대부분의 도서관들은 업무의 효율성을 위해 하나 또는 소수의 대행사를 통하여 가능한 한 많은 연속간행물을 구입한다. 수많은 출판사로부터 수천 건의 인보이스를 받는 것보다는 에이전트로부터 모든 구입 자료에 대하여 한 장의 인보이

Big Deal?" Serials Librarian 48, nos. 1/2 (2005): 49 - 59; Jeffrey N. Gatten and Tom Sanville, "An Orderly Retreat from the Big Deal: Is It Possible for Consortia?" D-Lib Magazine 10, no. 10 (2004), www.dlib.org/dlib/october04/gatten/10gatten.html; David Ball, "What's the 'Big Deal,' and Why Is It a Bad Deal for Universities?" Interlending and Document Supply 32, no. 2 (2004): 117 - 25; Kenneth Frazier, "The Librarians' Dilemma: Contemplating the Costs of the 'Big Deal,'" D-Lib Magazine 7, no. 3 (2001), www.dlib.org/dlib/march01/frazier/03frazier.html.
55) Cecilia Botero, Steven Carrico, and Michele Tennant, "Using Comparative Online Journal Usage Studies to Assess the Big Deal," Library Resources and Technical Service 52, no. 2 (2008): 61 - 68.

스를 받는 것이 효율적이다. 인보이스는 도서관 자동화시스템에 직접 탑재되기도 한다. 연속간행물 에이전트는 온라인 주문센터에서 주문, 클레임, 갱신, 취소, 보고서를 생성할 수 있게 하고, 전체 금액 중 완료된 서비스 부분을 퍼센테이지(%)로 계산하여 청구한다. 도서관은 보통 정기적(5년 주기)으로 REP를 발행하고 현행 에이전트 및 경쟁업체들에게 제안서 제출을 요청한다. 전자저널로 전환하면 에이전트의 역할이 바뀐다. 추가 서비스(예, A-to-Z 타이틀 목록, 계약협상contract negotiation, 라이선스 조건 및 접근권 계약관리management of contract access rights and license terms)를 제공하고 디지털 환경에 맞는 보고체계를 갖추어야 한다.

전자저널 수서는 여러 출판사들의 패키지 및 대행사들이 제공하는 논문들에 대한 추가 옵션을 제공한다. 여러 출판사들의 복합 패키지의 예는 Project Muse, BioOne, JSTOR 등 3가지를 들 수 있다. Project Muse (http://muse.jhu.edu)는 비영리 단체로서 60개 이상의 학술출판사, 그리고 존스 홉킨스대학Johns Hopkins University의 아이젠하워 도서관the Milton S. Eisenhower Library이 참여하고 있다. 출판사들의 공동 플랫폼은 출판되는 각 저널의 완전한 내용을 제공하고 있으며 HTML, PDF, 또는 둘 다 이용가능하다. 보유판도 발행하고 있으며 소급 자료는 선택된 타이틀에 대하여 10년 전의 파일까지 소급 검색할 수 있다. 뮤즈시스템MUSE system은 공동 검색 인터페이스를 제공하고, 각 도서관들이 한 번의 거래로 많은 논문들을 이용할 수 있도록 허용하고 있다. 이런 종류의 협력체제는 대규모 출판사들이 누리는 규모의 경제economies of scale의 편익을 작은 출판사들에게 제공하고 있다.

BioOne(www.bioone.org)은 또 다른 협력체로서 과학자들의 학회, 도서관, 대학, 기타 민간부문이 참여하여 생물학, 생태학, 환경과학 연구 저널 패키지를 제공하고 있다. BioOne이 다루는 타이틀은 대부분 소규모 학회들 및 비영리 출판사들이 발행한 출판물로서 MUSE와 같이 BioOne이 취급 하는 타이틀 내에서 최신 발행된 전체 저널의 내용을 제공하고 있다.

JSTOR(www.jstor.org)는 여러 가지 종류의 저널들을 제공하는 비영리단 체이다. 이 단체는 수많은 출판사들로부터 다양한 학문분야의 주요 학술 저널들을 수집하여 신뢰성 있는 아카이브를 구축, 관리하면서 신청에 의 거 저널타이틀을 몇 개의 패키지로 묶어 제공하고 있다. JSTOR는 발행 된 저널의 본래 모습 그대로 이미지와 내용을 스캔하여 전체내용을 시각 적으로 인식할 수 있도록 제공하고 있다. JSTOR는 최신 저널은 서비스 하지 않으며 이른바 움직이는 벽moving-wall을 설치하였다. 말하자면 최신 발행 저널들은 1~5년의 엠바고 기간을 두고, 이 기간이 지난 소급 자료 만을 서비스하고 있다. MUSE프로젝트나 BioOne에서 다루는 저널의 최 신호는 JSTOR에서도 취급하며 해당 저널의 과월호에 대한 접근 서비스 를 제공하고 있다.

대행사 컬렉션은 많은 출판사로부터 전자 저널을 수집, 중계하는 방식 으로 개발되고 있으며 출판사들에게 온라인을 통해 공유 인터페이스를 제공하고 있다. 대행사는 그들이 수집한 논문 컬렉션에 대하여 색인 초 록 데이터베이스를 생산, 제공하며 전문full text 전자 자료 및 색인 레코드 를 하이퍼텍스트로 연결하여 색인의 검색과 부분별 전체 내용 텍스트를 조합하여 검색할 수 있도록 하고 있다. 예를 들면 EBSCOhost의 학술 검 색 프리미어Academic Search Premier는 2008년 1월 현재 8,302종의 연속간행 물을 색인하고 있고, 이 가운데 4,655종은 전체 텍스트를 제공하고 있다. 저널 출판사들과 대행사 간의 협정은 출판사들이 서명한 이후에 계약 협 정을 철회하는 등 변동이 극심했다. EBSCO 학술검색프리미어Academic

Search Premier의 계약 조항에는 "본 데이터베이스에 포함된 출판물은 출판사와의 계약에 의거 사전 통보 없이 변경될 수 있다."고 규정하고 있다.[56] 대행사들이 최신 학술잡지의 전체 내용을 제공하는 경우는 매우 드물다. 그들은 최신 논문을 선정 제공하는 경우는 더러 있으나 서평, 사설, 광고 등을 포함하지 않는다. 최신 내용에 대한 엠바고 기간은 일반적으로 수개월에서 수년까지 걸쳐 있다. 출판사들은 점차 대행사 컬렉션에 기여하고 있고, 저널의 동일 내용을 멀티 소스로 요구하는 도서관에 별도로 제공하기도 한다. 대행사 컬렉션은 상당 분량의 저널 논문들에 접근을 제공하기 때문에 매우 편리하며 비용 효과적인 방법일 수 있다. 그러나 패키지 내의 논문 접근을 장기적으로 보장하지는 않는다. 대규모 대학도서관은 거시적 선택의 여러 가지 장점을 취함으로서 수서예산의 65%에서 90% 정도를 비 확정주문 방식으로 구매한다. 여기에는 단행본 시리즈, 연속간행물, 기타 계속 자원의 계속주문standing orders, 출판사들에게 의뢰하는 백지주문blanket orders, 그리고 승인플랜approval plans에 의한 주문이 포함된다. 수서에 있어서는 신속한 납품이 이루어질 수 있도록, 그리고 작은 출판사들의 자료도 수서할 수 있도록 보장하는 주문계획을 수립해야 한다. 그렇게 함으로서 거액의 예산을 효과적이고도 효율적으로 사용할 수 있고 광범위한 정보자원less mainstream resources의 선택에 초점을 맞출 수 있다. 백지주문과 승인플랜은 공급 자료에 대하여 할인가격을 적용한다. 거시적 선택 방법으로 많은 자료를 공급함으로써 선택 사서들은 그들의 업무시간을 보다 좋은 자료를 발굴, 선택하는 일에 집

56) EBSCOhost, Academic Search Premier Database Coverage List, www.ebscohost.com/ titleLists/ap-complete.htm.

중할 수 있다.

승인플랜 Approval Plans

단행본의 승인플랜은 도매상이 책임지고 도서관의 수집 방침에 부합되는 모든 신간 자료를 공급하는 영업방식이며 도서관은 자료를 반품할 수 있는 특권이 있다. Richard Abel은 1960년대 초에 현재 사용하고 있는 승인플랜을 창안하였다.[57] 승인플랜 벤더는 많은 나라에서 운용되고 있으며 그들이 위치한 지역의 도서관에 책과 서비스를 공급하고 있다. 승인 프로파일은 장서관리 사서가 작성한다. 승인 프로파일에는 주제, 수집 수준, 형태, 장르, 가격, 언어, 출판사 등 승인조건을 명시하고 있다. 공급자는 정기적으로 프로파일에 맞는 자료를 송부한다. 사서들은 들어온 자료들을 검토하여 구입 여부를 결정한다. Michael Sullivan은 "어린이 책에 대해서는 특히 내구력ability to hold, 일러스트 검토examine illustrations, 용어집glossaries, 색인 등등and the like 서평지로부터 전 구매과정에 걸쳐 상당한 개선이 이루어지고 있다"고 지적한다.[58] 반품 비율은 대부분의 벤더와 도서관들에서 2% 또는 그 이하를 목표로 하고 있다. 반품할 경우 어떤 승인플랜에서는 출판물 자체를 보내는 대신 서류 또는 온라인으로 통지서를 보내고, 또 어떤 승인플랜은 책과 통지서를 함께 보낸다. 선택담당자들은 도서관의 목적, 우선순위, 예산 변동에 맞추어 프로파일을 개선,

57) Ann L. O'Neill, "How the Richard Abel Co., Inc. Changed the Way We Work," Library Acquisitions: Practice and Theory 17 (1993): 41 - 46.
58) Michael Sullivan, Fundamentals of Children's Services(Chicago: American Library Association, 2005), 55.

개정한다.

백지 주문 계획Blanket order plans은 개별 출판사 또는 학회와 약정하여 그들의 모든 출판물(또는 특정 가격 이하의 모든 출판물)을 매년 공급하도록 하는 업무방식, 또는 벤더에게 어떤 기준certain parameters 내에서 특정 지역에서 출판된 모든 자료를 공급하도록 하는 업무방식이다. 백지 주문 계획은 대부분의 경우 도서관의 반품 특권을 인정하지 않는다.

승인플랜 벤더와 확정주문 공급자들의 서비스 개선 및 다양화로 인해 디지털 주문 기록 및 인보이스가 도서관 자동화 시스템에 탑재되고 이를 통해 전자적으로 데이터의 상호 교환이 이루어지게 되었다. 벤더 및 공급자의 온라인 데이터베이스에 들어가 온라인 주문, 목록레코드(의회도서관 목록 복사, CIP기록, 벤더가 제공하는 축약목록 또는 원목록), 그리고 서가에 들어온 모든 책에 대한 정보를 이용할 수 있다. 서가에 들어온 책 Shelf-ready books은 도서관 목록 작성, 책등 라벨spine labels, 책 카버book plates, 도난 방지표시antitheft strips 등 작업절차에 들어간다. 이렇게 벤더는 도서관에서 전통적으로 수행하던 기능들을 대체 또는 보완하고 있다. 도서관들은 전에는 내부 직원들이 수행하던 서비스를 외부 계약으로 아웃소싱하고 있다. 사서들은 도서관의 인원이 감축되는 경우, 그리고 직원들을 다른 더 중요한 일을 할 수 있도록 하기 위해 아웃소싱 비용을 책정한다. 승인플랜은 가격 할인, 신간서적의 신속한 배송, 신뢰성 있는 카버범위reliable coverage, 선택담당자가 모니터할 수 있는 보고서 등을 제공하기 때문에 널리 채택되고 있다. 승인플랜을 택함으로서 선택사서들은 자유롭게 더 중요한 업무 및 다른 일을 찾아서 수행할 수 있다.

승인플랜에 대한 반대가 없는 것은 아니다. 1990년 승인플랜은 전문성을 폄하하는 주요 원인이 된다는 의견이 있었다.[59] 1996년에는 하와이

주립 공공도서관Hawaii State Public Library System이 승인플랜을 확대 시행하였고, 중앙도서관과 49개 분관에 모든 자료를 선택, 목록, 기타 모든 자료 처리를 해주는 벤더와 계약을 맺었다. 관리자들은 이 방법이 직원을 해고하지 않고도 25%의 예산을 절감할 수 있고 기술서비스 직원들에게 열람서비스를 맡길 수 있는 방법이라고 보았다. 반면, 대부분의 하와이도서관 사서들은 이용자의 요구에 대응하기 어려울 것으로, 그리고 승인플랜 하에서는 장서의 질적 저하를 초래할 것으로 보았다. 사서들은 이런 종류의 아웃소싱을 전문직으로서의 사서직에 대한 심각한 도전으로 보고 전국적인 토론의 장을 조성하였다. 하와이 도서관의 상황은 전 미국에 걸쳐 사서들의 감성적인 문제emotional issue가 되었고 책과 정보, 도서관을 "상품화commodification, 상업화commercialization, 균질화homogenization시키는 것"이라고 분개했다.60) 자료의 선택은 사서직의 핵심적 기능으로 여겨졌다. 하와이도서관의 승인플랜 계약은 시작된 지 2년 만에 종료되었고, 선택 업무는 다시 사서에게로 돌아왔다.

교환협정 Exchange Agreements

어떤 대학도서관은 불록단위 선택의 한 형식으로 교환 방식을 이용한다.61) 대부분의 경우 교환은 외국의 교환 파트너 도서관과 이루어지며,

---

59) See Carol Reid, "Down and Outsourced in Hawaii," American Libraries 28 (June / July 1997): 56 - 58; Rebecca Knuth and Donna G. Bair-Mundy, "Revolt over Outsourcing: Hawaii's Librarians Speak Out about Contracted Selection," Collection Management 23, nos. 1/2 (1998): 81 - 112.
60) Knuth and Bair-Mundy, "Revolt over Outsourcing," 109.
61) Kristi Ekonen, Päivi Paloposki, and Pentti Vattulainen, Handbook on the International Exchange of Publications, 5th ed. (Munich: K. G. Saur, 2006).

다른 방법으로는 이용 불가능한 자료를 얻을 수 있을 때, 또는 직접 구입하는 것보다 경제적으로 자료를 구할 수 있을 때 활용된다. 파트너 도서관들은 해당 지역 기관의 출판물을 공유한다. 교환 파트너는 도서관, 학술단체 및 학회, 대학의 학술연구소, 연구기관 등이다. 교환은 외국 자료를 수집할 수 있는 실질적 수단이다. 교환은 도서관장서의 우선순위 범위 내에서 검토 결정해야 한다. 어떤 도서관은 교환 프로그램을 줄여나가고 있다. 그러나 많은 도서관들은 교환제도가 출판물을 확보할 수 있는 문화 교류 활동이며, 도서관간에 서로 도움을 줄 수 있는 비용 효과적인 방법이기 때문에 교환협정을 유지하고 있다.

기증 기타 무상 자료 Gifts and Other Free Materials

기증은 낱개의 자료나 장서를 도서관으로 가져오는 것이다(역자 주 : 주는 쪽에서 보면 '기증'이고, 받는 쪽에서 보면 '수증'이다). 기증은 아무런 보상 없이 봉사차원에서 이루어진다. 기증은 기증자가 아무런 대가 지불을 요구하지 않고 도서관에 물품이나 자료를 양도하는 하나의 법률적 행위이다. 기증물의 양도에는 도서관이 따라야 할 조건을 두는 경우도 있다. 관대한 기증자는 기증품을 잘 보살펴 주기만을 바랄 뿐이다. 기증자에게 아무런 보상을 하지 않는다고 해서 기증관련 비용이 발생되지 않는 것은 아니다. 선택담당자가 기증자료를 평가할 때, 목록 및 자료처리 과정에서, 서가 배열 및 재배열 과정에서, 수선 및 보존의 과정에서 비용이 발생된다. 연속간행물의 기증은 구입 자료와 마찬가지로 계속 비용이 발생된다. 기증에 관한 의사결정은 대부분 자료 추가 비용과 자료의 도서관에 대한 가치 간의 비교 검토를 줄일 수 있다(역자 주: 기증 자료는 무료인 반면 도서관에 들어오면 가치를 높일 수 있기 때문에 비용대비 가치문제를 크게 고민하지 않아도 된다는 의미로 해석됨).

기증 자료는 도서관 자료를 강화시킬 수 있고, 틈새를 메워주며, 대체 자료를 제공하고, 구입하기에 너무 비싼 자료, 또는 구입이 불가능한 자료를 제공받을 수 있기 때문에 매우 바람직하다. 한 사람의 기부자로부터 많은 자료들을 기증받았을 경우 그 기증 장서는 주로 특정 영역 또는 주제에 중점을 둔 자료들이라 할 수 있다. 여기에는 절판된 자료, 시리즈물 중 양호한 상태의 자료, 초판본, 본질적 가치가 있는 자료 등이 포함되어 있을 수 있다. 틈새를 메꾸어주는 이외에도 기증 장서는 도서관장서에 깊이와 폭을 더해줄 수 있다. 자료를 추가함으로써 도서관과 개인들의 관계를 강화할 수 있으며, 시간이 지남에 따라 사람들이 도서관 및 기관에 추가적으로 기증(자료나 자금)을 하도록 분위기를 조성할 수도 있다. 기증 자료는 잠재적 기부자들과의 협상을 통하여, 또는 출판사의 요청을 통하여 도서관에 입수된다. 특별 장서 담당사서 또는 도서관 장서 개발담당자들은 자료 소장자로 알려진 인사들을 대상으로 기증 협상을 할 수 있다. 도서관은 한 회사나 연구소, 또는 학술단체에 계속주문형식으로 기증gift standing order을 해 주도록 요청할 수 있다.

기증 자료를 평가할 경우에는 구입자료 선택 기준과 동일한 기준을 적용해야 한다. 선택담당자가 가장 먼저 해야 할 일은 검토 대상 자료가 도서관의 장서개발 정책 및 가이드라인의 범위 내에 부합되는지를 살피는 것이다. 도서관은 교과서, 실험실매뉴얼, 복본, 허황된 자료vanity press items (역자 주: 개인, 종교단체 등은 허무맹랑한 자료를 발간하는 경우가 더러 있다), 실물교재realia, 개별논문 복사본, 학술논문 저널 복사본, 거래용 책자trade paperbacks, 대중행사 팸플릿popular pamphlets, 판촉용 간행물 등의 자료에 대하여 추가여부를 규정한 정책을 가지고 있어야 한다.

많은 사서들은 인터넷을 통해 무료로 접근할 수 있는 정보원을 찾고 있다. 이러한 자료선택 방법으로 사서들의 일상적 장서구성 활동을 확장할 수 있고, 목록자료 및 온라인 주제기반 검색 보조 자료들을 확보하여 새로운 지식에 접근할 수 있다. 많은 도서관 목록들에서는 서지 레코드를 웹에 링크하고 있다. 무료 웹 자료는 성질상 매우 복잡하므로 웹자료의 검토, 평가, 선택, 이용자를 위한 웹사이트 목록작성 등 사서들의 역할이 매우 중요하다.62)

기증은 선택과정의 일부가 되어야 한다. 기증자가 기증에 따른 특수한 조건을 내세울 경우 그 자료는 도서관에 추가할 가치가 없다. 기증자들은 이용, 보존, 또는 수선유지를 조건으로 하여 자료를 선물하는 것이다. 도서관은 기증자료 선택에 대한 가이드라인이 없는 경우라도 기증자의 제한사항 수용여부에 대한 가이드라인은 있어야 한다. 선택담당자는 기증자들의 제한요구에 대하여 기증이 도서관에 기여하는 가치(그리고 가능한 미래의 기증)에 무게를 두고 선택해야 한다.

도서관이 기증 자료를 받았을 경우에는 일반적으로 기증자에게 이를 확인하는 문서를 보낸다. 1984년의 세금조정법Tax Reform Act을 약간slightly 개정한 1993년의 미국 과세조정법률the U.S. Revenue Reconciliation Bill에서는 기증자는 도서관에 비 대가성 기증에 대하여 서면 확인서 또는 기증 증

---

62) Louis A. Pitschmann, Building Sustainable Collections of Free Third-Party Web Resources (Washington, D.C.: Digital Library Federation and Council on Library and InformationResources, 2001), 6.

서formal deed-of-gift의 발급을 요구할 수 있고, 이 경우 기증자는 250달러 이상의 감세를 청구할 수 있다. 도서관은 기증자에게 가치를 감정하거나 평가해주어서는 안 된다. 기증자에게 세금 감면 청구에 사용할 증거서류를 보내고, 기증 받은 자료를 도서관의 영구 자료로 등재하며, 기증자와 기증 자료에 대하여 정중하게 널리 알려야 한다. 이러한 서류처리를 통해 도서관은 수증 자료에 대한 이용, 보유, 처분에 따른 권리행사의 모호성을 줄일 수 있다.

만일 기증자의 모든 무상기부에 대한 총 세금 감면액이 연간 500달러 이상일 경우 기증자는 IRS Form 8283(IRS : Internal Revenue Service)에 등록하여야 하고, 기관에서 받은 기부 확인서를 첨부해야 한다. 기부자는 기부물품에 대한 공정한 시장가격 결정에 책임을 진다. 만일 기부한 재산 가치가 5,000달러 이상일 경우, 기부자는 기부 물품의 공정 시장가격 결정에 따른 공인감정서를 보유하고 있어야 한다. 미국 세법U.S. tax law은 500달러 이상의 기부를 받은 기관은 그 기부 물품을 2년 이상 보유할 것을 요구하고 있다. 만일 도서관이 기부 받은 물품의 일부 또는 전부를 처분하고, 본래 책정한 기부물품의 가치를 감액한다면 이 역시 IRS Form 8282에 등재해야 하며, 이는 기증자가 받은 원래 세금감면혜택에 영향을 미치는 것이다.

소급자료 선택 Retrospective Selection

소급 선택은 오래된, 희귀한, 골동품적인, 중고의, 또는 절판된(OP: out of print) 자료를 선택하는 과정이다. 이는 분실된 자료, 손상된 낡은 자료를 대체하는 것도 포함된다. 사서들은 구입해야 할 자료의 목록desiderata files of titles을 개발하고 가용자금 및 자료의 소재가 파악되면 그 자료를 구입할 수 있다. 이들 자료는 장서의 틈새를 메우는데, 또는 새로운 학술 프로그램이나 이용자사회의 관심을 지원하는데 필요하다. 소급선택은 대규모 연구도서관에서 더욱 일반적으로 발생한다. 소급선택에 이용 가능한 자원으로는 절판자료 취급상OP dealers의 카탈로그, 경매정보, 개인소유자들과의 개별적 협상 등을 들 수 있다.

절판자료는 본래의 출판사로부터는 더 이상 구할 수 없는 자료들이다. 어떤 분야에서는 출판물의 량이 제한적이어서 매우 빠르게 절판된다. 많은 중고서적 및 절판자료 판매상들은 인쇄 또는 온라인으로 목록을 제공하는데, 그들이 보유하는 자료는 타이틀별로 단 1권인 경우가 많기 때문에 사서들은 신속히 확인하고 수서하지 않으면 안 된다. 많은 절판자료 취급상들은 도서관이 찾고 있는 자료 목록을 받아본다. 딜러들은 미국 서적거래상 명부American Book Trade Directory에서 찾을 수 있다.[63] 또 고서자료판매조합the Antiquarian Booksellers Association of America(http://abaa.org) 및 고서판매상 국제연맹the International League of Antiquarian Booksellers(www.ilab-lila.com)을 통해서도 발견할 수 있다. 많은 대학출판사에서 간행한 도서는 수요에 의거 주문 부수에 한하여 책을 찍어낸다. 작은 출판사 및 학술출판사에서도 수요부수에 한정하여 책을 발간하며 이들 서적들의 소급자료 목록을 유지하고 있다.

소급자료 선택에서 특수한 업무분야는 시리즈물의 결호와 연속간행물 결호를 보충하는 일이다. 정보원으로는 도서관장서 및 기술서비스위원회

---

63) American Book Trade Directory (New Providence, R.I.: Bowker).

Association for Library Collections and Technical Services가 후원하는 Duplicates Exchange Union(www.ala.org/ala/alcts/pubs/duplicatesexch/duplicatesexchange.cfm)이 있다. 도서관들은 그들이 제공하고자 하는 도서 및 연속간행물 리스트를 교환협력기구를 통하여 회원도서관에 제공한다. 도서관들은 그들이 이 목록에서 필요한 자료를 체크한다. 때로는 출판사도 돈을 받고 결호를 제공할 수 있다. 도서관은 대체자료를 구할 수 없을 때는 결호보충에 필요한 자료를 빌려 복사본을 만들 수 있다. 이제 도서관은 온라인 및 도서관 상호대차를 통하여 논문에 접근할 수 있는 능력이 향상되고 있으므로 소급 저널을 수집하는 업무는 그 중요성이 약해지고 있다.

마이크로자료, 복사물, 디지털장서는 소급자료 선택의 실질적 대안이다. 만일 어떤 자료가 인쇄본으로 대체하기에는 너무 비싸고, 절판자료 목록에서도 찾을 수 없는 경우, 또는 그 자료가 많이 이용되지 않을 경우에는 마이크로 형태의 자료로 변환하는 것이 합리적인 해결책이라고 본다. 어떤 자료는 영인본으로 이용할 수 있다. 이는 원본을 사진 복사한 것으로 대부분의 이용자 요구를 충족시킬 수 있다. 사서들은 어떤 특정 주제의 소급자료에 대하여 마이크로 형식으로 된 자료들을 구입할 수 있고, 몇몇 출판사 및 벤더들은 중요 소급장서에 온라인으로 접근할 수 있도록 하고 있다. English Books Online(http://eebo.chad wyck.com) 사이트는 이 가운데 하나의 예이다. 이 컬렉션에서는 1475~1661개의 출판사에서 발행한 125,000건이 넘는 자료를 마이크로필름으로 이용할 수 있다.

다원사회와 대체 문헌 Diverse Communities and Alternative Literatures

미국은 인종, 종교, 출생지, 경제사정, 정치소속, 개인적 기호에 있어서 다양성을 포용하는 다문화 사회이다. 2006년 미국 거주자의 13%가 외국에서 출생했고, 이는 1990년보다 7.9%가 늘어난 것이다.[64] 2003년 학교에 재학 중인 어린이의 40%가 소수민족이었다.[65] 민족의 다양성은 예전과는 달리 더욱 빠르게 확대되고 있다. 2000년에 인구조사국은 학교에서의 소수민족 학생은 2010년에 40%에 달할 것으로 예측한 바 있다.[66]장서의 다양성은 증가하는 다원사회의 요구와 관심을 반영해야 한다. 여기에는 장애인, 편부모 또는 결손가족, 동성애자lesbian, 양성애자bisexual, 성전환자transgender, 해외출생자, 영어가 모국어가 아닌 자 등이 포함된다.

사서의 직업적 의무는 이러한 다양한 이용자 사회의 교육적, 오락적 요구를 반영하고, 충족시키는 균형 있는 장서를 개발하는 것이다. 그리고 사서 자신의 문화적 인식과 개인적 경험에 의한 편견을 배제해야 한다. 미국도서관협회는 "장서개발에서의 다양성: 도서관 권리장전에 대한 해석Diversity in Collection Development: An Interpretation of the Library Bill of Rights"에서 이에 대한 가이드라인을 제시한 바 있다.[67] Denise E. Agosto는 문화를

---

64) U.S. Census Bureau, United States Population and Housing Narrative Profile: 2006, "The Foreign-Born Population: 2000," Census Brief, Current Population Survey CENBR/01-1 (2003), www.census.gov/prod/2003pubs/c2kbr-34.pdf.

65) U.S. Census Bureau, "School Enrollment—Social and Economic Characteristics of Students: October 2003," Current Population Reports P20-554 (2005), www.census.gov/prod/2005pubs/p20-554.pdf.

66) U.S. Census Bureau, Population Projections Program, "(NP-D1-A) Annual Projections of the Resident Population by Age, Sex, Race, and Hispanic Origin: Lowest, Middle, Highest Series and Zero International Migration Series, 1999 to 2100" (Washington, D.C.: U.S. Census Bureau, Jan. 13, 2000), www.census. gov/population/www/projections/natdet-D1A.htmland www.census.gov/population/projections/nation/ detail/d2001_10.pdf.

67) American Library Association, "Diversity in Collection Development: An Interpretation of the Library

대표하는 학교도서관 장서는 "소수민족 배경의 학생들에게 스스로 학급과 학교의 일원이라는 느낌을 갖도록 학생들을 옹호하는 장치로서 서비스를 제공할 수 있어야 한다."고 주장한다.[68] 대표성이 있는, 연령에 맞는 자료를 발견하는 것은 쉬운 일이 아니다. 예를 들면, 장애를 가진 어린이와 그 가족을 위해 최신 자료를 구하는 것은 매우 어렵고 시간이 많이 걸리는 일이라고 Crystal E. Kaiser는 말한다.[69] 다문화 장서는 인구의 다양성을 반영하고 그들의 요구를 충족시켜야 할 뿐 아니라 다른 민족의 생활양식과 문화를 이해할 수 있는 기회를 제공해야 한다.

어떤 출판물은 그 사회의 지배적인 문화를 반영하지 않으며, 그 문화의 믿음과 견해를 대표하지 않는데, 이들은 대안적 문헌이라고 할 수 있다. 일반적으로 이러한 자료들은 소규모 출판사, 독립적인 출판사independent publishers, 좌우 급진적 출판사, 반대 단체 등에서 출판된다. 대안 문헌들에 등장하는 많은 주제들은 도서관 장서에도 도전적인 주제들이다.[70] 이들은 공공생활public life 및 대중매체mass media에 대한 비평, 환경운동environmental activism, 평화주의 및 반군국주의peace and antimilitarism, 인권(생명권 및 자유 선택권 포함), 언론의 자유 및 검열, 영혼창조론creationism, 무정부주의anarchism, 상황주의 문학situationist literature, 비판 교육 및 무료

Bill of Rights" (adopted July 14, 1982, by the ALA Council; amended Jan. 10, 1990), www.ala.org/Template.cfm?Section=interpretations&Template=/ContentManagement/ContentDisplay.cfm&ContentID=8530.

68) Denise E. Agosto, "Building a Multicultural School Library: Issues and Challenges," Teacher Librarian 34, no. 3 (2007): 27 - 31.

69) Crystal E. Kaiser, "Is Your Early Childhood Literature Collection Disability-Inclusive and Current?" Children and Libraries 5, no. 3 (2007): 5 - 14.

70) Chris Atton, "The Subjects of Alternative Literature: A General Guide," in Alternative Literature: A Practical Guide for Librarians, 39 - 64 (Aldershot, Hampshire, England: Gower, 1996).

학교critical education and free schools, 성 문제sexual politics, 초자연적 현상 paranormal phenomena, 그리고 극단 집단의 문헌literature of extremist groups들이 다. 대안 문헌에는 소설, 시, 미술, 음악도 포함된다.

사서들은 일반적으로 다문화 소수민족 그룹을 위한 자료선택을 편안 하게 생각한다. 다문화 사회에 대한 지원은 대체로 좋은 감정, 그리고 정 치적으로 정확한 입장에서 인식되기 때문이다. 사서들이 사회적, 도덕적, 정치적 관심과 일치되지 않는 자료를 선택할 때는 쉽지가 않을 것이다. 개인적 편견, 근무하는 기관에 대한 책임감, 그리고 이용자에 대한 책임 감 때문에 결과적으로는 미묘한 감정 또는 무의식적 자기 검열 상태에서 자료선택을 하게 된다.

검열과 지적자유 Censorship and Intellectual Freedom

본서의 제1장에서 독서의 자유에 대하여 미국 도서관협회가 사서들에 게 윤리적 검열을 인정한 1876년과 최초의 도서관 권리장전이 채택된 1930년 사이에 어떻게 전혀 다른 이념으로 대체되었는지를 살펴본 바 있 다. 검열에 대한 사서들의 태도는 공익의 개념과 도서관의 민주적 기능 변화에 따라 변화되어 왔다. 지적자유intellectual freedom 및 아이디어에의 자유로운 접근free access to ideas 개념은 미국 헌법 제1차 개정the First Amendment에서 기본적 인권a basic human right으로 구체화되었다. 도서관권 리장전(제2장)은 계속 미국의 사서들에게 중요한 성명서로 남아 있다.

지적자유의 보장은 미국도서관협회의 중점사업으로서 지적자유를 관 리하는 사무실을 유지하면서 지적자유매뉴얼을 출간하였다.71) 독서자유 재단The Freedom to Read Foundation은 미국 헌법the First Amendment에서 보장하는 도서관 및 도서관자료에 대한 언론 출판의 자유를 보호하기 위하여 미국도서관협회의 자매기관으로 설립된 것이다. 이 재단은 장서의 문제에 직면한 도서관들에 대하여 법적인 상담과 지원을 하고 있다. 사서들이 직면하는 지적 자유에 대한 추가적 걸림돌은 인터넷을 통하여 문제가 있는 자료들에 쉽게 접근할 수 있다는 일반 시민들의 생각이라 할 수 있다.72) 미국 도서관협회와 많은 분과위원회는 지적자유, 특히 전자정보와 관련한 자유로운 접근을 구현하는 여러 가지 문서 및 성명서를 개발해왔다. 협회는 "전자정보 서비스 네트워크 접근 : 도서관 권리장전의 해석 Access to Electronic Information, Services, and Networks: An Interpretation of the Library Bill of Rights."을 마련하였다.73) 또 대학 및 연구도서관협회the Association of College and Research Libraries는 학술 분야에서 도서관 권리장전을 적용하여 대학도서관의 지적자유의 원칙Intellectual Freedom Principles for Academic Libraries을 제정하고, 미국 학교도서관사서협회는 "학교도서관 미디어 프로그램에 있어서의 자원 및 서비스 접근 : 도서관권리장전의 해석"이라는 지침을 마련하였다.74) 미국도서관협회의 "독서자유 선언서Freedom to Read

---

71) American Library Association, Office for Intellectual Freedom, Intellectual Freedom Manual, 7th ed. (Chicago: American Library Association, 2006).

72) Barbara A. Jones, Libraries, Access, and Intellectual Freedom: Developing Policies for Public and Academic Libraries (Chicago: American Library Association, 1999).

73) American Library Association, "Access to Electronic Information, Services, and Networks: An Interpretation of the Library Bill of Rights" (adopted by the ALA Council Jan. 24, 1996, amended Jan. 19, 2005), www.ala.org/ala/oif/statementspols/statementsif/interpretations/accesselectronic.cfm.

74) Association of College and Research Libraries, "Intellectual Freedom Principles for Academic Libraries"(approved by ACRL Board of Directors June 29, 1999, adopted July 12, 2000, by the ALA Council), www.ala.org/Template.cfm?Section=interpretations&Template=/ContentManagement/Content Display.cfm&ContentID=8551; American Association of School Librarians, "Access to Resources and Services in the School Library Media Program: An Interpretation of the Library Bill of Rights" (adopted July 2, 1986 by the ALA Council; amended Jan. 10, 1990; July 12, 2000; January 19, 2005),

Statement"는 정보와 아이디어의 자유로운 접근을 위한 사서들의 약속을 재확인iteration한 것이다.

독서의 자유 Freedom to Read

1. 출판사와 서서들은 광범위한 다양한 관점과 표현, 이단적 자료 unorthodox, 비인기자료, 다수가 위험하다고 생각하는 자료도 공공의 이익의 범위 내에서 이용할 수 있게 해야 한다.

2. 출판사, 사서, 서적상들은 그들이 이용할 수 있는 모든 아이디어 및 출판물을 칭송해서는 안 된다. 이는 공중이 출판 및 대출 자료를 결정하는 표준으로 삼을 수 있어 그들의 정치적, 윤리적, 심미적 aesthetic 관점을 형성하는데 공중의 이익과 충돌할 수 있다.

3. 출판사나 사서들이 저자의 개인 이력 또는 정치적 성향affiliation을 근거로 작품에의 접근을 막는bar 것은 공중의 이익에 반한다.

4. 타인에게 어떤 취미를 강요하거나, 성년자adults에게 청년기adolescents에 적합하다고 간주되는 읽을거리를 정해주거나, 예술적 표현을 성취하고자 하는 작가의 노력을 억제inhibit해서는 안 된다.

5. 독자에게 어떤 표현을 특정하여 예단하고 이를 받아들이라고 강요하거나, 그 저자를 전복시켜subversive 위험에 빠뜨리는 것은 공중의 이익에 반한다.

6. 출판사와 사서는 시민을 위한 독서의 자유의 수호자guardians로서 개

---

www.ala.org/ala/oif/statementspols/statementsif/interpretations/accessschoollibrarymediaprogram.pdf.

인이나 단체가 그들의 기준이나 취향을 지역사회에 대대적으로 강요하여 독서의 자유를 침해하거나, 정부가 공공 정보에 대한 공중의 접근을 제한하거나 부정할 경우 이에 맞서 싸워야 할 책임이 있다.

7. 출판사와 사서는 사상과 표현의 질적 수준 및 다양성이 풍부한 자료를 제공함으로서 독서의 자유에 충분한 의미를 부여해 줄 책임이 있다. 이러한 적극적인 책임을 실행함으로서 그들은 "나쁜" 책에 대한 답변은 "훌륭하게", "나쁜" 생각에 대한 답변도 "훌륭하게" 나타낼 수 있다. they can demonstrate that the answer to a "bad" book is a good one, the answer to a "bad" idea is a good one.[75]

사서들은 장서의 검열을 예방하고, 동시에 장서 내에 존재하는 다양한 관점에 접근하여 독서할 자유를 보장할 책임을 맡고 있다. Robert Hauptman은 검열을 "도덕적, 정치적, 군사적, 기타의 관점에서 부분적 또는 전체적으로 불온한 것으로 간주되는 도서, 저널, 신문, 극작품theater piece, 강의, 토론, 라디오 및 텔레비전 프로그램, 영화, 예술작품 등을 적극적으로 은폐, 억제하는 것"이라고 정의한다.[76] 사서는 지적자유라는 이름으로 인종, 성별, 기타의 잠재적 차별 없이 기꺼이 정보를 선택, 수집, 전달한다. 자료선택의 가이드라인은 도서관의 장서개발정책에 제시되어 있고 정책은 도전적 문제에 직면한 도서관을 보호할 수 있다. 도서관장서의 목적은 극단을 포함한 모든 관점에 포인트를 맞춘 다양한 관점의 장서를

---

75) American Library Association, "Freedom to Read Statement" (adopted June 25, 1953, by the ALA Council and the AAP Freedom to Read Committee; amended January 28, 1972; January 16, 1991; July 12, 2000; June 30, 2004), www.ala.org/ala/oif/statementspols/ftrstatement/freedomreadstatement.cfm.

76) Robert Hauptman, Ethical Challenges in Librarianship (Phoenix, Ariz.: Oryx, 1988), 66.

구성하는 것이다. 장서가 다수의견을 반영한majority, 쟁점 없는noncontro
versial, 거슬리지 않는inoffensive 자료만으로 구성된다면 그 장서는 다양성
을 잃게 된다.

　Herbert N. Foerstel에 따르면 도서 검열의 역사는 외설적 이야기를 억
제하는 것으로부터 시작되었다고 한다.77) 문제가 되는 것은 비윤리적,
외설적 포르노물이 가장 일반적이지만, 정치적 사회적으로 반대되는 내
용도 검열의 대상이 되어 왔다. 가장 문제시 된 곳은 학교도서관 및 공공
도서관이다. 미국도서관협회는 1990년과 2000년 사이(가장 최근 자료)에
도서관 서가와 교실로부터 책을 제거하려는 개인 및 단체의 시도가
8,333건이었다고 기록하고 있다. 이 가운데 71%는 학교 또는 학교도서
관에서 발생했고, 24%는 공공도서관에서 발생하였다. 또한 2001년 미국
도서관협회에 기록된 검열 문제제기는 448건으로 되어 있으나, 문제가
제기되었지만 보고되지 않은 건수가 4배정도 될 것으로 추정했다.78) 다
음 목록은 미국도서관협회 지적자유분과에서 2007년에 가장 자주 문제
가 되었던 책 10권을 나열한 것이다.79)

　1. And Tango Makes Three, by Justin Richardson and Peter Parnell

　2. The Chocolate War, by Robert Cormier

---

77) Herbert N. Foerstel, Banned in the Media: A Reference Guide to Censorship in the Press, Motion
　Pictures, Broadcasting, and the Internet (Westport, Conn.: Greenwood, 1998), 2.
78) American Library Association, Office of Intellectual Freedom, Top Ten Challenged Authors 1990 -
　2004, www.ala.org/ala/oif/bannedbooksweek/bbwlinks/authors19902004.cfm.
79) American Library Association, Office of Intellectual Freedom, "Children's Book on Male Penguins
　Raising Chick Tops ALA's 2008 List of Most Challenged Books" (May 7, 2008), www.ala.org/ala/
　pressreleases2008/May2008/penguin.cfm.

3. Olive's Ocean, by Kevin Henkes

4. The Golden Compass, by Philip Pullman

5. The Adventures of Huckleberry Finn, by Mark Twain

6. The Color Purple, by Alice Walker

7. TTYL, by Lauren Myracle

8. I Know Why the Caged Bird Sings, by Maya Angelou

9. It's Perfectly Normal, by Robie Harris

10. The Perks of Being a Wallflower, by Stephen Chbosky

검열의 유형 Types of Censorship

검열은 법률에서 규정한 것, 개인 및 단체가 요구하는 것, 사서에 의해 실행되는 것 등 세 가지로 나눌 수 있다. 법률에 의한 검열은 국가, 주, 시 법률이 비윤리적, 또는 체제전복적인 선동 자료로 간주되어 법률에 의거 접근을 금지하는 것이다. 미국 법률, 특히 1865년 메일법Mail Act 및 1873년 콤스톡Comstock Law법(역자 주 : Comstock은 외설적이라고 생각되는 예술 문학 작품에 대하여 도덕개혁을 주도한 미국의 개혁가의 이름)은 "음란한obscene", "외설적lewd", "선정적lascivious" 출판물에 대하여 접근을 금지하고 우편 발신과 수신을 통제하였다. 문제는 외설의 조건이 무엇인지를 정의하는 것이다. United States v. One Book Called "율리시스 Ulysses" (1934), Roth v. United States(1957), and Miller v. California(1973)와 같은 대법원 판례에 서는 이 작품들이 당시의 사회적 기준과 비교하여 "외설"로 간주되었다. 즉 작품이 진지한 문학적, 예술적, 정치적 혹은 사회적 가치를 지니는지 여부가 판단기준이 되었다.[80] 대법원은 모욕적인 성적 행위를 묘사한 작품의 인쇄 및 판매를 금지할 것을 주정부에 명령했다. 지방정부에 통제권을 넘긴 것이다. 사서들은 자료 제거를 요구받았을 때, 법정에서 논쟁할 입장에 서는 경우는 드물다.

미국시민자유연합the American Civil Liberties Union 및 ALA와 같은 조직에서는 자주 이에 대한 입장을 표명한다.

도서관 자료에 이의를 제기하는 개인 및 단체는 학부모, 관계시민, 학교 및 도서관위원회, 종교단체, 정치조직, 지방경찰 등이다. 그들은 문제가 되는 책을 금지하고, 접근을 엄격히 제한하고, 특별 조치나 이용 제한이 필요한 자료에 라벨을 붙이는 등으로 검열을 한다. 대부분의 문제는 성적 표현의 적절성, 정치적 견해, 종교적 믿음과 소수자의 권리(동성애자, 유색인, 무신론자 등)에 관련된 것이다. American Libraries, Library Journal과 Newsletter on Intellectual Freedom과 같은 지적 자유를 다루는 도서관 관련 출판물들은 정기적으로 미국의 도서관들이 겪는 도전적 문제를 보도한다. 검열은 개인의 신앙, 신념, 가치체계에 기인하기 때문에 감정적인 문제로 발전되어 사회를 분열시킬 수 있다. 1993년에 발행된 한 보고서에 따르면 미국 내 학교에서 자료에 대한 제거 또는 접근을 제한하기 위한 시도 중 41%가 실현된 것으로 나타났다.[81]

어린이 자료에 대한 검열은, 특히 선정적, 폭력적 자료에 대한 검열은 계속 강력하고 분명한 지지를 받고 있다.[82] 이러한 강력한 지지의 배경

80) United States v. One Book Called "Ulysses," 5 F. Supp. 182 (S.D.N.Y. 1933), affirmed 72 F.2d 705 (2d Cir. 1934); Roth v. United States, 354 U.S. 476 (1957); Miller v. California, 413 U.S. 15 (1973).
81) People for the American Way, "Censors Succeed in 41% of School Cases," Library Hotline 22 (Sept. 27, 1993): 2.
82) Kevin W. Saunders, "The Government Should Help Parents Shield Children from Obscene and Violent Materials," in Censorship, ed. Julia Bauder, 164 - 87 (Detroit: Deephaven Press, 2007).

은 어린이는 사회적 논쟁을 분석하는 능력이 어른과는 달라서 포르노물 또는 폭력을 묘사한 자료로부터 상당한 영향을 받는다는 입장에서 나온 것이다. 이 논의의 중심에는 소수자를 보호해야 하는 사회적 책임이 자리 잡고 있다. 그리고 이는 법률에 의해서 실행되어야 한다는 것이다. 의심스러운 모든 자료에서 제기되는 문제는 무엇이 포르노물 및 폭력물을 구성하며, 무엇이 소수자에게 해로운 잠재요인인가에 대한 합의점을 도출하는 일이 매우 복잡하다는 것이다.

어떤 경우에는 다원사회를 표방하는 자료의 선택에 실패함으로써 결과적으로 의도하지 않은 검열이 되어버리는 수도 있다. 사서들은 다양한 사회의 다양한 관점들을 의식하고, 민감하게 대처함으로서 의도하지 않은, 자기도 모르는 검열행위를 하는 일이 없도록 해야 할 것이다. 서지도구들, 선택 정보원 및 서평지들을 잘 모니터함으로써 다문화적, 종합적인 장서구성으로 장서의 성격을 개선해 나갈 수 있다.

사서에 의해 이루어지는 비의도적 자기 검열은 더욱 문제가 될 수 있다. 개인적 가치기준, 잠재되어 있는 문제제기에 대한 두려움, 또는 이용자의 불평으로 인해 사서들은 어떤 자료의 구입 결정을 하지 못하고, 그 자료에 접근을 제한하며, 장서로부터 특정 자료를 제거하게 된다. 실용주의사회에서는 고용불안이나 수입원이 위험에 처할 때 사람들의 가치관이 변화된다. 다년간에 걸쳐 조사 연구한 자료에 따르면 사서들은 지적 자유의 개념을 지지하지만 검열이라는 압력 앞에서는 이러한 원칙을 지키지 못하는 경우가 많은 것으로 나타났다. Ken P. Coley는 그가 연구대상으로 한 고등학교 사서들의 82%는 자기검열을 하고 있다는 것을 발견했다.[83] 어떤 학자들은 이러한 딜레마에 관한 논문에서 자료를 제거하는 과정보다는 자료를 선택하는 과정에 강조점을 두는데서 나타나는 현상이라고 주장한다(역자 주 : 사서는 선택하는 과정에서 자기도 모르게 특정 자료를 배제하게 되므로 이것이 곧 자기 검열이라는 것이다).84) 사서들이 당면한 문제는 자기 검열에 빠지는 것과 적절한 선택 기준에 의거 자료를 선택하는 것을 구별할 줄 알아야 한다는 것이다.

검열은 예산상 자금의 한계로 자료를 거절하는 것, 이용자 사회에 적절하지 않은 자료를 선택하는 것, 불법적 또는 사회적으로 이롭지 못한 자료를 제공하는 것과 혼동해서는 안 된다. 흔히 사서는 정보의 전달에 있어 결코 거절하거나 검열을 해서는 안 된다고 쉽게 주장할 수 있다. 그럼에도 불구하고 모든 사서들은 예산, 직업적 가치, 자료 금지 관련 법률에 의해 제약을 받고 있다. 한 고등학교 학생이 파이프 폭탄pipe bombs 제조에 관한 책을 원할 때, 한 백인 지상주의자가 공공도서관에 그의 인종차별 소식지를 무료로 제공할 때, 유태인 학살the Holocaust을 부인하는 사람들이 대학도서관에 그들의 관점을 논하는 자료를 구입 요청할 때, 무엇을 어떻게 하는 것이 현명한 대응방안인가? 노골적 성적 묘사, 인종차별, 사회적으로 위험한 자료들에 대하여 결정할 때 중립적 입장을 취하는 사서들은 거의 없다. 그들은 이미 알려진 판단 기준을 찾는 수밖에 없다. 표현의 자유, 지적 자유 그리고 정보 접근의 자유는 보호되어야 하지

---

83) See Frances B. MacDonald, Censorship and Intellectual Freedom: A Survey of School Librarians, Attitudes, and Moral Reasoning (Metuchen, N.J.: Scarecrow, 1993); Andrea E. Niosi, "An Investigation of Censorship and Selection in Southern California Public Libraries," Public Libraries 37, no. 5 (1998): 310 - 15; Ken P. Coley, "Moving toward a Method to Test for Self-Censorship by School Library Media Specialists," School Library Media Research 5 (2002), www.ala.org/ala/aasl/aaslpubsandjournals/slmrb/slmrcontents/volume52002/coley.cfm.

84) Lester E. Asheim, "The Librarian's Responsibility: Not Censorship, but Selection," in Freedom of Book Selection: Proceedings of the Second Conference on Intellectual Freedom, Whittier, California, June 20 - 21, 1953, ed. Fredric J. Mosher, 90 - 99 (Chicago: American Library Association, 1954).

만 아직 어떤 자료들은 특정 이용자 그룹에는 부적절하고 해로운 detrimental 자료들이 존재한다. 이 카테고리에서 자료를 낙점하는데 있어서는 긴장과 불안이 팽배해 있다.

검열과 인터넷 Censorship and the Internet

도서관에서 인터넷을 이용할 수 있게 되어 검열에 대한 새로운 문제가 야기되고 있다. 인터넷에 접근 가능한 이용자와 접근 불가능한 이용자를 결정하는 문제가 새로운 쟁점이 되고 있는 것이다. 학교도서관과 공공도서관은 인터넷에 접근할 수 있는 도서관 컴퓨터에 차단 소프트웨어나 필터링 소프트웨어를 설치하라는 요구를 자주 받는다. 필터링 소프트웨어에 대한 한 가지 문제점은 불량 사이트와 동시에 유용한 사이트가 차단될 수 있다는 점이다. 이 문제에 대해서는 주정부와 연방정부의 법률이 제정되었고 법원의 판례가 쌓여가고 있다. 1997년 Reno v. American Civil Liberties Union(Reno I)라는 중요한 판결이 있었는데, 당시 대법원은 연방 커뮤니케이션 품위유지에 관한 법률 the federal Communications Decency Act(CDA)은 위헌이라고 만장일치로 판결했다.[85] 그 법은 소수에게 적절치 못한 자료를 온라인으로 전송 또는 전시하는 것을 범죄로 규정하고 있다. 법원은 인터넷은 방송, 도서, 신문과 같이 미 헌법 First Amendment에 정한 보호를 받는 매체에 비교할 수 없다고 판시했다. Reno I 판결 이후 미 의회는 어린이 온라인 보호법the Child Online Protection Act(COPA)을 통과

---

85) Reno v. American Civil Liberties Union, 521 U.S. 844 (1997).

시켰다. 이는 연방 커뮤니케이션 품위유지에 관한 법률the federal Communications Decency Act(CDA)에서 제기되었던 헌법적 문제를 피하기 위한 것이었다. 연방법원은 최근 미국 시민 자유연합American Civil Liberties Union v. Reno(Reno II) 판례를 통해 어린이 온라인 보호법도 연방 커뮤니케이션 품위유지에 관한 법률과 유사한 결함이 있다는 결정을 내렸다.[86]

2001년에는 어린이 인터넷 보호법The Children's Internet Protection Act (CIPA) 및 이웃 어린이 인터넷 보호법the Neighborhood Children's Internet Protection Act(NCIPA)이 발효되었다. 이들 법률은 도서관서비스 및 기술 관련법the Library Services and Technology Act과 초중등교육법the Elementary and Secondary Education Act 제3장, 그리고 이른바 전자 요율the E-rate이라고 알려진 일반 서비스 할인율(공법Public Law 106-554)에 의거 이용할 수 있는 자금에 제한을 두고 있다. 그들은 공공도서관 및 학교에 대하여 컴퓨터 및 컴퓨터 접근에 대한 연방 기금 및 할인 혜택을 유지하기 위해서는 그들의 인터넷 컴퓨터에 필터를 설치할 것을 요구하고 있다. CIPA는 도서관 및 고객에 대한 정보의 자유이용 권한을 직접적으로 제한하기 때문에 미국도서관협회와 독서자유재단은 CIPA을 뒤집기 위한 소송을 제기하였다. 2002년에 펜실베니아 동부 법원the Eastern District Court of Pennsylvania은 CIPA가 위헌이며 CIPA의 Sections 1712(a)(2) and 1721(b)는 미 헌법the First Amendment에 의거 전면 무효라고 판시했다. 법원은 또 정부로 하여금 이러한 조항의 실행을 영구적으로 금지했다. 이에 따라 공공도서관들은 컴퓨터에 필터를 설치하지 않아도 연방기금을 받을 수 있게 되었다. 법원은 모든 컴퓨

---

86) American Civil Liberties Union v. Reno, 31 F. Supp. 2d 473 (E. D. Pa. 1999).

터에 필터 설치를 의무화하는 것은 결국 헌법에서 보장하는 언론의 자유에 대한 중대한 침해이므로 CIPA법은 위헌이라고 판시했다. 미 연방 법무성The Justice Department(역자 주: the United States federal department responsible for enforcing federal law)은 연방커뮤니케이션위원회 및 미국 박물관 및 도서관학 연구소를 대신하여 이 판결에 항소를 제기했다.

2003년 6월 미 대법원은 지방법원의 결정을 번복하고 CIPA에 대한 원고의 항소를 기각했다. 소송 과정에서, 정부가 기금 손실을 최소화하기로 약속한다면 도서관들은 이용자의 요구에 의거 컴퓨터에서 필터를 제거할 수 있으며, 이 경우 이용자들은 그들의 요구에 대한 이유를 설명할 필요가 없다는 중재안이 나왔다. 6명의 판사가 CIPA법을 지지했지만 법정 다수의견이 없었다. 재판장 William Hubbs Rehnquist가 낸 중재안에는 3명의 판사(Sandra Day O'Connor, Antonin Scalia, and Clarence Thomas)가 찬성했다. 이 중재안은 판사 5명의 지지를 받지 못했기 때문에 폐기되었다. Anthony M. Kennedy판사와 Stephen Breyer판사는 각기 CIPA를 지지하는 소수의견을 냈는데, 이는 중재의견보다 예외사항이 더욱 좁아진 의견이었다. 어떤 단일 의견도 다수의 지지를 받지 못할 경우 전통적으로 소수의견이 미래의 법률해석을 지배하는데 이 재판이 이러한 전례를 남기게 되었다.[87]

모순인 것은 필터가 오버블록(보호되어 있는 사이트에 접근을 차단 block access to protected speech)과 언더블록(불법적 또는 위험적인 사이트에 접근을 허

---

87) Opinions on CIPA can be found at the ALA Washington Office website devoted to the Children's Internet Protection Act, www.ala.org/ala/washoff/woissues/civilliberties/ cipaweb/cipa.cfm, and the American Association of School Librarians, Children's Internet Protection Act and School Libraries, www.ala.org/ala/aasl/aaslissues/cipaandschoollib/cipaschoollibraries.cfm.

용 allow access to illegal orunconstitutional speech)을 둘 다 할 수 있다는 것이다. 후자는 도서관들이 외설, 어린이 포르노물, 유해한 연기, 적개심을 일으키는 행동 등을 인지했을 때 특별히 관심을 갖는 것이다. 내용 필터링 소프트웨어를 설치하든 안하든 도서관들은 잠재적 부담감을 가질 수 있다. 사서들이 특별히 인터넷 자원을 선정할 때, 품질, 신뢰성authenticity 등 적절한 기준을 적용한다. 그러나 인터넷 접근을 "개방Open"하면 더욱 많은 복잡한 문제가 발생한다.[88] 인터넷이 확산되고 공공 및 학교도서관들의 인터넷 접속이 늘어남에 따라 이 문제는 사서들과 이용자 사이에 계속 골칫거리로 남을 것이다.

자료에 대한 불평 및 문제제기에 대한 대응
Responding to Complaints and Challenges to Materials

도서관장서의 문제제기에 대한 최선의 방어책은 사전 준비를 잘 하는 것이다. 이는 장서개발정책의 성문화로부터 시작된다. 많은 도서관들은 도서관 권리장전을 공공장소에 게시하고 지적자유를 보장commitment 하는 여러 가지 방법들을 사용한다. 미도서관협회 지적자유사무국ALA's Office for Intellectual Freedom(www.ala.org/oif/) 및 많은 단체들은 검열 시도가 있을 경우 충고 및 도움을 주고 있다. 이들 가운데는 검열에 반대하는 전국영어교사모임the National Council of Teachers of English Anti-Censorship Center

---

88) For in-depth analyses of censorship and Internet access, see Marjorie Heins and Christina Cho, for the National Coalition against Censorship, "Internet Filters: A Public Policy Report" (Fall 2001), www.ncac.org/internet/20010901~USA~Internet_Filters.cfm; American Library Association, Office of Intellectual Freedom, Filters and Filtering, www.ala.org/ala/oif/ifissues/filtersfiltering.cfm.

(www.ncte.org/about/issues/censorship/), 주 단위 교육 및 도서관연합state edu cational and library associations, 그리고 미국 시민자유연합the American Civil Liberties Union(www.aclu.org) 등이 있다. 출판사들은 과거의 문제점에 대한 자료를 축적하고 있기 때문에 출판사에 통지하는 것도 도움이 될 것이다.

도서관은 불평처리 절차를 가지고 있어야 하고 직원들은 이를 숙지하고 있어야 한다. 미도서관협회 지적자유 매뉴얼ALA's Intellectual Freedom Manual은 각 지역에 맞는 절차 개발을 위한 가이드라인을 제시하고 있다. 많은 도서관들은 장서에서 자료제거를 요청할 수 있는 양식을 비치하고 있다. 이 양식에는 신청자의 성명, 연락처, 제거요청자료의 서명과 서지정보, 제거요청사유를 기록하는 공란을 둔다. 또한 신청자가 스스로 요청하는 것인지 아니면 어떤 조직을 대표하는지를 질문해야 한다. 어떤 양식에는 신청자가 추가정보나 관점을 제시하는 대안적 자료를 추천할 수 있는 란도 마련하고 있다.

Gail Dickinson은 "의문이 제기된questioned" 자료와 "문제가 제기된 challenged" 자료를 신중히 구별하고 있다.[89] 어떤 도서관 자료에 대해서는 학부모, 시민, 학교경영자, 교사, 직원들이 관심을 표명하고 의문을 제기한다. 이는 감성적 단계로서 사서들은 조용히 반응해야 한다. 이 때 사서는 교장이나 도서관장에게 알려야 한다. 비공식적인 불평은 장서개발 정책 및 선택기준에 따라 또는 대체자료를 추천함으로써 해결될 수 있다. 공식적인 이의신청은 어떤 자료에 대하여 적절한 양식(재고 요청 양식

---

89) Gail Dickinson, "The Challenges of Challenges: Understanding and Being Prepared?" School Library Media Activities Monthly 23, no. 5 (2007): 26 - 28; and Dickinson, "The Challenges of Challenges: What to Do?" School Library Media Activities Monthly 23, no. 6 (2007): 21 - 24.

"Request for Reconsideration Form"이라고도 함)으로 작성, 제출할 경우에만 인정된다. 제기된 문제의 자료는 먼저 공식적인 위원회에서 그 자료가 학교 수준, 교육청 수준, 공공도서관 또는 더 광범위한 도서관시스템 수준인지에 대하여 검토과정을 거치게 된다. 당국이나 위원회의 승인절차에 따라 문제가 제기된 자료를 검토하는 것은 모든 문제의 자료를 공정하게 다루고, 법적인 결과를 피하기 위해 필수적으로 거쳐야 할 과정이다. 이때 사서들의 역할은 자료선택기준 및 해당 자료의 기준 충족 여부, 그 외 서평지의 인용문 등을 위원회에 제출하여 위원회가 적절히 처리할 수 있도록 하는 것이다.

요약 Summary

장서구성은 봉사 대상 지역사회가 정하는 기준 및 가용 자금에 의거 자료를 선택하는 일이다. 선택은 담당사서의 책임범위에서 자료의 형태를 파악하는 것으로부터 시작된다. 선택책임은 포맷, 장르, 주제, 언어, 지리적 범위, 독자 또는 이용자 그룹에 따라 배분된다. 작은 도서관에서는 1인이 이 모든 분야 및 형식에 걸쳐 선택책임을 맡는다. 장서구성은 4단계로 구성된다. 즉 관련 자료 확인, 자기도서관 장서에의 적절성 평가 및 자료의 품질 평가, 구입결정, 주문서 작성 등이다. 자료의 확인에는 저자, 제목, 출판사, 주제 등의 사실정보가 필요하다. 선택에 도움을 주는 많은 선택도구와 정보원이 있다. 적절한 자료는 현재 및 미래 이용자 요구에 부합되는 자료, 장서개발 정책에 부합되는 자료, 그리고 재정적으로 감당할 수 있는 자료 등이다.

평가 기준은 문헌이 지니는 장점으로부터 종합성 및 취급 범위, 접근 및 이용의 용이성 등 광범위하게 확장할 수 있다. 어떤 형태의 자료는 양식, 장르, 대상독자 등 추가 기준을 적용한다. 전자자원의 선택은 보완적 기준, 라이선스 접근 계약의 법적인 문제, 계속적인 재정 부담 때문에 매우 복잡하다. 장서구성은 수서과정과 밀접한 관련이 있다. 어떤 도서관에서는 자료를 선택하는 담당자들이 주문서를 낸다. 서명타이틀별 선택은 미시적 선택이라 한다. 거시적 선택은 개별 자료의 검토 없이 많은 자료를 도서관에 추가하는 것이다. 가장 흔히 사용하는 거시적 선택 방법은 승인플랜approval plan이며 벤더는 도서관이 정한 프로파일에 따라 자료를 선택 납품한다. 그 외의 거시적 선택 방법은 계속주문standing orders, 백지주문blanket orders, 교환협정exchange agreements, 정부간행물 기탁협정government document depository agreements이 있다. 도서관들은 장서를 기증받기도 한다. 기증은 신중하게 검토해야 하며 법적, 재정적, 정치적 영향을 받는다. 소급자료 선택은 오래된 자료를 선택하는 것으로 장서의 갭을 메꾸거나 새로운 분야의 장서를 개발하기 위해 시행한다.

사회 및 도서관의 이용자사회는 점차 다원화되고 있으며 사서들은 이러한 다양한 이용자 그룹의 수요와 관심을 충족시킬 수 있는 장서를 개발할 의무가 있다. 민족, 인종, 정치, 종교, 사회, 문화의 다양성을 반영하는 자료들을 확인하는데 도움이 되는 많은 정보원과 보조 도구들이 있다. 선택담당자는 자기 검열을 피할 수 있도록 주의해야 한다. 다시 말해 그들의 개인적 경험, 견해perspective, 편견이 의식적, 무의식적으로 그들의 자료 선택이나 배제에 영향을 주지 않도록 주의해야 한다.

검열은 스스로 정한 것이든 외부의 요구든 헌법the First Amendment이 보장하는 지적 자유 및 아이디어에의 자유로운 접근을 제한하는 것이다. 사서들은 그들의 장서 내에서 검열을 적극적으로 예방하고 다양한 관점의 자료에 접근하여 독서할 수 있는 자유를 보장해야 한다. 자료에 대한 제한 및 제거를 요구하는 시도들은 대개 비윤리적 자료, 외설적, 포르노물에서 또한 연령대에 부적당하다거나 정치적인 전복, 사회적 일탈에 관한 자료들이다. 자료에 대한 문제 제기는 대부분 학교도서관에서 일어난다. 많은 경우 위험, 위반, 부적절, 불법에 대한 관점의 차이에서 비롯되는 문제들이다. 사서들이 독서의 자유를 지원하지만, 충돌을 피하기 위하여 온건한 선택을 하다보면 자기검열에 빠질 가능성이 있다. 자료를 검열하려는 많은 시도들이 성공적이지만 절반을 넘지는 못한다. 자료의 검열 요구를 다루는 성문화된 장서개발정책 및 절차를 가지고 있는 사서들은 이들을 효과적으로 다룰 수 있는 최선의 입장에 서 있는 것이다.

사례연구 Case Study

이다공공도서관Ida Public Library은 오하이오주 이다에 위치하고 있으며, 봉사 대상 인구는 23,200명이고 이 가운데 12,000명이 이다마을에town of Ida 살고 있다. 이 도서관의 연간 자료구입예산은 도서, 정기간행물, 시청각자료구입비 $186,000, 전자자원 접근비 $45,000이 책정되어 있다. 전자 자료의 접근은 도서관 협력체를 통하여 공동계약으로 제공된다. 이 도서관의 장서는 인쇄자료 75,000권, 정기간행물 180종, 비디오자료 4,863점, 다운로드 가능한 자료를 포함한 오디오자료 3,450점을 보유하고 있다. 이 도서관은 2006년에 설립 100주년을 맞았으며, 카네기빌딩을 리모델링하여 도서관을 확장하였다. 도서관 이용자는 가족 단위, 어린이, 10대 등 광범위하다. 이다도서관의 전년도 대출은 300,000권이며 이 가운데 77,500권은 어린이 청소년자료였다. 1주당 2천명 이상이 어린이 프로그램에 참여한다. 이다공립학교는 종합 미디어센터를 운영하며, 이곳에서 교과과정 자료 및 학생들의 조사연구용 자료 대부분을 지원한다. 이다공공도서관의 직원은 16명이다. Casey는 어린이청소년 담당 사서로서 최근에 들어온 신입 사서이며, MLIS를 졸업했다. 그녀는 장서, 프로그램 기획, 어린이 청소년 분야의 도서관 웹사이트를 담당하고 있다.

참고문헌 Suggested Readings

General

Alabaster, Carol. Developing an Outstanding Core Collection: A Guide for Libraries. Chicago: American Library Association, 2002.

Algenio, Emilie, and Alexia Thompson-Young. "Licensing E-Books: The Good, the Bad, and the Ugly." Journal of Library Administration 42, nos. 3/4 (2005): 113 - 28.

Allison, Dee Ann, Beth McNeil, and Signe Swanson. "Database Selection: One Size Does Not Fit All." College and Research Libraries 61, no. 1 (2000): 56 - 63.

Armstrong, Chris, and Ray Lonsdate. E-books in Libraries. London: Facet, 2006.

Auger, Charles P. Information Sources in Grey Literature. 4th ed. London: Bowker-Saur, 1998.

Baird, Brian J. Library Collection Assessment through Statistical Sampling. Lanham, Md.: Scarecrow, 2004.

Baker, Sharon L., and Karen L. Wallace. The Responsive Public Library: How to Develop and Market a Winning Collection. 2nd ed. Englewood, Colo.: Libraries Unlimited, 2002.

Ballestro, John, and Philip C. Howze. "When a Gift Is Not a Gift: Collection Assessment Using Cost-Benefit Analysis." Collection Management 30, no. 3 (2005): 49 - 66.

Barreau, Deborah. "Information Systems and Collection Development in Public Libraries." Library Collections, Acquisitions, and Technical Services 25, no. 3 (2001): 263 - 79.

Bertot, John Carlo, and Denise M. Davis. Planning and Evaluating Library Networked Services and Resources. Westport, Conn.: Libraries Unlimited, 2004.

Black, Steven. Serials in Libraries: Issues and Practices. Westport, Conn.: Libraries Unlimited, 2006.

Bluh, Pamela, and Cindy Hepfer, eds. Managing Electronic Resources: Contemporary Problems and Emerging Issues. Chicago: Association for Collections and Technical Services, 2006.

Blummer, Barbara. "E-Books Revisited: The Adoption of Electronic Books by Special, Academic, and Public libraries." Internet Reference Services Quarterly 11, no. 2 (2006): 1 - 13.

Brenner, Robin E., Understanding Manga and Anime. Westport, Conn.: Libraries Unlimited, 2007.

Chapman, Liz. Managing Acquisitions in Library and Information Services. 3rd ed. London: Facet, 2004.

Christianson, Marilyn. "Patterns of Use of Electronic Books." Library Collections, Acquisitions, and Technical Services 29, no. 4 (2005): 351‒63.

Collections, Content, and the Web. Washington, D.C.: Council on Library and Information Resources, 2000. www.clir.org/pubs/reports/pub88/contents.html.

Conger, Joan E. Collaborative Electronic Resource Management: From Acquisitions to Assessment. Westport, Conn.: Libraries Unlimited, 2004.

Connaway, Lynn Silipigni, and Heather L. Wicht. "What Happened to the E-Book Revolution? The Gradual Integration of E-Books into Academic Libraries." Journal of Electronic Publishing 10, no. 3 (2007), http://hdl.handle.net/2027/ spo.3336451.0010.302.

Curtis, Donnelyn, with contributions by Virginia M. Scheschy. E-Journals: A How-to-Do-It Manual for Building, Managing, and Supporting Electronic Journal Collections. How-to-Do-It Manuals for Libraries no. 134. New York: Neal-Schuman, 2005.

Edlin, Aaron S., and Daniel L. Rubinfeld. "Exclusion or Efficient Pricing? The 'Big Deal' Bundling of Academic Journals." Antitrust Law Journal 72, no. 1 (2004): 119‒57.

Farmer, Lesley S. J. "Collection Development in Partnership with Youth: Uncovering Best Practices." Collection Management 26, no. 2 (2001): 67‒78.

Fenner, Audrey. "The Approval Plan: Selection Aid, Selection Substitute." Acquisitions Librarian, nos. 31/32 (2004): 227‒40.

Flood, Susan, ed. Guide to Managing Approval Plans. Acquisitions Guidelines no. 11. Chicago: Association for Library Collections and Technical Services, 1998.

Flowers, Janet L. "Standing Orders: Considerations for Acquisitions Method." Library Collections, Acquisitions, and Technical Services 25, no. 3 (2001): 323‒28.

Goldsmith, Francisca. Graphic Novels Now: Building, Managing, and Marketing a Dynamic Collection. Chicago: American Library Association, 2005.

Gregory, Vicki L., and Ardis Hanson. Selecting and Managing Electronic Resources: A Howto-Do-It Manual for Librarians. Rev. ed. How-to-Do-It Manuals for Librarians no. 146. New York: Neal-Schuman, 2006.

Guide to Performance Evaluation of Serials Vendors [prepared for the Association for Library Collections and Technical Services]. Acquisitions Guidelines no. 10. Chicago: American Library Association, 1997.

Hahn, Karla L. "SERU (Shared Electronic Resources Understanding): Opening Up New

Possibilities for Electronic Resources Transactions." D-Lib Magazine 13, nos. 11/12 (2007), www.dlib.org/dlib/november07/hahn/11hahn.html.

_____. "The State of the Large Publisher Bundle: Findings from an ARL Member Survey." ARL: A Bimonthly Report, no. 245 (April 2006): 1‒6, www.arl.org/bm~doc/arlbr245bundle.pdf.

_____. "Tiered Pricing: Implications for Library Collections." portal: Libraries and the Academy 5, no. 2 (2005): 151‒63.

Handman, Gary, ed. Video Collection Development in Multi-Type Libraries: A Handbook, 2nd ed. Westport, Conn.: Greenwood, 2002.

Hillesund, Terje. "Reading Books in the Digital Age Subsequent to Amazon, Google, and the Long Tail." First Monday 12, no. 9 (2007), http://firstmonday.org/issues/issue12_9/hillesund/index.html.

Intner, Sheila S. "Impact of the Internet on Collection Development: Where Are We Now? Where Are We Headed? An Informal Study." Library Collections, Acquisitions, and Technical Services 25, no. 3 (2001): 307‒22.

Jacoby, Beth E. "Status of Approval Plans in College Libraries." College and Research Libraries 69, no. 3 (2008): 227‒40.

Jewell, Timothy D. Selection and Presentation of Commercially Available Electronic Resources: Issues and Practices. Washington, D.C.: Digital Library Federation and Council on Library and Information Resources, 2001. www.clir.org/pubs/reports/pub99/contents.html.

Keller, Cynthia A. "Collection Development: Electronic or Print Subscription Resources?" School Library Media Activities Monthly 22, no. 9 (2006): 56‒59.

Kovacs, Diane. Building Electronic Library Collections: The Essential Guide to Selection Criteria and Core Subject Collections. New York: Neal-Schuman, 2000.

Kranich, Nancy. "A Question of Balance: The Role of Libraries in Providing Alternatives to Mainstream Media." Collection Building 19, no. 3 (2000): 85‒90.

Kulp, Christina, and Karen Rupp-Serrano. "Organizational Approaches to Electronic Resource Acquisition: Decision-Making Models for Libraries." Collection Management 30, no. 4 (2005): 3‒29.

Laskowski, Mary S. "Stop the Technology, I Want to Get Off: Tips and Tricks for Media Selection and Acquisition." Acquisitions Librarian, nos. 31/32 (2004): 217‒25.

Lee, Stuart D., and Frances Boyle. Building an Electronic Resource Collection: A Practical

Guide. 2nd ed. London: Facet, 2004.

Leonhardt, Thomas W. Handbook of Electronic and Digital Acquisitions. Binghamton, N.Y.: Haworth, 2006.

Lightman, Harriet, and John P. Blosser, eds. Perspectives on Serials in the Hybrid Environment. ACLTS Papers on Library Technical Services and Collections no. 15. Chicago: American Library Association, 2007.

Lukenbill, W. Bernard. Collection Development for a New Century in the School Library Media Center. Westport, Conn.: Greenwood, 2002.

Lukenbill, W. Bernard, and James K. Lukenbill. "Censorship: What Do School Library Specialists Really Know? A Consideration of Students' Rights, the Law and Implications for a New Education Paradigm." School Library Media Research Journal 10 (2007). www.ala.org/ala/aasl/aaslpubsandjournals/slmrb/slmrcontents/ volume10/lukenbill_censorship.cfm.

Mederios, Norm, et al. "White Paper on Interoperability between Acquisitions Modules of Integrated Library Systems and Electronic Resources Management Systems." Prepared by a Subcommittee of the Digital Library Federation's Electronic Resource Management Initiative, Phase II (Jan. 2008). www.diglib.org/standards/ERMI_Interop_Report_20080108.pdf.

Metz, Paul. "Principles of Selection for Electronic Resources." Library Trends 48, no. 4 (2000): 711 – 28.

Miller, Steve. Developing and Promoting Graphic Novel Collections. New York: Neal-Schuman, 2005.

Mortimore, Jeffrey M. "Access-Informed Collection Development and the Academic Library: Using Holdings, Circulation, and ILL Data to Develop Prescient Collections." Collection Management 30, no. 3 (2007): 21 – 37.

Myers, Nan. "Documents Data Miner: Creating a Paradigm Shift in Government Documents Collection Development and Management." Reference Librarian no. 94 (2006): 163 – 90.

Nebraska Educational Media Association. Guide for Developing and Evaluating School Library Media Programs. Englewood, Colo.: Libraries Unlimited, 2000.

Nisonger, Thomas E. "The Internet and Collection Management in Academic Libraries: Opportunities and Challenges." In The Role and Impact of the Internet on Library and Information Services, ed. Lewis-Guodo Lui, 59 – 83. Contributions in

Librarianship and Information Science no. 96. Westport, Conn.: Greenwood, 2001.

Pawuk, Michael G. Graphic Novels: A Genre Guide to Comic Books, Manga, and More. Westport, Conn.: Libraries Unlimited, 2007.

Primary Research Group. Prevailing and Best Practices in Electronic and Print Serials Management. New York: Primary Research Group, 2006.

_____. The Survey of Library Database Licensing Practices. New York: Primary Research Group. 2007

Rao, Siriginidi Subba. "Electronic Books: Their Integration into Libraries and Information Centers." Electronic Library 22, no. 1 (2005): 116 - 40.

Rowlands, Ian, et al. "What Do Faculty and Students Really Think about E-Books?" Aslib Proceedings: New Information Perspective 59, no. 6 (2007): 489 - 511.

Safley, Ellen. "Demand for E-Books in an Academic Library." Journal of Library Administration 45, nos. 3/4 (2006): 445 - 57.

Sandler, Mark, Kim Armstrong, and Bob Nardini. "Market Formation for E-Books: Diffusion, Confusion or Delusion?" Journal of Electronic Publishing 10, no. 3 (2007). http://hdl.handle.net/2027/spo.3336451.0010.310.

Schmidt, Karen A., ed. Understanding the Business of Acquisitions. 2nd ed. Chicago: American Library Association, 1999.

Schmidt, William D., Donald Arthur Rieck, and Charles W. Vlcek. Managing Media Services: Theory and Practice. 2nd ed. Englewood, Colo.: Libraries Unlimited, 2000.

Schweinsburg, Jane D. "Professional Awareness of the Ethics of Selection." In Encyclopedia of Library and Information Science, edited by Allen Kent, vol. 63, supp. 26, 247 - 59. New York: Marcel Dekker, 1998.

Staley, Robert A. "Electronic Government Information Dissemination: Changes for Programs, Users, Libraries, and Government Documents Libraries." Collection Management 32, no. 2 (1007): 305 - 26.

Su, Di, ed. Collection Development Issues in the Online Environment. Binghamton, N.Y.: Haworth, 2007.

Tafuri, Narda, Anna Seaberg, and Gary Handman. Guide to Out-of-Print Materials. Acquisitions Guidelines no. 12. Lanham, Md.: Scarecrow; Chicago: Association for Library Collections and Technical Services, 2004.

Van Orden, Phyllis J. Selecting Books for the Elementary School Library Media Center: A Complete Guide. New York: Neal-Schuman, 2000.

Van Orden, Phyllis J., and Kay Bishop. The Collection Program in Schools: Concepts, Practices, and Information Sources. 4th ed. Westport, Conn.: Libraries Unlimited, 2007.

Wilkinson, Frances C., and Linda K. Lewis. Writing RFPs for Acquisitions: A Guide to the Request for Proposal. ALCTS Acquisitions Guides no. 14. Chicago: American Library Association, 2008.

Young, Robyn. "Graphically Speaking: The Importance of Graphic Books in a School Library Collection." Library Media Connect 25, no. 4 (2007): 26 - 28.

Diverse and Alternative Literatures and Communities

Agosta, Denise E. "Building a Multicultural School Library: Issues and Challenges." Teacher Librarian 34, no. 3 (2007): 27 - 31.

Alexander, Linda B., and Sarah D. Miselis. "Barriers to GLBTQ Collection Development and Strategies for Overcoming Them" Young Adult Library Services 5, no. 3 (2007): 43 - 49.

Albright, Meagan. "The Public Library's Responsibilities to LGBT Communities: Recognizing, Representing, and Serving." Public Libraries 45, no. 5 (2006): 52 - 56.

Alire, Camila A., and Jacqueline Ayala. Serving Latino Communities: A How-to-Do-It Manual for Librarians. 2nd ed. How-to-Do-It Manuals for Librarians no. 158. New York: Neal-Schuman, 2007.

Circle of Inclusion Project. "Nine Ways to Evaluate Children's Books That Address Disability as Part of Diversity" (2002). www.circleofinclusion.org/english/books/section1/a.html.

Clyde, Laurel A., and Marjorie Lobban. "A Door Half Open: Young People's Access to Fiction Related to Homosexuality." School Libraries Worldwide 7, no. 2 (2001): 17 - 39.

Cuban, Sondra. Serving New Immigrant Communities in the Library. Westport, Conn.: Libraries Unlimited, 2007.

Darby, Mary Ann, and Miki Pryne. Hearing All the Voices: Multicultural Books for Adolescents. Lanham, Md.: Scarecrow, 2002.

East, Kathy, and Rebecca L Thomas. Across Cultures: A Guide to Multicultural Literature for Children. Westport, Conn.: Libraries Unlimited, 2007.

Gilton, Donna L. Multicultural and Ethnic Children's Literature in the United States. Lanham, MD.: Scarecrow, 2007.

Gough, Cal, and Ellen Greenblatt. "Gay and Lesbian Library Materials: A Book Selector's

Toolkit." In Public Library Collection Development in the Information Age, ed. Annabel K. Stephens, 151 – 70. New York: Haworth, 1998.

Helbig, Alethea K., and Agnes Regan Perkins. Many Peoples, One Land: A Guide to New Multicultural Literature for Children and Young Adults. Westport, Conn.: Greenwood, 2001.

Hill, Nanci Milone. "Out and About: Serving the GLBT Population @ Your Library." Public Libraries 46, no. 4 (2007): 18 – 24.

Kranich, Nancy. "A Question of Balance: The Role of Libraries in Providing Alternatives to Mainstream Media." Collection Building 19, no. 3 (2000): 85 - 90.

Simpson, Stacy H. "Why Have a Comprehensive and Representative Collection? GLBT Material Selection and Service in the Public Library." Progressive Librarian, no. 27 (Summer 2006): 44 - 51.

Wadham, Tim. Libros Esenciales: Building, Marketing, and Programming a Core Collection of Spanish Language Children's Materials. New York: Neal-Schuman, 2007.

Warner, Jody Nyasha. "Moving beyond Whiteness in North American Academic Libraries." Libri 51, no. 3 (2001): 167 – 72.

Wesson, Caren, and Margaret J. Keefe, eds. Serving Special Needs Students in the School Library Media Center. Westport, Conn.: Greenwood, 1995.

Wood, Irene, ed. Culturally Diverse Videos, Audios, and CD-ROMs for Children and Young Adults. New York: Neal-Schuman, 1999.

Censorship and Intellectual Freedom

Association for Library Service to Children. Intellectual Freedom for Children: The Censor Is Coming. Chicago: American Library Association, 2000.

Bukoff, Ronald N. "Censorship and the American College Library." College and Research Libraries 56, no. 5 (1995): 395 – 407.

Cline, Edward. "Censorship." In Encyclopedia of Library and Information Science, edited by Allen Kent, vol. 62, supp. 25, 65 – 82. New York: Marcel Dekker, 1998.

Doyle, Tony. "Selection versus Censorship in Libraries." Collection Management 27, no. 1 (2002): 15 - 25.

Foerstel, Herbert N. Free Expression and Censorship in America: An Encyclopedia. Westport, Conn.: Greenwood, 1997.

Gibson, Jeffrey. "Championing Intellectual Freedom: A School Administrator's Guide." Knowledge Quest 36, no. 2 (2007): 46 - 48.

Higgins, Susan E. "Information, Technology, and Diversity: Censorship in the Twenty-first Century." In Collection Management, edited by G. E. Gorman, 99 - 117. International Yearbook of Library and Information Management, 2000 - 2001. London: Library Association Publishing, 2000.

Intner, Sheila S. "Dollars and Sense: Censorship versus Selection, One More Time." Technicalities 24, no. 3 (2004): 1, 7 - 10.

Karolides, Nicholas J. Censored Books II: Critical Viewpoints, 1985 - 2000. Lanham, Md.: Scarecrow, 2002.

Karolides, Nicholas J., Lee Burress, and John M. Kean. Censored Books: Critical Viewpoints. Metuchen, N.J.: Scarecrow, 1993.

Kelsey, Marie. "Are We Lucky for the First Amendment? A Brief History of Students' Right to Read." Knowledge Quest 36, no. 2 (2007): 26 - 29.

Kravitz, Nancy. Censorship and the School Library Media Center. Westport, Conn.: Libraries Unlimited, 2002.

LaRue, James. New Inquisition: Understanding and Managing Intellectual Freedom Challenges. Westport, Conn.: Libraries Unlimited, 2007

Martin, Ann M. "Preparing for a Challenge." Knowledge Quest 36, no. 2 (2007): 54 - 56.

Osif, Bonnie. "Selection and Censorship." Library Administration and Management 19, no. 1 (2005): 42 - 46.

Peck, Robert S. Libraries, the First Amendment, and Cyberspace: What You Need to Know. Chicago: American Library Association, 2000.

Reichman, Henry. Censorship and Selection: Issues and Answers for Schools. 3rd ed. Chicago: American Library Association; Arlington, Va.: American Association of School Administrators, 2001.

5

장서의 관리 |

Managing Collection

장서개발에 관한 교육 훈련은 많은 부분 장서구성에 초점을 맞추고 있으며, 이는 장서개발업무에서 가장 잘 드러나는 고객만족을 위한 활동이라고 여겨진다. 이와 동등하게 중요한 필수적 업무책임은 장서의 유지관리 활동이라 할 수 있다.

장서관리Collection management란 자료가 장서의 일부분으로 들어온 이후 이루어지는 모든 의사결정을 의미하는 포괄적 용어umbrella term이다. 이러한 의사결정들은 때로는 매우 긴박하고 중요한데, 이는 장서의 조건, 예산, 공간제한, 이용자사회의 변화 및 모기관의 중점 변하에 기인된다. 장서관리는 또한 장서개발보다 더욱 정치적 책임이 중요시된다. 이용자사회, 행정기관들, 자금지원주체들은 그들이 지원하는 "착한 돈good money"이 들어간 자료들이 제대로 관리되고 있는지를 주시하고 있다. 그들은 도서관 장서에 대하여 감성적으로 투자를 할 수 있다. 보존 재생된 자료들은 이용이 불편할 수 있다. 보존을 위해 자료를 거리가 먼 보존서고로 옮기면 접근이 지연된다. 저널을 구독 취소하면 일부 이용자들이 스트레스를 받는다. 인쇄자료를 전자버전으로만 이용할 수 있게 바꾸면 지속적인 이용이 어려워 불만이 야기된다.

본장에서는 지속적인 장서관리, 즉 제적, 보존서고 이전, 보존관리, 연속간행물 구독 취소, 전자자료 변환, 그리고 장서의 도난 방지, 자연재해 등을 다룬다.

제적 Weeding

제적이란 활발히 이용되고 있는 장서로부터 자료를 빼내어 다른 곳으로 이동하는 것이다. 바꾸어 말하면 전지(가지치기)pruning, 간소화thinning, 선별culling, 제적선택deselection, 접근방지deaccession, 추방relegation, 역수서deacquisition, 퇴출 retirement, 역선택reverse selection, 부의 선택negative selection, 재고 통제book stock control 등이다. 이러한 여러 가지 표현euphemism은 사서들이 자료를 제거 getting rid하는 여러 상황의 불편한 정도를 에둘러 표현하는 말들이다. Will Manley는 "춥고 눈 오는 날 바깥의 도서 반납 통을 비우는 일 다음으로 도서관에서 가장 하기 싫은 일이 제적이지만 그러나 가장 중요한 일 가운데 하나다."라고 말했다.1) 이들 용어들을 구분해서 사용하는 저자도 있고, 구분 없이 동의어로 사용하는 저자도 있다. 제거는 장서를 장서에서 물리적으로 꺼내는 과정 및 목록에서 기록을 제거하는 과정이다. 학교도서관미디어센터와 공공도서관에서는 제적weeding이 제거withdrawal와 동의어로 사용된다. Donna J. Baumbach and Linda L. Miller는 학교도서관미디어센터에서의 제적weeding을 다음과 같이 설명하고 있다.

간단히 말해서 제적은 역 선택이다. 제적이란 장서 속에서 자료를 재

---

1) Will Manley, "The Manley Arts: If I Called This Column 'Weeding,' You Wouldn't Read It," Booklist 92 (March 1, 1996), 1108.

평가하여 부정확한, 시대에 뒤진, 오도하는, 부적절한, 이용되지 않는, 상태가 열악한, 또는 학생들에게 해로운 자료들을 제거하는 것이다. 이는 모든 사서와 도서관 미디어 전문가들이 학교에 최적 장서를 유지하고자 하다면 정기적으로 수행해야 할 일이다. 이는 가볍게 다루어서는 안 되는 전문가의 책임이다.[2]

장서에서 **빼낸** 자료들은 목록을 삭제하고 판매하거나 다른 기관으로 기증할 수 있다. 이전 대상 자료들은 도서관 자체, 지역도서관시스템, 또는 다른 저장소로 옮긴다. 만일 지역사회가 대형 쓰레기통이나 쓰레기 매립지에서 제적된 자료를 발견할 경우 도서관은 정치적 문제에 휘둘릴 수 있다. Nicholson Baker는 1996년 New Yorker지에 기고한 San Francisco public Library의 대량 제적 프로젝트에 관한 논문으로 국가적인 관심을 끌었다.[3] 뉴멕시코대학도서관The University of New Mexico Library은 2001년 수백 권의 수학 저널을 제적했는데 이에 대하여 교수들이 항의하여 화제가 된 바 있다. 이 도서관은 공간문제가 심각하여 제적처리를 하면서 동시에 제적된 저널을 JSTOR을 통하여 온라인으로 이용할 수 있도록 대체하였다. 그러나 교수들의 항의로 제적된 모든 자료들을 다시 수서할 수밖에 없었다.[4] 2004년에 East St. Louis 시민들은 1만권의 버려진 책과 앨범을 사용하지 않는 도서관 건물에서 발견했다. 이 자료들은 제적된 자료로 2001년 도서관이 작은 신축 건물로 이전하면서 남게 된 것이었다. 원

2) Donna J. Baumbach and Linda L. Miller, Less Is More: A Practical Guide to Weeding School Library Collections (Chicago: American Library Association, 2006), 3.

3) Nicholson Baker, "The Author vs. the Library," New Yorker 72, no. 31 (Oct. 14, 1996): 50 - 62; and "A Couple of Codicils about San Francisco," American Libraries 30, no. 3(1999): 35 - 36.

4) Michael Rogers and Norman Odor, "Spectre of Baker Hangs over UNM?" Library Journal, June 15, 2001, www.libraryjournal.com/article/CA85295.html.

래 의도는 제적된 책들을 매각하는 것이었지만 새로 부임한 도서관장은 그 제적된 자료와 매각계획을 전혀 알지 못한 상태였다. 그 결과 도서관이 복잡한 논쟁에 말려들면서 시민들에게 나쁜 인상을 남기게 되었다.[5]

1800년대 말까지 도서관들은 자료의 제적 문제에는 그다지 신경을 쓰지 않았다. 당시에는 도서관 자료가 흔하지 않았으므로 장서의 구성에 역점을 두었다. 그러나 도서관 자료의 수가 늘어나면서 공간이 좁아짐에 따라 공공도서관 및 학교도서관에서 자료의 제적은 일반화 되었다. 일찍이 Massachusetts의 룬공공도서관Lunn Public Library에서 나온 한 보고서에 의하면 1883년에 약 500권의 책이 제적되었으며 제적의 이유는 '자료가 시대에 뒤쳐지고, 더 이상 이용되지 않아서'라고 되어 있다.[6] 미국도서관협회의 1893년 연차 회의에서는 Massachusetts주의 퀸시공공도서관Quincy Public Library의 자료 포화상태가 주요 문제로 제기되어 제적계획을 수립해야 한다는 제안이 있었다.[7] 당시 도서관계의 지도급 인사였던 William Frederick Poole은 제적에 반대하고, 해결책은 더 큰 도서관건물을 짓는 것이라고 주장했다. 자료의 종합적 양적 수집에 가치를 두는 대규모 대학도서관과 연구도서관들은 자료를 제적하기보다는 다른 보존 장소로 옮겨 보존한다. 한 문서에 따르면 1893년 하버드대학도서관 사서 Justin Winsor가 도서관 공간제한 때문에 15,000권의 장서를 보존창고로 옮긴 사례가 있다.[8]

---

5) Terrence C. Miltner and Gordon Flagg, "10,000 Books Found in Abandoned East St.Louis Library," American Libraries 35, no. 9 (2004): 13.
6) "Abstracts of and Extracts from Reports," Library Journal 8 (1883): 257.
7) Loriene Roy, "Weeding," in Allen Kent, ed., Encyclopedia of Library and Information Science, vol. 54, suppl. 15, 352-98 (New York: Dekker, 1994).
8) Kenneth J. Brough, Scholar's Workshop: Evolving Conceptions of Library Service, Illinois

제적의 이유 Reasons for Withdrawal

자료를 제적하는 이유는 일반적으로 예산의 절감, 장서와 서비스의 개선에 있다. 제적의 당위성은 장서 관리에 따르는 도서관의 공간과 인력을 더욱 효과적으로 활용하는 데 있다. 도서관들은 더 이상 이용되지 않는 자료, 시대에 뒤진 자료, 부적절한 자료들을 제거한다. 별로 이용되지 않는 자료들은 도서관의 주 건물 내에서도 유지관리비가 적게 드는 밀집 보존 장소로 옮겨 보존한다. 이러한 방법tactics으로 도서관의 공간문제를 완화할 수 있고 장서 서비스를 더 활성화할 수 있다. 또 다른 중요한 이유는 장서의 품질을 지속적으로 보장하는 것이다. 제적이 이용자 서비스에 기초를 둘 때 이용자들은 더욱 손쉽게 장서에 접근할 수 있다. 성차별주의, 인종차별주의, 시대에 뒤진 자료, 정확하지 않은 자료 들은 더 이상 이용할 수 없게 되며 도서관의 전체적인 모습이 개선되고, 전체 장서를 살펴보기도 편리하게 된다.

도서관은 제적 기준을 성문화된 정책으로 문서화함으로써 제적 결정을 위한 가이드라인을 정해두어야 한다. 그렇게 함으로써 도서관은 도서관의 건물뿐 아니라 장서를 체계적으로 관리할 수 있는 보호수단을 마련하는 것이다. 제적 기준은 도서관의 사명, 역점 순위, 이용자, 물리적 시설, 인력, 장서의 역사와 형태 등에 따라 다양하다. Juris Dilevko and Lisa Gottlieb은 2000년에 40개 공공도서관을 대상으로 한 조사연구에서 도서관들의 가장 공통적인 3가지 제적기준은 대출, 물리적 상태, 정보의 정확성이라고 보고했다.9)

Contributions to Librarianship no. 5 (Urbana: University of Illinois, 1953).
9) Juris Dilevko and Lisa Gottlieb, "Weed to Achieve: A Fundamental Part of the Public Library

성공적인 제적 Successful Weeding

성공적 제적을 위한 중요한 요소들은 분명한 목적(장서의 개선, 자료접근성의 향상, 공간 확보 등), 충분한 계획, 원활한 커뮤니케이션, 제적업무를 잘 수행하기 위한 충분한 시간, 신중한 검토, 관리자 및 구성원들과의 적절한 의사소통 등이다. 제적의 과정은 정책 및 기관의 목적과 부합되어야 하고 지역사회 협력단체들과 이용자들의 의견이 수렴되어야 한다. Robert D. Stueart는 수서 및 제적의 선택은 동일선상에 있다고 지적한다.

사서는 자료를 구입하기 전에 평가해야 하고, 다른 한편으로는 장서에서 이용가치가 없는 자료를 재평가하여 제거해야 한다. 자료의 제거에는 선택의 경우와 동일한 판단이 요구되며, 당초 구입할 때는 받지 않았던 추가적인 압력을 받게 된다.[10]

제적은 간단한 일이 아니다. 제적에는 시간이 소모되며, 많은 조직단위가 관여하고 "사서들은 정치적 책임을 진다the most politically charged responsibility any librarian will assume."[11]

이상적으로는 도서관들이 자료를 장서에 추가할 때 동시에 제적할 자료들을 평가하는 것이다. 장서 점검 또는 평가기간을 활용하는 것도 한 방법이다. 이러한 사례 가운데 Joseph P. Segal이 개발하고 Belinda Boon이 개정한 CREW(Continuous Review, Evaluation, and Weeding)기법이 있다.[12]

Mission?" Library Collections, Acquisitions, and Technical Services 27, no. 1 (2003): 73 - 96.

10) Robert D. Stueart, "Weeding of Library Materials—Politics and Policies," Collection Management 7, no. 2 (1985): 49.

11) Osburn, "Collection Management," 41.

12) Joseph P. Segal, Evaluating and Weeding Collections in Small and Medium-Sized Public Libraries: The CREW Method (Chicago: American Library Association, 1980); Belinda Boon, The CREW Method: Expanded Guidelines for Collection Evaluation and Weeding for Small and Medium-Sized Public Libraries(Austin: Texas State Library, 1995).

CREW 매뉴얼은 장서의 각 부분을 분류번호로 나누어 제적을 위한 가이드라인을 설정하고, 연간 업무 달력을 만들어 제적 자료를 모으고, 각 대상 자료에 대해 장서점검과 병행하여 아이템 별로 목록삭제, 제본, 제적, 대체 여부를 신중하게 검토할 것을 권고하고 있다.

장서제거 업무는 환경의 압력 때문에 별개로 수행되는 경우가 더 흔하다. 이는 주로 긴급한 공간 수요에 기인하는데, 밀집서가 이동 전 파트별 장서 평가 필요성, 장서점검 또는 분석 프로젝트, 자료 재분류 프로젝트, 물리적 재해 등이다. 이러한 긴급 상황은 장서관리사서의 장서 평가를 어렵게 함은 물론 대출, 목록, 서가관리 등 도서관의 부서단위 업무에도 압력을 가중시킨다. 사업계획의 수립 시에는 아무것도 하지 않을 때 들어가는 비용과 사업추진에 소요되는 비용을 비교 검토한다. 자료의 제적에 관련되는 비용은 자료 평가에 소요되는 인력시간staff time 비용, 기록 갱신에 관련되는 비용, 자료 운반비, 공간 내 잔류 자료의 재배치 비용, 이용자 교육, 그리고 향후 요구 시 다른 곳으로부터 자료를 검색, 제공하는 모든 비용이 포함된다. 아무 조치도 하지 않을 때 발생되는 비용은 자료의 지속적 유지관리(서가 재배열, 장서의 위치 이동, 목록기록 유지), 불용서가 공간비용, 때 지난 부정확한 정보의 제공에 따른 비용이 포함된다.

제적 기준 Weeding Criteria

대부분의 제적은 체계적이고 합목적적인 방법(예, 대출데이터 분석, 인용빈도분석)으로, 그리고 주제(지역 프로그램 필요성, 주제별 문헌 지식)를 고려하여 판단한다. 대량으로 자료를 평가할 경우에는 개별 자료를 고려할 수 없기 때문에 통계데이터에 의존하게 된다. 제적 기준은 자료 선택에 사용되는 기준과 유사하며 모든 도서관들은 다소 차이는 있으나 주제별, 형태별, 이용자별 기준을 유지하고 있다. 가장 흔한 기준은 자료의 최종 이용시점, 자료의 파손 및 오손정도, 그리고 시대에 뒤떨어졌는지의 여부 등 3가지다. 이들 기준은 매우 중요하지만 이밖에도 다음과 같은 사항을 고려해야 한다.

내용이 아직 적절한가?

사용된 언어는 현재 및 미래 이용자들이 읽을 수 있는가?

장서에 복본이 있는가, 아니면 같은 주제를 다루고 있는 이본이 있는가?

다른 곳에서 이용 가능한가?

희귀성 또는 값비싼 자료인가, 또는 희귀성과 가치가 모두 있는가?

새로운 판이 나와 대체된 구판인가?

당초부터 착오로 잘못 선택한 것인가?

표준 초록 및 색인지에 인용되었는가?

주요 저작물 서지 목록에 들어 있는가?

당해 지역과 연관성이 있는 자료인가?

협력단체 및 지역사회의 필요와 부합되는가?

만일 전자 자료로 이용 가능하다면 소급자료의 접근이 보장되는가?

학교도서관미디어센터는 장서의 신선도를 유지하기 위한 가이드라인을 설정한다. 가이드라인의 원칙은 내용의 시간적 유효성, 자료의 제적 및 대체 빈도라 할 수 있다. <표 5-1>은 학교도서관미디어센터의 자료 대체 기간을 나타고 있다.

<표 5-1> 학교도서관미디어센터의 자료 교체 가이드라인

자료의 형태 Type of material	대체 기간 Replace after
지리 Geography	5 to 7 years
자기계발 Career	5 years
순수과학 Pure science (식물학, 자연사 제외 except botanyand natural history)	5 years
기술 및 응용과학 Technology and applied science	5 to 10 years
컴퓨터 과학 Computer science	3 years
일반백과사전 General encyclopedias	5 years
지도 Atlases	5 years
연감, 통계류 Almanacs, yearbooks, statistical compilations	1 year or when new edition issued
사전 Dictionaries	5 to 10 years
저널 Journals	Keep only one year if not indexed

※ 이 자료는 미국도서관협회 홈페이지 www.ala.org/editions/extras/Johnson09720.에서 이용 가능함.

Stanley J. Slote는 자료의 이용량과 이용시간이 어떤 자료의 제적을 결정하는 기본 원칙이라고 보고, 장서의 제적에 대한 합목적적, 과학적인 방법을 제안하였다.[13] Slote는 도서관의 자료를 크게 2가지 그룹으로 구분하여 현재의 이용에 90-95%를 만족시키는 핵심장서그룹과 나머지 5~10%를 만족시키는 "제적 가능한 weedable" 거대한 장서 그룹으로 나누는 방법을 제안하였다. 장서 속의 많은 문헌들은 평가 시에 이용의 여

---

13) Stanley J. Slote, Weeding Library Collections: Library Weeding Methods, 4th ed. (LittletonColo.: Libraries Unlimited, 1997).

부를 기본적 기준으로 고려한다. 피츠버그대학 Allen Kent와 그의 동료들은 구입된 자료의 약 40%는 대출되지 않는다는 유명한 연구결과를 발표하였다.14) A Richard W. Trueswell이 1960년에 수행한 연구에서는 장서의 약 20%가 대출의 약 80%를, 그리고 장서의 약 50%가 이용자 요구의 99%를 충족시키는 것으로 나타났다.15) 그는 "최종 대출날짜는 대출의 요구와 패턴을 측정하는 하나의 이상적인 통계the last circulation date may be an ideal statistic to define and measure circulation requirements and patterns."라고 지적한 바 있다.16)

그러나 과거의 이용 통계에 의존하여 미래의 대출을 예측하는 것은 문제가 있다. 프로그램이나 관심, 우선순위는 변화한다. 에너지 위기 때는 에너지 자원으로서 유연탄이나 풍력에 대한 관심이 촉발되어 연구자들은 70년 동안 대출요청이 없었던 자료를 추적하게 된다. 게다가 대부분의 대출 데이터는 관내 열람을 반영하지 못한다. 도서관은 구입 이전에는 자료의 이용 여부를 정확하게 예측할 수 없으며 자료가 장서 속에 들어 온 이후 그 능력이 향상된다고 확신할 수 없다. 예상되는 이용을 자료의 단일한 제적 기준으로 적용하는 일은 거의 없다.

CREW(Continuous Review, Evaluation, and Weeding)는 가장 인기 있는 제적

---

14) Allen Kent et al., Use of Library Materials: The University of Pittsburgh Study (New Yor Marcel Dekker, 1979).

15) Ferdinand F. Leimkuhler, "The Bradford Distribution," Journal of Documentation 23 (Sept. 1967): 199; Richard W. Trueswell, "A Quantitative Measure of User Circulation Requirements and Its Possible Effect on Stack Thinning and Multiple Copy Determination," American Documentation 16 (Jan. 1965): 20 - 25; and "Some Behavioral Patterns of Library Users: The 80/20 Rule," Wilson Library Bulletin 43 (1969): 458 - 61.

16) Richard W. Trueswell, "Determining the Optimal Number of Volumes for a Library's Core Collection," Libri 16 (1966): 58 - 59.

방법 가운데 한가지다. CREW 기법은 자료의 평가에서 목적별, 주제별 기준을 적용한다. 2가지 주요 요인은 자료의 나이와 대출 또는 이용이다. The CREW 기법은 MUSTIE라는 또 다른 약어를 사용하기도 하는데 이는 주제기반 기준을 의미하는 Misleading(정확하지 않음factually inaccurate), Ugly(파손 worn beyond mending or rebinding), Superseded(신간의 발간by a new edition or by a better book on the same subject), Trivial(문학적·과학적 가치가 없는 of no discernible literary or scientific merit), Irrelevant(이용자 사회의 관심 및 요구와 무관함 unrelated to the needs and interests of the library's community), and Elsewhere(다른 도서관에서도 쉽게 구할 수 있음 it is easily obtainable fromanother library)의 두문자이다. 이를 변형한 것으로 MUSTY라는 약어가 있는데 여기서 Y는 "당신의 장서에서는 이 책이 이용되지 않음Your collection has no use for this book."을 나타낸다. 제적 기준으로서 쉽게 기억할 수 있는 또 다른 약어로는 WORST: 파손Worn out, 때 지난Out of date, 별무 이용Rarely used, 시스템 지원 부족System(예, 도서관 내 장비 e.g., in-library equipment) cannot support, 일시적 자료Trivia(유행성faddish)가 있다.

제적을 위해 자주 응용되는 기술은 서가 스캐닝으로서 책들을 직접 확인해 보는 것이다. 개별 자료를 하나하나 평가해 봄으로써 자료의 크기, 범위, 깊이, 시효 등에 관한 정보를 얻을 수 있다. 이러한 작업은 매우 더디고 지루한 과정이지만 선택사서가 모든 있을 수 있는 문제에 대한 해답을 찾는 과정이라 할 수 있다. 성공 여부는 선택담당자의 경험과 지식에 달려 있지만 바람직한 결과를 얻기 위해서는 시간적 안배를 할 필요가 있다. 선택담당자는 때로는 다른 사서들, 교사들, 교수요원들과 상의하며 일해야 한다. 선택담당자는 제적 대상 자료를 미리 식별하고 교사 및 교수요원들이 검토하는 2단계의 작업과정을 거치는 것이다. 개별 자료를 검토하려면 장서, 주제 분야의 지식, 대출상황, 이용자 사회, 교육과정 및 연구 수요, 그리고 그 도서관의 장서개발 정책에 대한 지식을 갖추어야 한다.

직접적인 제적 과정은 구체적으로 장서를 북 트럭에 빼내어 제거(매각, 기증, 폐기), 수선, 이전 등의 범주로 분리하는 작업을 하는 것이다. 또한 개별 도서 책갈피에 의사결정 내용을 기록한 메모지를 끼워 놓아야 한다. 의사결정 기록지에는 한두 가지 조치 옵션을 간단히 기록할 수도 있고, 아주 상세하게 기록할 수도 있다. 간단한 양식에는 자료가 받아야 할 치료조치가 무엇인지를 기술한다. 또 자세한 양식에는 자료를 평가할 때 해당 자료가 얼마나 자주 대출되는지, 복본이 있는지 여부 등 있을 수 있는 질문에 대한 해답을 준비할 수 있다. 이 기록양식에는 차 상위 결정권자의 승인 결재란과 도서관의 부서단위별 검토 과정을 추적할 수 있는 조치 날짜 기록란이 포함되어야 한다. 상세 기록 양식으로 대 단위로 장서 데이터 기록을 축적할 수 있다. 예를 들면 대표적인 샘플을 입수했을 경우 여러 장의 양식을 합산하여 장서의 몇 %가 열악한 조건에 있는지를 파악할 수 있다. 이러한 의사결정을 위한 자세한 기록을 수집하여 프로젝트의 목적, 참여 직원의 수준, 시간할애 가능성 등에 따른 의사결정을 할 수 있다. <표 5-2>는 의사결정 양식을 요약 제시한 것이다.

제목 Title: _____

청구번호 Call number: _____

    ❏ 재제본 Rebind

    ❏ 수선 Repair

    ❏ 창고 이전 Transfer to storage

    ❏ 제거 Withdraw

    ❏ 대체 Replace with print, microform, digital resource

    ❏ 신간 대체 Replace with new edition

    ❏ 매각 Sell

    ❏ 기증 Donate to _____

    ❏ 폐기 Destroy

평가자 성명 Reviewer name: _____

날짜 Date: _____

※ 상세한 양식은 미국도서관협회 홈페이지 www.ala.org/editions/extras/Johnson09720에서 이용 가능
함. 도서관의 필요에 알맞게 변형하여 사용할 수 있음.

또 다른 제적 대상 자료의 식별 방법은 장서분석 도구, 즉 대출기록, 출판 날짜를 활용하여 분류에 따라 구분하는 것이다. 이렇게 하면 제적 대상 자료의 추출 목록을 만들 수 있고, 실제로 작업할 때 다른 직원들, 아르바이트 학생, 또는 자원봉사자들도 서가에서 책을 빼낼 수 있다. 만일 자료를 보존시설로 이송할 경우 사서의 추가 검토가 필요 없게 된다. 만일 자료를 제거해야 한다면 사서는 처음의 결정을 확인하는 것이 좋다. 제적의 단계 중에서 가장 중요한 것은 제적 자료를 반영하여 서지기록을 수정 했는지를 확인하는 일이다.

어떤 도서관들은 대규모 제적 작업은 수년마다 시행하며 대출데스크

에 있는 자료를 제적 또는 재 배가하는 방법으로 소규모로 제적하거나 장서의 부분별로, 예를 들면 어떤 공공도서관에서는 봄에는 그림책을 대상으로, 가을에는 청소년 소설 자료를 대상으로 조금씩 제적을 실시하는 것이다. 또 장서를 동등하게 파트를 나누어 전체 장서에 대하여 1년 내내 매월 제적작업을 하는 방법과 장서의 부분별로 수년간에 걸친 스케줄을 짜놓고 주기적으로 평가하는 방법이 있다.

자료의 처리와 관련해서는 정치적 문제가 잠재되어 있으므로 도서관들은 자료의 처분과 관련한 옵션 및 처리과정을 명시한 자료의 처리방침을 규정해 두어야 하며, 모 기관의 정책과 법령에 부합되도록 업무를 처리해야 한다. 도서관들은 "목록 삭제Discard"스탬프를 찍고 소장 인을 제거한다. 위에서 언급한 샌프란시스코 공공도서관은San Francisco Public Library은 대규모 제적 프로젝트를 법령 범위 내에서 수행하였다. 감사관들은 시 재산을 불법적으로 처분하는 도서관을 지적한다.17) 자료를 처분할 때에는 가장 좋은 전례에 따라야 한다. 때 지난 자료, 부정확한 자료, 모욕 비방 자료, 상태가 좋지 않은 자료 등은 매각, 기증, 거래해서는 안된다. 학교도서관미디어센터는 부적절하여 제적된 자료를 교실이나 교사들에게 넘겨주어서는 안 된다. 뽑아 낸 자료를 진열해 두어서도 안 된다. 대량의 폐기 자료를 쓰레기장에 쌓아두지 않는 것이 좋다. 쓰레기장에 버려진 자료는 일반에 노출되기 쉽고, 의문이 일어날 수 있다. 처분 자료들의 종이 재생recycling을 고려해 보는 것도 좋다. 기증할 경우에는 수취기관의 수증에 대한 기준을 점검해 볼 필요가 있다.

---

17) Evan St. Lifer and Michael Rogers, "City Rebukes Philadelphia Library on Weeding Practices," Library Journal 122 (May 15, 1997): 12.

자료의 제적에 관하여 공공 관계 측면을 간과해서는 안 된다. 문제는 대량 제적 프로젝트의 결과로 일어나고 논쟁으로 확대되기도 한다. 그러나 소규모의 제적이라도 효과적으로 처리하지 않으면 잡음이 일어날 수 있다. 많은 사람들은 아무런 맥락도 없이 도서관은 모든 자료를 영구 보존해야 한다고 생각한다. 사서는 제적의 사유-공간 확보의 필요성, 동일 자료의 전자버전 제공, 구간을 대체하는 신간 배치, 자료의 파손 오손(손상, 부식)등을 설명해야 한다. 버지니아도서관들Virginia Tech Libraries은 7년에 걸쳐 16만 권의 책을 제적하고, 27만권을 보존창고로 이관했는데, 그 당시 Paul Metz and Caryl Gray은 제적프로젝트 정보를 미리 그리고 계속적으로 공중에 제공하고, 제적의 이유, 제적 기준, 그리고 문의사항에 대해서는 신속히 답변할 것을 제안한 바 있다.[18] 많은 도서관들은 교수 및 교사들과 상의할 기회를 마련할 수 있다. 예를 들면, 대학도서관은 오래된 연속간행물을 보존시설로 이전할 경우 이전목록을 교수들에게 제공하여 평가를 요청함으로써 중요한 자료가 다른 곳으로 이전되는 것을 방지할 수 있다. 이러한 협력의 기회를 마련함으로서 도서관 현장에 남겨둘 필요성이 있는 자료가 많지 않다는 사실을 널리 확산시킬 수 있다. 다른 도서관들도 직원들이나 부서단위로 기록 갱신, 배열, 이송, 교체, 수선 등에 대한 작업 계획을 공중에 알려야 한다. 도서관장, 교장, 기타 관리자는 도서관 계획의 일부로서 지속적인 제적활동을 수행하고 있다는 것을 알아야 한다. 도서관장을 비롯한 관리자들은 정보를 널리 공유하기 위해 어떻게 할 것인지 의사결정을 해야 한다.

---

18) Paul Metz and Caryl Gray, "Public Relations and Library Weeding," Journal of Academic Librarianship 31, no. 3 (2005): 273 - 79.

도서관의 유형별 특성 Variations in Library Types

학교, 공공, 소규모 대학도서관들은 대규모 연구도서관들 보다 자료제적을 많이 한다. 이들 도서관은 시사성 있는 비소설, 신간, 인기소설 수요가 많으며 자주 심각한 공간 문제에 직면한다. 때 지난 정보는 학생들이나 시민들에게 유익하지 않다. 학생들은 최신 자료 및 유효한 정보를 필요로 한다.

공공도서관은 자주 공간문제에 직면한다. 수많은 오락용 독서 자료나 인기자료(예, 여행 관련 서적)들은 유효 수명이 짧다. 대중 소설 복본들은 더 이상 보유할 필요가 없게 된다. 소규모 분관도서관들은 수요가 많은 자료에 중점을 두며 요구가 적은 자료들은 중앙도서관이나 주 단위 또는 지역도서관들과 상호대차로 자료를 제공한다. 소규모 공공도서관들은 대중소설, 어린이 청소년 자료, 참고자료를 일상적으로 제검토해야 한다.

대학도서관들은 서가 및 저장 공간 제약으로 정기적으로 신중하게 제적을 시행한다. 학부생에 초점을 맞추어 장서를 관리할 경우에는 증가하는 모든 장서를 계속 보유할 필요성이 줄어든다. 온라인으로 저널의 소급파일에 접근할 수 있고, 서지도구들이 발전함에 따라 다른 도서관 자료에 접근할 수 있어 소규모 대학도서관이 모든 자료를 보유해야 하는 부담은 줄게 되었다.

참고자료들은 다른 종류의 자료에 비해 더 정기적으로 제적된다. 어떤 도서관에서는 참고자료는 새 판이 입수되면 언제나 제적한다는 정책을 마련해 두고 있다. 그들은 참고도서의 교체를 위한 스케줄을 가지고 있다. 브리테니커 백과사전 제 11판과 같은 유명한 책은 예외를 두지만 서지 및 백과사전은 10년이 지나면 거의 이용되지 않는다. 연감 종류는 새판을 입수하면 구판은 서가에서 빼내야 한다.

전문도서관은 병원에서 법률회사에 이르기까지 도서관마다 서비스 대상 고객이 다르다. 제적 및 제거를 위한 정책 수립 시에는 서비스 대상 특수이용자들에게 특히 주의를 기울여야 한다. 이용자들은 전문도서관들이 시대에 뒤진 정보를 빼내고 최신 기술정보를 제공해주기를 기대한다. 특수도서관들은 "just in case" 대신 "just in time"정보를 제공하는 효과적인 핵심장서 구축에 강조점을 두고 있다.

대학도서관과 연구도서관에서는 자료를 다른 곳에 옮겨 저장할 경우 제적을 하지는 않았다. 때 지난 자료나 실효성이 없는 자료는 보통 장서에서 제거하는 대신 저장고에 보존한다. 불필요한 복본이나 열악한 상태의 자료는 즉시 제거한다. 전자저널의 보존용 백파일 이용 가능성은 큰 도서관이 대규모 인쇄저널의 소급 필요성을 어떻게 평가하느냐에 따라 변화하고 있다. 장서의 제적은 참고 장서에서 일반 장서로, 일반장서로부터 보존서고의 장서로, 일반장서에서 특별장서로 옮길 때 더욱 빈번히 이루어지고 있다. 대학 및 연구도서관협회의 희귀자료 및 원고본 분과위원회The Rare Books and Manuscripts Section of the Association of College and Research Libraries는 자료를 특별장서로 전환하는 데 필요한 가이드라인을 개발한 바 있다.19)

제거 대상 자료는 대부분 인쇄자료들에 초점을 두고 있으나 다른 모든 형태의 자료들도 고려해야 한다. 컴퓨터 소프트웨어는 새 버전 및 새 장

---

19) Association of College and Research Libraries, Rare Books and Manuscripts Section, "Guidelines on the Selection and Transfer of Materials from General Collections to Special Collections" (Feb. 2007, Draft Revision), www.ala.org/ala/acrl/acrlstandards/selectransfer.cfm.

비가 도입되면 쓸모없게 된다. 멀티미디어는 인쇄자료에 적용되는 것과 동일한 기준으로 평가해야 한다. 특히 시청각자료에 대해서는 품질 및 물리적 상태를 잘 살펴야 한다. 학교도서관 미디어전문가는 어떤 미디어가 계속 수업용으로 적합한지를 교과교사들과 상의해야 한다. 전자책 E-books은 물리적 공간을 차지하지 않으며, 대출활동 보고에서도 나타나지 않기 때문에 간과되기 쉽다. 그럼에도 불구하고 동일한 기준(예를 들어, 유효성, 범위, 이용가능성)을 적용해야 하며, 장서의 다른 부분과 같은 맥락에서 평가해야 한다.

저장 Storage

도서관자료를 저장하는 것은 다른 분명한 대안이 없기에 "필요악a necessary evil"이라 여겨져 왔다.[20] 이는 장서를 갈라놓고, 브라우징을 어렵게 하며, 이용자들에게 불편을 준다. 그러나 도서관의 저장시설의 이용은 오랜 역사를 가지고 있다. 이는 고대알렉산드리아 도서관으로부터 이어져 온 것으로, 알렉산드리아도서관은 별도의 장소에 복본의 두루마리를 보존한 것으로 전해지고 있다.[21] 도서관이 공간여유가 없게 되었을 때 사서들은 제거 또는 이동 보존을 선택해야 한다. 대규모의 미국 연구도서관들은 19세기 말까지 이러한 문제에 봉착해 왔다. 1891년 하버드대학 총장이었던 Charles W. Eliot는 다음과 같이 지적했다. "어떻게 하면

---

20) Dan C. Hazen, "Selecting for Storage: Local Problems, Local Responses, and an Emerging Common Challenge," Library Resources and Technical Services 44, no. 4 (2000): 176.

21) David Block, "'Remote Storage in Research Libraries: A Microhistory," Library Resources and Technical Services 44, no. 4 (2000): 184 - 89.

서가에서 장애물을 없앨 수 있을까? 지속적으로 제거하고, 편리한 곳에 저장하며, 수시로 재정리를 하는 것만이 대안이다. 이용되지 않는 책은 치우고 최선의 책을 전면에 배치해야 한다. What then can keep the shelves from encumbrance? Only constant elimination, convenient storage, frequent rearrangement. The books less wanted must be stacked away... and the books most valued must be brought forward."22)

"모든 것이 전자화everything is electronic"되었기 때문에 장서는 더 이상 늘어나지 않을 것이라는 일반적 인식에도 불구하고, 대학 및 연구도서관들은 계속 물리적 장서를 구축하고 있다. 인쇄 자료의 수는 매년 증가하고 있다. 세계의 많은 지역에서 출판은 종이 인쇄 형태로만 이루어지고 있다. 대규모 대학 및 연구도서관들은 디지털로 자료를 이용할 수 있더라도 희귀하고 독특한 거대 장서를 보유하고 있다. 희귀성이 낮은 자료에 대해서는 대규모 상업적 프로젝트에서 보존을 책임지고 있다. 구글 도서관 프로젝트(http://books.google.com/googlebooks/library.html)는 저작권이 해결된 자료나 공공 도메인에 탑재된 온라인 디지털 콘텐츠를 무료로 제공하고 있다. Lizanne Payne는 다음과 같이 제안하고 있다.

> 디지털 프로젝트는 직접 또는 간접으로 프로젝트에 참여하지 않은 도서
> 관들도 자료를 보존소로 이전하도록 만들고 있다. 어떤 도서관들은 온라
> 인으로 또는 수요가 있을 때만 프린트를 제공하는 방식을 도입함으로써
> 인쇄 버전들을 제거하고자 노력하고 있지만, 그러나 아직 많은 도서관들

---

22) Quoted by Kenneth I. Brough, Scholars Workshop: Evolving Conceptions of Libraries Services, Illinois Contributions to Librarianship no. 5 (Urbana: University of Illinois, 1953), 125.

은 현장에서 장서를 보존하거나 공동 보존시설을 이용하려 한다.[23]

도서관이 얼마나 많은 수의 책을 제거할지 여부는 미래에도 문제가 될
것이다. 단기적으로는 장서의 보관 필요성이 늘어날 것으로 보인다.
2005년도 Heritage Health Index에 따르면 설문에 응답한 5000개 이상의
도서관 중 60%가 새로운 또는 추가적인 별도의 저장 공간이 필요하다고
응답했다.[24]

도서관들은 자료를 적절히 저장할 대안 마련을 위해 여러 가지 모델을
탐색해 왔다.[25] 이러한 맥락에서의 저장이란 별로 이용되지 않는 도서관
자료를 모아서 별도로 저장하는 것을 말하며, 원거리 또는 현장의 밀집
서가에, 일반에게 브라우징이나 검색용으로 공개하지 않는 장소에 저장
하는 것을 의미한다.[26] 저장시설에 있는 자료들은 이용자의 신청에 따라
검색, 도서관 현장이나 대학의 각 요청 부서로 전달된다. 어떤 도서관은
이들 자료를 신청할 수 있도록 도서관 현장에 보존 자료 신청 공간을 운
영하고 있다.

23) Lizanne Payne, "Library Storage Facilities and the Future of Print Collections in North America"
(Dublin, Ohio: OCLC, 2007), www.oclc.org/programs/publications/reports/2007-01.pdf, 22.
24) Heritage Preservation, "Collections Storage," in A Public Trust at Risk: The Heritage Health Index
Report on the State of American's Collections, 57 - 60 (Washington, D.C.: Heritage Preservation),
www.heritagepreservation.org/HHI/HHIchp6.pdf.
25) Evaristo Jiménez-Contreras et al., "A Bibliometric Model for Journal Discarding Policy at Academic
Libraries," Journal of the American Society for Information Science and Technology 57, no 2 (2006):
198 - 207. Despite the title, this article proposes a bibliometric model for the removal of journal
volumes to off-site storage.
26) Danuta A. Nitecki and Curtis Kendrick, eds. Library Off-Site Shelving: Guide for High- Density
Facilities (Englewood, Colo.: Libraries Unlimited, 2001); Payne, Library Storage Facilities; Bernard F.
Reilly Jr., Developing Print Repositories: Models for Shared Preservation and Access (Washington,
D.C.: Council on Library and Information Resources, 2003).

다른 장소에 저장 Off-Site Storage

20세기 중반까지, 대학 및 연구도서관들은 공간 부족문제를 별도의 저장시설을 지어 해결하였다.[27] 여러 기관들은 경제성 확보를 위해 보존시설을 공동 이용하였다. 1942년에 문을 연 뉴잉글랜드 보존소The New England Depository는 7개의 대학도서관과 4개의 다른 도서관이 공동 사용하는 보존 시설이었다. 중서부지역 도서관 공동센터The Midwest Inter-Library Center(지금은 연구도서관센터the Center for Research Libraries)는 도서관간 협력 프로그램의 하나로서 회원 대학도서관들에게 저장시설을 제공할 목적으로 1951년에 문을 열었다. 1980년대 초에는 캘리포니아대학the University of California system이 북부 및 남부지역의 도서관 시설을 개설하였다. 미네소타 도서관 접근센터The Minnesota Library Access Center는 2000에 개관했으며, 미니애폴리스시Minneapolis의 미네소타대학 캠퍼스에 지하저장시설을 마련하고 미네소타 주 여러 관종의 도서관들이 공동 사용하도록 했다. 이러한 대부분의 협력 시설들은 비용, 자료의 저장 배치기준, 검색절차, 자료의 현장 이용허용 여부, 자료의 보존 조건에 대한 요구사항, 공동 서지 기록 등에 관한 정책을 유지하고 있다.

코넬대학Cornell University, 펜실바니아주립대학Penn State University, 하버드대학Harvard University 등 여러 대학들은 자체 저장시설을 가지고 있다. 대학의 보존시설들은 대부분 사이즈별로 대용량을 정리해 넣을 수 있는 고

---

27) Willis E. Bridegam, A Collaborative Approach to Collection Storage: The Five-College Library Depository (Washington, D.C.: Council on Library and Information Resources, 2001); Scott Seaman, "Collaborative Collection Management in a High-Density Storage Facility," College and Research Libraries 66, no. 1 (2005) p. 20 - 27; David Weeks and Ron Chepesiuk, "The Harvard Model and the Rise of Shared Storage Facilities," Resource Sharing and Information Networks 16, no. 2 (2002): 159 - 68.

밀도의 선반시설을 갖추고 있다.[28] 자료들은 칸막이 상자trays나 뚜껑이 있는 상자bins에 담아 저장한다. 자료의 바코드는 보관상자 바코드와 연결되어 있고 보관상자는 선반 및 스택 번호와 연결되어 있다. 선반은 보통 이용자에게는 개방되지 않는다. 어떤 저장시설은 열람실을 제공하기도 하지만 이용자에게 현장에서 서비스를 제공하지 않는 곳도 있다.

도서관들은 주요 시설에 충분한 자료 보존공간이 없을 때 자료를 별도 보존시설로 옮기게 된다. 별무 이용 자료들, 특별한 보호가 필요한 자료들은 저장고로 옮기게 된다. 많은 도서관들은 자료를 유지할 수 있는 합리적인 방법을 추구할 필요성에 직면한다. 예일대학은 원거리에 있는 별도 저장시설의 보존비용이 캠퍼스 내에 위치한 개가식 도서관 보존비용의 10분의 1정도라고 밝혔다.[29] 저장의 형태는 저장시설에 투자할 수 있는 도서관의 예산, 자료의 운반비용, 자료의 위치를 표시하는 도서관 기록 변경의 난이도, 이용자의 원거리 자료 이용 불편 정도 등에 따라 다르다. 자료의 저장 기준은 저장시설 내 열람실 제공 여부, 본부 도서관 이용자에게 자료를 전달하는 속도에 따라 영향을 받는다. 저장고에 자료들을 보존하면 적정 온습도 시설을 갖추고 있는 경우 보존을 위한 치료를 받는 셈이다. 보존소에서는 사람들의 손을 덜 타므로 장서에는 이롭다. 나아가 보존소에 자료를 보관하면 자료의 위치 파악 능력도 향상된다. 접근을 통제하므로 잘못 배열되는 자료가 훨씬 줄어들기 때문이다.[30]

28) Payne, Library Storage Facilities.
29) Yale University, Library Shelving Facility, "Final Report of the Working Group" (Oct. 1996), www.library.yale.edu/Administration/Shelving/historical1.html.
30) Stephanie S. Atkins and Cherié L. Weible, "Lost Is Found: The Impact of a High-Density Shelving Facility on a Library's Collection," Collection Management 31, no. 3(2006): 15‑32.

보존소 저장자료의 선택과 그 처리과정은 노동집약적인 작업이다. 전체 도서관 직원들이 참여해야 한다. 장서관리 담당사서는 기준을 정하고 자료를 평가해야 한다. 아무리 논리적이고 방어 가능한 기준이라 하더라도 보존소 이관에 대한 판단 결과를 알리는 것은 필수적이다. 기술서비스 직원은 서지 레코드의 위치를 변경하여 보존소 자료임을 표시해야 한다. 실제 자료들을 서가에서 꺼내어 새로운 장소로 운반해야 한다. 보존소 현장에서도 자료 검색을 위한 물리적 조치가 필요하다. 이는 각 자료에 대하여 본부와 동일한 목록을 만들고 추가적인 마크를 하는 것이다.

　정책을 별도로 만들든, 도서관의 일반 장서관리정책 가운데 한 부분으로 정하든 보존소 저장자료에 대한 기준과 당위성을 정책에 나타내야 한다. 정책은 누가 어떻게 자료를 검토 및 평가할 것인지 그 과정을 정해 두어야 한다. 명백한 운영 규정을 정하고 이 규정 아래에서 의사결정을 해야만 편견에 의한 외부 간섭이나 반항적 행동으로부터 도서관을 보호할 수 있다. 정책에서 제도적으로 우선권을 가지고 있는 대학도서관 사서들은 그 정책 구성요소에 따라 폐지된 학과와 관련되는 자료는 원거리 보존소에서 이용할 수 있다는 것을 쉽게 설명할 수 있을 것이다. 정책은 도서관이 참여하고 있는 협력적 장서 구성, 자원 공유, 지역 보존 프로그램 등을 인지하고 그 파트너로서 도서관이 해야 할 의무사항을 명시해 두어야 한다.

보존소 보관 기준 Criteria for Storage

　보존소로 이전하는 자료에 대해서는 지금까지 기본적 기준이 이용되어 왔다.[31] 더욱 최근에는 전자적으로 접근 가능한지 여부가 의사결정과정에 고려사항으로 추가되었다. JSTOR(www.jstor.org)는 대학 및 연구도 서관들이 오래된 학술저널들의 서가 공간 문제와 신뢰성 있는 디지털 자료의 아카이브 문제를 쉽게 해결해 주려고 노력하고 있다. JSTOR에 수록된 타이틀은 기관 구독가입자 수, 인용 분석, 당해 분야 전문가 추천, 창간 후 지속된 간행 기간에 근거하여 디지털화 대상 저널로 선정된 것들이다. JSTOR는 선정된 저널을 제 1권부터 디지털화하는 것을 목표로 하고 있다. 출판사와 JSTOR의 협정에는 "보존소 이전 moving wall"자료로 알려진 자료를 갱신하는 내용도 포함되어 있다. 이러한 보존소 이전 자료는 보통 2년에서 5년으로 기간이 정해져 있으며, 이는 가장 최근에 발행된 호와 JSTOR에서 이용 가능한 최신 호의 날짜 사이에 시간적 간극을 정한 것이다.

가장 간단한 방법은 특정한 날짜 이후에 전혀 대출되지 않은 모든 자료 또는 특정 기간 동안 정해진 대출회수보다 적게 대출된 자료를 보존소로 이전하는 것이다. 이 방법은 관내 열람 건수 및 학문 세부분야 별 문헌 이용의 다양성이 무시된다. 이용 기간의 역사성 기준은 매우 다양하며 주관적이다. 이 방법은 도서관의 우선 순위를 분명히 이해하고 있다고 가정하고 장서에 대한 세부적인 지식을 가지고 있다고 전제하고 있다. 이 방법은 미래 이용 가능성의 추정을 바탕으로 하기 때문에 문서화할 수 없으며, 판단하기도 어렵다.

---

31) See Robert M. Hayes, "Making Access Allocation Decisions," in Strategic Management for Academic Libraries: A Handbook (Westport, Conn.: Greenwood, 1993), 169 - 87; Hur-Li Lee, "The Library Space Problem: Future Demand, and Collection Control," Library Resources and Technical Services 37, no. 2 (1993): 147 - 66; Wendy P. Lougee, "Remote Shelving Comes of Age: Storage Collection Management at the University of Michigan," Collection Management 16, no. 2 (1992): 93 - 107.

또 한 가지 방법은 모든 비활성 연속간행물과 제본된 연속간행물을 명시된 날짜 이전에 옮기는 것이다. 이 방법은 서지 목록 변경 작업량은 적으면서 많은 서가공간을 확보할 수 있는 이점이 있다. 이 역시 주제 분야에 따른 다양성은 무시된다. 연속간행물을 분리 운영하면 이용자에게 혼란을 주고 불만을 야기한다. 또 다른 직접적인 방법은 모든 형태의 자료에 출판날짜 기준을 적용하는 것이다. 이 방법의 장점은 원격 저장의 "아픔 pain"을 전 주제에 걸쳐 널리 분산시킬 수 있다는 점이다. 반면, 세부 학문 분야별 문헌 이용의 다양한 특성을 무시하게 된다. 출판날짜 기준은 보존기능 향상에 도움이 될 수 있다. 모든 오래된 자료는 손이 덜 가는 시설로 옮겨지고 이때 보존 환경 통제의 이점을 얻을 수 있다. 자료를 저장 구역별로 식별할 수 있어 검토평가과정이 간단하고 서지 레코드를 "전체global"적으로 바꿀 수 있다. 이 방법은 자료의 구획이 어떻게 이용될지 또는 이용되지 않을지에 대한 가정에서 시작된다. 이 방법 역시 전체 이용자 측면에서 반감을 일으킬 소지가 있다.

이용자의 요청으로, 그리고 시간과 인력이 허락하면 더 세밀한 기준을 추가할 수 있다. 또 다른 전통적 기준으로는 대체된 참고자료, 복본자료, 마이크로형태 또는 디지털 형태로 복제된 인쇄본, 자료의 상태 및 가치 등이 있다. 기준은 주제나 세부학문 범위에서 변경될 수 있다. 예를 들면 출판날짜는 인문학 분야에서는 적절한 기준이 아니지만 자연과학분야에서는 적절한 기준이다. 그러나 항상 예외는 있다. 예를 들어 식물학 분야에서는 오래된 자료가 많이 이용된다. 이러한 각 예외사항 때문에 직원이 개입하여 판단을 내려야 하는 것이다. 보존소 이관을 위한 자료 평가는 전통적으로 다른 장서 평가에서 사용하는 것과 유사한 평가 절차를 따르는데, 일정한 양식의 사용, 도서관 내 다른 조직 단위와의 협의, 그리로 교사 및 교수진과 상담을 거치는 것이다.

장서 이용자들의 요구를 충족시키는 것은 효과적인 보존 프로그램에서 매우 중요한 측면이다. 신중한 선택과 훌륭한 서지 통정을 하더라도 이용자에게 신속하고 효과적으로 자료를 전달하지 못한다면 별 의미가 없다. 보존소에서 역으로 되돌리는 의사결정, 소위 원위치 결정도 필요하다. 그러한 자료를 주요 장서로 되돌림으로서 도서관의 자금을 절약하면서 이용자의 불만족을 줄일 수 있다. 모든 기준은 이용자의 의견을 듣고 속속들이 살펴야 한다. 이용자와의 커뮤니케이션은 어떤 보존을 하든 가장 우선이 되는 중요한 부분이다. 이용자와의 소통 및 대비를 잘하는 사서들은 이용자의 불만과 오해를 줄일 수 있다.

보존 Preservation

보존은 자료의 열화를 예방, 지연, 중단시키는 모든 활동, 또는 물리적으로 더 이상 온전하지 못한 자료의 지적인 내용을 유지하는 활동이다. Michael Gorman은 보존은 사서들의 중요한 책무가운데 한 부분으로 "인류 기록 보존은 미래 세대에게 현재 우리가 알고 있는 모든 것을 알 수 있도록 보장하는 일"이라고 말했다.[32] 미국도서관협회ALA는 보존을 사서직의 핵심 가치라고 인정하고 이를 확인하는 정책을 발표하였다.[33] 보

---

32) Michael Gorman, Our Enduring Values: Librarianship in the Twenty-first Century (Chicago: American Library Association, 2000), 58.

33) American Library Association, "American Library Association Preservation Policy" (2001), www.ala.org/ala/alctscontent/pubsbucket/webpublications/alctspreservation/alapreservationp/alapreservation.cfm.

존은 대체본의 선택, 보호구역으로의 이동, 형태변환 대상자료 선택 등을 포함한다. 제본, 재 제본, 수선, 보호봉투 활용, 이용통제, 환경조건 모니터링, 보호조치 등의 제반 보존 활동은 자료의 이용 가능 기간을 연장하기 위한 것이다. 보존에 대한 한 가지 대안으로서는 자료를 이용 가능한 시기까지 보유하다가 제거 또는 대체하는 것이다. 보존은 모든 종류의 도서관이 당면하는 문제다. 예술 작품을 위한 연방기금, 더욱 최근에는 박물관 도서관 서비스 기구the Institute of Museum and Library Services가 전국적 보존활동을 위해 수백만 달러의 자금을 제공해 왔다. 국가 교부금은 보존 프로젝트, 형태변환 프로젝트, 연구 교육 프로젝트에도 지원되었다.

새로운 자료라도 많이 이용되면 닳아지기 마련이지만, 도서관들은 장서의 노화로 인한 추가적 부담에 직면하고 있다. 대규모 대학 및 연구도서관에서 자료열화의 최대 원인은 1840년 이후 생산된 산성종이 및 인쇄자료들의 제본, 풀칠, 기타 제작에 따른 구성 성분들이다. 1840년 이전에는 모든 종이가 아마포와 무명천으로 제조되었으며 나무 펄프로 만든 종이보다 더 내구성이 강했다. 종이 제조에 사용된 화학물질은 화학반응을 일으키고 그 결과 종이가 부서지지 쉽게 된다.[34] 부서지기 쉽게 된 종이는 책 페이지 모서리를 한두 번 접으면 부서져버린다. 그런 책은 서가에서 이동할 때 마치 옥수수 뻥튀기corn flakes처럼 부서져버리는 것으로 알려졌다. 자료는 열악한 저장 공간에서 온도, 광선, 습도 등이 적절하지 못해 이들이 복합적으로 작용하여 더욱 악화된다. 1980년대 중반에 Robert M. Hayes가 조사 연구한 바에 따르면 미국연구도서관그룹 회원도

---

34) Chandru J. Shahani and William K. Wilson, "Preservation of Libraries and Archives," American Scientist 75 (May/June 1987): 240 - 51.

서관들이 보유하는 장서의 25%가 부서지기 쉬운 상태이며 그 비율은 매년 증가한 것으로 나타났다.[35]

1970년대와 1980년대에는 사서들과 출판사들이 점차 부서지기 쉬운 책의 문제를 인식하게 되었고, 이를 두고 도서관 장서를 먹어치우는 "느린 화재slow fires"라고 부르기 시작했다.[36] 많은 학술 출판사들, 정부기관, 전문단체, 상업출판사들은 이제 알칼리성 종이를 사용하게 되었고 1985년에 발표된 종이 내구성에 관한 국가표준을 따르게 되었다.[37] 이 표준은 종이의 서가 수명(얼마나 오래 서가에 버틸 수 있는가) 및 종이의 내구성(종이가 얼마나 오래 사용될 수 있는가)의 양 측면에 관련되는 것이다. 대량으로 탈산하는 방법, 낱개로 탈산하는 기술 등 탈산처리를 위한 방법들이 개발되어왔다.[38] 종이에 알칼리 성분을 넣어 산성을 중성화하는 탈산과정은 종이의 강도를 회생시키지는 못한다. 상업적 탈산기술도 출시되었다. 대부분의 치료는 어떤 공장 내에서 이루어지므로 도서관은 책을 도서관 밖으로 내보내야 한다. 미국에서 널리 사용되고 있는 유일한 대량탈산업체인 BookKeeper는 L.P라는 보존기술을 이용한다. CSC BookSave사는 S.L이라는 보호기술을 이용한다(Barcelona, Spain). Papersave라는 기술은 Battelle Ingenieurtechnik GmbH사가 개발하였으며 이는 Battelle process라고도

---

35) Robert M. Hayes, "Analysis of the Magnitude, Costs, and Benefits of the Preservation of Research Library Books," working paper (Washington, D.C.: Council on Library Resources, 1985).

36) Terry Sanders, Slow Fires: On the Preservation of the Human Record [video recording] (Santa Monica, Calif.: American Film Foundation, 1987).

37) American National Standard for Information Sciences—Permanence of Paper for Printed Publications and Documents in Libraries and Archives, ANSI Z39.48-1992 (Gaithersburg, Md.: National Institute of Standards and Technology, 1992).

38) Michele V. Cloonan, "Mass Deacidification in the 1990s," Rare Books and Manuscripts Librarianship 5, no. 2 (1990): 95–103.

부른다. 이 기술은 BookKeeper와는 달리 도서관 현장에 설치할 수 있다. Wei T'o process기법은 Richard Smith가 개발한 것으로 일반적으로 단일 품목의 치료에 사용되며 대량탈산작업에는 잘 사용되지 않는다. BookKeeper, CSC BookSaver, Papersave, 그리고 Wei T'o기법은 손으로 취급하는 스프레이로도 사용할 수 있다. 이들을 사용할 때는 건강 및 환경과 관련하여 특별한 주의가 요구된다.

1900년 이전에는 자료 수선 작업 시 전통적 재료와 제본방법을 사용하였다. 장서가 노화되고 낡게 되면서 많은 불리한 치료방법들이 등장하였다. 스카치테이프, 가정용 접착제나 밀가루 풀, 얇은 종이, 산성 팜프렛 바인더를 사용함으로서 자료의 악화를 가속시켰다. 도서관 자료의 보존에서는 보고도 못 본체Benign neglect 넘어가는 것이 더 효과적이었다. 사서들은 섣부른 수선기술 및 수선재료 이용이 어떤 결과를 가져오는지를 알게 되었다. 재료공급자들은 이제 자료 청소, 수선, 보존을 위해 보존성이 충분하고 원상회복이 가능한 재료들을 내놓고 있다. 정부와 민간 기업 및 단체에서도 각종 정보, 권고 및 서비스를 제공하고 있다.39)

1980년대에는 매체변환 방법으로서 오랜 역사를 가진 마이크로필름 보존이 인기리에 증가하였다. 1930년대, 뉴욕공공도서관과 콜롬비아대학은 부서지기 쉬운 자료들을 마이크로필름으로 변한하기 시작했다. 도서관계가 부스러지는 종이의 문제와 장서의 붕괴를 인식함에 따라 대규모

---

39)Among these are American Institute for Conservation of Historic and Artistic Works (http://aic.stanford.edu); Preservation and Reformatting Section of the Association for Library Collections and Technical Services (www.ala.org/ala/alcts/sections/preservation/ default.cfm); and several regional conservation centers, such as the Northeast Document Conservation Center in Massachusetts (www.nedecc.org).

의 자료변환을 선호하게 되었다. 많은 자료들을 분리 취급하면서 믿을만한 대체방안을 추구하게 되었다. 자료보존 및 접근위원회 위원장pres ident of the Commission on Preservation and Access인 Patricia Battin은 다음과 같이 기록하고 있다.

우리는 매우 뼈아픈 선택에 직면했다. 우리는 모든 것을 보존할 수 없다는 사실을 인정하고 불가피하게 자료를 선별해야 했고, 낱개의 아이템에서 대량처리 과정으로 초점을 돌려야 했으며, 종합적이고 협조적인 전략을 창안해야 했다. 이제 도서관은 개별도서관들의 뒷방 면직물 산업에서 벗어나 국가 전체적으로 조정되는 대량생산을 추구하지 않으면 안 된다.[40]

몇 가지 협동보존을 위한 마이크로필름변환 프로젝트가 개발되었는데, 이는 심각 상태에 있는 자료를 취급하는 가장 좋은 선택사항으로 여겨졌다. 마이크로필름 내구성에 대한 국가표준이 개발되었는데, 35mm silver halide할로겐화물 film이 믿을만한 미디어로 인정되었다. 국가서지기구는 마이크로필름 보유 자료에 대한 접근을 허용함으로써 도서관들이 중복노력을 피할 수 있도록 했다. 연방정부는 보존을 위한 마이크로필름 변환 프로젝트에 자금을 지원하기 시작했다. 1986년에는 이 분야의 공동노력을 조정, 촉진하기 위하여 자료보존 및 접근 위원회를The Commission on Preservation and Access를 창설, 부스러지는 자료의 문제를 널리 알리고 국가차원의 지도체계를 구축하였다. 이 위원회는 1997년 도서관자원위원회 the Council on Library Resources와 통합, 도서관정보자원위원회the Council on

---

40) Patricia Battin, "Substitution: The American Experience," typescript, lecture in Oxford Library Seminars, "Preserving Our Library Heritage," February 25, 1992, 9.

Library and Information Resources로 발족되었다. 협의체를 통한 마이크로필름 공동 프로젝트 및 미국 신문 프로그램the United States Newspaper Program은 부서지기 쉬운 자료를 확인하고, 기술describe하며, 보존하기 위한 노력을 국가차원에서 조정해왔다.

Nicholson Baker는 마이크로필름 보존에 관한 국가적 주의 환기에 초점을 두어야 한다고 주장했다.41) 그는 마이크로필름으로 변환된 원 자료들이 파괴, 폐기되는 것을 애석하게 생각했다. Baker's 의 책은 도서관과 사서 그리고 마이크로필름 변환 보존을 가혹하게 공격했기 때문에 일명 "저널리즘의 한탄journalistic jeremiad"이라고 불렸다.42) 그는 일정 기간 동안 자료를 보존해야 한다고 주장하고 도서관 보존의 역사를 많은 부분 오도하고 있다고 비판했다.43) 그의 산성지의 내구성에 관한 몇 가지 설명은 지금도 의문으로 남아있다. 마이크로필름 변환 작업의 일환으로 제본을 해체하고 목록카드를 삭제하는 일은 더 이상 하지 않게 되었다. 그러나 어떤 경우에는 형태 변환이 내용을 보존하는 유일한 옵션이다.

보존은 자료를 평가하고 적절한 조치를 선택, 처리하는 업무이다. 미시적 결정은 자료의 대출과정에서 또는 서가 작업 중 열악한 상태의 자료가 발견되면 조치하는 결정이다. 거시적 결정은 장서의 대단위 부분을 한꺼번에 치료하는 것이다. 장서관리사서는 보존을 위해 자료를 재 선택

---

41) Nicholson Baker, "Deadline: The Author's Desperate Bid to Save America's Past," New Yorker 76, no. 29 (July 24, 2000): 42 - 61; and his Double Fold: Libraries and the Assault on Paper (New York: Random House, 2001).

42) Robert Darnton, "The Great Book Massacre," review of Double Fold: Libraries and the Assault on Paper, by Nicholson Baker, New York Review of Books 48 (April 26, 2001): 16 - 19.

43) Richard J. Cox, Vandals in the Stacks? A Response to Nicholson Baker's Assault on Libraries, Contributions in Librarianship and Information Science no. 98 (Westport, Conn.: Greenwood, 2002), offers one of many thoughtful responses to Baker. Managing Collections 185.

해야 한다. 이 때 답해야 할 질문은 치료가 바람직한 것인가? 적절한 것인가? 가능한 것인가? 비용이 저렴한가? 등이다.

비도서 자료 역시 보존이 필요하다. 비도서 자료(오디오 기록물, 사진 등)를 보유하고 있는 도서관들은 특별한 도전에 직면할 수 있다. 몇 가지 자료들은 보존을 위한 최선의 가이드라인을 제공하고 있다.[44] 도서관들은 상업적으로 생산된 비도서 미디어들을 대체하여 구입하기도 한다. 디지털로 생산Born-digital 되었거나 디지털화된 파일은 형태 및 속도 기준이 다양하고, 소프트웨어 및 하드웨어의 변화가 심해 또 다른 어려움을 준다. 미디어의 수명은 다 되었으나 내용보존이 필요할 경우 도서관은 디지털 장서를 갱신하고, 데이터를 새 매체에 옮기거나 오래된 소프트웨어 및 하드웨어를 유지한다.

디지털 내용 보존을 위한 몇 가지 우선적 조치 방법들이 대대적으로 추구되어 왔다. 연구도서관그룹The Research Libraries Group과 OCLC는 2002년의 한 보고서에서 디지털 보존에 대한 개념을 "신뢰할 수 있고 장기간 접근할 수 있는 디지털 자원을 현재와 미래의 이용자 사회에 제공하는 것"라고 밝혔다. 이 보고서는 디지털 보존을 "흐름을 장기적으로 유지관리하고 내용에 지속적인 접근을 보장하기 위해 필요한 관리활동"이라고 정의하고 있다.[45] 신뢰할 수 있는 디지털 보존이라는 개념은 윤리적인

---

44) Mike Casey and Bruce Gordon, Sound Directions: Best Practices for Audio Preservation (Bloomington, Ind.: Trustees of Indiana University; Boston: President and Fellows of Harvard University, 2007), www.dlib.indiana.edu/projects/sounddirections/papersPresent/index.shtml. The Northeast Document Conservation Center offers several leaflets addressing specific formats; see www.nedcc.org/resources/leaflets.list.php.

45) RLG/OCLC Working Group on Digital Archive Attributes, Trusted Digital Repositories: Attributes and Responsibilities (Mountain View, Calif.: RLG, 2002), www.oclc.org/programs/ourwork/past/trustedrep/repositories.pdf.

의무는 물론 이를 지속적으로 유지할 수 있는 기술적 조직적 인프라를 함축하고 있다. 디지털 보존은 또한 디지털 아카이브 및 기관 보존 institutional repositories이라고도 지칭되고 있다. 기관 보존은 2002년에 나온 SPARC(Scholarly Publishing and Academic Resources Coalition)보고서에서 "단일 또는 복수의 대학에서 생산되는 지적인 결과물을 수집capturing하여 보존 하는 디지털 장서"라고 정의하였다.[46] 이 모델에서는 대학의 교수요원 및 연구원들이 그들의 논문, 회의자료, 연구일정 데이터research data sets, 연구기록working papers, 교육과정 자료course materials 등에 대한 디지털 사본 을 중앙에서 관리하는 전자보존소에 저장한다. 어떤 기관은 지정된 이용 자에 한하여 접근을 허용하지만 대부분은 자유로운 학술 교류를 증진하 기 위하여 누구에게나 접근할 수 있도록open access하고 있다.

최초의 기관 보존소 중 한 곳은 Massachusetts Institute of Technology DSpace(http://libraries.mit.edu/dspace-mit/)였다. 다른 보존소들은 세부학문 분 야를 기반으로 하는데 예를 들면 Paul Ginsparg가 설립하여 현재 코넬대 학이 관리하고 있는 전자프린트 아카이브the e-Print archive(http://arxiv. org) 가 있다. 온라인 프리프린트 아카이브 및 연구논문 배포 서버를 제공하 고 있는 이 서비스는 물리학 및 관련분야, 수학, 비선향과학nonlinear sciences, 계산논리학computational linguistics, 신경과학neuroscience 분야에서 연 구결과를 신속히 전달하는 주요 포럼이 되었다. 디지털 저장의 성공을 위해서는 개인들의 내용저장노력, 내용을 수집하는 도구tools that harvest

---

46) Raym Crow, "The Case for Institutional Repositories: A SPARC Position Paper"(Washington, D.C.: Scholarly Publishing and Academic Resources Coalition, 2002), www.arl.org/sparc/bm%7Edoc/ir_final_release_102.pdf.

content, 그리고 효과적인 배포가 원활히 이루어져야 한다. The Open Archives Initiative(www.openarchives.org)는 콘텐츠의 효과적인 배포를 용이하게 할 수 있도록 호환능력 향상을 위한 프로토콜 및 표준을 개발하고 있다.

인터넷의 변동성 때문에 학자들과 사서들은 내용, 위치, 조직 면에서 계속 변화하는 미디어를 어떻게 유지 보존할 것인가를 고민하게 되었다. 인터넷 아카이브The Internet Archive(www.archive.org)는 디지털 형태로 존재하는 역사적 장서에 무료로 영구 접근할 수 있도록 하는 인터넷도서관을 구축하고 있다. 1996년 Brewster Kahle and John Gage가 설립한 인터넷 아카이브the Internet Archive는 미 의회도서관 및 스미소니언Smithsonian Institution과 협력하여 웹페이지, 텍스트, 오디오, 동영상, 소프트웨어를 수집 저장하고, 인터넷 콘텐츠 및 디지털로 태어난 자료들이 사라지는 것을 방지하고 있다. the Internet Wayback Machine은 사람들에게 1996년부터 현재까지 웹사이트로부터 수집된 데이터를 거의 2페타바이트petabytes(월 2천 테라바이트 비율로 증가)를 서핑할 수 있도록 허용한다.

수선 및 보호조치 Repair and Conservation

학교도서관미디어센터, 중소규모공공도서관, 전문도서관들은 각 자료의 물리적 수명 연장을 위한 치료에 초점을 둔다. 그들은 보존 전담 직원을 두지 않는 것이 보통이다. 이들 도서관들은 영속적으로 지적 내용을 보존한다든지 또는 자료를 보유해야 하는 기본 책임은 지지 않는다. 그들은 장서 속에 있는 개별 자료들의 수명 연장과 소장 자료에의 투자비, 즉 자산을 보호하며, 장서를 유효할 때까지 유지할 의무를 진다.[47) 도서관이 자료의 이용생명을 연장하기 위해서는 많은 활동을 해야 한다. 첫 번째로 손꼽을 수 있는 것은 훌륭한 저장환경으로 먼지가 나지 않게 하는 것, 곤충이 좋아하는 음식물이나 쓰레기를 멀리하는 것이다. 온도, 습도, 공해, 광선 노출을 조절함으로써 장서를 보호할 수 있다. 직원들과 이용자들에게 적절한 자료 취급방법을 교육하는 것도 중요하다. 책을 올려놓을 서가 높이는 적절해야 하며 스택의 구조는 단단하게 짜여 있어야 한다. 저장 용기 및 보호 봉투는 보존성이 충분해야 한다. 무인 반납함 Book drops에는 완충 패드를 덧대어야 하며 자주 비워야 한다.

도서관 용품 공급자는 관내에서 자료를 청소하고 간단한 수선을 할 수 있는 물품을 판매한다. 수선재료, 사용절차, 테크닉은 최신의 기준을 충족해야 하며 산성이 없어야 하고 손상을 입히지 않으며 작업자에게 안전해야 한다. 청소용품은 책장이나 콤팩 디스크에 남아 있는 볼펜 잉크 및 크레용 자국, 곰팡이 등을 지울 수 있어야 한다. 선별된 테이프는 책장을 수선하고 책등을 보강할 수 있어야 한다. 도서관들은 책의 끝장, 책등에 접착제로 보강할 수 있다. 이 용품들은 대부분 자료의 생명 연장에 적절하지만 이것이 진정한 보존 기술은 못된다. 그러나 만일 도서관이 자료를 영속적으로 보존할 계획이라면 숙달된 보존 전문가가 특별한 청결 작업과 수선 작업을 해야 한다. 개별 자료들은 폴리에스텔 필름 종이 캡슐에 넣을 수 있다. 탈산처리는 산성을 중화시켜 종이를 안정 상태로 만들지만 잃어버린 물질을 보완하거나 손상된 부분을 회복시킬 수는 없다.

어떤 재료는 참고 서적이나 기타 많이 사용된 자료의 제본을 복원하는

---

47) Susan L. Tolbert, "Preservation in American Public Libraries: A Contradiction in Terms?" Public Libraries 36 (July/Aug. 1997): 236 - 45.

데 적절할 수 있다. 현재의 케이스에 덧붙여 다시 케이스에 넣을 수도 있다. 어떤 책이 적정 가격이 나가고 아직 악화되지 않았다면, 그리고 원래 제본이 별로 예술적 가치가 없다면 재 제본은 비용효과적일 수 있다. 도서관들은 지장본 책이 많이 이용될 것으로 기대되는 경우 책의 입수와 동시에 재 제본을 하기도 한다. 대부분의 연구도서관들은 그들이 보유하는 정기간행물을 모두 제본한다. 도서관들은 제본을 상업 제본소에 의존하고 있다. 제본은 국가정보 표준기구the National Information Standards Organization와 도서관제본연구소the Library Binding Institute에서 개발한 도서관 자료 제본기준에 따라야 한다.48) 기타 옵션으로는 정기간행물을 제본하지 않고 그대로 두는 것, 정기간행물을 상업적으로 발행되는 마이크로필름 형태로 일부 또는 전부를 대체하는 것, 또는 중앙 보존소의 디지털 형태자료 또는 대규모 도서관이 보유하는 자료에 의존하는 것 등이 있다.

어떤 도서관이든 보존이 필요한 자료들이 있기 마련이다. 만일 물리적 실체 또는 예술적 가치가 있는 자료라면 도서관은 그 자료를 보존할 것이다. 보호란 어떤 아이템을 본래의 상태대로 간직하려고 노력하는 것이라 할 수 있다. 그 첫 단계는 자료를 조심스럽게 보살피는 것이다. 이는 보통 특수 용기에 넣어둔다든지, 귀중 자료는 대출하지 않으며, 감독자가 입회하는 경우에 한해 이용할 수 있게 하는 것이다. 효과적인 보존 치료를 위해서는 비용이 많이 들고, 특별 훈련을 받아야 하며 비싼 재료와 장비가 있어야 한다. 그러한 경우, 보존 전문가 및 지역 보존센터에 의뢰하

---

48)National Information Standards Organization, "Library Binding: An American National Standard," ANSI/NISO/LBI Z39.78-2000 (Bethesda, Md.: NISO, 2000), www.niso.org/kst/reports/standards?step= 2&gid=None&project_key=20b6444f170a5a8ced24d9a69d8f65151f9087ce.

는 것이 최선의 선택이라 하겠다.

대체 및 형태 변환 Replacement and Reformatting

만일 어떤 자료가 수선할 수 없을 정도로 낡았거나 수선비가 너무 비싸다면 도서관은 그 자료를 대체할 수 있다. 선택사항으로는 대상 아이템을 복사하거나, 마이크로필름으로 뜨거나, 절판자료 취급상을 통해 중고본을 구입하거나, 동일한 내용의 전자버전을 이용하거나, 인근지역 도서관에서 다시 포맷하는 방법이 있다. 상업출판사들은 팩시밀리로 재 프린트하거나 마이크로필름을 제공하며, 수요가 높은 자료나 패키지에 들어있는 특별한 자료는 디지털자료 대행사에 주문한다. 도서관은 유용한 자료인데 인쇄본을 구할 수 없을 경우 원본을 복사할 수 있다. 마이크로필름 및 마이크로피시는 이용자들의 선호도가 약하지만 많이 이용하더라도 내구성은 강하다. 낱개의 자료를 하나씩 형태 변환하면 변환 비용이 많이 든다. 장서관리담당사서는 자료의 지적 내용이 형태변환 또는 교체해야 할 만큼 충분한 가치가 있는지, 그리고 선택된 포맷 방식이 내용을 온전히 담아 현재와 미래의 이용을 지원할 수 있는지 의사결정을 해야 한다. 만일 사서가 어떤 자료를 교체 또는 재생하기로 결정한다면 실용성, 내구성, 충실도에 대한 가이드라인 및 표준을 준수하는 업체를 선정해야 한다. 또한 그러한 적정 표준이 관내에서 작업을 수행하는 경우에도 부합되는지를 확인해야 한다. 사서들은 자료의 형태를 변환할 때는 언제나 저작권법 및 법 개정여부를 잘 살펴보아야 한다.

저작권법은 "복잡하고complicated, 애매하게arcane, 우회적counterintuitive"으로 표현되어 있다.[49] 저작권의 목적은 정보접근을 위한 출판권과 저작자의 창작 표현의 권리 사이에 균형을 유지하면서 지식개발 및 창작에 대한 인센티브를 제공하려는데 있다. 저작권법은 저자 및 창작물 소유권자에게 여러 가지 권한을 부여하고 동시에 이들 권한에 따른 기대, 즉 "우선적 독점 판매권first sale doctrine"과 같은 독점권(저작권 소유자는 저작물이 판매된 이후에는 그 저작물의 배포를 통제할 권한이 없음), "공정한 이용fair use"(저작물을 저작자의 허락 없이도 선의의 목적으로 이용할 수 있는 법적 권리), 그리고 도서관 보존, 이용에의 제공, 도서관 상호대차를 위해서 복제할 권리 등을 부여하고 있다. 미 법률United States Code 17title조의 108항Section은 도서관 및 문서보존소에 대하여 그들이 보유하는 자료 중 저작권 기간이 20년 이상 경과된 자료를 적정 가격으로 구할 수 없을 경우에는 이를 보존, 대체 목적으로 복제할 권한을 인정하고 있다. 미국에서는 작품이 1923년 이후에 창작되고 1978년 이전에 등록된 경우, 또는 1978년 이후에 창작된 경우에 저작권의 보호를 받는다. 만일 어떤 작품이 저작권 기간 내에 보호받고 있는 중이지만 이를 이용하려는 자(도서관, 다른 저자, 등)가 이용 허락을 받으려 해도 저자, 창작자, 저작권 소유자를 찾을 수 없는 경우, 그 작품은 "고아 저작물orphan work"이라고 부른다. 2006년 미 저작권 당국the U.S. Office of Copyright에 낸 한 보고서는 고아저작물에 대한 법적으로 의미 있는 해결 방법을 제안하고 있다.50) 고아 저작물의 소유자를 확인할 수 없는 경우의 보상 문제를 다루는 몇 가지 법안이 제출되었지만 모두 통과되지 못했다. 미국도서관협회는 저작권에 관한 법적인 문제들을

---

49) Jessica Litman, Digital Copyright (Amherst, N.Y.: Prometheus, 2001), 112.
50) Library of Congress, U.S. Copyright Office, Report on Orphan Works: A Report to the Register of Copyrights (Jan. 2006), www.copyright.gov/orphan/orphan-report.pdf.

모니터하고 있으며[51] 모든 사서들도 그렇게 해야 하겠다.

도서관들이 보존 치료의 수단으로 디지털 변환을 택하는 경우가 점증하고 있다.[52] 디지털 변환 자료에는 기술description 및 검색능력이 추가되므로 자료 가치가 향상된다. 디지털로 자료를 변환하면 원 자료에 손대는 일이 줄어들고, 보다 많은 사람들이 원 자료 대신 디지털 자료에 접근할 수 있는 장점이 있다. 디지털도서관연맹The Digital Library Federation은 "단행본 및 연속간행물의 디지털변환 신뢰성 벤치마킹 자료Benchmark for Faithful Digital Reproductions of Monographs and Serials"를 개발했는데, 여기에서는 품질, 지속성, 호환성 측면에서 디지털 콘텐츠를 가장 적절하게 변환하는 기준을 제시하고 있다.[53] 디지털 변환은 원 자료의 보존 또는 마이크로필름 변환과 함께 이루어지기도 한다. 자료 보존의 방법으로 자체에서 디지털변환을 수행하는 도서관들은 강력한 하드웨어 및 소프트웨어를 갖추어야 하며, 자원을 디지털 변환프로젝트에 내보내어 지속적으로 접근할 수 있도록 해야 한다. 도서관은 다른 도서관과 작업이 중복되지 않도록 노력해야 한다. 한 곳에서 먼저 디지털화한 것은 디지털도서관 재단the Digital Library Foundation 및 OCLC의 협력 프로젝트인 디지털 등록 마스터the Registry of Digital Masters에 등재해야 한다.[54] 이 등록소에는 디지털 변환자료와 본래 디지털자료born-digital objects가 모두 포함되며 커뮤니케이

---

51) See American Library Association, Washington Office, Issues, Copyright, www.ala.org/ala/washoff/woissues/copyrightb/copyright.cfm.

52) Daniel Greenstein and Suzanne E. Thorin, The Digital Library: A Biography (Washington, D.C.: Council on Library and Information Resources, 2002), www.clir.org/pubs/abstract/pub109abst.html.

53) Digital Library Federation, "Benchmark for Faithful Digital Reproductions of Monographs and Serials, Version 1 (Dec. 2002)," www.diglib.org/standards/bmarkfin.htm.

54) Registry of Digital Masters, http://purl.oclc.org/DLF/collections/reg/OCLCservice.

션, 조정 협력, 디지털 마스터의 정보 탐색, 디지털 마스터의 생산물, 복사 이용가능성 등을 촉진시킨다.

도서관정보자원위원회The Council on Library and Information Resources(미 의회도서관 보존 위원회 the Library of Congress Preservation Directorate에서 제공한 데이터 이용)는 2001년에 300쪽 분량의 단행본의 경우 여러 가지 보존조치에 따른 소요 비용을 비교하였다.[55] 그 결과 제본 또는 상자 보관 10달러, 대량탈산 15달러, 팩시밀리 보존 65달러, 마이크로필름 변환 185달러, 보호보강조치 430달러, 기본수준의 디지털변환 2,500달러로 추정되었다. 각 비용에는 자료의 이용 준비에 요구되는 여러 단계의 작업(선택, 체크아웃, 포장, 운송, 품질통제, 재배가 등)이 포함된 것이다. 미 의회도서관의 기본수준 디지털 변환작업은 기계가독성machine-readable, 광학 문자인식의 전체 자동화 과정에서 최소한의 텍스트 생성 코드 입력minimally encoded text generated by fully automated processes of optical character recognition, 그리고 텍스트 마크표시text markup 및 기본서지기술basic bibliographic description 등이다. 디지털 변환은 자세한 설명essays 및 검색보조도구finding aids와 같은 촉진enhancements요소를 추가함으로써 보다 개선된 접근을 제공해 준다.

2004년 구글 프린트 프로젝트the Google Print project(지금은 the Google Books Library Project)이래 상업적 대량 디지털변환 프로젝트는 계속 논쟁거리가 되어왔다. 구글은 미시건대학, 하버드대학, 스탠포드대학 도서관과 옥스퍼드대학의 보들리언 도서관Bodleian Library at Oxford, 뉴욕공공도서관과 파트너십 관계를 맺고 그들이 보유하는 인쇄 장서의 전부 또는 많은 부분

---

55) Stephen G. Nichols and Abby Smith, The Evidence in Hand: The Report of the Task Force on the Artifact in Library Collections (Washington, D.C.: Council on Library and Information Resources, 2001), www.clir.org/pubs/abstract/pub103abst.html.

을 디지털로 변환한다고 발표했다. 파트너의 수는 계속 증가하고 있다. 대부분의 계약서에서 구글은 디지털로 스캔을 떠 공적자료 및 저작권 보유 자료를 검색할 수 있도록 하고 있다. 저작권 보호 대상 자료에 대해서는 기본 정보(제목, 저자명 등)와 함께 구입 또는 도서관에서 대출한 자료의 정보에 관련한 몇 줄의 텍스트(구글은 이를 "단편snippets"이라 칭함)를 제공한다. 공공도메인 자료는 구글 사이트에서 내용 전체를 열람, 검색, 다운로드할 수 있다. 구글은 그들 프로젝트에서 스캔한 공공도메인 자료의 디지털 사본을 협력도서관들partner libraries에게 제공한다.

논의의 대부분은 지적재산권 및 저작권, 기술적인 측면, 디지털 프로젝트의 사회적 영향 등 3가지 주제를 둘러싸고 지속되어 왔다. 저작권 문제는 구글이 대학 및 연구도서관들과 맺은 협약서가 다양한 만큼이나 매우 복잡하다. 어떤 경우에는 구글은 저작권이 종료된 책 및 공공부분의 책만을 스캔한다. 또 다른 경우는 저작권 상태와는 관계없이 도서관의 소장 자료 전부를 스캔하는데, 이 경우 구글은 스캔한 자료의 전체적 이용을 허용하지 않는다. 출판사와 구글 사이에는 법적인 분쟁이 일어났다.[56] 미국 작가 조합The Authors Guild of America, 미국 출판 연합the Association of American Publishers, 그리고 출판사 단체들은 저작권이 있는 작품의 내용 단편을 프로젝트에 포함하는 것은 의도적인 저작권 위반이라고 비난했

---

56) The full complaint—The McGraw-Hill Companies, Inc., Pearson Education, Inc., Penguin Group (USA) Inc., Simon and Schuster, Inc., and John Wiley and Sons, Inc., Plaintiffs, v. Google, Inc., Defendant, filed in October 2005—is available at http://publishers.org/main/Copyright/attachments/40_McGraw-Hill_v_Google.pdf; see also Jeffrey Toobin, "Google's Moon Shot: The Quest for the University Library," New Yorker 82, no. 48 (Feb. 2, 2005): 30-35, and Johnathan Band, "The Google Library Project: Both Sides of the Story," Plagiary: Cross-Disciplinary Studies in Plagiarism, Fabrication, and Falsification 2, no. 2 (2006): 1-17.

다. 구글은 이 프로젝트는 서지 정보(카드 목록과 동등한) 및 단편적 내용만을 제공하기 때문에 공정 이용을 도모하는 것이라고 주장했다. 특이한 것은 많은 출판사(대량의 스캔 프로젝트에 도전적인 출판사들 포함)들이 이미 구글과 파트너가 되었고, 검색자들이 직접 책을 구입할 수 있는 사이트에 연결하는 조건으로 그들의 출판물 디지털버전을 구글에 제공하고 있다는 사실이다.

구글 프로젝트에 대한 비판의 초점은 질적 통제(스캔 장비 가사의 부주의로 인한 손가락 영상 스캔, 부정확한 스캔 위치로 책의 내용 상실 등), 불충분한 서지 기술(메타 데이터), 그리고 수백만 권 - 날마다 수천 권의 책을 디지털화하고 있는 프로젝트에서 드러난 난점들에 맞추어져 있다. Paul Duguid는 이에 관해서 "상속과 손실Inheritance and Loss: 구글 도서에 대한 간략 조사A Brief Survey of Google Books"보고서에서 문제를 제기하고 있다.57) 또 다른 연구자들, 예를 들면 Barbara Quint, Anthony Grafton, and Lorcan Dempsey 등은 문제점 보다는 기회의 측면을 평가하고 있다.58) Dempsey는 구글의 주도는 네트워크 환경 속에서 검색 및 전달에 역동적 변화를 가져왔다고 주장했다.59) 그는 이어서 구글이 자원을 수집하여 색인하고 연결 용량linking capabilities을 확대함으로써 개별 자료와 콘텐츠 사이에 새로운 관계가 발견될 수 있다고 주장했다. 나아가 디지털화된 내용의 증가는 장서

---

57) Paul Duguid, "Inheritance and Loss? A Brief Survey of Google Books," First Monday 12, no. 8 (2007), www.uic.edu/htbin/cgiwrap/bin/ojs/index.php/fm/article/view/1972/1847.

58) Barbara Quint, "Who the Heck Is Tristram Shandy? Or What's Not Wrong with Google Book Search?" Information Today 24, no. 9 (2007): 7 - 8; Anthony Grafton, "Future Reading: Digitization and Its Discontents," New Yorker 83, no. 34 (Nov. 5, 2007): 50 - 54; Lorcan Dempsey, "Systemic Change: CIC and Google," Lorcan Dempsey's Weblog, June 6, 2007, http://orweblog.oclc.org/archives/001366.html.

59) Dempsey, "Systemic Change."

의 개발과 관리에 더욱 집약적으로 접근할 수 있는 새로운 기회를 창출할 것이다. 인쇄문화유산의 대량 디지털 변환으로 이제 전례 없이 새로운 방법으로 공공재에 공헌하는 잠재능력을 확보하게 되었다.[60]

오픈콘텐츠연합The Open Content Alliance(www.opencontentalliance.org)은 2005년에 설립된 비영리단체로서 공공도메인 자료나 저작권자의 승인을 얻은 자료만을 디지털화함으로서 구글에서 드러난 법적 문제를 피했다. 오픈콘텐츠연합의 한 가지 특징은 여러 저장소에 들어있는 데이터를 유지 관리한다는 것이다. 이 단체는 구글의 재정 자원이 없이도 기부자들이 제공하는 콘텐츠에 의존하여 점진적으로 대량의 스캔 데이터를 구축해 나가고 있다. 이 프로젝트의 한계는 재정문제가 아니라 저작권 해결이 안 된 자료의 비율이 극단적으로 낮다는 점이다. Denise Troll Covey는 이미 인쇄된 책의 95%가 아직 저작권 보호를 받고 있고, 3% 정도는 아직 인쇄 중에 있는 것으로 추산하고 있다.[61](역자 주 : 인쇄된 책의 98%가 저작권 보호를 받고 있으므로 나머지 2%만이 저작권이 없는 자료임을 알 수 있다)

많은 대용량 디지털변환 프로젝트는 도서관들과 업체들이 상호 파트너십 관계를 맺고 복잡한 계약관계를 형성하고 있다. Peter B. Kaufman과 Jeff Ubois는 도서관들은 그들의 상업적 파트너들과 집중적으로 치밀한 협상을 전개할 것을 제안하고 있다.[62] 그들은 또 어느 정도 비밀을 추구

---

60) See Richard K. Johnson, "In Google's Broad Wake: Taking Responsibility for Shaping the Global Digital Library," ARL: A Bimonthly Report, no. 250 (Feb. 2007): 1 - 15, for an exploration of what libraries can and should do in shaping mass digitization initiatives; see also Oya Y. Rieger, Preservation in the Age of Large-Scale Digitization: A White Paper (Washington, D.C.: Council on Library and Information Resources, 2008), www.clir.org/pubs/abstract/pub141abst.html.
61) Denise Troll Covey, Acquiring Copyright Permission to Digitize and Provide Open Access to Books (Washington, D.C.: Digital Library Federation and Council on Library and Information Resources, 2005), www.clir.org/pubs/reports/pub134/pub134grey.pdf.

함으로써 도서관들이 다른 파트너에게 충고할 수 있고, 더 완벽한 전달 능력, 혁신적 조사연구를 지원할 수 있는 더 많은 오픈 엑세스를 제공하며, 새로운 어플리케이션의 개발을 허용하고, 배포의 제한을 축소하며, 이용자의 프라이버시 보호와 관련하여 이용 데이터의 취급 책임성을 추구할 것을 제안한다.

보존계획 Preservation Plans

많은 도서관들은 체계적인 보존계획을 수립한다.[63] 보존계획은 도서관의 성격과 규모에 따라 그 스케일과 복잡성이 다양하다. 도서관들은 종합적인 보존계획을 수립하여 복잡한 보존문제를 지속적으로 해결해야 한다. 처음에는 도서관 직원들 사이에 현재 보존 조건 및 이용 문제, 가능한 해결방법, 현재 수용 용량, 재정적 기술적 자원 이용 가능성 등에 대해 공감대가 증진되어야 한다. 보존계획 역시 정치적 도구다. 계획은 보존 문제와 관련하여 도서관과 모 기관의 인식을 높이는 데 기여하며 이를 어떻게 해결할 것인지 합의점을 도출하도록 해준다.

보존계획의 첫 번째 요소는 장서의 상태를 조사하는 일이다. 이는 장서의 전 부분에 걸쳐 산성화로 인한 손상, 부스러지기 쉽게 된 자료, 텍

---

62) Peter B. Kaufman and Jeff Ubois, "Good Terms—Improving Commercial-Noncommercial Partnerships for Mass Digitization: A Report Prepared by Intelligent Television for RLG Programs, OCLC Programs and Research," D-Lib Magazine 13. nos. 11/12 (2007), www.dlib.org/dlib/november07/kaufman/11kaufman.html.

63) The following manual is a useful planning tool: Preservation Planning Program: An Assisted Self-Study Manual for Libraries, developed by Pamela W. Darling, with Duane E. Webster; revised by Jan Merrill-Oldham and Jutta Reed-Scott (Washington, D.C.: Association of Research Libraries, 1993).

스트의 부분적 손실이나 불완전한 내용, 텍스트 내용, 이미지, 미디어의 열화, 제본의 손상, 보호봉투의 결여가 어느 정도인지를 알기 위한 것이다. 계획의 두 번째 요소는 환경조건, 즉 온도, 상대습도, 청결정도, 공기 오염 노출 정도, 과다한 광선, 좀 벌레, 재해대비상황, 직원 및 이용자에 대한 교육 등에 대하여 데이터를 수집하는 일이다. 여기에는 화재예방, 화재 탐지 및 경보장치, 화재진압시스템 및 안전장치 등이 포함된다. 구역별 보호조치사항을 확인함으로써 도서관은 장서가 미래의 자료악화 및 돌발적 손상에 어느 정도로 노출되어 있는지를 평가할 수 있다.

사서들은 장서의 환경조건을 파악하고 이해하면, 이에 따른 보존 조치들을 강구할 수 있다. 이러한 조치사항들은 이용 가능한 자금과 인력 범위 내에서 자료를 치료하는데 있어 자료의 중요성에 따라 균형을 유지하는데 도움을 준다. 보존 대상 자료를 선택하는 전략으로는 많이 손상된 자료, 저렴한 비용으로 신속히 처리할 자료, 치료에 특수 조치가 필요한 자료, 또는 도서관에 가장 중요한 자료에 대하여 조치할 사항이 포함된다.

도서관은 보존활동을 위해 이용 가능한 잠재적 자원들을 살펴보아야 한다. 이는 인력시간staff time, 인력의 적격성, 현장장비 및 자금능력 등을 의미한다. 지역에서 이용할 수 있는 기술자와 자원도 실사해 보아야 한다. 장서의 상태, 환경, 손상 정도를 측정하여 필요한 조치가 무엇인지를 파악하고, 이용 가능한 자원 및 기술을 준비해야 한다. 그 결과 현재와 미래의 보존요구를 충족할 수 있는 체계적 계획을 수립할 수 있다.

연속간행물 취소 및 전자자료 접근으로의 전환
Serial Cancellation and the Transition to Electronic-Only Access

몇 년 전만 해도 연속간행물 취소는 논문을 상호대차로 이용하기 위해 연속간행물 구독을 취소하는 것을 의미했다. 이는 아직도 많은 도서관들이 연속간행물의 가격 상승에 대처하는 중요한 방법이기도 하다. 이에 더하여 또 하나의 정책적 대안은 인쇄저널을 취소하고 전자버전으로 접근하거나 인쇄버전과 전자버전 두 가지 형태를 다 가지고 있는 경우 전자버전만을 보존하는 것이다.

연속간행물 취소의 과정은 다른 장서의 유지기능과 형평성을 검토하는 것으로부터 시작된다. 장서가 도서관의 목적 및 목표, 이용자의 요구를 지속적으로 충족시키고 있는지를 정기적으로 확인하는 업무의 일환으로 현재 구독하고 있는 연속간행물을 평가해 보아야 한다. 실제로 많은 도서관들은 연속간행물의 가격이 도서관의 예산능력을 초과하여 계속 급속히 인상되었기 때문에 취소 대상 연속간행물을 검토 확인하는 것은 적어도 지난 15년 동안 연례적인 도서관 활동이 되어왔다. 대학 및 연구도서관들은 값비싼 학술저널로 인해 극도의 어려움을 겪어왔고, 모든 도서관들이 물가상승률을 앞지르는 연속간행물 가격 상승을 경험해 왔다.

연속간행물 구독을 취소하는 또 다른 이유는 도서관이 단행본 비용과 연속간행물 비용 간 비율을 일정하게 유지하려는 목표를 고수하기 때문이다. 도서관들은 또 학문 분야 간, 이용자 그룹 간의 구독 비율을 유지하려 하기 때문에 연속간행물을 취소할 수 있다. 예를 들면, 어린이 청소년 자료실의 저널들은 경영분야의 저널들처럼 가격이 급격하게 상승하지는 않는다. 따라서 도서관들은 경영분야 자료를 검토할 때 더 많은 간행물을 취소함으로서 더 많은 예산을 절감하려고 하는 것이다. 또한 취소는 교과과정이나 이용자 사회에 관련성이 적은 자료를 우선한다. 도서관은 종이 자료의 수요가 없는 경우 온라인 버전으로 접근할 수 있다. 구독을 취소하지 않으면 안 되는 간행물도 있을 수 있는데 여기에는 질적 수준이 낮거나 내용이 적절하지 못한 간행물이 해당된다. 사서들은 구독 취소의 과정에서 논리적이고 방어적인 여러 가지 테크닉을 활용한다. 도서관마다 구독취소 가이드라인, 이용자에 대한 공지 및 이용자 이탈 방지, 합리적이고 실질적인 적절한 관행 등을 규정한 정책과 절차를 갖출 필요가 있다. 구독 취소를 검토할 경우에는 구입 시의 저널 선택 및 계속 주문을 선택할 때와 동일한 기준(품질 및 적절성)을 적용해야 한다. 이용여부는 가장 중요한 기준이다. 이용 데이터는 대출 통계, 상호대차 신청, 이용자 조사, 관내 이용 조사를 통하여 산출할 수 있다.[64] 이용자 연구에 수반되는 어려움은 많은 도서관들이 연속간행물을 대출하지 않아 통계가 없고, 관내 이용 데이터의 경우 신뢰성이 없다는 것이다.

이용 데이터는 자료의 가격과 조합하여 비용연관도표를 그려볼 수 있다. 값비싼 자료가 별로 이용되지 않는다면 값이 저렴하면서도 많이 이용되는 자료에 비해 도서관과 이용자에게 주는 이익이 적은 것이다. 어떤 주제 관련 저널들, 전통적으로 인문 사회과학 분야의 저널들은 더 비용 효과적일 수 있다. 이 저널들은 가격이 매우 저렴하여 도서관상호대

64) Carol French and Eleanor Pollard, "Serials Usage Study in a Public Library," Public Library Quarterly 16, no. 4 (1997): 45 - 53; John Gallagher, Kathleen Bauer, and Daniel M. Dollar, "Evidence-Based Librarianship: Utilizing Data from All Available Sources to Make Judicious Print Cancellation Decisions," Library Collections, Acquisitions, and Technical Services 29, no. 2 (2005): 169 - 79; Halcyon R. Enssle and Michelle L. Wilde, "So You Have to Cancel Journals? Statistics That Help," Library Collections, Acquisitions, and Technical Services 26, no. 3 (2002): 259 - 81.

차나 문헌전달 서비스를 이용하는 것보다 비용이 덜 들어갈 수도 있다.[65] 비용과 페이지 수 또는 출판 빈도를 조합하여 보는 것도 비용 대 편익을 살펴볼 수 있는 또 다른 방법이다. 비용은 도서관이 예산과 관련하여 자료구입을 취소해야 할 경우 첫 번째로 고려해야 할 기준이다.

컨소시엄 및 상호대차를 통하여 연속간행물을 이용할 경우 구독취소 결정에 큰 영향을 미친다. 도서관들은 파트너 도서관들을 위해 어떤 분야의 자료들을 보유해야 하는 명예로운 위임 관계에 있다. 도서관들은 첫째로 지역에서 이용하기에 편리한 자료나 협력적 문헌전달 서비스를 통하여 이용할 수 있는 자료에 대하여 구독을 취소할 것이다. 많은 경우 상업적 문헌전달서비스 및 유료 전문full-text 온라인서비스는 지역 도서관 자료 이용에 비하여 편리한, 비용 효과적 대안임이 증명되었다.[66] 인쇄 잡지를 취소하고 전자 정보로 접근하는 방법을 택하더라도 전자버전의 구독비용이 증가되지는 않는다.

대학도서관 사서들은 연속간행물을 취소할 때 교수요원들과 긴밀히 협의한다. 저널을 취소하는 것은 보존 및 제적자료를 결정할 때와 마찬가지로 정치적으로 중요한 함축적 의미를 지닌다. 대학도서관의 많은 학술잡지 이용자들은 수년 동안 사서들을 괴롭혀온 극심한 가격 상승문제에는 별로 관심을 두지 않는다. 사서들은 이용자들에게 이 문제를 계속 설명해왔다. 흔히 대학도서관에서는 교수요원들이 그들 전공분야의 연속

---

65) Dorothy Milne and Bill Tiffany, "A Survey of the Cost-Effectiveness of Serials: A Cost-Per-Use Method and Its Results," Serials Librarian 19, nos. 3/4 (1991): 137-49; Brinley Franklin, "Managing the Electronic Collection with Cost per Use Data," IFLA Journal 31, no. 3 (2005): 241-48.
66) Richard P. Widdicombe, "Eliminating All Journal Subscriptions Has Freed Our Customers to Seek the Information They Really Want and Need: The Result—More Access, not Less," Science and Technology Libraries 14, no. 1 (1993): 3-13.

간행물에 대하여 방어하기 때문에 공개적으로 논쟁에 돌입할 수 있지만 연속간행물 취소를 교수요원과 토론하여 처리하면 취소에 따른 중대한 실수를 예방할 수 있다. 그럼에도 불구하고 구성원들의 의견을 조사해 보는 것은 매우 중요하다. 왜냐하면 교수들의 의견을 요청하고 동시에 예산의 범위 내에서 자료를 운용하기 위해 자료의 구독 취소 필요성을 계속적으로 알려야하기 때문이다.[67]

사서들은 평가와 상담과정에서 수집된 데이터를 이상적으로 조합하는 방법을 모색해 왔다. 지금까지 가중치 공식을 포함한 몇 가지 접근방법이 문헌에 소개되었다.[68] 이용 데이터는 가장 가중치가 높은 요소이다. Paul Metz and John Cosgriff는 수집된 정보를 추적, 연속간행물 의사결정 데이터베이스를 구축할 것을 권고하고 있다.[69] 사서들이 준비한 데이터는 연속간행물의 취소이유를 설명할 수 있고, 연속간행물 취소에 불만 있는 이용자들에게 취소를 정당화할 수 있는 점에서 매우 유용하다.

인쇄저널을 취소하고 전자 자료만 선택하는 것도 하나의 옵션이다. Richard K. Johnson and Judy Luther는 2007년 동료심사저널peer-reviewed journals의 60%는 전자형태로 이용할 수 있다고 보고했다.[70] Chandra Prabha는 2006년까지 미국연구도서관회원도서관ARL member libraries의 36%

---

67) Paul Metz, "Thirteen Steps to Avoiding Bad Luck in a Serials Cancellation Project," Journal of Academic Librarianship 18, no. 2 (1992): 76 - 82.

68) Betty E. Tucker, "The Journal Deselection Project: The LSUMC-S Experience," Library Acquisitions: Practice and Theory 19, no. 3 (1995): 313 - 20; Paul Metz and John Cosgriff, "Building a Comprehensive Serials Decision Database at Virginia Tech," College and Research Libraries 61, no. 4 (2000): 324 - 34.

69) Metz and Cosgriff, "Building a Comprehensive Serials Decision Database."

70) Richard K. Johnson and Judy Luther, "The E-Only Tipping Point for Journals: What's Ahead in the Print-to-Electronic Transition Zone" (Washington, D.C.: Association of Research Libraries, 2007), www.arl.org/bm~doc/Electronic_Transition.pdf.

는 그들의 학술잡지를 전자형태로만 이용하도록 전환했으며 이 비율은 계속 증가하고 있다고 밝혔다.[71] 만일 전자저널이 발행 취소, 중단, 또는 출판사가 사라졌을 경우에는 이미 가입된 발행호수에 대해서는 계약상 접근을 보장하고, 인쇄저널을 취소하고 전자저널로의 전환을 결정하는 요인이 된다. 이러한 아카이브 및 계속 이용을 계약상 보장하지 않으면 도서관들은 전자저널로 전환하는 것이 실질적(예, 인쇄자료 구독 예산 절감, 서가 공간 절약, 접수, 클레임 제기, 저장비용, 제본비용 절감 등) 이익이 있다고 하더라도 인쇄저널의 구독을 취소하지 않는다. 저널 대행사 서비스를 통한 접근만으로는 영속적인 접근 요구를 충족할 수 없다. 제3자로서의 대행사는 그들이 구성하는 출판사들의 저널 및 가감되는 저널에 대하여 영속적 접근을 제공하지 못한다.

전자저널 대신 인쇄저널을 유지하는 또 다른 전통적인 이유로는 다음과 같은 것들이 있다.

- 이용자들의 선호(예, 특수 연구 관행 또는 연구방법 때문에 인쇄저널 요구, 특히, 프로파일이 쌓인 자료 또는 인쇄형태로 주로 이용되는 자료)
- 내용(예, 인쇄저널의 내용이 전자저널과 다를 때, 인쇄 저널이 중요한 예술적, 심미적 가치가 있을 때, 인쇄저널이 현재의 경향 파악 자원으로, 또는 브라우징 저널로 더 나은 기능을 할 때, 전자 저널에서 이미지와 그래픽을 이용할 수 없거나 품질 상태가 열악할 때)
- 신청 모델(예, 인쇄저널 구독을 바탕으로 온라인 접근 가능)

---

71) Chandra Prabha, "Shifting from Print to Electronic Journals in ARL University Libraries," Serials Review 33, no. 1 (2007): 4‒13.

- 현재의 이용가능성(예, 전자저널 공급자가 기술적으로 신뢰성이 부족하거나 기술 지원을 즉각적으로 하지 않을 때, 전자저널을 즉시 이용할 수 없을 때)
- 자원 공유 협력(계약상 전자 포맷으로 상호대차 또는 문헌전달 서비스를 허용하지 않을 때)
- 컨소시엄 조건 실행(예, 도서관이 대단위 협력적 보존노력의 일환으로 인쇄 형태의 저널 보존에 합의했을 때)

또한 모든 자료, 특히 전자자원 선택 결정을 안내하는 기준이 고려되어야 한다.

지속적 접근을 위해서는 몇 가지 옵션이 있다.[72] 도서관들은 출판사들이 도서관처럼 장기적 보존을 하지 않고, 시장 변화에 따라 변동이 심하기 때문에 출판사를 신뢰하지 않지만, 출판사는 자신의 웹사이트 접근을 보장해야 한다. 어떤 출판사는 내용 보존에 관하여 국립도서관과 합의에 도달하기도 한다. 예를 들면, Elsevier사는 네덜란드 국립도서관the Koninklijke Bibliotheek와 엘시비어 과학저널Elsevier Science journals에 대한 디지털 아카이브 파트너 관계를 맺었다. 만일 엘시비어가 상업적인 이유에서 이들 저널의 이용을 중단시킨다면 네덜란드 국립도서관the Konin klijke Bibliotheek은 전체의 아카이브에 대하여 원격 접근을 제공한다는 것이다.

도서관들은 개별적으로 또는 컨소시엄의 일부로 내용의 유지 및 탑재를 위한 협상을 하지만 시간 경과에 따라 내용의 이동, 갱신 등의 문제에

---

72) Anne R. Kenney et al., E-Journal Archiving Metes and Bounds: A Survey of the Landscape (Washington, D.C.: Council on Library and Information Resources, 2006), www.clir.org/pubs/reports/pub138/pub138.pdf; Eun G. Park, "Perspectives on Access to Electronic Journals for Long-Term Preservation," Serials Review 33, no. 1 (2007): 22 - 25.

직면하게 된다. OhioLINK 전자저널센터는 6,900건 이상의 학술저널 논문을 탑재하고, 오하이오Ohio주 내의 도서관들에게 OhioLINK의 서비스를 옵션으로 제공하고 있다. OhioLINK는 이 저널들의 콘텐츠를 영구 아카이브에 보존할 목적으로 미국 화학회the American Chemical Society를 제외한 모든 출판사로부터 컨소시엄 라이선스 계약을 통하여 영구 보존권한을 소유하고 있다. 스탠포드대학에서 처음 출현한 LOCKSS(Lots of Copies Keep Stuff Safe)프로그램은 도서관들에게 구입한 콘텐츠에 대하여 수집, 저장, 보존, 접근, 복사를 허용하는 자원공개 응용소프트웨어open-source software appliance를 제공하고 있다. 도서관들은 LOCKSS box를 관리하면서 참여 출판사로부터 콘텐츠를 수집capture한다. LOCKSS는 하나의 경량급 아카이브로서 출판사와의 해당 계약 조건아래서 계속 접근 가능하다는 currently accessible 점에서 의미가 있다. CLOCKSS(Controlled LOCKS)는 대단위 지역사회를 위해 디지털 자산을 보유하는 회원조직membership organization이다. CLOCKSS는 컴컴한 아카이브dark archive로서 "방아쇠 격발 이벤트 trigger event"(출판사가 운용 중단, 어떤 자료에 대한 출판 중지, 소급자료 제공 중지, 출판사의 전달 플랫폼의 고장 및 유지 실패)의 경우에만 콘텐츠 이용이 가능하다.

어떤 출판사들은 '현관Portico식' 영구보존협정을 체결한다(www.portico. org).73) 현관의 사명The mission of Portico은 도서관과 출판사가 협력하여 비영리 서비스를 제공하는 것으로, 전자형태로 출판된 학술문헌들을 보존하면서 이 문헌들을 미래의 학자, 연구자, 학생들이 접근할 수 있도록 보

---

73) Eileen Gifford Fenton, "An Overview of Portico: An Electronic Archiving Service,"Serials Review 32, no. 2 (2006): 81 - 86.

장하는 것이다. 이러한 사명을 지키기 위해 Portico는 2008년 네덜란드 국립도서관Koninklijke Bibliotheek과 협정을 체결하였다. 이 협정은 도서관이 Portico아카이브의 자료 및 어두운 아카이브의 핵심 통제시설에 보안 상태로 접근secure access할 수 있도록 하였다. 파트너 도서관은 Portico 아카이브에 대하여 매년 보존지원비를 지불하고 있다. 파트너 출판사는 Portico 아카이브에 전자저널의 원본 파일을 제공하고, 아카이브는 이 파일을 보존용 포맷으로 일반화시켜 미래의 콘텐츠 이전에 대비한다. 어떤 자료가 출판사로부터, 또는 보존소로부터 이용할 수 없게 된 경우에는 Portico 아카이브는 회원도서관에 콘텐츠를 이용할 수 있도록 해 준다. 최초의 "격발 이벤트trigger event"(역자 주: 격발 이벤트란 방아쇠를 당길 준비를 하듯 준비를 하고 있다가 상황이 되었을 때 실행하는 것을 의미)는 2007년 말에 발표되었다. 이때 Sage사가 출판하는 학술지 "the journal Graft: Organ and Cell Transplantation"이 Sage출판사의 온라인에서 제공이 중단되어 Portico 아카이브에서 이용할 수 있도록 했다.

뮤즈 프로젝트는 Project MUSE(http://muse.jhu.edu), 도서관과 출판사, 존스 홉킨스대학의 아이젠하워 the Milton S. Eisenhower 도서관이 협력하는 비영리단체로서 인문 사회과학 분야의 현행 및 소급 학술저널에 대한 접근을 제공한다. 매년도말 도서관은 Project MUSE에 가입 동의하여 전년도에 온라인으로 출판된 모든 자료를 탑재한 디지털 아카이브 파일을 요청할 수 있다. 그 결과 도서관은 그들이 가입한 전자파일로부터 자료를 보유할 수 있다. Project MUSE는 그들의 MUSE데이터베이스에 모든 디지털 파일을 영구적으로 유지 보존하도록 하고 있다. 모든 MUSE 프로젝트의 파트너 출판사들은 그들이 출판한 저널 콘텐츠를 그들이 MUSE와의 협력관계를 지속할 수 없는 경우라도 MUSE 데이터베이스에 영구 보존하도록 계약적으로 묶여 있다.

장서보호 및 보안Collection Protection and Security

장서의 보호는 또 다른 장서관리 책임업무이다. 여기에는 직원 및 이용자들의 적절한 자료 취급, 적정 환경조건, 절도 및 절취mutilation에 대한 보안, 전자자원의 보호, 재난 대비 계획 등이 포함된다. 어떤 도서관은 직원들을 정기적으로 훈련시키며, 서가에서 어떻게 자료를 옮길 것인지, 서가에 배열하지 않은 자료를 취급하는 데 따른 주의사항, 간단한 수선이 필요한 자료에 대한 수선용품 등에 대하여 다룬다. 도서관은 도서관 자료의 적절한 취급 및 장서와 컴퓨터를 음식물이나 음료수 등으로부터 보호하기 위하여 이용자들을 교육하기 위한 공개 캠페인을 벌인다.

장서의 보호를 위해서는 적절한 환경을 유지해야 한다. 충분한 서가 공간과 저장 용기 확보, 일정한 수준의 온도와 습도 유지, 청결유지, 애완동물 통제, 과도한 광선 방지, 자외선 복사열 방지 등 보존을 위한 모든 것이 지원되어야 한다. 이상적인 온도는 일반 장서는 화씨 65~70도, 특수 장서 및 아카이브는 화씨 55~65도이다. 도서관들은 이용자와 장서의 공유공간에는 사람에게 쾌적한 공간을 유지하기 위해 온도를 약간 높인다. 적정 상대습도는 25~50%이다.

책도둑의 예방은 장서의 보안을 고려할 때 가장 빈번하게 신경을 써야하는 문제이다. 가장 유명한 책 도둑은 Stephen Carrie Blumberg로서 그는 20여 년 동안 미국 전역의 327개 도서관으로부터 25,000권이 넘는 책을 훔쳐 모았다고 하며 1990년에 체포되었다.[74] 사람들은 자신의 장서로 축적하기 위해, 팔기 위해, 또는 화가 나서, 그들이 보기에 불쾌한 서적을 제거하기 위하여 등 여러 가지 이유로 책을 훔친다. 도서관 이용자나 직원들도 도둑일 수 있다. 절도 및 절취는 지방 또는 연방 법률에 의거 법적 처벌을 받는다. 도서관들은 절도가 의심되는 일이 발생할 때에는 관리 당국 및 지역 법률기관에 의뢰하여야 한다.

몇 가지 단계의 조치를 취함으로써 도서관의 절도 예방에 도움이 될 수 있다. 모든 보유 자료는 카탈로그나 기타 방법으로 문서로 기록해 두어야 한다. 각 아이템에 부적절한 경우를 제외하고는 모든 자료에 장서 소유 마크를 해야 한다. 도서관은 정기적으로 자료를 실제 조사해야 한다. 도서관은 여러 가지 모니터링과 더불어 출입을 제한해야 한다. 도난 방지시스템을 설치하는 것이 보통이다. 어떤 도서관은 감시 카메라시스템을 설치하기도 하며 보안 모니터요원을 채용하기도 한다. 또 어떤 도서관은 입장시 이용자에게 신분증을 제시하도록 한다. 대학 및 연구도서관협회는 이에 대한 유용한 가이드라인을 개발하여 미국도서관협회의 승인을 받은 바 있다.[75] 장서를 정기적으로 검토하여 어떤 자료를 특수 장소로 옮길 것인지, 가치가 있거나 도난에 취약한vulnerability 자료를 더 안전한 곳에 보존할 것인지를 결정해야 한다. 희귀도서 및 특수 장서에는 이용자 출입제한, 열람실 입실 시 서류 가방류 지참 금지 등 보다 엄격한 보안조치를 취한다. 미국 대학 및 연구도서관 협회의 희귀도서 및 육필 원고 담당 분과에서는 특수 장서의 보안을 위한 가이드라인을 개발

---

74) Susan M. Allen, "The Blumberg Case: A Costly Lesson for Librarians," AB Bookman's Weekly 88 (Sept. 2, 1991): 769 - 73; Philip Weiss, "The Book Thief: A True Tale of Bibliomania," Harper's Magazine 288, no. 1724 (1994): 37 - 56.

75) Association of College and Research Libraries, "Guidelines Regarding Thefts in Libraries" (approved by ACRL and ALA, Jan. 2003), www.ala.org/ala/acrl/acrlstandards/guidelinesregardingthefts.cfm.

한 바 있다.76) 이 가이드라인은 절도 보고에 대한 조직적 및 전자적 검토 리스트를 부록으로 첨부하였다. 절도에 대한 보호조치는 장서에 대한 이용자의 접근과 그들의 프라이버시권 간의 균형을 유지할 필요가 있다.

절취는 누군가 손상 자료를 이용하기 전에는 쉽게 발견되지 않는다. 절취는 이용자가 복사를 원하지 않고 보다 질 좋은 원본을 가지려고 해당 페이지를 떼어내는 데서 발생한다. 그들은 장서를 검열하거나, 기타 개인적인 이유로 자료를 절취하기도 한다. 절취로부터 장서를 보호하기 위해서는 절도 예방에서와 동일한 여러 가지 절차들이 있다. 도서관들은 편리하면서도 저렴한 양질의 복사기를 비치하면 장서의 손상을 줄일 수 있다는 것을 알고 있다. 학교도서관미디어센터와 대학도서관은 교사들과 학생들의 과제 리포트나 논문 제출의 일러스트 문제에 대하여 합의에 도달하기를 원하고 있다. 즉 과제물에는 책이나 저널에서 오린 자료를 붙이지 못하도록 하고, 오직 복사 자료, 디지털 재생 이미지, 학생 스스로 고안한 일러스트만을 인정하도록 하는 것이 바람직하다.

자연재해, 즉 지진, 화재, 홍수, 수도관 파열 및 건물 누수, 허리케인 hurricanes, 토네이도tornados, 화산, 해충 잠복, 풍해, 화학물질 유출, 그리고 기타 물리적 파괴에 대한 복구에는 비용이 많이 소모될 수 있다. 1997년 콜로라도 주립대학에 들이닥친 홍수로 $100,000,000의 손상을 입었다.77) 2005년 가을에 발생한 허리케인Hurricane Katrina은 루이지애나와 미시시피 Louisiana and Missis-sippi 지역의 모든 종류의 도서관을 황폐화시켰다.78) 루

---

76) Association of College and Research Libraries, Rare Books and Manuscripts Section, "Guidelines for the Security of Rare Books, Manuscripts, and Other Special Collections," College and Research Libraries News 67, no. 7 (2006): 426 – 33.

77) "Flood Toll at Colorado State Could Reach $100 Million," American Libraries 28, no. 8(1997): 16.

이지애나의 23개 공공도서관이 파괴되었다. 뉴올리안즈 공공도서관 시스템the New Orleans Public Library system에 입힌 손상은 2600~3000만 달러로 추산되었다. 미시시피에서는 8개의 공공도서관과 43개의 학교도서관이 파괴되었고, 회복할 수 없는 손상을 입었다. 종합대학, 단과대학, 지역사회 대학도서관들은 거의 동일한 피해를 입었다. 자연재해는 예방할 수 없다. 그러나 도서관들은 재해가 일어날 때 무엇을 할 것인지를 알아서 잘 대처해야 한다.

모든 도서관들은 최신의 종합적인 재난대비계획을 가지고 있어야 한다.[79] 이는 재난대응계획disaster response plan이라고도 지칭되는데, 위기상황에 대응한 정책과 절차, 그리고 화재, 홍수, 기타 재난으로 손상된 여러 가지 형태의 자료를 회복하는 우선순위와 기술을 세부적으로 기술한다. 또 누구에게 알려야 하는지, 명령체계는 어떠한지, 각 조치 단계에서 장비 및 용품(예, 양동이buckets, 플라스틱 자리, 장갑, 먼지 마스크 등)은 누가 책임을 질 것인지 등과 안전상 고려할 사항도 리스트를 해 두어야 한다. 계획은 장서의 수송, 급속 냉동 등 여러 가지 조건에서 누구와 접촉해야 하는지에 대한 중요한 정보를 제공한다.

전자 파일 및 시스템 보안을 위해서는 장서보호에 대한 또 다른 기준 another dimension이 추가되어야 한다. 이 문제는 무단 엑세스unauthorized

---

78) Tom Clareson and Jane S. Long, "Libraries in the Eye of the Storm: Lessons Learned from Hurricane Katrina," American Libraries 37, no. 7 (2006): 38 - 41; Jamie Ellis, "Lessons Learned: The Recovery of a Research Collection after Hurricane Katrina," Collection Building 26, no. 4 (2007): 108 - 11; "Hurricane Katrina Damage: A Summary," Mississippi Libraries 69, no. 4 (2005): 93 - 95.

79) A simple template for developing an emergency response plan, prepared by Karen E. Brown, is available through the Northeast Document Conservation Center. See "Worksheet for Outlining a Disaster Plan" (2007), www.nedcc.org/resources/leaflets/3Emergency_Management/04DisasterPlanWorksheet.php.

access, 전자 정보원의 절도, 해커에 의한 손상, 바이러스, 예측할 수 없는 우연한 손상, 고객의 개인정보 유출, 합법적 이용자의 이용 보장에 관한 것이다. 도서관들은 정보원을 백업back up하고, 데이터가 파괴되었을 때 공급자로부터 대체 파일을 확보하도록 해야 한다.

여러 가지 활동들이 장서의 보호에 도움이 될 수 있다. 직원훈련 프로그램은 직원들에게 도서관자료를 적절하게 다루게 하고, 보안문제를 살피며, 비상 상황에 대처하도록 깨우쳐 준다. 보안감사security audit 또는 손실 평가risk assessment는 도서관과 장서의 취약부분이 어디에 있는지를 알게 해 준다. 도서관은 분명한 보고절차를 갖추고 각종 상황에 대비한 지휘감독자를 미리 지정해 두어야 한다. 개별적인 재난 대비 계획은 여러 가지 다른 위기 상황에 대비한 세부적 처리절차를 제공해 준다. 비록 사서들이 장서의 리스크를 최소화하는데 많은 일을 할 수 있다고 하더라도, 문제가 발생할 때 어떻게 대응할 것인지를 미리 알아두는 일은 이에 못지않게 중요한 것이다(역자 주 : 사서들이 위기 상황 대응방법을 미리 알아두면 상황이 발생했을 때 우왕좌왕하는 일이 줄게 되어, 임기응변으로 많은 일을 하는 것보다 효과적이라는 의미로 해석됨).

요약 Summary

장서유지 또는 장서관리는 서서들에 의해 이미 선택된 자료에 관하여 다시 의사결정을 하는 과정이라 할 수 있다. 선택 당시에 적용된 기준을 되돌아보고revisit, 추가적인 요인과 기본적인 이용 조건 등을 고려하는 것이다. 제적은 공간을 극대화하고 도서관장서와 서비스를 개선하기 위하여 시행된다. 열악한 상태의 자료, 이용이 감소된 자료, 또는 이용자

사회에 관련성이 결여된 자료 등은 제적될 수 있다. 자료를 한 장서에서 다른 장소의 장서로 옮길 수 있다. 자료를 서가에서 빼내어 매각하거나 다른 도서관이나 기관에 기증하거나 완전히 폐기할 수도 있다. 저장은 자주 이용되지는 않지만 해당 기관의 자체 목적으로 보유해야하는, 아직은 중요한 자료, 도난 우려가 있거나 지나치게 손이 많이 간 자료를 보호하기 위해 선택하는 하나의 옵션이다. 보존 결정은 미래의 이용자를 위해 콘텐츠 또는 작품 자체의 가치가 있는 자료의 이용 생명을 어떻게 연장할 것인가에 대한 의사결정이다.

제적, 이관, 저장, 보존, 그리고 구독취소를 위해 자료를 평가하는 것은 도서관의 계속적인 책임이며 도서관의 정책 및 기준에서 최적 가이드라인을 제공하고 있다. 평가는 거시적, 미시적 수준으로 시행할 수 있다. 어떤 경우는 위기상황에서 의무적으로, 그리고 신속하고도 효과적으로 처리해야 하지만 장서 유지관리에 대한 지속적인 관심을 기울이는 것이 상책이다. 장서관리의 계속적인 업무과정으로서 CREW(continuous review, evaluation, and weeding)기법은 장서관리의 지속적인 성격을 잘 나타내고 있다. 의사결정은 지역 자원 관리에 대한 협력적 맥락에서 이루어져야 한다. 어떤 의사결정의 결과든 관내 다른 직원들에게 영향을 미치기 때문에 다른 조직단위 및 직원들과 상의하여 일을 처리하는 것이 매우 중요하다. 이용자 그룹과 상의하는 것은 이용 우선순위에 대한 민감한 의사결정 내용을 공지하고, 이용자 사회와의 관계를 유지하기 위해서 매우 중요하다. 장서유지에 관한 의사결정은 자료선택결정과 마찬가지로 실질적인 데이터 및 충분한 주제검토를 종합하여 판단해야 한다.

도서관들은 주의 깊은 자료 취급, 적절한 서가 배열, 청결하고 충분한 환경 시설을 통하여 장서를 보존한다. 간단한 수선 및 청결작업은 도서관 내에서 할 수 있고, 자료의 생명을 연장할 수 있다. 산성지 제본은 오래된 장서의 열화 요인이 된다. 탈산처리는 산성을 중화시키지만 부서지기 쉬운 자료를 다시 저장할 수는 없다. 보호 치료는 자료 그 자체를 보존하는 것으로 최선의 관행에 맞추어야 한다. 사서들은 가치 있는, 유일한, 희귀한 자료에 대한 보존 업무를 숙련된 보존 전문가에게 넘겨주어야 한다. 아이템 그 자체가 그렇게 값진 것이 아니라면 대체자료를 선택할 수 있다. 사서들은 영인본, 마이크로필름, 디지털 대체물 등을 상업출판사에 요청하거나, 절판 자료 시장에서 조사해 볼 수 있다. 만일 어떤 아이템을 구입으로 대체할 수 없다면, 사서는 그 자료를 복사하거나, 마이크로필름, 또는 디지털 대체자료를 선택할 수 있다. 이 모든 것은 지속성 및 영속성에 대한 국가표준에 맞아야 하며, 저작권법을 준수해야 한다.

연속간행물 및 계속주문의 취소는 지난 20년 이상 사서 등의 관심거리가 되어 왔다. 물가상승률과 도서관 예산을 초과하는 급속한 가격 상승으로 사서들은 구독 간행물의 취소를 빈번하게 정기적으로 검토해 왔다. 대학도서관 및 연구도서관들은 과학, 기술, 의학 분야 학술논문을 많이 구독하기 때문에 더욱 큰 어려움에 직면하게 되었다. 이들 분야 논문은 값이 가장 비싸고, 가격 상승도 최고조에 달했지만 모든 도서관들은 우선순위 및 가용자금 범위 내에서 이들 저널의 계속주문을 검토해야 했다. 인쇄저널 및 인쇄자료를 전자 자료로만 접근하도록 바꾸는 문제는 전체 장서관리 면에서 의사결정 기준을 신중하게 재검토할 필요가 있다. 접근 계약이 취소되거나 출판사와 벤더가 공급을 중단할 경우에도 콘텐츠에 영구적으로 접근을 보장하는지 여부가 가장 중요한 관심사항이다.

절도와 절취에 따른 보호문제로 도서관은 시설 및 보안조치에 주의를 기울이게 되었다. 이용자 및 그들의 도서관 자료 이용에 대하여 지속적으로 모니터링 해야 한다. 온도, 습도, 광선은 가능한 한 자료보존 지침의 추천 범위 내에서 유지되어야 한다. 장서 보호를 위한 중요한 부분가운데 하나는 자연재해에 대비하여 책임 및 업무내용의 아우트라인을 정한 재난대비계획을 수립하는 것이다.

장서의 유지 관리에 있어서는 장서구성에서와 마찬가지로 개인적인 관심도 필요하다. 이 역시 시간 소모적인 일이나 고품질의 장서구성에 기여한다. 장서에의 추가는 자료선택과 유사한 과정으로서 사서들은 자료 및 도서관의 사명, 이용자 사회에 대해 그 중요성을 지속적으로 염두에 두어야 한다. 장서관리는 의사결정 및 그에 따른 업무 수행에 소요되는 직원시간 및 자료의 대체, 수선, 형태변환, 보호조치, 저장 등에 소요되는 자금 면에서 매우 값비싼 업무활동이다. 장서관리는 자료의 보호 및 도서관자원의 접근 사이에 균형을 추구한다. 장서관리는 장서의 품질과 반응성 향상을 위하여 도서관과 사서가 투자하는 도서관 업무의 중심영역이라 하겠다.

사례연구 Case Study

베타대학Beta College은 서부 작은 도시에 위치하고 있다. 베타대학도서관은 도서, 악보, 제본 정기간행물, 음반, 비디오, 전자자원을 포함하여 60만점의 장서를 소장하고 있으며 개별 계약, 컨소시엄, 지역협력 협정, Project MUSE 및 JSTOR를 통하여 많은 전자저널에 접근을 제공하고 있다. 도서관은 자료의 보존을 위해 고밀도 저장시설을 공유하고 있다. 보존소 자료들은 그 시설로부터 검색하여 24시간 내에 전달될 수 있다. 베타대학도서관은 서가 공간 용량의 93%가 진열되었으므로 향후 장서의 확충을 위한 서가공간이 더 필요하다. 도서관장 Michelle은 앞으로의 장서 증가에 대비하여 장서 6만권을 공동 보존소로 이전 또는 제적하여 도서관의 모습을 개선하기로 결정했다. 그녀는 이 방안을 학장에게 건의하여 승인을 받았다. 학장은 도서관의 확장을 지지하지 않으며 장서의 제적을 더 좋은 방법으로 선호하고 있다. 도서관장 Michelle은 장서전문위원인 Kevin에게 약 6만권의 장서의 이전 계획을 수립할 것을 요청했다. 도서관장은 장서 제적의 우선 대상으로 제본된 연속간행물을 꼽았다. 그 다음으로는 제적이 필요한 단행본으로 이들을 어떻게 가려낼 것인지를 결정해야 한다.

과제활동 Activity

제본된 연속간행물의 제적 계획을 수립해 보라. 계획에는 적어도 2가지 요소가 들어가야 한다. (a) 의사결정에 적용할 기준(2가지 옵션, 즉 제적 및 창고 이전을 상기할 것), (b)교수요원들과의 커뮤니케이션 및 상담. 기준은 의사결정을 안내하는 조건 및 환경을 제시해야 함. 커뮤니케이션 및 상담 부분에는 어떤 방법으로 이 활동을 진행할 것인지, 누구와 소통하고 상담할 것인지, 무엇을 전달하고 이야기 할 것인지를 밝힐 것. 시간 스케줄을 포함할 것. 여러분은 도서관목록이나 연속간행물 리스트에 접근할 수 없으므로 제적대상 목록은 작성하지 않아도 됨. 일반적인 조건에서 각 단계를 기술하되, 의사결정의 후속 과정을 너무 상세하게 작성할 필요는 없음.

참고: 본서 초판의 사례연구 및 관련 활동에는 본 장에서 제시한 관련 정보에 대한 보충자료가 제시되어 있다. www.ala.org/editions/extras/Johnson09720 참조.

참고문헌 Suggested Readings

Ackerson, Linda G. "Is Age an Appropriate Criterion for Moving Journals to Storage?" Collection Management 26, no. 3 (2001): 63 – 76.

Alire, Camila, ed. Library Disaster Planning and Recovery Handbook. New York: Neal-Schuman, 2000.

Baird, Brian J. Preservation Strategies for Small Academic and Public Libraries. Lanham, Md.: Scarecrow, 2003.

Baker, Nicholson. Double Fold: Libraries and the Assault on Paper. New York: Random, 2001.

Balloffet, Nelly, and Jenny Hille. Preservation and Conservation for Libraries and Archives. Chicago: American Library Association, 2005.

Banks, Julie. "Weeding Book Collections in the Age of the Internet." Collection Building 21, no. 3 (2002): 113 – 19.

Banks, Paul, and Roberta Pilette, eds. Preservation: Issues and Planning. Chicago: American Library Association, 2000.

Baumbach, Donna J., and Linda L. Miller. Less Is More: A Practical Guide to Weeding School Library Collections. Chicago: American Library Association, 2006.

Bluh, Pamela. Managing Electronic Serials. ALCTS Papers on Library Technical Services and Collections no. 9. Chicago: American Library Association, 2001.

Boon, Belinda. The CREW Method: Expanded Guidelines for Collection Evaluation and Weeding for Small and Medium-Sized Public Libraries. Austin: Texas State Library, 1995.

Borghoff, Uwe, et al. Long-Term Preservation of Digital Documents: Principles and Practices. Berlin: New York Springer, 2006.

Bracke, Marianne Stowell, and Jim Martin. "Developing Criteria for the Withdrawal of Print Content Available Online." Collection Building 24, no. 2 (2005): 61 – 64.

Bradford, Jane T. "What's Coming Off the Shelves? A Reference Use Study Analyzing Print Reference Sources Used in a University Library." Journal of Academic Librarianship 31, no. 6 (2005): 546 – 58.

Building a National Strategy for Digital Preservation: Issues in Digital Media Archiving. Washington, D.C.: Council on Library and Information Resources and Library of

Congress, 2002. www.clir.org/pubs/reports/pub106/contents.html.

Bushing, Mary, and Elaine Peterson. "Weeding Academic Libraries: Theory into Practice." Advances in Collection Development and Resource Management 1 (1995): 61 – 78.

Calvi, Elise, et al. The Preservation Manager's Guide to Cost Analysis. Chicago: Association for Library Collections and Technical Services, 2006.

Caplan, Priscilla, ed. "The Preservation of Digital Materials." [special issue] Library Technology Reports 44, no. 2 (2008).

Carey, Ronadin, Stephen Elfstrand, and Renee Hijleh. "An Evidenced-Based Approach for Gaining Faculty Acceptance in a Serials Cancellation Project." Collection Management 30, no. 2 (2005): 59 – 72.

Center, Clark, and Donnelly Lancaster. Security in Special Collections. SPEC Kit 284. Washington, D.C.: Association of Research Libraries, 2004.

Colson, Jeannie. "Determining Use of an Academic Library Reference Collection: Report of a Study." Reference and User Services Quarterly 47, no. 2 (2007): 168 – 75.

Cravey, Pamela J. Protecting Library Staff, Users, Collections, and Facilities: A How-to-Do-It Manual for Librarians. How-to-Do-It Manuals for Librarians no. 103. New York: Neal-Schuman, 2001.

Curry, Ann, Susanna Flodin, and Kelly Matheson. "Theft and Mutilation of Library Materials: Coping with Biblio-Bandits." Library and Archival Security 15, no. 2 (2000): 9 – 26.

Davis, Vivian R. "Weeding the Library Media Center Collection." School Library Media Activities Monthly 17, no. 7 (2001): 26 – 28.

Deardorff, Thomas C., and Gordon J. Aamot. Remote Shelving Services. SPEC Kit 295. Washington, D.C.: Association of Research Libraries, 2006.

Deegan, Marilyn, and Simon Tanner, eds. Digital Preservation. London: Facet, 2006.

Dillon, Ken. "Maintaining Collection Viability." In Collection Management for School Libraries, edited by Joy McGregor, Ken Dillon, and James Henri, 225 – 44. Lanham, Md.: Scarecrow, 2003.

Drewes, Jeanne, and Julie A. Page, eds. Promoting Preservation Awareness in Libraries: A Sourcebook for Academic, Public, School, and Special Collections. Westport, Conn.: Greenwood, 1997.

Eells, Linda. "Born-Digital Agricultural Resources: Archives and Issue." IAALD Quarterly Bulletin 52, nos. 3/4 (2007): 67 – 82.

Fenner, Audrey. "Library Book Sales: A Cost-Benefit Analysis." Library Collections, Acquisitions, and Technical Services 29, no. 2 (2005): 149 – 68.

Franklin, Brinley. "Managing the Electronic Collection with Cost per Use Data." IFLA Journal 31, no. 3 (2005): 241 – 48.

Frase, Rose M., and Barbara Salit-Mischel. "Right-Sizing the Reference Collection." Public Libraries 46, no. 1 (2007): 40 – 44.

Gallagher, John, Kathleen Bauer, and Daniel M. Dollar. "Evidenced-Based Librarianship: Utilizing Data from All Available Sources to Make Judicious Print Cancellation Decisions." Library Collections, Acquisitions, and Technical Services 29, no. 2 (2005): 169 – 79.

Gorman, G. E., and Sydney J. Shep. Preservation Management for Libraries, Archives and Museums. London: Facet, 2006.

Gwinnett County Public Library. Weeding Manual. 2nd ed. Chicago: American Library Association, 2002.

Heritage Preservation. Emergency Response and Salvage Wheel. Washington, D.C.: American Heritage, 2005.

_____. Field Guide to Emergency Response. Washington, D.C.: American Heritage, 2006.

Hickey, C. David. "Serials 'Derelegation' from Remote Storage." Collection Building 18, no. 4 (1999): 153 – 60.

Higginbotham, Barbra Buckner, and Judith W. Wild. The Preservation Program Blueprint. Frontiers of Access to Library Materials no. 6. Chicago: American Library Association, 2001.

Intner, Sheila S. "Weeding, Collection Development, and Preservation." Technicalities 26, no. 3 (2006): 1, 14 – 18.

Jaguszewski, Janice M., and Laura K. Probst. "The Impact of Electronic Resources on Serial Cancellations and Remote Storage Decision in Academic Research Libraries." Library Trends 48, no. 4 (2000): 799 – 820.

Johnson, Richard K., and Judy Luther. "The E-Only Tipping Point for Journals: What's Ahead in the Print-to-Electronic Transition Zone." Washington, D.C.: Association for Research Libraries, 2007. www.arl.org/bm~doc/Electronic_Transition.pdf.

Jones, Maggie, and Neil Beagrie. Preservation Management of Digital Materials: A Handbook. London: British Library for Resource, Council for Museums, Archives and Libraries,

2001. The online version of the handbook is being maintained and updated by the Digital Preservation Coalition and is freely available. www .dpconline.org/graphics/ handbook/index.html.

Kahn, Miriam B. Disaster Response and Planning for Libraries. Chicago: American Library Association, 2002.

_____. The Library Security and Safety Guide to Prevention, Planning, and Response. Chicago: American Library Association, 2008.

Kerby, Romona. "Weeding Your Collection." School Library Media Activities Monthly 18, no. 6 (2004): 22 - 24.

Lambert, Dennis K., et al. Guide to Review of Library Collections: Preservation, Storage, and Withdrawal. 2nd ed. Collection Management and Development Guides no. 9.

Lanham, Md.: Scarecrow, for the Association for Library Collections and Technical Services, 2002.

Lavoie, Brian F. "The Fifth Blackbird: Some Thoughts on Economically Sustainable Digital Preservation." D-Lib Magazine 14, nos. 3/4 (2008), www.dlib.org/dlib/march08/ lavoie/03lavoie.html.

_____. "The Incentives to Preserve Digital Materials: Roles, Scenarios, and Economic Decision-Making." Dublin, Ohio: OCLC, 2003. www.oclc.org/research/projects/ digipres/incentives-dp.pdf.

Library of Congress. "The Deterioration and Preservation of Paper: Some Essential Facts" (Oct. 18, 2006). www.loc.gov/preserv/deterioratebrochure.html.

Long, Jane S. Field Guide to Emergency Response: A Vital Tool for Cultural Institutions. Washington, D.C.: Heritage Preservation, 2006.

Merrill-Oldham, Jan, and Paul Parisi. Guide to the ANSI/NISO/LBI Standard for Library Binding. [rev. ed.] Chicago: American Library Association, 2008.

Miller-Francisco, Emily. "Managing Electronic Resources in a Time of Shrinking Budgets." Library Collections, Acquisitions, and Technical Services 27, no. 4 (2003): 507 - 12.

Mugridge, Rebecca. Managing Digitization Activities. SPEC Kit 294. Washington, D.C.: Association of Research Libraries, 2006.

Ogden, Sherelyn, ed. Preservation of Library and Archival Materials: A Manual. 3rd ed. Andover, Mass.: Northeast Document Conservation Center, 1999.

Park, Eun G. "Perspectives on Access to Electronic Journals for Long-Term Preservation." Serials Review 33, no. 1 (2007): 22 - 25.

Reiger, Oya Y. Preservation in the Age of Large-Scale Digitization: A White Paper. Washington, D.C.: Council on Library and Information Resources, 2008. www.clir .org/pubs/abstract/pub141abst.html.

Rupp-Serrano, Karen, Sarah Robbins, and Danielle Cain. "Canceling Print Serials in Favor of Electronic: Criteria for Decision Making." Library Collections, Acquisitions, and Technical Services 26, no. 4 (2002): 369 - 78.

Schonfeld, Roger C. "Getting from Here to There, Safely: Library Strategic Planning for the Transition Away from Print Journals." Serials Librarian 52, nos. 1/2 (2007): 183 - 89.

Sitts, Maxine K, ed. Handbook for Digital Projects: A Management Tool for Preservation and Access. Andover, Mass.: Northeast Document Conservation Center, 2000.

The State of Digital Preservation: An International Perspective. Washington, D.C.: Council on Library and Information Resources, 2002. www.clir.org/pubs/reports/pub107/ contents.html.

Thomas, Charles F. "Preservation Management: Something Old, Something New." In Collection Management, edited by G. E. Gorman, 365 - 80. International Yearbook of Library and Information Management, 2000 - 2001. London: Library Association Publishing, 2000.

Tyler, David C., and Brian L. Pytlik Zillig. "Caveat Relocator: A Practical Relocation Proposal to Save Space and Promote Electronic Resources." Technical Services Quarterly 21, no. 1 (2003): 17 - 29.

Wellheiser, Johanna G., and Nancy E. Gwinn, eds. Preparing for the Worst, Planning for the Best: Protecting Our Cultural Heritage from Disaster: Proceedings of a Special IFLA Conference Held in Berlin in July 2003. IFLA Publications no. 111. Munich: K. G. Saur, 2005.

Wellheiser, Johanna G., and Jude Scott. An Ounce of Prevention: Integrated Disaster Planning for Archives, Libraries, and Record Centres. 2nd ed. Lanham, Md.: Scarecrow, and Canadian Archives Foundation, 2002.

Williams, Roy. "Weeding Library Collections: Conundrums and Contradictions." In Collection Management, edited by G. E. Gorman, 339 - 61. International Yearbook of Library and Information Management, 2000 - 2001. London: Library Association Publishing, 2000.

Wilson, A. Paula. "Weeding the E-Book Collection." Public Libraries 43, no. 3 (2004):158 - 59.

6

마케팅, 홍보
Marketing, Liaison, and Outreach Activities

모든 도서관은 그들의 지역사회에 재정의 범위 내에서 도서관의 사명에 부합되는 장서를 구성하고 서비스를 개발하기 위해 노력한다. 장서개발담당사서가 직면한 문제는 적절한 장서와 서비스를 개발하기 위해 이용자의 변화하는 요구를 파악하고 유지하는 것이다. 효과적인 장서개발을 위해서는 이용을 많이 하는 이용자나 목소리 큰 이용자vocal users들의 요구만을 생각해서는 안 되며 미래의 요구를 고려하지 않으면 안 된다. 본 장에서는 마케팅의 개념을 정의하고 도서관과의 맥락 속에서 마케팅, 연계liaison, 관외outreach 활동과 관련한 최선의 업무사례들을 소개한다.

마케팅이란 무엇인가 What Is Marketing?

마케팅이란 이용자 사회의 요구를 파악하고, 이에 대응하여 제품과 서비스를 개발, 이용자(소비자) 및 잠재이용자들이 제품과 서비스를 이용하도록 장려하는 활동이다. 이를 위해서는 이용자와의 정기적인 커뮤니케이션을 통해 일상적인 장서개발과 관리활동을 수행하면서 미래의 계획수립에 필요한 정보를 수집해야 한다. 공식적이든 비공식적이든, 정기적인 의사소통은 신착 자료, 신규 프로그램과 서비스, 성공사례, 문제점, 제약요인 등 도서관에 대한 정보를 공유하는데 있어 매우 기초적인 활동이다. Sharon L. Baker와 Karen L. Wallace는 "도서관 장서를 마케팅하는 일은 본질적으로 도서관이 이용자의 개인 또는 단체의 단기적, 장기적 장서 관련 요구를 예측하고 대응하는 전략적인 계획 기법을 활용하는 것이다."라고 말하고 있다.[1] 도서관의 종류와는 상관없이, 도서관이 이용자, 지역사회의 기관 및 자금지원단체, 지역사회 유지, 행정관리들을 이해하고 이들과 협의해 나가는 것은 사서들의 핵심적인 책임업무라 할 수 있다.

연계 및 외부확장활동은 정보를 획득하고 공유하기 위해서 도서관이 지역사회와 소통하고 연계하는 활동을 의미한다. 의사소통은 쌍방향적 활동이다. 사서들은 구성원들과 정보를 공유할 뿐 아니라 그들의 의견과 관심을 경청하고 배울 필요가 있다. 대학도서관들은 구성원과의 소통을 위해 연계활동을 활용하는 경향이 있다. 연계는 상호 이해와 협력을 확립하고 유지하는 커뮤니케이션 활동이다. 미국도서관협회 참고 및 이용자서비스 위원회ALA Reference and User Services Association가 개발한 "장서관리 및 서비스 연계업무 가이드라인Guidelines for Liaison Work in Managing Collections and Services"은 연계 업무를 "장서요구의 충족 및 가치평가에서 사서들이 도서관의 고객을 포용하는 과정", "도서관이 장서정책, 서비스, 요구를 고객들과 소통할 수 있게 하고 도서관의 홍보활동을 강화하는 과정"[2]이

---

1) Sharon L. Baker and Karen L. Wallace, *The Responsive Public Library: How to Develop and Market a Winning Collection*, 2nd ed. (Englewood, Colo.: Libraries Unlimited, 2002), 3.

2) ALA Reference and User Services Association, Liaison with Users Committee, "Guidelines for Liaison Work in Managing Collections and Services," *Reference and User Services Quarterly* 41, no. 2 (2001): 107,

라고 설명하고 있다.

공공도서관과 학교도서관 사서들은 관외활동outreach이라는 말을 현재의 일상적 한계를 넘어 고객을 찾아나서는, 서비스를 확대하는 활동을 지칭하는 용어로 사용하고 있다. 관외활동은 먼저 장서와 서비스에 대하여 고객 구성원들, 특히 특정 집단에게 알리는 것이다. 이러한 목표 집단은 집에만 박혀있거나 시각장애가 있는 사람, 취학 전 어린이, 노인, 자영업자 등이다. 미국도서관협회 리터러시 및 대외서비스홍보국The ALA Office for Literacy and Outreach Services은 웹사이트(www.ala.org/ala/olos/literacyoutreach.cfm)를 통해 전통적으로 도서관서비스를 받지 못하는 여러 목표 집단을 찾아가는 데 도움이 될 만한 자료를 제공하고 있다. 사서들은 장서의 전달 및 도서관 서비스 촉진활동을 통하여 이용자와 접촉함으로서 장서와 서비스에 대한 이용자의 요구와 제안 등 이용자 정보를 파악할 수 있다.

마케팅 개념concept을 갖는 것은 도서관의 종류를 불문하고 매우 중요하다. 이는 지난 수년 동안 마케팅, 홍보, 연계활동, 공공관계, 권익옹호 등에 관한 수많은 출판물들이 나오는 것을 보아도 알 수 있다. 관심의 초점은 이용자와 잠재이용자에게 어떻게 효과적으로 다가갈 것인가, 그리고 어떻게 도서관이 제공하는 가치를 분명하게 할 것인가에 맞추어져 있다. 이용자사회, 이해관계자, 자금지원자들에게 도서관을 공유재common good(지역사회 구성원들이 공유하며 편익을 얻는 재화shared and beneficial for members of a community) 및 공공재public good(사용함으로써 가치가 줄어들지 않는 재화one that is not diminished by use)로서 이해시키는 일은 매우 중요하며

---

www.ala.org/ala/rusa/protools/referenceguide/guidelinesliaison.cfm.

그 중요성은 계속 증대되고 있다. 이를 원만하게 수행하기 위해서는 지역사회를 이해하고, 제품과 서비스를 개발하고 홍보해야 한다. 마케팅과 관련하여 사서들이 수행하는 관외 연계활동에는 전통적으로 해오던 업무들도 포함된다. 모든 사서들이 기본적으로 마케팅 개념을 알고 있으면 그만큼 편익을 얻을 수 있다.

미국마케팅협회The American Marketing Association는 2007년 가을 마케팅에 대한 새로운 정의를 채택하였다. 즉 "마케팅이란 고객, 파트너, 크게는 사회를 위하여 가치를 창조하고, 소통하며, 배분하고, 교환하는 과정으로서 일련의 조직단위 활동Marketing is the activity, set of institutions, and processes for creating, communicating, delivering, and exchanging offerings that have value for customers, clients, partners, and society at large이다."3) 이를 도서관과 연관지어보면, 마케팅의 목적은 도서관의 이용자를 만족시키고, 이용증대, 지역사회 지원, 후원자 확보, 예산증가, 기부증가 등 일련의 도서관의 목적을 달성하는 데 있다. 장서개발사서에게 있어 마케팅은 제품(장서) 및 관련서비스를 개발하기 위하여 도서관의 공중(이용자, 잠재이용자, 지지자, 자금지원 및 관리단체)을 이해하는 것을 의미한다. 그러한 제품과 서비스를 성공적으로 개발함으로서 도서관이 수행한 업무성과들이 공중의 요구에 호응하여 지지를 얻고 있는지를 확인하기 위해 측정 및 평가를 실시하는 것이다. 도서관 마케팅은 언제나 도서관의 사명, 목적, 목표 내에서 이루어진다. 성공적인 마케팅을 통해 도서관은 미래 계획을 수립하는 데 도움을 얻을 수 있다.

---

3) American Marketing Association, Marketing Definitions (Oct. 1007), www. marketingpower.com/About AMA/Pages/DefinitionofMarketing.aspx.

도서관 장서개발에서의 마케팅은 전혀 새로운 아이디어가 아니다. 1969년 Martin Lopez는 마케팅은 장서개발을 구성하는 7가지 선택책임 중 하나로, 재정관리, 기획, 평가, 서평검토, 품질 통제, 자원공유 등과 동일선상에 있다고 주장했다.[4] 장서개발사서 교육훈련가이드The Guide for Training Collection Development Librarians에는 "마케팅Marketing, 관외활동Outreach, 지역사회 이용자와의 의사소통Communications with Constituencies"이 포함되어 있으며, 마케팅은 선택담당자들의 핵심자격 요건으로 점점 널리 인정되고 있다.[5] 이용촉진을 의미하는 좁은 의미에서의 마케팅은 도서관에서 이미 오랜 역사를 지니고 있다. Walter Alwyn Briscoe는 1921년에 출판한 도서관 광고Library Advertising라는 책에서 도서관이 뉴스레터를 발행하는 것과 같은 홍보테크닉은 다양한 이용자 그룹을 대상으로 하는 것으로 인구변동과 관련하여 도서관 이용을 촉진시키는 것이라고 주장했다.[6]

마케팅에 대한 일반적 오해는 마케팅을 광고 또는 이용촉진과 같은 것이라고 보는 것이다. 마케팅이 비록 이용촉진을 포함하고 있지만 이것은 하나의 측면에 불과하다. 장서개발에서의 마케팅의 목적은 도서관의 현재와 미래 이용자를 이해하는 것이다. 이를 바탕으로 그들의 요구를 충족시키는 장서를 개발하고, 이용자들에게 이용 가능한 자원에 대하여 알려주며, 이러한 메시지 전달에 대한 성공과 실패를 모니터하는 것이다.

---

4) Martin Lopez, "A Guide for Beginning Bibliographers," *Library Resources and Technical Services* 13 (Fall 1969): 462 - 70.
5) Susan L. Fales, ed., *Guide for Training Collection Development Librarians*, Collection Management and Development Guides no. 8 (Chicago: American Library Association, 1996).
6) Walter Alwyn Briscoe, *Library Advertising: "Publicity" Methods for Public Libraries, Library-Work with Children, Rural Library Schemes, &c., with a Chapter on the Cinema and Library* (London: Grafton; New York: H. W. Wilson, 1921).

도서관이 일단 잠재적 이용자사회를 이해한다면, 마케팅전략을 수립할 수 있다. 여기에는 단기적, 장기적으로 이용자사회(시장)에 대한 영향을 극대화할 수 있는 전반적인 계획을 개발하고, 어떤 정보원과 서비스를 제공할 것인지를 결정하며, 이를 수행하기 위한 표준과 기준을 확립해야 한다. 다시 말하면 마케팅은 시장조사, 기획, 실행 및 통제라 하겠다. 이 러한 활동들은 비영리분야에서 점점 더 중요해지고 있다. 사회기관, 교육 기관, 자선단체 및 도서관들은 그들의 목표시장의 요구가 무엇인지를 파악함으로써 경쟁자보다 더욱 효과적이고 효율적으로 고객만족을 달성하기 위하여 마케팅을 실행하는 것이다.

도서관에서 마케팅을 적용하는 데는 어려움이 있다. 왜냐하면 도서관에서는 상업분야에서와 같은 이익 및 손실 지표가 없고, 마케팅 시행의 결과를 측정하기가 어렵기 때문이다. 그러나 성과측정은 효과적인 장서 개발 및 관리의 핵심적 측정요소라고 할 수 있고, 시간이 지남에 따라 여러 가지 수량적 평가와 가치평가의 방법들이 개발되고 있다. 사서들은 장서가 이용자의 요구와 모 기관의 목적에 얼마나 잘 부합되는지를 파악하기 위해 장서를 평가한다. 사서들은 이용들의 만족수준을 알기 위해 이용자조사를 실시한다. 또한 도서관 자체의 관점에서 또는 다른 도서관 장서와 비교하여 체크리스트를 만들고 장서를 평가한다.

도서관을 둘러싼 사회, 즉 이용자, 잠재적 이용자, 자금지원기관 및 단체 등은 도서관의 시장이라고 말할 수 있다. Charles B. Osburn이 도서관과 도서관이 속한 사회와의 관련성을 분석한 바에 의하면 마케팅은 매우 함축적인 의미를 갖는다는 것이다.

도서관은 도서관이 속한 지역사회에 의존하기 때문에 도서관의 미래는 도서관이 속한 사회가 부여하는 우선순위 및 중요성을 기반으로 삼아

야 한다. 그렇기 때문에 개별 도 서관은 그들의 지역사회를 규정하고 파
악하는 데 더욱 심혈을 기울여야 하며, 사회가 도서관에 기대하고 있는
가치를 시현해 보여주어야 한다.[7)]

도서관 맥락에서의 마케팅 개념
Marketing Concepts in a Library Context

비영리 조직의 마케팅전략에 대하여 Philip Kotler와 Alan R. Andreasen
은 마케팅을 다양한 시장 및 공중과 관련하여 상호교환관계를 맺는 효과
적인 경영관리라고 규정하고 있다.[8)] Kotler and Gary Armstrong은 마케팅
을 과거의 구태의연한 판매의 관점에서가 아닌, 고객만족이라는 새로운
관점에서 이해해야 한다고 강조하고 있다.[9)] 마케팅은 시장의 요구가 무
엇인가를 조사하고 이해하는 것으로부터 출발한다. 요구라는 것은 어떤
기본적 만족에 이르는 상태라고 할 수 있다. 요구사항Needs은 해결되어야
한다. 요구사항은 보다 절실한 필요성에 대하여 구체적으로 특별한 만족
을 주는 바람직한 상황이라고 말할 수 있다. 수요란 특수한 제품과 서비
스에 대한 요구이다. 마케팅 담당자는 고객의 요구에 영향을 줄 수 있다.
예를 들면, "나는 정보가 필요하다, 나는 도서관이 나에게 이런 정보를
찾는데 있어 도서관 정보를 제공해 주거나 정보원으로 안내해주기를 바

---

7) Charles B. Osburn, "Toward a Reconceptualization of Collection Development," *Advances in Library Administration and Organization* 2 (1983): 188.

8) Philip Kotler and Alan R. Andreasen, *Strategic Marketing for Nonprofit Organizations*, 8th ed. (Upper Saddle River, N.J.: Prentice-Hall, 2008).

9) Philip Kotler and Gary Armstrong, *Principles of Marketing*, 11th ed. (Upper Saddle River, N.J.: Prentice-Hall, 2006).

란다, 나는 이런 의미의 마케팅을 통해 온라인 정보원을 이용하고 싶다. 나는 도서관 또는 상업부문 마케팅의 영향으로 전통적 인쇄정보 자료보다 전자정보자원을 선호하게 되었다." 도서관에 오거나 온라인으로 접근하는 대부분의 사람들은 정보information 또는 엔터테인먼트entertainment를 추구한다. 앞의 예로 든 그 사람은 추리소설mystery novel을 원할지 모른다. 사람들은 John Grisham의 최신 소설을 요구할지도 모른다.

선택담당자들은 모든 이용자들의 세부적인 필요와 요구를 충족시키는 데 주의를 기울여야 한다. 대부분의 도서관들은 장기적이고 광범위한 목적과 목표를 사명 기술서에 명기하고 있으며, 이는 모 기관이 부과한 의무이기도 하다. Kotler and Karen F. A. Fox는 "사회적 마케팅 지향점 societal marketing orientation"이라는 큰 밑그림을 항상 마음속에 간직하고 있어야 한다고 지적하고 있다.10) 선택사서의 임무는 현재의 이용자 수준을 충족시키는 장서를 개발, 관리하면서 사회와 도서관의 장기적 이익 long-term interests과 복지well-being 증진을 위해 이용자에 대한 지원을 확대하는 것이다.

이용자의 필요와 요구를 충족시키기 위해 도서관이 제공할 수 있는 것은 장서와 서비스이다. 도서관들은 정보, 도서, 저널, 멀티미디어, 온라인 자원, 서지목록, 안내자료, 웹페이지 등의 형식으로 생산물을 제공한다. 도서관 서비스는 참고봉사, 상호대차, 독자상담, 교육훈련, 이야기 시간 story hours운영, 교실방문, 그리고 후원자와의 개인적 교류 등이다. 장서 개발담당사서들은 그들이 구축하고 관리하는 장서를 그들의 생산물로

---

10) Philip Kotler and Karen F. A. Fox, *Strategic Marketing for Educational Institutions*, 2nd ed. (Englewood Cliffs, N.J.: Prentice-Hall, 1995).

볼 줄 알아야 한다. 그들이 접촉하는 모든 요소들이 곧 하나의 서비스인 것이다.

선택사서들은 이용자의 요구를 더 잘 이해하기 위하여 정보를 수집하면서, 한걸음 더 나아가 이용자들과 함께 그들이 도서관에서 경험한 문제들을 인식하고 해결해야 한다. 여기에는 장서의 부적절성 문제와 도서관 서비스의 문제점들이 포함된다. 선택사서들은 이용자들의 장서에 대한 평가가 소장 자료 및 접근 가능 정보원 또는 상호대차 요청 등에 대한 불완전하고 부정확한 지식을 바탕으로 나온다는 점을 알고 있다. 사서들은 관외outreach활동을 통하여 도서관이 할 수 있는 일이 무엇인가를 더욱 완전하고 분명하게 이용자들에게 전달하고, 사서들에게도 도움이 되는 정보를 얻을 수 있다.

이용자의 불만족이 오해가 아닌 실제문제에서 연유한 경우에는, 선택사서는 이를 인정하고 전체적인 도서관 자원의 맥락 속에서 문제 해결을 위해 노력하는, 이용자를 지지하는 자세를 취해야 한다. 선택사서는 특수한 장서의 문제에 관해서는 이용자들로부터 조언을 구해야 한다. 이러한 형식의 상담은 대학도서관이나 학교도서관에서 자주 있는 일로서 교수 및 교사들이 구입할 아이템, 저널의 추가 및 취소, 특정 주제 분야 자료의 대체, 서고 보관 자료 검토, 개별 아이템의 복권 구입 필요성 등을 조언할 수 있다.

가치와 만족은 소비자들이 만족을 줄만한 제품과 서비스 사이에서 어떻게 선택을 하는가의 문제를 정의하는 것이다. 가치는 매우 복잡한 개념으로서 경제사상에 있어 오랜 역사를 가지고 있다. Karl Marx는 어떤 물건의 가치는 얼마나 많은 노동이 그 생산품에 들어갔는지에 달려있다고 생각했다(역자 주 : 이를 '노동가치설'이라고 부르고 있음). 현대의 사상은 가치를 주관적인 것으로 정의하고, 가치는 요구를 만족시키는 능력 정도라고 파악하고 있다. "나는 도서관과 도서관 서비스를 도서관이 나의 요구를 만족시킨 범위 내에서 가치 있게 생각한다. 도서관에서 내가 필요로 하는 정보를 얻었는가? 도서관은 내가 원하는 책을 소장하고 있는가? 선택사서는 내가 요청한 책을 주문했는가? 얼마나 기다려야 하는가? 만약 내가 만족했어도 나는 도서관을 대단히 가치 있다고는 생각하지 않을 수 있다." 최근 연구에 의하면 고객만족이 반드시 고객의 충성심으로 이어지는 것은 아니라는 것을 보여준다.[11]

시민들은 도서관의 장서와 서비스에 만족하여 도서관을 가치 있다고 여길 수 있지만, 도서관을 지원하기 위한 세금 인상 승인은 꺼려한다. 교수들은 도서관을 수업과 연구를 위해 필수적인 존재라고 주장할 수 있지만 도서관의 예산 배정을 보호해 주지는 못한다. 학부모와 학교운영위원회는 학교도서관미디어센터를 가치 있다고 여기면서도 직원들을 감축한다.

교환exchange 및 거래transaction라는 용어는 무엇인가를 제공함으로써 그 보답으로 원하던 상품이나 서비스를 얻는다는 의미를 함축하고 있다. 교환은 마케팅에서 가장 중요한 개념인데, 교환에 동의함으로써 교환에 참여한 당사자들은 교환 이후에 자신들을 더 나은 상태가 된 것으로 여기기 때문이다. 거래는 양 당사자 간의 가치의 교환으로 이루어진다. 제품

---

11) Svein Ottar Olsen, "Comparative Evaluation and the Relationship between Quality, Satisfaction, and Repurchase Loyalty," *Journal of the Academy of Marketing Science* 30, no. 3 (2002): 240‐49; Anders Gustafsson, Michael D. Johnson, and Inger Roos, "The Effects of Customer Satisfaction, Relationship Commitment Dimensions, and Triggers on Customer Retention," *Journal of Marketing* 69, no. 4 (2005): 210-18.

이나 서비스로 교환된 상품이 언제나 재정적인 문제와 연결되는 것은 아니지만 간혹 재정문제와 연결되기도 한다. 대학도서관은 흔히 말로는 (glibly : 입만 나불거리는) 대학의 심장이라고 지칭되고 있지만 그 "가치"에 합당한 수준의 재정지원을 받지는 못한다. 시간과 노력은 둘 다 동일한 가치가 있는 것이다. 도서관을 이용하는 학생을 가치 있게 여기는 교수나 교사는 사서에게 교실 방문시간을 할애할 것이고, 사서는 도서관의 자원과 서비스에 대하여 학생들을 안내할 수 있다. 많은 공공도서관들은 시민들은 자기들이 스스로 자료를 찾는 것보다 더 신속하고 용이한 유료 특별 참고봉사나 유료 문헌전달서비스가 있다면 기꺼이 요금을 지불한다는 것을 알고 있다. 대학도서관들은 외부 이용자에게 비용보전 조건 cost-recovery basis으로 문헌전달서비스를 제공하여 호응goodwill을 얻고 있다. 적당한 요금을 내더라도 시간을 절약하는 것을 가치 있게 생각하는 이용자들을 만족시킬 수 있는 것이다.

시장은 특정한 필요와 요구를 공유하는 잠재고객들로 이루어지며, 이들은 기꺼이 거래에 참여하여 돈, 시간, 노력, 또는 이 셋 모두를 그들의 필요를 충족시키는데 사용한다. 마케터는 마케팅에 종사하는 사람이다. 그는 시장을 분석, 이해하고 그러한 시장에 맞는 가치 있는 제품과 서비스를 개발하고, 커뮤니케이션을 제공하며, 고객의 만족여부를 모니터한다. 도서관은 전통적으로 복합사회 또는 잠재고객을 대상으로 한다. 도서관의 잠재고객은 아무런 권한을 갖지 못하며, 도서관에 간접적인 영향만을 미칠 뿐이다. 따라서 도서관은 그들의 요구를 미리 예측하여 효과적으로 대응해야 한다. 도서관은 직접적인 비용 회수를 추구하지 않지만, 이용자 만족에 대한 대가로 그들의 지원과 충성심을 끌어내고자 하는 것이다.

Neil H. Borden은 1940년대 후반 마케팅 믹스라는 용어를 처음 도입하였다. 그는 마케팅 믹스란 제품product, 가격price, 유통경로place, 판매촉진promotion을 창조적으로 혼합한 것이라고 설명한다.[12] Philip Kotler는 그의 여러 저서에서 마케팅의 "Four Ps"를 광범위하게 분석하였다. 도서관과 연계하면, 제품product은 도서관장서(현장 및 온라인 사이트)와 서비스를 나타낸다. 소비자들은 그들이 파악한 기능, 유용성, 신뢰성을 바탕으로 제품을 선택한다. 도서관들은 대중의 모든 부문에 걸쳐서 그들의 필요와 요구 등 수요를 조사하고, 그들이 봉사하는 지역사회의 장기적인 요구를 분석하여 그러한 요구를 만족시킬 수 있는 도서관의 제품 — 도서관 서비스 및 자원 — 을 설계한다. 어떤 공동도서관 지역사회가 더 많은 전자자원, 대중소설, 대 활자본 자료를 원하는지? 또는 단행본 보다 저널을 더 원하는지? 교수요원들은 선택사서들로부터 어떤 서비스를 원하며, 어떻게 접촉하기를 바라는지? 도서관과 사서들은 이용자대중의 만족을 위해 현재의 업무관행을 바꿀 수 있는지? 도서관들은 여러 형태formats의 자료들, 단행본과 연속간행물, 즉각적인 요구와 장기적 사명 사이에 균형을 유지하는 어려운 문제에 직면하고 있다. 도서관이 제공하는 장서와 서비스를 개발하고 변화시키는 일은 마케팅 활동과 별로 관련이 없는 것으로 생각할 수 있지만, 사서들이 지속적으로 수행해 나가야 할 업무라 하겠다. 사서와 지역사회의 접촉은 도서관의 중요한 생산물로 연결된다. 사서들은 이러한 연계 및 외부확장 활동을 개척하고, 모니터하며, 변화시켜 나감으로써 이용자들이 기꺼이 그들의 시간, 노력, 지지를 보낼 수 있는

---

12) Neil H. Borden, "The Concept of the Marketing Mix," in *Science in Marketing*, ed. George Schwartz, 386‐97 (New York: Wiley, 1965).

가치 있는 서비스를 제공할 수 있다. 가격price 및 유통경로place를 변경하는 것은 제품의 변화 및 이용자 수요에 영향을 준다. 사서들은 이러한 구성요소를 이해하고, 적절한 시기에 도서관 이용의 증대와 장서 및 서비스 만족을 제고하기 위해 그 구성요소들을 조정해 나갈 수 있다. 가격은 이용자들이 도서관의 생산품과 서비스를 구입하고 접근하는데 소요되는 비용이다. 가격은 이용자가 도서관의 제품과 서비스, 즉 편리를 얻는데 소요되는 재정, 시간, 노력으로 산출될 수 있다. 가격은 경쟁력, 투입 비용, 산출에 대한 인식, 고객이 지각하는 생산품이나 서비스의 가치를 포함한 다양한 요인에 의해서 결정된다. 사서들은 도서관에 주어진 예산 및 인력의 한계 아래서 가장 저렴한 비용으로 장서와 서비스를 이용할 수 있도록 낮은 가격을 책정하고자 노력한다. 일반적으로 전통적 또는 일상적 서비스는 직접적인 재정비용의 구성요소라 할 수 없다. 수수료는 도서 및 오디오자료의 대출, 저널의 독서, 참고자료에 대한 직원 상담, 도서관의 전자자료 이용 등에 부과될 수 없다. 어떤 도서관은 상호대차 접수, 비디오 및 베스트셀러의 대출, 리콜 신청, 일정 시간을 초과하는 참고 서비스 이용 시 이용자에게 수수료를 부과한다. 대부분의 도서관들은 복사서비스, 인쇄, 자택 또는 사무실까지의 문헌전달서비스 등에 요금을 부괴한다. 그러나 전문도서관들은 이러한 비용을 예산으로 흡수하여 지불한다.

장서개발담당사서는 그들이 부과하는 직접적인 가격보다는 이용자들의 시간과 노력에 대한 비용을 더 중요시한다. 사서들은 이용자의 시간과 노력을 절감시켜줌으로써 이용자들의 체감 비용을 낮추려고 노력한다. 그리고 이것이 이용자의 만족을 증대시킨다고 생각한다. 이용자들은 소유든 접근이든 이용자가 원하는 모든 자료를 찾아 이용할 수 있도록 준비된 도서관을 이상적인 도서관으로 인지한다. 사서들이 이용자의 기대를 만족시킬 수 있는 장서개발 능력이 떨어질 경우 이용자들의 시간과 노력에 직접적인 영향을 미친다. 도서관이 동시에 이용할 수 있는 이용자 수를 제한함으로써 하나의 CD-ROM 접근을 위해 컴퓨터 워크스테이션 이용 차례를 기다리는 것, 온라인 전자 자원의 접근 이용을 위해 기다리는 것, 상호대차 신청을 해 놓고 책을 기다리는 것, 인기 자료 목록을 기다리는 것 등 이 모두가 이용자 만족을 감소시킬 수 있다. 선택담당자는 언제나 도서관의 사명, 우선순위, 예산 범위 내에서 이용자 만족을 추구해 나가야 한다. 정보자원이 제자리에 없다면 결과적으로 이용자는 실망하고, 도서관 이용에 대한 비용을 감지하게 될 것이다(역자 주 : 찾는 자료를 구할 수 없을 때 이용자는 도서관까지 온 시간, 노력, 교통비 등의 비용 문제를 인식하게 된다).

유통경로place는 상품과 서비스의 가치교환이 일어나는 지점으로서 정보의 배포 채널distribution channel이라고 할 수 있다. 유통경로는 도서관, 미디어센터, 이동도서관bookmobile, 웹사이트, 이용자의 사무실, 가정, 교실일 수 있다. 사서들은 고객이 찾을 수 있고 고객이 원하는 것-정보, 자료, 장서개발 담당 사서의 관심librarian' s attention-을 가능한 한 빠르고 편리하게 얻게 해주는 장소, 접촉지점, 즉 배포시스템을 설계해야 한다. 대학도서관은 자체 소장 자료를 무료 혹은 최소 비용으로 캠퍼스 내 다른 장소에 전달, 제공할 수 있다. 전문도서관 사서는 자료를 요청한 감독자나 연구원에게 직접 전달할 수 있다. 도서관의 종류와는 관계없이, 선택담당자는 이용자들이 희망도서 구입을 신청할 수 있는 메커니즘을 제공할 수 있다. 대학 및 전문도서관 사서들은 이용자들과 원활한 접촉을 유지하기 위해 부서 내 근무시간 스케줄을 짤 수 있다. 그 목적은 선택담당자들이 이용자 서비스를 가급적 편리하게 제공할 수 있도록 하는데 있다. 인쇄물과 전자자원 사이의 장서 선택에 있어 "유통 경로 place"는 명백하고도 중요한 의미를 갖는다. 이용자들은 가정 또는 사무실에서 전자자원에 접근할 수 있을 때 그들이 절약한 시간의 가치를 인정할 것이다.

모든 연계활동 및 관외활동-도서관 및 사서의 모든 커뮤니케이션 활동-은 이용촉진promotion활동이다. 많은 이용자들은 사서들이 무슨 일을 하는지, 사서들과 도서관들이 무엇을 제공하는지 잘 알지 못한다. 연계활동 및 관외활동은 사서들이 외부를 향해 정보를 제공하고 안내하는 좋은 기회다. 사서는 사서의 능력과 도서관장서 및 서비스의 이용을 촉진할 수 있는 모든 기회를 포착해야 한다. 도서관에 관한 정보는 장서와 정보자원에만 국한해서는 안 된다. 선택담당자는 구성원들이 도서관서비스, 프로그램, 정책에 대하여 모든 관련 정보를 알 수 있게 해야 한다. 어떤 서비스는 선택담당자가 직접 제공할 수 있고, 또 어떤 것은 여러 도서관 부서단위에서 제공할 수 있다. 이들 서비스는 최신정보주지서비스current awareness services, 저널회람서비스routing of journals, 문헌전달서비스document delivery services, 특정 계층을 위한 맞춤정보 유인물 준비preparation of library handouts tailored to specific class needs, 도서관의 워크숍, 초청 강연회, 사서의 북토크, 도서관 투어library tours 및 설명회demonstrations 등이 있다. 여기에 관련되는 정책들은 장서개발과 관리, 기증, 인터넷 이용, 이용자 프라이버시, 학과지정도서course reserve관리, 저작권, 전자정보자원에 대한 접근권한, 대출 특권에 관한 정책들을 꼽을 수 있다. 도서관의 관외활동은 모든 시민들에게 도서관에 대한 모든 것을 알려주는 매우 중요한 활동이다.

이용촉진 활동에는 공식적 활동과 비공식적 활동이 있다. 공식적 활동은 프레젠테이션, 각종 회의, 유인물 및 디지털 정보자료의 준비 제공과 같은 미리 구성한 계획적 상호작용 활동이다. 비공식 활동은 사서가 지역사회의 시민들과 접촉하는 매 순간마다 일어나는 상호작용 활동이다. 전기통신기술의 발달은 도서관의 관외활동과 연계활동의 기회를 확장하고 있다. 도서관은 웹페이지를 개설하여 개인 및 단체에 이메일을 보내고, 질의 및 응답 기회를 제공하며, 구입희망도서 신청 양식을 올릴 수 있다.

마케팅 믹스의 개념(제품, 가격, 계획, 촉진) 형성은 오랜 역사를 지니고 있다. 이는 고객에 대해 초점을 맞추지 않은 너무 내부지향적 안목에서 나온 발상이라는 비판을 받기도 한다. 이에 대한 반응으로 고객관계 관리customer relationship management라는 보다 고객 중심 마케팅 접근 방법이 개발되었다. 이는 고객 관계를 구축해 나가는 것이 대중 마케팅보다 더 효과적이라는 생각을 바탕으로 한 것이다. 사기업 부문에서는 고객관계 관리가 고객에게 일관된 이미지를 제공할 수 있도록 비즈니스정보와 활동을 조정, 관리하는 자동화 시스템으로 발전되어 왔다. 이론적으로는 고객관계 관리란 고객을 유치하고 유지하기—고객의 신뢰와 충성심 확보—위하여 고객(또는 도서관 이용자)에 관해 수집한 정보를 활용하는 종합적 전략이라 할 수 있다. Kotler와 Nancy Lee는 고객에 초점을 맞춘 마케팅이란 대상 고객이 "이 속에 나를 위한 것이 무엇이 있는가? What's in it for me?"라는 질문을 지속적으로 던지게 하는 것이라고 설명하고 있다.[13] Kolter와 Nancy Lee가 논의하는 이 "WIFM(What's in it for me?) 현상

---

13) Philip Kotler and Nancy Lee, *Marketing in the Public Sector: A Roadmap for Improved Performance* (Upper Saddle River, N.J.: Wharton School Publishing, 2007).

phenomenon"은 마케팅 담당자들이 목표 고객의 바람과 요구_{wants and needs}에 대하여 경쟁사들보다 더 잘 이해할 수 있도록 동기를 부여한다. 고객관계 관리는 도서관에서 더 적절하게 적용할 수 있다. 이는 사서들의 생각이 내부 지향적 시각에서보다 외부 지향적 안목으로 도서관 서비스를 바라보게 됨으로써 Terry Kendrick가 말하는 바와 같이 시간이 경과함에 따라 지속적으로 이용자 만족과 권익 옹호 및 지원을 이끌어 낼 수 있는 "상호 이익 관계"를 구축할 수 있기 때문이다.[14] 다시 말하면 마케팅은 지역사회가 도서관을 바라보고 생각하는 관점이 무엇인지를 파악하고 시작하는 것이 효과적이다. 도서관에 대한 지역사회의 관점을 이해하는 것이야말로 도서관 마케팅의 중요한 기반이라 할 수 있다.

마케팅의 한 가지 중요한 측면은 경쟁_{competition}이 무엇인지를 이해하는 것이다. 도서관의 경쟁이 무엇인지는 시장조사 —이용자 및 잠재이용자가 그들의 필요, 요구, 욕구를 충족시키기 위해 제품과 서비스를 어디에서 찾는지 그 이유를 파악하는 것—를 통해서 이해할 수 있다. 경쟁은 직접적이기도 하고 간접적이기도 하다. 직접 경쟁은 같은 기능을 수행하는 산품이나 서비스가 서로 경쟁하는 때이다. 예를 들면, 항공사들은 직접적 경쟁자이다. 간접 경쟁은 상품과 서비스가 서로 유사한 대용 관계에 있을 때이다. 버스나 기차는 항공사의 간접 경쟁자이다. 회사들은 경쟁에서 선두_{ahead of the competition}를 차지하기 위하여 마케팅 믹스의 조정 (예, 가격인하, 상품 및 서비스 개선, 판매촉진 활동 확대), 경쟁사와의 제품 및 서비스 차별화, 브랜드 인지도 확대를 통한 고객 충성도 제고, 고객 중심

---

14) Terry Kendrick, *Developing Strategic Marketing Plans That Really Work: A Toolkit for Public Libraries* (London: Facet, 2006), 121.

마케팅 유지 등 여러 가지 방법들을 활용한다.

의도적인 시장조사를 하지 않더라도 도서관들은 서점이나 구글Google과 같은 온라인 정보원 검색엔진과 경쟁관계에 직면하고 있다는 것을 알 수 있다. 왜 이러한 경쟁자들이 도서관보다 더 매력적이고, 효율적이며, 편리한 것으로 인식되는지는 보다 깊은 연구를 통해 밝혀지고 있다. 사서들은 서점들이 커피숍이나 편안한 자리 제공을 통해 고객들에게 가다가고 있다는 것을 깨닫고 이들을 도서관에 응용하고 있다. 구글의 정보 검색이 더 쉽다는 이용자들의 인식에 따라 사서들은 Endeca와 ExLibris's Primo 등 새로운 형태의 목록을 실험하고 있다. 이러한 방법들을 통해 도서관은 시장에서의 경쟁력과 위상을 높이고자 노력한다. 사서들이 수행하는 수많은 업무활동의 지향점은 도서관, 장서, 서비스를 이용자사회의 인식 속에 자리매김하도록 하는 데 있다. 사서들은 이용자들이 도서관을 책에만 한정하여 생각하는 것을 원하지 않으며, 장서와 서비스를 통해 도서관이 제공하는 혜택을 확대함으로써 도서관을 다른 경쟁자들과 차별화하고자 노력한다.

정보와 엔터테인먼트 시장에서 도서관의 위상을 높이는 또 다른 방법은 Lorcan Dempsy가 말하는 "흐름 속으로 in the flow" 들어가는 것이다.[15] 그는 도서관이 시장조사를 통해 파악할 수 있는 이용자의 행태와 보조를 맞추어 진화할 필요가 있다고 제안한다. 정보와 엔터테인먼트 자원이 점차 통합됨에 따라(예, 구글, Netflix의 온라인 영화 대여, 교육과정 프로그램 관리 시스템) 사서들은 이용자를 도서관의 물리적, 가상적 공간으로 끌

---

15) Lorcan Dempsey, "In the Flow," *Lorcan Dempsey's Weblog*, June 24, 2005, http://orweblog.oclc.org/archives/000688.html.

어들이려는 생각보다는 이용자 환경의 흐름 속으로 파고 들어가 더 깊게 생각할 필요가 있다는 것이다. 예를 들면, 공공도서관 사서들은 도서관 웹사이트를 통해 다운로드 받을 수 있는 오디오북을 제공함으로써 iPod 세계의 흐름 속으로 진입을 시도할 수 있다. 특수 장서 담당사서는 구글을 통해 발견한 접근 도구나 디스크립션description을 창의적으로 활용하여 이용자들을 도서관의 장서로 안내할 수 있다. 또한 사서들은 도서관을 소셜 네트워크 사이트를 이용하거나 어떤 계기를 포착함으로서 도서관을 사회적 흐름 속에 합류시킬 수 있다.16) 문제는 이러한 것들을 실제로 행하는 것이다. Dempsey는 블로그 포스팅에 대하여 "도서관 자원의 통합은 통합 자체로 끝나는 것으로 비쳐져서는 안 되고, 이용자 환경과 더 잘 융합할 수 있는 수단이 되어야 한다."고 결론짓고 있다.17) 의도적인 블로그 글쓰기Intentional positioning는 필수적이다.

시장 조사

마케팅은 시장조사market research와 더불어 시작된다. 미국마케팅협회는 "시장 조사를 소비자와 소비자, 시민과 마케터를 연결하는 기능-마케팅의 기회와 문제를 파악하고, 정의하며, 마케팅 행동을 창출, 개선, 평가하고, 마케팅의 성과를 모니터하고, 과정으로서의 마케팅에 대한 이해를 높이는데 사용되는 정보"라고 정의하고 있다.18) 시장조사는 이러한 문제를

---

16) Vincci Kwong, "Reach Out to Your Students Using MySpace and Facebook," *Indiana Libraries* 26, no. 3 (2007): 53‑57; Deborah Lee, "iPod, You-Pod, We-Pod: Podcasting and Marketing Library Services," *Library Administration and Management* 20, no. 4 (Fall 2006): 206‑8.

17) Dempsey, "In the Flow."

표출하기 위해 필요한 정보를 구체화하고, 정보 수집 방법을 설계하며, 데이터 수집 과정을 관리, 실행하고, 결과를 분석하고, 발견한 사실과 그 함의를 소통하는 활동이다.

도서관은 반드시 도서관 이용자사회－도서관의 시장－를 정의하고 이해하기 위한 연구를 수행해야 한다. 시장조사는 지역사회의 전반적인 규모와 구조 및 이용자의 특성을 파악하고, 이용자의 요구를 평가하여 향후의 추세를 분석하는 것이다. 사서들은 지역사회분석community analysis, 요구평가needs assessment, 요구분석needs analysis이라는 용어에 더 익숙할 것이다.[19] 이 모든 조사 연구는 사서들이 그들의 지역사회 또는 구성원들－이용자users, 잠재이용자potential users, 후원자supporters, 자금지원단체 funding bodies 등에 대하여 가능한 한 많은 정보를 수집함으로써 이루어지는 것이다.

시장 세분화

시장 세분화란 시장을 여러 가지 카테고리로 나누는 것으로, 시장의 각 부분을 더 잘 이해하기 위해 수행하는 시장조사의 일반적 전략이다. 이용자 사회는 도서관의 구성요소나 여러 부문별로 세분하여 관찰할 때 더 잘 이해할 수 있다. 사서는 각 시장의 세부 분야에 대해 2차 자료와 1차 자료를 수집할 수 있고, 그 결과 다양한 이용자 그룹에 부합하는 장

---

18) American Marketing Association, Marketing Definitions.

19) David Nicholas, *Assessing Information Needs: Tools, Techniques, and Concepts for the Information Age* (London: Aslib Information Management, 2000), provides a concise introduction to data collection methods for user studies.

서를 개발할 수 있다. 지역사회는 여러 가지 방법으로 세분할 수 있다. 가장 흔한 방법으로는 인구통계학적 특성(예, 연령, 성별, 소득 수준, 민족 배경, 직업, 교육 수준), 지리학적 특성(도서관까지 이동 가능성, 이동 거리, 잠재 이용자의 거주 또는 비 거주 상태), 행동적 특성(이용자의 일반적인 도서관 이용 / 비이용의 규모와 유형 혹은 도서관 내의 특정 장서와 서비스의 이용 / 비이용), 사회학적 특성(사회 경제적 계층socioeconomic class, 라이프스타일lifestyle, 개성personality, 관심interests, 의견opinions)을 조사하는 것이다. 모든 유형의 도서관들은 시장조사를 위하여 지역사회를 세분할 수 있다.

George D'Elia는 공공도서관의 이용자를 대출만 하는 사람, 관내 자료만 이용하는 사람, 도서관을 가볍게 이용하는 사람, 도서관을 많이 이용하는 사람, 핵심적 이용자hard-core user, 잠재 이용자 등 6가지로 시장을 세분하고 있다.20) 공공 도서관 이용자를 분류하는 또 다른 방법은 RASD / RUSA의 "연계업무 가이드라인Guidelines for Liaison Work"에 소개되어 있다.21) 여기에서 제안하고 있는 세분 카테고리는 다음과 같다.

- 오락적 이용자recreational users
- 새로운 성인 독자new adult readers
- 사업가business persons
- 이웃 간 친목단체, 여성단체, 기업 및 전문직협회를 포함한 시민 단체

---

20) George D'Elia, "A Descriptive Market Segmentation Model of the Adult Members of the Public Library's Community," in *Beyond PR: Marketing for Libraries; LJ Special Report 18*, ed. Joseph Eisner, 37 - 42 (New York: Library Journal, 1981).

21) Reference and User Services Association, Liaison with Users Committee, Liaison with Users guidelines working document, www.ala.org/ala/rusa/rusaourassoc/rusasections/codes/codessection/codescomm/liaisonwithusers/liaisonusers.cfm.

- 지방, 주 단위 부서 및 기관
- 유치원, 초등학교, 중학교, 직업학교 등의 교사와 학생
- 중·장년 시민senior citizens
- 새 이민자와 영어를 제 2외국어로 사용하는 사람들
- 장애인people with disabilities
- 요양원, 퇴직자 주택, 요양시설, 어린이 주거 시설, 교도소 등 시설 거주자
- 독학자 및 평생 학습자independent and lifelong learners

Samantha Chmelik은 전문도서관의 장서와 서비스의 개발과 이용촉진에 있어 세분화된 시장 각 부분의 특성에 대하여 상세한 정보를 확보하는 것이 중요하다고 강조하고 있다.22) 기업체 도서관들은 각 분야 이용자들의 정보요구 충족을 목적으로 조사연구원researchers, 마케터marketers, 판매원sales people, 법무 직원legal staff 및 경영진으로 나눌 수 있다. 기업체 사서인 Chmelik은 가장 활동적인 이용자 그룹은 상위 계층으로 올라가는 중간 단계의 직원들로서, 그들은 질문에 대한 시의 적절하고 간결한 답변을 원하고 있으며, 각 분기 초 및 분기 말에 더 많은 정보를 필요로 한다는 것을 파악했다. Chmelik은 이런 정보를 바탕으로 이용 가능한 최적 정보를 찾을 수 있었고, 추가해야 할 자료를 파악할 수 있었으며, 목표 이용자들에게 가장 효과적으로 다가갈 수 있는 마케팅 계획을 개발할 수 있었다.

---

22) Samantha Chmelik, "Market Research for Libraries," *Information Outlook* 10, no. 2 (2006): 23 - 25.

대학도서관의 지역사회는 흔히 교수요원, 학생, 교직원, 경영진 및 외부이용자로 분류된다. 앞에 나온 처음 네 그룹은 기본적 이용자 또는 관련 계열 조직의 이용자들이다. 외부 이용자는 제2차적 이용자로서 관련 계열 조직에 속하지 않는 졸업생, 시민, 기업체 연구원과 같은 카테고리로 세분할 수 있다. 많은 대학도서관에서 관외활동과 연계활동을 개발할 경우 동일한 카테고리 분류를 활용한다. 교수진과의 연계 책임은 주제나 학문분야에 따라 다양한 선택담당자들이 분담한다. 학생들에 대한 관외활동은 주제, 학부생 및 전문대학원 학생, 캠퍼스 내 수강 학생과 원격교육 학생, 명예 프로그램 참여 학생 등으로 나눌 수 있다. 시장 세분화의 방법에 따라 책임의 분담도 결정된다. 또한 사서들은 학생회 조직과 학생조직(소수민족, 학생소모임, 서비스 등)에 따라 연계 책임을 분담한다. 각 대상 단체들은 그 단체의 요구와 관심을 충족하는 장서를 개발하는 데 있어 선택담당자에게 도움이 되는 정보를 제공할 수 있다.

학교도서관 사서들은 이용자 사회를 학생, 교사의 양면에서 생각하며, 어떤 도서관은 학부모 가족들도 고려한다. 또한 학생들은 연령, 학년, 영어를 모국어로 하는 학생, 영어가 모국어가 아닌 학생, 특별한 요구가 있는 학생, 특별한 능력이 있는 학생 등으로 나눌 수 있다. 교사들도 교사의 수업 책임에 근거하여 유사하게 분류할 수 있다. 학교도서관 사서는 학부모 상담 그룹parent advisory groups과 현장 상담site counsels, 사친회 parent-teacher associations, 학교위원회school boards, 학교 행정 관리자school administrators로 구분하여 연계활동 책임을 분담할 수 있다.

데이터 수집 Data Gathering

사서들은 도서관의 이용자사회를 정의한 후 데이터 수집에 착수한다. 시장조사는 2차(현존)데이터와 기초 데이터를 수집, 분석함으로써 이루어진다. 많은 공공 자료는 유용한 데이터를 제공한다. 인구센서스 데이터는 가치 있는 자료일 수 있다. 예를 들면 미국 인구 및 가계경제 통계국U.S Census Bureau Population and Household Economic Topics 웹사이트(www.census.gov/population/www/)는 도시, 마을, 군, 주 단위 또는 우편번호로 구분하여 민족, 소득수준, 교육 수준 등의 통계정보를 제공한다. 많은 주states에서는 시험 성적, 읽기 수준, 무료 또는 가격 할인 점심식사 프로그램reduced-cost lunch programs에 참여하는 학생 비율 등의 데이터를 담고 있는, 학교별 검색이 가능한 주 단위 교육웹사이트를 운영하고 있다.

그러한 데이터는 학교 자체에서 이용할 수 있고, 중앙학교시스템central office of school systems에서도 이용할 수 있다. 학교도서관미디어센터 사서는 현재 학교에 다니는 영어가 모국어가 아닌 학생들과 같은 특정 요구를 가진 학생들의 현행 정보를 파악해야 한다.

사서들은 대학도서관 이용자사회를 이해하는 데 도움이 되는 많은 2차 자료들을 이용할 수 있다. 대학 소속 기관들은 프로그램 및 교육수준별 학생 수, 외국인 학생 수 및 외국인 학자 수, 교수 및 연구자(학문분야별, 학과별, 단과대학별) 수와 직원에 관한 데이터를 제공한다. 많은 학과, 연구소, 개별 교수요원들은 과정안내 목록과 더불어 풍부한 2차 정보를 제공하는 웹페이지를 운영하고 있다. 또한 학과 홍보 자료, 채용 정보를 수록한 뉴스레터와 각종 보고서, 교수 출판물, 연구 보조금에 관한 자료자원들이 있다.

교수요원들과의 연계를 통해서만 얻을 수 있는 정보들도 있다. 이들 정보는 개별 교수들과 만나거나 학과별 회의departmental meetings에 참석하여 얻을 수 있다. 운 좋은 선택담당자는 커뮤니케이션을 위한 확실한 수단－학과 도서관 위원회 또는 지정된 연계라인－을 가지고 있으며 일반적인 문제에 대하여 그들의 충고와 도움을 받을 수 있다. 휴식시간이나 점심시간에 한 두 명의 교수요원들과 커피나 점심을 같이하는 비공식 만남을 통해서도 소통의 폭을 넓힐 수 있다. 다음은 대학도서관 이용자 사회를 이해하는데 도움이 될 만한 정보들이다.

- 교수들의 연구 관심과 중점 연구 분야faculty research interests and areas of concentration
- 교수진의 언어 능력 faculty language abilities
- 보조금 및 연구 센터 grants and research centers
- 교수 수와 그들의 랭킹순위 number of faculty members and their ranks
- 학생과 연구조교 수 number of students and research assistants
- 현행 교육과정 및 계획 중인 교육과정 courses being taught and being planned
- 특별 장서 및 자원 수요 special collection and resource needs
- 특정 도서관서비스에 대한 요청 requests for particular library services
- 다른 학문과의 중첩 분야 areas of crossover with other disciplines
- 미래 프로그램 및 학위 계획 plans for future programs and degrees
- 학과 또는 프로그램의 국가적 입장 national standing of the department or program
- 기관 내 학과 또는 프로그램의 우선순위 department's or program's

　　대학도서관의 선택담당자는 장서구성 책임을 맡고 있는 주제 분야에 도움을 줄만한 교수들의 리스트를 만드는 것으로 시작할 수 있다. 이 리스트는 교수진의 프로파일과 약력을 받아 보완할 수 있다. 많은 선택담당사서들은 구성원들의 관심, 요구, 문제, 도서관장서와 서비스에 대한 인식을 파악하기 위해 정기적으로 조사를 실시해야 한다. 이를 위해 이용할 수 있는 조사도구 및 설문지의 사례들이 있다.[23]

　　<표 6-1>은 교수요원에 대한 하나의 설문지 사례를 보여준다. 이 도구를 활용하면 선택담당자들이 교수들의 관심에 대한 정보를 수집할 수 있다.

〈표 6-1〉 간단한 교수요원 프로파일 양식

교수요원 프로파일

　성명

　연구실 주소

　이메일 주소

　전화번호

23) Roger E. Stelk, Paul Metz, and Lane Rasmussen, "Departmental Profiles: A Collection Development Aid," *College and Research Libraries News* 54, no. 4 (1993): 196 - 99; Doreen Kopycinski and Kimberley Sando, *User Surveys in College Libraries*, CLIP Note no. 38 (Chicago: Association of College and Research Libraries, 2007); Catherine E. Pasterczyk, "Checklist for the New Selector," *College and Research Libraries News* 49, no. 7 (1988): 434 - 35.

관심분야 및 관심 지역

*

*

*

현행 연구 프로젝트

*

*

*

현행 교수 과목 또는 개발 중인 과정

*

*

*

※ 교수용 자세한 설문지 샘플은 미국도서관협회 홈페이지에서 제공함(www.ala.org/editions/extras/ Johnson09720).

이 정보는 개인들에게 설문에 응답해 달라고 요청하는 대신 개인적인 상호작용을 통해 수집할 수 있다. 선택담당사서는 기존 장서와 바람직한 장서, 그리고 서비스 인식에 대하여 설문하고, 각각의 종속 문항에서 이를 더 확장하여 조사할 수 있다. 단 한 번의 조사로는 결코 충분하지 않다. 교수진 구성원과 구성원의 관심은 변하기 마련이므로 선택담당자는 정기적으로 구성원을 다시 조사할 필요가 있다. 주제전문가는 교수진과 처음 만남에서 데이터 수집을 위한 자세한 양식을 사용할 경우에 세심한 주의를 기울여야 한다. 교수진은 처음에는 간단한 질문에는 응하겠지만 상세한 질문에 대해서는 사서와와 관계rapport를 좀 더 진전시킨 후라야 응답할 수 있을 것이다.

이용자 사회와 성공적으로 접촉을 유지하는 선택사서들은 열정을 가지고 진취적 정신으로 일하는 사람들이다. 선택사서들이 이용자사회에 지속적으로 관심을 가져야만 의미 있는 연계활동 정보를 교환할 수 있다. 선택사서가 구성원, 구성원의 요구와 관심을 알아내기 위해 사용하는 접근방법은 상황에 따라 다르다. 가장 적극적인 선택사서라 하더라도 도서관의 어떤 선제 질문에도 응답하지 않는 몇몇 학과나 교수들의 장벽에 부딪칠 수 있다. ARL 연구에 나타난 연계 활동에 대한 공통적 문제점은 "사서들이 교수들과 유대관계를 유지하지 못한다는 점이다. 특히 교수들이 시간에 쫓기거나, 무관심하거나, 도서관 활동에 반응하지 않을 때 문제다."라는 것이었다.[24] 이러한 상황에서 선택사서는 비록 일방적인 커뮤니케이션이 되더라도 교수들에게 지속적인 이용 촉진 활동을 전개해야 한다.

어떤 유형의 도서관이든 이용자 프로파일 양식을 이용하면 편리하다. 전문도서관에서는 이용자 프로파일을 통해 연구자들의 연구개발 활동을 추적할 수 있고, 도서관 이용자들의 요구와 관심을 파악하는데 도움을 받을 수 있다. 학교도서관 사서들은 교사들의 교과과정 지원을 위해 교사 프로파일을 유지할 수 있다. Philip M. Turner와 Ann Marlow Riedling은 교사와 사서의 상호작용을 추적하기 위해 "교육 상담 평가표Instructional Consultation Assessment Charts"를 만들 것을 제안한다.[25] 학교도서관미디어센터 전문가는 교육 목표와 자료 선택 협의를 포함한 몇 가지 영역에서의 교사의 개입정도를 기록한다. 교육과정 지도curriculum mapping 역시 교사 프로파일의 작성에 필요한 정보를 제공할 수 있다. Mary Jo Langhorne은 교

---

24) Susan Logue et al., comps., *Liaison Services*, SPEC Kit no. 301 (Washington, D.C.: Association of Research Libraries, 2007), 14.

25) Philip M. Turner and Ann Marlow Riedling, Helping Teachers Teach: *A School Library Media Specialist's Role*, 3rd ed. (Westport, Conn.: Libraries Unlimited, 2003).

사, 교실 수업, 교사 활동, 도서관의 교육지원 정도, 발생날짜 등 월별 학교도서관미디어센터 이용을 추적할 수 있는 데이터를 스프레드시트에 입력 활용할 것을 제안하고 있다.26) 이 방법은 교사 프로파일의 개발에 유용할 뿐 아니라 교육과정 지도curriculum map와 지역 교육 기준과의 상호 연관성을 파악하는데 도움이 된다.

기초 데이터는 관찰 연구, 질적 연구(개인 및 포커스 그룹 면접), 조사연구 및 실험 연구 등 공식적 연구를 통해 얻어진다. 몇몇 도서관들은 그들의 웹사이트를 통해 "How are we doing"과 같은 한 두 문장의 조사 질문과 이에 응답할 수 있는 코멘트 박스를 마련하여 데이터를 수집한다. 조사는 매우 단순한 것부터 매우 복잡한 것까지 광범위하다. 2005년에 실시된 한 광범한 시장조사 프로젝트에서는 4,438명의 응답자로부터 기초데이터를 수집하였고, 그 결과로 "도서관 및 정보 자원에 대한 인식; OCLC 회원 보고서Perception of Libraries and Information Resources: A Report to the OCLC Membership"가 출간되었다.27) 이 연구에서 조사결과 대부분의 응답자들은 도서관 하면 책을 가장 먼저 연상하는 것으로 나타났다. 바꾸어 말하면 도서는 도서관 브랜드의 핵심이라는 것이다. 비록 이와 같은 대규모 연구 프로젝트를 적용한 도서관은 별로 없었지만, 이런 연구에서 수집된 기초 데이터는 우리 모두에게 유익한 것이다.

관찰, 면접, 조사를 통하여 기초 자료를 모으고 분석할 때, 선택담당자는 장서개발에 도움이 되는 구체적인 해답을 구하고자 한다. 질문은 도

---

26) Mary Jo Langhorne, "Using Data in the School Library," in *Toward a 21st-Century School Library Media Program*, ed. Esther Rosenfeld and David V. Loertscher, 367-72 (Lanham, Md.: Scarecrow, 2007).
27) Cathy De Rosa et al., *Perceptions of Libraries and Information Resources: A Report to the OCLC Membership* (Dublin, Ohio: OCLC, 2005), www.oclc.org/reports/pdfs/Percept_all.pdf.

서관 자원을 이용 또는 이용하지 않는 이유, 이용이 편리한지 아닌지 여부, 개인이 필요한 자료, 희망하는 자료, 구할 수 없는 자료가 무엇인지, 그러한 자료를 구할 때까지 얼마나 오래 기다릴 수 있는지, 선호하는 자료형태formats는 어떤 것인지 등을 다룬다. 이렇게 수집된 정보는 장서개발에 도움이 되며, 장서평가에도 유용하게 쓰일 수 있다. 그러나 이런 방식으로 수집된 정보는 신중하게 분석해야 한다. 왜냐하면 이용자와 연구자의 편견이 결과를 왜곡할 수 있기 때문이다. 이용자의 인식, 기억, 장서와 서비스에 대한 이해는 항상 현실을 반영하는 것은 아니다. 연구자는 모호한 응답이 나올 수 있는 방식으로 질문지 틀을 구성하기 십상이기 때문이다.

포커스 그룹 또는 집단 인터뷰는 이용자의 인식, 가치, 의견을 수렴하는 또 다른 방법이다. 이 방법은 비공식적인 편안한 환경에서 소수 인원으로부터 효과적으로 데이터를 수집하는 기회가 된다. 포커스 그룹은 6명에서 12명 정도의 인원이 참여하고 사회자가 토의를 이끈다. 포커스 그룹 토의시간은 약 2시간 정도 걸리는 것이 보통이나 참가자들의 연령, 관심영역, 할애할 수 있는 시간에 따라 짧게 할 수도 있다. 포커스 그룹 토의는 질적 연구다. 포커스 그룹은 모든 유형의 도서관에 적절하게 활용할 수 있고 어린이와 청소년 관련 업무수행 시 설문조사보다 더 많은 정보를 얻을 수 있다.[28]

---

28) Melissa L. Becher and Janice L. Flug, "Using Student Focus Groups to Inform Library Planning and Marketing," *College and Undergraduate Libraries* 12, nos. 1/2 (2005): 1 - 18; Nancy Everhart and Kay Bishop, "Using Focus Groups with Young People," *Knowledge Quest* 30, no. 3 (2002): 36 - 37; Pam Harris and Pamela J. McKenzie, "What It Means to Be 'In-Between': A Focus Group Analysis of Barriers Faced by Children Aged 7 to 11 Using Public Libraries," *Canadian Journal of Information and Library Science* 28, no. 4 (2004): 3 - 24; Sandra Hughes-Hassell and Kay Bishop, "Using Focus Group

도서관은 자체적으로 기존 장서의 요구충족 능력에 관한 데이터를 제공할 수 있다. 그러한 정보는 상호대차 요청, 대출활동, 참고질문, 이용자의 구입희망도서 신청 등의 자료에서 발견할 수 있다. 도서관 자동화시스템은 장서개발에 도움이 될 수 있는 풍부한 이용자 데이터를 생산할 잠재능력이 있다. 그러나 모든 시스템이 그런 것은 아니며 선택사서 역시 언제나 가능한 정보를 이용하는 것도 아니다. Dennis P. Carrigan은 도서관 자동화 시스템을 통해 생성된 정보는 개별 아이템, 주제, 청구기호 범위 결정에 사용할 수 있다고 제안한다.[29] 만약 도서관 시스템이 다양한 이용자(공공도서관의 성인, 청소년 이용자의 활동, 대학도서관의 학생, 교직원, 교수진, 기타 외부 이용자의 활동)들 사이의 상관관계를 보여줄 수 있다면, 선택담당사서는 거기에 상응하는 장서개발에 도움이 되는 이용자 요구 데이터를 얻을 수 있을 것이다. 이용자 통계는 대출되지 않은 자료, 관내 현장에서 이용된 자료와 같이 데이터가 수집되지 않은 자료 군과도 비교하여 그 경중을 평가해야 한다.

Interviews to Improve Library Services for Youth," *Teacher Librarian* 32, no. 1 (2004): 8 - 12; Deborah Lee, "Can You Hear Me Now? Using Focus Groups to Enhance Marketing Research," *Library Administration and Management* 19, no. 2 (2005): 100 - 101; Christine Olson, "Making Marketing Materialize: 10 Pointers for Better Focus Groups," *Business and Finance Division Bulletin* no. 132 (Spring 2006): 14 - 15; Michael A. Weber and Robert Flatley, "What Do Faculty Want? A Focus Group Study of Faculty at a Mid-Sized Public University," *Library Philosophy and Practice* 9, no. 1 (2006): 1 - 8; Deborah K. Wilson-Matusky, "Implications of Using Focus Groups to Improve Library Services," *School Libraries Worldwide* 12, no. 2 (2006): 52 - 73.

29)Dennis P. Carrigan, "Data-Guided Collection Development: A Promise Unfilled," *College and Research Libraries* 57, no. 5 (1996): 429 - 37.

기획과 실행 Planning and Implementation

시장 조사를 실행한 이후 다음 단계는 이용자 커뮤니티의 요구와 기대를 만족시키는 상품(장서)과 서비스를 기획하여 시행하는 것이다. Terry Kendrick은 효과적인 마케팅 계획을 하나의 전략으로 정의하고 있다.

> 마케팅 계획은 이용자들의 지향점을 파악하고 이용자의 요구에 따른 상품과 서비스를 구축한다. "모두에게 맞는 한 가지 치수one size fits all"의 서비스가 아닌, 고도로 차별화된 서비스를 제공하고, 도서관 이용에 대한 가치value와 영감inspiration을 창출하며, 이 모든 것을 최소의 비용으로 가능하도록 업무를 수행한다. 이것은 대중의 공공도서관 이용 극대화를 보장하는 프로세스를 제공할 것이고, 비이용자를 도서관으로 유도하며, 기존 이용자들의 협조적 행동을 유발할 것이다. 그리고 우리의 최고 "오퍼offer"
> —여러 가지 관심의 혼란 속에서도 승리한 오퍼(이용시간 면에서)—로서 도서관에 대한 태도에 영향을 미칠 것이다.30)

이와 같은 설명은 커뮤니티를 이해하고 서비스를 제공하는 것을 목적으로 하는 모든 종류의 도서관에 적용된다.

마케팅 계획은 마케팅 전략marketing strategy으로 부르기도 한다. 기획과정에서 도서관은 마케팅믹스인 상품(장서 및 서비스), 가격, 유통경로, 판매촉진 방법 등을 개발하고, 목적을 설정하며, 이들을 달성하기 위한 방법을 결정한다. 장서담당 사서는 도서관의 사명과 목적으로부터 동떨어진

---

30) Kendrick, *Developing Strategic Marketing Plans*, 9.

마케팅 믹스를 결정할 수 없다. 시서는 기본적으로 장서의 목적을 설정하고 이용을 촉진하는 방법을 강구할 책임(3장에서 소개한 장서개발정책을 통해서)이 있다.

마케팅 계획을 개발하면 바로 실행해야 한다. 장서담당사서는 적정 자료를 선택하고, 이를 적절히 관리함으로써 장서계획을 실행한다. 이용 촉진의 요소들은 관외활동 및 연계활동을 통해 실행된다.

연계활동 및 관외활동 Liaison and Outreach

공공도서관 Public Libraries

공공도서관 이용촉진 활동의 필요성과 가치는 최근 수많은 책에서 다루어졌으며, 공감대 형성을 위한 수단이 되어왔다.[31] 그 목적은 공공도서관을 이용자와 잠재 이용자의 생활 속에 침투시켜 이용자의 세분된 시장을 파악함으로써 다양한 시장의 요구, 바람, 욕구에 기초한 서비스를 제공하는데 있다. Kendrick은 이용자와 경쟁자에 영향을 미치는 요소를 먼저 파악한 다음 이용자에게 기존의 적정 산품과 서비스를 개발 또는 확인시켜주고, 세분화된 이용자들에게 다가갈 수 있는 적절한 수단을 개

---

31) Ibid.; Susan Webreck Alman, *Crash Course in Marketing for Libraries* (Englewood, Colo.: Libraries Unlimited, 2007); Sharon L. Baker and Karen L. Wallace, *The Responsive Public Library: How to Develop and Market a Winning Collection*, 2nd ed. (Englewood, Colo.: Libraries Unlimited, 2002); Public Library Association, *Libraries Prosper with Passion, Purpose, and Persuasion! A PLA Toolkit for Success* (Chicago: American Library Association, 2007); Lisa A. Wolfe, *Library Public Relations, Promotions, and Communications: A How-to- Do-It Manual*, 2nd ed. How-to-Do-It Manuals for Librarians no. 126 (New York: Neal- Schuman, 2005); Jeannette Woodward, *Creating the Customer-Driven Library: Building on the Bookstore Model* (Chicago: American Library Association, 2005).

발해야 한다고 강조하고 있다. 몇 가지 형식의 커뮤니케이션 수단을 활용하여 일반적인 이용촉진 활동을 적절히 수행할 수 있다. 다음은 이용촉진을 위한 몇 가지 선택사항들을 제시한 것이다.

- 특정 장서, 정보자원, 서비스를 알리는 유인물handouts 및 북마크 bookmarks 준비
- 도서관 뉴스레터 또는 신착자료 목록 발행. 이것은 특정 이용자 집단을 대상으로 할 수 있다.
- 공공서비스 새 소식 제공(역자 주 : 시청이나 구청에서 발간하는 소식지나 새로운 서비스 소개)
- 보도자료 발행 Issue press releases.
- 특정주제의 신착자료 홍보 전시 Prepare displays that promote new acquisitions and resources on a particular topic.
- 교실, 도서관, 기타 장소에서 북 토크 실시 Give book talks in classes, in the library, to citizen's groups, and elsewhere.
- 장서와 서비스를 홍보하는 도서관 웹사이트 제작(주제별 연령별 사이트)
- 온라인 또는 서비스 데스크에서 쉽게 이용할 수 있는 희망도서 신청양식 비치
- 도서관의 친구들 회의 참석 Participate in library Friends group meetings.
- 시민 단체 회의 참석(예, 여성유권자 연맹League of Women Voters, 의회회의장Chamber of Congress, 도시 연맹Urban League)

전문도서관 Special Libraries

Jim Harrington은 전문도서관 사서들은 이용자들에게 다가갈 수 있는 다양한 방법으로 친숙하게 접근할 필요가 있다고 말하고 있다.[32] 그는 개인적 접촉을 강조하면서 자료를 요청한 연구원에게 도서, 논문, 연구보고서 등을 사서가 직접 전달할 것을 권고하고 있다. 전문도서관 마케팅은 개인적 인간관계를 돈독하게foster하는 것이다. Janet Peros는 이를 개인 대 개인 마케팅이라 부르고, 사서들이 도서관 밖으로 나가 많은 사람들과 만날 수 있는 장소로 걸어 들어가는 "walking the halls"의 가치 및 사서와 이용자 사이의 인간관계 형성의 중요성을 강조한다.[33] 전문도서관 사서는 회사에서, 비즈니스 회의, 부서대표자 회의에 참석해야 하며, 회사가 시행하는 이벤트social events에 참가해야한다. 사서들은 장서와 서비스에 대한 의사결정을 할 때 다른 사람들을 참여시킬 수 있다. 이 경우 상설위원회 식으로 유지할 필요는 없으며, 논의되고 있는 문제에 관심이 있는 사람들로 그때마다 구성하면 된다. 전문도서관 사서들은 어떤 연구원이 어떤 주제에 관심이 있는지 계속해서 추적함으로써 그들의 업무에서 중요할 것으로 생각되는 연구동향 및 산업계 소식을 의도적으로 파악하여 제공할 수 있다. 주간 신착자료 리스트를 이메일로 제공하는 것도 전문도서관 사서들이 할 수 있는 매우 가치 있는 이용촉진활동 수단 vehicles이라 하겠다.

Jane Bridges는 의학도서관의 이용촉진활동에 관한 제안사항을 개발,

---

32) Jim Harrington, "Get Out of Your Office and Practice In-Your-Face Marketing," *Information Outlook* 9, no. 2 (2005): 19 - 20.

33) Janet Peros, "Face Time: The Power of Person-to-Person Marketing," *Information Outlook* 9, no. 12 (2005): 25 - 27.

제시했다. 이들 가운데는 다른 종류의 도서관에도 적합한 것들이 많다.[34)]

- 브랜드(로고, 슬로건)를 개발하고 도서관의 모든 커뮤니케이션에 브랜드 사용
  - 모든 양식all forms, 기사의 표지cover sheets on articles 등
- 도서관 서비스를 설명하고, 담당자 연락 정보를 제공하는 전단지 flyer 개발
- 정보 회의에 참여하고 사서가 프로젝트에 지원할 수 있는 방법 파악
- 자료를 개인적으로 직접 전달
- 초점 주제의 지참토론brown-bag(식당이나 클럽에 싸가지고 와서), 커피 타임 토론
- 다양한 그룹 정기 미팅에서 프레젠테이션
- 파트너십 형성, 예를 들면, 정보기술 부서와 파트너십 구축
- 벤더 시연회 개최 및 회사 초정 신기술 설명회 개최
- 신입사원 오리엔테이션 도서관 개최
- 다른 직원(연구원)들의 성취나 성공 축하

학교미디어센터 School Media Centers

학교도서관 사서들은 앞서 제안한 여러 가지 방법으로 도서관을 홍보할 수 있다. Amy Burkman은 학교도서관미디어센터 사서들의 홍보활동

---

34) Jane Bridges, "Marketing the Hospital Library," *Medical Reference Services Quarterly* 24, no. 3 (2004): 81 - 92.

대상을 학교행정가, 교사, 학생, 학부모, 일반 이용자로 나누고 각각의 대상에 따라 차별화된 전략을 구사할 필요가 있다고 지적한다.[35] 그녀는 학교도서관 사서는 대출데이터, 도서관을 이용하는 학급 및 학생 수, 도서관협력 프로젝트에 관한 데이터를 1년에 2회 학교경영자와 공유할 것을 제안한다. Wendy Worley는 홍보 포트폴리오 기록을 모아서 활용함으로써 도서관이 교육과정 및 학교생활에 보다 널리 기여할 수 있도록 이용촉진활동을 수행해야 한다고 제안한다.[36] 가장 중요한 마케팅의 방법은 학교 경영자에게 학교도서관미디어센터 및 숙련된 사서의 가치를 이해시키는 일이다.

조사연구결과 나온 도서관 이용실적 정보를 학교 경영자들에게 제공함으로써 학교도서관의 적정 예산 및 인력 확보에 그들의 지원을 끌어낼 수 있다. 예를 들면, Keith Curry Lance와 David V. Loertscher가 수행한 연구에 의하면 학교도서관미디어센터의 질적 수준은 다른 사회경제적 요인, 교사 대 학생 비율, 학생 1인당 지출 비용에 상관없이 학생들의 성취도 및 시험성적 향상과 매우 높은 상관관계가 있음을 일관되게 보여주고 있다.[37] 도서관 조사연구 서비스 사이트The Library Research Service(www.lrs.org/impact.php)는 학교 도서관의 영향에 관한 많은 연구실적들을 링크하여 제공하고 있다.

학교도서관 사서들은 장서 및 서비스의 이용 촉진을 위해 다음과 같은 활동을 적절히 시도할 수 있다.

---

35) Amy Burkman, "A Practical Approach to Marketing the School Library," *Library Media Connections* 23, no. 3 (2004): 42 - 43.
36) Wendy Worley, "Promoting the School Library: A Portfolio Is a Visual Record of Achievement," *School Librarian* 54, no. 4 (2006): 178 - 79.
37) Keith Curry Lance and David V. Loertscher, *Powering Achievement: School Library Media Programs Make a Difference: The Evidence Mounts* (Salt Lake City, Utah: Hi Willow Research and Publishing, 2005).

- 교사회의 참석
- 학교 공개 행사 및 사친회 회의기간 중 도서관 대기 근무
- 사친회(PTA) 참여
- 연중 수시로 학생과 부모를 위한 도서 전시회 개최
- 전국 독서 주간이나 도서관 주간 축제
- 학생 독서 콘테스트 개최
- 정기 교실 방문 스케줄 운영 및 다각적 방법으로 교사와 협력
- 장서, 정보원, 서비스에 관한 북마크 및 유인물 제작 배부
- 도서관 뉴스 레터, 신착 자료 목록 준비 및 교사들에게 전자적 또는 인쇄물로 배부
- 특정 주제에 관한 신착 자료 및 정보 전시 준비
- 교실에서 북 토크 제공
- 장서 및 서비스를 홍보하는 도서관 웹사이트 제작
- 쉽게 이용 가능한 도서 및 잡지 신청 양식 준비

대학도서관 Academic Libraries

대학도서관에서의 연계활동은 전통적으로 선택사서들이 교직원, 학과, 단위부서, 위원회, 도서관 외부조직 등을 공식 분담해 왔다. 성공적인 연계활동을 통하여 장서개발과 관리기술에 적용 가능한 현장의 맥락을 파악할 수 있다. 연계활동은 도서관의 장서와 서비스를 개선할 수 있고, 도서관 활동의 가시visibility적인 면을 드러내 보여줄 수 있다. 연계활동현장은 이용자 사회에 관한 데이터를 수집하는 광장forum으로서 이용자에 반응하는 장서를 구축하는 선택사서의 능력selector's ability을 증대시켜준다. 대

학 및 연구도서관협회는 개별 사서들이 이용자사회로 다가갈 수 있는 중
요한 역할에 대하여 언급한 "개인 설득의 힘The Power of Personal Persuasion"라
는 자료를 출판한 바 있다.38)

　전통적으로, 대부분의 대학도서관 연계활동은 교수요원들과 관련된다.
2007년에 실시된 미국연구도서관협회(ARL) 조사에서는 응답한 도서관
66곳 중 단 한 곳을 제외한 65개 대학도서관이 각 학과와 연계활동을 하
고 있고, 거의 모든 도서관이 모든 유형의 교수(역자 주 : 교수 유형이란 전임
교수, 계약교수, 종신교수, 석좌교수, 연구교수 등의 보직 유형을 의미하는 것으로 생
각됨), 조교, 대학원생, 교직원, 학부생들에게 관외활동을 제공하는 것으
로 나타났다.39) 대학도서관 선택전문가는 대학도서관의 이용자 커뮤니
티를 이해하지 못하면 장서를 개발하고 관리할 수 없다. 교수요원들은
도서관의 목표시장으로서 시장 세분화의 중요한 대상이다. 교수들은 도
서관에 연구 자료를 의존하고 있고, 도서관 자료를 이용하여 학생들에게
과제를 부여하며, 캠퍼스 내에서 도서관을 지지하는 중요한 사람들이다.
사서들이 교수들을 알고, 교수들이 사서들을 아는 것은 장서개발을 성공
적으로 수행하는데 있어서 매우 중요하다.

　각각의 선택사서는 전통적으로 하나 이상의 교수 그룹과 상호작용을
하며, 선택사서가 책임을 맡은 주제 또는 학문분야와 상응하는 특정 담
당학과 또는 프로그램을 담당하는 교수들과 제휴한다. 이용자사회 연구
를 포함한 학제간의 업무책임을 맡은 선택사서는 해당 교수들을 확인하
고 그들과 연계하는 데 큰 어려움을 겪는다(역자 주 : 간학문 분야는 담당교수

---

38) Julie Beth Todaro, *The Power of Personal Persuasion: Advancing the Academic Library Agenda from the Front Lines: Toolkit* (Chicago: Association of College and Research Libraries, 2006).
39) Susan Logue et al., comps., *Liaison Services*.

를 확인하기가 어렵다). 담당 주제가 무엇이든, 선택사서는 그들의 직무지식에만 의존할 수 없다. 그들은 교수 이용자사회를 조사하고 교수사회에 대하여 공부해야 한다. 선택사서가 담당하는 교수들의 전문분야, 그들의 요구와 관심에 대하여 가능한 한 많이 배움으로써, 대학도서관 선택사서는 이 전문분야, 요구, 관심에 상응하는 장서개발 능력을 갖추어가게 될 것이다. 개별 교수들의 요구와 기대를 파악하는 것 이외에도 선택사서는 보다 거시적 관점에서 장서개발 활동의 균형을 유지하기 위하여 각 학과의 요구를 총체적으로 이해할 필요가 있다.

몇몇 대학도서관들은 교수요원에 대한 관외활동을 매우 중요한 것으로 보고 모든 교수요원과 특수 이용자 그룹으로서의 대학행정직원들에게 다가가는 체계적 프로그램 개발을 위해 별도의 직위를 신설한다.[40] 버지니아기술대학도서관Virginia Tech University Library에서 신설한 관외활동사서의 직위는 마케팅 팀과 한 조가 되어 "(1) 어떤 제품과 서비스를 제공해야 하는지, (2) 제품과 서비스의 목표 대상을 누구로 할 것인지, (3) 제품 또는 서비스를 이용할 잠재고객들에게 정보를 제공하는 최선의 방법이 무엇인지"를 결정하는 업무책임을 진다."[41] 기타 여러 도서관들은 선택사서의 연계활동을 위한 정보를 종합한 연계활동 도구를 개발하고 있고, 뉴욕주립대학State University of New York at New Paltz 도서관의 경우에는 사서를 위한 효과적인 연계활동을 위한 일련의 워크숍을 개최하였다.[42]

---

40) Scott Stebelman et al., "Improving Library Relations with the Faculty and University Administrators: The Role of the Faculty Outreach Librarian," *College and Research Libraries* 60, no. 2 (1999): 121 - 30; Luke Vielle, "The Best Is Yet to Come: Laying a Foundation for Marketing," *Technical Services Quarterly* 24, no. 2 (2006): 9 - 26.

41) Vielle, "Best Is Yet to Come," 23.

42) Stephan J. Macaluso and Barbara Whitney Petruzzelli, "The Library Liaison Toolkit: Learning to

대학도서관 선택사서들은 교수요원에게 개인적으로 제공할 정보자료 패키지informational packet of materials를 수집할 수 있다. 이 패키지에는 장서 개발정책, 서비스에 관한 정보, 관련 가이드와 서지자료, 선택사서에 대한 정보를 담을 수 있다. 이메일은 정보교환을 위해 빈번하게 사용된다. 나아가 대학 도서관은 다음과 같은 교수요원 연계활동을 시도할 수 있다.

- 대학 학과별 미팅, 특별 이벤트에 참가하여 도서관 대변자 역할 수행
- 교수 및 협력 연구 프로젝트, 보조금 수증 기회 탐지
- 신임교수, 학생, 수업조교, 연구조교, 국제학생, 대학원생을 위한 오리엔테이션 프로그램 참가
- 교수요원이 보조금 및 상금 수령 시 축하 메시지 전달
- 수업 참견
- 신임 교수들과 학기 초에 회동, 도서관장서 및 서비스 소개
- 학과장 및 도서관과 교수 연계 팀 정기 회동
- 메일링 리스트 개발 및 도서관 활동, 수서, 이벤트 정기 안내
- 도서관 웹페이지 또는 도서관 뉴스 레터에 뉴스 및 정보 등재[43]
- 새로운 정보자원, 최근 수서 자료, 프로그램 등 정보 공유를 위한 블로그, RSS 등 전자 토론 피드백 도구 개설

Bridge the Communication Gap," *Reference Librarian*, nos. 89/90 (2005): 163 - 77.
43) Karla L. Hahn and Kari Schmidt, "Web Communications and Collections Outreach to Faculty," *College and Research Libraries* 66, no. 1 (2005): 28 - 40; Jeanie M. Welch, "The Electronic Welcome Mat: The Academic Library Web Site as a Marketing and Public Relations Tool," *Journal of Academic Librarianship* 31, no. 3 (2005): 225 - 28.

대학생들에게 다가가 관계를 형성하는 데는 또 다른 어려움이 따른다. 학생을 위한 마케팅은 학생의 유형(대학생, 대학원생, 원격교육학생, 기숙사 입주학생, 통학생, 나이 든 복학생), 연구프로그램, 산학 협동(사회단체 및 서비스기관과 협력)프로그램 등으로 세분화 할 수 있다. 고등교육에서 학생인구를 연령으로 세분화하는 것은 매우 효과적 방법powerful way일 수 있다. John Wesley Lowery는 밀레니엄 세대(1979년 이후에 태어난 사람)는 대학도서관의 학생 프로그램 및 서비스 제공에 있어 매우 중요한 함축적 의미를 지닌다고 말하고 있다.44) 로체스터대학University of Rochester에서는 대학생과 대학생의 정보 이용에 관한 중요한 연구프로젝트를 수행한 바 있다.45) 이 연구는 인종 그래픽 도구ethno graphic tools를 사용한 인류학적 연구로서 그 핵심은 소비자 연구이며, 이것은 로체스터대학University of Rochester도서관이 가지고 있는 풍부한 정보를 도서관 웹사이트로 재 디자인하여 제공하는, 관외 홍보활동의 새로운 유형을 개발한 것이다. Lara Ursin Cummings는 다양한 세분시장인 캠퍼스 내 조직을 목표 대상으로 삼아 서비스(예, 기숙사 서비스, 신입생 오리엔테이션, 체육부 서비스) 메시지를 전달하고 파트너십을 구축할 것을 제안한다.46) 미네소타대학도서관University of Minnesota Libraries의 가상 온라인 학부도서관Virtual Undergraduate Library(www.lib.umn.edu/undergrad/)처럼 특별 학생 그룹을 고객으로 하는 웹사이트를 개설하는 도서관들도 있다. 이 사이트는 과제작성 일정 안내를 위한 Assignment Calculator를 제공하며

---

44) John Wesley Lowery, "Student Affairs for a New Generation," in *Serving the Millennial Generation*, ed. Michael D. Coomes and Robert DeBard, 87 - 99 (San Francisco: Jossey- Bass, 2004).

45) Nancy Fried Foster and Susan Gibbons, eds., *Studying Students: The Undergraduate Research Project at the University of Rochester* (Chicago: Association of College and Research Libraries, 2007).

46) Lara Ursin Cummings, "Bursting Out of the Box: Outreach to the Millennial Generation through Student Services Programs," *Reference Services Review* 35, no. 2 (2007): 285 - 95.

이를 통해 학생들에게 연구 및 보고서 작성 절차, 각 단계별 완료 일자를 제시해 준다. 이 사이트의 또 다른 특징은 미네소타대학도서관University of Minnesota Library의 학과별 연계활동으로 마련된 주제기반 웹페이지 링크 서비스 "연구 시작Research Quick Start"프로그램이다. 이 프로그램은 밀레니엄 세대(신세대) 대학생들의 요구와 행동패턴에 맞추어져 있다.

연계활동 및 지역사회 관외활동은 성공적인 장서개발과 관리를 위해서 필요한 것이지만 사서들에게 만족과 기쁨을 주기도 한다. 이 업무에서 선택사서는 지역사회의 중심에 위치하게 된다. 선택사서는 지역사회의 요구를 충족시키고, 요청에 응답하고, 질문에 대답하며, 문제를 해결하는 찬스를 가진다. 주도적 이용자, 잠재이용자, 자금지원단체와 지배기관에 대하여 도서관과 도서관의 장서 및 서비스, 제한점을 이해시킴으로써, 교수요원 및 도서관 모두에게 유익을 준다.

조정 통제 Control

조정 통제는 성과를 측정하고ー진행 중인 결과물을 모니터하여 분석하고ー필요한 부분을 바로잡는 것이다. 만일 성과를 측정할 수 없다면 도서관의 마케팅계획이나 개별 선택사서의 서비스계획 개발은 의미가 없다. 장서평가의 목적은 장서가 이용자의 요구와 모기관의 목적을 얼마나 잘 충족하는지를 파악하기 위한 것이다. 장서평가(본서 제7장 참조)는 자기도서관의 장서를 조사 분석하여 기술하거나, 다른 도서관장서 및 체크리스트와 비교 분석하여 기술한다. 장서 및 장서관련 서비스에 대한 지역사회의 반응을 측정하는 것은 필수적 과정이다. 평가 피드백을 통해 무엇이 변화하고 있는지를 파악해야 한다. 도서관의 성과는 도서관의 이용자library's public 관련 업무를 총체적 관점에서 측정해야 한다. 선택담당자는 이용자의 장서에 대한 요구와 관심뿐 아니라 장서와 서비스가 이러한 요구를 어느 정도 충족시키는지 파악해야 한다.

조정 통제는 다양한 세분시장의 요구를 제대로 확인하고 충족시켰는지, 이용 촉진활동을 성공적으로 수행하고 있는지를 확인하는 것이다. 이 단계에서 많은 질문에 대한 해답을 찾아낼 수 있다. 도서관 이용자들은 장서와 정보자원에 만족하는지? 교사들은 학교도서관미디어센터가 학교의 교육과정 요구를 충족시키고 있다고 생각하는지? 교수요원들은 선택사서들과의 상호작용 업무를 흡족해 하는지? 이용자들은 도서관이 이용자 요구에 잘 반응하는 것으로 생각하는지? 이용자들은 도서관이 제공하는 서비스가 무엇인지를 알고 있는지? 도서관 또는 선택사서는 의미 있는meaningful 성과측정 방법performance measures을 개발할 필요가 있다. 이밖에도 선택사서는 이용자들이 얼마나 자주 그들과 직접 접촉하는지를 추적할 수 있다. 도서관과 장서담당사서들은 그들 고유의 성과측정 방법을 개발하고 있다. 이는 도서관을 실사visits하고, 웹사이트에 접속하며, 전화, 개별접촉, 웹사이트, 또는 대출 상호작용을 통하여 가능한 방법을 찾아볼 수 있다. 이들의 궁극적인 목적은 지역사회 만족을 제고하는 장서와 서비스의 개선을 위하여 적정한 성과측정방법을 찾아 활용하기 위한 것이다.

성공적 마케팅은 각각의 요소들이 서로를 이끌면서 상호작용을 계속하는 과정이다(<그림 6-2> 참조).

<그림 6-2> 마케팅의 상호작용 과정

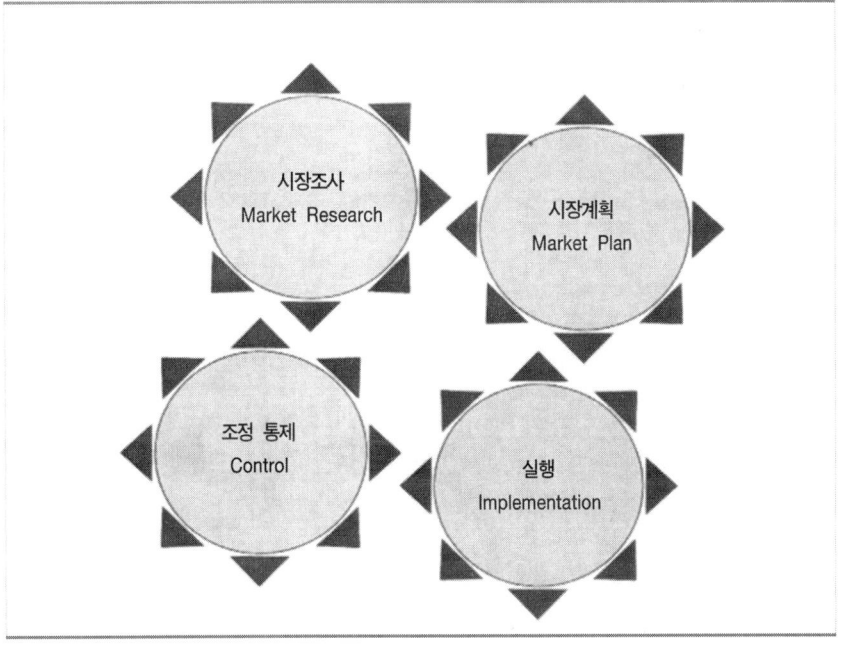

　선택사서는 도서관에 대한 요구와 수요를 파악하기 위하여 이용자(공중)를 연구한다. 이러한 정보는 2차적 정보, 즉 인구통계 자료, 연구 주제, 교육과정 기준, 신규 프로그램 등으로 보완된다. 연구의 한 부분은 상품, 가격, 유통경로와 판매촉진 등 마케팅 믹스에 근거하여 마케팅 계획을 개발하는 것이다. 조사 연구에는 마케팅 계획의 개발이 포함되며, 이는 제품, 가격, 유통경로(장소), 이용촉진이라는 마케팅 믹스를 기반으로 한다. 도서관 및 장서 관련 서비스(상품)는 도서관의 사명, 재정적 조건 및 한계 내에서 이용자의 요구와 수요를 만족시키기 위해 구성된다. 선택사서는 도서관 이용자 사회에 대한 제품(장서) 및 관련 서비스의 개선 계획을 실행하면서 마케팅 믹스에 관련된 정보를 계속 수집할 수 있다.

조장통제는 마케팅 믹스에 대한 이용자의 인식과 반응을 모니터하는 것이다. 장서는 외부 성과지표를 통해 평가되기도 한다. 성공적인 마케팅(<그림 6-2>에서 제시한 마케팅의 4가지 측면)을 통하여 도서관장서와 서비스는 언제나 이용자, 잠재이용자, 후원자, 자금지원기관, 정부단체의 요구에 호응하여, 장서개발정책, 도서관의 사명, 가용자금이라는 맥락 속에서 개발된다.

연계활동 및 관외활동의 이익과 위험성
Benefits and Hazard of Liaison and Outreach Activities

연계활동의 가장 우선적인 이점은 선택사서가 이용자 구성원들의 요구를 만족시키는 장서개발에 필요한 정보를 얻는다는 것이다. 시간이 지남에 따라 또 다른 이점도 쌓여간다. 대학도서관 선택사서가 학부 프로그램, 교수들의 연구 관심 및 방향에 대하여 자세히 알고 있는 경우, 그들은 도서관 자료예산 배분에서 이들을 적절히 지원할 수 있는 여지case for appropriate support를 만들 수 있다. 이용자들의 요구에 반응하여 그들을 만족시킬 수 있는 공공도서관 장서와 서비스를 개발함으로써 지역사회의 신뢰와 지지advocacy를 받을 수 있다. 전문도서관 이용자의 중점 관심사항을 알고 있으면 선택사서는 이에 적절히 반응하여 미래를 위한 계획을 수립할 수 있다. 선택사서는 이용자의 요구를 설명하고 요구를 만족시키는데 필요한 정보를 손에 들고 있는 것이다.

효과적인 연계활동은 시간을 절약해준다. 선택사서가 개인의 관심사항을 알고 있으면 특정 주제에 관하여 조언을 받으려 할 때 적절한 인사를 곧바로 만날 준비가 되어 있는 것이다. 예술학부 장식예술 분야에서 누가 전문가인지를 알아두면 사서도 교수도 시간을 낭비하지 않고 수서에 대한 가치 있는 의견을 교환할 수 있다는 의미이다. 전문도서관 이용자들의 정보요구 특징을 알아두면 사서는 사전에 주도적으로 필요한 자원을 예측하여 제공할 수 있다. 학교도서관미디어센터 전문가들이 교사 프로파일을 만들고 학생 인구통계 자료를 추적하는 것은 이용자들의 요구에 반응하는 장서를 개발하는데 큰 도움이 된다.

계속 진행 중인 연계활동 및 관외활동은 선택사서에게 신뢰성credibility and trust을 확립할 수 있는 기회를 준다. 선택사서는 외부와의 일관성 있는 빈번한 접촉을 통하여 주제지식, 문헌에 대한 이해, 도서관 활동의 전문적 지식을 보여줄 수 있다. 이용자는 선택사서의 판단을 신뢰하게 되고, 선택사서의 의견을 가치 있게 여기게 된다. 연속간행물 구독취소의 경우 개별이용자와 이용자 그룹과의 좋은 인간관계는 절대적으로 도움이 된다. 만약 선택사서가 가격 추세나 도서관 예산에 대해 이용자 집단에게 지속적으로 정보를 준다면, 연속간행물 구독취소나 온라인 자원의 접근계약 취소에 대해서도 놀라지 않을 것이다. 생산적인 관계productive relationship란 선택사서가 단순히 좋지 않은 뉴스 전달자bearer of bad news로가 아니라 여러 가지 제약에도 불구하고 이용자의 요구를 이해하고, 이용자의 요구를 충족시키기 위해 꾸준히 노력하는 사람으로서 비쳐지는 것을 의미한다. 구독취소에 대한 의사결정은 선택사서와 도서관 이용자들 사이에 지속적인 대화를 통하여 이끌어 내야할 또 다른 부분이라 할 수 있다.

시간이 지남에 따라 선택사서는 도서관 이용자 구성원들의 특성을 하나하나 파악하게 될 것이다. 선택사서가 이용자와 관계를 효과적으로 유지하면 도서관의 이미지와 평판이 좋아질 수 있다. 공공도서관 사서들이 지역사회의 각종 회의, 스폰서 전시 프로그램, 지역사회 위원회, 정부기관 등에 참여하고 독서 리스트를 제공하게 되면 그들이 사회 속에 존재한다는 사실을 느끼게 될 것이다. 대학도서관 사서들은 대학 내에서 교수들로부터 동료나 친구로 인식될 수 있다. 각 학과에서는 도서관의 대표로 선택담당사서를 학과 회의에 초청하고, 선임연구원으로 새로운 과정개발이나 프로그램 또는 기부금 제안서에 참여시킬 수 있다. 교사는 선택사서에게 담당 학급의 수업에 대하여 대화하고 참고문헌과 교육과정 진행에 도움을 요청할 것이다. 학교와 이용자 집단은 북 토크를 할 수 있는 공공도서관 사서를 초청할 것이다. 이용자들은 그들이 도서관에 대하여 인식한 문제점들을 선택사서들과 접촉하여 도서관의 장서와 서비스를 통해 해결하려 할 것이다.

사서와 이용자들과의 깊은 개인적 인간관계는 곤란한 문제를 야기할 수도 있다. 즉, 한 개인을 위한 사서로 인식될 수 있다는 것이다. 대학도서관의 선택사서는 스스로를 도서관의 사서가 아니라 어떤 학과의 사서로 인식되지 않도록 주의해야 한다. 사서들은 이용자 사회의 모든 구성원들을 동등하게 대해야 한다. 학교도서관미디어센터에서 전문사서와 한두 명의 교사들 간에 개인적으로 너무 친해지면 다른 교사들에게 좋은 인상을 받기 어렵다. 어떤 이용자를 특별 대우한다는 인상을 주게 되면 다른 이용자들과의 폭 넓은 커뮤니케이션 및 관외활동에 지장을 받을 수 있다.

또한 이용자들이 선택사서가 제공할 수 없는, 또는 제공해서는 안 되는 정보나 서비스에 대하여 부적절한 요청을 하는 경우도 마찬가지로 위험하다. 몇몇 이용자들은 개인적 서비스, 특별대우, 범위를 벗어난 자료구입을 극단적으로 요구하고 압력을 가할 수 있다. 이때 선택사서는 개인사서, 또는 비밀사서로 전락되어 개인적 요구와 도서관의 의무사이에서 갈등하게 된다. 연계활동에서 이용자의 요구를 지원하는 것과 도서관에 대한 의무사이에 분명한 선을 그을 필요가 있다.

원만한 대인관계 능력과 커뮤니케이션 기술communication skills은 성공적인 연계활동 수행의 핵심이다. 선택사서는 이용자사회의 모든 구성원들과 좋은 업무관계를 형성하기 위해 노력할 필요가 있다. 선택사서의 책임을 이해하는 이용자들뿐 아니라 불합리한 요구를 하는 이용자들도 다룰 줄 알아야 한다. 선택사서는 이용자의 요구와 관심을 지원하는 데 있어 선택사서의 역할을 강조하고, 이용자들에게 그들의 책임을 분명히 할 필요가 있다.

요약 summary

마케팅, 관외활동, 연계활동은 장서개발사서에게 매우 중요하다. 도서관에 대한 지역사회의 협력이 절실한 환경 속에서 사서들은 지역사회를 이해하고 접근하는 효과적인 테크닉을 갖출 필요가 있다. 마케팅 기법은 도서관과 사서가 변화하는 지역사회의 요구를 관찰하고, 그러한 요구에 맞는 장서와 서비스를 조정하고 개발하기 위한 목적으로 활용된다. 사회에 대한 도서관의 마케팅 지향점은 현재의 수요와 요구를 도서관의 사명과 장기 목적long-term goals에 맞추어 균형을 잡도록 하는 데 있다.

시장조사를 통하여 사서들은 도서관의 이용자사회, 이해관계자, 일반공중과 같은 시장의 여러 부분segments을 이해하게 된다. 도서관의 공중library's public에는 이용자, 잠재이용자, 도서관의 서포터즈, 정부기관, 자금지원기관 등 다양한 유형이 있다. 도서관의 시장에 관한 정보는 이미 밝혀진 정보, 일상적인 도서관 활동과정에서 수집, 산출된 정보들로부터 나온다. 또한, 정보는 인터뷰, 설문조사, 포커스 그룹focus groups 등 기본적인 연구primary research 활동을 통하여 수집된다. 시장조사에서 선택사서의 목적은 이용자들에게 호응하는 장서responsive collections 및 서비스를 개발하기 위해 도서관 이용자 사회에 대하여 가능한 한 많은 것을 배우는learn 데 있다.

마케팅 믹스는 제품, 가격, 유통경로, 판매촉진으로 구성된다. 선택사서가 개발하는 제품은 도서관의 장서로서 실물장서와 온라인 장서, 그리고 사서가 이용자에게 제공하는 서비스를 포함한다. 장서개발은 이용자들이 장서이용에 들이는 시간과 노력에 대한 비용 및 그러한 비용을 기꺼이 지출할 것인지를 관찰, 이해하는 데서 출발한다. 이러한 데이터는 도서관 현장 이용과 온라인 접근을 위해 무엇을 수서해야 할지, 다른 도서관 장서에서 어떤 자료를 이용할 수 있는지에 관하여 선택사서에게 의사결정 정보를 제공해 준다. 마찬가지로 장소개념, 즉 정보자원의 위치가 이용자에게 무엇을 의미하는지, 이용자가 선택사서와 어떻게 상호작용하기를 바라는지에 대해 이해하는 것이 중요하다.

이용(판매)촉진 활동은 마케팅의 매우 중요한 부분이다. 이용촉진 활동의 의도는 이용자가 장서관련 서비스에 대하여 완전히 이해하도록 하고, 이용자들이 미래의 장서개발에 어떻게 영향을 미칠 수 있는지 알려주는 데 있다. 효과적인 이용촉진을 위해서는 양방향 커뮤니케이션two-way communication이 이루어져야 한다. 선택사서는 정보를 교환하고 서로 공유한다. 정보 공유를 촉진하는 여러 가지 공식적, 비공식적 수단들vehicles이 존재한다. 어떤 기법은 특정 유형의 도서관에만 해당되고, 또 어떤 것은 일반적으로 적용될 수 있다. 이 모든 기법의 핵심적인 목적은 이용자,

이해관계자, 잠재이용자들과 효과적인 커뮤니케이션을 하는데 있다. 관외활동과 연계활동을 통해 얻어진 정보는 일종의 시장조사로서 마케팅 믹스를 위한 정보가 된다. 사서들은 이용자와 잠재이용자의 의견에 귀를 기울이고, 도서관의 관점에서 바라본 "좋은 책"만을 반영하는 장서와 서비스를 개발하는 일이 없도록 해야 할 것이다.

조정통제 또는 성과측정은 마케팅 사이클을 완성하는 과정으로서 선택서서를 이용자 대중에게 반응하도록 하여 이용자의 요구, 희망, 수요, 관심을 더 잘 충족시킬 수 있는 장서로 변화시켜 나가도록 해준다. 조정통제는 사서들이 지역사회를 성공적으로 이해하는지, 이용자를 만족시키는 마케팅 믹스를 개발하는지를 확인하는 업무 단계라 할 수 있다.

사례연구 Case Study

Kimberly는 대도시 교육구의 유치원이 있는 초등학교(K-6) Dewey Public School에 전근 부임했다. 그녀는 문헌정보학 학위(MLIS)와 학교도서관미디어센터 전문가 자격증이 있으며 15년 동안 동일 교육청 관내 여러 학교에서 학교도서관 사서로 일해 왔다. Dewey공립학교는 866명의 재학생이 있으며, 대부분의 학생들이 버스 통학을 하고 있다. 많은 학생들은 이민 부모의 아이들이다. 출신 국가는 다양한데, 전체 학생 가운데 21%는 제한적이나마 영어 소통능력이 있다. 이 학교는 연방 극빈자 기준에 따라 학생 중 83%가 무료 점심 또는 할인 가격으로 점심식사를 할 수 있다. 학생의 11%는 특별 교육프로그램에 참여하고 있다. 최근 통계에 따르면 학생들은 "연간 학업 진도"(기준과 평가를 통한 측정, 목표에 뒤쳐진 학생No Child Left Behind이 없는 성취 정도)에 도달하지 못하고 있는 것으로 나타났다. Dewey 공립학교는 전임교원 58명, 전문면허 소지자 9명, 준교사 25명, 행정요원 3명이 근무하며 이들 중 66%는 석사학위를 소지하고 있다. Dewey공립학교의 교직원은 미연방 교원자격 요건에서 "highly qualified"수준을 충족하고 있다. 교육구청은 연령에 따라 제법 광범위한 온라인 자원을 제공하고 있다. 장서개발과 관리는 분권화되어있다. Kimberly는 새로운 자료의 선택 및 교체, 교사용 자료 구입을 위한 5,000 달러의 예산을 쓸 수 있다. 또한 소모품 및 인쇄비 예산도 이용할 수 있다. 그녀는 Dewey공립학교에서 다른 교사들과 마찬가지로 8월 1일부터 근무를 시작한다. 학교는 노동절(역자 주 : 미국과 캐나다에서는 9월의 첫째 월요일로 법정 공휴일로 하고 있다.) 이후 개학한다. 따라서 그녀는 학생들의 등교 전까지 한 달의 시간여유가 있다.

과제활동 Activity

Kimberly의 관외활동계획을 수립해보라. 어떻게 시장(이용자 커뮤니티와 이해관계자) 세분화를 할 것인지, 어떻게 기본정보와 2차적 데이터를 수집할 것인지, 어떻게 다양한 세분 시장의 요구를 이해하고, 관계를 구축하며, 도서관미디어센터의 장서와 서비스 이용을 촉진할 것인지, 어떻게 관외활동 성공여부를 평가할 것인지를 생각해보라. Kimberly의 계획에 들어갈 활동을 확인하고, 이를 실행execution하기 위한 연간 시간 스케줄을 짜 보라.

참고: 초판의 마케팅 주제와 관련된 활동과 사례연구는 www.ala.org/editions/extras/Johnson09720에서 보충자료로서 이용할 수 있다.

Adams, Kate E., and Mary E. Cassner. "Marketing Library Resources and Services to Distance Faculty." Journal of Library Administration 31, nos. 3/4 (2001): 5 - 22.

Block, Marylaine. "The Secret of Library Marketing: Make Yourself Indispensable." American Libraries 32, no. 8 (2001): 48 - 50.

Borsche, Judith K. "Marketing the School Library." PNLA Quarterly 69, no. 3 (2005): 6, 26 - 28.

Bush, Gail, and Merrilee Andersen Kwielford. "Marketing Reflections: Advocacy in Action." In Toward a 21st-Century School Library Media Program, edited by Esther Rosenfeld and David V. Loertscher, 380 - 85. Lanham, Md.: Scarecrow, 2007.

Byrd, Susannah Mississippi. Bienvenidos! Welcome! A Handy Resource Guide for Marketing Your Library to Latinos. Chicago: American Library Association, 2005.

Callison, Daniel. "Student-Talk." School Library Media Activities Monthly 14, no. 10 (1998): 38 - 41.

Campbell, Jennifer, and Sally Gibson. "Implementing an Action Plan: Strategies for Marketing Libraries Services." College and Undergraduate Libraries 12, nos. 1/2 (2005): 153 - 64.

Chu, Felix Tse-Hsiu. "Librarian-Faculty Relations in Collection Development." Journal of Academic Librarianship 23 (Jan. 1997): 15 - 20.

Coffman, Steve. "What If You Ran Your Library Like a Bookstore?" American Libraries 29 (March 1998): 40 - 46.

De Sáez, Eileen Elliott. Marketing Concepts for Libraries and Information Services. 2nd ed. London: Facet, 2002.

Duke, Lynda M., and Toni Tucker. "How to Develop a Marketing Plan for an Academic Library." Technical Services Quarterly 25, no. 1 (2007): 51 - 68.

Fabian, Carole Ann, et al. "Multiple Models for Library Outreach Initiatives." Reference Librarian no. 82 (2003): 39 - 55.

Fisher, Patricia H., and Marseille M. Pride, with Ellen G. Miller. Blueprint for Your Library Marketing Plan: A Guide to Help You Survive and Thrive. Chicago: American Library Association, 2006.

Flaten, Trine Kolderup, ed. Management, Marketing and Promotion of Library Services Based on Statistics, Analyses and Evaluation. IFLA Publications no. 120/121. Munich: K. G. Saur, 2006.

Freda, Cecilia. "Promoting Your Library Program: Getting the Message Out." Knowledge Quest 36, no. 1 (2007): 48–51.

Glynn, Tom, and Connie Wu. "New Roles and Opportunities for Academic Library Liaisons: A Survey and Recommendations." Reference Services Review 31, no. 2 (2003): 122–28.

Gupta, Dinesh K. Marketing Library and Information Services: International Perspectives. Munich: K. G. Saur, 2006.

Hallmark, Elizabeth Kennedy, Laura Schwartz, and Loriene Roy. "Developing a Long-Range and Outreach Plan for Your Academic Library: The Need for a Marketing Outreach Plan." College and Research Libraries News 68, no. 2 (2007): 92–95.

Harrington, Jim. "Get Out of Your Office and Practice: In-Your-Face Marketing" Information Outlook 9, no. 2 (2005): 19–20.

Karp, Rashelle S. Powerful Public Relations: A How-to Guide for Libraries. Chicago: American Library Association, 2002.

Lindsay, Anita Rothwell. Marketing and Public Relations Practices in College Libraries. CLIP Note no. 34. Chicago: American Library Association, 2004.

Livingston, Jill. "The Benefits of Library Liaison Programs for Small Libraries: An Overview." Medical Reference Services Quarterly 22, no. 1 (2003): 21–30.

Marshall, Nancy J. "Public Relations in Academic Libraries: A Descriptive Analysis." Journal of Academic Librarianship 27, no. 2 (2001): 116–21.

Mozenter, Frada L., Bridgette T. Sanders, and Jeanie M. Welch. "Restructuring a Liaison Program in an Academic Library." College and Research Libraries 61, no. 5 (2000): 432–40.

Nelson, James A. "Marketing and Advocacy: Collaboration in Principle and Practice." In Current Practices in Public Libraries, edited by William Miller and Rita M. Pellen, 117–35. Binghamton, N.Y.: Haworth, 2006.

Norris, Melissa Cox. "Marketing: A New Way of Doing Business in Academic Libraries." Advances in Library Administration and Organization 22 (2005): 275–95.

Osif, Bonnie A. "Branding, Marketing, and Fund-Raising." Library Administration and Management 20, no. 1 (2006): 39–43.

Owens, Irene, ed. Strategic Marketing in Library and Information Science. Binghamton, N.Y.: Haworth, 2002

Petruzelli, Barbara Whitney, ed. Real-Life Marketing and Promotion Strategies in College Libraries: Connecting with Campus and Community. Binghamton, N.Y.: Haworth, 2005.

Pfeil, Angela B. Going Places with Youth Outreach: Smart Marketing Strategies for Your Library. Chicago: American Library Association, 2005.

Reed, Sally Gardner. Making the Case for Your Library: A How-to-Do-It Manual. How-to-Do-It Manuals for Librarians no. 104. New York: Neal-Schuman, 2001.

Reeves, Linda, et al. "Faculty Outreach: A Win-Win Proposition." Reference Librarian, no. 82 (2003): 57 – 68.

Robertson, Deborah A. Cultural Programming for Libraries: Linking Libraries, Communities, and Culture. Chicago: American Library Association, 2005.

Rossiter, Nancy Ellen. Marketing a Library: Promoting the Best Deal in Town. Oxford, England: Chandos, 2008.

Sanacore, Joseph. "Teacher-Librarians, Teachers, and Children As Cobuilders of School Library Collections." Teacher Librarian 33, no. 5 (June 2006): 24 – 29.

Schneider, Tina. "Outreach: Why, How, and Who? Academic Libraries and Their Involvement in the Community." Reference Librarian, no. 82 (2003): 199 – 213.

Siess, Judith A. The Visible Librarian: Asserting Your Value with Marketing and Advocacy. Chicago: American Library Association, 2003.

Silva, Jesse, and Sherry DeDecker. "Beyond the Library: Uncovering Users' Needs and Marketing Your Expertise." DttP: Documents to the People 35, no. 2 (2007): 46 – 48.

Soules, Aline. "The Principles of Marketing and Relationship Management." portal: Libraries and the Academy 1, no. 3 (2001): 339 – 50.

Speas, Bonnie. "Direct and Indirect Promotion of the School Library." PNLA Quarterly 71, no. 2 (2007): 10 – 13.

Sullivan, Michael. "Public Relations, Promotion, and Marketing." In Fundamentals of Children's Services, 203 – 12. Chicago: American library Association, 2005.

Sympson, Penny S. "How I Made a Library Indispensable and Saved It from Outsourcing." Information Outlook 9, no. 3 (2005): 29 – 30.

Tennant, Michele R., et al. "Customizing for Clients: Developing a Library Liaison Program from Need to Plan." Bulletin of the Medical Library Association 89, no. 1 (2001): 8 - 20.

Verostek, Jane M. "Affordable, Effective, and Realistic Marketing." College and Undergraduate Libraries 12, nos. 1/2 (2005): 119 - 38.

Wakeham, Maurice. "Marketing and Health Libraries." Health Information and Libraries Journal 21, no. 4 (2004): 237 - 44.

Wallace, Linda K. Libraries, Mission, and Marketing: Writing Mission Statements That Work. Chicago: American Library Association, 2004.

Walters, Suzanne. Library Marketing That Works! New York: Neal-Schuman, 2004.

Weingand, Darlene E. Future-Driven Library Marketing. Chicago: American Library Association, 1998.

Wilson, Kerry, and Briony Train. "Marketing Library Services to Children and Young People: The Role of Schools' Library Services." New Review of Children's Literature and Librarianship 12, no. 2 (2006): 147 - 61.

Yeo, Geoffrey. "Understanding Users and Use: A Market Segmentation Approach." Journal of the Society of Archivists 26, no. 1 (2005): 25 - 53.

7

장서의 분석과 평가

Collection Analysis : Evaluation and Assessment

장서분석은 본질적으로 장서를 분석하는 자체per se 그 이상의 의미를 지닌다. 장서분석이란 도서관장서, 장서의 이용, 장서의 궁극적인 영향까지를 모두 분석하는 것이다. 분석은 장서의 여러 측면, 예를 들면, 어떤 주제 분야에서의 장서 수, 장서의 형태formats, 자료의 상태 및 연령age and condition of materials, 장서의 깊이와 넓이breadth and depth of coverage, 장서에 포함된 언어, 이용되는 장서 및 이용되지 않는 장서, 이용자사회에 미치는 영향 등에 관한 정보를 제공해 준다. 사서들은 장서의 분석을 장서의 품질(애매한 개념amorphous concept, 최선의at best 개념)을 측정하는 것으로 생각할 수 있지만, 실제의 목적은 장서의 유용성collection's utility, 즉 장서가 얼마나 효과적으로 의도하는 목적을 달성하는지를 측정하는 것이다. 본장에서는 장서분석의 목적과 방법을 살펴보고, 분석에 도움이 될 만한 몇 가지 조언을 하고자 한다.

경영관리 도구로서의 장서분석
Collection Analysis as a Management Tool

장서분석은 효과적이고 효율적인 자원 관리의 한 부분이다. Mary C. Bushing은 장서지도그리기collection mapping(콘스펙터스 수집 수준 정의를 이용한 장서분석collection analysis using the Conspectus collecting level definitions)이라는 논문에서 "장서분석이란 통계적 데이터는 물론 주제 분야의 경험과 지식을 기초로 한 인상적 판단impressionistic judgments을 아울러 고려하여 정보자원에 대한 강점과 약점을 파악하는 능력"이러고 정의하고 있다.[1] Amy Hart는 더욱 간결하게, "장서분석에 대한 가장 기본적인 질문은 '우리 장서의 약점이 어디에 있고, 강점은 어디에 있나?'라고 말하고 있다.[2] 장서분석은 재정자원이 어떻게 사용되고 투자가 어떻게 지속되는지에 대한 문서적 기록이다. 장서 평가는 (1) 학교에서 교과과정 및 교과과정 이외의 자료요구를 충족하는데 있어, 또한 학생들의 학업성과student outcomes 증진에 기여하는데 있어 이용가능한 정보자원의 효과성 (2) 예산 범위 내에서 정책 우선순위를 확보하는데 있어 학교 장서개발school's collection development 전략의 효과성을 측정함으로써 미래에 대비할 수 있다는 것이다.[3] 도서관이 장서와 서비스 제공에 투자한 실적 증거는 수량적으로 측정되어야 한다. 나아가 장서분석은 개개인의 업무성과를 측정하는 내부통제 메커니즘으로 삼을 수 있다. 이밖에도 장서분석을 통해 도서관 협

---

1) Mary C. Bushing, "Collection Mapping: An Evolving Tool for Better Resources and Better Access," Signum 2006, no. 3 (2006): 9, http://pro.tsv.fi/STKS/signum/200603.htm.
2) Amy Hart, "Collection Analysis: Powerful Ways to Collect, Analyze, and Present Your Data," Library Media Connection 21, no. 5 (2006): 36.
3) Australian School Association, Learning for the Future: Developing Information Services in Australian Schools, 2nd ed. (Melbourne, Australia: Curriculum Corporation, 2001).

력협정, 공간제한 및 공간수요 파악, 소유 대 접근의 문제 등 문제해결을 위한 정보를 확보할 수 있다.

　Paul Mosher는 미국의 도서관 장서의 공식 평가기록을 추적하면서, Charles C. Jewett가 스미소니언 학회the Smithsonian Institution에 제출한 1849년 보고서를 발견했다. Jewett는 미국도서관들의 학술문헌 제공능력을 조사한 바, 미국 도서관들의 자료제공 능력이 매우 부족하다는 사실을 발견했다.[4] Mosher는 미국 도서관의 적절성 평가는 1930년대 및 1940년대에 양적평가evaluation로부터 시작되었고, 1950년대 및 1960년대에 와서는 이용자 요구라는 관점에서 가치평가assessment로 변화되었다고 밝혔다.[5]

　사서들은 가치평가assessment와 양적평가evaluation를 상호 교환적으로 사용하고 있다. 그러나 이들은 분석의 목적에 따라 구별할 수 있다. 가차평가assessment의 목적은 장서가 얼마나 도서관과 모 기관의 사명, 목적, 요구를 잘 지원하는가에 있다. 장서(소장 및 접근 모두 해당)는 지역사회의 맥락에서 평가된다. 따라서 도서관 장서에 대한 의미 있는 양적평가meaningful evaluation를 하기 위해서는 그전에 도서관의 목적과 목표를 먼저 분명하게 설정하여야 한다. 일단 주제 분야별 수집 목적(이상적인 것은 장서개발 정책서)이 정해지면, 도서관은 장서가 바람직한 수준에서 수집되고 있는지 그 가치를 평가할assess 수 있다.

---

4) Charles C. Jewett, Appendix to the Report of Regents of the Smithsonian Institution Containing a Report on the Public Libraries of the United States of America. January 1, 1850 (Washington, D.C.: Smithsonian Institution, 1850).

5) Paul H. Mosher, "Quality and Library Collections: New Directions in Research and Practice in Collection Evaluation," Advances in Librarianship 13 (1984): 212‒13.

양적 평가Evaluation는 장서를 자체 또는 다른 장서와 관련하여 목록과 같은 체킹 수단을 가지고 점검하고 기술하는 것이다. 양적평가나 가치평가는 둘 다 장서와 이용자사회를 더 잘 이해할 수 있도록 해준다. 사서는 장서가 목적을 잘 충족하고 있는지, 이용자에게 잘 서비스하고 있는지, 어느 부분이 미약한지, 무엇을 더 개발해야 할 것인지 등 의사결정에 도움이 되는 정보를 얻을 수 있다. 사서들이 장서와 그 이용에 대하여 잘 파악함으로서, 장서 증가, 보존과 보호, 저장, 제적, 연속간행물 구독 취소 등 이용자의 요구와 도서관 및 모 기관의 사명과 관련하여 장서관리 업무를 잘 수행할 수 있다.

가치 평가에 대한 관심은 1990년대 말 이래 계속 증대되어 왔으며, 산출 측정, 이용자 측면에서의 품질 측정, 비용 효과 측정, 자원관리 직무 책임 측정 등 가시적인 성과 측정을 강조하는 경향과 평행을 이루고 있다. 가치평가 문화의 창조는 도서관에 종사하는 모든 사람들에게 중요한 요소로 발전되어 왔다.[6] Amos Lakos와 Shelley Phipps는 가치평가 문화를 "사실, 조사연구, 분석에 근거하여 의사결정을 내리는 조직 환경, 고객 및 이해관계자들에게 긍정적인 영향을 극대화하는 방법으로 서비스를 계획하고 제공하는 조직 환경"이라고 정의하고 있다.[7] 이 정의는 효과적인 가치평가는 결국 도서관의 이용자와 이해 관계자들에게 긍정적인 결과물을 창조하는 서비스와 장서를 만드는 일이라고 확대 해석할 수 있다.

---

6) See, e.g., Amos Lakos, "The Missing Ingredient—Culture of Assessment in Libraries: Opinion Piece," Performance Measurement and Metrics, sample issue (Aug. 1999): 3 - 7; Amos Lakos and Shelley Phipps, "Creating a Culture of Assessment: A Catalyst for Organizational Change," portal: Libraries and the Academy 4, no. 3 (2004): 345 - 61.
7) Lakos and Phipps, "Creating a Culture of Assessment," 352.

투입은Inputs 도서관의 가용 자원으로서 장기간에 걸쳐 측정되어 왔다 이들은 인력, 비용 배분, 장서의 규모 및 증가정도 등이다. 산출의 측정은 투입을 기반으로 도서관이 제공하는 여러 가지 활동들이다. 이들은 서비스 시간, 장서의 이용 및 이용가능성, 참고업무활동, 교육활동 등이다. 산출물은 도서관의 투입과 산출의 결과물로서 도서관이 이용자 및 이용자사회에 제공한 편익이다. 박물관 도서관 서비스 연구소The Institute of Museum and Library Services는 다음과 같이 정의하고 있다.

산출—여러 가지 프로그램 활동에 참여한 이후에 시민이 얻는 편익 또는 변화로서 새로운 지식, 기술력 증대, 태도 또는 가치의 변화, 행동의 변모, 조건의 개선, 또는 대안적 능력(예를 들면, 스토리 타임에서 손가락 놀이를 배운 어린이 수, 학부모 교실에서 새로운 지식과 기술을 습득한 부모들의 수, 숙제클리닉 참여 이후 성적등급이 올라간 학생들의 수, 여름 독서교실 참여 후 독서 기술이 향상된 어린이 수, 정보리터러시교육에 참여한 후 정보접근 및 정보네트워크 이용능력이 향상된 사람의 수)

Outcomes—Benefits or changes for individuals or populations during or after participating in program activities, including new knowledge, increased skills, changed attitudes or values, modified behavior, improved condition, or altered status (e.g., number of children who learned a finger play during story time, number of parents who indicated that they gained new knowledge or skills as a result of parent education classes, number of students whose grades improved after homework clinics, number of children who maintained reading skills over the summer as a result of the summer reading program, number of people who report being better able to access and use networked information after attending information literacy classes).[8]

Peter Hernon and Robert E. Dugan은 더욱 간략하게_{concise}, 산출 평가란 "도서관의 이용자들이 장서와 서비스를 접한 결과 어떻게 변화되었는가? How are users of our library changed as a direct result of their contact with our collections and services?"에 대한 대답을 찾는 것이라고 정의하였다.[9] 산출을 측정하는 방법을 개발하는 것은 투입과 산출을 측정하는 것보다 더 어려운 일이다. 이에 관해 몇 가지 방법이 제시되었다. Eliza T. Dresang, Melissa Gross, 그리고 Leslie Edmonds Holt는 청소년 서비스에 대한 산출 측정을, Peter Brophy는 도서관이 이용자 및 사회에 미치는 영향을 측정하는 방법을 더 폭넓게 제시하였다.[10] ARL은 대학도서관들은 어떻게 그들의 산출을 분류, 생성, 평가하는가에 역점을 두고, 전자 자원의 이용과 가치에 관하여 정의하고, 데이터를 수집하는 "전자자원 매트릭스 e-metrics"프로젝트를 수행하였다.[11] 어려운 문제는 첫째, 바람직한 산출에 대하여 분명하고도 의미 있는 정의를 개발함으로서 정확한 질문 및 적절한 데이터

---

8) Institute of Museum and Library Services, "Perspectives on Outcome Based Evaluation for Libraries and Museums" (Washington, D.C.: IMLS, [n.d.]), 20, www.imls.gov/pdf/pubobe.pdf.

9) Peter Hernon and Robert E. Dugan, An Action Plan for Outcomes Assessment in Your Library (Chicago: American Library Association, 2002), x.

10) Eliza T. Dresang, Melissa Gross, and Leslie Edmonds Holt, Dynamic Youth Services through Outcome-Based Planning and Evaluation (Chicago: American Library Association, 2006); Peter Brophy, Measuring Library Performance: Principles and Techniques (London: Facet, 2006).

11) Association of Research Libraries, Statistics and Measurement, New Measures, E-Metrics: Measures for Electronic Resources, www.arl.org/stats/initiatives/emetrics/index.shtml.

를 수집, 분석하는 것, 둘째, 장서와 그 이용 및 이용자에 대하여 완전히 이해하기 위해서는 산출 평가를 여러 가지 복수의 접근 방법으로 종합 분석하는 것이다.

장서 파악 Knowing the Collection

장서 파악은 선택담당사서들의 책임업무이다. 장서를 파악하기 위해서는 장서를 분석해 보아야 한다. 따라서 장서분석은 1회성 프로젝트가 아니다. 장서분석은 하나의 지속적인 업무과정으로서 장서의 품질 및 이용자사회에 대한 장서의 반응능력에 지속적인 관심을 기울이면서 개별적 분석프로젝트를 수행해 나가야 한다. 가치평가 및 양적 평가는 특수한 분석방법 및 지속적인 모니터링을 통하여 현재의 장서 및 향후의 장서목적 달성에 필요한 정보를 제공해준다. 각 분석프로젝트는 현존 장서에 관한 기초적 스냅사진을 제공해 주는 것이다.

흔히 있을 수 있는 개념적 오해는 장서에 대한 가치평가 및 양적 평가를 얼마나 "좋은good"장서인가를 판단하는 것이라고 생각한다는 것이다. 본서의 앞장들에서는 무엇이 좋은 책이고 좋은 정보원인가에 관해 논의한 바 있다. 현재 이론은 도서관과 그 모 기관의 목적에 적절하게 부합되는 장서가 좋은 장서인 것으로 생각되고 있다. 초등학교를 위해 개발된 장서는 고등학교에서는 적합한 또는 좋은 장서가 아니며, 2년제 기술대학의 장서는 많은 대학원 프로그램과 전문프로그램을 진행하는 종합대학에서는 좋은 장서가 될 수 없다. 또한 전기회사의 필요에 알맞게 개발된 장서는 종합교육병원(대학 부속병원)에서는 좋은 장서가 못된다. 장서를 외부적 모습과 관련하여 측정할 경우라도 장서의 목적이 항상 고려되어

야 한다. 수집하지 말아야 할 자료를 결정하는 것은 수집해야 할 자료를
결정하는 것만큼이나 중요하다. 개발할 장서를 확인하는 데 있어서는 장
서의 강점은 물론 약점이 무엇인지를 함께 고려할 필요가 있다.

장서분석의 테크닉 Techniques of Collection Analysis

장서분석의 방법 및 테크닉은 인상적, 설명적 평가방법과 종합적 통계
조사 방법이 있다. 이 모든 방법들은 장서에 대하여 조직적인, 연관성이
있는, 독특하고, 정확한 정보를 얻는 것을 목표로 한다. 분석을 위한 여
러 가지 접근방법은 대체로 2가지 국면으로 구분된다. 즉 장서중심 분석
과 이용 또는 이용자 중심 분석, 그리고 정량적 분석과 정성적 분석으로
나눌 수 있다. <표 7-1>은 이러한 여러 가지 분석 테크닉을 종횡으로
조직한 매트릭스 도표이다. 표에 명시된 상용 데이터베이스는 대표적인
것만 나열한 것이다.

〈표 7-1〉 장서분석 방법 Methods of collection analysis

	Use- and user-based	Collection-based
정량분석 Quantitative	상호대차 통계 Interlibrary loan statistics	장서의 규모 및 증가 Collection size and growth
	대출통계 Circulation statistics	자료예산 규모 및 증가 Materials budget size and growth
	관내 이용통계 In-house use statistics	장서규모 표준 및 공식 Collection size standards and formulas
	문헌전달서비스 통계 Document delivery statistics	인용 분석/연구 Citation analysis/studies
	상호대차 협약 ILL transactions	비율 분석(예, 단행본 대 연속간행물, 인구 대비 자료비용 Ratio measures (e.g., monographs

		expenditures to serials expenditures; expenditures compared to citizens)
	접근, 다운로드 "Hits" and downloads (e.g., transaction logs, vendor-supplied data, COUNTER)	콘텐츠 중복 조사연구 Content overlap studies
	1회 이용 당 비용 Cost per use	
정성분석 Qualitative	이용자 의견 조사(예, 리브퀄, 웹, 이메일) User opinion surveys (e.g., LibQual+, Web-based, e-mail)	목록 체크(예, 목록, 서지) List checking (e.g., catalogs, bibliographies)
	이용자 관찰 User observation	증거자료 검토 Verification studies
	중점을 두는 이용자 그룹 Focus groups	인용분석 Citation analysis
	장서능력 검토 Usability testing	직접 장서조사 Direct collection checking
		장서 지도 그리기(컨스펙터스) Collection mapping (assigning Conspectus levels)
		장서의 강점 테스트 Brief tests of collection strength
		상용데이터베이스 Commercial products (e.g., WorldCat Collection Analysis, Bowker's Book Analysis System, Ulrich's Serials Analysis System, Follett Library Resources' TitleWise, Sagebrush BenchMARC)

　　장서 중심 기법은 장서의 규모, 증가율, 심도, 주제범위, 다양성, 균형, 도서관 자료의 카버 범위 등을 검토하는 것이다. 이 방법은 외부 표준을 이용하거나 관련 주제영역에서 이름 난 다른 도서관의 소장 자료와 비교하는 것이다. 이 방법에는 체크리스트, 목록, 서지, 서가 관찰, 누적통계 등이 포함된다. 장서중심 평가기법은 보존 및 보호를 위한 처리, 제적, 연속간행물 구독취소, 복본 및 보존창고 저장 등에 관한 의사결정 정보

를 제공해 준다.

이용중심 분석은 누가 자료를 이용하는지, 얼마나 자주 이용하는지, 이용자의 기대는 무엇인지 등을 조사하는 것이다. 이 방법은 이용과 이용자에 강조점을 두고 있다. 이용중심 분석은 자료에 초점을 맞추어 개별 자료 및 자료군, 주제 분야를 조사하여 이용자가 필요한 자료를 확인하고 소장 위치를 성공적으로 찾아 이용하는지를 파악하기 위한 것이다. 이용자 연구는 장서를 이용하는 개인 및 단체에 초점을 맞추어 그들이 여러 가지 자료 구성 인자들을 어떻게 이용하는지를 살펴보는 것이다. 이용중심 연구는 관내에서 이용자의 자료이용 실패 사례 조사, 그리고 어떻게 대안적 방법을 이용하는지, 예를 들면 상호대차 신청과 같은 방법을 이용하는지 여부를 조사해 본다. 또한 이용자의 기대, 장서에의 접근 방법, 이용 자료의 선택 등에 관한 장서정보를 수집한다.

정량분석은 실적 통계를 내는 것이다. 타이틀 수, 대출 수, 상호대차신청 건수, 전자 자료에의 접근 및 다운로드 건수, 지출된 금액 등을 측정하는 것이다. 정량분석은 일정 기간 동안 측정하여 전년 동기 대비 등 기간별로 비교하거나 또는 다른 도서관들과 비교하는 것이다. 이는 연속간행물 대 단행본 비용의 점유율, 인쇄자료 대 전자자원 비용의 점유율로도 비교할 수 있다. 대학도서관은 학생 수, 교직원 수, 개설 학위과정 등에 따라 전체 장서 비용을 비교할 수 있다. 공공도서관은 이용자그룹별, 분관별 연간 비용 또는 1인당 대출 실적을 고려해 볼 수 있다. 정량분석은 장서 및 이용통계, 전자자료 이용통계, 상호대차 신청 통계, 그리고 예산 정보 등을 조사함으로서 장서의 증가 및 이용 상태를 밝히는 것이다. 일단 평가의 기준 선이 정해지면 규모, 증가율, 기간별 장서이용 상태를 측정할 수 있다.

장서이용통계는 도서관 자동화시스템을 활용하여 더 쉽게 산출할 수 있다. 사서들은 시스템이 제공하는 여러 가지 보고서를 활용하여 근무현장의 컴퓨터로부터 직접 데이터를 출력할 수 있고, 특별히 작성된 보고서를 이용하여 데이터를 작성할 수 있다. Follett Library Resources' TitleWise Online Collection Analysis, Bowker's Book Analysis System, and Ulrich's Serials Analysis System과 같은 서비스 시스템에서는 시스템에 탑재되는 도서관의 서지목록 데이터를 기초로 여러 가지 보고서를 생성할 수 있다. TitleWise 및 많은 시스템들은 현재 고객들에게 무료로 보고서 작성 서비스를 제공하고 있다. 이러한 보고서들은 단위학교 및 교육구청 장서를 분석할 수 있고, 동급 수준의 다른 도서관장서와 비교할 수 있으며, 자기 도서관의 강점 또는 제적 및 추가개발의 필요점을 확인할 수 있다. OCLC's WorldCat Collection Analysis, 기타 벤더가 제공하는 도구들은 WorldCat 데이터베이스에 등록된 도서관 소장 자료에 근거하여 보고서를 생성한다. 어떻게 데이터를 수집하든, 이러한 보고서들은 분류별 자료 수 및 점유 비율, 분류별 평균 출판일자, 분류별 증가 정도 등을 제공해 준다. 또 어떤 서비스는 도서관의 대출활동(해당 도서관 대출 데이터가 탑재될 경우), 장서에서 좀 더 주의를 기울일 필요가 있는 영역을 확인시켜 준다. 벤더서비스는 또 도서관 장서를 동종peer도서관과 비교할 수 있도록 하고, 선택자료인 Choice Magazine이 제공하는 우수 학술자료 목록 Outstanding Academic Titles, 그리고 적절한 것으로 추천된 동급 학교도서관 추천장서grade-appropriate recommended school library collections 등 여러 서지목록을 비교할 수 있게 해준다. WorldCat 장서분석 시스템에서는 또 특정 도서관의 장서 특성도 파악할 수 있다.

정성분석은 장서에 대한 인식, 전문가 의견, 데이터 수집 목적과 관련하여 분석하기 때문에 정량분석보다 더 주제 중심적이다. G. E. Gorman 과 Peter Crayton은 정성분석을 다음과 같이 정의하고 있다.

> 정성적 연구는 어떤 문제의 발생과 관련하여 데이터를 수집하고 이를 의도적으로 기술하는 과정이며, 그러한 문제가 안고 있는 절차, 그 문제에 포함되어 있는 시사점을 파악하는 방법으로서, 관찰된 현상에 근거하여 가능한 해답을 도출하는 귀납적 방법을 이용한다.[12]
>
> Qualitative research is a process of inquiry that draws data from the context in which events occur, in an attempt to describe these occurrences, as a means of determining the process in which events are imbedded and the perspectives of those participating in the events, using induction to derive possible explanations based on observed phenomena.

정성분석의 목적은 장서의 강점, 약점을 파악하기 위한 것이다. 정성분석은 선택 담당사서와 외부 전문가들의 의견 및 이용자의 인식을 바탕으로 한다. 외부의 전문 목록에 의거하여 장서를 체크하는 경우에도, 그 목록은 좋은 장서 또는 특수목적으로 수집된 장서, 특정 이용자 그룹에 적절한 장서 등 목록 자체에 여러 의견이 반영되어 있다.

정성적이든 정량적이든 모든 장서분석은 충분한 연구를 거쳐 적용되어야 한다. 이는 측정 대상 장서, 측정 방법, 측정결과 해석 방법에 대한 분명한 이해가 필요하기 때문이다. 장서분석은 해답을 구하기 위한 질문

---

12) G. E. Gorman and Peter Crayton, Qualitative Research for the Information Professional: A Practical Handbook, 2nd ed. (London: Library Association Publishing, 2005), 3.

을 분명히 정의하는 데서 시작된다. 믿을 만한 연구프로젝트Competent research projects는 검증가능성(반복 실험에서 동일한 결과를 도출할 가능성) 및 통계적 신뢰성(측정된 결과에 표본추출, 측정, 시험test 과정에 무작위 오류random errors가 없을 것)에 대한 정보를 제공해준다. 다시 말하면 분석결과는 반복 가능하고 결과가 진실해야 한다. 도서관의 조사 분석 수행에 도움이 되는 몇 가지 자료들이 나와 있다.13) 조사 연구에 대한 충분한 이해와 더불어 그러한 연구방법의 적용을 계획하는 사서들은 조사방법의 적용 개발에 대하여 전문가들의 협력을 구해야 한다.

장서분석의 목적 Purposes of Collection Analysis

장서분석의 기본적 목적은 선택사서들에게 장서와 장서이용에 대한 지식을 증대시키고, 이를 통해 장서의 성공여부를 측정하여 장서를 효과적으로 개발, 관리하도록 하는 데 있다. 또한 장서분석 결과 얻은 정보는 여러 다른 목적으로도 활용할 수 있다. 분석은 목적 수행을 위해 나아가는 업무과정을 지적해 주므로 투자가 효과적으로 이루어지고 있는지를 알아보기 위해 이용될 수 있다.14) 장서분석은 신임 사서 및 이용자들에게 장서의 성격에 대한 상세한 주제별 프로파일을 제공해준다. 또 현행 장서개발정책의 효과성을 측정할 수 있어 장서개발정책의 작성 및 개정

---

13) See ibid.; Ronald R. Powell and Lynn Silipigni Connaway, Basic Research Methods for Librarians, 4th ed. (Westport, Conn.: Libraries Unlimited, 2004); and F. W. Lancaster, If You Want to Evaluate Your Library, 2nd ed. (Champaign: University of Illinois, Graduate School of Library and Information Science, 1993).

14) Sheila S. Intner and Elizabeth Futas, "Evaluating Public Library Collections: Why Do It, and How to Use the Results," American Libraries 25, no. 5 (1994): 410 - 12.

에 도움을 줄 수 있다. 장서분석은 의사결정 및 비용지출을 설명할 수 있게 해준다. 예를 들면, 도서관의 폐관 시간 동안에 전자 자원의 이용이 매우 높은 것으로 나타난다면 전자 자료에 대한 수서 예산 배분비율을 증가시켜야 한다는 것을 설명하는 데 활용할 수 있다.

장서분석을 통하여 수집된 정보(예, 보강이 필요한 영역, 제적, 업데이트)는 예산 신청의 판단근거, 자금지원신청서를 포함한 기획과정에 이용할 수 있다. 또한 도서관 전체에 대하여 예산배정 및 직원배치 등 의사결정 정보를 안내해 준다. 장서 및 그 이용능력 조건에 초점을 맞춘 분석 결과는 재해대비, 자료실사, 공간계획 등에 활용할 수 있다.

장서분석보고서는 도서관의 인가, 기타 외부적 목적으로도 사용할 수 있다. 대학도서관들은 장서분석을 학과신설 계획에 활용할 수 있다. 특수한 상세 장서분석은 도서관이 새로운 주요 프로그램을 어느 정도까지 지원할 수 있는지 여부를 나타내 준다. 장서의 강점에 관한 정보는 신임 교수요원 및 학생 모집에도 이용될 수 있다. 회사의 도서관들은 연구개발 프로그램 지원 능력에 관련한 정보를 얻을 수 있다. 학교도서관미디어센터는 주제 영역별 장서의 연령 및 주제별 보유 장서에 대한 대출활동을 비교할 수 있고, 이를 통해 보강이 필요한 영역을 알 수 있게 해 준다. 장서분석을 통해 수집된 정보는 보도자료press releases, 도서관 보고서 및 뉴스레터, 교부금 신청서 등에 활용할 수 있다. 장서분석은 다른 도서관들과 정보를 공유하고 파트너십을 제안하고 유지하는데 있어서 도서관의 입지를 자리매김 해준다.

장서분석의 역사 개관 Historical Overview of Collection Analysis

19세기 말까지 장서분석은 평가라기보다는 설명에 초점을 두었다. 이는 대부분 특정한 필요와 요구를 충족시키는 의도적인 장서구성을 위한 수서기능이라기 보다는 기부에 의해서 개발되는 장서개발에서의 예의범절manner 기능이었다. 1900년경 사서들은 개별 도서관의 보유 장서를 체크하기 위하여 선정된 서지목록을 이용하기 시작했다. 이러한 목록들은 미국도서관협회 및 분과위원회, 권한 있는 사서들 및 주제전문가들에 의해 준비되었다. 또 다른 체크리스트 양식으로는 서평지를 수집하고 서평지에 수록되어 있는 자료들이 도서관에 있는지를 살펴보는 것이다. 도서관들은 또 도서관 소장 자료에 대한 학술 논문 자료에서 참고자료를 점검했다. 목록에 의한 장서점검은 20세기 중반까지 장서분석의 가장 기본적 방법이었다.

정량분석 연구 Quantitative Studies

1960년대에 이르러 사서들은 장서분석에 더욱 다양하고 과학적인 방법을 도입하기 시작했다. 이들은 인용 연구, 장서 중복 및 특성 분석, 통계 비교, 분류 및 교과과정 관련성 등을 포함, 장서 규모 및 수서 예산에 대한 공식 개발, 이용 및 이용자 연구를 위한 사회과학적 도구들을 활용하였다. 이 당시는 주로 분석 결과의 객관성objectivity에 강조점을 두었다. 특히 대학도서관 사서들은 객관성을 확보하면서도 적용하기가 쉬운 정량적 방법을 추구하였다. 많은 연구들은 장서 수집 및 장서규모 비교, 그리고 비용 통계에 초점을 두었으며 이 두 가지는 훌륭한 측정법으로 여겨졌다.

1970년 대 이후에는 장서 분석에서 정량적 방법과 정성적 방법이 병행하여 발전하였다. 대부분은 컨소시엄이나 대규모 도서관시스템과 같은 협력적 장서개발에 초점을 두고 있었다. 대학 및 연구도서관들은 여러 가지 협력 프로젝트를 주도하였다. 1970년에 시작된 미국 연구도서관협회 장서분석 프로젝트ARL's Collection Analysis Project는 도서관 내의 장서를 대규모 연구도서관 그룹의 협력적 장서개발의 증진이라는 맥락에서 분석하기 시작했다.[15]

도서관의 요구를 충족시키는 데 필요한 장서 수를 산출하기 위한 여러 가지 장서 규모 계산 공식들이 개발되어 왔다. 공식을 사용하여 최소 장서 규모에 대한 개념을 확립하고, 모 기관의 프로그램 수준이나 도서관 이용자 사회와 관련하여 예산을 산정하는 데 활용할 수 있다. 이러한 접근 방법의 하나로 클랩 조던 공식Clapp-Jordan formula을 들 수 있는데, 이 공식은 핵심 장서에 더하여 학생 1인당 장서 수, 교수 1인당 장서 수, 학부 및 대학원 설치 수에 따라 장서 수를 계산하는 공식이다.[16] 해를 거듭할수록 다른 공식들도 출현하였다. 현재의 장서는 공식으로 계산한 이상적인 장서 수와 비교해 볼 수 있다. 몇몇 도서관 표준은 적정 장서 규모를 결정하는 공식을 제시하기도 한다. 그러나 도서관들이 수치(예, 장서수, 사용 금액)에 의존하는 방식에서 탈피하여, 품질의 측정과 더불어 사회적 영향을 고려하게 됨으로써 공식에 의한 방법은 점차 관심이 줄어들게 되었다.

---

15) Jeffrey G. Gardner and Duane Webster, The Collection Analysis Project: An Assisted Self-Study Manual (Washington, D.C.: Association of Research Libraries, 1980).
16) Verner W. Clapp and Robert T. Jordan, "Quantitative Criteria for Adequacy of Academic Library Collections," College and Research Libraries 50, no. 3 (1989): 153-63 (originally published in 1965).

장서 이용 연구에 의한 장서분석은 쟁점이 되고 있는 분야로서 이의 사례로는 1970년대에 피츠버그대학의 Allen Kent와 몇몇 연구자들이 수행한 연구를 들 수 있다.[17] 이 연구의 수석연구자는 피츠버그 대학도서관 장서의 26.8%가 이용의 82.2%를 점유하고, 전체 장서의 61%만이 대출되고 있다는 사실을 밝히고, 이러한 과거의 실적으로 미루어 미래의 장서관리 경향을 유추할 수 있다고 주장했다. 이러한 발견은 일찍이 Richard W. Trueswell이 공공, 전문, 대학도서관을 대상으로 실시한 자료 대출 연구에서도 확인된 것으로서 "80/20 법칙Rule"(경영분야에서 보유 상품의 20%가 거래의 80%를 차지한다는 원리)을 도서관 장서에 적용시켜 본 것이다.[18] 80/20 비율은 장서의 20%가 대출의 80%를 점유하는 현상을 말한다. 문제는 단행본 및 저널의 대출 빈도가 대학도서관의 효과성을 적절하게 나타낼 수 있는가 하는 것이다. 그러나 대출 연구는 장서의 각 부문에 개발이 필요한 부분이 있는지, 창고로 보낼 것인지, 제적할 것인지 등에 대한 가이드를 제공할 수 있다.

또 다른 정량적 이용분석은 장서 영역별 프로파일을 분석하고, 관내 이용, 서가의 저장 능력, 문헌전달 서비스, 원격자료의 다운로드, 상호대차 통계를 검토하는 것이다. 예산에 근거한 정량적 연구로는, 예를 들면, 자료 예산의 증가정도 측정, 연속간행물 대 단행본 예산의 변화 추이분석, 주제별 예산 배정 금액 비교 등 도서관의 목적 및 장기적 사명과 관련하여 고려할 수 있는 추가적인 분석 테크닉이 있다.

---

17) Allen Kent et al., Use of Library Materials: The University of Pittsburgh Study (New York: Marcel Dekker, 1979).
18) Richard W. Trueswell, "Some Behavioral Patterns of Library Users: The 80/20 Rule," Wilson Library Bulletin 43 (Jan. 1969): 458 - 61.

정량적 측정 방법을 적용하기 위해서는 몇 가지 주의할 사항이 있다. Thomas E. Nisonger는 정량적 데이터의 여러 가지 약점을 리스트로 제시하고 있다.[19] 예를 들면 모든 이용이 이용에서 오는 가치척도 및 편익을 고려하지 않은 상태로 동등하게 취급된다. 대출 데이터는 자료의 성공을 반영하지만 실패는 무시된다(역자 주 : 이용자가 대출은 받았지만 별로 가치 없는 자료라고 판단하여 그냥 반납하는 경우에는 자료 이용에 실패한 것이다. 그러나 이 통계도 이용으로 계산된다). 통계는 단순히 무엇이 이용되었고, 무엇이 이용되지 않았는지를 측정할 뿐이다. 이용데이터는 비 이용자(잠재이용자)들은 고려하지 않는다. 수치는 특수한 관점이나 전망을 왜곡skew할 수 있는 것이다.

정성분석 Qualitative Studies

정성분석은 장서의 본질적 가치intrinsic worth 평가를 추구하므로 성질상 주제 중심적이다. 이 방법은 사서와 이용자의 인식을 바탕으로 한다. 사서를 위한 정성분석연구는 처음에는 표준 용어가 없어 어려움을 겪었다. 용어개발의 첫 단계로 1979년 장서개발 가이드라인에서 장서의 강도 strength 또는 수준levels이라는 용어가 등장하였다. 이는 장서의 수준을 5 단계로 정한 것으로서 현존 장서existing collections("장서 밀도 collection density", 역자 주 : 기존 장서의 수준을 밀도density라고 표현) 및 현재 수집활동방침("장서 채도collection intensity" 역자 주 : 현행 수집 방침을 색깔을 나타내는 채도

---

19) Thomas E. Nisonger, Management of Serials in Libraries (Englewood, Colo.: Libraries Unlimited, 1998).

intensity라고 표현)을 표현하는 용어로 사용하였다.[20] 각 수준은 (A) 망라적 수준Comprehensive, (B) 연구지원수준Research, (C) 학습지원 수준Study, (D) 기초 수준Basic, (E) 최소 수준Minimal 등이다. 이러한 계층화는 각 장서를 의도하는 수준에 따라 분석하기 위한 것이다.

이들 계층 기준(수집 범위 밖 Out of Scope 추가)은 1980년 미국 연구도서관그룹의 컨스펙터스Conspectus에 적용되었다. 현재 연구도서관그룹에서는 이를 더 이상 유지하지 않고 있지만, 컨스펙터스Conspectus는 전 세계적으로 모든 종류의 도서관에서 가장 흔히 사용하는 질적 평가방법이 되었다.[21] 컨스펙터스란 주제영역에 대한 간략한 구분brief survey 또는 요약summary이다. 컨스펙터스는 종합적인 장서분석도구로서 주제, 분류, 또는 이 둘을 조합하여 장서의 강도intensities를 요약할 수 있게 해 준다. 컨스펙터스 방법은 장서 지도그리기mapping, 실사 프로파일 만들기inventory profiling 등으로도 지칭된다. 컨스펙터스는 도서관들 사이에서 장서를 자세히 기술하는 공통적 표준 절차 및 전문용어가 되었다. 사서들은 현존 장서의 5단계 수준을 나타내는 데 숫자코드를 적용한다. 예를 들어 0은 현재 장서에 없다는 것을 의미한다. 각 수준은 이전 단계수준의 바탕 위에서 적립된다. 미국 WLN(서부도서관네트워크)의 컨스펙터스는 소규모 및

---

20) David L. Perkins, ed., Guidelines for Collection Development (Chicago: Collection Development Committee, Resources and Technical Services Division, American Library Association, 1979).

21) The Conspectus has been the subject of debate and numerous papers. The following are a representative sample: Richard J. Wood, "The Conspectus: A Collection Analysis and Development Success," Library Acquisitions: Practice and Theory 20, no. 4 (1996): 429 - 53; Virgil L. P. Blake and Renee Tjoumas, "The Conspectus Approach to Collection Evaluation: Panacea or False Prophet?" Collection Management 18, nos. 3/4 (1994): 1 - 31; and Frederick J. Stielow and Helen R. Tibbo, "Collection Analysis in Modern Librarianship: A Stratified, Multidimensional Model," Collection Management 11, nos. 3/4 (1989): 73 - 91.

중간 규모 도서관들의 요구를 반영하여 장서수준 1, 2, 3에 다음과 같이 세부 수준을 추가하였다.[22]

0. 수집 제외 Out of Scope: 이 영역에서 도서관은 어떤 형태의 자료도 수집하지 않음 Library intentionally does not collect materials in any format in this area.

1. 최소수준 Minimal: 이 주제영역에서 도서관은 최소한의 요구를 지원하기 위하여 매우 제한된 범위에서 일반적 자료를 수집함. Library collects resources that support minimal inquiries about this subject and include a very limited collection of general resources.

   1a. 불균형 Uneven

   1b. 균형 Focused

2. 기초정보수준 Basic Information: 도서관은 어떤 주제에 대하여 기초개념을 소개하고 정의하는 기초자료를 수집, 대학 2학년 수준의 일반적 요구를 지원한다. Library collects resources that introduce and define a subject and can support the needs of general library users through the first two years of college instruction.

   2a. 입문 Introductory

   2b. 고급 Advanced

3. 학습 또는 교육지원수준 Study or Instructional Support: 도서관은 어떤 주제에 대하여 체계적으로 다루는 연구수준 이전 단계의 자료를 수

---

22) Mary Bushing, Burns Davis, and Nancy Powell, Using the Conspectus Method: A Collection Assessment Handbook (Lacey, Wash.: WLN, 1997).

집하여 대학 및 대학원 입문 수준의 일반적 요구를 지원한다. Library collects resources that provide knowledge about a subject in a systematic way, but at a level of less than research intensity, and support the needs of general library users through college and beginning graduate instruction.

  3a. 기초 학습 Basic study

  3b. 중급 단계 Intermediate

  3c. 고급 단계 Advanced

4. 연구수준 Research: 도서관은 박사과정 및 독립적 연구에 필요한 매우 수준 높은 주요 출판 자료원을 수집한다. Library collects the major published source materials required for doctoral study and independent research and is very extensive.

5. 망라적 수준 Comprehensive: 도서관은 가능한 한 모든 형태, 모든 언어, 출판물 및 원고본 등 모든 자료들을 빠짐없이 수집하고자 노력한다. Library strives to collect as exhaustively as is reasonably possible in all pertinent formats, in all applicable languages, in both published materials and manuscripts.

도서관은 또한 언어 범위 지시 인자를 적용할 수 있다.

P 기본적으로 영향력 있는 주요 언어 primary language predominates

S 선택된 외국어 자료 selected other-language materials

W 광범위한 언어 선택 wide selection of languages represented

X 자국어 이외 한 가지 언어 자료 material mainly in one language other

than primary national language

    D 2가지 주요 언어 dual languages or two primary languages

    끝으로 도서관은 수집활동 및 수집 목적 수준을 지시하는 옵션을 가지고 있다.

    CL 현행장서 수준 current collection level

    AC 수집 수준 acquisition commitment

    CG 장서 목적 수준 collection goal

    PC 보존 수준 preservation commitment

    컨스펙터스는 연구도서관 그룹에서 회원도서관들의 장서 심도에 대한 지도를 구체적으로 그려보려는 데서 발전해왔다. 전 세계적으로 다른 그룹의 도서관에서도 컨스펙터스를 자신의 도서관에 적용하고 있으며, 개별 도서관의 장서분석이나 장서개발을 조정, 협력하는 컨소시엄 및 네트워크에서도 장서의 개략적 분석에 활용되고 있다. 컨스펙터스는 미의회도서관분류, 듀이십진분류, 국립의약도서관분류시스템을 적용할 수 있고 모든 유형의 도서관에서 사용할 수 있다. 장서분석에 대한 컨스펙터스 접근방법은 개별 도서관은 물론 광범위한 도서관에서 적용할 수 있는 분석도구로 인정되고 있다. 컨스펙터스의 최대 강점은 장서의 수준을 설명하는 공통의 어휘라는 것이다.

    컨스펙터스의 수준 정의는 1990년대 중반 전자 자료의 출현을 반영하여 개정되었다.[23] 전자 자료는 도서관 소장이든 원격접근이든 인쇄자료와 동등하게 여겨지고 있으며, 전자 자료를 적어도 동등한 정보로 이용을 허용하는 정책 및 절차도 마련되고 있다. 개정된 컨스펙터스는 도서관의 웹 인터페이스의 선택 메뉴를 통해 도서관이 선정한 전자 자료를 이용자들이 자신의 컴퓨터로 또는 원격으로 접근하는 일을 '한정된 접근 defined access'이라는 용어로 사용하고 있다. 그러나 이것은 이용자들이 단순히 인터넷에 접속하는 것 또는 하나 이상의 인터넷 브라우저에 접속하는 것 그 이상의 의미를 지닌다.

컨스펙터스는 주제전문가와 사서들의 개인적 지각에 의존하기 때문에 너무 주관적이라는 비판을 받아왔다. 그 반론으로In rebuttal, Mary H. Munroe and Jennie E. Ver Steeg는 컨스펙터스는 장서의 품질을 외부적인 측정external measure에 의해서가 아니라, 외부적 유효성external validity이 없는 주관적 정의definition를 가지고 지역적 요구와 관련된 기술적 분석descriptive analysis으로 장서를 평가하기 때문에 외부적 유효성 여부는 논란의 여지moot가 있다고 주장한다.24) Charles B. Osburn에 따르면 "장서는 주관적, 인지적 방법으로 봉사 대상 지역사회와 연관시킴으로서만 가치가 있다"고 볼 수 있기 때문에 주관성subjectivity은 효과적 장서평가의 열쇠라고 주장한다.25)

컨스펙터스는 또 그 자체의 복잡성 때문에 문제가 되어condemn 왔다. 그것은 24개 내지 32개의 영역(광범위한 분과학문)으로 나누어지고, 약 500

23) International Federation of Library Associations and Institutions, Section on Acquisition and Collection Development, "Guidelines for a Collection Development Policy Using the Conspectus Model" (2001), www.ifla.org/VII/s14/nd1/gcdp-e.pdf.
24) Mary H. Munroe and Jennie E. Ver Steeg, "The Decision-Making Process in Conspectus Evaluation of Collections: The Quest for Certainty," Library Quarterly 74, no. 2 (2004): 181 - 205.
25) Charles B. Osburn, "Collection Evaluation: A Reconsideration," Advances in Library Administration and Organization 22 (2005): 10.

개의 범주(분과 학문 내에서의 주제토픽)와 7,000개의 세부 주제(가장 상세한 주제 인식 범주)로 구분된다. 모든 주제 분야에 모든 인식수준을 적용하는 것은 불가능한 일이다. 대부분의 사서들은 특정 도서관 및 장서분석에 관련이 있는 어떤 주제, 분과, 범주만을 선택한다. Howard D. White는 장서에 할당된 컨스펙터스 수준을 증명하기 위하여 "장서 강도의 간략 테스트Brief tests of collection strength"라는 테크닉을 개발했다.[26] 이 테스트를 실행하기 위해서는 OCLC WorldCat 데이터베이스에 접속해야 한다. 이 방법은 다음과 같이 5단계로 구성된다.

1. 평가할 주제 및 장서의 영역을 선택한다.

   Choose a subject or area of the collection to evaluate.

2. 평가 대상 장서에 상관없이 최소 수집 수준인 경우 도서관이 소장해
   야 할 10종 이상의 자료 리스트를 만들고, 기초수준, 교육수준, 연구
   수준에 대해서도 10종 이상의 리스트를 만든다. 모든 목록은 길이가
   같아야 한다.

   Without reference to the collection being evaluated, create a list of ten or

   more titles that a library should have if it were collecting at the minimal

---

26) Howard D. White, Brief Tests of Collection Strength: A Methodology for All Types of Libraries, Contributions in Library and Information Science no. 88 (Westport, Conn.: Greenwood, 1995); see also Jennifer Benedetto Beals and Ron Gilmour, "Assessing Collections Using Brief Tests and WorldCat Collection Analysis," Collection Building 26, no. 4 (2007): 104 – 7; Jennifer Benedetto Beal, "Assessing Library Collections Using Brief Test Methodology," Electronic Journal of Academic and Special Librarianship 7, no.3 (Winter 2006),

http://southernlibrarianship.icaap.org/content/v07n03/beals_j01.htm; and David Lesniaski, "Evaluating Collections: A Discussion and Extension of Brief Test of Collection Strength," College and Undergraduate Libraries 11, no. 1 (2004): 11 – 24.

level and create additional lists for the basic, instructional, and research levels. All lists should be of equal length.

3. OCLC WorldCat에서 각 자료들을 검색하고 소장하고 있는 자료 수를 기록한다.

   Search each title in OCLC WorldCat and list the number of holdings.

4. WorldCat 소장목록에 의거 최소수준(대부분의 도서관 소장)으로부터 연구수준 (소수의 도서관 소장)에 이르기까지 모든 자료의 마스터 목록을 만든다. 이 목록을 컨스펙터스 구분에 부합되도록 4개 부문으로 동등하게 나눈다. 그 결과 가장 소장량이 많은 자료 균(총 리스트의 4분의 1)이 최소 수준의 장서임을 나타낸다.

   Arrange the master list of all titles according to the WorldCat holdings from minimal level (the most holding libraries) to research level (the fewest holding libraries). Divide the list into four equal parts, which correspond to the Conspectus levels. Thus, the group of titles (onefourth of the total list) with the most holdings indicates a minimal level collection, and so on.

5. 어떤 자료들을 소장하고 있는지 자기 도서관 자료목록을 검색한다.

   Search the titles in the local collection to determine which titles are held.

그런 다음 그 자료들의 절반 이상이 들어 있는 수준에서 자기 도서관을 평가한다. 예를 들면, 어떤 도서관이 각 수준별 10종의 자료 중 최저 수준에서 10종, 기초수준에서 9종, 교육수준에서 8종, 연구수준에서 3종을 소장하고 있다면, 이 간략테스트에서는 그 도서관의 소장 자료는 연구수준에서는 절반이 넘지 못하고, 교육수준에서 절반이 넘는 자료를 소장하고 있으므로 그 도서관장서는 교육수준의 장서라고 평가하는 것이다.

　장서 지도 그리기는 컨스펙터스와 함께 학교도서관미디어센터의 장서 분석에서 정성분석 방법으로 더 많이 이용되고 있다.[27] 이 방법은 교육과정 지도curriculum map에서 시작된다. 학교도서관 미디어 전문가는 주제별 학년별 핵심 토픽을 차트로 그린다. 학교 및 교육구의 교과과정을 반영하여 각 주제 및 학년별로 5개 내지 8개의 토픽을 선택한다. 미디어전문가는 교실에서 실제로 이루어지고 있는 수업인지를 확인하기 위하여 교사들과 함께 교과과정지도를 평가해야 한다. 그런 다음 교과과정 지도를 바탕으로 교육과정과 교육과정에 들어 있지 않은 틈새gaps 부분을 시각적으로 보여주는 도서관장서 지도를 그리는 것이다. 장서 지도는 교육과정에 부합되는 장서 목적의 설정을 위하여, 그리고 교사들의 장서개발 계획 참여를 유도하기 위하여 교사들과 함께 공유해야 한다.

전자 자료와 장서분석 Electronic Resources and Collection Analysis

　모든 도서관에서 전자 자료 이용이 증가하고 있어 장서분석에 또 다른 어려움이 발생하고 있다. 전자 자료 비용 및 도서관 전자 자료 예산 점유비의 증가에 따라 이제 도서관 자료에서의 전자 자료의 역할과 이용자에 대한 가치를 신중하게 고려하지 않으면 안 되게 되었다. 언제나 전자 자

---

27) David V. Loertscher, Collection Mapping in the LMC: Building Access in a World of Technology, Excellence in School Media Programs no. 3 (San Jose, Calif.: Hi Willow Research and Publishing, 1996). Debra E. Kachel applied the Conspectus approach to school libraries in her Collection Assessment and Management for School Libraries: Preparing for Cooperative Collection Development (Westport, Conn.: Greenwood, 1997).

료를 장서분석의 대상으로 고려해야 하지만 본장에서 상세히 다루는 여러 가지 분석유형을 전자 자료에 쉽게 적용할 수 있는 것은 아니다. 많은 전자 자료들은 대출 개념이 없을 뿐 아니라 도서관 간 상호대차 개념도 성립되지 않는다. 전자책은 도서관이 라이선스를 확보하고 있고, 동시 열람할 수 있는 이용자 수가 제한되어 있다는 의미에서 대출이 가능한 자료라고 볼 수 있다. 그러나 이런 전자 자료의 대출은 도서관의 대출시스템에 반영되지 않으며, 이용 통계는 전자책 공급자들의 보고서를 통해서 수집할 수 있을 뿐이다. 또한 모든 전자 자료가 분류되는 것은 아니므로 서가 목록에 나타나지도 않는다. 대부분의 전자 자료는 직접적인 장서점검이나 문헌전달서비스에 관한 연구에 적용할 수 없다. 소장 자료 점검을 위해 개발된 목록은 이제 겨우 전자 자료를 포함하기 시작했다. 인용 분석 연구 역시 전자 자료에는 적용하기 어렵다. 장서 통계의 비교연구도 전통적 자료에 초점을 맞추어 왔다.

전자 자료에 대한 통계 이용에는 더 많은 주의가 필요하다. ICOLC (International Coalition of Library Consortia)는 바람직한 통계자료와 원격 자료 공급자들의 통계 제공 의무를 확립하는 데 있어 주도적인 역할을 해 왔다. ICOLC의 "웹기반 정보자원 이용 통계측정 가이드라인 개정판 Revised Guidelines for Statistical Measures of Usage of Web-Based Infor mation Resources"은 모든 전자 자료생산자가 제공해야 하는 기본적 정보 요구사항들의 공통사항을 정의하고 있다.[28] 이 자료는 도서관들이 개별도서관 내에서의 이용분석 및 다른 도서관들과 비교분석을 가능하도록 하고 있다. 제공된 데이

---

28) International Coalition of Library Consortia, "Revised Guidelines for Statistical Measures of Usage of Web-Based Information Resources" (Oct. 4, 2006), www.library.yale.edu/consortia/webstats06.htm.

터의 요소는 다음과 같다.

- 접속 횟수(로그인 수) number of sessions (log-ins)
- 질문 횟수(검색 횟수) number of queries (searches)
- 메뉴 선택 횟수 number of menu selections
- 전문 검색, 다운로드, 기타 이용자 제공

  number of full-content units examined, downloaded, or otherwise supplied to user

- 퇴짜 횟수, 동시 이용자 수 피크 점, 기타 도서관 및 컨소시엄에 적용된 가격모델 관련 지시인자

  number of turn-aways, peak simultaneous users, and any other indicator relevant to the pricing model applied to the library or consortium

전자 자원에 투자해야 할 자금이 점점 증가한다는 사실은 대다수 활동적인 이용 인구의 이용패턴을 추적해 보면 쉽게 알 수 있다. 데이터 추적으로 주제별, 상황별status, 이용 일자별, 선호하는 자원 통로별preferred path to resources, 퇴짜 횟수, 검색 실패 건수, 기타 만족 관련 지시인자들에 따라 이용자 행태를 비교할 수 있는 보고서를 설계하는 것은 장서분석에 매우 중요한 측정기준metrics이 된다.

ICOLC는 바람직한 데이터 요소들을 제시하였지만 벤더 및 그들의 소프트웨어는 데이터 요소들을 각기 달리 정의하고 계산해 왔다. COUNTER(Counting Online Usage of NeTworked Electronic Resources; www .project counter.org) 프로젝트는 데이터 요소들의 정의 및 셈법을 표준화하기 위해 출현한 기구이다. COUNTER는 온라인 이용데이터의 기록 및 교환을 관리하기 위한 국제코드를 개발유지하기 위하여 사서, 출판사 및 전문단체

가 참여하는 국제기구이다. COUNTER는 2가지 문서, 즉 "저널 및 데이터베이스용 실무코드 COUNTER code of Practice for Journals and Data bases"와 "단행본 및 참고자료 실무코드 COUNTER Code of Practice for Books and Reference Works"를 발행했다. "저널 및 데이터베이스용 실무코드"는 2008년에 개정되었으며 개정판에는 컨소시엄 이용 요령이 추가되었다.29) 이용 통계 산출을 위해 개발된 COUNTER 가이드라인은 현재 온라인으로 이용할 수 있으며 아직 남은 문제는 이러한 통계들을 개별도서관의 통계와 부합되게 제공하는 것이다. 도서관들은 개별 공급자별로 데이터를 다운로드 받을 수 있고 이 통계를 자관에서 조정할 수 있으며 연속간행물 솔루션 및 학술통계와 같은 제3자와의 계약에도 활용할 수 있다. COUNTER는 국가정보표준기구The National Information Standards Organization(NISO)는 SUSHI(Standardized Usage Statistics Harvesting Initiative)와 업무를 제휴하여 발전을 모색하고 있다. SUSHI는 COUNTER 전자자원관리electronic resources management (ERM) 시스템 및 다른 시스템으로 이용할 수 있도록 산출한 통계를 자동으로 보고할 수 있도록 XML 스키마schema 및 표준적인 자동 기계전달 프로토콜을 개발하고 있다.30)

Peter T. Shepherd는 저널 인용 측정의 대안이 되고 있는 COUNTER 통계자료를 기반으로 새로운 저널 인용 측정 방법의 개발 및 적용가능

---

29) Project COUNTER, Release 3 of the COUNTER Code of Practice for Journals and Databases (August 2008) and Release 1 of the COUNTER Code of Practice for Books and Reference Works (March 2006), www.projectcounter.org/code_practice.html.

30) National Information Standards Organization,NISO Standardized Usage Statistics Harvesting Initiative (SUSHI), www.niso.org/committees/SUSHI/SUSHI_comm.html.

성을 평가한 바 있다. 그는 이 계량법이 COUNTER Journal Report 1에 들어 있는 데이터, 즉 월별 전문full-text 논문 및 저널 신청건수를 기초로 할 수 있다고 제안한다. 개별 저널의 이용 요인 산출 방정식은 다음과 같다.31)

$$\text{이용 요인 Usage Factor} = \frac{\begin{array}{c}\text{특정 기간 총 이용 건수 Total usage}\\ \text{(COUNTER Journal Report 1 data for a specified period)}\end{array}}{\begin{array}{c}\text{특정 기간 온라인 논문 총 출판 건수}\\ \text{Total number of articles published online}\\ \text{(during a specified period)}\end{array}}$$

장서의 성격이 변화함에 따라 도서관은 새로운 장서 평가 기법을 개발해 나가지 않으면 안 된다.

Lisa M. Covi and Melissa H. Cragin은 전자 저널, 전자 책, 전자 참고자료, 데이터베이스, 색인 초록 도구 등 모든 전자 자료를 평가할 수 있는 새로운 프레임워크가 필요하다고 주장한다.32) 그들은 이용 가능한 전자 정보 콘텐츠인데도 이용자 인터페이스나 메타 데이터를 통하여 접근할 수 없는 이른 바 '비의도적 복면정보unintentionally masked information'의 문제를 지적한다. 자료는 이용자 인터페이스interface use, 타이핑 에러 typographical errors, 차폐장치screening 때문에 접근이 불가능할 수 있다. 인쇄

---

31) Peter T. Shepherd, "Final Report on the Investigation into the Feasibility of Developing and Implementing Journal Usage Factors," sponsored by the United Kingdom Serials Group (May 2007), 4, www.uksg.org/sites/uksg.org/files/FinalReportUsageFactorProject.pdf.

32) Lisa M. Covi and Melissa H. Cragin, "Reconfiguring Control in Library Collection Development: A Conceptual Framework for Assessing the Shift toward Electronic Collections," Journal of the American Society for Information Science and Technology 55, no. 4 (2004): 312‐25.

자료는 분실 자료-서가에서 없어진 책-을 상대적으로 쉽게 알아낼 수 있다. 그러나 전자 자료가 분실되었을 경우 그 환경요인은 이용자에게 분명하게 드러나지 않는다. 인쇄자료는 대출 통제 실패circulation control failure, 인적 에러human error 때문에 분실된다. 그러나 전자 자료는 부분적으로 정보 전달 시스템의 중첩multi layering으로 인해 사라진다. 비이용 전자자료 장서를 평가하기 위해서는 숨겨진hidden, 생략된omitted, 날아간gone 자원을 파악하지 않으면 안 된다.

개별도서관에서 수집할 수 있는 전자 자료 이용 통계 중 한 가지 형식은 자체 서버를 통하여 보유 정보의 이용을 측정하는 접속 기록transaction log이다. 이 접속 기록은 이용자의 활동 형태, 특정 도메인으로부터 사이트에 접근하는 이용자의 비율, 일정 기간 동안의 서버 접속hits 건수, 사이트 내 각 페이지의 접속 건수, 사이트를 통하여 이용자가 들어오는 경로 등을 기록한다. 접속 기록Transaction log 분석은 이용자의 행태 연구에 도움이 되며 장서이용의 지속 정도를 측정하는 효과적인 테크닉으로 활용할 수 있다. 접속 기록Transaction log 추세분석은 접속 건수와 전문 다운로드 건수의 구별이 필요하지 않다. 사이트에 반복하여 접속한다는 것은 원하는 정보를 찾는데 실패한 경우 아니면 적절한 정보 자원인 경우 둘 중 하나다. 데이터의 추출, 데이터의 해석, 추이와 패턴의 분석은 쉬운 일이 아니다.33)

이용자들은 점차 도서관의 외부에서 전자 자원을 평가하기 때문에 사

---

33) An examination of transaction log analysis can be found in Denise Troll Covey, Usage and Usability Assessment: Library Practices and Concerns (Washington, D.C.: Digital Library Federation, Council on Library and Information Resources, 2002), www.clir.org/pubs/reports/pub105/contents.html.

서들은 자원에 대한 질적 정보를 얻지 못한다. 누가 어떤 정보를 이용하고, 어느 정도까지 고객의 요구에 만족을 주는지 알아내기 어렵다. 효과성, 영향 요인, 산출 데이터가 결여되기 쉽다. 이제 어떤 자원이 이용자에게 가치가 있고, 어떤 요인이 자원에 대한 가치를 더 높게 또는 낮게 하는 요인인지를 판단하는 방법을 찾아야 한다. 이용 가능성과 접근 가능성은 하나의 영역이다.34) 사서들은 전자 자원의 효과성과 효율성 및 전자 자원에 대한 이용자 만족을 평가하기 위하여 이용가능성usability testing 조사 테크닉을 활용한다.35) 이용가능성 조사에서, 연구자들은 먼저 이용자 사회의 대표성을 확보해야 한다. 그 결과에 의거 전자 자원이 이용 가능성 기준을 어느 정도 충족하는지를 평가할 수 있다.36)

전자 자원 평가의 한 가지 방법은 비용 효과와 이용자의 요구 만족 성공여부를 고려하는 것이다.37) 비용효과Cost-effectiveness는 자원의 제공에

---

34) Steven L. MacCall, "Online Medical Books: Their Availability and an Assessment of How Health Sciences Libraries Provide Access on Their Public Websites," Journal of the Medical Library Association 94, no. 1 (2006): 75 – 80.

35) Heather L. Munger, "Testing the Database of International Rehabilitation Research: Using Rehabilitation Researchers to Determine the Usability of a Bibliographic Database," Journal of the Medical Library Association 91, no. 4 (2003): 478 – 83.

36) Jeffrey Rubin and Dana Chisnell, Handbook of Usability Testing: How to Plan, Design, and Conduct Effective Tests, 2nd ed. (New York: Wiley, 2008).

37) See Gary W. White and Gregory A. Crawford, "Cost-Benefit Analysis of Electronic Information: A Case Study," College and Research Libraries 59, no. 6 (1998): 503 – 10; A. Craig Hawbaker and Cynthia K. Wagner, "Periodical Ownership versus Fulltext Online Access: A Cost-Benefit Analysis," Journal of Academic Librarianship 22 (March 1996): 105 – 9; Mark Smith and Gerry Rowland, "To Boldly Go: Searching for Output Measures for Electronic Services," Public Libraries 36 (May/June 1997): 168 – 72; Carol Hansen Montgomery, "Measuring the Impact of an Electronic Journal Collection on Library Costs: A Framework and Preliminary Observations," D-Lib Magazine 6, no. 10 (2000), www.dlib.org/dlib/october00/montgomery/10montgomery.html; Steve Black, "Impact of Full Text on Print Journal Use at a Liberal Arts College," Library Resources and Technical Services 49, no. 1 (2005): 19 – 26.

들어간 비용은 이용자에게 제공한 가치에 의해 정당화된다는 의미이다. 전자자원을 평가하는 이유는 전자자원이 얼마나 도서관의 목표와 요구를 잘 충족시키는지 파악하기 위해서이다. 또한 얼마나 효과적으로 목표를 달성하는지를 테스트하기 위해서이다. 도서관들은 전자자원과 실물장서 사이의 우선순위 결정에 있어 조화를 추구한다. 온라인 논문의 전문 제공 비용 대 인쇄 논문 제공 또는 상호대차 전달 서비스 비용의 비교는 전자자원의 비용효과를 평가하는 하나의 수단이 된다.[38]

학제적 영역 Interdisciplinary Fields

학제적 영역은 장서평가에 독특한 문제를 제기할 수 있다.[39] 생태학ecology과 환경학environment, 생명윤리학bioethics, 여성학women's studies, 생명공학biotechnology과 유전공학genetic engineering, 그리고 다양성 및 다문화주의 등에 대한 연구는 매우 유동적으로 진화하고 있다. 이들 분과학문들은 전통적으로 도서관 분류표library's classification schemes 및 주제명 표목subject headings에 반영되어 있다고 하더라도, 학제적 분야의 학습, 교육, 연구가 지니는 기본적 성질로 인해 장서의 분석도 여러 전통 분과 학문을 횡적으로cross 연결하여 분석하지 않을 수 없는 것이다. 학제적 영역은 경계를 초월하는 여러 분야에 관련된 핵심자료들이 있을 수 있다. 학제

---

38) Cecilia Botero, Steven Carrico, and Michele Tennant, "Using Comparative Online Journal Usage Studies to Assess the Big Deal," Library Resources and Technical Services 52, no. 2 (2008): 61–68.

39) Terese Heidenwolf, "Evaluating an Interdisciplinary Research Collection," Collection Management 18, nos. 3/4 (1994): 33–48; and Cynthia Dobson, Jeffrey D. Kushkowski, and Kristin H. Gerhard, "Collection Evaluation for Interdisciplinary Fields: A Comprehensive Approach," Journal of Academic Librarianship 22 (July 1996): 279–84.

간 연구의 주제범위가 확장되기 때문에 청구기호call numbers에 기초한 분석은 난점difficulties이 있다. 인용 연구 및 이용자 조사는 학제적 영역의 분석에 유효한 대안이 될 수 있다.

장서중심 분석 방법 Methods of Collection-Based Analysis

장서중심 분석 방법은 정량적 방법과 정성적 방법, 그리고 그 두 가지 모두를 활용할 수 있다. 만일 전체 전자자원(분류 여부에 관계없이)이 도서관의 목록에 들어 있다면, 이러한 분석방법들을 적용할 수 있다.

장서 프로파일 Collection Profiling

장서 프로파일이라는 용어는 장서개발 설명서collection development statement와 동의어로 사용된다. 또한 프로파일profile이라는 말은 도서관이 승인플랜 벤더에게 자료의 조건을 제시하는 일련의 기준 세트set of criteria를 의미한다. 이 용어가 장서분석에 사용될 경우, 장서 프로파일은 어떤 시점에서 장서의 수량적 모습numerical picture을 축적하는 과정으로서 통계적 기술statistical description이라는 의미로 사용된다. 장서 프로파일은 특정 분류 범위 내에서의 도서관이 소장하는 적정 자료의 종수라 할 수 있으며, 보다 넓은 범주에서는 그림책, 청소년자료young adult books, 일반자료adult books(역자 주 : adult books을 '성인자료'라고 표현하면 우리사회에서는 뜻이 왜곡되는 경향이 있어 '일반자료'로 표현하였음)들의 적정 종수라고 할 수 있다. 장서프로파일은 10년 주기로 정리된 출판연도에 의한 자료의 분포를 나타낼 수 있고 이는 자료의 종수와 묶어서 제시할 수 있다(역자 주 : 예를 들면 2000년부터 2009년 사이에 출판된 도서 중 철학, 종교, 사회과학분야 등으로 종수를 제시할 수 있다).

장서 프로파일은 원하는 데이터를 작성할 수 있도록 설계된 도서관의 자동화 시스템을 이용하여 쉽게 출력할 수 있게 되었다. 데이터는 여러 가지 질문 및 상이한 목적에 답하기 위해 여러 가지 방법으로 조정할 manipulate 수 있다. Anna H. Perrault와 그의 동료들은 공유 목록shared catalog으로부터 데이터를 추출, 플로리다대학Florida community colleges 소장 자료의 프로파일을 생성하는 분석 프로젝트 보고서를 발표하였다.40) 이 프로젝트는 29개의 미 의회도서관 분류LC classification범위에 따라 출판 연도별 자료의 종수를 제시하고, 10년 단위로 출판주기를 적용하여 구분하였으며, 개별 장서에 대한 특수 데이터를 제공하였다. 예를 들면 이 프로파일은 전체 장서의 55%는 1960년대와 1970년대에 출판된 장서라는 것을 보여주었다.

장서 프로파일은 미래의 장서 분석을 위한 기초 데이터를 제공할 수 있고, 협력적 장서개발과 관리에 대한 정보를 제공하며, 자금 제공자와 이해관계자들에게 장서를 통계적으로 설명함으로써 개선이 필요한 영역 및 추가 자금지원의 보장 필요성을 인식시킬 수 있다.

목록 체크 List Checking

목록 체크는 선택담당자가 분석 대상이 되는 소장 자료의 목록과 주제

---

40) Anna H. Perrault, "An Assessment of the Collective Resources Base of Florida Community College Library Collections: A Profile with Interpretative Analysis,"Resource Sharing and Information Networks 14, no. 1 (1999): 3 - 20.

분야에서 적절하다고 인정된 목록을 비교하는 것이다. 비교 목록으로는 다른 도서관의 목록, 일반 목록general list, 특수목록 및 서지, 출판사나 판매상 목록, 연도별 주제목록, 전문단체 및 정부기관의 목록, 강의 실러버스course syllabus 또는 추천도서 목록, 자주 인용되는 저널 목록, 색인 초록 서비스에 등장하는 저널 목록, 전문 도서관의 최근 수서 목록, 전문 도서관을 위해 준비한 목록, 이용자 단체 또는 특수 목적으로 준비된 목록 등이 있다. 한 예로 현재 개정 3판이 나와 있는 청소년을 위한 좋은 책Best Books for Young Adults 목록을 들 수 있다.41) 장서 분석을 위한 상업적 도구 목록 체크 양식(form)이며 이들은 한 도서관의 장서를 동종 도서관들이 보편적으로 소장하는 장서 목록과 비교하는 것이다. 장서 연구는 도서관이 소장 자료 목록의 자료별 점유 비율을 알아보는 것이다. 목록 체크는 양적 분석이라기보다는 질적 분석에 가깝다.

도서관이 특정영역에 역점을 두고 특별히 준비한 목록과 비교하여 장서를 점검, 증명하는 여러 가지 연구들이 진행되어 왔다. 이러한 목록들은 도서관들이 컨스펙터스Conspectus와 같은 분석도구에 의거 그들 장서의 강점을 이해하고 증명할 수 있도록 정확하고 일관성 있는 목록으로 짜야 한다. 본장에서 이미 언급한 장서 강도strength의 간략테스트는 목록 체크의 한 형태라 할 수 있다. 점검을 위해 선택된 어떤 리스트든지 도서관의 프로그램과 목적에 부합되어야 하고 주제별 장서에 적절해야 한다.

목록 체크 방식은 적용하기가 쉽고, 여러 다른 도서관의 요구에 알맞은 목록들을 이용할 수 있기 때문에 흔히 활용되고 있다. 사서들은 권위

---

41) Holly Koelling, ed., Best Books for Young Adults, 3rd ed. (Chicago: American Library Association, 2007).

와 능력 면에서 믿을만한 사람들이 작성하는 목록을 발견할 수 있다. 그러한 목록은 전체적 또는 부분적으로 활용될 수 있다. 발간되는 많은 목록들은 자주 업데이트되고 있으며, 일정한 간격intervals으로 장서를 점검하는데 이용할 수 있다. 목록체크방법은 분석 대상 장서에 대한 지식뿐 아니라 주제 및 세부 주제 문헌에 대한 선택담당자의 지식을 증대시켜준다. 선택담당자는 체크 목록을 활용하여 필요한 자료 가운데서 빠진 자료를 보충 구입할 수 있다.

목록 체크는 정성적 기법과 정량적 기법을 종합한 것이다. 사서가 체크 목록을 선택하는 것과 목록을 개발하는 것은 주제 중심적 결정(역자 주 : 정성적 기법)이라 할 수 있다. 그러나 그 결과는 도서관 소장 목록에 포함된 자료들의 종수(타이틀 수) 통계보고서(역자 주 : 정량적 기법)이다. 보고서를 분석할 때 사서들은 자관 소장 자료가 비교목록에 포함된 비율을 장서의 질적 수준이라고 판단한다. 목록 체크는 또한 최저 범위low coverage와 자기도서관에 누락된 자료titles not held들의 틈새gap를 파악할 수 있게 해 준다.

목록체크는 장점과 단점을 함께 지니고 있다.[42] 예전부터 도서관들은 비교체크용 목록을 선택도구로 이용해왔다. 어떤 개인 또는 단체가 준비한 목록은 작성자의 의견이나 편견이 반영되어 있다. 목록의 가치는 그 안에 들어 있는 자료들이 도서관의 이용자와 프로그램을 지원하는데 필요한 가치 있는 자료들일 것이라는 가정에 근거를 두고 있다. 선택담당

---

42) For studies on the utility of list checking, see Robert N. Bland, "The College Textbook as a Tool for Collection Evaluation, Analysis, and Retrospective Collection Development," Library Acquisitions: Practice and Theory, nos. 3/4 (1980): 193－97; and Anne H. Lundin, "List-Checking in Collection Development: An Imprecise Art," Collection Management 11, nos. 3/4 (1989): 103－12.

자가 도서관의 사명과 분석 대상 장서에 꼭 맞는 체크용 목록을 찾아내기는 쉽지 않다. 최신 목록을 찾아내는 것도 어려운 문제다. 목록에 있는 자료 중에는 절판된 자료도 있을 수 있다. Carol A. Doll은 학교도서관미디어센터 장서를 평가할 때 주의할 점은 표준 서지에 너무 의존해서는 안 된다는 것이다. 왜냐하면 그러한 서자목록들은 간혹 심각할 정도로 시대에 뒤떨어진 것들이 있을 수 있기 때문이다.[43] 또한 많은 목록들은 전체 연령대를 대상으로 자료들을 나열하고 있어서 특정 연령대에 서비스하기 위한 장서를 비교할 경우에는 별로 쓸모가 없다. 선택담당자는 체크목록에 수록된 이후에 출판된 분석대상 소장자료에 필요한 보완적 도구supplemental tool를 찾아야 한다.

직접적 장서분석 Direct Collection Analysis

직접적 장서분석은 서가 스캐닝shelf scanning이라고도 하는데, 문헌에 대한 지식을 가진 사람이 장서를 직접 물리적으로 검토하는 것이다. 그런 사람은 장서의 규모, 범위, 심도, 형태(교과서textbooks, 문서documents, 지장본paperbacks, 기초수준, 고급수준, 전문적 수준), 장서에서의 중요도, 출판날짜 범위, 자료의 물리적 조건 등에 대하여 결론을 도출한다. 이 과정에서 보존, 보호, 수선, 대체 필요성도 평가할 수 있다. 이 기법은 장서가 소규모일 경우 또는 주제범위가 극히 제한적인 경우 가장 실질적인 방법이다. 평가자의 의견진술은 평가 결과의 신뢰성 확보에 충분할 정도가 되어야 한

---

43) Carol A. Doll, "Quality and Elementary School Library Media Collections," School Library Media Quarterly 25 (Winter 1997): 95 - 102.

다. 물리적 분석은 일종의 노동이며, 시간 소모적이며, 개인적 판단에 의존한다.

이 방법의 한 가지 장점은 어느 도서관 장서나 주제에도 적절하게 적용할 수 있다는 것이다. 평가 대상 장서가 다루기 쉬운 규모라면, 그 장서의 강점, 약점, 그리고 장서의 조건 등을 신속히 평가할 수 있다, 이 기법은 시간이 소요되더라도, 선택사서들이 한 번에 한 부분씩 작업을 하고자 한다면 대규모 도서관 장서에도 적용할 수 있다. 직접적 장서 점검은 자료들을 직접 다루기 때문에 여러 가지 목표를 동시에 달성할 수 있다. 이는 또한 신임 선택사서들을 위한 학습도구로서도 유용한 면이 있다. 왜냐하면 서가 점검과정에서 장서에 대한 개인적인intimate 지식(역자 주 : 직접 서가점검에서 얻는 장서에 대한 체험적인 지식)을 습득할 수 있기 때문이다.

직접 장서점검의 문제는 평가자 개인의 관점에 의존하며 물리적 자료에만 가능하다는 것이다. 각 선택담당사서들은 자기들이 구축한 장서를 평가함으로서 평가의 목표를 제대로 구현하지 못할 수도 있다. 주제나 문헌을 잘 아는 외부 평가자는 이 프로젝터에 시간을 많이 투자해야 하고, 적정한affordable 평가자를 모집하기도 쉽지 않다. 외부 평가자는 도서관의 장서개발정책과 같은 개별 도서관 사정을 파악하지 못하여 이용자 사회와 지역적 맥락을 잘 알고 있는 사람이 평가하는 것보다 효과가 떨어질 수 있다. 이 방법은 주제 중심적, 인상적인 방법이기 때문에 비교정보를 제공하지는 못한다. 발견한 사실을 주의 깊게 기록해야 통계리포트를 작성할 수 있지만 리포트의 정확성이 떨어진다. 이 방법은 서가에서 자료를 검사하기 때문에 서가에 없는 자료들은 평가할 수 없다. 그래서 모든 전자 자료는 물론 자원 공유를 통해 이용할 수 있는 자료들이 평가에서 배제될 수밖에 없다. 평가자는 서가목록과 소장목록, 그리고 대출기록을 검토해야 한다. 이런 기록 정보를 채우는 것만으로는 자료의 상태와 조건을 파악하기 어렵다. 장서 점검은 작은 도서관에서, 사서들이 시간적 제약time constraints을 받지 않고 장서에 초점을 맞추어 평가할 경우 가장 적절하게 적용할 수 있는 방법이다.

직접 장서분석의 여러 가지 변형으로 서가에 있는 자료들을 실제로 점검하는 대신 인쇄 목록이나 전자 파일 서가목록으로 작업할 수도 있다. 이 방법에서는 비록 실제 자료를 만지지는 않지만 자료들에 관하여 즉시 이용할 수 있는 정보를 작성할 수 있는 장점이 있다. 장서의 연령, 출판물의 언어, 복본 비율, 주제범위 같은 상세한 정보를 쉽게 수집할 수 있다. 청구기호를 이용하여 장서의 주제별 분포를 계산할 수 있고, 저작권의 유효날짜를 알아볼 수 있다. 또 대출데이터를 종합하여 보고서를 작성할 수 있다. 이러한 보고서는 업데이트, 제적, 확장 등이 필요한 주제영역을 찾아내는 데 유용하게 사용될 수 있다. 질적 정보는 서가목록에서 수집된 양적 정보들을 보완하기 위하여 사용될 수 있다. 이 방법의 기본적인 결점은 분류된 서가목록에서는 많은 아이템 및 다양한 형태의 자료들이 제외된다는 것이다. 전자 자원 및 마이크로필름 같은 장서 부분이 서가목록에 분류되지 않고, 장서가 2개 이상의 분류스케줄로 쪼개질 수 있다는 것이다.

통계 비교 Comparative Statistics

도서관들은 여러 해 동안 장서의 상대적 강점을 판단하기 위하여 '더 큰 것이 더 좋다'는 가정아래 장서의 규모 및 자료비용에 관한 통계를 비교해 왔다. 장서의 심도depth와 범위breadth는 질적인 측면이지만 부분적으로는 장서의 규모를 나타낼 기능이 있다. 그러나 수량적 계산으로는 장서의 품질을 측정하지 못한다. 미국연구도서관그룹의 회원도서관들은 많은 영역에서 비교 통계보고서를 제출하고 있는데, 여기에는 장서측정도 포함되어 있으며, 이 통계는 ARL 통계 웹사이트statistics website(www.arl.org/stats/)에서 유지 관리되고 있다. ARL은 매년 가중치 통계공식weighted index formula을 산출, 회원 대학도서관들을 위한 인덱스 통계공식index formula을 제작하고 있다. 2007년에는 비용에 초점을 맞춘 통계표(총 도서관운영비, 전문직 인건비, 자료구입비, 전문 직원 및 보조직원 수)를 작성하였다. 회원 도서관들은 매년 이 표에 나타난 랭킹 순위를 참조하고 있으나, ARL은 이 통계가 도서관의 서비스, 장서의 품질, 또는 이용자 요구의 충족정도를 측정한 것이 아님을 분명히 하고 있다. ARL은 또한 산출outcomes, 영향 impacts, 고객만족에 기초한 품질에 역점을 둔 새로운 측정법(www.arl.org/stats/initiatives/)을 개발했다. 그리고 장서, 서비스, 협력적 상호관계를 종합한 서비스 기반 지표service-based index의 개발 작업을 진행 중이다.

도서관들이 특정 통계를 수집하고 비교할 경우 각 통계요소의 정의 및 측정도구와 방법을 검토해보아야 한다. 일관성이 없는 비교는 의미가 없다. 도서관들은 전통적으로 장서 수volumes 및 종수titles(역자 주: 몇 종 몇 권), 형태format, 증가율rate of net growth, 형태별 자료예산 및 총 자료예산으로 장서의 규모를 측정한다. 나아가 제본한 자료 수, 보존 및 보호처리 conservation treatments 비용도 비교대상에 포함할 수 있다. 이밖에도 장서의 중복정도, 유일 장서 보유 정도도 비교대상으로 자주 이용된다. OCLC의 월드캣 장서분석도구WorldCat Collection Analysis tool는 장서의 중복 및 유일 장서를 측정하는 상품commercial product이다. 도서관들은 얼마나 많은 장서를 소장하는지, 장서의 몇 퍼센트가 2개 이상 도서관에서 유일한 장서인 지를 알아내고자 한다.

비교에 사용되는 통계는 여러 가지 방법으로 수집할 수 있다. 도서관 자동화시스템은 정기적으로 업무처리의 누적통계 시스템에 기초하여 또는 특별히 마련된 프로그램을 통하여 통계를 생성할 수 있다. 이 통계 보고서들은 특정 기간 동안의 활동(자료의 추가, 제적, 자료비용 등) 및 자료의 총량을 수록한다. 비교에 활용할 수 있는 다양한 자원들을 자체적으로 찾아볼 수 있다. 국립교육통계센터The National Center for Education Statistics는 대학도서관 비교 및 공공도서관 비교를 위한 웹 도구를 제공하는데, 이는 각 도서관으로 하여금 그들의 장서를 동급 기관peer institution 또는 동급 단체peer group와 비교해 볼 수 있도록 해 준다.[44]

분명하게 정의된 측정방법들을 사용한다면 그러한 통계는 비교분석에 활용할 수 있고 광범위한 이용자wide audience들에게도 의미가 있는 분석이 될 것이다. 또한 통계가 정확하다면 도서관은 객관적인 수량 데이터quantifiable data를 제공할 수 있다. 그러나 편집된compilations 통계가 문제가 없는 것은 아니다. 만일 도서관 장서의 부분들이 목록이 작성되지 않았거나 온라인 또는 서류파일에도 반영되어 있지 않다면 그 통계는 정확하지 않을 것이다. 나아가 수작업 통계 수집은 노동집약적인 일이며 장서를 수작업으로 관리하거나 카테고리의 정의를 일관성 없이 적용할 경우 데이터는 정확성을 잃게 된다. 이렇게 되면 결과적으로 도서관 간 비교

---

44) Institute of Education Sciences, U.S. Department of Education, National Center for Education Statistics, Library Statistics Program, Compare Academic Libraries (http://nces .ed.gov/surveys/libraries/ compare/index.asp?LibraryType=Academic) and Compare Public Libraries (http://nces.ed.gov/surveys/ libraries/compare/index.asp?LibraryType=Public).

분석을 할 수 없게 된다. 결국 그러한 통계로는 장서의 품질을 측정할 수 없고, 그들 도서관의 장서수준을 증명할 수 없게 된다.

표준의 적용 Application of Standards

전문 단체, 소유 기관accrediting agencies, 재정기관, 도서관위원회 등이 관련 도서관을 대상으로 개발한 장서 및 자원에 대한 표준은 해당 기관의 도서관에서 적용된다. 이러한 표준은 시효가 지난 책들prescribing volume counts, 예산규모, 적용공식applying formulas 등으로부터 이제는 적정성adequacy, 접근성access, 이용가능성availability 등으로 이동되고 있다. 미국도서관협회ALA 및 분과위원회들은 여러 가지 유형의 도서관에 대한 표준 및 산출측정도구output measures의 개발을 선도해왔다.

미국 학교도서관 사서협회the American Association of School Librarians와 교육 커뮤니케이션 기술협회the Association for Educational Communications and Technology가 발행한 "정보의 힘; 학습을 위한 파트너십 구축Information Power: Building Partnerships for Learning"은 학생들의 정보리터러시 학습 결과에 대한 정성적 표준을 제시하였지만 정량적 측정에 대해서는 아무런 표준을 제안하지 않았다.45) 어떤 주에서는 국가 표준을 보완하는 표준을 마련하기도 한다. 예를 들면, 미네소타 교육미디어기구the Minnesota Educational Media Organization 는 정량적, 정성적 표준을 담은 "효과적 학교도서관 미디어 프로그램을

---

45) American Association of School Librarians and Association for Educational Communications and Technology, Information Power: Building Partnerships for Learning (Chicago: American Library Association, 1998).

위한 미네소타 표준Minnesota Standards for Effective School Library Media Programs"
을 개발하였다.46) 이들 표준은 학생 1인당 최소수준minimum, 표준수준
standard, 모범적 수준exemplary에서의 유효(예, 10년이 넘지 않은 장서의 평균 연
령) 인쇄 자료 및 전자 자료 건수 기준을 제시하고 있다. 또한 텍사스 주
도서관 및 아카이브 위원회The Texas State Library and Archives Commission는 "학
교도서관 프로그램 : 텍사스 표준 및 가이드라인 School Library Programs:
Standards and Guidelines for Texas"을 마련하였다. 이 가이드라인은 주당, 학생
1인당, 인쇄자료의 평균 건수, 인터넷, 온라인 자원 이용 건수 및 학생 및
교직원이 대출한 자원의 건수number of resources checked out 등 추적 가능한
통계 포인트data points를 제시하고 있다.47)

2004년의 대학 및 연구도서관협회 표준The 2004 Association of College and
Research Libraries standards은 고등교육기관의 모든 형태의 도서관을 대상으
로 하는 "학생들의 학습 결과 및 기관의 효과성 제고를 위한 도서관의
기여도 측정 focus on documenting the library's contribution to institutional effectiveness
and student learning outcomes"이라는 기준을 제시하였다.48) 그들은 더 이상
시효prescriptive에 의한 것은 아니다. 일찍이 연구도서관 협회 표준이 제시
한 바와 같이, 적정 규모를 제안하는 대신 2004년의 표준에서는 동급 도
서관과의 비교 포인트 및 내부 기간분석internal longitudinal analysis 포인트를
제시하고 있다. 비교분석을 위한 투입 측정은 학생 및 교수요원에 대한

46) Minnesota Educational Media Organization, Minnesota Standards for Effective School Library Media
    Programs, www.memoweb.org/htmlfiles/linkseffectiveslmp.html.
47) Texas State Library and Archives Commission, "School Library Programs: Standards and Guidelines for
    Texas," www.tsl.state.tx.us/ld/schoollibs/sls/toc.html.
48) Association of College and Research Libraries, "Standards for Libraries in Higher Education" (June
    2004), www.ala.org/ala/acrl/acrlstandards/standardslibraries.cfm.

장서의 비율, 학생 및 교수 요원에 대한 연간 장서 증가 비율을 산출하는 것이다. 동급 도서관을 비교할 수 있는 산출의 측정 및 기간분석에 있어서는 학생과 교수요원들을 합산한 대출 비율과 상호대차 신청 비율도 포함된다. 산출 평가는 언제나 질문의 설정과 해답의 결정 둘 다 문제가 많다.

미국도서관협회ALA 및 다른 전문기관 단체에서 개발한 표준은 일반적으로 권위가 있는 것으로 생각되기 때문에 널리 채택되고 있다. 이들의 신빙성이 높다는 것은 도서관을 효과적으로 지원할 수 있다는 것을 의미한다. 도서관 유형별로 연구된 표준이 있다면, 이는 일반적으로 도서관의 목적에 잘 부합될 것이다. 표준은 유사한 형태의 도서관을 비교하는 분석 틀framework을 제공한다. 그러나 외부에서 개발한 표준을 적용하면 문제가 될 수 있다. 어떤 표준은 매우 일반적이어서 특정 장서에 적용하기 어렵다. 외부에서 개발한 표준은 하나의 의견opinion으로서 누구나 그 표준에 동의할 수 있는 것은 아니다. 또한 개별 직원들은 보고 결과를 동의하지 않을 수 있고, 수용accept하지 못할 수도 있다. 어떤 표준은 소장 자료 건수, 자료예산, 장서수준 등에 최소 수준을 설정함으로써 이러한 최소수준을 도서관의 목적으로 여길 수도 있는 우를 범할 수 있다. 예를 들면, 만약 어떤 대학도서관의 장서 수가 최저수준을 약간 초과한 것으로 보고되었다면, 사람들은 그 도서관의 장서가 목표를 초과 달성한 것으로 해석하기 때문에 합당한 장서로 믿을 수 있다는 것이다.

이용 및 이용자 중심 분석 Methods of Use and User Centered Analysis
이용 및 이용자 중심 분석은 정량적quantitative, 정성적qualitative, 그리고 이 두 가지의 종합분석combination of the two이라 할 수 있다. 이용 및 이용자 데이터의 수집 및 분석은 이용자의 프라이버시users' privacy를 보호하고 존중하는 방법manner으로 다루어야 한다. 이용자 의견조사, 이용자 관찰user observation, 그리고 전자 자원의 범위와 심도에 대한 인식, 접근과 이용의 편의성 등을 알아볼 수 있는 포커스 그룹focus groups 등을 설계해야 한다. 도서관직의 기본 원칙은 이용자들의 정보 추구와 관련하여 이용자들의 프라이버시를 보호하는 것이다. 대부분의 대학도서관들은 인적human subjects 데이터를 수집하는데 있어 준수해야 할 정책을 가지고 있으며, 개인의 복지와 프라이버시에 손상을 입히지 않는다는 것을 확실히 하고 있다. 여러 주정부도 시민의 프라이버시를 보호하는 법규statutes를 가지고 있다. 전자적 환경에서는 개인 정보를 수집하기가 더 쉬워졌다. 2002년 7월 국제 도서관 컨소시엄 연합the International Coalition of Library Consortia은 "전자자료 벤더를 위한 프라이버시 가이드라인을 지지한다고 선언했는데, 여기에는 "출판사는 출판물 이용자의 프라이버시를 존중해야 한다. 따라서 출판사는 법률에 의하지 아니하고는 출판물 이용자에 관한 개인 정보를 이용자의 허락 없이 제 3자에게 공개해서는 안 된다."는 조항을 두고 있다.[49] 이용자 및 이용연구를 수행하는 사서들은 데이터를 수집하는 동안 개인의 프라이버시를 보호하도록 유념해야 한다.

---

49) International Coalition of Library Consortia, "Privacy Guidelines for Electronic Resources Vendors" (July 2002), www.library.yale.edu/consortia/2002privacyguidelines.html.

인용 연구 Citation Studies

인용 연구는 계량서지bibliometrics의 한 형태로서 학술 문헌 이용의 성격을 기술하고 예측하는, 도서관 자산properties에 대한 정량적 분석이다. 근거 자료는 서지 참고문헌을 탐색하는 것이며, 이러한 인용사항들이 장서 분석에 이용된다. 인용연구는 자주 인용되는 출판물이 더 가치가 있고, 미래에도 계속 많이 이용될 것이며, 결과적으로 도서관 장서로서 매우 중요하다는 가정에 기초를 두고 있다. 인용 분석은 목록 체크와 밀접하게 연결되어 있고, 자료가 인용된 횟수 및 인용 순위(또는 둘 다)를 측정하는데, 예를 들면, 각주 참고문헌, 권말 참고문헌, 색인, 초록, 그리고 이들 수치의 비교 분석으로 이루어진다.

인용연구에서는 사용하는 기본적 접근방법은 2가지로 나누어 볼 수 있는데, (1) 많은 학자들이 인용한 문헌을 기초로 출판된 인용 연구를 활용하는 방법, (2) 특정 도서관에서 도서관 이용자들에 의해 인용된 문헌을 조사 연구하는 것이다. 첫 번째 방법은 Thomson Scientific(formerly ISI)사의 인용데이터 및 Thomson Scientific's 학술논문 인용보고서Journal Citation Reports를 이용할 수 있다. Thomson Scientific사는 주요 저널에 대하여 인용빈도frequency of citation, 영향요인impact factor, 학술연구사회에 미치는 영향influence in the research community 등을 평가한다. 이 데이터의 가치에 대해서는 몇 몇 학자들이 의문을 제기한 바 있다.[50] 후자는 관내 접근방법으로서 도서관 이용자가 작성한 연구 보고서, 석사, 박사학위 논문을 추적하여 인용 자료를 조사하는 것이다. 한 자료가 얼마나 많이 인용되는

---

50) Mike Rossner, Heather Van Epps, and Emma Hill, "Show Me the Data," Journal of Cell Biology 179, no. 6 (2007): 1091 - 92.

가에 따라 자료의 상대적인 중요도를 설정하는 것이다. 인용연구는 특히 학술 저널이 중요부분을 차지하는 장서를 평가하는 데 매우 유용하다. 이 방법은 장서가 이용자의 연구 수요에 반응하여 어느 정도 이용되는지를 알아내고 기본적인 핵심장서 목록을 개발하며, 구독 취소 및 창고 보존 대상 저널을 가려내기 위하여 가장 많이 이용된다. Thomas E. Nisonger는 2008년의 한 연구프로젝트에서 데이터베이스의 내용 평가 기법으로서 인용데이터를 시험한 바 있다.[51]

학교도서관미디어센터는 이용자들의 정보 요구 및 인용통계를 체크하기 위하여 학생들이 이용한 자료의 서지목록들을 활용할 수 있다. 그러나 만일 학생들이 평가 대상 장서만을 이용한다면 그러한 인용 연구의 가치는 의문시된다. 또한 그러한 서지목록은 학생들이 리포트를 작성한 주제, 리포트를 작성한 학생 수, 서지사항을 요청한 교사의 수가 매우 제한적이라는 단점이 있다.

인용 연구에서 수집된 데이터는 분석을 위한 카테고리별로 쉽게 정리할 수 있다. 인용 연구에서는 문헌의 트렌드를 식별할 수 있다. 온라인 데이터베이스에서는 인용자료 목록을 효율적으로 신속하게 수집할 수 있고, 출판된 인용색인지도 활용할 수 있다. 그러나 외부에서 준비한 인용색인 리스트는 도서관의 서지 형식과 일치되지 않으며, 이용자의 요구나 주제 분야 연구에서 반영된 자료원의 리스트를 개발하는 것은 매우 도전적인 문제가 된다. 어떤 분과학문의 하위 영역들은 일반적 주제와는

---

51) Thomas E. Nisonger, "Use of the Checklist Method for Content Evaluation of Full-Text Databases: Investigation of Two Databases Based on Citations from Two Journals," Library Resources and Technical Services 52, no. 1 (2008): 4 - 17.

매우 다른 인용패턴을 보일 수 있다. 인용연구는 모든 분과학문에 적절하다고 볼 수는 없다. 인용에 나타나는 시간 지체는 그러한 연구가 각 분과학문에서 일어나고 있는 최근의 변화와 신간 저널의 출현을 반영하지 못한다는 것을 말해주는 것이다. 인용 분석은 시간 소모적이며 노동 집약적인 작업이다. 상담 및 기초 배경이 되는 자료는 중요한 자료지만 자주 인용되지 않을 수 있다. 결국, 인용 분석은 분석 작업 그 자체의 품질을 보장하지 못하는 것이다.

대출 연구 Circulation Studies

대출 연구는 도서관의 대출상황을 분석하는 것이다. 대출 정보는 이용자들이 대출하는 장서의 전 부분을 대상으로 그룹별, 지역별, 출판일자별, 주제 분류별, 대출 형태별(대출loans, 리콜recalls, 예약reserves, 갱신renewals)로 수집할 수 있다. 대출연구를 통하여 별무 이용 장서를 식별할 수 있으며, 이러한 장서들은 제적, 이전, 다른 곳에 이동 저장하는 등의 조치를 할 수 있다. 저조한 이용을 보이는 주제의 장서는 다음번 수서에서는 구입을 삭감할 수 있다. 사서는 자료 선택 시 많이 이용되는 자료의 복본 및 동일 주제 분야에서 추가자료 구입을 결정할 수 있다. 대출 통계는 선택된 주제 분야에서 이용의 패턴을 비교할 수 있고, 전체 장서에서 대표성을 갖는 자료의 형태를 파악할 수 있다. 이러한 정보는 장서개발의 실무 및 자금 배분에 변화를 줄 수 있다. 대출 및 관내이용을 종합한 저널 이용통계를 활용하면 이용 1회당 비용을 산출할 수 있고, 저널 구독을 취소하는 근거로 활용할 수 있다.

대출 데이터는 분석을 위한 카테고리로 쉽게 정비할 수 있고, 이러한 카테고리는 여러 가지 방법으로 수정할 수 있다. 예를 들면, 공공도서관은 소설 부문의 여러 카테고리에서 각 분관별로 비교하여 대출 데이터를 분석할 수 있고, 어떤 분관에서 더 많은 추리소설, 로맨스 소설, 공상과학소설 장서를 요하는지를 비교 분석할 수 있다. 학교도서관미디어센터는 자동화시스템을 이용하여 분류번호별로 명시된 장서의 연령에 관한 통계와 대출 데이터를 파악할 수 있다. 만일 시스템이 정보를 제공할 수 없다면 학교도서관 미디어전문가는 장서를 무작위로 추출하여 도서의 출판일자 평균을 산출할 수 있다. 대출 데이터를 보면 월별로 얼마나 많은 책이 대출되는지, 어떤 분야가 가장 많이 이용되는지, 어떤 영역이 자장 적게, 또는 아예 이용되지 않는지를 파악할 수 있다. 예를 들면, 듀이 십진분류법을 이용한 학교도서관의 통계에서 발견한 사항들, 즉 만일 대출 도서의 23%가 500권에서 나왔다면, 그리고 500권 안에 있는 자료에 소요된 예산이 전체 예산의 10%에 불과하다면 사서들은 비용을 비교 대상 교육과정에 따라 역점분야를 고려하여 예산을 재조정할 수 있다. 대출데이터는 쉽게 수집할 수 있고 또 통계가 객관적이라고 할 수 있다. 자동 대출 시스템을 이용하여 효율적으로 데이터를 수집할 수 있다.

대출 연구에서 문제가 되는 것은 대출기록은 시스템이 관내 이용 통계를 산출하지 못할 경우 관내 이용이나 전자자료 이용을 배제할 수밖에 없다는 점이다. 주로 많이 이용되는 자료의 대출 통계는 이용자들이 자료를 검색하고, 위치를 확인하고, 대출을 받기까지 성공한 경우만을 계산하기 때문에 자료에 대한 진정한 요구를 반영하지 못한다. 대출데이터는 이용자가 자료를 찾는데 실패한 경우나, 장서에 없어 자료 제공에 실패한 경우에 대해서는 아무런 정보를 제공하지 못하는 것이다.

관내이용 연구 In-House Use Studies

관내이용 연구는 도서관 내에서 이용자들이 이용한 자료를 도서관 직원이 재 배가한 기록을 활용하는 것이다. 관내이용 연구는 이용된 자료 또는 자료의 이용자에 초점을 맞출 수 있다. 또한 전체 자료 또는 장서의 일부분, 그리고 모든 이용자 또는 이용자의 샘플에 초점을 맞출 수 있다. 관내이용 연구는 대부분 대출하지 않는noncirculating 정기간행물 장서 또는 대출하지 않는 도서 자료를 연구 대상으로 한다. 이 연구는 이용되는 자료의 형태와 이용자의 유형 사이에 상관성을 알아볼 수 있다. 관내이용 연구는 대출 연구와 종합하여 장서의 이용에 관한 보다 정확한 정보를 얻어낼 수 있다.

대출하지 않는 자료에 대한 이용 연구는 이용자가 이용한 이후 재배가 하지 않은 자료를 파악하는 것으로 이용자의 협조에 의존하고 있다. 이용한 자료를 서가 옆에 놓아둠으로써 수작업 또는 직접 바코드로 이용을 추적하여 자동화 시스템으로 입력하는 것이다. 관내이용 연구는 이용자의 협조에 달려 있기 때문에 정확성이 떨어질 수 있다. 대부분의 도서관들은 직접 관찰을 통하여 비협조적인 이용자를 바로잡고 있다. 만일 연구를 제한된 시간 동안 진행한다면 피크타임이나 이용자가 없는 시간에 대한 이용실태를 반영할 수 없고 따라서 적절한 데이터를 산출할 수 없으므로 주의해야 한다. 관내이용 연구에서는 이용자들이 자료를 찾는데 성공한 경우만 알 수 있고 실패한 경우는 파악할 수 없는 단점이 있다.

이용자 조사 및 포커스 그룹 User Surveys and Focus Groups

이용자 조사는 도서관이 얼마나 이용자의 요구와 기대를 충족시키는 지, 그리고 충족시키지 못한 것은 무엇인지를 찾아내고자 하는 시도이다. 조사는 여러 가지 방법, 즉 구두, 전화, 이메일, 도서관 카탈로그나 웹의 팝업창으로, 웹을 통한 설문조사via web-based surveys로, 도서관 이용자 출입구에서 이용자에게 설문지를 돌려서 조사를 실시할 수 있다. 이용자 조사에서 얻은 정보는 장서의 이용자 만족 효과성에 대한 정량적, 정성적 평가에 이용될 수 있고, 구체적 문제해결에 도움을 주며, 도서관 이용자의 실제 사회를 파악할 수 있고, 더 나은 서비스를 요구하는 이용자 그룹을 확인할 수 있다. 또 장점과 결점에 대한 피드백을 받을 수 있고, 공공관계를 개선할 수 있으며, 이용자 교육에 도움이 되고, 이용자의 관심과 트렌드의 변화를 읽어낼 수 있다.

이용자 조사를 통해 도서관과 지역사회와의 관계를 개선할 수 있으며 이용자 및 비이용자nonusers 교육에 도움을 줄 수 있다. 이용자 조사는 대출통계와 같은 현행 데이터에 국한되지 않으므로 도서관으로 하여금 새로운 영역을 공부할 수 있도록 해 준다. 이용자로부터 직접 반응을 들어서 도서관 내에서 공유하지 못한 의견opinions에 대한 공감대를 넓혀나갈 수 있다. 조사는 짧고 간단한 것으로부터 길고 복잡한 것까지 광범하게 실시할 수 있다.

2000년 이래 미국연구도서관 그룹이 제안한 리브퀄LibQUAL+(www. libqual.org)은 하나의 온라인 조사 도구로서 모든 유형의 도서관들이 도서관 서비스 품질에 대한 이용자의 지각을 요청, 추적, 이해, 반응할 수 있도록 서비스를 제공하는 스위트 룸suite이라 할 수 있다.52) 2006년 한 해 동안 13개 나라에서 212개 도서관이 이 조사방법을 이용하였고, 이 조사

방법이 출현한 이후 500개가 넘는 도서관이 이 방법을 이용해 왔다. 리브퀄 플러스LibQUAL+는 사기업분야에서 서비스 품질 측정을 위해 창안한 SERVQUAL(Service Quality) 조사도구를 도서관용으로 변형한 것이다.[53] LibQUAL+는 기대된desired 서비스와 지각된perceived 서비스간의 격차gap scores를 산출하여 격차가 없거나 적을수록 서비스품질이 높다고 보는 것이다(역자 주: SERVQUAL의 구체적인 도서관 적용방법에 대해서는 이종권의 박사학위논문 "공공도서관 서비스 질의 고객평가에 관한 연구"참조). 물리적 장서 및 접근에 대해서도 지각된 품질을 측정하는 부분이 있다. 도서관은 이용자들이 최저 기대수준이하(예, 전자자원 접근)라고 말하는 영역을 파악할 수 있고 도서관 품질 및 이용자 지각의 양면에서 문제점을 해결해 나갈 수 있다. LibQUAL+도구를 이용하는 도서관은 장기적으로 데이터를 수집할 수 있고, 동급 도서관들과 문제점들을 비교해 볼 수 있다.

디지퀄DigiQUAL(www.digiqual.org/digiqual/index.cfm)프로젝트는 현 LibQUAL+ 프로토콜을 디지털도서관에서 제공하는 서비스에 맞게 용도 변경한 것이다. 미연구도서관그룹ARL의 도서관을 위한 "MINES(도서관의 전자 서비스 네트워크의 영향 측정 Measuring the Impact of Networked Electronic Services for Libraries) for Libraries"은 전자 자료 이용자의 인구통계학적 분석과 이용 데이터를 수집하는 새로운 온라인 조사 도구이다.[54] 이 방법

52) Yvonna S. Lincoln, "Insights into Library Services and Users from Qualitative Research: Designing the LibQUAL Survey Instrument," Library and Information Science Research 24, no. 1 (2002): 3 - 16.

53) A. Parasuraman, Valerie A. Zeitharnl, and Leonard L. Berry, "SERVQUAL: A Multiple-Item Scale for Measuring Consumer Perceptions of Service Quality," Journal of Retailing 64, no.1 (Spring 1988): 5 - 6.

54) Association for Research Libraries, Statistics and Measurement, New Measures, MINES for Libraries: Measuring the Impact of Networked Electronic Services, www.arl.org/ stats/initiatives/mines/index.shtml; Brinley Franklin and Terry Plum, "Successful Web Survey Methodologies for Measuring the Impact of Networked Electronic Services (MINES for Libraries)," IFLA Journal 32, no. 1 (2006):

은 자료접근을 위해 더 이상 도서관에 올 필요가 없는 이용자로부터 장서 관련 정보를 수집하는데 유용한 것으로 알려져 있다.

　포커스 그룹Focus groups 연구는 이용자 사회로부터 이용자를 대표하는 비공식 소집단(8명에서 10명 정도)을 선정하여, 선도적 토론을 통하여 조사연구를 실시하는 방법이다. 토론 사회자는 도서관의 특정 자원 및 서비스에 대하여 그룹의 반응과 의견을 끌어내기 위해 토론을 조정한다. 포커스 그룹 연구는 조사연구에서는 깊이 있는 대화 기회가 없어 파악할 수 없는 토픽과 이슈들에 대하여 원활한 대화를 통해 깊이 있는 정보를 수렴할 수 있다. 한 가지 어려운 점은 측정결과가 객관성이 부족하다는 것이다. 그러나 포커스그룹 연구는 자세한 코멘트, 문제점의 파악, 제안, 그리고 관심을 제고할 수 있다. 또 다른 문제는 참여자의 선정 및 참여 유도방법, 포커스 그룹의 적정 수 결정, 효과적인 토론기법, 토론 기록 유지, 발견한 사실의 분석과 공론화 등이다.

　간단한 조사도구라도 설계하기는 어렵다. 설문지 작성에 경험이 있는 사람이 질문과 해답을 끌어내도록 하는 것이 좋다. 도서관의 모 기관은 아무리 간단한 이용자 조사라도 인간적 요소가 들어가는 조사는 사전승인을 받을 것을 요구하는 경우도 있다. 어린이에 대한 조사 연구는 더 어려울 수 있다. 의견조사에서 나온 데이터를 해석하고 분석하는 일도 만만하지 않다. 이용자들은 장서에 관해서는 수동적이기 때문에 개인별 조사를 하게 되는데 이 경우 조사비용이 증가한다. 개인적인 관심이 있는 이용자라도 조사에는 협조하지 않아 조사결과가 왜곡될 수 있다. 대다수

28 - 40.

이용자들은 도서관장서의 실제와 이용가능성에 대하여 잘 알지 못한다. 이용자들은 적절한 장서가 무엇인지 판단하기 어렵다. 이용자 조사는 이용자의 지각, 의도, 실제 경험을 반영하지 않은 추상적 기억, 이용자의 행동 패턴 등을 기록하는 것이다. 이용자의 지각과 의견은 언제나 수량화 될 수 있는 것은 아니다. 이용자에 한정된 의견조사로는 비이용자에 관한 또는 비이용자로부터의 가치 있는 의견진술을 받아낼 수 없다.

도서관 상호대차 분석 Interlibrary Loan Analysis

상호대차를 통해서 신청된 자료는 신청자가 장서를 체크한 결과 장서에 없는 자료(비 소장 또는 분실), 또는 신청자가 필요로 하는 자료이므로 이것 역시 일종의 장서의 이용이라고 할 수 있다. 상호대차 분석으로 장서가 이용자의 요구를 만족시키지 못하는 영역을 파악할 수 있으며, 이를 통해 도서관의 자원 공유 협정을 모니터할 수 있다. 또한 현행 또는 소급 저널의 장서 추가 여부를 파악할 수 있는 방법이기도 하다. 상호대차 통계는 타이틀별, 분류기호별, 출판날짜별, 또는 언어별로 작성할 수 있다. 수서 및 대출 데이터와 관련하여 상호대차 통계의 일관성을 유지하기 위해서는 주제 분류별로 작성하는 것이 좋다. 또한 분석 결과는 장서개발정책 및 상호대차를 시행하고 있는 현재의 자원 공유 협정과 관련하여 해석되어야 한다. 상호대차 신청 통계는 신임 연구 직원, 신규 프로그램 수요, 지역사회의 변화, 또는 장서의 결함을 지적하는 가늠자이며, 예산의 배분 및 재 배분 결정을 위한 지침 정보가 될 수 있다. 상호대차 분석의 한 가지 접근 방법은 특정 주제영역의 상호대차활동을 관찰하여 이를 장서개발 정책의 장서수집 수준과 비교하는 것이다. 예를 들면 도서관이 컨스펙터스 수준 4(연구수준)로 정한 장서 영역에서 광범위하게 상호대출이 이루어지는 경우를 들 수 있다. 이것이 함축하는 의미는 도서관이 이 영역의 장서를 진정한 수준 4가 되도록 개발해야 한다는 것이다. 상호대차 통계 이용의 한 가지 문제점은 그 중요성을 해석하기가 어렵다는 것이다. 또한 상호대차 연구는 상호대차를 통해 신청하는 대신 다른 곳으로 가버리는 이용자들을 반영할 수 없다는 것이다.

문헌전달 테스트 Document Delivery Test

문헌전달 테스트는 도서관이 이용자들에게 그들이 필요로 하는 아이템을 제때에 제공하는 능력을 체크하는 것이다. 이 조사는 도서관 직원이 이용자가 되어 시행한다. 문헌전달 테스트는 인용 연구에 기초하고 있으며 만일 도서관이 어떤 자료를 소장하고 있고 자료의 소재를 파악할 수 있을 때 자료를 찾아서 제공하는 시간이 얼마나 오래 걸리는가를 테스트하는 것이다. 가장 빈번하게 이용되는 방법은 이용자의 정보요구를 반영한 인용문헌 목록을 분석하는 것이다. 외부에서 개발한 목록도 이용할 수 있다. 이 테스트에서는 도서관이 소장하는 아이템의 수 및 특정 아이템을 찾는데 소요되는 시간을 산정한다. 문헌전달 테스트는 이용자 요구를 충족하는 장서 용량의 객관적 측정치를 제공할 수 있다. 둘 이상의 도서관에서 동일한 목록을 이용할 경우 도서관 간 데이터를 비교할 수 있다. 이 테스트를 통해 서비스 문제에서 수정 가능한 부분을 파악할 수 있다. 벤치마킹 데이터를 수집하여 그에 따른 테스트를 통해 변화를 측정할 수 있다. 하나의 대표적 인용목록을 편집 사용하는 것은 어려움이 있을 수 있다. 이 테스트는 도서관 직원이 수행하기 때문에 자료의 위치

추적 에러error와 같은 이용자의 문제를 과소평가할 수 있다. 반복 테스트 또는 다른 도서관과 비교테스트를 수행하면 더 의미가 있다.

장서분석에 있어 위에서 설명한 각각의 방법들은 저마다 장점과 특징을 지니고 있다. 그러나 여러 가지 단점도 함께 지닌다. 단 하나의 방법만으로는 장서에 대해 완전히 파악할 수 없다. 장서를 효과적으로 분석하기 위해서는 이용자와 장서를 완전히 이해할 수 있도록 여러 가지 방법들을 종합하여 사용해야 한다. 대부분의 방법들이 후속 연구에 사용할 수 있는 비교 데이터를 제공해 준다. 정기적으로 연구를 반복 시행함으로써 도서관은 주의가 필요한 영역을 보강하면서 목적을 달성하는 방향으로 발전해 나갈 수 있다.

장서분석 계획의 수립 및 시행
Planning and Conducting a Collection Analysis Project

장서 분석은 지속적인 노력을 필요로 한다. 그러나 장서분석이 별개의 프로젝트로 제한되는 경향이 있다. 이상적으로는 도서관은 장서 분석 프로젝트를 반복적으로 기획하고, 장기적 분석 계획의 일부로 시행해야 한다. 각 프로젝트가 효율성과 효과성을 담보할 수 있도록 주의 깊게 기획해야 한다. 개별 선택사서 또는 업무그룹은 장서분석계획을 수립할 수 있다. 연구의 첫 단계는 연구의 목적을 정의하고 검증을 위한 가설을 설정하는 것이다. 프로젝트의 목표가 무엇이고, 어떤 정보를 왜 수집하고 어떻게 이용할 것인지를 분명히 해야 한다. 분석 계획은 특정한 질문에 해답을 줄 수 있도록 짜야 한다.

그 다음 단계는 수집 대상 데이터 및 데이터의 수집 및 분석 방법을 결정하는 일이다. 각각의 측정방법에 대한 정보를 수집하고 장점advantages과 단점drawbacks을 파악해야 한다. 각각의 접근방법은 강점과 약점을 지니기 때문에 일반적으로 한 가지 이상의 방법을 사용하는 것이 유리beneficial하다. 결과를 나타내는 양식format, 누구에게 보고할 것인가, 즉 직접 보고할 대상, 데이터로부터 생성할 도표table 등도 고려해야 한다. 각 데이터의 요소data element는 연구비와 연구의 복잡성에 관련되기 때문에 당초 목적의 정의에 사용된 엄밀한 기준rigorous standards에 의해 데이터를 선택해야 한다.

사서는 분석결과 보고 대상을 결정해야 한다. 이는 수석 장서개발책임자, 도서관장, 학교장, 자금지원기관 및 위원회 등이다. 하나의 분석 프로젝트는 하나 이상의 목적 또는 보고대상을 위해 사용할 수 있는 정보를 생성할 수 있다. 사서는 연구대상으로 사용할 장서의 일부분 또는 대표성을 갖는 표본을 결정해야 한다. 이는 다른 무엇보다도 장서의 규모와 분석 시간 및 분석대상 자원에 의해 결정된다. 분석 프로젝트의 모든 단계를 문서화함으로써 쉽게 반복 시행할 수 있도록 해야 한다. 사서는 다른 도서관과 결과비교를 할 것인지, 어떤 분류법classification divisions을 사용할 것인지, 그리고 통계의 카테고리statistical categories, 전문용어terminology 사용, 산출 측정output measures, 비교를 쉽게 하는 조사 질문survey questions 등을 고려해야 한다. 분석 프로젝트를 수행하기 전에 사서는 직원의 인력 시간staff time과 분석에 소요되는 자금을 추산해야 한다. 많은 분석 방법들은 시간 소모적이거나, 외부 전문가를 필요로 한다. 사서는 장서개발정책, 도서관의 사명과 목적, 이전에 실행했던 분석프로젝트 등 지금까지의 장서에 대한 정보를 검토해 보아야 한다.

데이터를 수집 분석한 다음에는 보고서를 작성 배포해야 한다. 보고서

체계는 일반 관행에 따르는 것이 좋다. 연구의 목적과 방법 그리고 당면한 문제점들을 설명해야 한다. 장서 분석에 대한 총평, 의도하는 목적을 기술해야 한다. 또 분석을 통해 발견한 사실, 장서의 강점strengths, 강하지 못한 점nonstrengths, 약점weaknesses 등도 요약해서 보고해야 한다. 좋은 보고서는 발견한 사실들을 문장과 그래픽으로 함께 표현한 보고서이다. 다음과 같은 내용은 시각적(차드나 그래프)으로 나타내는 것이 좋다.

> 다른 도서관과 비교한 장서에 관한 유용한 통찰useful insights about how the collection compares to other collections, 시간 경과에 따른 변화 추이how it is developing over time, 장서에서 드러난 의도하지 않은 틈새unintended gaps in the collection, 간 학문적 연구지원을 위한 강점과 약점strengths, and weaknesses in the support of interdisciplinary studies, 참여하고 있는 컨소시엄에 기여하고 있는 정도the extent to which [the] collection contributes to the whole of the consortia in which you participate, 하나의 분과학문 분야가 도서관 전체에 분산되어 있는 정도the scatter of material needed for one discipline across the full subject scope of the library, 등등[55]

효과적인 보고서는 데이터를 나누고, 해석한다. 관련되는 결론을 도출하고 특정한 자료 및 형태면에서 바람직하지 못한 약점을 지닌 영역에 대하여 개선 계획과 소요비용을 추산하여 제시한다.

---

[55] Gary M. Shirk, "Towards a Topography of Library Collections," Digital Information and Knowledge Management: New Opportunities for Research Libraries, ed. Sul H. Lee, 99 - 111 (Binghamton, N.Y.: Haworth, 2007), 106.

요약 Summary

장서 평가는 장서가 현장 및 원격 접근 양면에서 어느 정도까지 도서관과 모 기관의 목적, 요구, 사명을 충족시키는가를 측정하는 것이다. 장서 평가는 다른 도서관 장서와 관련하여 자관의 장서를 점검하고 비교의 도구로서 또는 자관의 장서를 재검토하는 기회로 삼는 것이다. 장서 분석의 기법으로는 정량적 기법과 정성적 기법이 있다. 이들은 장서의 이용 및 장서의 이용자에 초점을 맞추고 있다. 각각의 기법은 장점과 단점을 아울러 가지고 있다. 따라서 2가지 이상의 접근방법을 사용하는 것이 장서와 서비스에 대하여 보다 완전하게 이해할 수 있고 가치 있는 평가 결과를 얻을 수 있을 것이다. 컨스펙터스나 상업적으로 개발된 어떤 분석방법들은 표준적 정의 또는 분류 범주를 사용함으로서 도서관 간의 비교와 협력을 더 쉽게 해 준다. 장서 지도 기법은 도서관 장서를 학교 교육과정 지도와 연계하여 중점 영역과 그 틈새 격차를 비교할 수 있게 해 준다. 장서분석을 효과적으로 하기 위해서는 장서분석 프로젝트를 반복적으로 그리고 비교의 방법을 활용하여 실행해야 한다.

장서분석은 여러 가지 목적을 가지고 있다. 장서와 이용자에 대한 지식을 증진함으로써 선택사서는 도서관의 사명과 목적을 어느 정도까지 충족시키는지를 알 수 있고, 장서와 도서관의 사명 사이에서 적절한 장서 수집과 관리활동을 실행해 갈 수 있다. 수행 측정을 통하여 재정적, 전문적 책임을 점검하고, 이용자의 지각에 의한 품질, 비용 대 효율 및 효과, 그리고 자원에 대한 전문직의 책임의식을 나타내 보일 수 있다.

전자 자원의 분석은 또 다른 문제가 되고 있다. 많은 전통적 분석방법을 전자 자원에 쉽사리 적용할 수는 없다. 전자 자원은 대출의 개념이 없으며, 도서관 간 상호대차의 개념도 없다. 직접 장서 점검과 문헌전달 연구는 전자 자원에는 적용할 수 없다. 누가 어떤 전자 자료를 어느 정도로 이용하는지, 이용자 요구를 어떻게 충족시킬 수 있는지는 측정하기 어렵다. 효과성, 영향요인, 산출 데이터를 측정하기도 어렵다. 출판사와 벤다가 제공하는 이용 데이터 분석이 점점 표준 도구가 되고 있으며 효과성을 측정하는 방법으로 활용되고 있다.

장서 분석은 지속적, 체계적으로 수행되어야 한다. 장서분석 프로젝트를 수행할 때는 계획수립에 세심한 주의를 기울여야 한다. 연구를 수행하는 사서는 의도하는 결과 보고서를 산출할 수 있도록 자료 이용에 대하여 명확하게 이해하고 있어야 한다. 장서 분석은 장서개발과 관리에서 매우 중요한 업무분야가 되었으며, 모든 사서들은 장서 분석을 이해하고, 이를 어떻게 수행할 것인지, 어떤 목적으로 활용할 것인지를 이해하지 않으면 안 되게 되었다.

사례연구 Case Study

Brigit는 최근 메가 주립대학도서관Mega State University Library에 사서로 채용되었다. 그는 천문학astronomy, 우주물리학astrophysics, 지질학geology, 지구물리학geophysics, 물리학physics 전공 학과를 지원하는 장서 관리와 학과 연계활동을 담당한다. 이 프로그램은 약 3천명의 학생들에게 서비스하며, 이들 중 3분의 1은 대학원생이다. 전체 5개 학과의 교수요원은 110명이며, 상당수 보조 교원adjunct faculty이 근무한다. 각 학과들은 연구에 중점을 두고 있으며, 다년간에 걸쳐 많은 대규모 연구비를 받고 있다. 60명이 넘는 연구자들이 교수요원들과 함께 각 학과의 연구프로젝트에 참여하고 있다. 도서관은 주요 색인초록 도구에의 접근을 위한 라이선스 계약을 맺고 있고, 300종이 넘는 학술저널에 예약출판subscriptions권을 유지하고 있다. 최근 몇 년 동안 도서관은 위의 모든 저널에 대한 온라인 소급파일 접근 권한을 확보하였다. 다른 도서관들과는 달리, Mega State University 도서관은 저널의 구독 취소 압력을 받지 않았다. 그러나 전자 버전 구독을 위해 대부분의 인쇄 저널은 구독을 취소하였다. 학생, 교수, 연구자들은 전자 자료의 가치 및 이용 가능성을 명확히 이해하고 있다. 상기 5개 학과 주제 영역의 총 자료 예산은 658,000달러, 연속간행물(인쇄 및 전자 저널, 색인초록, 참고문헌 이용 라이선스) 예산은 547,000달러이다. 최근 몇 몇 교수들은 학부생들을 위한 최신 자료가 없다고 불평하고 있다. Brigit는 이런 교수들이 의미하는 바가 무엇인지, 어떤 문제가 감지perceived되고 실제real로 존재하는지를 더 파악하고자 한다.

과제활동 Activity

Brigit이 장서에 관하여 교수들의 관심을 이해하는데 적용할 수 있는 2가지 이상의 장서중심 분석 및 이용과 이용자 중심 분석방법을 파악할 것. 각 분석방법의 적용계획을 수립할 것. 계획에는 왜 그 방법을 적용하는지, 어떤 정보를 수집할 것인지, 어떻게 정보를 활용할 것인지, 분석 보고 대상자는 누구인지를 설명하고 프로젝트의 스케줄도 자세히 설명할 것. 첫 단계로는 한 가지 주제 영역에 초점을 맞추고, 그 분석 방법을 다른 주제 영역에 적용할 수 있는 아이디어를 제시할 것. 제안된 분석방법들이 서로 어떻게 보완되는지 설명할 것.

참고: 이 책의 초판에도 본 장의 정보와 관련한 사례연구 및 과제활동 문제를 제시하였다. 초판의 사례는 미국 도서관협회 사이트에서 찾아볼 수 있다(www.ala.org/editions/extras/John son09720)

참고문헌 Suggested Readings

Agee, Jim. "Collection Evaluation: A Foundation for Collection Development." Collection Building 24, no. 3 (2005): 92 - 95.

Armbruster, Chris. "Access, Usage and Citation Metrics: What Function for Digital Libraries and Repositories in Research Evaluation?" Working paper. Jan. 29, 2008. http://ssrn.com/abstract=1088453.

Bauer, Kathleen. "Indexes as Tools for Measuring Usage of Print and Electronic Resources." College and Research Libraries 62, no. 1 (2001): 36 - 42.

Beals, Jennifer Benedetto. "Assessing Library Collections Using Brief Test Methodology." E-JASL: The Electronic Journal of Academic and Special Librarianship 7, no. 3 (2006). http://southernlibrarianship.icaap.org/content/v07n03/beals_j01 .htm.

Becher, Melissa L., and Janice L. Flug. "Using Student Focus Groups to Inform Library Planning and Marketing." College and Undergraduate Libraries 12, nos. 1/2 (2005): 1 - 18.

Bertot, John Carlo, and Denise M. Davis, eds. Planning and Evaluating Library Networked Services and Resources. Westport, Conn.: Libraries Unlimited, 2004.

Biblarz, Dora, Stephen Bosch, and Chris Sugnet. Guide to Library User Needs Assessment for Integrated Information Resource Collection Management and Development. Collection Management and Development Guides no. 11. Lanham, Md.: Scarecrow, and the Association for Library Collections and Technical Services, 2001.

Bishop, Kay. "Evaluation of the Collection." In The Collection Program in Schools: Concepts, Practices, and Information Sources, 141 - 59. 4th ed. Westport, Conn.: Libraries Unlimited, 2007.

Blake, Julie C., and Susan P. Schleper. "From Data to Decisions: Using Surveys and Statistics to Make Collection Management Decisions." Library Collections and Technical Services 28, no. 4 (2004): 460 - 64.

Blecic, Deborah D., Joan B. Fiscella, and Stephen E. Wiberley Jr. "Measurement of Use of Web-Electronic Resources: Advances in Use Statistics and Innovations in Resource Functionality." College and Research Libraries 68, no. 1 (2007): 26 - 44.

Bradford, Jane T. "What's Coming Off the Shelves? A Reference Use Study Analyzing Print Reference Sources Used in a University Library." Journal of Academic Librarianship

31, no. 6 (2005): 546 - 58.

Calvert, Philip J., Daniel Dorner, and G. E. Gorman. Analysing What Your Users Need: A Guide for Librarians and Information Managers. London: Facet, 2003.

Choudhury, Sayeed, et al. "A Framework for Evaluating Digital Library Services." D-Lib Magazine 8, nos. 7/8 (2002).

www.dlib.org/dlib/july02/choudhury/07choudhury.html.

Clayton, Peter, and G. E. Gorman. "Updating Conspectus for a Digital Age." Library Collections, Acquisitions, and Technical Services 26 (2002): 253 - 58.

Colson, Jeannie. "Determining Use of an Academic Library Reference Collection: Report of a Study." Reference and User Services Quarterly 47, no. 2 (2007): 168 - 75.

Crawford, John. The Culture of Evaluation in Library and Information Services. Oxford: Chandos, 2005.

Dillon, Ken. "Collection Evaluation." In Collection Management for School Libraries, ed. Joy McGregor, Ken Dillon, and James Henri, 245 - 79. Lanham, Md.: Scarecrow, 2003.

Doll, Carol A., and Pamela Petrick Barron. Managing and Analyzing Your Collection: A Practical Guide for Small Libraries and School Media Centers. Chicago: American Library Association, 2002.

Durrance, Joan C., and Karen E. Fisher with Marian Bouch Hinton. How Libraries and Librarians Help: A Guide to Identifying User-Centered Outcomes. Chicago: American Library Association, 2005.

Duy, Joanna, and Liwen Vaughan. "Can Electronic Journal Usage Data Replace Citation Data as a Measure of Journal Use? An Empirical Examination." Journal of Academic Librarianship 32, no. 5 (2006): 512 - 17.

Elliott, Donald S., et al. Measuring Your Library's Value: How to Do a Cost-Benefit Analysis for Your Public Library. Chicago: American Library Association, 2007.

Fowler, David C., ed. Usage Statistics of E-Serials. Binghamton, N.Y.: Haworth, 2007.

Fraser Bruce T., Charles R, McClure, and Emily H. Leahy. "Toward a Framework for Assessing Library and Institutional Outcomes." portal: Libraries and the Academy 2, no. 4 (2002): 505 - 28.

Gorman, G. E., and Ruth H. Miller. "Changing Collections, Changing Evaluation." In Collection Management, edited by G. E. Gorman, 309 - 38. International Yearbook of Library and Information Management, 2000 - 2001. London: Library Association Publishing, 2000.

Greiner, Tony, and Bob Cooper. Analyzing Library Collection Use with Excel. Chicago: American Library Association, 2007.

Grover, Mark L. "Large Scale Collection Assessment." Collection Building 18, no. 2 (1999): 58 – 66.

Haycock, Laurel A. "Citation Analysis of Education Dissertations for Collection Development." Library Resources and Technical Services 48, no. 2 (2004): 102 – 6.

Hayslett, Michele M., and Barbara M. Wildemuth. "Pixels or Pencils? The Relative Effectiveness of Web-Based versus Paper Surveys." Library and Information Science Research 26, no. 1 (2004): 73 – 93.

Hiott, Judith. "Collecting and Using Networked Statistics: Current Status, Future Goals." Library Quarterly 74, no. 4 (2004): 441 – 54.

Intner, Sheila S. "Making Your Collections Work for You: Collection Evaluation Myths and Realities." Library Collections, Acquisitions, and Technical Services 27, no. 3 (2003): 339 – 50.

Knievel, Jennifer E., Heather Wicht, and Lynn Silipigni Connaway. "Use of Circulation Statistics and Interlibrary Loan Data in Collection Management." College and Research Libraries 67, no. 1 (2006): 35 – 49.

Kyrillidou, Martha. "From Input and Output Measures to Quality and Outcome Measures, or, From the User in the Life of the Library to the Library in the Life of the User." Journal of Academic Librarianship 28, nos. 1/2 (2002): 42 – 46.

Lakos, Amos, "Evidence-Based Library Management: The Leaderships Challenge." portal: Libraries and the Academy 7, no. 4 (2007): 431 – 50.

Lakos, Amos, and Shelley Phipps. "Creating a Culture of Assessment: A Catalyst for Organizational Change." portal: Libraries and the Academy 4, no. 3 (2004): 345 – 61.

Lee, Deborah. "Can You Hear Me Now? Using Focus Groups to Enhance Marketing Research." Library Administration and Management 19, no. 2 (2005): 100 – 101.

Leiding, Reba. "Using Citation Checking of Undergraduate Honors Thesis Bibliographies to Evaluate Library Collections." College and Research Libraries 66, no. 5 (2005): 417 – 29.

Lesniaski, David. "Evaluating Collections: A Discussion and Extension of 'Brief Tests of Collection Strength.'" College and Undergraduate Libraries 11, no. 1 (2004): 11 – 24.

Levitov, Deb, and Marilyn Sampson. Guide for Developing and Evaluating School Library Media Programs. Englewood, Colo.: Libraries Unlimited, 2000.

Lightman, Harriet. "The Challenge of Serials Collection Evaluation in a Changing Environment: Examples from Northwestern University Library." In Perspectives on Serials in the Hybrid Environment, ed. Harriet Lightman and John P. Blosser, 53 – 66. ALCTS Papers on Library Technical Services and Collections no. 15. Chicago: American Library Association, 2007.

Littman, Justin, and Lynn Silipigni Connaway. "A Circulation Analysis of Print Books and E-Books in an Academic Research Library." Library Resources and Technical Services 48, no. 4 (2004): 256 – 62.

Luther, Judy. White Paper on Electronic Journal Usage Statistics. Washington, D.C.: Council on Library and Information Resources, 2000. www.clir.org/pubs/reports/pub94/contents.html.

Lyons, Lucy E. "A Critical Examination of the Assessment Analysis Capabilities of OCLC ACAS." Journal of Academic Librarianship 31, no. 6 (2005): 506 – 16.

Marie, Kirsten I. "From Theory to Practice: A New Teacher-Librarian Tackles Library Assessment." Teacher Librarian 33, no. 2 (2005): 20 – 25.

Mathews, Joseph R. The Evaluation and Measurement of Library Services. Westport, Conn.: Libraries Unlimited, 2007.

——————. Library Assessment in Higher Education. Westport, Conn.: Libraries Unlimited, 2007.

McGriff, Nancy, Carl A. Harvey, and Leslie B. Preddy. "Collecting the Data: Collection Development." School Library Media Activities Monthly 20, no. 9 (2004): 27 – 29.

Nelson, William Neal, and Robert Fernekes. Standards and Assessment for Academic Libraries: A Workbook. Chicago: American Library Association, 2002.

Ochola, John N. "Use of Circulation Statistics and Interlibrary Loan Data in Collection Management." Collection Management 27, no. 1 (2002): 1 – 13.

Poll, Roswitha, and Peter te Boekhorst, eds. Measuring Quality: Performance Measurement in Libraries. 2nd rev. ed. Munich: K. G. Saur, 2007.

Powell, Ronald R. "Measurement and Evaluation of Electronic Information Services." In Information Services in an Electronic Environment, edited by G. E. Gorman, 323 – 41. International Yearbook of Library and Information Management, 2001 – 2002. London: Library Association Publishing, 2001.

Rubin, Rhea Joyce, for the Public Library Association. Demonstrating Results: Using Outcome Measurement in Your Library. Chicago: American Library Association, 2006.

Samson, Sue, Sebastian Derry, and Holly Eggleston. "Networked Resources, Assessment, and Collection Development." Journal of Academic Librarianship 30, no. 6 (2004): 476 - 481.

Shepherd, Peter T., and Denise M. Davis. "Electronic Metrics, Performance Measures, and Statistics for Publishers and Libraries: Building Common Ground and Standards." portal: Libraries and the Academy 2, no. 4 (2002): 659 - 63.

Shim, Wonsik, and Charles R. McClure. "Data Needs and Use of Electronic Resources and Services of Academic Research Libraries." portal: Libraries and the Academy 2, no. 2 (2002): 217 - 36.

Shouse, Daniel L., and Linda Teel. "Inventory: Catalyst for Collection Development." Collection Building 25, no. 4 (2006): 129 - 33.

Smith, Alastair G. "Evaluating Digital Collections." In The Digital Factor in Library and Information Services, edited by G. E. Gorman, 261 - 81. International Yearbook of Library and Information Management, 2002 - 2003. London: Facet, 2002.

Tenopir, Carol. "Database and Online System Usage." Library Journal 126, no. 16 (2001): 41 - 45.

Troll Covey, Denise. Usage and Usability Assessment: Library Practices and Concerns. Washington, D.C.: Digital Library Federation, Council on Library and Information Resources, 2002. www.clir.org/pubs/reports/pub105/contents.html.

Twiss, Thomas M. "A Validation of Brief Tests of Collection Strength." Collection Management 25, no. 3 (2001): 23 - 37.

Walter, Virginia A. Output Measures and More: Planning and Evaluating Public Library Services for Young Adults: Part of the Public Library Development Program. Chicago: American Library Association, 1995.

_____. Output Measures for Public Library Service to Children: A Manual of Standardized Procedures. Chicago: Association for Library Service to Children, Public Library Association, American Library Association, 1992.

Weiner, Sharon A. "Library Quality and Impact: Is There a Relationship between New Measures and Traditional Measures?" Journal of Academic Librarianship 31, no. 5 (2005): 432 - 37.

White, Andrew C., and Eric Djiva Kamal. E-Metrics for Library and Information Professionals:

How to Use Data for Managing and Evaluating Electronic Resource Collections. New York: Neal-Schuman, 2006.

White, Howard D. "Better than Brief Tests: Coverage Power Tests of Collection Strength." College and Research Libraries 69, no. 2 (March 2008): 155 – 74.

Williams, Karen Carter, and Rickey Best. "E-Book Usage and the Choice Outstanding Academic Book List: Is There a Correlation?" Journal of Academic Librarianship 32, no. 5 (2006): 474 – 78.

Wright, Stephanie, and Lynda S. White. Library Assessment. SPEC Kit no. 303. Washington, D.C.: Association of Research Libraries, 2007.

8

협력적 장서개발과 관리
Cooperative Collection Development and Management

도서관 상호협력에는 여러 가지 형태가 있다. 도서관 협력은 수많은 장서개발 및 관리활동의 일부분이다. 도서관의 상호협력은 '훌륭한 시민이 되는 것', '이타적으로altruistically 행동하는 것' 그 이상으로 시간과 노력이 많이 든다. 예산과 장서 소장 공간이 제한된 오늘날의 환경 하에서 도서관협력은 필수적이다. 도서관 협력의 강력한 동인은 협력 구매와 공동 보존시설을 위한 자금 투자 및 도서관 이용자들에게 방대한 세계 정보자원에 접근할 수 있게 하는 것이다. 본 장에서는 협력적 장서개발과 관리를 전반적으로 개관하고, 협력의 형태 및 협력 성공에 기여하는 요소들을 살펴본다.

개관 Overview

David H. Stam은 도서관 상호협력에 대해 다음과 같이 설명하고 있다. "모든 도서관들은 거대한 접근사슬로 연결되어 있고 각각의 도서관은 전체의 도서관 및 이용자 세계에서 매우 중요한 역할을 할 것이다."1) 그의 설명은 존재의 대 사슬the Great Chain of Being(역자 주 : 서양 사상, 특히 고대 그리스의 신플라톤주의와 이를 잇는 유럽 르네상스 및 17, 18세기의 여러 철학사상에 광범한 영향을 미친 우주관)이라고 알려진 플라톤 시대the time of Plato부터 18세기 라이프니츠(Gottfried Wilhelm Leibniz)까지 과학, 문학, 철학의 테마였던 고대의 창조개념을 기반으로 하고 있다. 이 관점에서는 존재하는 모든 것은 충분성plenitude, 연속성continuity, 점진적 변이성gradation이 있다고 정의된다. Stam이 암시한 3가지 요소를 도서관에 적용하면 충분성은 도서관 전체적으로 자료가 충분함을 의미하고, 연속성은 끊임없는 연결 관계를, 점진성은 유사한 관련 요소들 사이의 변화 가능성을 의미하는 것으로 볼 수 있다.

도서관 상호협력이 새로운 아이디어는 아니다. 1886년 Melvil Dewey는 현대 도서관 운동의 주요 강령 중 하나로 "도서관의 이익interests을 풀가동하는 전체 운동의 표어watch word로 협력의 거대한 이익을 도모하는 실질적 수단"이라고 표현하였다.2) 몇몇 사람들은 도서관 상호협력은 수년 동안 도서관에서 겪었던 어려움 때문에 자연스러운 것은 아니라고 주장해왔다. 하지만 Michael Gorman을 위시한 대부분의 사서들은 "상호협력은 물고기의 물water to a fish 또는 포유동물의 공기air to a mammal처럼 도서관에 필수적인 것"이라고 믿고 있다.3)

협력적 장서개발cooperative collection development의 정의는 "수서, 장서개발, 장서의 성장 및 유지관리 과정에서 이용자에게 유익하게, 비용 편익을 도모하기 위하여 둘 이상의 도서관들이 그 책임을 공유하는 것"이

---

1) David H. Stam, "Think Globally, Act Locally: Collection Development and Resource Sharing," *Collection Building* 5 (Spring 1983): 21.
2) Melvil Dewey, *Library Notes* 1 (June 1886): 5.
3) Michael Gorman, "Laying Siege to the 'Fortress Library,'" *American Libraries* 17, no. 5 (1986): 325.

다.[4] 1980년대 중반에 들어 포괄적으로 사용된 용어는 자원 공유resource sharing로, 이는 협동목록작성, 보존시설 공유, 공동보존, 도서관 상호대차, 공동 또는 협력 장서개발 등으로 폭넓게 적용되었다.[5] 오늘날 정보공유는 일반적으로 상호대차를 통한 대출자료 및 비 대출자료(예, 사진 혹은 학술지 디지털 버전 등)를 공유하는 것으로 이해된다.

도서관 간 상호대차Interlibrary loan는 오랜 역사를 가지고 있다. 가장 최초의 상호대출은 알렉산드리아Alexandria 도서관이 페르가몬도서관Pergamum library에 자료를 빌려준 것으로 알려진 기원전 200년으로 거슬러 올라간다.[6] 미국에서는 19세기의 마지막 4반세기(1875년)까지는 상호대차가 흔히 있는 일은 아니었다. 프린스턴대학교의 사서인 Ernest C. Richardson는 자료의 교환협력을 촉진시키고, 1899년에는 국립 대출도서관 설립을 제안했다. 그의 합리적 생각은 오늘의 도서관을 방불케 한다.

일반적으로 관찰해 볼 때 현재 미국 내 도서관들의 시설 제한으로 학생들은 대학도서관을 이용하든, 일반 참고도서관을 이용하든 그들이 원하는 책이 항상 부족하다고 느낀다. … 우리는 자료를 자유롭게 빌려볼 수 있는 시스템에서는 할 필요가 없는 엄청난 분량의 정기간행물을 해마다 복사하고 있다.[7]

4) Joseph J. Branin, "Cooperative Collection Development," in *Collection Management: A New Treatise*, ed. Charles B. Osburn and Ross Atkinson, 81 – 110 (Greenwich, Conn.: JAI Press, 1991), 82.

5) John R. Kaiser, "Resource Sharing in Collection Development," in *Collection Development in Libraries: A Treatise*, ed. Robert D. Stueart and George B. Miller Jr., 139 – 57. (Greenwich, Conn.: JAI Press, 1980).

6) John Fetterman, "Resource Sharing in Libraries: Why, How, When, Next Steps?" in *Resource Sharing in Libraries*, ed. Allen Kent, 1 – 31 (New York: Marcel Dekker, 1974), 3.

7) Ernest C. Richardson, "Co-operation in Lending among College and Reference Libraries," *Library*

비록 미국은 국립 대출 도서관을 개발하지는 않았지만, 도서관 간 상호대차를 위한 공식적인 절차는 20세기 초반에 자리 잡기 시작했다. 미의회도서관은 1917년 도서관 상호대차를 위한 첫 번째 정책first policy governing ILL을 발표하였고, 미국도서관협회는 1919년 도서관 상호대차규정an ILL code을 채택하였다.8) 이 규정은 개정을 거듭하였고, 2001년에 최종 개정되어 오늘에 이르고 있다. 1993년 국가 상호대차 규정은 "도서관 간에 빌려 주는 행위는 장서개발을 대신하는 것이 아닌 하나의 부수적인 업무"이며 "빌리는 행위는 부가적인 것이 아니라 모든 도서관들을 위한 총체적인 장서개발의 한 가지 요소"9)라고 하면서 도서관 상호대차의 이용 증가 및 역할의 중요성을 인정하였다(역자 주 : 빌려 주는 행위는 부수적인 업무지만, 빌리는 것은 장서개발 업무의 일종이라는 의미로 해석된다).

협력적 장서개발은 이제 정보공유 이상의 보다 많은 의미를 내포하는 것으로 이해되고 있다. 협력적 장서개발과 관리는 도서관들이 공동으로 작업하고, 개별 도서관에서는 단독으로 제공할 수 없는 자료를 이용자들에게 제공하기 위한 도서관들의 우선적 기획 전략이 되고 있다. 협력적 장서개발과 관리의 목적은 가용 자금을 활용하여 자원의 이용을 극대화하고, 정보와 자원에의 접근성을 향상시키는데 있다. 협력적 장서개발과 관리는 3가지 독립 요소가 있으며 이는 마치 세 다리가 있어야 설

Journal 24, no. 7 (1899): 32‐33.

8) Reference and User Services Association, RUSA Reference Guidelines, "Interlibrary Loan Code for the United States Explanatory Supplement: For Use with the Interlibrary Loan Code for the United States (January 2001)," www.ala.org/ala/rusa/protools/referenceguide/interlibraryloancode.cfm.

9) "National Interlibrary Loan Code, 1980" (adopted by the Reference and Adult Services Division Board of Directors, New York 1980), *RQ* 20 (1980): 29; "National Interlibrary Loan Code for the United States, 1993" (approved by the Reference and Adult Services Board of Directors, Feb. 8, 1994), *RQ* 33 (1994): 477.

<그림 8-1> 협력적 장서개발 및 관리의 3요소

물리적 접근
Physical access

지적 접근
Intellectual access

협력적 장서개발과 관리
Coordinated collection
development and
management

수 있는 의자(<그림 8-1>)에 비유하여 생각할 수 있다. 각 요소는 자원 공유를 통한 물리적 접근, 지적 접근, 협력적 장서개발과 관리라 하겠다.

연구도서관 그룹Research Libraries Group(RLG)은 1973년 하버드대Harvard University, 예일대Yale University, 콜롬비아대학Columbia University, 그리고 뉴욕 공동도서관이 공동 설립한 단체로서 국가적 협력적 도서관 계획을 구축하기 위하여 가장 야심찬 역동적인 노력을 기울이고 있다. RLG의 목적은 정보공유의 3가지 요소를 제공하는데 있다. 즉 양질의 전달 시스템을 통한 물리적 접근, 상호reciprocal대차 특혜(SHARES 프로그램), 공동온라인목록(RLIN, the Research Librarians Information Network)을 통한 지적 접근으로 협력수서와 자원공유, 협력적 장서개발관리 프로그램을 보다 용이하게 하는 것이다. RLG는 도서관 협력을 "경제적 제약과 재정지원의 불확실성이 가중되는 위협적 기류에 대응하여 계획적이며 협력적인 상호의존 관계의 파트너십을 구축하는 것"10)이라고 설명해 왔다. 하버드대학은 이 파트너십 회원에서 탈퇴하였지만, RLG의 회원은 많은 주요 대학도서관과 미국 및 해외의 전문도서관으로 확장되어왔다. 2006년 6월, RLG는 OCLC와 합병merge하였다. RLG의 온라인 목록은 OCLC WorldCat의 일부가 되었고, RLG의 프로그램들도 OCLC Research에 통합되어 OCLC Program과 Research의 일부가 되었다.

몇몇 RLG 프로그램과 프로젝트는 큰 성공significant success을 거두었고 지속적인 영향lasting impact을 미치고 있다. 보존위원회Preservation Committee 는 여러 협력적 마이크로필름제작 프로젝트를 수행하였다. 협력적 장서 개발은 RLG의 장서관리 및 개발위원회RLG's Collection Management and Development Committee의 핵심 업무로써, 협력에 있어 각 도서관장서의 강점, 심도, 영역범위를 파악하는 것이 협력 조정의 첫 번째 단계라는 인식을 심어주었다. 이를 위해 위원회는 장서를 기술하기 위한 공통 언어와 미국 의회도서관 분류체계를 이용한 체계적 분석, 평가도구인 RLG 컨스펙터스Conspectus를 개발하였다. Conspectus는 그 후 다른 단체에 의하여 변형 수정되어 국제적으로 모든 유형의 도서관에서 적용되고 있다.

---

10) Nancy E. Gwinn and Paul H. Mosher, "Coordinating Collection Development: The RLG Conspectus," *College and Research Libraries* 44, no. 2 (1983): 128; see also David H. Stam, "Collaborative Collection Development: Progress, Problems and Potential," *Collection Building* 7, no. 3 (1985): 3‑9, for an analysis of the Conspectus role in cooperative collection development.

자원 공유 Resource Sharing

자원 공유(Resource sharing)란 주로 공식 상호대차 과정formal ILL process을 통해 정보를 전달하는 시스템을 말한다. 상호대차는 대출자료(대출기관에 반드시 반납해야 하는 자료)와 비 대출자료(복사 또는 디지털 전송 자료)가 모두 해당된다. 도서관 상호대차는 서비스를 신속하게 무료로 제공하거나, 또는 회원 도서관 이용자들에게 현장 이용을 허용하는 컨소시엄 참여 도서관들 사이의 협력협정으로 강화될 수 있다. 도서관 상호대차는 대출 신청 및 신청자료 전달을 위한 프로토콜을 포함해야encompasses 한다.

도서관 상호대차는 가장 보편적pervasive인 도서관 협력형태이며 미국, 캐나다는 물론 전 세계적으로 도서관들을 연결시켜 준다. 2004년 국립교육통계센터National Center for Education Statistics가 수집한 대학도서관 통계자료에 따르면 1996년 이후 상호대차 활동이 상당히 증가하였음을 보여준다. 다른 대학도서관으로 대출한 실적은 9,430,907건에서 10,174,075건으로 증가하였고, 다른 도서관으로부터 대출 받은 실적은 7,512,105건에서 8,545,417건으로 증가하였다.11) 이 전의 데이터는 대출 자료와 비 대출 자료의 차이를 구별할 수 없지만, 2004년 데이터에서는 대여, 차용 두 자지 모두에서 대출 자료가 비 대출 자료를 약간 초과하는 것으로 나타났다.

---

11) National Center for Education Statistics, Academic Libraries: 2004: First Look (Nov. 2006), table 1: "Total Circulation, Document Delivery, and Interlibrary Loan Transactions in Academic Libraries, by Control Level, Size, and Carnegie Classification of Institutions: Fiscal Year 2004," http://nces.ed.gov/pubs2007/2007301.pdf; National Center for Education Statistics, Academic Libraries: 1996 (Oct. 1999), table 1B: "Total Circulation and Interlibrary Loan Transactions in Academic Libraries by Control, Level, Size, and Carnegie Classification of Institution: 1996," http://nces.ed.gov/pubs2000/2000326.pdf.

2004년 공공도서관 데이터는 정보공유가 시민들에게 매우 중요한 가치를 지니는 활동이라는 것을 보여주고 있다. 2004년도 통계를 제출한 9,207개의 도서관들은 30,471,000건을 다른 도서관에 대출해 주었고 30,158,000건을 다른 도서관으로부터 대출 받은 것으로 나타났다.[12] 대출 자료와 비 대출 자료에 대한 통계는 보고되지 않았다. 그러나 이와는 상관없이 상기 수치는 미국 공공도서관들이 6천 5백만 아이템sixty-five million items 이상의 자료를 공유했다는 매우 인상 깊은 사실을 보여주고 있다.

2002년도 학교도서관 상호대차 활동에 관한 국립교육통계센터 자료에 따르면 학교도서관미디어센터의 62%가 다른 도서관과의 상호대차 프로그램에 참여한 것으로 나타났다.[13] 세부적으로는 해당지역의 공공도서관(43%), 해당 지역 고등학교(42%), 단과대와 대학(31%), 주립도서관(30%), 또는 주 내의 기타 학교(25%)와 정보공유를 한 것으로 나타났다. 북동부 공립학교들은 교구parochial 부속학교나 사립학교, 또는 남부 및 서부에 위치한 학교들보다 도서관 상호대차 프로그램ILL programs에 더 많이 참여한 것으로 나타났다.

미국 학교도서관사서협회the American Association of School Librarians와 미국 교육커뮤니케이션기술협회the Association for Educational Communications and Technology가 출판한 '정보의 힘Information Power'은 학교도서관 미디어전문가

---

12) National Center for Education Statistics, Public Libraries in the United States: Fiscal Year 2004; E.D. TAB (Aug. 2006), table 8: "Number of Public Library Services and Library Services per Capita or per 1,000 Population, by Type of Service and State: Fiscal Year 2004," http://nces.ed.gov/pubs2006/2006349.pdf.

13) "School Library Media Centers: Selected Results from the Education Longitudinal Study of 2002 (ELS:2002)," *Education Statistics Quarterly* (Jan. 2006), http://nces.ed.gov/programs/quarterly/vol_7/1_2/7_1.asp.

들이 "학교 밖에 있는 정보 자원에 접근할 수 있는 네트워크에 참여해야 한다participate in networks that enhance access to resources located outside the school"14) 고 제안하고 있다. 많은 학교도서관미디어센터들은 컨소시엄이나 네트워크를 창설, 참여하면서, 정보공유협정을 체결developing resource-sharing agreements하여 자료를 요청하고 전달to request and deliver materials하는 메커니즘을 실행하고 있다. 시골의 작은 농촌마을a small rural farming community에 있는 Ovid-Elsie Area School의 사서인 George Bishop은 OCLC 멤버십membership을 통해 수많은 정보원을 이용할 수 있다고 다음과 같이 말하고 있다. "저는 100명이 넘는 교사들과 행정직원들에게 '우리 학교도서관은 그들이 원하는 모든 기간 … 모든 자료'를 OCLC를 이용하여 제공할 수 있다고 장담합니다."15)

효과적이고 신속한 전달은 정보공유 성공의 요체이다. Ross Atkinson은 정보접근의 품질-정보 접근이 얼마나 잘 이루어지고 있는지-을 시간적 관점에서 설명하고 있다.16) 이용자는 시간을 매우 귀중a valuable commodity하게 생각하므로 도서관 정보에 신속히 접근하려 한다(역자 주: 우리들도 언제나 시간이 아깝다고 생각하고 무슨 일을 하든 빨리 처리하려고 한다. 이는 은행에서든 도서관에서든 마찬가지 인 것 같다). 전기통신기술의 발전은 자료의 신청 및

---

14) American Association of School Librarians and Association for Educational Communications and Technology, *Information Power: Guidelines for School Library Media Programs* (Chicago: American Library Association; Washington, D.C.: Association for Educational Communications and Technology, 1988), 1.

15) George Bishop, "Global Vision of Resource Sharing" (Feb. 2008), www.oclc.org/memberscouncil/meetings/2008/february/Bishop.ppt.

16) Ross Atkinson, "Access, Ownership, and the Future of Collection Development," in *Collection Management and Development*: Issues in an Electronic Era, ed. Peggy Johnson and Bonnie MacEwan, 92 - 109 (Chicago: American Library Association, 1993).

전달에 있어 괄목할만한 영향을 미치고 있다. OCLC ILLiad 정보공유 관리 소프트웨어는 단일 윈도우 기반 인터페이스a single Windows-based interface를 통해 일상적인 상호대차 기능routine ILL functions을 자동화하고, OCLC 회원 및 다른 이용자들에게 요청사항을 자동으로 전송하는 하위 시스템을 지원하고 있다. 도서관들은 개별도서관을 통해 개인 ILLiad 계정을 만든 이용자들이 OCLC의 WorldCat이나 OCLC FirstSearch데이터베이스로부터 직접 자료를 요청할 수 있도록 도서관의 ILLiad 소프트웨어 환경을 설정할 수 있다. 또 다른 OCLC 서비스인 VDX는 특별히 도서관 그룹(e.g., networks of libraries with multiple library systems)을 위한 상호대차 활동을 관리하기 위한 의도에서 만들어진 것이다. Infotrieve의 Ariel 소프트웨어는 컴퓨터PC, 프린터, 스캐너를 통해 전 세계적으로 이용되고 있고, 아리엘Ariel이 장착된 다른 워크스테이션으로 인터넷을 통해 PDF나 이 메일로 전송할 수 있다. 대출 가능 자료의 대출신청 건수는 계속 증가하고 있다. 신속한 자료 전달 역시 필수적이다. 몇몇 지역 네트워크와 연구기관 간 협력체(CIC ; Committee on Institutional Cooperation: 대규모 10대 대학 및 시카고대학, 펜실베니아 주립대학 the Big Ten universities plus the University of Chicago and Pennsylvania State University)와 같은 컨소시엄은 대출 자료 및 전송에 적합하지 않은 자료를 신속히 처리하기 위해 단일 택배 서비스a single courier service와 계약을 맺고 있다.

기술 발달에 따라 정보 공유의 특성이 변화하고 있다. 사람들은 도서관을 거치지 않고 온라인에서 직접 많은 정보자료(논문, 도서, 이미지, 오디오, 비디오 등)를 발견, 인지, 검색할 수 있다. 이용자가 직접 한 도서관에서 자신이 이용하는 도서관으로 자료를 요청하는 직접 상호대차Unmediated ILL가 계속 증가하는 추세다. 개별 도서관에 신청subscriptions, 컨소시엄 구입 협정, 주 단위와 지역단위 프로그램을 통한 전자저널 논문 이용가 능성이 높아지면서 비 대출 자료(반환이 필요 없는 자료nonreturnables)에 대한 상호대출 신청이 감소되고 있다. 동시에 공동 목록에 쉽게 접근할 수 있 는 대출 자료(반납해야 하는 자료)returnables의 신청은 증가되고 있다. 예를 들면, MINITEX는 주 전체 온라인 목록the statewide virtual catalog의 관문 MnLINK Gateway를 통한 상호대차 신청이 개설 첫해에 무려 245% 증가 했다고 밝혔다.17)

서지 접근Bibliographic Access

협력적 장서개발과 관리의 두 번째 요소는 서지 접근Bibliographic access 이며, 이는 온라인 목록, 인쇄 또는 마이크로형태 목록, 서지제공 기관단 체를 통하여 다른 곳에서 무엇을 이용할 수 있는지 알 수 있게 한다. 다 른 도서관 소장 목록에 대한 서지접근은 도서관 협력의 필수적 요소a critical component이다. 여러 해 동안 도서관들은 인쇄 장서목록, 즉 국가종 합목록National Union Catalog, 개별 도서관의 인쇄 책자 형 장서목록, 종합 연 속간행물 리스트와 같은 인쇄된 소장목록에 의존해 왔다. 첫 번째 지역 종합목록은 1901년 캘리포니아 주립도서관에서 개발되었고, 미국 의회 도서관은 1902년 국가 종합목록National Union Catalog를 작성하였다. 그러한 자료들을 점검하는 것은 매우 지루tedious한 일이었다. 서지정보 제공 유 틸리티, 즉 다수의 기관 연구소, 주 지역 온라인 공유 목록, 웹 기반 온라

---

17) MINITEX, "Fiscal Year 2007 Overview: Facts and Figures," www.minitex.umn.edu/about/facts/ overview.aspx.

인 접근 목록 등은 도서관 이용자 및 도서관 직원 모두에게 서지 접근에 있어 엄청난 진전tremendous step을 안겨주었다.

몇몇 주는 소장 도서관의 위치와 관계없이 이용자들에게 소장 자료의 검색을 허용하고 직접 상호대차 신청을 할 수 있는 주 전체의 목록을 운영하고 있다. MnLINK(www.minitex.umn.edu/mnlink/)는 약 480개 도서관(공공도서관과 분관, 단과대학 및 종합대학도서관, 정부도서관)을 대표하는 20개 이상의 미네소타 도서관 시스템과 온라인 목록을 링크하는 일종의 가상목록a virtual catalog이다. MnLINK 내에서 작성된 상호대차 신청은 자동으로 해당 자료를 보유하고 있는 도서관으로 송부된다. 지역 네트워크인 MINITEX 는 날마다 택배via daily deliveries를 통해 자료를 제공한다.

플로리다에서는 유치원부터 고등학교 3학년(K-12)까지의 공립학교 도서관미디어센터를 위한 플로리다주 전체 공동목록인 SUNLINK(www.sunlink.ucf.edu)를 운영하고 있다. 회원도서관들은 아래의 사항에 동의해야 한다.

- 지역구에서 정한 가이드라인 내에서 자원공유에 참여한다. 학교는 항상 해당 지역사회의 요구를 우선 존중하되, SUNLINK에 참여한 각 학교는 주 전체의 자원 공유에 대한 기본정신the spirit of statewide resource을 지킬 의무가 있다.
- 종합 데이터베이스가 지역장서의 변화를 정확하게 반영하도록 보장하기 위하여 SUNLINK 데이터베이스 유지보수절차the SUNLINK database maintenance procedure를 준수해야 한다.

위의 마지막 부분—목록 레코드의 최신성을 유지하는 데에 동의하는 것—은 효과적인 자원 공유를 위해 필수적이다. 서지 접근은 매우 필수적 사안이기 때문에, OCLC 이용자위원회User Council는 1999년 하나의 해결방안을 채택하였다. 이에 따르면 회원 도서관들은 장서목록에 나타난 소장정보 및 현행 모든 서지정보를 즉시 OCLC에 제공할 필요가 있다는 것과, "도서관 자료와 기록의 공동이용 증진"을 위하여 충분한 수준fullest possible level의 서지기록을 생성to create bibliographic records해야 한다고 강조했다.18)

장서개발과 관리의 조정Coordinated Collection Development and Management

자원 공유의 세 번째 구성요소인 장서개발과 관리의 조정이란 장서의 구입과 유지관리를 이상적으로 조정하는 조직설계scheme이다. 장서개발과 관리의 조정은 협력도서관들이 도출할 수 있는 상호보완적 장서구성을 목적으로 한다. Joseph J. Branin은 조정업무란 장서개발의 3가지 요소인 구입 결정에 대한 정보공유, 공동 구입, 장서구성에서 분담된 주제의 전문화assigned subject specialization라고 말하고 있다.19)

협력적 장서개발과 관리(지적 접근, 물리적 접근, 장서개발 및 관리의 조정)의 3요소 중 어떤 요소도 다른 두 요소가 어느 정도 성공하지 못하면 효과가 없다. 이용자가 원하는 자원이 도서관에 없다면—즉, 도서관에 소장되어 있지 않으면— 신속한 전달 및 서지접근 그 어느 것도 의미가 없게 된다(역자 주: 신속하게 검색, 전달하려 해도 도서관에 자료가 없으면 전달할 수 없

---

18) OCLC Members Council, "WorldCat Principles of Cooperation" (May 21, 1996), www.oclc.org/us/en/worldcat/catalog/principles/default.htm.
19) Branin, "Cooperative Collection Development."

다). 만일 도서관들이 카버범위 및 장서의 갭을 메꾸기 위해서 파트너십을 형성한다면 협력은 성공하기 어렵다. 한 장서에서의 갭은 다른 파트너 도서관에서 동일한 갭이 없어야만 채워질 수 있다. 별무이용 자료들이 균등하게 분포equitable distribution of little-used titles되면 이상적 상태라 할 수 있다. 장서의 중복(한 곳 이상의 도서관이 소장한 동일 자료)은 자료를 소장한 각 도서관에서 많이 이용되면 정당화된다.

조정을 통해 이루어지는 장서개발은 보다 광범위한 장서접근을 가능하게 하므로 가용자금의 이용효과를 높인다. 이는 적절히 지원될 경우, 이용자들이 이용할 수 있는 장서의 세계를 확장시키고, 상호대차시스템을 통한 자료의 전달에 속도를 더해준다. 또한 불필요한 서적구입을 피할 수 있어 비용절감으로 평가될 수 있다. 장서개발 조정에 참여하는 도서관들은 보다 강한 집약적 장서 제공 및 이용자 만족 증진을 위해 복본을 줄일 수 있다.

도서관들이 조정을 통해 장서개발에 몇 번 성공했다고 하더라도, 전통적인 장서개발 행태를 대체할만한 눈에 띄는 사례a notable history는 없었다. 일반적으로 도서관들은 거대한 존재의 사슬을 연결하는 이점을 인정하고 획득하는 정책과 관례를 개발하지 못했다. 어느 정도 의미 있는 실제적인 협력은 단기간의 열정으로 끝나고 말았다. Dan C. Hazen은 이를 두고 이론은 매우 좋았지만 그 실제적 결과는 지금까지 별로 신통하지 못했다고 지적했다.[20]

---

20) Dan C. Hazen, "Cooperative Collection Development: Compelling Theory, Inconsequential Results?" in *Collection Management for the Twenty-first Century: A Handbook for Librarians*, ed. G. E. Gorman and Ruth H. Miller, 263-83 (Westport, Conn.: Greenwood, 1997).

협력 장서개발의 유형 Types of Cooperative Collection Development

여러 가지 형태의 협력적 장서개발이 시도되어 왔고 그 성공의 정도도 다양하게 나타났다. 이들은 현상 유지 접근법the status quo approach, 시너지 혹은 조정 접근법the synergistic or coordinated approach, 협력기금 조성coopera tive funding, 조정을 통한 제적과 보유weeding and retention, 보존 우선preserva tion initiatives 공동 저장shared storage을 포함한다.

현상 유지 접근법 Status Quo Approach

도서관들은 여러 해 동안 Paul H. Mosher와 Marcia Pankake가 명명한 현상 유지 접근법status quo approach을 적용해 왔다.[21] 이 접근법은 전체 도서관들의 장서 수집활동은 국가적 규모로서 모든 관심영역에서 합리적인 심도reasonable depth를 형성할 것으로 보는 것이다. 바꾸어 말하면, 현재와 미래에 필요한 모든 자료들이 장서개발과 관리의 우연한serendipitous 결과로서 미국 어딘가에는 소장되어 있을 것이라는 것이다. 이는 미국내 연구도서관들이 자기들만의 고유 단행본 자료들을 별로 수서하지 않는다는 연구가 있음에도 불구하고, 많은 도서관들은 다른 도서관이 추가하지 않는 자료를 선택한다는 가정에 바탕을 두고 있다.[22] 장서 수집에서 의도된 조정활동이 없이 진행되고 있는 현상 유지 접근법은 많은 도

---

21) Paul H. Mosher and Marcia Pankake, "A Guide to Coordinated and Cooperative Collection Development," *Library Resources and Technical Services* 27, no. 4 (1983): 417 - 31.

22) Anna H. Perrault, "The Printed Book: Still in Need of CCD," *Collection Management* 24, nos. 1/2 (2000): 119 - 36; John Budd and Katharine K. Craven, "Academic Library Monographic Acquisitions: Selection of Choice's Outstanding Academic Books," *Library Collections, Acquisitions and Technical Services* 23, no. 1 (1999): 15 - 17.

서관들이 겪고 있는 재정적 어려움에 비추어볼 때 너무 낙관적optimistic, 비현실적unrealistic인 방법이라 할 수 있다.

시너지 접근법 Synergistic Approach

Ross Atkinson은 제2의 방법으로 여러 다른 도서관들이 미리 조정, 합의한 장서개발 계획에 따라 각기 다른 출판물의 수집 책임을 분담하는 것으로 이를 시너지 접근법synergistic approach이라고 부르고 있다.[23] 이는 장서개발 책임을 의도적으로 분담시킨 것이기 때문에 조정된 장서개발 coordinated collection development이라고 할 수 있다. Edward Shreeves의 말을 빌리면, 모든 협력 노력을 중요시underlying하는 것은 "협력적 장서구성은 이용 가능한 자료의 범위를 넓고 깊게 함으로써 도서관 서비스의 질을 획기적으로 향상시킬 수 있다는 널리 알려진 믿음widespread belief" 때문이다.[24] 공식적으로 조정된 협력적 장서관리 프로그램은 일반적으로 참가 도서관의 의무와 책임의 아우트라인outline을 규정하는 서면협정, 계약, 문서에 의거 진행된다.

시너지 접근법은 정보영역을 핵심core영역과 주변peripheral영역으로 나누고, 컨소시엄 회원 간 주변적 영역에 해당되는 자료를 분담 수서하는 방식이다. 특히 대학도서관은 학부학생들의 즉각적인 요구에 부응하는 현장 핵심장서를 유지할 책임이 있다. 공공도서관은 도서관 이용자 지역

---

23) Ross Atkinson, "Crisis and Opportunity: Reevaluating Acquisitions Budgeting in an Age of Transition," *Journal of Library Administration* 19, no. 2 (1993): 33 - 55.

24) Edward Shreeves, "Is There a Future for Cooperative Collection Development in the Digital Age?" *Library Trends* 45, no. 3 (1997): 376.

사회의 핵심정보와 오락적 요구를 충족시킬 책임이 있다. 사서들은 장서의 두 가지 종류에 "핵심core"이라는 용어를 사용한다. 그 하나는 분과 학문에서 지적으로 중심이 되는 부분(고전classic, 개요synoptic, 영향력 있는 텍스트most influential texts)이고, 또 다른 하나는 가장 많이 이용되는 중심적 자료a nucleus of materials 또는 특정 기준certain criteria을 충족하는 중심이 되는 자료를 말한다.[25] H.W. Wilson Company는 "핵심 장서core collection"를 후자의 의미로 사용하는데, "가장 많이 추천되는 참고문헌과 성인용 유명 비소설" 리스트를 제공하는 '공공도서관 핵심 장서 : 논픽션Public Library Core Collection : Nonfiction'과 같은 선택 도구에 이러한 의미의 "핵심 장서"를 사용하고 있다.[26] 이러한 정의에서의 핵심자료란 이용자 요구의 80%를 만족시키는 20%의 장서라고 생각할 수 있다. 상호 조정하여 장서개발에 참여하는 도서관들은 지역적 요구나 우선순위뿐 아니라 컨소시엄의 요구에 부응하는 주변적 자료들을 개발한다. 개별 도서관장서local collection는 협력 파트너consortial partners 도서관들이 서로 보완적complementary 영역에서 책임 분담을 통해 구축하는 주변 장서들로 뒷받침backed up 된다.

자료수집에서 핵심자료와 주변자료를 정의하는 것은 연구도서관에서는 성공적인 공동synergistic 장서개발에 장애물stumbling block이 되어 왔다. 일반적으로 주변적 자료들은 많이 요구 되지 않는not in heavy demand 연구 자료로 간주되고 Conspectus level 4(연구 수준)와 5(망라적 장서)에 해당된다.

---

25) Charles B. Osburn, "Collection Development and Management," in *Academic Libraries: Research Perspectives*, ed. Mary Jo Lynch, 1 - 37, ACRL Publications in Librarianship no. 47 (Chicago: American Library Association, 1990).

26) H. W. Wilson, Public Library Core Collection: Nonfiction (*Public Library Catalog*),www.hwwilson.com/print/publibcat.cfm.

한 가지 문제점은 어떤 연구도서관의 핵심자료에 대한 이해는 매년 예산 운영과정during each budget cycle에서 그 도서관의 가용자금에 따라 축소되거나to shrink 확장되는 경향이 있다는 것이다. 무엇이 핵심자료의 구성 요소인지도 문제가 된다. Ross Atkinson은 다음과 같이 말하고 있다.

> 인용 분석이나 대출기록 이용 등 소급적 방법retrospective methods을 제외하고는 핵심 장서와 비 핵심장서를 구별하려는 우리의 노력은 지금까지 별로 성공하지 못했다singularly unsuccessful. 기획, 예산 조정을 위하여 사용되는 핵심의 개념은 사실상 쓸모가 없다practically useless.[27]

논리적이고 실용적인 상승효과를 가져오는 협력만이 지역사회의 요구를 만족시키고 개별도서관의 강점 장서를 수서하는 책임을 다할 수 있는 것이다. 도서관 협력의 역사는 도서관들이 지역사회의 요구와 이용이 별로 없는 장서를 개발, 유지해서는 안 된다는 것을 보여준다. 성공의 핵심은 지역의 요구imperative에 기반을 두는 장서개발에 있다. 이는 각기 다른 이민 인구immigrant populations에 봉사하는 도서관과 협력하는 공공도서관에서 그 사례를 발견할 수 있다. 한 도서관은 라틴아메리카계Hispanic 인구에 봉사하는 장서구성에 기본적 책임을 지고, 다른 도서관은 동남아시아 이민자Southeast Asian immigrants들에게 제공하는 장서구성에 책임을 맡을 수 있다. 이렇게 도서관들은 자원 공유를 통해 많은 사람들의 요구를 충족시키는 조정된 장서를 보유하게 된다. 동시에 한 도서관이 특정 영역의

---

27) Ross Atkinson, "Old Forms, New Forms: The Challenge of Collection Development," *College and Research Libraries* 50, no. 5 (1989): 508.

장서를 담당한다고 해서 다른 파트너 도서관이 그 분야 장서의 요구 지원을 포기하도록 하지는 않는다. Stam은 "정보 공유를 한다고 해서 어느 기관이 해당 지역의 요구를 충족시키는 사명과 책임을 면하는 것은 아니다"[28]라고 말하고 있다. 도서관 간 장서개발을 조정하더라도 각 개별 도서관은 자체의 적정 장서를 유지해 나가야 한다.

최초 두 가지 공동 장서개발 사례는 North Carolina에서 연구 삼각지를 형성한 대학도서관Research Triangle University Libraries과 Farmington Plan의 협정이다. 현재는 Duke University, North Carolina State University, University of North Carolina at Chapel Hill과 North Carolina Central University로 연구 삼각지Research Triangle를 형성하고 있다. 1993년 University of North Carolina at Chapel Hill과 Duke University는 대공황the Great Depression 시기에 재정자원 한계를 극복하기 위하여 지식협력 공동위원회Joint Committee on Intellectual Cooperation을 구성했다. 도서관 협력은 1934년 주요 학문영역 출판물에 대한 체계적인 책임 분담 계획으로 시작되었다. 이는 지리적 범위, 언어, 또는 이 두 가지 모두를 기준으로 책임을 분담하는 지역연구 개념으로 발전했다. 연구 삼각지Research Triangle는 재정자원을 효율적으로 사용하면서 개별 도서관 고유 자료들을 회원들에게 이용할 수 있도록 한 좋은 선례를 남겼다. 1993년 Patricia Buck Dominguez와 Luke Swindler는 공유종합목록에서 자료의 76%가 단 하나의 캠퍼스에 소장된 것이고, 오직 7%만이 여타 대학에 소장된 자료라고 보고했다. 연구 삼각지Research Triangle의 성공은 상부기관의 지원, 쉽고 빠르게 접근할 수 있는 지리적 접근성

---

28) Stam, "Think Globally," 21.

proximity, 각 회원 도서관 소장 자료의 서지 접근 등에 의해 이루어진 것이며, 소기의 목적을 실현하는 역사를 남긴 것이다.[29]

Farmington Plan이 그렇게 성공적인 것은 아니었다.[30] 이 계획은 미국 연구도서관그룹ARL의 후원으로 1948년에 시작되어 약 60개 대학도서관, 전문도서관, 연구도서관이 참여한 자발적인 협정이었다. Farmington Plan의 목적은 연구를 위한 국가의 정보자원의 총량을 증대하는 것이었다. 참여 도서관들은 특정 국가나 주제에 대하여 미국의 연구원들이 관심을 갖는다고 생각되는 새로운 외국 출판물 각 한 권씩을 수집한다는 데 동의하였다. Farmington Plan은 외국 서적 중개상들foreign dealers에게 주문할 백지 주문 프로파일blanket order profiles을 고안하였다. 도서관들은 그들의 책무 범위 내에서 모든 자료를 받아들이는 것으로 되어 있었다.

Farmington Plan은 계획 참가자들이 재정상황에 별로 관심을 갖지 않고, 각 도서관이 종합계획의 목적을 달성하는데 필요한 예산을 지원해주기를 기대했다. Farmington Plan은 1972년에 중단되었다. 그 이유는 모든 성공적 협력계획의 기본적 조건—도서관은 언제나 해당 지역의 요구와 우선순위에 충실해야 함—을 인식하는데 실패했기 때문이다. 이상적으로는 각 참여도서관이 자관의 이익self-interest과 협정의 목적을 통합시킬 수 있어야 한다. 각각의 참가자는 반드시 희생을 능가outweigh하는 편익benefits을 얻을 것이라고 확신해야 한다. 성공적인 협력은 고도의 이타

29) Patricia Buck Dominguez and Luke Swindler, "Cooperative Collection Development at the Research Triangle University Libraries, a Model for the Nation," *College and Research Libraries* 54, no. 6 (1993): 470 - 96.
30) Hendrick Edelman, "The Death of the Farmington Plan," *Library Journal* 98, no. 9 (1973): 1251 - 53. See also Ralph D. Wagner, *A History of the Farmington Plan* (Lanham, Md.: Scarecrow, 2002).

심altruism과 공통재산the common good에 대한 진실한 센스a true sense에 달려 있다. 지역 요구와 컨소시엄 요구 사이의 긴장감tension은 모든 협력적 장서개발과 관리를 위한 벤처사업ventures의 기저가 된다.

도서관 간 자료선택 조정이 어렵기는 하지만 학교도서관에는 더 유익할 수 있다. 같은 지역에 있는 학교도서관미디어센터들은 과거에 비해 다양한 장서를 갖출 가능성이 낮아졌다. 그들은 모두 비슷한 교육과정과 졸업기준similar curricula and graduation standards을 지원하는 정보자료의 수집을 목표로 하기 때문에 매우 유사한 장서를 개발하게 된다. 특별활동 프로그램이나 중점 분야를 육성하고 있는 학교의 도서관에서는 장서 다양성을 갖추는 것이 바람직하다appropriate. 예를 들면, 스페인어를 중점적으로 가르치는 학교Spanish immersion school의 미디어센터는 스페인어로 된 많은 자료를 구비하고 이를 인근의 다른 도서관에도 제공할 수 있다. 과학과 수학분야에 중점을 두는 학교Magnet School는 이 분야에 더 많은 자료를 확보할 것이다.

Debra E. Kachel은 학교도서관들이 협력적 장서개발에 참여하기 위한 몇 가지 준비단계를 제안하고 있다. 이는 개별도서관 장서평가, 개별도서관 장서개발정책, 지역 정보지도 그리기regional resource mapping—각 도서관 장서 간의 강점과 약점을 확인하기 위한 협력적 장서평가 등을 포함한다.31) 그녀는 "도서관의 벽 내부에 존재하는 자료에만 접근하는 학생과 교사 등 도서관을 고립적in isolation으로 운영해도 충분하다고 생각하는 관점은 이미 한물 간outdated 것이다."32)라고 말하고, 학교도서관 미디어전

---

31) Debra E. Kachel, "Look Inward before Looking Outward: Preparing the School Library Media Center for Cooperative Collection Development," *School Library Media Quarterly* 23 (Winter 1995): 101 - 13.

문가는 그들 지역의 다른 미디어전문가와 협력하여 조정된 장서개발활동을 전개해야 한다고 제안한다. 이는 장서개발 조정활동을 확장하는 필수 요소building block가 될 것이다.

협력적 장서개발의 한 가지 방법은 도서관 간 공유 승인플랜shared approval plan을 이용하는 것이다.33) 이러한 공유 승인플랜은 계획의 설계 및 유지에 따르는 정치적 행정적 비용부담, 각각의 소규모 파트너 도서관들의 요구사항과 보다 큰 기관의 기대사항과 균형을 유지하는 문제 등으로 어려움에 직면할 것이다. 공유 승인플랜은 기존의 승인플랜의 보충적 도구로 설계되어야 하고, 파트너 도서관이 이미 같은 승인플랜 벤더를 이용하고 있을 때 가장 잘 작동될 수 있다. 각 도서관의 장서 담당 사서들은 공유 승인플랜의 프로파일을 개발하기 위해 벤더와 함께 업무를 수행한다. 이 경우 한 가지 장점은 판매부수가 증가되므로 벤더로부터 할인을 많이 받을 수 있다는 점이다. 각 파트너도서관들은 회계연도 초에 공유 승인플랜 소요금액을 재정에 반영해야 한다. 또한 파트너 도서관들 사이에 같은 목록을 공유하는 것은 상호 신속한 전달을 위한 필수적 요구사항essential requirement이다.

재정적 협력 Cooperative Funding

협력적 장서개발의 세 번째 방법은 공동구입을 위한 협력적 재정운영

---

32) Debra E. Kachel, *Collection Assessment and Management for School Libraries: Preparing for Cooperative Collection Development* (Westport, Conn.: Greenwood, 1997), 77.

33) Margo Warner Curl and Michael Zeoli, "Developing a Consortial Shared Approval Plan for Monographs," *Collection Building* 23, no. 3 (2004): 122 - 28.

(cooperative funding)에 기초를 두고 있다. 협력 수서(cooperative acquisition)라고도 불리는 이 접근법은 이용 빈도가 낮은 고가 자료 구입을 위해 사용되는 공동 운영자금pool of shared monies에 의존한다. 구입된 자료는 중앙에 위치한 도서관 또는 지역적으로 가장 많이 이용될 것으로 예상되는 도서관에 비치한다. 공동 구입의 성공적인 프로그램은 연구도서관센터the Center for Research Libraries(CRL; www.crl.edu)이다.[34] 각 도서관의 연회비의 일부는 회원 도서관들이 중요하다고 합의한 자료를 구입하는데 사용된다. CRL은 회원도서관들에게 이용 가능한 자료를 확장하는 보충 장서로서 도서관의 도서관 역할을 수행한다.

CRL은 미국의 가장 오래된 협력 연구도서관이라 할 수 있다. CRL은 1949년 미국 중서부 도서관 상호센터Inter-Library Center로 발족되었다. CRL은 2008년 현재 230개 이상의 미국과 캐나다 대학 및 연구도서관 회원이 참가하고 있다. 시카고Chicago에 있는 CRL 시설은 4백만 건 이상의 신문, 저널, 학위논문, 아카이브자료, 정부간행물, 마이크로 형태 자료 및 교수 연구용 전통적 자료 및 디지털 자료를 소장하고 회원들에게 대출하고 있다. CRL 회원은 CRL를 지원하는 연회비를 납부하고, 단일 기관이 부담하기 어려운 많은 비용이 소요되는 자료를 수서, 소장, 보존하기 위한 공동기금을 출연한다. 많은 자료(예를 들면, 주요 마이크로필름 세트)는 회원들이 지명하거나 투표과정을 통해 결정 구입한다. CRL은 그 어떤 개별 도서관

---

34) See Donald B. Simpson, "Economics of Cooperative Collection Development and Management: The United States' Experience with Rarely Held Research Materials," *IFLA Journal* 24, no. 3 (1998): 161–65; and Gay N. Dannelly, "The Center for Research Libraries and Cooperative Collection Development: Partnerships in Progress," in *Cooperative Collection Development: Significant Trends and Issues*, ed. Donald B. Simpson, 37–45 (New York: Haworth, 1998).

도 자체적으로는 감당할 수 없는 장서를 제공하기 위하여 투자한다는 뚜렷한 목표와 역사를 지니고 있다.

California는 켈리포니아대학University of California 시스템의 도서관들 간 장기적 협력적 재정운영을 위한 협정사이트다. 공동장서 접근프로그램 The Shared Collections and Access Program(http://libraries.universityofcalifornia.edu/planning/shared_collections.html)은 1976년에 시작되었다. 이 프로그램은 중앙 공유기금(회원 도서관이 출연한)을 운영하면서 자료를 구입하고, 복본 구입을 방지해 왔다. 이 프로그램의 목적은 다음과 같다.

- 조사연구, 수업, 지속적 배려, 기타 공공서비스를 위한 켈리포니아 대학 도서관 장서의 범위 확대 및 심화

  broaden and deepen UC Library collections in the service of research, teaching, patient care, and public service

- 전통적 장서개발 모델에서는 이용할 수 없는 경제성 제공

  offer economies not available through traditional models of collection development

- 시간 경과에 따라 지속적 서비스를 보장하여 연구자들의 중요 문화 자산 접근성 향상

  enhance access by the research community to important cultural assets by ensuring persistence over time

- 공동 장서개발 프로그램이 아니면 구축 불가능한 종합적 연구 장서의 개발

  enable UC Libraries to develop comprehensive research collections that would otherwise be impossible to build

최근 공공도서관들은 이용자들이 다운로드 가능한 오디오북과 비디오를 개인용 컴퓨터와 MP3 플레이어를 통해 이용할 수 있도록 제공하기 위하여 공동자금을 사용하고 있다. 오레곤 디지털 도서관 컨소시엄Oregon Digital Library Consortium은 공공도서관 연합체로서 이용자들에게 공유 디지털 오디오북 컬렉션인 Library2Go(http://library2go.lib.overdrive.com)를 제공하고 있다. 켄자스주립도서관Kansas State Library은 주 전체의 광역적 협력을 통해 이용자들이 디지털 영상, 오디오북, 전자책, 음악자료에 접근할 수 있는 Music and More(http://kansas.lib.overdrive.com)사이트를 제공하고 있다.

장서담당사서는 협력기금 구입 자료를 선택하는 중요한 역할critical role을 수행한다. 이 활동에 관여하는 협력단체들은 공동 수서를 위한 자료제안 및 선택propose and select을 서서들에게 일임한다. 예를 들면 University of California의 프로그램은 시스템 전체에 걸쳐 각 주제영역에서 공동구입을 지원하고 수서활동을 조정하는 12개의 서지전문가그룹을 운영한다. CRL은 CRL 회원 도서관들의 건의를 수렴하고 회원들의 투표로 결정하기 위하여 무기명 투표용지를 제공한다.

제적 및 보유의 도서관간 조정 Coordinated Weeding and Retention

도서관 협력의 네 번째 방법은 도서관 간 제적과 보유weeding and retention를 조정하는 것이다. 이는 책임을 분담하고 비용을 공동 부담함으로써 장서유지 비용을 줄이기 위한 것이다. 제적과 보유의 조정은 손등과 손바닥hand in hand처럼 밀접한 관계에 있다. 제적과 보유의 조정은 자관의 복본을 제적하기 전에 적어도 다른 도서관에 해당 자료가 소장되어 있는지를 확인할 수 있는 공동목록을 확인하는 것 그 이상의 의미를 지닌다. 장서개발의 도서관 간 조정이 파트너 도서관의 수서책임 분야를 확인하는 것처럼, 제적과 보유의 조정도 특정 분야나 특정 유형의 자료를 보유하는 책임을 확인하는 것이다. 자료의 상태 및 공간 제약 때문에 자료제적을 원하는 도서관은 그 자료가 컨소시엄도서관이나 해당지역 도서관의 유일본인지 여부를 먼저 체크해 보아야 한다. 최종 유일본을 보유하는 것이 언제나 최적 방법이라 할 수는 없지만 이런 실무관행은 최종 유일본 보유last-copy retention라는 이름으로 유지되어 왔다. 불필요한 복본자료 보유가 바람직한 것은 아니지만 어느 정도 중복 보존을 하는 것도 예측불허의 재해로 인한 손실에 대비하는 바람직한 방법이다. 지역적 또는 국가적으로 복본 수를 어느 정도로 유지하는 것이 바람직한가에 대해서는 자주 논의되고 있다.

보존계획의 조정 Coordinated Preservation Initiatives

마이크로필름 보존 프로젝트는 도서관 간 공동보존coordinated preservation의 성공적 방법 중의 하나가 되어왔으며, 수년 동안 여러 가지 협력 보존 프로젝트를 이끌어왔다. 국가 인문학 기금National Endowment for the Humanities(NEH)을 통해 자금 지원을 받는 보존 프로젝트들은 이미 합의 결정된agreed-upon 보존 및 저장에 관한 질적 표준archival standards for quality and storage을 충족시키고, 중복 보존을 피하는avoiding duplication 국가적 보존 문서 컬렉션 개발을 추구해 왔다. 예를 들면 CIC는 1980년대와 1990년대의 몇 가지 조정 협력 프로젝트들은 수천만 권의 자료를 마이크로필름으로 변환하였다. 1990년대 초에 시작된 미국 농업정보네트워크United States Agricultural Information Network와 국립 농학도서관National Agricultural Library

의 조정 협력 프로젝트는 일련의 NEH 보조금 지원을 받아 주별로on a state-by-state basis 주요 농업관계 출판물들을 마이크로필름으로 변환하고 있다. 1980년대에 시작된 미국국회도서관과 NEH가 협력하는 미국 신문 프로그램the United States Newspaper Program(www.neh.gov/projects/usnp.html)은 검색, 목록, 보존 프로젝트로서 18세기부터 현재까지 미국에서 발행된 신문을 이용할 수 있도록 한 국가적 프로젝트이다.

캘리포니아대학 도서관은The University of California libraries은 1980년대 초부터 협동적 조정 보존프로그램을 운영하고 있다. 이 프로그램은 수선, 재 포맷, 재난대비계획, 재난복구활동을 포함하고 있다.

최근의 대규모 디지털화 프로젝트(예를 들면, Google Books Library Project 와 Open Content Alliance)는 일차적으로는 정보자원에의 접근을 향상시키는 데 초점을 둔 협력 프로그램이지만 보존을 위한 요소도 아울러 가지고 있다. 스캔으로 복사한 많은 원 자료들은 극도로 열악한 환경에 놓여 있으므로 디지털 변환은 미래 세대의 이용자들을 위하여 자료의 내용을 보존해 주는 것이다.

공동 보존 Shared Storage

공동 보존시설shared storage을 통한 도서관의 공간절약 노력은 오랜 역사를 지닌다. 1942년에 설립된 뉴잉글랜드 보존도서관New England Depository Library은 미국에서 가장 오래된 공동 보존시설로서 미국 북동부에 위치한 도서관들이 공동 사용하고 있다. 1951년 CRL은 공동 보존을 목적으로 개설한 것이다. 회원 도서관들은 협력 구입뿐 아니라 자관의 장서에서 잘 이용되지 않는 자료를 빼내어 CRL의 중앙 보존소 건물CRL's central storage building에 보존한다. 미국과 캐나다에 소재하는 68개 보존시설 가운데 14개 시설은 2개 이상의 도서관들이 공유하고 있다.[35]

Steve O'Conner, Andrew Wells, Mel Collier은 협력 보존cooperative storage은 "시설 내에서 필요한 공간의 공유"로, 협동 보존collaborative storage은 "장서 증가, 구성, 관리, 접근 면에서 장서의 공동 접근"으로 의미를 구별하고 있다.[36] 협동 보존은 계획에 의해 상호 조정을 거친 장서를 유지하는데 초점을 맞추기 때문에 조정된 보존으로 해석된다. 많은 도서관들은 협동적 보존 및 보존 계획의 일부로 협동장서collaborative storage facilities를 통해 최종 복본정책을 수행하고 있다. 참여 도서관은 복본을 보관하지 않고 협동장서에서 해당 자료의 영구적인 접근을 보장하고 있다. 몇몇 도서관들은 출판 저널에 대한 공식적 공유 아카이빙 협정을 개발해 왔다. Lizanene Payne에 따르면 JSTOR 자료들은 온라인으로 이용할 수 있고, 적어도 12개의 대학도서관이 공동 보존시설에서 JSTOR 소장 자료를 이용할 수 있도록 약정되어 있으므로 학술잡지 공동 보존의 출발점이라고 할 수 있다.[37]

1990년대 말 사서들은 최종 복본 보존소로서 공동 보존시설의 이용을 조정하는 인쇄물 공유 관리를 위한 공식적 대규모 협력 프로그램의 개설을 논의하기 시작했다. 북미 보존 트러스트North American Storage Trust(http://www.oclc.org/programs/ourwork/collectivecoll/sharedprint/nast.htm)는 이러한 논의

---

35) Lizanne Payne, *Library Storage Facilities and the Future of Print Collections in North America* (Dublin, Ohio: OCLC, 2007).
36) Steve O'Conner, Andrew Wells, and Mel Collier, "A Study of Collaborative Storage of Library Resources," *Library Hi Tech* 20, no. 3 (2002): 258.
37) Payne, *Library Storage Facilities*.

에서 발전한 것이다. 이 계획의 발의는 중앙 자료 등록본부를 마련하고 각 도서관들이 보유할 책과 보존시설에 보존할 책을 보고하게 하며, 참여 도서관들이 자관의 서가에서 빼낸 자료에 접근할 수 있도록 하는 공식 협정을 체결하는 것이다. Payne은 이렇게 제안된 자발적 분담 보존 시스템을 LOCKSS(전자 자원 보존을 위한 자발적인 분담 시스템)와 비교하고 있다. Payne은 "이 공유 컬렉션을 이용함으로써 그리고 도서관 지역사회의 협동 트러스트와 네트워크를 구축함으로써 세계 인쇄문화 유산world's print heritage을 공유 공공재shared public good로 보존하면서 불필요한 중복을 줄이는 방식으로 물리적 보존 물량을 관리할 수 있다."고 말하고 있다.38)

더욱 최근에 시도된 공동보존 접근법은 디지털 보존이라 할 수 있다. 이는 CIC 및 콜로라도 디지털 협회Colorado Digital Alliance가 개발 중인 2가지 사례를 들 수 있다. CIC의 공동 디지털저장소(HathiTrust라고 명명)는 Google에 의해 디지털화된 CIC 회원도서관들이 공유하는 공공도메인 자료의 전문 콘텐츠를 보존 관리할 목적으로, 그리고 궁극적으로는 여타의 디지털 콘텐츠도 보존 관리하기 위한 의도로 설립되었다. 공동 보존소 shared repository는 교수진과 학생들에게 이전에는 별개의 위치에 소장되어 온라인 목록이나 상호대차를 통해서만 이용할 수 있었던 거대하고 다양한 온라인 도서관large and diverse online library에 직접 접근할 수 있게 하였다. HathiTrust는 인디애나대학Indiana University과 미시간대학University of Michigan의 보존 관리 행정담당자 주도로 운영되며 미시간대학에 위치하고 있다. 부가적 관리와 재정지원은 CIC의 참가 도서관 규약에 의해 제

---

38) Ibid, 30.

공되며 디지털 콘텐츠 보존을 희망하는 여타의 도서관 컨소시엄에도 자금을 지원한다.

디지털 보존연맹Alliance Digital Repository(http://adrresources.coalliance.org)은 콜로라도 연구도서관 연맹Colorade Alliance of Research Libraries이 회원 및 기관 단체들에게 제공하는 보존 지향의 디지털보존서비스 컨소시엄이다. 이 단체의 목적은 다음과 같다.

- 학생, 교수진, 직원, 이용자, 연구자 및 회원기관 고객, 나아가 전 세계에 디지털 콘텐츠 접근 제공

  provide access to digital content by students, faculty, staff, patrons, researchers, and customers of Alliance institutions, as well as to the world

- 회원기관 및 가맹 파트너단체를 위한 디지털 보존 서비스 및 기능을 지원하는 호스트 하드웨어 및 소프트웨어 인프라 구축

  host hardware and software infrastructure that supports digital repository services and functionalities for Alliance institutions and affiliated partners

- 회원 도서관, 대학, 지역사회가 생산 및 수집한 디지털 자산의 보존

  store digital assets created and collected by Alliance libraries, universities, and communities.

추가 협력 분야 Additional Areas of Cooperation

협력적 장서개발과 관리에 직접 관련되는 또 다른 협조 영역은 도서관의 자동화 및 목록library automation and cataloging분야이다. 많은 도서관들, 특히 소규모 도서관들은 공동 자동화 시스템에 참여함으로서 각 도서관 개

별 시스템 추진에 따른 비용을 절감하고, 모든 참여 도서관의 소장 목록에 쉽게 접근할 수 있다. 많은 주와 지역에서는 주 전체의 광역적 또는 지역적 공동 자동화 시스템을 시행한다. 어떤 협력계획은 언어 또는 주제에 따라 자료 목록 작성 책임을 분담한다. 이는 배분된 자료 수서 책임과 맞추어 진행되기도 한다. 왜냐하면 지적 접근은 협력적 정서 구성의 필수 요소이기 때문이다. 예를 들어 한국자료Korean materials의 수서 책임을 담당하는 도서관은 추가 자료들에 대하여 제때에in a timely manner특수 목록을 작성함으로써 이용자들이 목록에 접근할 수 있도록 제공해야 한다. 서지정보 유틸리티는 국제적인 협력적 목록 프로젝트이다.

협력적 장서개발 메커니즘
Mechanisms for Cooperative Collection Development

도서관들의 협력적 활동에는 여러 가지 메커니즘이 존재한다. 네트워크network와 컨소시엄consortium이라는 용어는 흔히 상호 교환적으로 사용된다. 다른 용어로는 협력적cooperative, 협동의collaborative, 협의회council, 연합federation, 연맹alliance 등이 있다. 협력 장서개발 가이드Guide to Cooperative Collection Development에는 다음과 같은 정의가 나와 있다. 컨소시엄이란 "특정 기능을 조정, 협력, 강화하는데 공식 합의한 둘 이상의 도서관공동체이다. 컨소시엄은 지리geographic, 기능function, 유형type, 포맷format, 주제subject 기반으로 형성된다." 네트워크는 "공동 서지유틸리티shared bibliographic utilities 또는 다른 공식적 합의other formal arrangements를 통해 이루어진 도서관들의 연결망linking of libraries"이다.[39]

국가정보표준기구National Information Standards Organization는 네트워크와 컨

소시엄을 유사한 것으로 보지 않고, 도서관 협력library cooperative에 대하여 다음과 같이 정의하고 있다.

도서관협력체란 참여 도서관들의 상호이익을 위하여 도서관 정보서비스를 제공하도록 공식적으로 합의한 조직체이다. 도서관협력체는 다음의 조건을 모두 충족시켜야 한다.

an organization that has a formal arrangement whereby library and information services are supported for the mutual benefit of participating libraries. It must meet all of the following criteria:

1. 참가자 / 회원은 기본적으로 도서관이다.

   Participants / members are primarily libraries.

2. 조직은 조직의 예산과 유급직원을 둔 미국의 비영리단체이다.

   The organization is a U.S. not-for-profit entity which has its own budget and its own paid staff.

3. 조직은 조직의 행정적 통제를 받지 않는 복수의 기관(예, 도서관, 학교)에 봉사한다.

   The organization serves multiple institutions (e.g., libraries, school districts) that are not under the organization's administrative control.

4. 조직의 활동범위는 자원공유, 훈련, 기획, 지지와 같은 기능을 수행함으로써 도서관 정보서비스를 지원한다.[40]

---

39) Bart Harloe, ed., *Guide to Cooperative Collection Development*, Collection Management and Development Guides no. 6 (Chicago: American Library Association, 1994), 22, 24.

The scope of the organization's activities includes support of library and information services by performing such functions as resource sharing, training, planning, and advocacy.

미국도서관협회 연구 분과ALA Office for Research가 수행한 조사연구보고서 "Library Networks, Cooperatives and Consortia: A National Survey"는 모든 조사 통계에 관한 기초를 제시하고 있다.41)

서지정보유틸리티Bibliographic utilities는 회원도서관의 소장자료에 온라인 접근 및 공동 목록 작성, 상호대차, 공동구입을 포함한 부가서비스를 제공한다. James J. Kopp는 최대 규모의 회원서지유틸리티인 OCLC를 한때 "메가컨소시엄megaconsortium"이라고 불렀다.42) OCLC의 지역 서지정보유틸리티는 OCLC라는 명칭에 "네트워크network"를 붙이기도 한다. 예로는 NELINET(New England), AMIGOS Service(Southwest), MINITEX(Minnesota and the Dakotas)와 WILS(Wisconsin) 등이다. 이러한 지역 네트워크는 다음과 같은 다양한 서비스를 제공한다.

- OCLC 지원 OCLC support
- 상담 consulting

40) National Information Standards Organization, Information Services and Use: Metrics and Statistics for Libraries and Information Providers—Data Dictionary, Section 2.1.8, Library Cooperatives (2004), NISO Z39.7-2004, www.niso.org/dictionary/.

41) Denise M. Davis, Office for Research and Statistics, American Library Association, "Library Networks, Cooperatives and Consortia: A National Survey" (Dec. 3, 2007), www.ala.org/ala/ors/lncc/Final%20report.pdf.

42) James J. Kopp, "Library Consortia and Information Technology: The Past, the Present, the Promise," *Information Technology and Libraries* 17, no. 7 (1998): 7-12.

- 훈련 training
- 목록 작성 계약 contract cataloging
- 참고 서비스 reference service
- 보존 및 재난관련 지원 및 조언 preservation support and disaster assistance
- 벤더 계약을 통한 도서관 용품 가격 할인 discounted prices for library supplies through agreements with vendors
- 지역 문헌 전달 regional document delivery
- 온라인 자원의 협력 구입 cooperative purchase of online resources

조직패턴에 영향을 미치는 요인은 개별 회원의 특성, 프로그램 행정관리, 협력 활동의 종류, 자금의 원천 등이다. 자금은 회비, 기부금, 보조금, 외부 지원금(예, 주 정부의 연간 교부금), 또는 이들을 모두 합한 것이다. 협력 도서관들은 그들이 조직을 어떻게 부르든 관계없이 중앙집권 또는 분권화 행정구조로 이루어진다. 자금의 출처는 행정구조를 결정하기도 한다. 협력 조직의 공통적 특징은 조직의 목적을 정의하고 운영 원칙을 규정하는 공식 합의서를 이용한다는 것이다. AMICALnet Consortial Governance와 Planning and Organization Document(www.amiclanet.org/resources/consortial-doc-examples/)사이트는 세계적으로 통용되는 컨소시엄 협력문서의 사례를 제시하고 있다.

컨소시엄의 전신 precursors 은 도서관 시스템이었다. 1950년대까지 대부분의 공공도서관은 중앙도서관과 분관도서관들로 구성되었지만 그들 사이는 독립적인 관계였다. 독립적인 공공도서관들은 자원을 효율적으로 이용하고, 이용자에게 보다 나은 서비스를 제공하기 위하여 도서관 시스템으로 통합하기 시작했다. 이러한 과정은 1950년대 초 뉴욕 주에서 시작되어 전국으로 확산되었다. 1969년까지 491개의 공공도서관 시스템이 가동되었다.[43] 도서관 협력 단체의 수는 1960대 중반부터 급격히 증가하였다. 이러한 증가의 이면에서 주요 자극제major impetus가 된 것은 도서관 자동화의 확산과 공동서지데이터베이스의 개발이었다. 96개에 이르는 대학도서관 컨소시엄은 1966년과 1970년 사이에 확립되었다.[44]

2007년도 Bowker사의 도서관 서적거래연감Bowker Annual Library and Book Trade Almanac에서는 미국과 캐나다의 400개 이상의 네트워크, 컨소시엄, 기타 협력 도서관 조직을 열거하고 있다.[45] 이러한 조직들은 그들의 자원resources 및 수집 능력collective power에 따라 병합되고 있다. 예를 들면, PALNET(미국 동부 연안 지역 및 지역을 초월한 600여 회원도서관에 서비스를 제공하는 지역적 도서관 네트워크)과 SOLINET(미국 남동부지역과 카리브해 지역에서 2,500개 이상의 도서관 및 기타 정보조직에 서비스를 제공하는 도서관 협력체)은 2008년에 통합되었다. 다른 도서관들과의 공식적인 협력적 장서관리는 지역적, 주 단위의 광역적, 국가적, 또는 국제적 관계를 형성한다. 회원은 도서관의 종류(예, 대학, 공공)를 중심으로 하거나 여러 가지 다른 유형의 도서관들이 복합적으로 가입하기도 한다. 많은 도서관들은 OCLC의 지역 네트워크, 주 단위 또는 지역 컨소시엄에 소속되어 있다. 후자(지역 컨소시엄)는 유사한 사명을 가지고, 유사한 인구(유권자)에 봉사하는 전통적인 협력조직이다.

앞서 언급한 미국도서관협회의 조사는 2006 / 2007년에 225개 도서관

43) George Bobinski, *Libraries and Librarianship: Sixty Years of Challenge and Change, 1945 – 2005* (Lanham, Md.: Scarecrow, 2007).
44) Carlos A. Cuadra and Ruth J. Patrick, "Survey of Academic Library Consortia in the U.S.," *College and Research Libraries* 33 (July 1972): 271 – 83.
45) Dave Bogart, ed., *Bowker Annual Library and Book Trade Almanac: Facts, Figures, and Reports* (Medford, N.J.: Information Today, 2007).

네트워크, 협력체 및 컨소시엄(LNCCs)의 답변을 모아서 분석하였다.[46) 이
조사연구에서 밝혀진 사항은 다음과 같다.

- LNCCs 협력체 5중 4이상이 공공도서관에 봉사한다. 5중 3이 대학
  도서관에 봉사한다. 절반이 학교도서관에 봉사한다.
- California, Illinois, Massachusetts, Michigan, New York, Pennsylvania,
  Texas와 Wisconsin에 LNCC 회원이 가장 많다
- 협력체 LNCCs 10중 7이 지역(예, 여러 도시multicounty, 주 단위 광역
  statewide)에 속해 있고 5중 3이 다양한 관종의 도서관에 봉사한다.
- 다양한 관종에 봉사하는 협력체LNCCs는 자원공유resource sharing에 더
  욱 중점을 두는 경향이 있다.

도서관 협력을 위한 자금의 형태와 조직전략은 단순한 것으로부터 복
잡한 것까지 매우 다양하다. 어떤 단체는 회비flat membership fee를 균등하
게 부과한다. 도서관 운영예산 또는 봉사 대상 인구에 비례하여 요금을
배분하는 곳도 있다. 2007년 Primary Research Group을 대상으로 조사한
바에 따르면 응답 회원도서관들은 컨소시엄을 위하여 연 평균 $7,300을
사용하는 것으로 나타났다.[47) 어떤 조직은 임시조직ad hoc으로서 기본적
으로 자료의 공동구입을 위한 단체로 구성되므로 사무실을 두지 않는다.
Tim Bucknall 이들을 "가상 컨소시엄virtual consortia"이라고 부른다.[48) 어떤

---

46) Davis, "Library Networks, Cooperatives and Consortia."
47) Primary Research Group, *The Survey of Library Database Licensing Practices* (New York: Primary Research Group, 2007).
48) Tim Bucknall, "The Virtual Consortium," *Library Journal netConnect* (Spring 2005): 16‑19.

주 단위 광역 컨소시엄은 회원들이 부가서비스를 받기 위해 지불하는 요금을 주 정부에서 지원해 준다. 또 어떤 협력체는 중앙 사무실에 직원들을 두고, 어떤 협력체는 회원도서관에서 파견된 자원봉사자가 근무한다.

여러 주states에서는 상호대차, 문헌전달, 전자자원의 접근을 포함한 다양한 서비스를 제공하는 효과적인 협력프로그램을 운영하고 있다. 프로그램 운영은 주 정부가 자금을 지원하며, 참여도서관에는 회비를 부과하지 않는다. 프로그램들은 회원 기관 및 회원 도서관의 이용자와 주 단위의 모든 시민들에게 개방되어 있다. 다음은 대표적인 사례들이다.

일리노이 도서관정보네트워크Illinois Library and Information Network(ILLINET; www.cyberdriveillinois.com/departments/library/who_we_are/illinet.html)는 1975년에 설립되어 일리노이 주립도서관Illinois State Library이 관리하고 있다.[49] ILLINET의 회원은 5천개 이상의 대학, 공공, 학교, 전문도서관들이다. 주 정부의 자금지원을 받는 지역도서관 시스템 12곳 가운데 한 곳에 속하는 도서관일 경우 그 도서관은 ILLINET의 회원이 된다. ILLINET은 도서관 간의 주 전체 광역 상호대차 서비스를 제공한다. ILLINET은 모든 ILLINET 회원 도서관들에게 E-RICH를 통해 전자자원에의 접근을 제공하기 위한 확장 서비스 프로그램을 운영한다. 제1단계 전자자원Tier 1 e-resources은 일리노이주립도서관이 전부 비용을 부담하고 모든 ILLINET 회원 도서관들에게는 무료로 제공한다. 제2단계Tier 2는 일리노이주립도서관이 비용의 일부를 부담하고 모든 ILLINET 회원 도서관들에게 이용할 수 있게 하되, 비용의 일부를 구독subscribing 도서관이 지불해야 한다. 제3

---

49) Nancy Chipman Shlaes, "Cooperative Collection Management Succeeds in Illinois," *Resource Sharing and Information Networks* 12, no. 1 (1996): 49 - 53.

단계Tier 3 전자자원은 일리노이주립도서관이 비용부담을 하지 않고, 대신 구독을 원하는 도서관을 위해 적정 가격을 협상한다.

오하이오링크OhioLINK(http://ohiolink.edu)는 주 전체를 위해 주정부에서 자금을 지원하는 협력체로 86개의 Ohio주 단과대학, 종합대학, 기술학교 도서관과 오하이오 주립도서관State Library of Ohio이 참여하는 네트워크이다.50) OhioLINK는 140개 이상의 온라인 연구 데이터베이스, 7천개 이상의 학술 전자 저널, 약 2천개의 교육 필름, 수천 개의 디지털 이미지(디지털 미디어 센터를 통해 더욱 많이 이용 가능), 점증하고 있는 전자책 컬렉션, 그리고 참여 대학 학생들이 제출하는 1만 2천 건의 학위논문을 제공한다. 참여 도서관의 고객들은 자동화 목록으로 중개 신청서 제출 없이 대출을 신청할 수 있고 신청된 자료는 48시간 내에 전달된다. 상호대차서비스는 재학생들이 40%를 이용하고, 나머지 60%는 대학원생과 교수진/교직원이 절반씩 나누어 이용한다.51) INFOhio(www.infohio.org)는 OhioLINK와 같이 오하이오 주정부의 자금지원을 받는 유치원부터 고3까지의 학생들을 위한 가상 도서관이다. 이 협력체는 학생, 학생 가족, 교육자들에게 온라인 자원에의 접근을 무료로 제공한다.

MNITEX Library Information Network(www.minitex.umn.edu)는 대학도서관, 공공도서관, 주정부도서관, 전문도서관을 지원하는 공공 네트워크이다. MINITEX는 미네소타 주 의회가 미네소타 고등교육청Minnesota Office of Higher Education을 통하여 자금을 지원하며, 미네소타 공공도서관을 위한

50) Naomi J. Goodman and Carole L. Hinchcliff, "From Crisis to Cooperation and Beyond: OhioLINK's First Ten Years," *Resource Sharing and Information Networks* 13, no. 1 (1997): 21 - 38.
51) Joseph J. Branin, "Shaping Our Space: Envisioning the New Research Library," *Journal of Library Administration* 46, no. 2 (2007): 27 - 53.

프로그램programs for Minnesota public libraries은 미네소타 주립도서관과 미네소타 교육청Minnesota Department of Education의 학교 기술부서School Technology와의 계약에 의해 자금이 지원된다. 북 다코타North Dakota와 남 다코타South Dakota 도서관들도 미네소타 고등교육청Minnesota Office of Higher Education과 북 다코타 및 남 다코타 주립도서관the North and South Dakota state libraries과 계약을 통하여 MINITEX 프로그램에 참여한다. MINITEX는 문헌전달서비스를 시작하여 3개 주의 인접지역in the tristate region에서 지속적으로 자료를 전달하고 있다. MINITEX는 그 지역의 OCLC네트워크 서비스를 시행하고 참여 도서관들은 OCLC 서비스 요금을 지불한다. 나아가 도서관 협력사업과 관련한 많은 전통적인 서비스(예, 교육훈련, 목록작성계약, 도서관 공급용품 및 전자자원에 대한 가격 할인)를 제공하며, 미네소타 주 전체에 걸쳐 전자자원에 대한 무료 접근을 허용하고, 주 의회 자금으로 이용 가능한 Gale Group, OCLC FirstSearch, ProQuest, 그리고 NetLibrary가 제공하는 전자자원 코너a suite of e-resources를 이용할 수 있도록 개방한다. 또한 MnLINK, MnLINK Gateway, Minnesota주 광역 가상 온라인 도서관 목록을 관리하고, Minnesota 전역의 도서관들에서 의뢰한 이용 빈도가 낮은 중요자료의 밀집 저장시설을 운영한다.

플로리다 전자도서관Florida Electronic Library은 모든 연령대를 위한 온라인 정보자원-전자잡지, 신문, 연감, 백과사전, 일반도서-의 관문gateway이며, 학생들의 숙제 도움자료, 교사용 자료도 제공한다. 이에 접근하기 위해서는 플로리다 공공도서관의 회원 바코드번호가 있어야 한다. 플로리다 도서관 정보 서비스Florida Division of Library and Information Services당국이 행정을 관리하는 이 정보관문gateway은 FloridaCat에 오픈 엑세스를 제공하는데 FloridaCat은 Florida 전역의 도서관, 아카이브, 박물관, 역사학회가 소장하고 있는 디지털 장서와 플로리다 메모리 프로젝트the Florida Memory Project, 플로리다주 도서관 및 아카이브 정보의 온라인 목록이다.

전자 자원의 협력 수서
Cooperatives and Acquisition of Electronic Resources

전자정보의 협력적 구입은 모든 종류의 도서관에서 빠르게 확장되어 왔다. 이는 비용공유 컨소시엄consortial cost sharing 또는 구매클럽buying clubs 이라고 지칭되는데, 도서관 협력의 가장 성공적인 분야로 꼽힌다.52) 2007년에 발표된 Primary Research Group 연구는 협력구입이 표본 도서관들의 데이터베이스 라이선스 구입계약의 30%를 차지한다고 보고했다.53) 나아가 대학도서관들의 협력 구매는 공공도서관, 정부 및 비영리 단체 도서관들의 2배 정도인 계약의 41%를 차지했다.

공식적 협력 협정에 참여하지 않은 도서관들은 전자정보 공급자들과의 계약 협상에서 예산을 절감하고, 유리한 고지greater power를 확보하기 위해 여러 단체에 참여하고 있다. 구매자의 수가 어느 정도 확보되면 벤더는 할인 가격을 제시한다. 이 경우 벤더는 운영비를 줄일 수 있어 유리하다. 출판사 또는 벤더는 개별 도서관을 상대하지 않고 컨소시엄과 라이선스 협상을 하게 되며, 청구서도 컨소시엄 사무실에 한 장만 발송하면 된다.

---

52) George J. Soete, comp., *Collaborative Collections Management Programs in ARL Libraries*, SPEC Kit no. 235 (Washington, D.C.: Association of Research Libraries, 1998).
53) Primary Research Group, *Survey of Library Database Licensing Practices*.

도서관이 유리한 점은 도서관의 능력보다 더 많은 도메인에 접근할 수 있고, 그들의 수서예산 및 수서능력보다 많은 자료를 수서할 수 있으며, 라이선스 협상을 컨소시엄에서 처리하기 때문에 협상에 따른 시간과 경비를 줄일 수 있고, 컨소시엄의 집합적 대응능력으로 보다 유리한 라이선스 계약조건을 협상할 수 있다는 것이다. 오하이오링크 전자저널센터 OhioLINK Electronic Journal Center는 정보자원 확장 접근의 사례 중 하나로 86개 OhioLINK 참여기관들의 학생, 교수, 직원이 이용 가능하다. Ohio의 주요 대학들은 이용 가능한 학술저널을 평균 25%만 소장하고 있지만, 이들 기관의 이용자들은 전자저널센터Electronic Journal Center 타이틀의 80%를 이용할 수 있다.[54]

도서관들은 자료비용 감축을 통해 이익을 얻는다. 이는 도서관들이 정가full price대로 부담해도 얻을 수 없는, 아니면 얻는 것보다 더 많이 부담해야 하는 지출을 방지할 수 있다(역자 주: 협동구입을 통해 할인된 가격으로 자료를 구입하면 정가로 사는 것보다 비용을 적게 들이고도 많은 이익을 얻을 수 있다). 약간의 비용절감이라도 도서관이 전자자원과 중복되는 인쇄자료 및 마이크로자료를 취소할 경우 절감액이 누적된다. 2008년 3월 현재 CIC는 2천 1백 50만 달러$21.5million 이상 비용을 절감했다고 보고했다.[55]

컨소시엄 라이선스를 통해 구입한 자료비용 배분방법은 컨소시엄에 따라 다양하다. 비용 배분에서 중요한 것at the heart of cost allocation은 모든 참여 도서관에 공평하게being equitable 해야 한다는 것이다. 회원 도서관들

---

54) OhioLINK, Fast Facts: OhioLINK Electronic Journal Center (EJC; March 2008), www.ohiolink.edu/about/news/ejcff.html.

55) Kimberly L. Armstrong, Assistant Director, Center for Library Initiatives, Committee on Institutional Cooperation, "Re: Cost Savings," e-mail message to the author, March 17, 2008.

이 규모가 비슷할 경우에는 참여 도서관들 사이에 라이선스 계약의 전체 비용을 균등하게 배분할 수 있다. 또 다른 방법은 차별 가격을 적용하는 것으로, 즉 참가자들 사이에 예정된 이용계획projected use에 따라, 또는 이용자 인구의 규모(등록 학생 수 / 교수 / 교직원 / 교사 수 또는 봉사 대상 인구수)에 따라 비율로 배분하는 것이다. Douglas Anderson은 이 방법은 벤더가 이용자의 규모에 따라 점진적으로 가격을 할인하기 때문에 규모가 큰 기관이 불리하다고 느낄 수 있다고 지적한다.[56] Anderson은 콘텐츠를 독립적으로 라이선스했을 때 도서관이 지불하는 비용과 컨소시엄을 통해 절약한 비용을 비교하는 하이브리드 모델hybrid models을 포함한 여러 가지 대안을 제시하고 있다.

컨소시엄을 통하여 전자자원을 수서하는 데서 얻어지는 절감액으로 계약을 협상하고 관리하는 컨소시엄 사무실 직원을 둘 수 있게 된다. 개별 도서관들은 계약 및 협상을 검토하는데 시간을 투자하지 않아도 된다. 또 다른 편익은 매년 가격인상을 하지 않아도 되는 장기 계약a multiyear contract을 맺는 것이다.

자원의 선택방식은 각 컨소시엄에 따라 다르며 검토하는 전자 콘텐츠도 다양하다. 벤더는 가끔 컨소시엄에 접근하여 제안서를 제출한다. 장서 담당 사서는 전자자원 패키지가 매력 있어 보이는 출판사나 벤더에게 제안을 한다. 대부분의 경우 제안은(발의자와 상관없이) 참가도서관들의 장서 담당사서나 전자자료 담당 사서(장서개발사서와 다른 경우)를 포함한 장서개발위원회를 통해 재검토된다. 만약 도서관이 이미 콘텐츠에 접근할 수

---

56) Douglas Anderson, "Allocation of Costs for Electronic Products in Academic Library Consortia," *College and Research Libraries* 67, no. 2 (2006): 123 - 35.

있다면, 장서담당사서는 컨소시엄의 제안이 더 매력적인지를 현행 계약 조건과 비교하여 검토한다. 대부분의 벤더는 컨소시엄 참여자 수가 일정 수준을 넘어야 움직인다. 일반적으로 회원도서관들은 선택여부에 관계없이 개별 자료를 선택할 수는 없다. 도서관은 패키지 단위로 공급을 받아야 하며 지역적 또는 기관의 선호에 따라 개별 자료를 선택할 수 없다.

전자 자원의 수서에 있어 컨소시엄의 역할은 계속 확장되고 있다. 1997년에 설립된 국제 도서관 컨소시엄 연합International Coalition of Library Consortia(ICOLC; www.library.yale.edu/consortia/)은 이의 대표적인 사례potent illustration이다. 이 비공식 단체는 세계 여러 나라에서 135개 이상의 도서관 컨소시엄 회원이 참여하고 있다. 주로 고등교육기관을 위해 일하는 이들 다양한 컨소시엄 대표자들은 1년에 2회 모임을 갖고 전자자원 공급자들 및 벤더들과 새로운 제안new offerings, 가격 관행pricing practices, 계약 문제contractual issues에 대하여 논의한다. Barbara McFaden Allen과 Arnold Hirshon은 ICOLC를 가리켜 "이들 독립적 컨소시엄들은 경쟁을 제한limit competition하거나 가격을 동결fix prices하려 하지 않으며 시장 개척을 위해to open up the market 그들의 결집된 힘collection power을 지렛대로to leverage 활용하므로 일종의 역 카르텔a reverse cartel"이라고 말한다.57) 1998년 ICOLC는 "전자 정보의 선택과 구입을 위한 관행과 전망에 대한 성명서Statement of Current Perspective and Preferred Practices for the Selection and Purchase of Electronic Information"를 발표했는데, 이는 컨소시엄 라이선스의 국제적 전망과 도서

---

57) Barbara McFadden Allen and Arnold Hirshon, "Hanging Together to Avoid Hanging Separately: Opportunities for Academic Libraries and Consortia," *Information Technology and Libraries* 17, no. 1 (1998): 40.

관들의 전자 정보의 협력 구입제도 확립을 추구하기 위한 것이었다. 이 성명서는 2004년 12월 최종 개정되어 오늘에 이르고 있다.[58]

협력적 장서개발이 성공하려면
Attributes of Successful Cooperative Collection Development

협력적 장서구성에 노력하는 도서관들은 그들이 소장하는 자료와 다른 파트너 도서관들이 소장하는 장서를 비교하고 평가하는 보편적인 방법a common way을 명확히 이해할 필요가 있다. 자주 이용되는 두 가지 비교평가 도구는 장서 프로파일(장서지도)과 컨스펙터스Conspectus모델이다. 장서를 질적 양적으로 평가하기 위해서는 필수적으로 자관의 장서와 파트너 도서관의 장서를 비교해보아야 한다.

효과적으로 조정된 장서개발관리는 협력을 통하여 자기 도서관의 우선순위와 보다 큰 지역 그룹의 우선순위 사이에 적정한 균형점을 찾는 것이다. 이러한 긴장관계tension는 도서관 협력의 역사에서 이어져 왔다. 도서관이 해당지역의 요구를 충족하기 위해 자료를 제공할 의무는, 멀리 떨어져 있어 잘 모르는 이용자의 요구the needs of unknown, remote users를 충족하기 위해 수서하는 외부 협약external agreement보다 더욱 강력한 힘을

58) International Coalition of Library Consortia, "Statement of Current Perspective and Preferred Practices for the Selection and Purchase of Electronic Information" (1998), www.library.yale.edu/consortia/statement.html; International Coalition of Library Consortia, "Statement of Current Perspective and Preferred Practices for the Selection and Purchase of Electronic Information: Update No. 1: New Developments in E-Journal Licensing" (Dec. 2001), www.library.yale.edu/consortia/2001currentpractices.htm; "Update No. 2: Pricing and Economics" (Oct. 2004), www.library.yale.edu/consortia/2004currentpractices.htm.

지닌다. 긴장의 원인 중 하나는 모든 도서관이 그들의 지역사회, 즉 고등교육 기관, 일반 시민과 행정기관, 학교의 학생들, 법률회사 직원들, 병원직원 등 각기 다른 이용자사회에 서비스를 제공한다는 사실이다. 지역에서 필요한 자료 비용으로 다른 도서관에서 필요한 자료를 구입하도록 하는 협력프로그램은 실패할 것이다. 지역사회와 모 기관에 책임을 지고 있는 도서관들은 소속 기관의 사명을 명확히 이해해야 하며, 협동을 통하여 얻어지는 이익이 무엇인지, 지역사회의 요구와 바람을 어떻게 충족시킬 수 있는지를 설명할 수 있어야 한다. 자관의 우선순위와 협력그룹의 책무 사이에 균형을 잡는 문제는 모든 협력적 장서개발계획 추진에 있어 골칫거리plagues가 되고 있다. 그러나 이런 문제를 효과적으로 관리해야만 협력계획을 성공적으로 실현할 수 있다.

컨소시엄의 협력 장서개발이 성공을 거두기 위해서는 공식적 협력 및 효과적 행정관리에 있어 여러 협력 기관들과 장서담당사서들 사이에 높은 신뢰감이 구축되어 있어야 한다. 이는 명확한 지배 구조, 목적, 의사결정을 위한 충분한 권한을 의미한다. 경쟁력 있는, 강력한 컨소시엄 리더 또는 관리자의 역할도 매우 중요하다. 모든 공식 협정과 책무는 유연해야하며 변경이 가능해야 한다. 또 중요한 것은 참가자들이 공동 목적 및 컨소시엄의 의도에 대하여 명확하고도 충분히 이해해야 한다는 것이다. 컨소시엄은 정책결정사항 및 변경사항을 신속하게 널리 공유하기 위하여 믿을만한 커뮤니케이션 시스템reliable communication system을 운영해야 한다. 이메일, 전자토론방, 컨소시엄 웹사이트는 의사소통의 장벽, 특히 개별 선택담당자들 사이의 커뮤니케이션 장벽을 허물고 있다. 컨소시엄 직원과 도서관의 담당자들library representatives은 그들의 의무(질문 응답, 자원 평가, 구입 협정 회신 등)를 적시에in a timely manner 이행해야 한다.

도서관 자료의 접근성에 대한 사회적 정치적 압력으로, 특히 농촌지역에서는 정부의 자금지원기관들이 협력의 주도권을 이끌고 있다. Ohio, Minnesota, Georgia와 같은 몇 몇 주에서는 주 전체의 학술지원 계획이나 모든 종류의 도서관에 대해 전자자원을 제공하는 협력적 벤처Cooperative ventures 프로젝트를 주정부 차원state level에서 지원하고 있다. 주 의회는 몇 군데의 작은 기관에 자금을 지원하는 것보다 더 매력적인 중앙 제공 단체를 선택함으로써 전자 자원을 주 전역에 걸쳐 제공할 수 있는 신규 적정 자금을 지원하고 있다. 공공재를 제공하는 일에 대해서는 공공기관들이 지속적인 반응을 보이고 있다.

컨소시엄을 성공으로 이끄는 가장 중요한 요소는 각 기관들이 컨소시엄의 이점을 깨닫는 것이다. 도서관 내의 핵심가치로서 도서관간 협력을 각인시킴으로써 희생적 참여의지를 북돋울 수 있고, 자관의 이익이 쌓여 간다는 믿음을 줄 수 있다.

성공의 관건은 고도의 이타정신, 점증하는 협동적 가치에 대한 인식과 존중이다. 한 가지 목적은 협력도서관들의 장서가 더 이상 개별 도서관의 장서가 아니라 공동 목록과 전달 메커니즘으로 연결되어 다양한 장소에 분배된 공동장서의 단계에 이르는 것이다. 흥미 있는 사실은 도서관 협력이 서비스의 불공평을 해소하고 막대한 비용절감과 비용지출을 예방할 수 있다는 생각을 발전시킬 수 있다는 것이다. 협력의 분명한 목적, 기관의 행정적 책무, 협력가치의 인식, 그리고 파트너들 사이의 신뢰가 참여자 모두에 의해 구축되어야 한다. 협력에 성공하기 위해서는 도서관에서의 모든 협력 업무가 일상적 업무로 인식되어야 한다.

Cynthia Shelton은 성공적 협력적 장서개발과 관리의 성공을 위한 열쇠를 다음과 같이 지적하고 있다. 즉 효과적인 커뮤니케이션과 상담effective communication and consultation, 분명한 목적과 주도적 포커스clear goals and focus for initiatives, 유연성 및 변화에 대한 대응 의지willingness to be flexible and adapt to changes, 그리고 지속 가능한 기술적 기반a viable technological infrastructure을 들었다.59) Debra Kachel은 책무, 책임, 목적, 목표를 명시한 성문화된 컨소시엄 정책의 필요성을 강조하고, 정책은 책임 있는 행정 관리자 또는 (학교도서관미디어센터의 경우에는) 학교운영위원회에 의해 보증되어야 한다고 주장했다.60)

협력적 장서개발에 대한 도전
Challenges to Cooperative Collection Development

지방자치단체에 대한 요구 Desire for Local Autonomy

사서들은 장서구성이 시작된 이래, 그들의 목적은 지역사회의 현재 및 미래의 요구를 신속하고도 효과적으로 충족시키는 것이라고 생각해 왔다. 이러한 전망은 결국 자체적으로 충분한 자료를 제공한다는 헛된 야망을 야기했다. Martin Runkle은 이러한 전통적 지역장서자원은 화석연료시대centuries-fueled의 사서직의 특징으로 여겨져 왔으며, "우리의 사회적 법률적 시스템에서의 주요 소유 재산의 역할the major role of property"61)

---

59) Cynthia Shelton, "Best Practices in Cooperative Collection Development: A Report Prepared by the Center for Research Libraries Working Group in Best Practices in Cooperative Collection Development," *Collection Management* 28, no. 3 (2003): 191–222.

60) Kachel, *Collection Assessment and Management*.

61) Martin Runkle, "What Was the Original Mission of the Center for Research Libraries and How Has It Changed?" in *CRL's Role in the Emerging Global Resources Program, 1997 Symposium, Chicago, Illinois, April 25, 1997*, 1–4 (Chicago: Center for Research Libraries, 1997), 3.

이라고 말하고 있다. 미국의 지배적인 문화는 소유권에 커다란 가치를 부여하고 있다. 물질문화 속에서 지역장서의 규모는 성공에 대한 지속적 측정도구persistent measure이다. 미국도서관협회(ARL)를 비롯한 많은 조직들은 도서관의 성공을 위한 보완적, 대안적인 방법을 찾고 있는 중이다. 그러나 아직도 도서관 장서에 대한 자체 콘트롤 및 독립적 소유권에 대한 요구는 협력을 반대하는 강력한 힘으로 남아있다.

지역의 독립성과 지방자치에 대한 욕구는 거대 장서의 보유 가치를 강력히 뒷받침한다. Joseph Branin은 협력적 장서개발은 미국 지방자치의 장기적인, 뿌리 깊은 전통으로 인해 문제가 되어왔다고 지적한다. 사서들과 도서관들은 컨소시엄, 네트워크 등에 주 정부차원에서 파벌주의 parochialism를 극복하고 사고방식을 좀 더 폭넓게 가지는데 곤란을 겪고 있다. 협력과 협동은 추상적으로는 좋게 생각되지만 자급자족을 바라는 개별 도서관들의 욕망 때문에 통제가 어려운 저항에 부딪치는 것이다. 컨소시엄은 스스로를 만들어준 조직과 행정주체로부터 저항을 받아 비틀거리게 된다. Branin은 "협력적 장서개발의 문제는 기술적 문제가 아니라 가장 기본적으로 정치적 문제"라고 말하고 있다.[62]

전문직의 프라이드 Professional Pride

장서개발 문화 그리고 모든 선택 담당자들의 생각이 가장 완벽한 장서 구성이 가능하다고 생각한다면 이는 협력에 반하는 것이다. 이러한 프로

---

62) Branin, "Cooperative Collection Development," 104.

정신으로 인해 연구도서관의 주제전문가들은 공동장서 구축을 위해 협력하는 것 보다 자체적으로 경쟁력 있는 장서를 구축하는 방향으로 나아가는 것이다. 협력 장서개발이 직면하는 주요 도전적인 문제는 이러한 과거의 자료선택의 덕목selection virtues of the past을 변화시키는 것이다. 모든 사서들이 가지고 있는 프라이드는 컨소시엄 장서나 광역적 장서의 질이 아니라 자기 도서관장서의 질에 초점을 맞추는 경향이 있다. 장서개발 사서들 사이의 상호 보완 정신 및 신뢰성은 성공적인 협력 장서개발의 핵심 요소이다.

대학 교수들의 태도 역시 대규모 장서는 대학교육의 위상과 품격을 나타낸다고 믿기 때문에 협력적 장서개발에 걸림돌이 된다. 교수들은 이용할 수 있는 자원이 풍부하다 해도 대학도서관장서가 증가되지 않으면 그들이 수행하는 프로그램이 저평가될 수 있고, 연구 인가, 부서 통합, 교수 확보, 승진, 재임명 등의 의사결정에 부정적 영향을 미칠 것이라고 두려워한다. 고가 자료, 난해한 자료를 자관에서 소유하는 것만으로도—그런 자료들이 별로 이용되지 않아도 자랑거리가 된다. 협력적 장서개발에 대한 교수진의 인식과 혜택에 대한 기대를 변화시키는 일은 값비싼 자체 장서에 대한 상징적 중요성이 지속되는 한 하나의 도전적 과제로 남아있다. 그럼에도 불구하고 도서관이용자들이 협력적 장서에서 얻을 수 있는 상호 이익에 대한 신뢰와 감사표시는 협력적 장서개발의 성공에 필수적이다.

협력 파트너의 책무, 노력, 자금의 불균등 배분
Unequal Distribution of Commitment, Effort, and Money among Partners

자금제한은 성공적 협력에 가장 큰 장벽이다. 자금이 제한될 경우 우선순위는 내부적인 것이 되기 쉽다. 급격히 상승하는 자료의 가격, 지역에서는 구할 수 없는 자료의 문제, 어쩔 수 없이 다른 도서관에 의존해야 하는 자료 등은 협력이 어려운 시기에도 도서관간 협력에 대한 관심을 증대시켰다. 협력계획에 참여하는 도서관들은 재정부담 부분에 관심을 갖는다. 재정적 부담은 모든 참가 도서관에 공정하게 분담되어야 한다. 이는 회비를 분담하는 것, 도서관별 재정적 부담을 균등하게 배분하는 것이다.

협력적 계획 실패에 대한 또 다른 잠재 요인은 도서관의 자체 조직에 있다. 사서들은 조직 내 부서들을 넘나들 수 없지만 도서관 내부에 존재하는 커뮤니케이션 장벽을 극복해야 한다. 만약 선택활동이 너무 분산되어 있어 선택이 개별적으로 고립되어 이루어진다면 협력적 정책결정 노력은 성공할 수 없다. 만약 도서관내에서 선택 활동의 조정이 어렵다면 외부 파트너와의 선택 조정은 더 어렵다. 기술 봉사, 참고 서비스, 보존 활동, 상호대차운영은 모두 협력의 책무와 노력을 인식하고 지원해야 한다. 만일 도서관이 장서개발에 대한 분명한 권한을 가진 조직 구조를 갖추지 못한다면, 다른 도서관과의 협력은 거의 불가능하다.

도서관 안팎에서 운영위원회나 행정책임자의 지원 및 책무수행에 대한 리더십이 결여되어 있다면 큰 문제a large problem가 될 수 있다. 강력한 리더십과 조직 전체를 통한 지속적인 지원은 매우 중요하다. CIC는 강력한 조직적 지원을 받는 컨소시엄의 예이다. CIC의 운영위원회의 구성원들은 12개 회원 대학의 학과장들이다. CIC 프로그램과 활동은 대학 간

운동경기를 제외한 대학활동의 모든 측면에 걸쳐 있다. 도서관 협력 센터The Center for Library Initiatives는 CIC의 보호우산 아래에 있는 몇 가지 협력체의 하나로 이들 모든 협력체들은 대학 행정관리자의 강력한 지원을 받고 있다.

협력의 결과에 대하여 도서관 직원과 이용자 사이에 불만족이 일어나면 어려움을 겪게 된다. 중요한, 눈에 띄는 성취 업적이 없으면 협력은 저절로 무너질 수 있다. 얼마간이라도 성공 실적이 없으면 전진을 위한 동기momentum for progress는 발생되지 않는다. 그러므로 협력적 장서개발 프로그램의 참가자들은 협력에 따른 비용 대 편익을 수량화하는 과정 및 정기적으로 협력의 이익을 독립적 장서개발의 경우와 비교할 필요가 있다.[63] 모든 사람이 협력적 책무를 무시한 결과가 어떤 것인지를 이해할 수 있어야 한다. 협력의 이점과 협력 실패의 결과를 문서화 하는 것은 강력한 인센티브가 될 것이다.

지적 접근과 물리적 접근의 실패
Failures in Intellectual Access and Physical Access

멀리 있는 자료에 대한 물리적 접근 제공에 어려움을 겪는다는 것은 협력적 장서개발에 장벽이라 할 수 있다. 이용자들은 고품질 자료의 신속한 전달을 바라고 있다. 이를 달성하기 위하여 컨소시엄은 적시에 효율, 효과적인 정보자원을 전달할 수 있는 신뢰성 있는 메커니즘을 만들고자 한다.

---

63) Atkinson, "Crisis and Opportunity."

정보자원을 확인, 검색하고 물리적 접근을 신속히 제공할 수 없다면 협력적 장서개발과 관리는 힘을 받지 못한다. 도서관들은 그들이 모든 것을 소유할 수 없으며, 이용자의 요구와 욕구를 만족시키는 열쇠는 접근(서지적, 물리적)이라는 것을 일반적으로 인정하고 있다. 이는 "모든 경우 제공just in-case"할 수 있는 장서에 대비對比 "때맞추어 제공just-in-time"하는 관점을 보여주는 것이다. "때맞추어 제공Just-in-time"이란 재고 관리 inventory control의 방법을 설명하는 비즈니스 용어business phrase다. "때맞추어 제공"하는 재고 관리의 목적은 완충재고buffer inventories(역자 주: 완충 재고緩衝在庫란 공급 쪽에서 시장에 대한 상품 공급량을 조절하여 가격 안정을 유지하는 방식, 즉 생산이 많아서 값이 쌀 때는 생산물을 사들이고, 가격이 오르면 재고품을 방출하여 가격을 안정시키는 방식. 국어사전 참조)의 이용을 줄이고 생산과정에서 수요가 발생하기 직전에 제품을 조달할 수 있도록 물류 시점을 동시에 맞추는synchronize 것이다. 이에 반하여 "모든 경우 제공Just-in-case"은 모든 제품이 현장에 보관되어 있어 필요할 때 언제나 손에 넣을 수 있게 하는 재고관리를 뜻한다. 제조업Manufacturing businesses에서는 재고 규모를 줄이면 거대한 창고와 물품을 관리하는 인력을 줄일 수 있고, 필요할 때까지 창고에서 무작정 대기하는 재고에 대한 투자비용을 줄일 수 있다. "모든 경우 제공Just-in-case"전략이 성공을 거두기 위해서는 현장 재고 자원에 대한 정확한 보고, 추가 자원의 위치 파악, 신속한 배송체계 등의 기반 구조infrastructure를 갖추어야 한다. 도서관은 적시 제공just-in-time방법을 채택, 이용자가 필요로 하는 시기에 적정 자료를 구입 또는 대차하여 제공함으로써 미래 언젠가에 필요할지 모르는 모든 경우just in case의 이용에 대비한 장서구입을 위해 자료예산의 전부를 투자하지 않아도 되는 것이다.

협력적 장서개발의 평가
Evaluating Cooperative Collection Development

비용편익분석 Cost-Benefit Analysis

James Burgett, John Haar, Linda L. Phillips는 "협력적 장서개발CCD (collaborative collection development) 프로젝트에 대한 비용 대 편익의 비율을 구체적인 숫자로 나타내어 증명하기는 어렵다"고 보았다.[64] 이는 도서관이 비용 편익분석을 시도한 적이 없다거나 비용편익분석을 계속할 필요가 없다는 뜻은 아니다. 비용편익분석은 소비 지출된 여러 가지 비용을 돌아오는 편익과 비교하여 분석하는 것이다. 이는 가능한 한 유형적 요소와 무형적 요소를 모두 도출하여 측정해야 한다. 비용편익분석은 비교 가능한 사항들(옵션)에 대하여 일관되게 측정해야 한다. 이 분석의 전통적인 형식은 현재와 미래의 비용과 현재와 미래의 편익(가치)을 계산하고, 지출된 1달러당 편익을 측정하는 것이다. 이와 같은 분석은 도서관의 의사결정에 대한 재정적 책임을 확인하는데 도움을 준다.

1990대는 대학도서관에서 인쇄저널 구독, 도서의 소장 대비 자원 공유, 상업적 문헌전달서비스를 비교하여 비용편익분석을 실시하였다. 1991년과 1992년, 콜롬비아대학도서관Columbia University libraries은 자료의 소유비용과 다른 도서관으로부터 대출 또는 상업적 문헌전달 서비스 비용을 비교 분석한 바 있다.[65] 이 연구에서는 단 한번 이용되는 단행본을

---

64) James Burgett, John Haar, and Linda L. Phillips, *Collaborative Collection Development: A Practical Guide for Your Library* (Chicago: American Library Association, 2004), 160.

65) Anthony W. Ferguson and Kathleen Kehoe, "Access versus Ownership: What Is More Cost-Effective in the Sciences?" *Journal of Library Administration* 19, no. 2 (1993): 89 - 99.

소장하는 비용은 같은 자료를 상호대차를 통해 이용하는 비용을 훨씬 초과한다는 사실을 밝혀냈지만, 저자들은 연구자들에게 새로 발행된 정기간행물을 일별할 수 있게 하는 것이 중요하다는 등 무형적 가치를 측정하고 의미를 부여하고자 노력하였다. 루이지애나주립대학 도서관Louisiana State Library의 1977년 연구보고에 따르면 상업적 문헌전달 서비스는 인쇄자료의 자관 소장에 비하여 별로 이용되지 않는 고가high-cost, low-use 저널을 이용할 경우에는 더 경제적이며, 이용자들은 24시간 이내에 자료를 받을 수 있다고 기대할 때 문헌전달 서비스를 이용하는 것으로 나타났다.[66] Bruce R. Kingma의 1998년 논문은 접근, 소유, 상호대차서비스에 대한 비용편익분석을 적용하였다.[67]

그는 분석의 모든 측면에 대하여 1달러 단위로 가치를 측정하려고 시도하였다. 이밖에도 여러 연구자들은 전자자원의 비용편익분석 및 수서에 대한 다양한 접근방법을 조사해 왔다. Donald W. King과 동료 연구자들은 전자자원을 둘러싼 복잡한 의사결정을 위해서는 "충분한 경제적 지식기반underpinning을 갖추어야 하며 아울러 경제적 정보 메트릭스를 적용하는데 있어서도 훌륭한 판단력을 갖추어야 한다."고 보았다.[68] 이러한 복잡성은 다음과 같은 의사결정에도 적용된다.

---

66) Jane P. Kleiner and Charles A. Hamaker, "Libraries 2000: Transforming Libraries Using Document Delivery, Needs Assessment, and Networked Resources," *College and Research Libraries* 58, no. 4 (1997): 355 - 74.

67) Bruce Kingma, "The Economics of Access versus Ownership: The Costs and Benefits of Access to Scholarly Articles via Interlibrary Loan and Journal Subscriptions." *Journal of Library Administration* 26, nos. 1/2 (1998): 145 - 57.

68) Donald W. King et al., "Library Economic Metrics: Examples of the Comparison of Electronic and Print Journal Collections and Collection Services," *Library Trends* 51, no. 3 (2003): 377.

- 전자저널만 구독할 것인지, 아니면 전자저널 및 인쇄 저널을 모두 구독할 것인지, 각각의 경우 가격은 어느 정도인지
- 어떤 저널을 구독하거나 어떤 저널의 단일 기사 전달 서비스에 의존할 것인지
- 인쇄 저널을 제거하거나 backup을 위해 아카이브에 보존해야 하는지
- 사이트 라이선스 협상negotiate site licenses
- 출판사와 직접 거래할 것인지, 아니면 컨소시엄, 중개대리인, 웹사이트와 같은 중개업체와 거래할 것인지, 각각의 경우 가격은 어느 정도인지.
- 유료 전자 정보원 대신 웹에 자유롭게 접근할 수 있는 정보에 의존할 것인지

비용편익분석은 위와 같은 결정에 도움이 되는 정보를 제공해 준다. 도서 구입, 인쇄 저널, 전자책, 출판사로부터 직접 이용권을 취득한 전자저널, 컨소시엄을 통하여 이용권을 계약한 전자책 및 전자저널, 패키지 일부인 전자책, 상호대차서비스나 상업적 문헌전달서비스 등의 직접비용을 달러로 산출하는 것은 쉬운 일이지만, 비용 대 편익을 분석하는 것은 매우 어려운 일이다. 완벽하게 분석하기 위해서는 각 업무에 관련된 직원비용(수서, 주문, 라이선스 협상과 관리, 실물자료 검수, 인보이스 처리, 목록, 배가, 접수증 발행, 제본, 재배가, 상호대차서비스 처리 등)을 포함하여 도서관에 들어간 모든 비용과 편익(업무 간소화 및 개선으로 절감된 금액)을 산출해야 한다. 설비비 및 설비 감가상각비, 전기 통신료와 같은 추가적 비용 요소 역시 분석에 포함되어야 한다. 이렇게 세부적이고 종합적인 비용편익분석을 할 수 있는 도서관은 별로 없을 것이다.

이용자 관점에서 비용과 편익을 산출하는 것은 훨씬 더 막연하다. 이용자의 만족 정도를 어떻게 달러로 환산할 것인가? 자료를 찾고 이용하는데 들어가는 이용자의 노력과 시간 가치를 어떻게 측정할 것인가? 만일 자료가 인쇄형태로 도서관에 소장되어있다면 이용자는 이를 확인하고, 청구기호나 서가위치를 식별한 다음, 도서관에서 검토해보고 대출 받거나 복사를 할 것이다. 만일 그것이 전자 자료라면 이용자는 그 자료를 찾기 위해 매번 도서관에 찾아갈 필요가 없을 것이다. 현장 접근이든 원격 접근이든 관계없이 이용자는 프린트 비용을 부담할 것이다. 만일 도서관에서 직접 이용할 수 없거나 도서관 라이선스 온라인으로 이용할 수 없을 경우에는 이용자는 상호대차를 이용하거나 문헌전달서비스를 신청하고 기다릴 것이다.

이용자 만족 또는 유틸리티 비용은 평가하기 어렵다. 경제학자들은 유틸리티라는 말을 개인의 기대 및 예상 만족anticipated satisfaction을 표현하는 용어로 사용한다. 이상적으로는 현장 이용과 온라인 접근을 대조하여 이용자가 신속히 접근하여 검색하는지, 상호대차(상업적 문헌전달서비스)를 이용하는지, 직원에게 의뢰하는 작업이 있는지, 접근에 시간이 많이 걸리는지, 수수료를 부담하는지 등을 알아볼 수 있다. 또한 많은 출판사들이 제공하는 고객용 주문 옵션을 추가할 수 있다. 도서관 이용자의 관점에서 기회비용(다른 대안을 선택하는 실질 비용)을 결정하는 것은 매우 어렵다.

과거 몇 년 동안 도서관의 가치 평가에 대한 관심과 중요성이 증대되어 왔다.[69] 특히 도서관의 가치평가 연구자들은 도서관의 프로그램과 서

69) Susan Imholz and Jennifer Weil Arns, *Worth Their Weight: An Assessment of the Evolving Field of Library Valuation* (New York: Americans for Libraries Council, 2007), www.actforlibraries.org/pdf/WorthTheir

비스에 대하여 1달러 단위로 가치를 산출하는 경제학적 가치평가 방법을 적용해왔다. 이들은 도서관에서 지역사회를 위해 사용한 세금 가치에 대하여 비용 편익분석을 통해 결과를 드러내 보이는 데 초점을 맞추어 왔다. 경제학자들이 이용하는 방법으로 고객들이 구매 가능한 재화나 서비스에 얼마나 지불할 것인지를 측정하는 선호도진술기법stated-preference techniques이 있다. 이 기법은 시장가격이 존재할 수 없는 상황에서 가치와 동등한 지표를 제시할 수 있도록 설계한 것이다. 그 의도는 어떤 사람들이 지불할 것인가가 아니라 비용 대 편익 비율 산출을 위한 비용 데이터와 함께 조합하여 사용될 수 있는 자료를 수집하는 데 있다.

선호도진술기법은 조건평가기법의 일종으로 이용자 및 비이용자들의 가치 인식value perceptions을 조사하고, 가설 시나리오hypothetical scenarios에 응답하도록 질문을 하는 것이다. 조건 평가 조사contingent-valuation surveys에서 개인들은 제품과 서비스에 대하여 어느 정도 지불할 의도가 있는지, 또는 제품과 서비스 없이 견디려면to forgo 얼마의 금액—제품과 서비스의 시장가격이 없는 경우라도—이 들어가는지를 질문한다.70) 예를 들면 도서관의 이용자 및 잠재 이용자들에게 문헌 전달이 약간 늦어지더라도(예, 자원 공유 및 상호대차) 더 많은 종합적인 자료에 접근하기 위하여 달러를 더 지출할 의도가 있는지, 아니면 현장에서 접근 가능한on-site access 몇 가지 안 되는 자료에 더 높은 가치를 두는지를 질문할 수 있다.

모든 사서와 모든 도서관이 자료구입, 자원공유, 협력적 장서구입을

Weight.pdf.

70) Ian J. Bateman et al., *Economic Valuation with Stated Preference Techniques: A Manual* (Cheltenham: Edward Elgar, 2002).

결정할 때 공식적 비용편익분석을 실행하는 것은 아니다. 그럼에도 불구하고 신중하게 고려하여 의사결정에 필요한 정보를 수집할 필요가 있다. 비용편익분석의 가장 간단한 방법은 대안에 대한 찬반pros and cons을 비교하는 것이다. 사서는 누구나 알 수 있는 직접비용을 산출하고 직원들의 업무를 일반적인 용어로 나열한다. 도서관의 입장에서 비용과 편익을 비교할 수 있다. 사서는 대출활동, 상호대차, 기존 장서의 장점과 약점 분석을 포함한 현존 도서관 데이터를 활용할 수 있다. 이용자 측면에서 사서는 이용자가 지불하는 수수료 또는 비용을 리스트하고 이용자의 관점에서 일반적인 용어(달러로 표시하지 않아도 되는)로 혜택과 비용을 나열한다. 예를 들면 이용자가 접근하는 실물장서에 가치를 두거나 24시간 온라인 자료 접근에 가치를 두고 자신 있게 설명할 수 있다. King과 그의 동료들은 최저비용, 저비용, 적정비용, 고비용, 최고 비용 등 비교할 수 있는 용어를 사용하고, "이용자의 시간 절약saves users time", "노력 정도 낮음less effort needed"과 같은 설명 용어를 사용할 것을 제안하고 있다.71) 도서관의 관점에서 그리고 이용자의 관점에서 비용과 편익을 나타낸 간단한 찬반 표시 차트pro/con chart는 의사결정 정보를 제공하는 효과적인 도구가 될 수 있다.

---

71) King et al., "Library Economic Metrics."

투자의 사회 환원 및 균형 기록표

Social Return on Investment and Balanced Scorecard

투자의 사회 환원social return on investment의 개념은 비용편익분석을 문화적, 사회적 영향에 대한 경제적 가치를 명시적으로 나타내는 것이다. 투자의 사회 환원(SROI) 측정 기법은 Roberts Enterprise Development Fund (www.redf.org)에서 개발한 것이다. SROI는 전통적인 손익계산traditional profit-and-loss accounts에서는 포함되지 않았던 영향impacts을 관리하고 측정하는 매트릭스의 중요성을 인식시킬 의도에서 개발된 것이며, 이러한 매트릭스에 대한 요구는 산출outputs을 넘어 성과outcomes에 초점을 맞추고 있다.[72] 도서관의 맥락에서 투자의 사회 환원SROI 분석은 이용자 사회에 초점을 맞추어 이용자의 관점에서 가치(편익)를 이해하는 데 목적을 두고 이러한 가치 인자에 의한 재정사용의 가치를 따져보는 것이다.

SROI 보고에 사용되는 한 가지 도구는 영리부문에서 차용한 균형기록 방법balanced scorecard이다. 이 분석 도구는 계속 개선되고 있는데 이는 사회적 가치를 경제적 용어로 나타낼 수 있는 선택된 측정 도구를 제공하기 위한 의도에서 나온 것이다. 이것은 여러 다른 형태의 측정을 통하여 균형과 상호작용을 인식하게 해 준다. 2003년 Stephen Bosch, Lusy Lyons, Mary H. Munroe는 협력적 장서개발과 관리활동의 성과를 측정할 수 있는 개정된 균형성과기록표modified balanced scorecard를 개발했다고 보고했다.[73] 그들은 성과 척도의 4가지 부류, 즉 자원의 투입(직원 수, 업무시간,

---

72) Peter Scholten, *SROI: A Guide to SROI Analysis* (Amsterdam: Lenthe, 2006); Jeremy Nichols, Susan Mackenzie, and Ailbeth Somers, *Measuring Real Value: A DIY Guide to Social Return on Investment* (London: New Economics Foundation, 2007), www.neweconomics.org/gen/uploads/4qcbgz45bk3t5e552edflr2d04072007200455.pdf.

자료구입실적, 장서 수와 같은 숫치 데이터), 재정적 데이터(도서관/단체 비용, 단위비용 등), 이용 데이터(전자자료, 인쇄자료, 문헌전달서비스 등), 이용자 만족 데이터를 개발했다. 도서관은 5~6가지의 핵심 전략 목표를 확인하고, 핵심 전략 목표 간의 인과관계 맥락의 지도를 보여주고, 각 목표에 적절한 측정척도를 선택한다. 비용편익 분석과는 달리, 이미 의도한 결과는 비용과 가치 사이의 공식 비교라 할 수 없다. 목적은 결과가 한영역이 다른 영역에 주는 손상one area to the detriment of others에서 이익 혹은 손실이 없이 동등한 균형을 찾는 것이다. 이 목적은 한 영역에서의 이익이 다른 곳에서는 손실이 되지 않는 동등한 긍정적인 균형점을 발견하는데 있다.

예를 들어, 한 도서관은 최고 우선순위로 협력적 장서개발과 관리와 관련된 다음의 전략적 목표를 선택할 수 있다.

a. 보다 독특한 자원에의 접근access to more unique resources

b. 투자를 통한 디지털 장서의 확장
expansion of digital collections through leveraged investment

c. 조정 보존을 통한 자체서가 공간 확보
increased availability in local shelf space through coordinated storage

d. 이용자의 노력 및 시간 절감reduced user effort and time

e. 이용자 만족 증대increased user satisfaction

f. 도서관 인력 비용 절감reduced library personnel costs

---

73) Stephen Bosch, Lucy Lyons, and Mary H. Munroe, "Measuring Success of Cooperative Collection Development: Report of the Center for Research Libraries/Greater Western Library Alliance Working Group for Quantitative Evaluation of Cooperative Collection Development Projects," *Collection Management* 28, no. 3 (2003): 223 - 39.

이들 목표에 배정된 측정 척도는 다음과 같다.

  a. 공유 자원 또는 상호대차 타이틀 수

  b. 전자자원 타이틀 수 또는 컨소시엄을 통한 비용 절감액

  c. 제적 책 수 및 서가 공간 확보 정도

  d. 여러 업무에 소요되는 노력과 시간에 관한 이용자의 인식 개선

  e. 이용자 만족 증진

  f. 도서관 인력 비용 감소

균형기록표는 각각의 주요 척도에서 도서관의 변화를 추적하기 위해 일정한 간격으로 새로운 데이터를 수집하고 재검토해야 한다. 그 목적은 협력적 장서개발 프로그램이 비용을 줄이면서 정보자원에 대한 접근을 증가시키고, 결과적으로 이용의 증가 및 이용자 만족의 증대를 유발하는 지, 그렇지 않다면 어디에서 실패하고 있는지를 판단할 수 있는 질적, 양적 측정도구를 갖추는 것이다.

요약 summary

협력적 장서개발이 성공을 거두기 위해서는 3가지 필수 요소를 갖춰야 한다. 즉 효율적인 자원 공유, 어디에서나 편리한 장서의 서지 접근, 상호 조정된 장서개발과 관리가 그것이다. 도서관 협력의 첫 번째 형태는 자원공유였다. 자료 가격의 상승은 예산의 제약 및 출판물의 증가와 맞물려 도서관이 이용자의 요구와 기대에 부응하기 위해서는 다른 도서

관 및 자원에 의존하지 않으면 안 되게 만들었다. 도서관 자동화로 인해 자관, 주 단위, 지역단위의 목록 및 서지 유틸리티 검색이 쉬워져 해당 자료를 소장하고 있는 도서관을 쉽게 확인할 수 있게 되었다. 기술 발달로 인해 도서관 상호대차 기술이 개선되어, 도서관 업무처리과정을 신속하게 만들고 있고 도서관의 중개 없이도 상호대차 신청서를 제출 할 수 있게 되었다. 상호 조정에 의한 장서개발과 관리는 지역적 우선순위와 광역적 협력그룹의 우선순위 사이에 긴장관계가 지속되어 커다란 장벽이 되고 있다.

협력적 장서개발과 관리에는 몇 가지 형태가 있다. 현상 유지 접근법 Status Quo Approach은 조정과 통합을 통하여 망라적인 장서의 실현을 가정하고 있다. 시너지 접근법synergistic approach에서는 여러 도서관들이 조정 협의한 공동 계획에 의거 각기 다른 영역의 자료를 수집하는 책임을 맡는다. 협력기금은 합의된 장소에서 공동 구입을 위해 사용된다. 도서관 간 제적 및 보유를 조정하는 것은 각기 다른 도서관들이 다른 주제 및 다른 형태의 자료에 대하여 지속적인 보유 책임을 지는 것이다. 보존 협력은 오랜 역사를 지닌다. 공동 저장 역시 여러 해 동안 거론되어 왔지만 최근에 와서 도서관들은 복본의 저장을 피하면서 유일한 자료를 보존하기 위해 조정 협력을 고려하기 시작했다. 디지털 공동 보존소는 공동 저장을 위해 새롭게 등장한 보존소다. 도서관협력은 공동 자동화 목록에서도 나타난다.

도서관 네트워크, 컨소시엄, 협동체는 협력을 위한 기본적인 수단으로서 지리적으로 근접한 2~3개 도서관 협력체로부터 수백의 회원 도서관이 가입되어 있는 국가적, 국제적 복합 단체에 이르기까지 규모가 다양하다. 성공적인 네트워크는 서지 접근을 공유하고, 자원 공유 및 장서의 개발과 관리를 어느 정도 조정하여 운영하는 메커니즘을 갖추고 있다. 많은 도서관들은 할인된 가격으로 전자자원을 수서하고 접근하기 위하여 협력 단체에 참여하고 있다. 컨소시엄을 촉진하는 여러 가지 동인이 있다. 이는 컨소시엄의 책무에 대한 행정 관리자와 도서관 직원들의 신뢰, 공평한 수수료 부담, 지역장서 요구에 대한 분명한 이해, 효과적인 컨소시엄 관리 등이 포함된다. 지역 장서개발 요구에 대한 유연성 및 반응성은 성공의 요체가 된다.

협력 사업은 현장 장서구축 능력이 감소하면서 성장해 왔다. 도서관들은 접근과 소유 사이에서 비용 효과적인 컨소시엄 의사결정을 위해 노력하고 있다. 여러 가지 방법에 의한 자료 제공의 비용편익분석은 난해한 문제로 남아 있다. 투자의 사회 환원 분석social return on investment 및 균형 기록표balanced scorecard와 같은 비용 편익 분석을 위한 다양한 공식과 접근방법들이 개발되고 있다.

대부분의 도서관은 협력할 수밖에 없다. 도서관은 자관이 소장하지 않은 중요한 자료에 대해서는 다른 도서관에 의존하지 않을 수 없다. 도서관들은 전자 자원에의 효과적인 접근을 위해 협력 파트너와 함께 업무를 수행한다. 사서들은 주 단위, 지역적, 국가적 협력 프로그램과 개별 도서관 장서개발을 조정해 나감으로써 국가적인 종합장서에 접근을 보장하고, 이용자들은 그들이 추구하는 정보 자료에 적시에 접근할 수 있게 된다.

사례연구 Case Study

Mathew는 초등학교 25개교, 중학교 6개교, 고등학교 5개교로 구성된 코치렌 교육구Cochrane School Distirct의 학교도서관 장서 및 기술 서비스 조정담 당자이다. 초등학교는 스페인어 학교, 불어 학교, 몬테소리 학교와 인문학, 음악, 과학, 수학을 특성화한 3개의 마그넷 스쿨(우량 학교, 특성화 학교)이 있다. 중학교는 구체적인 중점 학교가 없다. 고등학교는 오픈 스쿨(대안 학교) 1개교, 공연예술 특성화학교 1개교, 학사 IB(International Baccalaureate) 프로그램을 제공하는 학교 2개교가 있다. Cochrane시에는 충분한 자금을 지원받는 대규모 공공도서관과 지역적으로 안배된 4개의 분관도서관이 있다. 모든 시민은 주정부 자금 지원으로 종합 전자 자료에 접근할 수 있다. 학교시스템 및 학생들에게 특별한 것은 Gale products InfoBits, InfoTrac Junior, Student Editions, MasterFILE Premier, Academic Search Premier 등 검색 시스템이 있다는 것이다. 또한 온라인 참고 정보원도 제공한다. 각 학교에 근무하는 사서들과 학교 미디어전문가들은 자체 수서예산을 관리하면서 각 학교에서 학생과 교사를 위한 자료를 선택한다. 자료는 중앙에서 접수하여 목록하고 주 2회 각 학교로 배송한다. 저널과 잡지 역시 중앙에서 접수하여 주 2회 각 학교로 보내진다. 학교시스템은 OCLC 목록을 이용하며 단일한 자동화 목록을 공유한다. 지역에 따라 검색은 제한될 수 있다. Mathew는 교육구 내의 단행본 벤더와 정기간행물 대행사와의 계약을 관리하며 기술서비스 부서를 감독한다. 학교도서관미디어센터들은 경우에 따라서 상호 대차를 하며 사서들과 학교미디어전문가들은 학생들에게 학교도서관에 없는 자료는 공공도서관으로 가보라고 말해준다.

과제활동 Activity

Mathew는 상호 조정된 선택은 매우 가치 있고, 모든 학교의 교사 및 학생들이 이용할 수 있는 풍부한 인쇄자료를 확보할 수 있다고 믿는다. 그는 학교 내에서 시스템에 대한 인식이 부족하고 자원이 충분히 활용되지 못하고 있다고 느낀다. 이 경우 효과적인 협력적 장서개발과 관리가 이미 정착되고 있는지? 만약 그렇다면, 그 증거는 무엇인지? 장서개발을 조정하기 위하여 Mathew는 어떤 단계를 밟아야 하며, 왜 그러한지? Mathew가 Cochrane School District의 도서관과 학교미디어센터에 협력적 장서개발과 관리를 적용하기 위하여 따라야 할 순차적인 활동 리스트를 작성해 보라. Mathew에게 어떤 자료가 필요한가?

참고: 이 책의 초판에도 본 장에서 다룬 정보와 관련된 사례 연구 및 과제활동을 제시하였다. 이는 www.ala.org/editions/extras/Johnson09720에서 참고할 수 있다.

참고문헌 Suggested Readings

Alexander, Adrian W. "Toward 'The Perfection of Work': Library Consortia in the Digital Age." Journal of Library Administration 28, no. 2 (1999): 1 – 14.

Armstrong, Kim, and Bob Nardini. "Making the Common Uncommon? Examining Consortial Approval Plan Cooperation." Collection Management 25, no. 3 (2001): 87 – 105.

Atkinson, Ross. "Toward a Redefinition of Library Services." In Virtually Yours: Models for Managing Electronic Resources and Services, edited by Peggy Johnson and Bonnie MacEwan, 1 – 12. Chicago: American Library Association, 1999.

Ball, David, and Jo Pye. "Library Purchasing Consortia: Their Activity and Effect on the Marketplace." In Collection Management, edited by G. E. Gorman, 199 – 220. International Yearbook of Library and Information Management, 2000 – 2001. London: Library Association Publishing, 2000.

Beaubien, Anne K. "ARL White Paper on Interlibrary Loan" (June 2007). www.arl.org/bm~doc/ARL_white_paper_ILL_june07.pdf.

Bosch, Stephen, Patricia A. Promis, and Chris Sugnet. Guide to Licensing and Acquiring Electronic Information. ALCTS Collection Management and Development Guides no. 13; ALCTS Acquisitions Guides no. 13. Lanham, Md.: Scarecrow, 2005.

Chrzastowski, Tina E., et al. "Feast AND Famine: A Statewide Science Serial Collection Assessment in Illinois." College and Research Libraries 68, no. 6 (2007): 517 – 32.

Clements, Suzanne. "Skills for Effective Participation in Consortia: Preparing for Collaborating and Collaboration." Collection Management 32, nos. 1/2 (2007): 191 – 204.

Conger, Joan E. Collaborative Electronic Resource Management: From Acquisitions to Assessment. Westport, Conn.: Libraries Unlimited, 2004.

Edwards, Phillip M. "Collection Development and Maintenance across Libraries, Archives, and Museums: A Novel Collaborative Approach." Library Resources and Technical Services 48, no. 1 (2004): 26 – 33.

Gammon, Julia A., and Michael Zeoli. "Practical Cooperative Collecting for Consortia: Books-Not-Bought in Ohio." Collection Management 28, nos. 1/2 (2003): 77 –105.

Gherman, Paul. "The North Atlantic Storage Trust: Maximizing Space, Preserving Collections." portal: Libraries and the Academy 7, no. 3 (2007): 273 – 75.

Haar, John. "Assessing the State of Cooperative Collection Development: Report of the Working Group to Map Current Cooperative Collection Development Projects." Collection Management 28, no. 3 (2003): 183 - 90.

Hayes, Robert M. "Cooperative Game Theoretic Models for Decision-Making in Contexts of Library Cooperation." Library Trends 51, no. 3 (2003): 441 - 61.

Hazen, Dan C. "The Cooperative Conundrum in the Digital Age." Journal of Library Administration 46, no. 2 (2007): 101 - 18.

_____. "Dancing with Elephants: International Cooperation in an Interdependent (butUnequal) World." Collection Management 24, nos. 3/4 (1999): 185 - 213.

Hiremath, Uma. "Electronic Consortia: Resource Sharing in the Digital Age." Collection Building 20, no. 2 (2001): 80 - 87.

Hirshon, Arnold. "Libraries, Consortia, and Change Management." Journal of Academic Librarianship 25, no. 2 (1999): 124 - 26.

Hoffert, Barbara. "The United Way: Will Public Libraries Follow Academics as They Take Collaborative Collection Development One Step Further?" Library Journal 131, no. 8 (2006): 38 - 41.

Kairis, Rob. "Tools for Small Colleges: Using Yankee Book Peddler to Facilitate Cooperative Collection Development." Library Collections, Acquisitions, and Technical Services 27, no. 2 (2003): 173 - 78.

Kingma, Bruce R. The Economics of Information: A Guide to Economic and Cost-Benefit Analysis for Information Professionals. 2nd ed. Englewood, Colo.: Libraries Unlimited, 2001.

Lamborn, Joan, and Michael Levine-Clark. "Cooperative Monographic Collection Development, Part II: The Colorado Not-Bought Project—Cooperative Collection Development without a Share Approval Plan." In Charleston Conference Proceedings 2005, edited by Beth R. Bernhardt, Tim Daniels, and Kim Steinle, 27 - 29. Westport, Conn.: Libraries Unlimited, 2006.

Landesman, Margaret, and Johann Van Reenen. "Consortia vs. Reform: Creating Congruence." Journal of Electronic Publishing 6, no. 2 (2000). http://quod.lib.umich.edu/cgi/t/text/text-idx?c=jep;view=text;rgn=main;idno=3336451.0006.203.

Medeiros, Norm. "Accommodating Consortia within Electronic Resource Management Systems: Extending the ERMI Specifications." OCLC Systems and Services 22, no. 4 (2006): 238 - 40.

Metz, Paul, and Sharon Gasser. "Analyzing Current Serials in Virginia: An Application of the Ulrich's Serials Analysis System." portal: Libraries and the Academy 6, no. 1 (2006): 5 - 21.

Oder, Norman. "Consortia Hit Critical Mass." Library Journal 125, no. 2 (2000): 48 - 51.

Payne, Lizanne. "Depositories and Repositories: Changing Models of Library Storage in the USA." Library Management 26, nos. 1/2 (2005): 10 - 17.

Perrault, Anna H. "The Role of WorldCat in Resources Sharing." Collection Management 28, nos. 1/2 (2003): 63 - 75.

Reilly, Bernard F. Developing Print Repositories: Models for Shared Preservation and Access. CLIR Reports no. 117. Washington, D.C.: Council on Library and Information Resources, 2003. www.clir.org/pubs/reports/pub117/pub117.pdf.

_____. "Preserving American Print Resources." Library Management 26, nos. 1/2 (2005): 102 - 5.

Rethinking Resource Sharing. "It's Time to Think Again about Resource Sharing: A Discussion Paper" (rev. June 1, 2005). www.rethinkingresourcesharing.org/docs/ rrs-whitepaper2005.pdf.

Sauer, Cynthia K. "Doing the Best We Can? The Use of Collection Development Policies and Cooperative Collecting Activities at Manuscript Repositories." American Archivist 64, no. 2 (2001): 308 - 49.

Schottlaender, Brian E. C. "'You Say You Want an Evolution . . .': The Emerging UC Libraries Shared Collection." Library Collections, Acquisitions, and Technical Services 28, no. 1 (2004): 13 - 24.

Shreeves, Edward, ed. The New Dynamics and Economics of Cooperative Collection Development: Papers Presented at a Conference Hosted by the Center for Research Libraries. Binghamton, N.Y.: Haworth, 2003.

Simpson, Donald B., ed. Cooperative Collection Development: Significant Trends and Issues. New York: Haworth, 1998.

Stern, David. "Comparing Consortial and Differential Pricing Models." Bottom Line 16, no. 4 (2003): 154 - 56.

Thornton, Glenda. "Back to the Future of Cooperative Collection Development." Collection Management 29, no. 2 (2004): 3 - 6.

Walters, William H. "Should Libraries Acquire Books That Are Widely Held Elsewhere? A Brief Investigation with Implications for Consortial Book Selection." Bulletin of the

American Society for Information Science and Technology 32, no. 1 (2006): 25 - 27. http://asis.org/Bulletin/Feb-06/watters.html.

Wood, Richard J. "The Axioms, Barriers, and Components of Cooperative Collection Development." In Collection Management for the Twenty-first Century: A Handbook for Librarians, edited by G. E. Gorman and Ruth H. Miller, 221 - 48. Westport, Conn.: Greenwood, 1997.

9

학술 커뮤니케이션
Scholarly Communication

연구에서 발견한 사실, 아이디어, 그리고 연구정보를 교환하는 과정이 변화되고 있다. 이러한 변화는 장서관리 책임을 맡고 있는 대학 및 연구도서관 사서들에게는 특히 중요하지만, 다른 종류의 도서관 장서관리를 담당하고 있는 사서들에게도 역시 중요한 사안이다. 도서관은 자료의 선택과 수서를 핵심기능으로 하는 지식산업으로서, 그들이 발견한 사실을 잘 이용함으로서 정보의 접근과 배포, 보존관리, 그리고 이용자 사회를 지원할 수 있다. 정보배포과정의 변화는 모든 영역에서 눈에 띄게 나타나고 있다. 인터넷은 수많은 연구 및 학술 문헌을 자유롭게 발굴하고 이용할 수 있게 해주기 때문에 연구의 결과는 점차 공공재 및 공통재로 인식되고 있다. 모든 사서들은 연구 결과의 배포 및 이에 대한 접근에 관심을 가져야 한다. 왜냐하면 모든 도서관 이용자들은 그들이 이용하는 도서관의 유형에 관계없이 인터넷을 통하여 정보자원을 추구하고, 발견하고, 이용하기 때문이다. 본장에서는 학술정보교류시스템과 그 기원, 성격의 변화, 학술발전의 촉진promotion 및 보유tenure시스템으로서의 역할을 살펴보기로 하겠다. 오픈엑세스 및 이를 지원하는 전략과 정책에 대해서도 알아보고, 도서관과 서서들에 대한 이슈들도 함께 논의할 것이다. 독자들은 빠르게 변화하는 학술 사회의 모습landscape을 이해하는 출발점으로서, 그리고 이 주제에 대한 새로운 이벤트events, 이니셔티브initiatives, 출판물 등을 모니터하는 계기로서 본장을 일별하기 바란다.

학술 커뮤니케이션 시스템이란 무엇인가?
What Is the Scholarly Communication System?

교수직은 배우고, 가르치고, 연구하고, 창의적 연구발표 활동을 수행하는 직업craft이다.[1] 학술 커뮤니케이션은 연구결과를 배포하는 과정, 광범위한 학술 공동체에 인쇄 및 디지털 형태의 연구물에 지속적으로 접근할 수 있게 하는 과정이다. 교수들은 조사investigation와 발견discovery 그리고 수많은 학술교류 활동을 하고 있다. 학술 교류시스템은 참여자들의 상호작용 시스템으로서, 참여자들은 창안, 변경, 배포, 수집, 보존, 이용할 수 있고, 학자들과 과학자들의 연구물을 이용하여 교육, 추가 연구, 기타 학술활동을 수행한다. 학술 출판은 학술 커뮤니케이션의 일부분이다. Karla L. Hahn은 학술출판을 "미디어의 이용을 통하여 지식을 중재하는 커뮤니케이션 활동의 부분집합a subset of communication activities mediated through the use of a durable medium to fix knowledge"이라고 정의한다.[2]

학자들은 인터넷을 통하여 세계와 실시간으로 소통하고 있다. 테크놀로지가 정보의 장벽barriers을 제거함에 따라 학술 문헌scholarly literature 및

---

1) Paul N. Courant, "Scholarship and Academic Libraries (and Their Kin) in the World of Google," First Monday 11, no. 8 (2006), http://firstmonday.org/issues/issue11_8/courant/index.html.
2) Karla L. Hahn, "Talk about Talking about New Models of Scholarly Communication," Journal of Electronic Publishing 11, no. 1 (2008), http://hdl.handle.net/2027/spo.3336451.0011.108.

주요 연구 데이터underlying research data와 소스 자료source materials의 접근 이용이 증가하고 있다. Paul Courant는 시간과 공간을 넘은 협력 연구는 이제 학자사회에서 기초적 방법fundamental method이 되었다고 쓰고 있다.[3] 연구자들은 인터넷을 통하여 "연구과정에서 선행연구에 대한 논의를 확장할 수 있고, 논평자들과의 교환내용을 살펴볼 수 있다."[4] 학술 커뮤니케이션은 이메일, 블로그, 온라인 실험 노트북online laboratory notebooks, 전자토론그룹electronic discussion groups, 웹사이트, 전자저널, 디지털 보존소 digital repositories 등을 통하여 이루어진다.

학술 커뮤니케이션의 문제는 출판이나 테크놀로지의 문제 그 이상이다. 학술 커뮤니케이션 시스템 출현의 핵심적 주제는 새로운 출판 모델을 이용한 배포, 학술 자료 교환의 경제성 확보, 연구물에 대한 오픈 엑세스 및 공공 엑세스, 저작권 관리, 지적 자산의 보존, 시스템 내 도서관의 역할 변화 등이다. 학술 커뮤니케이션은 대학도서관 및 연구도서관 사서들에게는 매우 중요한 관심사항이며, 자료의 수집, 보존, 접근, 제공을 사명으로 하는 모든 사서들에게도 역시 중요한 사항이다.

학술 커뮤니케이션 시스템에서는 학술서적 및 저널이 연구결과를 배포하는 효과적인 방법을 제공해 왔고, 미래 세대가 접근할 수 있도록 연구물의 최종 버전을 제공해 왔다. 출판은 학자 및 연구자들에게 동료 심사peer review제도를 통하여 그들의 연구업적에 대한 질적 평가와 판단을 제공하는 수단으로 이용되어 왔고, 이는 연구의 우수성reputation을 확립하

---

3) Courant, "Scholarship and Academic Libraries."
4) Amy Friedlander, "The Triple Helix: Cyberinfrastructure, Scholarly Communication, and Trust," Journal of Electronic Publishing 11, no. 1 (2008), http://hdl.handle.net/2027/spo.3336451.0011.109.

는 필수적인 메커니즘essential mechanism이 되고 있다. 학술저널의 논문들은 가장 보편적인 학술연구의 원천venue이라 할 수 있다. Ulrichsweb (www.ulrichsweb.com/ulrichsweb/)은 26,000종의 동료 심사 저널을 목록화하고 연간 전 세계에서 출판되는 약 250만 건의 논문을 제공하고 있다. 이러한 공식적인 연구출판물 배포는 학술 발전을 촉진하고 연구의 원천을 제공하는 필수적인 요소essential component가 되고 있다.

인터넷 공개 이전의 학술출판 시스템은 지속적인 연구 사이클로서 평가될 수 있다. 대학이나 외부 자금지원기관들은 자금을 지원하고 연구비를 지불한다. 교수요원 및 연구자들은 그들이 창안하고 발견한 사실을 연구보고서로 제출하며, 이러한 지적 자산을 저작권 협의를 거쳐 출판사에게 넘겨준다. 교수요원 및 연구자들은 편집위원으로 참여하여(가끔 금전적 보상을 받음), 논문을 심사하고 출판사에 제출한다. 출판사는 편집과 인쇄 작업을 진행하며 인쇄된 출판물을 배포한다. 대학 및 연구도서관들은 이들 출판물을 구입하여 학술 자료들을 조직, 배포, 보존하는 역할을 수행한다. 이러한 순환과정은 연구자들이 새로운 연구를 계속함으로써 진행된다. <그림 9-1>은 이러한 연구 출판의 순환과정을 보여준다.

인터넷 이전의 학술 출판 Scholarly Publishing before the Internet

오늘의 학술 출판 시스템은 유럽에서 학회들European scholarly societies이 처음으로 설립된 1600년대에 뿌리를 두고 있다. 그들의 목적은 개별 학자들이 그들의 연구결과를 토론하고 공유하는 포럼forum을 제공하기 위해서였다. 이러한 학회들은 그들의 연구결과물을 논평Comptes rendus, 학술교류Transactions, 브리핑Abhandlungen 등의 명칭으로 연속간행물로 발간하기

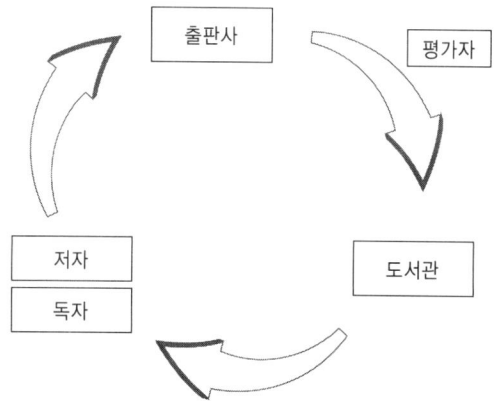

〈그림 9-1〉 학술 출판의 사이클, 미국연구도서관협회의 허락을 얻어 게재함

시작했다. 이들 연속간행물의 내용은 학회의 회원들이 심사vet하거나 심사역할을 맡은 소집단이 심사하였다. 이것이 동료심사의 기원origins of peer review이다. 미국에서도 유럽과 마찬가지로 학술 커뮤니케이션시스템의 기원은 부유한 사람들the wealthy의 영역realm이었다. 학회scholarship는 사실상 중개인middle men이 개입하지 않는, 생산자creators와 소비자consumers가 동일한 사람들이었다.

이러한 사정은 모릴법the Morrill Act(1862)이 등장함으로써 변화되기 시작했다 이 법은 랜드그랜트 대학land-grant universities(역자 주: 모릴법과 랜드그랜트 대학에 대해서는 본서 제1장의 장서관리의 역사 중 대학도서관 부분을 참조) 설립 및 이러한 학교의 교수요원에 대한 의무를 정한 것으로 교수들은 연구를 수행함으로써 사회를 유익하게 해야 한다는 것이었다. 이의 직접적인 결과로 저널과 단행본monographs의 출판이 급격하게 증가하였다. 제2차 세계대전 이후, 단과대학과 종합대학들이 우후죽순처럼 늘어나고, 미국 정부는 연구 중심 고등교육에 직접 거액의 자금을 지원함으로써 학술 출판물의 량이 기하급수적으로exponentially 증가하였다. 그러나 정부지원 페이스의 유지 또는 고비용의 흡수가 어려워짐에 따라 수많은 전문 학회들이 영리부문으로 전환하여 출판활동의 성장을 담당하였다. 상업출판사들은 발 빠르게 출판의 수익성을 내다보고 내용들을 선별하여 출판 사업을 확대하였다. 저널의 가격은 급속히 치솟았고, 상업출판사들은 계속 합병 통합을 거듭하면서 입지를 굳히게 되었다. 그 결과 소수의 거대 출판사들이 광범한 분야에 걸쳐 수많은 저널을 출판하게 되었고, 많은 전문단체나 학회들은 단일 종류의 저널이나 몇 가지 종류의 저널만을 출판하는 시스템으로 바뀌게 되었다.

학술 단행본은 학술 출판의 경제성 변화와는 상당히 다른 양상을 보였다. 단행본은 전통적으로 대학출판사나 학회 및 단체에서 출판해왔다. 이러한 단체들은 학술 진흥을 위하여 기꺼이 출판비용을 부담해 왔으나, 대부분의 모 기관들은 이제 이러한 출판에 이익을 기대하게 되었고, 최소한 손해를 보아서는 안 된다고 생각하게 되었다. 그 결과 대학출판사, 학회 및 학술단체들은 시장에 민감하게 되었고, 경제적 수익이 있는 소수의 책만을 출판하게 되었다. 단행본 출판에 대한 의사결정에서도 점차 팔리는 책 중심으로 기울게 되었다. 대학 및 연구도서관들이 연속간행물 가격 상승에 적응하기 위해 단행본 구입을 줄이면서 학술 단행본 시장은 더욱 어려움을 겪게 되었다. 많은 대학들은 대학출판사의 문을 닫았다. 현대언어학회the Modern Language Association의 2006 학문 발전에 관한 평가 보고서에 따르면 학자들의 단행본 출판 기회가 현격하게 감소한 것으로 나타났다.5)

출판물의 급격한 가격상승과 연구와 교육을 사명으로 하는 교육기관의 지원을 위한 도서관 수서예산 확보의 어려움은 처음에는 "도서관의 문제 the library's problem"로 여겨졌다. 대학도서관들은 1980년 연속간행물 가격 상승문제를 최초로 사회에 공표하였고, 이에 따라 "연속간행물 위기the serials crisis"에 대한 논의가 시작되었다. 시간이 경과하면서 사서들은 그들만으로는 도서관이 통제할 수 없는, 수익성의 문제에서 야기된 출판 시스템 속에서 어떤 변화를 끌어낼 수 없다는 것을 깨닫게 되었고, "학술 커뮤니케이션의 위기 crisis in scholarly communication"에 관하여 공론화를 시작하게 되었다. 사서들은 교수요원, 대학 행정요원, 정부 공무원들에게 학술 커뮤니케이션의 문제가 수많은 이해관계자들이 각자 책임과 역할을 다해야 하는 하나의 종합시스템a complex system라는 것을 이해할 수 있도록 적극적으로 안내하게 되었다.

학술 커뮤니케이션의 성격 변화
Changing the Nature of Scholarly Communication

지난 20년 동안 인터넷은 학자들의 커뮤니케이션 방법을 공식적, 비공식적 양면에서 크게 바꾸어 놓았다. 이 책은 새롭게 등장한 디지털 출판의 영향 범위를 다루어 왔다. 가장 중요한 대안으로 떠오른 것은 바로 오픈 엑세스open access이다.

오픈 엑세스 운동의 최초 공식 이벤트 가운데 하나는 부다페스트 오

---

5) Modern Language Association, Report of the MLA Task Force on Evaluating Scholarship for Tenure and Promotion (New York: MLA, 2007), www.mla.org/pdf/task_force_tenure_promo.pdf.

픈엑세스 대회Budapest Open Access Initiative(www.soros.org/openaccess/)였다. 이 대회는 2001년 12월 개방사회연구소the Open Society Institute(www.soros.org)가 개최한 국제 컨퍼런스로 308개의 학술 커뮤니케이션이 발족되었다. Peter Suber에 따르면 부다페스트 오픈엑세스 대회는 "최초로 OA(open access)에 대한 공식적 정의를 채택하고, '오픈 엑세스open access'라는 용어를 처음으로 사용하였으며, 이를 실현하기 위한 보완 전략complemen tary strategies으로 '오픈엑세스 저널 OA journals' 및 '오픈엑세스 아카이브OA archives'라는 명칭을 사용하고, 모든 학문분야 및 모든 나라에 오픈 엑세스 및 이에 수반되는 중요 자금을 지원할 것을 제창하였다."6) 여기서 정의한 오픈 엑세스 원칙은 2002년 2월 14일에 발행되었으며 다음과 같이 시작된다.

이제 오랜 전통과 신기술이 융합하여 전례 없는 공공재public good를 만들 수 있게 되었다. 오랜 전통이란 과학자와 학자들이 그들의 연구 결과를 금전적 보상 없이 학술저널에 게재함으로써 연구와 지식 발전에 기여하려는 학자들의 의지이다. 신기술은 바로 인터넷이다. 그들이 만들어내는 공공재란 동료심사를 거친 저널 문헌을 모든 과학자, 학자, 교사, 학생, 기타 관심 있는 사람들이 무료로, 제한 없이 이용할 수 있도록 전자적으로 전 세계에 배포하는 문헌을 말한다. 문헌에 접근하는 장벽을 제거함으로써 연구를 가속화하고, 교육을 풍부하게 하며, 빈곤층(가난한 지식 부자, 부유한 지식 빈자)과 지식을 공유함으로써 문헌을 최대한 이용하고

---

6) Peter Suber, "Happy Birthday BOAI," Open Access News: News from the Open Access Movement, Feb. 14, 2008, www.earlham.edu/~peters/fos/2008/02/happy-birthday-boai.html.

지식에 대한 탐구와 지적 대화의 광장에서 인류를 통합하는 기초를 다지고자 한다.[7]

An old tradition and a new technology have converged to make possible an unprecedented public good. The old tradition is the willingness of scientists and scholars to publish the fruits of their research in scholarly journals without payment, for the sake of inquiry and knowledge. The new technology is the internet. The public good they make possible is the world-wide electronic distribution of the peer-reviewed journal literature and completely free and unrestricted access to it by all scientists, scholars, teachers, students, and other curious minds. Removing access barriers to this literature will accelerate research, enrich education, share the learning of the rich with the poor and the poor with the rich, make this literature as useful as it can be, and lay the foundation uniting humanity in a common intellectual conversation and quest for knowledge.

뒤이어 오픈엑세스 출판에 관한 베데스다 성명서Bethesda Statement on Open Access Publishing(June 2003)와 과학 및 인문학 지식에 대한 오픈 엑세스 베를린 선언Berlin Declaration on Open Access to Knowledge in the Sciences and Humanities (October 2003)이 채택되었다.[8] 이 두 가지 성명서는 모두 오픈 엑세스 출판이 다음 2가지 조건 중 하나를 충족시켜야 한다고 정의하고 있다.

---

7) Budapest Open Access Initiative (Feb. 14, 2002), www.soros.org/openaccess/read.shtml.
8) "Bethesda Statement on Open Access Publishing" (June 20, 2003), www.earlham.edu/~peters/fos/bethesda.htm; "Berlin Declaration on Open Access to Knowledge in the Sciences and Humanities" (Oct. 22, 2003), http://oa.mpg.de/openaccess-berlin/berlindeclaration.html.

1. 저자 및 저작권 보유자는 모든 이용자에게 그들의 저작물을 무료로 자유롭게, 전 세계적으로, 영구적으로 접근할 수 있는 권한을 인정하고, 복사, 이용, 배포, 전송, 전시할 수 있게 하며, 2차 저작물에 대해서도 어떤 목적에서든 디지털 미디어로 배포할 수 있게 인정한다. 또한 저작자의 권리를 적절히 보호하면서 개인적 이용을 위한 소량의 복사 인쇄를 인정한다.

The author(s) and copyright holder(s) grant(s) to all users a free, irrevocable, worldwide, perpetual right of access to, and a license to copy, use, distribute, transmit and display the work publicly and to make and distribute derivative works, in any digital medium for any responsible purpose, subject to proper attribution of authorship, as well as the right to make small numbers of printed copies for their personal use.

2. 위에서 언급한 자료를 포함한 작품의 완전판 및 보충판은 출판 즉시 전자적 표준 포맷으로 저장하고, 학술기관, 학회, 정부기관, 또는 기타 오픈엑세스를 추구하는 단체가 지원하는 보존소에 보존하여 온라인 오픈엑세스를 허용하며, 이를 제한 없이 배포할 수 있게 하고, 상호 이용할 수 있도록 장기적으로 보존해야 한다.

A complete version of the work and all supplemental materials, including a copy of the permission as stated above, in a suitable standard electronic format is deposited immediately upon initial publication in at least one online repository that is supported by an academic institution, scholarly society, government agency, or other well-established organization that seeks to enable open access, unrestricted distribution, interoperability, and long-term archiving.

또 다른 형태의 반응들은 변화를 사전에 대처해야 한다는 인식에서 출발하고 있다. 2000년 3월에는 사서, 대학행정가, 전문직단체 대표들이 아리조나주 템페Tempe, Arizona에서 국제회의를 갖고 학술출판시스템의 신설원칙 the Principles for Emerging Systems of Scholarly Publishing에 합의하였다9) 이 모임에서는 학술 출판의 과정에서 다양한 대학관련 이해관계자들 사이에 학술출판시스템의 변화 원칙에 대한 컨센서스를 구축하기 위한 논의가 활발하게 이루어졌다. 그들이 이끌어낸 템페원칙The Tempe Principles은 3가지로서, 전자자료 이용 가능성을 확대하고, 이용 촉진을 위한 확고한 관행을 확립하며, 저작권 관리에 대한 책임을 명확히 한다는 것이었다. 이들 원칙은 별개의 전략이 아니라 서로 연결선상에 있다. 전자자료 이용 가능성의 증대는 효율적이고 효과적인 커뮤니케이션 시스템 개발을 위한 분명한 접근방법이라 할 수 있으나, 이용 촉진을 위한 확고한 관행의 확립과 저자의 저작권 관리 사이의 관련성은 자명하지 않기 때문에 토론의 여지를 남겨두고 있다.

이용 촉진 및 보장 관행의 확립 Promotion and Tenure Practices

단행본과 저널의 학술출판은 이용촉진 및 보유 시스템의 초석 cornerstone이다. 그러나 미국에서의 이러한 학술적 보상reward 시스템은 채 100년도 되지 않았다.10) 1915년, 미국대학교수연합the American Associa tion of

---

9) Association of Research Libraries, "Principles for Emerging Systems of Scholarly Publishing" (May 10, 2000), www.arl.org/bm~doc/tempe1.pdf.

10) Ryan C. Amacher and Roger E. Meiners, Faulty Towers: Tenure and the Structure of Higher Education (Oakland, Calif.: Independent Institute, 2004); Richard P. Chait, ed., The Questions of

University Professors(AAUP)은 학문의 자유 보장을 정당화하는 원칙을 제정 발표하였다.[11] 그 당시 교수요원들은 가르치고, 말하고, 저술하는 내용을 조정 통제할 수 있는 총장이나 관리자에 의해 언제든 해고될 처지에 놓여있었다. 미국대학교수연합AAUP의 한 가지 핵심적인 제안은 교수요원으로 구성된 위원회만이 회원 교수들을 판단할 수 있다는 것이었다. 이것이 바로 초기의 동료심사인 것이다. 대학들은 미국대학교수연합AAUP의 해결책을 적용하는데 지지부진하였고, 제2차 세계대전 이전까지는 이용 촉진 및 보장에 대한 관행은 대학에 따라 천차만별이었다. 전후에 제대군인 원호법the GI Bill에 따라 학생들의 수가 엄청나게 늘어나 그 결과 교수요원이 부족하게 되었다. 이러한 관점에서 대부분의 고등교육기관들은 일종의 혜택으로서 공식적 자료이용을 보장하고 이용 촉진 및 보장을 위한 공식 평가절차를 제정하였다.

학술출판은 연구와 자료이용의 촉진 및 보장에 있어서 결정적인 요소이다. 학술출판의 핵심요소는 동료심사과정을 거쳐서 논문의 질적 수준을 확인하고 학술적 가치를 부여하는 것이다. 교수요원들은 그들의 논문이 유명 출판사가 발행하는 주요 저널에 게재되기를 원하며, 해당 분야의 유명한 연구자들의 검토와 인정을 받음으로써 논문의 가치를 널리 알리고자 한다.

동료심사과정은 Diane Harley와 그 동료들이 말한 대로 질적 수준을 인정받는데 필수적인 "영역 합류the coin of the realm"과정이다.[12] 출판을 통

Tenure (Cambridge: Harvard University Press, 2002); Frederick Rudolph, The American College and University: A History (New York: Knopf, 1962).

11) American Association of University Professors, "AAUP's 1915 Declaration of Principles" (Dec. 31, 1915), www.campus-watch.org/article/id/566.

해 저자가 알려지고, 소속기관이 드러나며, 후속 연구에 도움을 준다. 교수요원들은 부분적으로 그들의 학술적 산출물이 출판됨으로써 평가된다. 이용의 촉진과 보장을 결정짓는 것은 일반적으로 출판물의 수, 교수들의 논문이 게재된 저널의 명성prestige, 그리고 특히 인문학 분야 particularly in the humanities에서는 교수요원이 출판한 단행본 및 그 책을 낸 출판사의 명성 등이다.

Friedlander는 "다수의 독자로부터 지속적인 신뢰를 받는 a collective trusted persistent record for multiple audiences" 전통적 출판 시스템과 몇몇 사람들이 불안하다고 평가하는 새로운 시스템의 진화 사이에 팽팽한 긴장이 존재한다고 보았다.[13] 캘리포니아대학 the University of California에서 2006년에 실시한 조사에 따르면 교수들은 학술 커뮤니케이션의 문제에 대하여 매우 능동적인 관심을 보이지만 그들의 행태 변화는 매우 느린 것으로 나타났다. 이 조사에서 캘리포니아대학 교수들은 학술출판을 매우 중요한 학술 활동 및 교수직의 업무로 보고 있으며, 대부분 전통적 형식의 출판에 지속적으로 의존하면서, 현재 시스템의 변화가 교수직의 질을 약화시킬 수 있다고 보는 것으로 나타났다. 또한 응답한 교수요원의 70%는 현행 출판시스템이 바뀌지 않고 유지되기를 기대하고 있으며, 대부분의 교수요원들이 저작권을 학회나 출판사에 양도하는 것으로 나타났다.

캘리포니아대학 버케리에서 2005과 2006년에 걸쳐 실시된 연구에서는

---

12) Diane Harley et al., "The Influence of Academic Values on Scholarly Publication and Communication Practices," Journal of Electronic Publishing 10, no. 2 (2007), http://hdl.handle.net/2027/spo.3336451. 0010.204.
13) Friedlander, "Triple Helix."

교수요원들이 오픈 엑세스 모델은 질적 통제(예, 동료 심사)에 별 의미가 없다고 인식하는 것으로 나타났다.[14) 또한 교수들은 새로운 출판시스템이 이용 촉진과 보장에 있어서 성과의 측정이나 영향 평가에 기존의 출판시스템에서와 같은 동일한 신뢰를 주지는 못할 것으로 우려하고 있었다. 새로운 출판 배포 모델에 대한 중견연구자들 및 중견 교수들의 불안과 걱정은 그리 놀랄만한 것은 아니다.[15)

저자의 저작권 관리 Authors' Copyright Management

학술 출판의 재편성 움직임에 대한 주요 쟁점은 저작권에 초점이 맞추어져 있다. 저자들이 저작권의 일부 또는 전부를 유지할 경우, 그들은 자기들의 저서가 어떻게 배포 이용되는지를 계속 조정할 수 있다. 저자들은 저서와 잠재 이용자 사이의 장벽을 줄임으로써 그들의 작품에 대한 이용과 영향을 극대화한다. 그들은 다음 사항에 대하여 법적 권한을 유지한다.

- 논문을 자신의 웹사이트에 올린다.

  post their articles on their own websites

- 기관 및 주제관련 단체의 저장소에 보존한다.

  deposit in institutional and discipline-based digital repositories

---

14) Harley et al., "Influence of Academic Values."

15) Jeremy Birnholtz, "When Authorship Isn't Enough: Lessons from CERN on the Implications of Formal and Informal Credit Attribution Mechanisms in Collaborative Research," Journal of Electronic Publishing 11, no. 1 (2008), http://hdl.handle.net/2027/spo.3336451.0011.105.

- 교실 수업에서 학생들에게 배포한다.

  distribute copies to students and use in classes

- 비상업적 목적으로 동료들에게 배포한다.

  distribute to colleagues for noncommercial purposes

- 컨퍼런스나 강의 자료로 배포한다.

  distribute copies at conference presentations and lectures

- 미래 저작물 제작에 활용한다(예, 신간, 개정판, 연구 업적 축적)

  use their work in future efforts(e.g., new books, revised editions, or studies building

  on the original work)

저작권법은 지적 재산권intellectual property(간행 및 미간행)의 소유권을 정의하고 저작권 소유자가 저작물의 접근 이용에 대한 권한을 행사할 수 있도록 규정하고 있다. 저작권자는 저작권을 계속 유지할 것인가, 다른 사람에게 넘겨 줄 것인가, 아니면 적절하다고 여겨지는 사람들과 공유할 것인가를 선택할 수 있다, 미국의 저작권법은 저작권을 개인들이 양도하거나 인정한 단체의 권리a group of rights라고 정의하고 있다.16) 저작권 소유자는 저작권으로 보호된 저작물의 재생산을 배제할 권리, 원 저작물에 기초하여 2차 저작물derivative works을 제작할 권리, 저작물을 판매목적으로 배포하거나 제3자에게 양도 또는 임대rental, lease, or lending할 권리, 저작물을 공개적으로 공연 전시할 권리(문학작품, 음악, 드라마, 안무choreographic works, 무언극pantomimes, 영화motion pictures, 기타 시청각자료인 경우), 그리

---

16) U.S. Copyright Office, U.S. Copyright Law (Oct. 2007), www.copyright.gov/title17/.

고 디지털 음성 전송수단을 이용하여 공연(사운드 레코드인 경우)할 권리를 가지고 있다.

저자는 전부 또는 일부 권한을 유지할 수 있다. 예를 들면, 저자는 출판사에게 최초 출판권만을 양도할 수 있다. 출판사는 저자가 출판사에게 저자의 권한을 양도한다는 사실을 명시하는 법적 서류(저작권 양도 합의서, 또는 출판 동의서)를 갖춘다. 수십 년 동안 자자는 일상적으로routinely 모든 저작권한을 출판사에 일임하고, 때로는 무엇을 사인sign했는지도 알지 못한다. 2003년 RoMEO 저작권 양도실태 조사에서는 응답한 저자의 90%가 저작권을 양도하였으나 그중 61%는 아직 본인들이 저작권을 소유하고 있는 것으로 생각하고 있는 것으로 나타났다.[17] 예를 들면, 많은 교수 저자들은 그들이 수업에서 학생들에게 논문을 배포할 권리를 가지고 있다고 생각하고 있으며, 그들의 웹사이트에 논문을 올리는 경우에도 법적인 문제가 없다고 생각하고 있다는 것이다.

저작권을 관리하고자 하는 저자들에게는 여러 가지 선택사항options이 있다. 그들은 저작권 "오픈" 정책을 가진 출판사만을 선택할 수 있다. 세심한 저자assertive author는 출판사들이 다양한 계약서를 제안한다는 것을 알고 있다. 특히 어떤 계약서는 더욱 제한(예, 출판사에게 모든 권한을 양도하라는)적인 규정을 두며, 또 어떤 계약서는 저자로 하여금 출판사에게 특수한 권한을 허용하도록 규정하고 있다. 만일 출판사가 모든 권한(assigns, conveys, grants, or transfers all rights, copyright interest, copyright ownership, and/or title exclusively to the publisher)을 갖는 단일 계약서를 제시할 경우,

---

17) Elizabeth Gadd, Charles Oppenheim, and Steve Probets, "RoMEO Studies 1: The Impact of Copyright Ownership on Academic Author Self-Archiving," Journal of Documentation 59, no. 3 (2003): 243 – 77.

저자는 몇 몇 권한을 유지하는 조건, 즉 출판사의 표준 저작권 계약서에 저자의 의견을 첨부하고, 저자에게 그러한 권한을 허용하도록 하는 조건을 제시하여 출판계약 변경을 제안할 수 있다. 그러나 이것은 하나의 제안이기 때문에 출판사는 받아들일 수도 있고 거절할 수도 있다.

법률전문가들이 마련한 여러 가지 모델 계약서를 이용할 수 있다. 한 예로 SPARC(Scholarly Publishing and Academic Resources Coalition) and Science Commons Author's Addendum(www.arl.org/sparc/author/addendum.html)을 들 수 있다. 이 계약조건은 저자가 비상업적 목적으로 저작물을 재생산, 배포, 공연, 전시하는 권한, 2차 저작물 제작권, 교육과 연구 과정에서 사본을 제작 배포할 권리, 개인이나 기관의 웹사이트나 디지털 오픈엑세스 저장소에 저작물을 게재할 권리를 부여하고 있다. 또한 출판사에게는 출판된 논문의 전자 버전을 최초 출판 시점으로부터 14일 이내에 저자에게 무료로 제공할 것을 요구하고 있다.

또 다른 모델 계약서로는 저자, 과학자, 예술인, 교육자들에게 그들의 창작물 관리에 도움을 주는 비영리단체인 the Creative Commons를 들 수 있다. The Creative Commons는 공중이 이용할 수 있는 저작권 계약서 세트를 제공하고 있다(http://creativecommons.org/about/licenses/meet-thelicen ses). 예를 들면, 저자는 그들의 저작권을 유지하면서 특정 조건, 특정 이용에 대하여 무료로 저작물을 제공할 수 있다.

오픈 엑세스 Open Access: Putting the Pieces Together

학술 출판에 대한 오픈 엑세스는 새로운 기술과 저작권 관리를 지렛대로 삼아 새로운 지식 접근에 편익을 증진하고 학자들에게 보상을 제공하기 위한 것이다. 학술 커뮤니케이션을 증진하기 위해 학술 출판을 다시 구성하는 데 많은 노력을 들이는 핵심 목적은 동료 심사를 거친 학술문헌에 자유롭게 접근할 수 있는, 다시 말하면 온라인을 통하여 비용부담 없이 손쉽게 이용할 수 있는 수단을 마련하는 것이다. 부다페스트 오픈 엑세스 회의The Budapest Open Access Initiative에서는 문헌에 대한 오픈 엑세스를 다음과 같이 정의하고 있다.

> 인터넷을 통한 무료 이용, 이용자에게 독서, 다운로드, 복사, 배포, 인쇄, 검색, 전문 내용 링크, 색인 작성crawl them for indexing, 데이터 패스, 법률적 목적의 이용 등을 재정적, 법적, 기술적 장벽이 없이 인터넷에 접속하는 것 자체만으로 허용하는 것이다. 재생산 및 배포에 있어 유일한 제한점은, 그리고 도메인에서의 저작권에 대한 유일한 역할은 저작물을 적절히 이용하고 인용한 사실을 밝히는 것이다.[18]

오픈 엑세스 문헌은 디지털 자료로서 온라인, 무료, 접근 및 이용에 따른 저작권 자유이용, 저자와 출판사의 노력에 대한 적절한 신뢰 보장을 특징으로 한다.

오픈 엑세스는 동료 심사에 대한 포기나 저작자의 보호 및 저작권의 포기를 의미하는 것은 아니다. 여러 가지 오해에도 불구하고 오픈 엑세스는 전체적으로 동료 심사 과정을 거칠 수 있다는 것이다. 전통적인 학술 출판과 동일한 질적 통제가 적용될 수 있다. 동료 심사는 미디어(인쇄

---

18) Budapest Open Access Initiative, www.soros.org/openaccess/read.shtml.

또는 디지털) 또는 접근의 허용 수단에 따라 달리 적용되는 것은 아니다. 오픈 엑세스가 추구하는 것은 동료 심사를 거친 문헌 및 기타 고품질 콘텐츠에 접근하는 데 있어 장벽을 제거하는 것이다.

오픈 엑세스는 공공 도메인에 온라인 저작물을 탑재하는 것에만 의존하지 않는다. 공공도메인에 있는 저작들은 저자가 저작권 관리를 위해 보유하는 권리에 전혀 해당되지 않는 것들이다. 이들 저작물도 표절 plagiarism 금지, 부정한 방법으로 재출판 금지, 작품의 전체성 보호, 인용 출처 제시 요구, 저작자와 작품을 인정하는 것 등의 권한이 있다. 오픈 엑세스는 오픈 콘텐츠와 동일하지 않다. 오픈 콘텐츠는 일반적으로 자유롭게 이용할 수 있는 저작물로서 복사 및 변경을 명시적으로 허용하는, 저작권의 보호를 받지 않는 자료들이다. 가장 규모가 큰 오픈 콘텐츠 프로젝트는 Wikipedia(http://en.wikipedia.org)라 할 수 있다.

수많은 연구들은 오픈 엑세스 학술 논문이 더 영향력이 높다는 것을 보여주고 있다. 오픈 엑세스 논문은 그렇지 않은 논문에 비하여 더 많이 인용되고 있다. Stevan Harnad and Tim Brody는 오픈 엑세스의 편익을 다음과 같이 간단히 succinctly 설명하고 있다.

> 오픈 엑세스는 오픈 엑세스 이외의 다른 방법으로는 접근할 수 없는 이용자들이 늘어남에 따라 잠재 이용자의 수가 극적으로 dramatically 증가하고 있다. 그러므로 오픈 엑세스는 그 이용과 영향력이 계속 늘어날 수밖에 없다.[19]

---

19) Stevan Harnad and Tim Brody, "Comparing the Impact of Open Access (OA) vs. Non-OA Articles in the Same Journals," D-Lib Magazine 10, no. 6 (2004), www.dlib.org/dlib/june04/harnad/06harnad.html.

Steve Lawrence는 2001년 컴퓨터과학 및 관련 주제 분야의 문헌 이용에 관한 연구에서 오프라인 논문에서 인용한 빈도는 2.74이며, 온라인 논문에서의 인용 빈도는 157% 증가한 7.03이었다고 보고했다.[20] Lawrence는 온라인 자료 이용가능성과 높은 인용 비율 사이의 상관관계에 대하여 결론을 도출하지는 않았지만 온라인 논문의 가시성 증대와 손쉬운 이용가능성을 중요 요인으로 지적했다. 뒤이어 나온 개별 저널 및 학문 분야의 이용행태에 관한 연구들도 오픈 엑세스 논문이 접근 장벽 뒤에 숨어 있는 논문보다 더 많이 이용, 인용되고 있다는 사실을 확인시켜주고 있다.[21] 2006년 PLoS Biology의 연구에서는 국립 사이언스 아카데미the National Academy of Sciences (PNAS)의 회보Proceedings에 직접 오픈 엑세스로 게재된 논문들이 그 이전의 오픈 엑세스가 아닌 논문들보다 3배 이상 많이 인용된 것으로, 그리고 자체 보존만을 하는 PNAS 논문들 보다 더욱 자주 인용되는 것으로 나타났다.[22]

오픈 엑세스 저널, 오픈 엑세스 단행본, 자체 아카이빙 및 오픈 엑세스

---

20) Steve Lawrence, "Free Online Availability Substantially Increases a Paper's Impact,"Nature 411, no. 6837 (2001): 521.

21) See, e.g., Hajar Sotudeh Abbas Horri, "The Citation Performance of Open Access Journals: A Disciplinary Investigation of Citation Distribution Models," Journal of the American Society for Information Science and Technology 58, no. 13 (2007): 2145 – 56; Yanju Zhang, "The Effect of Open Access on Citation Impact: A Comparison Study Based on Web Citation Analysis," Libri 56, no. 3 (2006): 145 – 56; David Nichols, Paul Huntington, and Hamid R. Jamali, "The Impact of Open Access Publishing (and Other Access Initiatives) on Use and Users of Digital Scholarly Journals," Learned Publishing 20, no. 1 (2007): 11 – 15; Kayvan Kousha and Mike Thelwall, "The Web Impact of Open Access Social Science Research," Library and Information Science Research 29, no. 4 (2007): 495 – 507; Thomson ISI, "The Impact of Open Access Journals: A Citation Study from Thomson ISI" (2004), http://scientific.thomson.com/media/presentrep/acropdf/impactoa-journals.pdf.

22) Gunther Eysenbach, "Citation Advantage of Open Access Articles," PLoS Biol 4, no. 5(2006): e157, http://dx.doi.org/10.1371/journal.pbio.0040157.

보존 등은 오픈 엑세스를 지원하는 3가지 전략이라 하겠다.

오픈 엑세스 저널 Open Access Journals

오픈 엑세스 저널은 독자들이 인터넷에 접속하는 것 이외에 아무런 장벽 없이 무료로 접근할 수 있는 온라인 저널이다. 저작권을 저자가 갖느냐 또는 출판사가 갖느냐에 상관없이 저작권 소유자는 출판된 저작물의 오픈 엑세스에 동의한다. 오픈 엑세스 저널에 대한 재정은 저자 또는 저자의 소속기관에 의해 여러 가지 방법이 사용되고 있는데, 어떤 경우는 출판사가 지원하고, 어떤 경우에는 저자가 지불한다.

Peter Suber에 따르면 소수 그룹의 오픈 엑세스 저널a minority of open access journals은 저자 측 수수료author side fees를 부담하는데 이를 보급 수수료 모델 dissemination-fee model이라고 부른다.23) 2007년 Bill Hooker가 조사한 바에 따르면 OpenDOAR에 등록된 오픈 엑세스 저널의 67%는 저자 수수료를 부담하지 않으며, 18%는 수수료를 부담하고, 나머지 15%는 이 질문에 대한 정보가 없었다고 보고했다.24) 많은 학술 저널, 특히 과학, 의학, 기술 분야 저널은 출판에 대한 페이지 당 요금page charges for publishing을 부과해왔으며, 오픈 엑세스 운동 이전의 출판물에 대해서도 교부금subsidize을 지불해 왔다. 저자 측 수수료An author-side fee는 저자 또는 소속 기관, 저자의 연구비 지원기관이 부담한다. Suber에 따르면 수수

---

23) Peter Suber, "No-Fee Open-Access Journals," SPARC Open Access Newsletter, no. 103(Nov. 2, 2006), www.earlham.edu/~peters/fos/newsletter/11-02-06.htm#nofee.

24) Bill Hooker, "If It Won't Sink In, Maybe We Can Pound It In," Open Reading Frame, Dec. 2, 2007, www.sennoma.net/main/archives/2007/12/.

료를 부담하는 많은 오픈 엑세스 저널들은 재정적인 어려움이 있을 경우 전체적 또는 부분적으로 오픈 엑세스를 포기하는 것으로 나타났다.

수수료가 없는 오픈엑세스 저널은 대학, 실험실, 연구소, 도서관, 병원, 박물관, 학회, 재단, 정부기관 등으로부터 직접 또는 간접으로 보조금을 받는다. 어떤 출판물은 별도의 라인으로부터 보조금을 받는다. 또 어떤 출판물은 광고, 부가 서비스, 회원의 회비, 기부금, 인쇄 등으로부터 자금 지원을 받는다. 어떤 저널은 자발적 지원volunteerism에 의존하고 있다. 또한 어떤 저널은 이 모든 수단을 종합한 방법을 이용한다.[25]

바이오메드센터BioMedCentral(www.biomedcentral.com)−퍼브메드센터PubMed 와 혼동하기 쉬움−는 또 다른 영리 출판기관으로 회사의 비즈니스 모델로 저자 측 수수료를 부담하고 있다. 바이오메드 센터 BioMed Central는 200개에 가까운 동료심사 생의학biomedical 연구 저널을 오픈 엑세스로 제공하고 있다. 바이오메드 센터의 표준 논문 처리 수수료는 1,710달러이며 수수료는 저널에 따라 다르다. 저자가 권말 주endnote나 참고자료 Ref Manager(참고문헌서지를 관리하는 소프트웨어 software for managing bibliographies)를 이용할 때, 그리고 저자가 바이오메드 센터가 지원하는 회원 기관에 속해 있을 때는 할인이 가능하다.

비영리 출판사의 예로는 Public Library of Science(www.plos.org)를 들 수 있다. 이곳에서는 저자 측 수수료($2,000 - $2,500)를 부담하며, 개인 및 기

---

25) Suber, "No-Fee Open-Access Journals."

관 회원을 통하여 수입revenue을 얻는다. Public Library of Science는 (2008년 3월 현재) 7종의 저널을 발행하며, 출판하는 모든 저널에 대하여 저작물 공동 배포 라이선스 the Creative Commons Attribution License를 이용한다.

Sage출판사의 "SAGE Open"출판 모델은 또 다른 저자 지불 모델 author-pays model의 예이다. 저자들이 새로운 기금조직의 요구사항에 따라 논문을 제공하는데 Sage Open은 논문 1편당 $3,000을 부담하고 그 외의 저자요금(예, 칼러 출판 비용) 및 세금은 배제한다. SAGE Open 수수료 지불과 동시에 즉시 SAGE 저널 온라인을 통하여 저널 가입자 및 비가입자에게 논문을 이용할 수 있게 제공한다. 또 저자들에게 최종 원고를 자금 지원기관이 선정한 아카이브에 제출하도록 하고 있다.

교수요원 및 연구자들은 오픈 엑세스 저널을 많이 이용하면서도 그 질적인 수준에 관해서는 지속적으로 관심을 가지고 있다.26) 학술 저널의 품질 유지는 편집자, 편집위원회, 평가자referees들의 기능이기 때문에 모든 저널(print or online, priced or free)은 동일한 질적 통제를 받을 수 있다. 따라서 오픈 엑세스 학술 저널은 동료 심사에 대한 동일한 위임commitment 과정을 거쳐야 하며, 판매 잡지와 마찬가지의 질적 통제를 받아야 한다.

---

26) University of California Office of Scholarly Communication and the California Digital Library eScholarship Program, in association with Greenhouse Associates, Inc., "Faculty Attitudes and Behaviors Regarding Scholarly Communication: Survey Findings from the University of California" (August 2007), http://osc.universityofcalifornia.edu/responses/materials/OSC-survey-full-20070828.pdf.

오픈 엑세스 단행본 Open Access Monographs

몇 몇 학술출판사들은 단행본도 오픈 엑세스를 실험하고 있다. 수천 건의 저널들이 오픈 엑세스에 개별 논문을 탑재하고 있으나, 단행본에 대한 오픈 엑세스는 매우 더디게 개발되고 있다. 단행본에 대한 효과적 오픈 엑세스 개발전략에는 매우 커다란 문제들이 가로놓여 있다.

국립학술출판사The National Academies Press(www.nap.edu)는 미국의 국립학술단체들, 즉 국립 과학학술원the National Academy of Sciences, 국립 공학 학술원the National Academy of Engineering, 의학 연구소the Institute of Medicine, 국립 연구 평의회 the National Research Council가 그들이 발행하는 보고서들을 출판하기 위하여 창설한 것으로 해당 기관들의 모든 자료를 무료로 페이지 단위로 온라인 접근을 할 수 있도록 하고 있다. 여기서는 많은 단행본들을 전체 또는 장chapter별로 다운로드 받을 수 있다. 출판사는 무료 PDF files 비용을 충당offset하기 위한 수입이 있어야 하기 때문에 PDF 형태의 책들에 대해서는 계속 사용요금을 받고 있다.

Andrew W. Mellon Foundation의 후원으로 1999년에 설립된 구텐베르크 프로젝트The Gutenberg-e Project는 학술 서적의 전자 출판을 촉진하고 있다. 1999년부터 2004년 사이에 미국 역사학회는 역사분야에서 고품질의 박사논문을 생산한 공로로 구텐베르그 전자 출판상Gutenberg-e prizes을 수상했다. 패널들은 박사학위논문dissertations을 검토하고, 그 논문들의 학술적 기여도를 근거로 하여 수상 대상을 결정하였다. 각각의 저자들에게 돌아가는 상금은 $20,000로서, 이 상금으로 콜롬비아대학 출판부에서 논문을 전자 도서로 출판하도록 했다. 이 프로젝트의 목적은 전자출판을 합법화 하고 전자책에 대한 학계의 태도를 변화시키는 데 있었다. 구텐베르크 프로젝트에서 최초로 구독 가능한 자료는 2007년 말 36종이었으며 오픈 엑세스로 제공되었다. 그러나 원래의 재정 모델은 유지되지를 못했다. Robert Townsend는 이에 대하여 다음과 같이 쓰고 있다.

> 오픈 엑세스에 대한 희망찬 기대에도 불구하고, 우리는 온라인 학술 도서 출판에 대한 재정모델을 창안해내지 못했다. 저자에게 주어지는 펠로우십과 책을 선정하는 과정에 소요되는 비용과는 별도로, 구텐베르크 타이틀을 준비하는 데는 기본 경비가 발생하였으며, 이것이 중요한 수익 창출이나 외부 지원이 없이는 온라인 출판을 지속하기 어려웠던 점이다.[27]
>
> Unfortunately, despite the hopes of many in the open access movement, we have not been able to create a sustainable financial model for the publication of these online scholarly monographs. ···Quite apart from the fellowships given to the authors and the costs of administering the selection process for these books, it appears that the basic costs of preparing the Gutenberg-e titles for online publication were not sustainable without a significant revenue stream or outside support.

학술도서 출판에 대한 또 다른 단체는 펜실베니아 주립대학 출판부와 펜실베니아주 도서관들, 프랑스어과Department of French and Francophone Studies, 이탈리아, 스페인, 포루투칼어과Department of Italian, Spanish, and Portu

---

27) Robert B. Townsend, "Gutenberg-e Books Now Available Open Access and through ACLS Humanities E-Book," AHA Today, Feb. 13, 2008, http://blog.historians.org/publications/454/gutenberg-e-books-now-available-open-access-and-through-aclshumanities-e-book.

guese 등이 협력 2007년 발족되었다. Romance Studies(www.romancestudies. psu.edu)라고도 하는 이 기구는 독자들에게 무료로 온라인 콘텐츠에 접근할 수 있는 옵션을 주고, 인쇄 책을 구매하도록 하는 오픈 엑세스 실험이라 할 수 있다. 이는 자료에 접근하는 것은 무료이지만 단행본 시리즈를 이용할 경우에는 저작권법에 의한 관리를 받는다. 자료들은 비상업적, 교육적, 연구목적으로 이용된다. 자료의 재배포는 제한을 받으며 펜실베니아 주립대학 출판부의 하가를 받아야 한다. 웹사이트에 따르면 출판 대상으로 선택된 모든 서적은 동료 심사를 거쳐야 하며, 다른 대학 출판사들에서와 똑 같은 품질평가의 과정을 거쳐야 한다. 여기서 나오는 책을 구입하고자 하는 개인이나 도서관은 인쇄 요청서print-on-demand copy로 신청할 수 있고, 신청된 책은 보통 48시간 내에 송부된다. 이 기구의 목적은 비용을 보상할만한 충분한 수익을 창출하는 데 있다. 펜실베니아 주립대학 출판부장인 Sanford G. Thatcher는 다음과 같이 말하고 있다. "이 모델이 성공할지, 그리고 지속될지의 여부는 큰 의문으로 남아 있다. Whether this model will succeed and prove sustainable, of course, is the big question."28)

자체 아카이빙 및 오픈 엑세스 보존
Self-Archiving and Open Access Repositories

자체 아카이빙은 저자(또는 출판사가 저자와의 계약)에 의하여 전자자료 논문을 무료로 저장하고, 전자아카이브 또는 저장소, 보통은 주제별 저장

---

28) Sanford G. Thatcher, "Print-on-Demand from University Press," LIBLICENSE-L, Jan. 25, 2008, www.library.yale.edu/~llicense/ListArchives/0801/msg00076.html.

소(예, PubMed Central, www.pubmedcentral.nih.gov)에 저장하거나 기관의 저장소(예, Massachusetts Institute of Technology DSpace, http://dspace.mit.edu)에 저장하는 것을 말한다. 오픈 엑세스를 위한 자체 아카이빙은 1995년 Stevan Harnad가 최초로 공식 제안하였다.[29]

디지털 보존소의 개발은 온라인 저장 비용이 감소함에 따라 가능하게 되었으며 표준 메타데이터의 허브 프로토콜 개발 및 적용, 디지털 보존 기술이 성숙됨으로써 가능하게 되었다. 논문을 저장하기 위해 저자는 출판사와의 저작권 계약상 자체 아카이브 권한을 보유해야 한다. 보존은 동료 심사가 완료되어 저널에 출판된 포스트프린트peer-reviewed postprint형태로, 또는 동료심사를 받기 이전의 프리프린트non-peer-reviewed preprint형태로 저장할 수 있다.

자체 아카이빙의 역사는 1980년대 컴퓨터 과학자들이 그들의 논문을 익명사이트anonymous-FTP sites에 올렸던 때로 거슬러 올라간다.[30] 고에너지물리학자들High-energy physicists은 1991년 이래 arXiv(http://arxiv.org)에 주제기반 공유 아카이브를 운영해 왔다. Paul Ginsparg이 개발하여 현재 코넬대학이 소유하는 arXiv는 물리학분야 프리프린트 아카이브로 출발했으나 나중에 천문학astronomy, 수학mathematics, 컴퓨터과학computer science, 비선형과학nonlinear science, 수량생물학quantitative biology, 통계학statistics 분야로 확대되었다. 또 다른 주제 기반 아카이브는 농업Agricultural 및 응용경제학

29) Stevan Harnad, "1. Overture: The Subversive Proposal," in Scholarly Journals at the Crossroads: A Subversive Proposal for Electronic Publishing; An Internet Discussion about Scientific and Scholarly Journals and Their Future, ed. Ann Shumelda Okerson and James J. O'Donnell, 1 - 2 (Washington, D.C.: Association of Research Libraries, 1995), www.arl.org/bm~doc/subversive.pdf.
30) Stevan Harnad, "Re: When Did the Open Access Movement 'Officially' Begin,"American Scientist Open Access Forum, June 27, 2007, http://users.ecs.soton.ac.uk/harnad/Hypermail/Amsci/6519.html.

Applied Economics 아카이브로서, 미네소타대학도서관과 동 대학 응용경제학과가 개발한 AgEcon Search: Research in Agricultural and Applied Economics (http://agecon.lib.umn.edu)가 있다. AgEcon Search에 들어 있는 주요 아이템들은 워킹페이퍼working papers, 회의자료conference papers, 학술지 논문들journal articles이다. 전체 20종에 이르는 학술지들의 창간호부터 소급 저장하고 있는 아카이브이다.

자체 디지털 아카이빙Self-archiving in digital repositories의 오픈 엑세스 제공은 간단한 문제가 아니다. 이들 아카이브가 Open Archives Initiative Protocol for Metadata Harvesting(OAI-PMH)에 부합되어야 하고, Open Archives Initiative (www.openarchives.org)에 의해 호환운영 능력 표준이 마련되어야 하며, 검색엔진이 개별 아카이브를 광범위한 디지털 자원 데이터를 담고 있는 하나의 허브로 취급treat할 수 있어야 한다.[31] 이용자들은 내용을 찾고 이용하기 위해서 어떤 아카이브가 존재하는지, 어디에 위치해 있는지를 알 필요는 없다.

예를 들면 과학일반 The Scientific Commons(http://en.scientificcommons.org)사이트는 OAI-PMH를 이용하여 "scientific knowledge products"라는 검색어로 여러 디지털 보존소로부터 자료를 찾아 불러올 수 있다. 이는 자원을 색인하여 제시하고, 단일 인터페이스single interface를 통해 검색할 수 있게 해 준다. 이러한 많은 자료 자원들은 웹 스크립트에 감추어져 있고, 구글Google이나 야후Yahoo 같은 검색엔진으로는 그에 관한 정보를 찾아낼pick

---

31) Open Archives Initiative, The Open Archives Initiative Protocol for Metadata Harvesting, Protocol Version 2.0 of 2002-06-14, Document Version2004/10/12T15:31:00Z, www.openarchives.org/OAI/openarchivesprotocol.html.

up 수 없기 때문에 "깊숙한 웹Deep Web"이라고 알려진 어디엔가 위치하는 것이다. 과학일반The Scientific Commons 사이트는 저자를 인지하고 그들의 사회적 전문 직업적 관계를 투명하게transparent 만들어 주제, 기관, 기술적 장벽을 넘어 누구든지 볼수 있도록visible 해준다. 2008년 3월 현재 과학일반the Scientific Commons사이트는 17,989,731건의 논문papers, 7,339,885명의 저자authors, 그리고 901건의 보존소repositories를 색인하고 있다.

또 다른 디지털 자원 온라인 카탈로그로는 OAIster(www.oaister.org)가 있으며, OAI-PMH를 이용하여 데이터를 수집하는 디지털보존소로서 하나의 분야나 주제영역에 한정하지 않는다. 2008년 3월 현재 이 보존소는 935 협찬자contributors로부터 15,475,946건의 자료를 수집 보존하고 있다. 디지털 자원은 디지털화된 도서와 논문, 처음부터 디지털로 태어난 텍스트born-digital texts, 오디오 파일, 이미지, 영화, 데이터 세트(예, 다운로드 가능한 통계 파일) 등을 포함한다. Science Commons 및 OAIster는 전통적인 도서관 목록과 매우 흡사하게 단일 인터페이스를 통하여 자원을 결합하여 제공한다. 그러나 아직 도서관 목록이 지니는 동일한 문제점을 안고 있다. 즉 정보를 찾는 사람이 정보를 찾아들어가는 방법을 알 필요가 있다는 것이다.

저자 및 이용자들에게 여러 가지 형태의 자체 아카이빙과 오픈 엑세스 이용을 도와주기 위해 오픈 엑세스 저널을 분류하는 컬러 코드가 개발되어 왔다. 금색으로 표시한 저널Gold journals은 모든 내용을 온라인으로 자유롭게 접근할 수 있다는 의미이다. 녹색으로 표시한 저널Green journals은 저자의 자체 아카이브에 포스트프린트, 프리프린트, 또는 둘 다 허용한다는 뜻이다. 회색Gray은 자체 아카이빙을 허용하지 않는 저널에 사용된다. 2008년 3월 현재 오픈 엑세스 저널 디렉토리The Directory of Open Access

Journals(DOAJ; www.doaj.org)는 3,262건의 금색 저널, 또는 전 세계에서 출판된 학술 저널의 약 12%를 리스트하고 있다. 2008년 8월 Heather Morrison은 DOAJ가 하루 평균 4.5건의 타이틀을 추가하고 있다고 보고했다.[32] DOAJ는 품질 통제 시스템, 전통적으로는 동료심사 시스템을 거친 모든 오픈 엑세스 과학 학술 저널을 카버하고 있으며, 내용의 품질 content's quality을 보증하고 있다.

SHERPA RoMEO(www.sherpa.ac.uk/romeo.php)는 출판사, 저작권 정책, 자체 아카이빙 허가 등 출판사들이 저작권 양도 계약의 일부로 제시한 내용들을 담고 있다. SHERPA RoMEO는 출판사를 범주화하는 4가지 컬러 코드를 사용하는데, 이는 저널에서 사용하는 금색, 녹색 카테고리 구분과는 약간 다르다. RoMEO는 출판사들은 녹색(프리프린트 및 포스트프린트 아카이빙 authors can archive preprint and postprint), 청색(포스트 프린트, 예를 들면 심사를 거친 최종 자료 아카이빙authors can archive postprint, i.e., final draft post refereeing), 노랑(심사를 거치지 않은 프리프린트 authors can archive preprint, i.e., pre-refereeing), 흰색(공식적으로 지원되지 않는 아카이빙 archiving not formally supported)로 분류한다. 2008년 3월 현재, RoMEO는 수천종의 저널을 발행하는 378개의 출판사에 대하여 저작권 및 자체 아카이빙 정책을 리스트하고 있다. 이들 가운데 129개의 출판사는 녹색(34%), 86개 출판사는 청색, 38개 출판사는 노랑, 125개 출판사는 흰색으로 분류되어 있다.

---

32) Heather Morrison, "Happy Birthday, BOAI! and Confirmation of Acceleration of Growth in DOAJ" (Feb. 14, 2008), Imaginary Journal of Poetic Economics, http://poeticeconomics.blogspot.com/2008/02/happy-birthday-boai-and-confirmation-of.html.

오픈 엑세스 출판 진흥 정책 Policies Promoting Open Access Publishing

오픈 엑세스 출판 및 자체 아카이빙 구축은 개별 학자 및 연구자들이 그들의 저작물을 어디서 어떻게 만들 것인가 라는 의사결정의 문제에서 도출된 것이다. 그러나 오픈 엑세스와 자체 아카이빙 촉진 전략은 오픈 엑세스 및 공중 엑세스 정책 개발을 통하여 이루어졌다.

미국에서 대규모의 자체 아카이빙을 추진한 역사적 단계는 조지 부시 대통령이 2006년 12월 26일에 공법 110-161(consolidated Appropriations Act, 2008)에 서명한 때라고 할 수 있다. 이 법은 다음과 같이 규정하고 있다.

국립 보건 연구원장은 연구원 자금을 지원받은 모든 조사 연구원들이 국립 의학 도서관 PubMed 센터에 제출하는 동료 심사를 받은 최종 전자 버전 원고에 대하여 출판을 승인하고, 출판 후 12개월 이내에 공중이 이용할 수 있도록 제공해야 한다. 국립 보건연구원은 저작권법과 부합되는 공중의 접근에 관한 정책을 시행해야 한다.[33]

The Director of the National Institutes of Health shall require that all investigators funded by the NIH submit or have submitted for them to the National Library of Medicine's PubMed Central an electronic version of their final, peer reviewed manuscripts upon acceptance for publication, to be made publicly available no later than 12 months after the official data of publication: Provided, That the NIH shall implement the public access policy in a manner consistent with copyright law.

---

33) U.S. Congress, Consolidated Appropriations Act, 2008, Pub. L. No. 110-161 Div. G.Titl. II Sec. 218.

이 법과 함께 국립보건연구원the National Institutes of Health(NIH)의 자율 공공 엑세스 정책이 의무화mandatory 되었다. 이 법 통과 이전에는 연구자의 5% 미만이 자율 엑세스 정책을 이행하였다. 새로운 정책에 의거, 수취인 recipients 및 기관institutions(양수인으로서 as the grantees)은 출판사들이 국립보건연구원의 전문 텍스트 및 동료 심사 학술 저널을 보존하는 디지털 아카이브인 PubMed Central를 통하여 저작물에 대한 공중의 접근을 인정하는 계약을 추진하도록 보장하게 되었다. 법률은 반드시 지켜야 한다. 2008년 3월 25부터는 NIH에 응모application, 제안proposal, 또는 보고서progress report를 제출하는 사람은 누구나 NIH자금 지원 연구보고서NIH-funded research의 논문에서 인용한 경우 PubMed Central 또는 NIH 제출자료 참고 번호를 표기해야 한다. 또한 출판 후 12개월의 엠바고embargo 기간을 두도록 하였다. Ray English와 Heather Joseph에 따르면, 국립보건연구원 공중 접근NIH public access mandate는 "가장 거대한 정책-연구 예산 연간 2천 9백만 달러, 그리고 논문 수에서 연간 동료 심사 저널 논문 8만 건이라는 프로젝트 지원 사업 결과물을 내고 있는, 세계 어느 나라 정부 기관이나 활용할 수 있는" 오픈 엑세스이다.[34]

어떤 저널은 자동으로 저자들을 대신하여 PubMed Central에 논문을 저장한다.[35]또한 어떤 출판사는 PubMed Central에 참여하지 않고, 저자가 출판사와 저작권 양도 계약을 종료한 경우에는 저자에게 원고를 돌려준

---

34) Ray English and Heather Joseph, "The NIH Mandate: An Open Access Landmark."College and Research Libraries News 69, no. 2 (2008),
www.ala.org/ala/acrl/acrlpubs/crlnews/backissues2008/february08/nihupdate.cfm.
35) National Institutes of Health Public Access, Journals That Submit Articles to PubMed Central, http://publicaccess.nih.gov/submit_process_journals.htm.

다. 다른 저널과 출판 계약 시 저자는 계약 부가사항contract addendum 또는
계약 갱신revised agreement 협상을 통해서 법률 준수에 필요한 권한을 유보
해야 한다.36)

   이것이 미국 법률에 따른 첫 번째의 보존 의무deposit mandate라 할 수 있
지만 국립보건연구원NIH이 오픈 엑세스 아카이빙을 요구한 최초의 자
금지원기관은 아니었다. 예를 들면, 생의학biomedical 연구를 지원하는 브
리튼 웰컴 트러스트the Britain's Wellcome Trust는 1995년에 오픈 엑세스 아카
이빙을 요구하기 시작했다. SHERPA Juliet(www.sherpa.ac.uk/juliet/)는 여러
연구 기금이 제공한 오픈 엑세스 아카이빙, 오픈 엑세스 출판, 데이터 아
카이빙을 규정한 정책 요약서를 담고 있다.

   미국에서의 두 번째 역사적인 오픈 엑세스 개발은 역시 2008년에 하버
드대학 인문 및 과학 교수요원들 Harvard University Faculty of Arts and Sciences이
만장일치unanimous로 승인한 것으로, 하버드대학 교수 및 연구요원들은 그
들의 학술 논문을 도서관에서 운영하는 오픈 엑세스 보존소에 의무적으
로 저장하고 인터넷을 통해서 무료로 이용할 수 있도록 해야 한다는 것이
다. 교수요원들은 학장이나 학장이 지정한 인사로부터 면제를 받은 경우
에는 이에 따르지 않을 수 있다. 법률 용어로 각 교수요원의 허가를 받은
이 발의문서는 "배타적이지 않은nonexclusive, 취소할 수 없는rrevocable, 지
불을 완료한paid-up, 세계적인 라이선스worldwide license를 허용하며, 각 학
술논문들에 관련한 저작권 실행에 있어 어떤 미디어든 타인에게도 동일

---

36) Michael W. Carroll, "Complying with the National Institutes of Health Public Access Policy:
   Copyright Considerations and Options," joint SPARC/Science Commons/ARL white paper (Feb. 2008),
   www.arl.org/sparc/bm%7Edoc/NIH_Copyright_v1.pdf.

하게 인정하며, 논문의 영리목적 판매를 금지하고 있다."37)

이 제도를 제안한 하버드대학 컴퓨터과학과 Stuart Shieber 교수는 도서관으로 하여금 연속간행물 구독 취소와 학술자료의 접근을 줄이도록 강제하는 연속간행물 가격의 천문학적 인상을 인용하면서, 이 제도는 "우리가 우리의 저술을 어떻게 이용, 배포할 것인가를 우리가 바라는 대로 조정하려는 것으로 학술 공동체에 매우 강력한 메시지를 던지기 위한 의도"라고 설명하고 있다."38)

기관 보존소 Institutional Repositories

기관 보존소는 "다양한 기관 차원의 영구적 보존소로 자체 생산한 디지털 자료(예, 논문, 프리프린트, 포스트 프린트, 데이터 세트, 디지털 석 박사 논문, 학습 자료, 기술보고서)를 공중이 이용할 수 있도록 개방하고 메타데이터를 제공하는 허브"로 정의된다.39) 기관 보존소는 다양한 서비스를 제공하는데, 문서 수집document ingest, 보관, 관리, 검색 및 접근, 보존 등의 서비스를 제공한다. 또한 시스템 관리, 이용자 지원 서비스도 제공한다. 어떤 곳은 상담, 인쇄자료의 디지털화, 파일 버전 교체, 메타데이터 서비스를 시행하며, 이러한 기능의 서비스에 대하여 수수료를 부과하기도 하고 무

---

37) [Harvard University] Faculty of Arts and Sciences, Regular Meeting, Tuesday, February12, 2008, 4 p.m. … Agenda, www.fas.harvard.edu/~secfas/February_2008_Agenda.pdf.

38) "A Shot Heard 'Round the Academic World: Harvard FAS Mandates Open Access," Library Journal Academic Newswire (Feb. 14, 2008), www.libraryjournal.com/info/CA6532658.html#news1.

39) University of Houston Libraries Institutional Repository Task Force, Charles W. Bailey Jr., Chair, Institutional Repositories. SPEC Kit no. 292 (Washington, D.C.: Association of Research Libraries, 2006), 13.

료로 제공하기도 한다. 2003년 Clifford A. Lynch는 다음과 같이 제안했다.

> 기관 보존소는 충분하고도 성숙한 이해를 바탕으로 교수 및 학생들의
> 지적 저작물인 연구자료 및 교육 자료를 보존하고, 이벤트, 행사 등 기관
> 자체의 여러 가지 지속적이고 생생한 활동 기록을 보존한다. 또한 기관
> 보존소는 기관 소속 연구자들이 실험 관찰하여 수집한 데이터를 저장하
> 고 이를 통하여 학술 활동을 지원한다.[40]
>
> a mature and fully realized institutional repository will contain the intellectual
> works of faculty and students—both research and teaching materials—also
> documentation of the activities of the institution itself in the form of records of
> events and performances and of the ongoing intellectual life of the institutions. It
> will also house experimental and observational data captured by members of the
> institution that support their scholarly activities.

그는 기관 보존소는 고등교육기관의 변화의 엔진이며, 학술 커뮤니케
이션의 풍경화라고 하고, 이것이 곧 기관 보존소의 목적이자 희망이라고
기술했다.

Peter Suber가 인식한 보존소를 갖춘 초기 오픈엑세스 기관은
IUBio-Archive(http://iubio.bio.indiana.edu)로서 1989년에 인디애나대학교 생
물학과Indiana University Biology department에 설치되었으며, 지금도 열린 아카
이브로서 생물학관련 통계, 소프트웨어, 생물학 뉴스, 그리고 관련 문서

---

40) Clifford A. Lynch, "Institutional Repositories: Essential Infrastructure for Scholarship in the Digital Age," ARL: A Bimonthly Report, no. 226 (Feb. 2003), www.arl.org/bm~doc/br226ir.pdf.

를 제공하고 있다.[41] 이는 종합적인 의미의 기관 보존소라고 할 수는 없지만 기관에 기반을 둔 하나의 주제에 초점을 맞춘 보존소라고 할 수 있다. IUBio-Archive의 "About" 페이지에는 "아카이브 접근은 HTTP(world wide web), 인터넷 고퍼Internet Gopher, 익명의anonymous FTP(file transfer), 그리고 이메일 프로그램을 경유하여 인터넷 페이지에 연결된다."고 멋지게 charmingly 설명하고 있다.

이들 초창기 기관 보존소는 1999년 오픈 아카이브 프로토콜이 적용되었고, 최초의 말 잘 듣는compliant 오픈 엑세스 아카이빙 소프트웨어로는 2000년 10월 사우샘턴대학Southampton University이 개발한 EPrints와 2002년 11월에 MIT가 개발한 DSpace가 있다. 이들 오픈 소스 소프트웨어는 디지털 보존 실행의 촉매제catalyst로 작용하였다. 초기 기관 보존소 제안자인 SPARC은 2002년 스파락 기관 보존소 체크리스트 및 자원 관리 가이드SPARC Institutional Repository Checklist and Resources Guide를 발행하여 기관 보존소의 개발과 관리에 도움을 주고 있다.[42]

OpenDOAR목록에 의하면 EPrints 및 DSpace와 함께 기관 보존소의 절반정도가 여러 소프트웨어 패키지들을 이용하고 있는 것으로 밝혀졌다.[43] 2008년 3월 OpenDOAR는 전 세계적으로 1,087개의 보존소가 있으며 이들 가운데 288개가 미국에, 그리고 38개가 캐나다에 있다고 보고했다. 미국에 있는 보존소 가운데 176개는 단과대학이나 종합대학에 속해 있는 것으로 조사되었다. ROAR(Registry of Open Access Repositories;

---

41) Peter Suber, "Re: IR Question," e-mail message to the author, March 8, 2008.
42) Raym Crow, preparer, SPARC Institutional Repository Checklist and Resource Guide(Washington, D.C.: SPARC, 2002).
43) OpenDOAR, Repository Statistics, www.opendoar.org/find.php?format=charts.

http://roar.eprints.org)는 2008년 3원 1019개의 보존소 목록을 가지고 있는데, 이들 중 53%는 연구기관이나 학과에 소속되어 있다.

2002년 Raym Crow는 기관 보존소에는 4가지 특징이 있다고 지적했다. 이는 기관 내로 제한될 수밖에 없고, 학술적 내용이 포함되며, 계속 영구적으로 축적되고, 서로 협력하여 오픈 엑세스를 운영할 수 있다는 것이다.[44] 몇 년이 지나자 대부분의 기관 보존소는 여러 가지 다양한 자료를 저장하는 곳으로 성장하였다. Cat S. McDowell이 2007년에 발표한 조사연구에 따르면, 미국의 대학기관 보존소가 보존하는 모든 아이템의 약 41.5%는 학생들의 저작물로서 이 가운데 93,000건은 전자버전 석사 및 박사 학위논문이었다. McDowell은 나아가 전체 아이템의 약 37%만이 교수들의 학술 저작이며, 그중 13%가 동료심사를 거친 저작이라고 보고했다. 이는 학술 저서들이 기관 보존소가 갖추어야 할 기본 콘텐츠라고 볼 때 매우 흥미로운 현상이다. McDowell은 "기관 보존소들이 학술 커뮤니케이션의 위기를 극복alleviate하고자, 적어도 처음에 그런 방향으로 나아가기를, 그리고 언젠가 그렇게 되기를 기대한 것이 무색할 정도"라고 결론을 짓고 있다.[45]

많은 기관 보존소들은 분명 자료의 수집, 보존, 접근 제공을 통하여 기관의 정보 가치를 증진하는, 역사 연구 및 행정 기획, 정책 수립, 의사결정 등을 지원하는 디지털 대학 아카이빙을 추구한다. 이러한 사명을 달성하

---

44) Raym Crow, "The Case for Institutional Repositories: A SPARC Position Paper"(Washington, D.C.: SPARC, 2002), www.arl.org/sparc/bm~doc/ir_final_release_102.pdf.

45) Cat S. McDowell, "Evaluating Institutional Repository Deployment in American Academe since Early 2005: Repositories by the Numbers, Part 2," D-Lib Magazine 13, nos. 9/10 (2007), www.dlib.org/dlib/september07/mcdowell/09mcdowell.html.

기 위해서는 대학행정 관리자administrators와 직원, 평의위원회trustee boards, 기록 관리자records managers, 재정 담당자, 공인기록담당자registrars, 그리고 캠퍼스의 주요 요직에 있는 직원들의 긴밀한 업무협조가 필요하다.

위의 Crow의 정의를 포함한 기관 보존소에 대한 많은 정의들은, 기관 보존소는 내용에 대한 오픈 엑세스를 제공하는 곳이라고 설명하고 있다. 2007년에 디지털 보존소에 대한 국제 조사에서는 많은 보존소들이 이러한 표준criterion을 충족하지 못하는 것으로 나타났으며, 미국 내 보존소의 8%는 기관 자체에 대한 접근을 제한하고, 20%는 컨소시엄에의 접근을 제한하며, 72%가 오픈 엑세스를 제공하는 것으로 나타났다. 세계적으로는 11.11%가 기관 접근을 제한하고, 14.81%가 컨소시엄 접근을 제한하며, 74.07%가 오픈 엑세스를 제공하는 것으로 나타났다.[46]

많은 도서관 연구문헌들은 교수들로 하여금 그들의 학술 저작들을 기관 보존소에 저장하도록 독려하는 데 초점을 맞추어 왔다.[47] 2006년 ARL 연구에서는 응답자의 63%가 콘텐츠content 수집이 "상당히 어렵다somewhat difficult" 또는 "매우 어렵다very difficult"로 답한 것으로 나타났다.[48] 이에 대해서는 다음과 같은 사항을 포함한 여러 가지 방안들이 제안되어

---

46) Primary Research Group, The International Survey of Institutional Digital Repositories(New York: Primary Research Group, 2008).

47) 47. See, e.g., Nancy Fried Foster and Susan Gibbons, "Understanding Faculty to Improve Content Recruitment for Institutional Repositories," D-Lib Magazine 11, no. 1 (2005), www.dlib.org/dlib/january05/foster/01foster.html; Carol Hixson, "If We Build It, Will They Come (Eventually)? Scholarly Communication and Institutional Repositories," Serials Librarian 50, nos. 1/2 (2006): 197–209; Richard K. Johnson, "Institutional Repositories: Partnering with Faculty to Enhance Scholarly Communication," D-Lib Magazine 8, no. 11 (2002), www.dlib.org/dlib/november02/johnson/11johnson.html; Tyler O. Walters, "Strategies and Frameworks for Institutional Repositories and the New Support Infrastructure for Scholarly Communications," D-Lib Magazine 12, no. 10(2006), www.dlib.org/dlib/october06/walters/10walters.html.

48) University of Houston Libraries, Institutional Repositories.

왔다.

- 콘텐츠 수집 메커니즘 개선

  improving content recruitment mechanisms

- 도서관 연계를 통하여 보존에 관심 있는 교수요원들 접촉

  reaching out to individual faculty, who may be likely depositors, by library liaisons

- 저자들을 위한 보존 전자 자료 제공

  offering to deposit electronic materials for authors

- 전자 공고문 송부

  sending electronic announcements

- 콘텐츠 수집을 위한 선도 교수요원 모집

  recruiting early adaptor faculty to recruit content

- 홍보 심포지움 개최 holding awareness-raising symposiums

- 기간 전체(또는 교육 부서)에 보존 의무 부여

  Seeking institutional(or academic department) mandates that require deposit

기관 보존소는 공공도서관에서는 드물다. OpenDOAR는 2008년 3월 현재 미국에 단 한 개의 기관 보존소가 있으며, 플로리다 Fort Lauderdale에 있는 브로와드 군립 도서관the Broward County Library에 비엔네 센터의the Bienes Center's WPA Museum Extension Project Collection(http://digital.browardlibrary.org/wpa/)는 교육 시청각 자료보존소라고 밝혔다. 이는 the Works Progress Administration이 생산한 교육적으로 도움이 되는 온라인 전시물 및 디지털 이미지 데이터베이스이다. 디지털화 작업은 박물관 도서관 서비스 연구소로부터 자금을 지원받아 수행한다.

Richard W. Boss는 공공도서관 협회 기술위원회the Public Library Association Technology Committee를 위해 작성한 보고서에서 공공도서관이 교육자료 보존소를 창설, 유지하는 역할을 할 수 있다고 주장했다.[49] 그는 공공도서관이 당면한 문제는 지역사회를 위한 디지털 보존소 역할을 담당하는 것이라고 제안했다. 공공도서관 기관 보존소란 지역사회의 보존소와 다른 보존소를 링크하는 종합 보존소라고 할 수 있다. 이는 모 기관의 디지털 생산물 보존소로도 서비스 할 수 있다. 공공도서관에서 가장 민감한 문제는 디지털 보존소의 운영비, 특히 보존목적으로 서비스하는데 들어가는 비용과 이로부터 얻는 편익에 대한 평가 분석이라 할 수 있다. 대부분의 공공도서관은 재정적 어려움에 직면해 있다. Richard W. Boss는 가장 좋은 자금원은 교부금grant이라고 결론을 맺고 있다.

도서관의 이슈와 장서관리사서의 역할
Issues for Libraries and Roles for Collections Librarians

도서관과 사서들, 특히 장서관리를 담당하는 사서들은 학술 커뮤니케이션의 본질 개선을 위한 막중한 책임을 맡고 있다. Paul N. Courant은 다음과 같이 기술하고 있다.

디지털 자료들을 이용하기 쉽게 만들고, 그 외연을 확장하고create extensive, 가상 아카이브 및 실물 장서를 넘나드는 공간을 제공하고, 업무

---

49) Richard W. Boss, "Institutional Repositories" (April 29, 2006), www.ala.org/ala/pla/plapubs/technotes/Institutionalrepositories.doc.

기록을 함께 연결하고, 이 모든 협력 도구를 개발, 적용해 나가기 위해서는 도서관 자체적으로 또는 여러 도서관들이 협력하여 처리해야 할 일들이 엄청나게 많다. 신기술로 인해 이러한 통합업무는 더 용이해지고 있으며, 이용자들도 원하는 문헌을 세계적으로 검색하고 이용하기가 쉬워지고 있다. 최선의 이용환경을 제공하는 대학과 도서관들은 아직 매우 경쟁력 있는 편익을 유지하고 있다. 대학의 주 업무는 정보를 이해하고 지식으로 변환하는 것인데, 그렇게 하기 위해서는 무엇이 좋고, 무엇이 좋지 않은지 알아야 하며, 알맹이wheat와 쭉정이chaff를 구분할 수 있어야 하며, 장서의 자료들이 스마트한지, "가상 장서virtual collections"라도 유비쿼터스ubiquitous 정보 세계에서 아직 살아 있는 것인지를 알아야 한다. 따라서 우리는 훌륭한 사서를 필요로 하며, 이들은 각 대학을 위해서 지속적 이익을 주는 경쟁력 있는 인력자원이 될 것이다.[50]

오픈 엑세스 모델 지원 Supporting Open Access Models

장서담당 사서들은 오픈 엑세스를 제공하는 신 개념 출판을 통하여 이용 가능한 자료를 선정함으로써 오픈 엑세스 발전을 지원할 수 있다. 사서들은 자료의 선택에 있어 자료의 형태나 출판지publishing venue에 관계없이 엄격한 기준rigorous standards을 적용할 수 있다. 그들은 오픈 엑세스 모델을 제공하는 출판사와 협력관계partnerships를 추구할 수 있다.

---

50) Courant, "Scholarship and Academic Libraries."

기관 보존소의 콘텐츠 개발 및 관리
Developing and Managing the Content of Institutional Repositories

기관 보존소의 출현advent과 더불어 선택과 수서의 역할도 변화되고 있다. 대학도서관연합Academic library liaisons은 기관보존소의 저장을 활발하게 권유solicit하고 있으며 이용자 사회에 자체 아카이브 이용을 독려encourage하고 있다. 어떤 의미에서 교수 저자들은 장서에 추가할 자료 선택책임을 떠맡고 있다. 사서들은 보존소의 사명과 장서개발정책 및 가이드라인을 명백히 확인하여 무엇이 기관 보존소에 적합한 자료인지 등 이용자 사회를 정의하는데 도움을 줄 수 있다.

미네소타 대학의 기관 보존소인 대학보존소The University Conservancy는 대학도서관이 관리하고 있으며 다음과 같은 콘텐츠 가이드라인을 개발하였다.

> 대학 디지털보존소The University Digital Conservancy(UDC)는 광범위한 대학 저작물에 대하여 디지털 포맷으로 장기 오픈 엑세스를 제공하는 미네소타대학도서관의 프로그램이다. 이 보존소는 자료의 수집, 기술describing, 조직, 저장, 내용을 보존함으로서 오픈 엑세스를 수행한다.

> 미네소타대학의 교수, 연구원, 직원, 학생들이 저술했거나 저술을 지원한 작품들은 UDC(University Digital Conservancy)에 저장이 적절한 자료들이다. 또한 프리 프린트, 포스트 프린트, 작업보고서working papers, 기술보고서technical reports, 회의자료conference papers, 학위논문이 포함될 수 있다.

> 대학 행정기구의 지원으로 생산된 자료도 UDC보존에 적절할 수 있다.

이에 대하여는 대학 아카이브에 관한 평의회 규정을 보라. 부서별 디지털 뉴스레터, 행정보고서, 대학통계자료, 회의 어젠다meeting agendas도 포함될 수 있다.

다음의 설명은 기증자들에게 어떤 자료들이 UDC 제출에 적절한지를 안내하고 있다.

UDC는 디지털 형태로 된 저작물을 환영한다. 디지털 보존 지원은 UDC보존정책UDC preservation policy에 명시되어 있는 대로 특수 포맷에 대하여 서로 다른 수준에서 제공된다.

- 제공자는 UDC에 보존할 저작물에 대하여 승인을 받아야 한다.
- UDC는 UDC에 저장되어 있는 모든 저작물에 대하여 보존 및 배포를 허가해야 한다. 저자 또는 저작권 소유자는 그들의 모든 저작권을 유지한다.
- 접근에 대한 제한을 두지 아니하며, UDC의 모든 이용자들에게 오픈 엑세스를 제공한다.[51]

접근성 향상 촉진Fostering Easy Access

사서들은 디지털 자원을 이용자들이 쉽게 이용하도록 보장함으로써

---

51) University of Minnesota Digital Conservancy, Content Guidelines, http://conservancy .umn.edu/ pol-content.jsp.

자료의 발굴과 접근을 용이하게 할 수 있다. 전자 자원을 간편하게 찾을 수 있는 도서관의 자체 도구들, 예를 들어 알파벳 순 저널 목록을 제공할 수 있고, 온라인 자원에 대한 활성화된 카탈로그에 링크할 수 있으며, 카탈로그 내에 링크 해결장치를 둘 수 있고, 오픈 엑세스를 일반 도서관 운영에 통합함으로써 이용자들에게 편리를 줄 수 있다.

또한 OAI-PMH로 들어갈 수 있는 기관 보존소 자료에 대한 메타데이터를 만들어 제공해 줄 수 있다. 기관 보존소는 보존 자료에 대하여 메타데이터를 만들거나, 의뢰자가 이용할 수 있는 간단한 보기판templates을 제공한다. 그들은 최선의 관행과 합리적인 메타데이터를 제공함으로써 발굴과 접근을 용이하게 해준다.

디지털 콘텐츠 보존 Preserving Digital Content

장서담당 사서는 장서와 보존을 관리하는 여객전무steward로서 매우 중요한 역할을 맡고 있다. 디지털 보존의 문제는 접근의 문제와 서로 엮여져 있다. 전자장서의 라이선싱 계약 시 사서는 영속적인 접근을 보장하는 제공자를 선택해야 한다. 도서관들은 LOCKSS와 같은 프로젝트에 참여할 수 있고, 디지털 자원 보존소를 공유할 수 있다. 도서관들은 공공도메인에 있는 자료를 오픈 엑세스 버전으로 디지털화할 수 있고, 국제적인 학술 지원을 위하여 온라인으로 제공할 수 있다. 사서들은 그들의 기관 보존소가 보존하고 있는 디지털 저작물에 대하여 장기적인 접근을 보장할 수 있도록, 보존소가 최선의 디지털 보존을 유지할 수 있도록 보장해야 한다. 이렇게 함으로써 영구 아이디를 이용하여 데이터에의 접근을 지원해야 하며, 안정적인(비트 흐름의 통합성), 이용 가능한(형태 변환 format migration, 본뜸emulation, 표준화normalization)를 통하여 영구적으로 지원해야 한다. 많은 기관 보존소들은 영구적 접근을 실행하는 분명하고도 상세한 보존정책과 아울러 제적에 관한 정책을 가지고 있다. 장서담당 사서들은 인쇄 장서를 위한 안전한 시설을 추구하는 것만큼 전자 자료의 보존, 백업backup, 보완 서비스에 대한 안전을 추구해야 한다.

관외 활동 및 연계활동 Outreach and Liaison Activities

외연 확대 및 연계활동을 통하여 대학도서관 사서들은 교수요원들이 학술 커뮤니케이션의 성격 변화를 이해하도록, 특히 그것이 가져오는 편익이 무엇인지 이해하도록 도와줄 수 있다. Nancy Fried Foster와 Susan Gibbons은 교수요원들이 가장 주의를 기울이는 것은 그들의 연구라고 보고, 그들이 어떻게 그들의 자원을 관리하고 조직하는지, 공동저자와는 어떻게 그들의 저작물을 관리하는지를 관찰한 바 있다. Foster and Gibbons은 특히 기관 보존소가 교수들에게 주는 편익 증진에 관하여 쓰고 있지만, 보존소 발전을 위해 그들이 정리한 목록에는 오픈 엑세스 환경에 대한 적용문제들이 포함되어 있다. 오픈 엑세스를 통하여 학자들은 다음과 같은 일을 수행할 수 있다.[52]

- 자신들의 저술을 다른 사람이 온라인으로 쉽게 접근할 수 있게 한다.
- 그들 자신의 디지털 자료들을 보존한다.

---

52) Foster and Gibbons, "Understanding Faculty."

- 온라인 링크를 활용하여 저술 작업을 할 수 있다.
- 그들의 작품 소유권을 유지하고, 누가 그것을 평가하는지 통제할 수 있다.
- 저작물이 자체 서버에만 맴도는 것을 피할 수 있다.

오픈 엑세스의 중요 요소는 저작권의 소유에 관하여 적절한 선택을 하는 것이다. 사서들은 교수요원들 및 연구자들에게 출판사의 표준 계약서에 저작권 옵션을 붙여 서명할 권리가 있다는 것을 이해시킬 수 있다. 많은 대학도서관들은 교수들에게 접근하여 그들의 질문에 대답할 수 있는 웹사이트 및 교육프로그램을 개발하여왔다. 기관 보존소는 전통적으로 저작권을 표시하는 정책을 가지고 있고, 보존소가 보존 의뢰자에게 작품의 창작자임을 확인하거나 저작권의 소유자 또는 저작물 보존을 할 권리가 있는 자임을 확인하는 보존계약을 필요로 한다.

관련 공공정책 및 법적 문제 Engaging in Public Policy and Legal Issues

사서들은 학술 커뮤니케이션을 억제하거나 가능하게 하는 힘을 가진 공공정책 및 법적인 문제에 능동적으로 개입해야 한다. 사서들은 다음과 같은 관련pertinent 웹사이트를 통하여 학술 커뮤니케이션에서 개발되고 있는 새로운 것들이 무엇인지 모니터할 수 있다.

- Association of College and Research Libraries, Scholarly Communication Initiative: www.ala.org/ala/acrl/acrlissues/scholarlycomm/scholcomm

initiative.cfm

- ARL Office of Scholarly Communication: www.arl.org/sc/index.shtml
- SPARC: The Scholarly Publishing and Academic Resources Coalition: www.arl.org/sparc/

요약 Summary

보다 넓은 학술사회에 연구 결과를 전파하는 과정 및 인쇄 및 디지털 형식으로 학술적 기록에 대한 지속적 접근을 제공하는 학술 커뮤니케이션의 양상이 변모되고 있다. 학술 출판은 유럽에서 여러 학회들이 그들의 연구물을 연속간행물로 출판한 1600년대로 거슬러 올라간다. 세월이 감에 따라 학술 출판은 상업 출판사로 넘어갔다. 지난 25년 동안 많은 상업출판사들이 출현하면서 저널의 가격이 급격히 상승하였다. 도서관들이 학술지 신청을 취소하면서 학술 출판에 대한 접근은 감소되어 왔다.

처음에는 이것이 도서관의 문제("연속간행물 위기the serials crisis")로 비쳐졌으나 21세기 초부터 대학연구사회에서 학술 출판에 대한 위기감이 더욱 심해졌다. 인터넷을 통한 무료 오픈 엑세스는 학술 커뮤니케이션의 위기를 극복하는 하나의 분명한 해결책으로 보인다. 부다페스트 오픈 엑세스 회의The Budapest Open Access Initiative에서 오픈 엑세스 저널 및 오픈 엑세스 아카이빙 문제가 처음으로 제기되었다.

학술 출판(공식적 배포)은 연구와 개선에 중요한 요소로서 필수적인 과정이다. 동료심사 과정은 논문의 질을 보장하는 것으로 보인다. 출판은 저자들에게 인식을 바꿔주고, 소속 기관에 존재를 드러내며 미래 연구에 도움을 준다. 교수 요원들은 부분적으로 출판된 연구 결과물에 의해 평가를 받는다. 학술 출판의 전통적 시스템과 일부 교수들이 질적 통제가 결여된 것으로 여기고 있는 새로운 시스템 간에 팽팽한 긴장이 존재한다. 실제로 오픈 엑세스는 접근 및 전달을 위한 단순 모델로 동료심사와 저작권법에 부합될 수 있다.

저작권법은 저작물의 소유권 및 저작물의 접근과 이용에 걸친 통제권을 규정하고 있다. 학술출판 재구성운동의 주요동인thrust은 저자의 권리에 초점을 두고 있다. 저자들이 그들의 권리의 일부 또는 전부를 보유할 경우, 그들은 그들의 저술이 어떻게 배포 이용되는지를 계속 조정할 수 있고, 학술 출판의 재구성 – 동료 심사를 거친 학술 문헌에의 오픈 엑세스 – 운동의 주요 목적을 진전시킬 수 있다.

오픈 엑세스를 위한 3가지 전략은 오픈 엑세스 저널의 출판, 오픈 엑세스 단행본 출판, 오픈 엑세스 보존소 자체 아카이빙이다. 자체 아카이빙은 저자가 논문을 무료로 주제 기반 또는 기관단위 오픈 엑세스 아카이브 또는 보존소에 저장하는 것이다. 디지털 보존소의 개발에 따라 온라인 저장 비용을 감축할 수 있게 되었고, 표준 메타데이터 허브 프로토콜의 개발 및 적용을 통해 디지털 보존이 더 성숙maturity of digital preservation 하게 되었다.

사서들은 학술 커뮤니케이션의 변화에 중요한 역할을 맡고 있다. 오픈 엑세스를 지원하는 자원을 선택 수서함으로써, 저자들의 발견을 쉽게 이용하게 하고, 접근과 배포, 아카이빙 및 보존을 지원하며, 이용자 사회를 지원할 수 있다. 외연 확대 및 연계활동을 통하여 대학도서관 사서들은 저작권의 옵션 및 학술 커뮤니케이션의 성격 변화, 특히 이러한 변화가 가져다주는 편익에 대하여 교수요원들이 이해하도록 도와줄 수 있다.

사례연구 Case Study

브리들 대학 Briddle College은 미국 북동부Northeast에 위치한 소규모의 4
년제 사립대학이다. 이 대학은 자동화 시스템, 협력적 장서 구성 및 자원공유를
위하여 2개의 비슷한 학교와 협력관계에 있다. 3개 대학 모두 공동 기관 보존소
개발을 위한 교부금을 받는다. 대학 평의회는 보존소 유지를 위해 계속적 재정지
원을 약속해 왔다. 그들은 디지털 교육자산을 포함한 캠퍼스 디지털 자산관리를
위해 새로운 디지털 보존소가 꼭 필요한 것으로 보고 있다. 나아가 그들은 본부
및 각 부서의 문서, 특히 디지털로만 이용가능한 문서 및 일시적인 문서까지도
보존할 수 있는 공동 보존소가 매우 중요하다고 보고 있다. 여기에는 대학위원회
자료들(회의자료minutes, 어젠다agendas, 첨부서류attachments), 특수
업무 수행보고서task force reports, 학과 뉴스레터departmental news
letters, 정책문서policy documents, 과정안내카탈로그course catalogs,
통계정보statistical information, 예산문서budget documents 등이 포함
된다. 그들은 또 기관 보존소를 교수 연구 및 관련 출판을 위한 오픈 엑세스 아카
이브로 기대하고 있다. 대학 총장은 대학도서관장과 학내 컴퓨터서비스 부서장
을 중심으로 조정위원회steering committee를 구성했다. 도서관장은 사서들
에게 조정위원회에서 논의해야 할 사항들을 파악하도록 했다.
Briddle대학 도서관장은 Charles, Briddle의 장서관리 조정자에게 보존소의
정책에 반영해야 할 영역과 최선의 업무관행을 파악하고, 보존소가 제공해야 할
핵심 서비스가 무엇인지를 제안해 줄 것, 그리고 보존소 계획에 꼭 참여시켜야
할 캠퍼스 내 인사들을 파악해 줄 것을 요청했다.

과제활동 Activity

기관 보존소가 지향할 정책의 핵심 영역이 무엇인지를 제안해 보라. 최선의 업
무관행들이 어디에 적절하게 적용되어야 하는지 파악해보라. 보존소가 제공해
야 할 핵심 서비스를 기술해 보라. 수수료를 받고 제공할 수 있는 부가 서비스
리스트를 작성하라. 보존소의 계획 및 시행에 참여시켜야 할 캠퍼스 내 인사들
을 제안해 보라. 지원이 필수적인 이해관계자를 파악하라. 기관 보존소에 지원
과 참여를 독려하는 방법을 제안해 보라.

참고문헌 Suggested Readings

Allard, Suzie, Thura R. Mack, and Melanie Feltner-Reichert. "The Librarian's Role in Institutional Repositories: A Content Analysis of the Literature." Reference Services Review 33, no. 3 (2005): 325 - 36.

Andersen, Deborah Lines, ed. Digital Scholarship in the Tenure, Promotion, and Review Process. Armonk, N.Y.: M. E. Sharpe, 2004.

Antelman, Kristin. "Do Open Access Articles Have a Greater Research Impact?" College and Research Libraries 65, no. 5 (2004): 372 - 82.

Armbruster, Chris. "Moving Out of Oldenbourg's Long Shadow: What Is the Future for Society Publishing?" Learned Publishing 20, no. 4 (2007): 259 - 66.

Association of College and Research Libraries Scholarly Communication Committee. "Establishing a Research Agenda for Scholarly Communication: A Call for Community Engagement" (Nov. 5, 2007).

www.ala.org/ala/acrl/acrlissues/scholarlycomm/SCResearchAgenda.pdf.

Association of Learned and Professional Society Publishers. The Facts about Open Access: A Study of the Financial and Non-Financial Effects of Alternative Business Models for Scholarly Journals. Researchers: Kaufman-Wills Group, LLC: Sponsors: ALPSP, HighWire Press, and AAAS Project on Science and Intellectual Property in the Public Interest. Worthington, England: Association of Learned and Professional Society Publishers, 2005.

Atkins, Daniel E., John Seely Brown, and Allen L. Hammond. "A Review of the Open Educational Resources (OER) Movement: Achievements, Challenges, and New Opportunities," report to the William and Flora Hewlett Foundation (Feb. 2007) www.oerderves.org/wp-content/uploads/2007/03/a-review-of-the-openeducational-resources-oer-movement_final.pdf.

Atkinson, Ross. "A Rationale for the Redesign of Scholarly Information Exchange." Library Resources and Technical Services 44, no. 2 (2000): 59 - 69.

Bailey, Charles W. "Open Access and Libraries." Collection Management 32, nos. 3/4 (2007): 351 - 83.

_____, The Scholarly Electronic Publishing Bibliography.

www.digital-scholarship.org/sepb/sepb.html.

Bankier, Jean-Gabriel, and Irene Perciali. "The Institutional Repository Rediscovered: What Can a University Do for Open Access Publishing?" Serials Review 34, no. 1 (2008): 21 – 26.

Barjak, Franz. "The Role of the Internet in Informal Scholarly Communication." Journal of the American Society for Information Science and Technology 57, no. 10(2006): 1350 – 67.

Baudoin, Patsy, and Margret Branschofsky. "Implementing an Institutional Repository: The DSpace Experience at MIT." Science and Technology Libraries 24, nos. 1/2 (2003): 31 – 45.

Bergman, Sherrie S. "The Scholarly Communication Movement: Highlights and Recent Developments." Collection Building 25, no. 4 (2006): 108 – 28.

Boyle, James. "Expanding the Public Domain." ARL: A Bimonthly Report, no. 241 (Aug. 2005): 1 – 4.

Brown, Laura, Rebecca Griffiths, and Matthew Rascoff. "University Publishing in a Digital Age" (July 26, 2007).

www.ithaka.org/strategic-services/Ithaka%20University%20Publishing%20Report.pdf.

Byrd, Gary D., et al. "The Status of Open Access Publishing by Academic Societies." Journal of the Medical Library Association 93, no. 4 (2005): 423 – 24.

Carter, Howard. "Library Faculty Publishing and Intellectual Property Issues: A Survey of Attitudes and Awareness." portal: Libraries and the Academy 7, no. 1 (2007): 65 – 79.

Davis, Hilary M., and John N. Vickery. "Datasets: A Shift in the Currency of Scholarly Communication: Implications for Library Collections and Acquisitions." Serials Review 33, no. 1 (2007): 26 – 32.

Downes, Daniel M. "New Media Economy: Intellectual Property and Cultural Insurrections." Journal of Electronic Publishing 9, no. 1 (2006). http://hdl.handle .net/2027/spo.3336451.0009.103.

Esposito, Joseph. "The Wisdom of Oz: The Role of the University Press in Scholarly Communications." Journal of Electronic Publishing 10, no. 1 (2007). http://hdl.handle.net/2027/spo.3336451.0010.103.

Estabrook, Leigh, with Bijan Warner. "The Book as the Gold Standard for Tenure and Promotion in the Humanistic Disciplines" (2003).

http://lrc.lis.uiuc.edu/reports/CICBook.html.

Gillespie, Tarleton. Wired Shut: Copyright and the Shape of Digital Culture. Cambridge, Mass.: MIT Press, 2007.

Guédon, Jean-Claude. "The 'Green' and 'Gold' Roads to Open Access: The Case for Mixing and Matching." Serials Review 30, no. 4 (2004): 315 - 28.

―――――――――, "In Oldenburg's Long Shadow: Librarians, Research Scientists, Publishers, and the Control of Scientific Publishing." Washington, D.C.: Association of Research Libraries, 2002.

www.arl.org/resources/pubs/mmproceedings/138guedon.shtml.

Hahn, Karla L. Electronic Ecology: A Case Study of Electronic Journals in Context. Washington, D.C.: Association of Research Libraries, 2001.

―――――――. "New Tools for New Times: Remodeling the Scholarly Communication System." College and Research Libraries News 67, no. 10 (2006): 608 - 10, 614.

Harnad, Stevan, et al. "The Access/Impact Problem and the Green and Gold Roads to Open Access." Serials Review 30, no. 4 (2004): 310 - 14.

Hawkins, Brian L. "Advancing Scholarship and Intellectual Productivity: An Interview with Clifford A. Lynch: Part 1." EDUCAUSE Review 41, no. 2 (2006): 46 - 56. http://connect.educause.edu/Library/EDUCAUSE+Review/AdvancingScholarship andIn/40618.

―――――――. "Advancing Scholarship and Intellectual Productivity: An Interview with Clifford A. Lynch: Part 2." EDUCAUSE Review 41, no. 3 (2006): 44 - 56. http:// connect.educause.edu/Library/EDUCAUSE+Review/AdvancingScholarshipandIn/ 40630.

Hirtle, Peter B. "Author Addenda: An Examination of Five Alternatives." D-Lib Magazine 12, no. 11 (2006). www.dlib.org/dlib/november06/hirtle/11hirtle.html.

Holley, Robert P. "The Ethics of Scholarly Research and the Internet: Issues of Publication, Privacy, and the Right to Speak." Journal of Information Ethics 15, no. 1(2006): 27 - 34.

Hood, Anna K. Open Access Resources. SPEC Kit no. 300. Washington, D.C.: Association of Research Libraries, 2007.

Hughes, Carol Ann. "The Case for Scholars' Management of Author Rights." portal: Libraries and the Academy 6, no. 2 (2006): 123 - 26.

Jeon-Slaughter, Haekyung, Andrew C. Herkovic, and Michael A. Keller. "Economics of

Scientific and Biomedical Journals: Where Do Scholars Stand in the Debate of Online Journal Pricing and Site License Ownership between Libraries and Publishers?" First Monday 10, no. 3 (2005).
www.firstmonday.org/issues/issue10_3/jeon/.

Johnston, Wayne. "The Library as an Agent for Transforming Scholarly Communications." IATUL Proceedings, part n.s. 17 (2007): 1 – 13.

Jones, Catherine. Institutional Repositories: Content and Culture in an Open Access Environment. Oxford: Chandos, 2007.

Jones, Richard, Theo Andrew, and John MacColl. The Institutional Repository. Oxford: Chandos, 2006.

Kaur, Amritpal. "Electronic Journals and Scholarly Communication." Information Studies 13, no. 4 (2007): 227 – 39.

Kennan, Mary Anne, and Concepción Wilson. "Institutional Repositories: Review and an Information Systems Perspective." Library Management 27, nos. 4/5 (2006): 236 – 48.

Kim, Jihyun. "Motivating and Impeding Factors Affecting Faculty Contribution to Institutional Repositories." Journal of Digital Information 8, no. 2 (2007). http://journals.tdl.org/jodi/article/view/193/177.

King, C. Judson, et al. Scholarly Communication: Academic Values and Sustainable Models. Berkeley: University of California, Center for Studies in Higher Education, 2006. http://cshe.berkeley.edu/publications/publications.php?id=23.

Lewis, David W. "A Strategy for Academic Libraries in the First Quarter of the 21st Century." College and Research Libraries 68, no. 5 (2007): 418 – 34.

Markey, Karen, et al. Census of Institutional Repositories in the United States: MIRACLE Project Research Findings. CLIR Publication no. 140. Washington, D.C.: Council on Library and Information Resources, 2007.
www.clir.org/pubs/reports/pub140/contents.html.

————. "Nationwide Census of Institutional Repositories: Preliminary Findings." Journal of Digital Information 8, no. 2 (2007).
http://journals.tdl.org/jodi/article/view/194/170.

Marshall, Catherine C. "Rethinking Personal Digital Archiving, Part 1." D-Lib Magazine 14, nos. 3/4 (2008).
www.dlib.org/dlib/march08/marshall/03marshall-pt1 .html.

_____. "Rethinking Personal Digital Archiving, Part 2." D-Lib Magazine 14, nos. 3/4

    (2008). www.dlib.org/dlib/march08/marshall/03marshall-pt2.html.

McKiernan, Gary. "Open Access and Retrieval: Liberating the Scholarly Literature." In E-Serials Collection Management: Transitions, Trends, and Technicalities, edited by David C. Fowler, 197 – 220. Binghamton, N.Y.: Haworth, 2004.

Morrison, Heather, and Andrew Waller. "Open Access for the Medical Librarian." Journal of the Canadian Health Libraries Association 27, no. 3 (2006): 69 – 73.

Nelson, Mark R. "Digital Content Delivery Trends in Higher Education." EDUCAUSE Center for Applied Research Bulletin, no. 9 (2006): 1 – 12.

    http://net.educause.edu/ir/library/pdf/ERB0609.pdf.

Newman, Kathleen A., Deborah D. Blecic, and Kimberly L. Armstrong. Scholarly Communication Education Initiatives. SPEC Kit no. 299. Washington, D.C.: Association of Research Libraries, 2007.

Ober, John. "Facilitating Open Access: Developing Support for Author Control of Copyright." College and Research Libraries News 67, no. 4 (2006): 219 – 21, 255.

Ober, John, Catherine Candee, and Beverlee French. "Reshaping Scholarly Communication." Against the Grain 16, no. 3 (2004): 42, 44, 46, 48.

Odlyzko, Andrew. "The Rapid Evolution of Scholarly Communication." Learned Publishing 15, no. 1 (2002): 7 – 19.

    http://alpsp.publisher.ingentaconnect.com/content/alpsp/lp/2002/00000015/00000001/art00002.

Ogburn, Joyce L. "Defining and Achieving Success in the Movement to Change Scholarly Communication." Library Resources and Technical Services 52, no. 2 (2008): 44 – 53.

Plutchak, T. Scott. "The Impact of Open Access." Journal of the Medical Library Association 93, no. 4 (2005): 419 – 21.

Primary Research Group. The International Survey of Institutional Digital Repositories. New York: Primary Research Group, 2008.

Public Library of Science. "Publishing Open-Access Journals: A Brief Overview from the Public Library of Science" (Feb. 2004).

    www.plos.org/downloads/oa_whitepaper.pdf.

Rieger, Oya Y. "Select for Success: Key Principles in Assessing Repository Models." D-Lib

Magazine 13, nos. 7/8 (2007).

www.dlib.org/dlib/july07/rieger/07rieger.html.

Rieh, Soo Young, et al. "Census of Institutional Repositories in the U.S.: A Comparison across Institutions at Different Stages of IR Development." D-Lib Magazine 13, nos. 11/12 (2007). www.dlib.org/dlib/november07/rieh/11rieh.html.

Sale, Arthur. "The Patchwork Mandate." D-Lib Magazine 13, nos. 1/2 (2007). www.dlib.org/dlib/january07/sale/01sale.html.

Schonfeld, Roger C., and Kevin M. Guthrie. "The Changing Information Services Needs of Faculty." EDUCAUSE Review 42, no. 4 (2007): 8 – 9. http://connect.educause. edu/Library/EDUCAUSE+Review/TheChangingInformationSer/44598.

Schulenburger, David. "Improving Access to Publicly Funded Research: What's in It for the Institution? Can We Make the Case?" ARL: A Bimonthly Report, no. 248 (Oct. 2005): 1 – 4.

Seadle, Michael. "Copyright in the Networked World: Author's Rights." Library Hi Tech 23, no. 1 (2005): 130 – 36.

Skomal, Susan. "Transformation of a Scholarly Society Publishing Program." ARL: A Bimonthly Report, no. 242 (Oct. 2005): 1 – 5.

Smith, Abby. New Model Scholarship: How Will It Survive? Washington, D.C.: Council on Library and Information Resources, 2003.

www.clir.org/pubs/reports/pub114/pub114.pdf.

Smith, Kevin L. "Managing Copyright for NIH Public Access: Strategies to Ensure Compliance." ARL: A Bimonthly Report, no. 258 (June 2008): 1 – 5.

Solomon, David J. "The Role of Peer Review for Scholarly Journals in the Information Age." Journal of Electronic Publishing 10, no. 1 (2007). http://hdl.handle.net/2027/spo. 3336451.0010.107.

Struik, Christina, et al. "Transitioning to Open Access (OA)." First Monday 12, no. 10(2007). www.uic.edu/htbin/cgiwrap/bin/ojs/index.php/fm/article/view/1996/1871.

Suber, Peter. "Open Access in 2007." Journal of Electronic Publishing 11, no. 1 (2008).http://hdl.handle.net/2027/spo.3336451.0011.110.

Susman, Thomas M., David J. Carter, and the Information Access Alliance. "Publisher Mergers: A Consumer-Based Approach to Antitrust Analysis." Washington, D.C.:Information Alliance, 2003.

www.arl.org/bm~doc/whitepaperv2final.pdf.

Thibodeau, Kenneth. "If You Build It, Will It Fly? Criteria for Success in a Digital Repository." Journal of Digital Information 8, no. 2 (2007). http://journals.tdl.org/jodi/article/view/197/174.

Thomas, Chuck, and Robert H. McDonald. "Measuring and Comparing Participation Patterns in Digital Repositories." D-Lib Magazine 13, nos. 9/10 (2007). www.dlib .org/dlib/september07/mcdonald/09mcdonald.html.

Thompson, John B. Books in the Digital Age: The Transformation of Academic and Higher Education Publishing in Britain and the United States. Cambridge, England: Polity, 2005.

Thorin, Suzanne E. "Global Changes in Scholarly Communication" (2003). www.arl .org/bm~doc/thorin.pdf.

Urs, Shalini R. "Gutenberg to Google: Changing Facets of Libraries." Information Studies 12, no. 4 (2006): 197 - 204.

Van de Sompel, Herbert. "Rethinking Scholarly Communication: Building the System that Scholars Deserve." D-Lib Magazine 10, no. 9 (2004). www.dlib.org/dlib/september04/vandesompel/09vandesompel.html.

Van Orsdel, Lee C. "The State of Scholarly Communications: An Environmental Scan of Emerging Issues, Pitfalls, and Possibilities." Serials Librarian 52, nos. 1/2 (2007): 191 - 209.

Walters, Tyler O. "Reinventing the Library: How Repositories Are Causing Librarians to Rethink Their Professional Roles." portal: Libraries and the Academy 7, no. 2(2007): 213 - 25.

Waters, Donald J. "Managing Digital Assets in Higher Education: An Overview of Strategic Issues." ARL: A Bimonthly Report, no. 244 (Feb. 2006): 1 - 10.

_____. "Open Access Publishing and the Emerging Infrastructure of 21st Century Scholarship." Journal of Electronic Publishing 11, no. 1 (2008). http://hdl.handle.net/2027/spo.3336451.0011.106.

Willinsky, John. The Access Principle: The Case for Open Access to Research and Scholarship.Boston: MIT Press, 2006.

부록

부록 A) 장서개발관리 참고자료
부록 B) 선택 보조 도구
부록 C) 장서개발 정책서 사례
부록 D) 라이선싱 계약조건

용어해설

Journals

Against the Grain: Linking Publishers, Vendors, and Librarians (Charleston, S.C.: Against
the Grain, v. 1, 1989 -).

> Provides news about libraries, publishers, book jobbers, and subscription agents;
> covers library-vendor and publisher-library relations, acquisition business, publisher
> profiles, prices, studies, and collection development.

ALCTS Newsletter Online (ANO) (Chicago: Association for Library Collections and
Technical Services,v. 10, 1998 -). www.ala.org/ala/alcts/pubs/alctsnewsletter/.

> Official online newsletter of the Association for Library Collections and Technical
> Services; discusses topics of interest to persons involved in library collections and
> technical services.

The Bottom Line: Managing Library Finances (Bradford, U.K.: Emerald, v. 1, 1987 -).

> Peer-reviewed journal providing practical information on planning, budgeting,
> managing cash, purchasing, investment, cost analysis, new technology, and other
> financial tools and techniques.

Children and Libraries (Chicago: Association for Library Service to Children, v.1, 2003 -).

> Official, peer-reviewed journal of the Association for Library Service to Children,
> publishing current scholarly research and practice in library service to children and
> spotlighting significant activities and programs of the Association.

Collection Building (Bradford, U.K.: Emerald, v. 1, 1978 -).

> Peer-reviewed journal addressing collection maintenance and development for
> librarians in all types of libraries. Coverage includes resource development and
> sharing, technology, evaluation of electronic resources, and collection development
> policy issues.

Collection Management (New York: Haworth, v. 1, 1978 -).

Peer-reviewed journal covering all aspects of collection management and development that affect college and research libraries of all types, including resource sharing, staff training and development, management and analysis of administrative data associated with collections, usage, licensing, rights, access, and financial issues.

Journal of Electronic Publishing (Ann Arbor, Mich.: University of Michigan Press,v. 1, 1995 -). www.journalofelectronicpublishing.org.

Online, peer-reviewed journal covering all facets of publishing material in an electronic environment and the impact of those practices on users.

Journal of Electronic Resources Librarianship (Binghamton, N.Y.: Haworth, no. 1,1989 -). Formerly The Acquisitions Librarian.

Peer-reviewed journal covering work-related processes and procedures, current research, and the latest news about electronic resources and the impact of the digital environment on collecting, acquiring, and making accessible library materials.

Journal of Interlibrary Loan, Document Supply and Electronic Reserve (Binghamton, N.Y.: Haworth, v. 1, 1990 -). Formerly Journal of Interlibrary Loan, Document
Delivery and Information Supply.

Peer-reviewed journal covering interlibrary loan, document delivery, and electronic reserve.

Journal of Scholarly Publishing (Toronto: University of Toronto Press, v. 1, 1969 -).

Peer-reviewed journal for authors, editors, librarians, marketers, and publishers, covering publishing and the new challenges resulting from changes in technology and funding.

Knowledge Quest (Chicago: American Association of School Librarians, v. 1, 1951 -).

Official, peer-reviewed journal of the American Association of School Librarians, publishing news and articles of interest to K - 12 library media specialists, supervisors, library educators, and other decision makers concerned with the development of school library media programs and services, education, learning theory, and relevant disciplines. KQWeb, the online component of Knowledge Quest, is dedicated to enhancing the print publication with expanded articles and original content.

Library Collections, Acquisitions and Technical Services (Amsterdam: Elsevier, v. 23, 1999 -).

Peer-reviewed journal covering library collection management, technical services, vendors, and publishing.

Library Resources and Technical Services(Chicago: Association for Library Collections and Technical Services, v. 1, 1947 -).

> Official, peer-reviewed journal of the Association for Library Collections and Technical Services, covering bibliographic access and control, preservation, conservation and reproduction of library materials, serials and continuing resources, and collection development and management.

LMC: Library Media Connection (Columbus, Ohio: Linworth, v. 1, 1982 -).

> Magazine providing articles, tips, and ideas for school library media specialists and technology specialists.

Publisher's Weekly (New York: Reed, v. 1, 1872 -).

> Trade news magazine of interest to publishers, booksellers, literary agents, and librarians, covering publishing trends, mergers and acquisitions, other trade news, and book reviews.

Resource Sharing and Information Networks(Binghamton, N.Y.: Haworth, v. 1, 1981 -).

> Peer-reviewed journal covering both theoretical and practical issues for planners, practitioners, and users of network services, library consortia, and systems for interlibrary cooperation.

School Libraries Worldwide (Kalamazoo, Mich.: International Association of School Librarianship, v. 1, 1995 -).

> Official, peer-reviewed journal of the International Association of School Librarianship, publishing current research and scholarship on all aspects of school librarianship.

School Library Journal (New York: Reed, v. 8, 1961 -).

> Magazine directed to librarians serving children and young adults in schools and public libraries, offering articles, advertising, bibliographies, trade literature, and reviews.

School Library Media Activities Monthly (Westport, Conn.: Libraries Unlimited, v. 1, 1984 -).

> Magazine for K - 8 library media specialists, focusing on teaching library and information skills.

School Library Media Research (Chicago: American Association of School Librarians, v. 1, 1998 -). Formerly School Library Media Quarterly Online. www.ala.org/ala/aasl/aaslpubsandjournals/slmrb/schoollibrary.cfm

Official, peer-reviewed online journal of the American Association of School Librarians; covers research on the management, implementation, and evaluation of school library media programs as well as instructional theory, teaching methods, and critical issues relevant to school library media.

Serials Review (Amsterdam: Elsevier, v. 1, 1975 –).

Peer-reviewed journal covering the practical aspects of collecting, managing, and publishing serials as well as emerging and theoretical issues of importance to librarians, publishers, and others in the serials community.

Technical Services Quarterly (Binghamton, N.Y.: Haworth, v. 1, 1983 –).

Peer-reviewed journal covering new developments and trends in computer automation and advanced technologies in the operation of libraries and information centers.

Electronic Discussion Groups

ACQNET. www.acqweb.org/acqnet.html

Moderated, archived list that facilitates the exchange of information, ideas, and solutions to common problems in the areas of acquisitions and collection development and management.

COLLDV-L:Library Collection Development List. ww.infomotions.com/serials/colldv-l/

Moderated, archived list directed to collection development librarians and others (including publishers and vendors) interested in library collection development and management.

LIBLICENSE-L. www.library.yale.edu/~llicense/mailing-list.shtml

Moderated, archived list for the discussion of issues related to the licensingof digital information by academic and research libraries.

LM_NET. www.eduref.org/lm_net/

Moderated, archived list for school library media specialists worldwide and others involved with the school library media field.

SERIALST. www.uvm.edu/~bmaclenn/serialst.html

Moderated, archived list intended to serve as a forum for most aspects of serial processing in libraries, including collection management and development, serial budgets, and pricing concerns.

전문 협회 Professional Associations

American Library Association: Divisions, Sections, and Committees within Those Divisions

American Association of School Librarians (AASL). www.ala.org/aasl/

  The mission of the American Association of School Librarians is to advocate excellence, facilitate change, and develop leaders in the school library media field.

Association for Library Collections and Technical Services, Collection Management and Development Section (CMDS). www.ala.org/ala/alcts/sections/collections/

  The mission of CMDS is to contribute to library service and librarianship through encouragement, promotion of, and responsibility for those activities of ALCTS related to collection management and development, selection, and evaluation of library materials in all types of institutions.

Association for Library Service to Children (ALSC). www.ala.org/alsc/

  ALSC is dedicated to the support and enhancement of service to children in all types of libraries and committed to a better future for children through libraries.

Public Library Association, Collection Management Committee. www.ala.org/ala/pla/committee work/collectionmanagement.cfm

  The mission of this committee is to collect and disseminate information on all aspects of collection management, including issues related to resource allocation, collection policies and practices, vendor relations, and special collections.

Reference and User Services Association, Collection Development and Evaluation Section (CODES). www.ala.org/ala/rusa/rusaourassoc/rusasections/codes/codes .cfm

  CODES addresses the collection development interests of reference and user services librarians in libraries of all types.

Reference and User Services Association, Cooperative Collection Development Committee, Joint Committee of Collection Development and Evaluation Section (CODES) and Sharing and Transforming Access to Resources Section STARS. www.ala.org/ala/rusa/rusaourassoc/rusasections/ stars/starssections/committeesa/cooperativecollectiondevelopmentcommittee/CCD.cfm

  This committee is charged to study, promote, and support cooperative collection development and related user services.

캐나다 도서관협회 Canadian Library Association

Canadian Association of School Librarians (CASL). www.cla.ca/casl/

> CASL provides a national forum for promoting school library programs as an
> essential element in the educational process, through advocacy, continuing education,
> and leadership.

Collection Development and Management Interest Group. www.cla.ca/Content/Navigation
Menu/CLAatWork/InterestGroups/Collection DevelopmentandManagement/

> This interest group's mission is to represent the interests of librarians involved in
> collection development and management, arrange opportunities for continuing
> education, provide a means of communication between librarians involved in
> collection development and management, and raise the awareness of the library
> community at large with regard to the issues of concern to librarians involved in
> collection development and management.

국제기구 International Organizations

International Reading Association (IRA). www.reading.org

> The IRA is aimed at those involved in teaching reading to learners of all ages and
> is dedicated to promoting high levels of literacy for all by improving the quality of
> reading instruction, disseminating research and information about reading, and
> encouraging the lifetime reading habit.

International Federation of Library Associations and Institutions (IFLA), Division of Collections
and Services. www.ifla.org/VII/d5/dcs.htm

> This division of the IFLA focuses on acquiring information for the improvement of
> collection building of specific types of materials such as rare books, serials,
> newspapers, and government publications.

Bibliographical Tools and Directories

Most of the tools listed here are updated through new editions and supplements. Many are available in electronic format, on CD-ROMs, via the Internet, or both. Selectors should consult the most recent resources available and be aware that publications cease and change names over time.

ALA's Guide to Best Reading. Chicago: American Library Association. (annual) American Book Publishing Record: Arranged by Dewey Decimal Classification and Indexed by Author, Title, and Subject. New Providence, N.J.: R. R. Bowker. (monthly)

American Reference Books Annual. Westport, Conn.: Libraries Unlimited. (annual)

Best Books for Children: Preschool through Grade 6. Westport, Conn.: Greenwood. (annual)

Best Books for Young Adults. 3rd ed., ed. Holly Koelling. Chicago: American Library Association, 2007.

Best Free Reference Web Sites. Reference and User Services Association, Machine-Assisted Reference Section. www.ala.org/rusa/mars/best2001 .html. (annual)

Books in Print. New Providence, N.J.: R. R. Bowker. (annual)

Books Out Loud: Bowker's Guide to Audiobooks. New Providence, N.J.: R. R. Bowker. (annual)

Bowker's Complete Video Directory: Combining Variety's Extensive Listing of Currently Available Entertainment Titles with Education and Special Interest Videos for Home, School, and Business. New Providence, N.J.: R. R. Bowker. (annual)

Bowker's Global Books in Print. New Providence, N.J.: R. R. Bowker. (online, updated daily)

C&RL NewsNet: Internet Reviews. www.bowdoin.edu/~samato/IRA/. (monthly)

CD Guide. Peterborough, N.H.: Connell Communications. (semiannual)

CD-ROMs in Print. Detroit: Mich.: Gale Research. (annual)

Children's Books in Print: An Author, Title, and Illustrator Index to Books for Children and Young Adults. New Providence, N.J.: R. R. Bowker. (annual)

Children's Core Collection, A Selection Guide (formerly Children's Catalog). New York: H. W. Wilson. (quadrennial, plus annual supplements)

The Complete Directory of Large Print Books and Serials. New Providence, N.J.: R. R. Bowker. (annual)

Directory of Published Proceedings, issues in three sections: OCE—Pollution Control and Ecology; SEMT—Science/Engineering/ Medicine/Technology; SSH—Social Sciences/Humanities. Harrison, N.Y.: InterDok Corp. (ten per year with quarterly and annual compilations)

El-Hi Textbooks and Serials in Print: Including Related Teaching Materials K - 12. New Providence, N.J.: R. R. Bowker. (annual)

Film and Video Finder. Medford, N.J.: National Information Center for Educational Media. (irregular)

Forthcoming Books. New Providence, N.J.: R. R. Bowker. (three per year)

Fulltext Sources Online. Medford, N.J.: Information Today. (semiannual)

Gale Directory of Databases. Detroit, Mich.: Gale Research. (annual)

Gale Directory of Publications and Broadcast Media. Detroit, Mich.: Gale Research. (annual)

Graphic Novels Core Collection. New York: H. W. Wilson. (online, updated regularly)

Great Web Sites for Kids. American Library Association. www.ala.org/greatsites/. (updated frequently)

Guide to Microforms in Print. Munich: K. G. Saur. (annual)

Guide to Reference. Chicago: American Library Association.

Guide to Reference Books for School Media Centers. Westport, Conn.: Libraries Unlimited. (irregular)

Guide to Reference Materials for School Library Media Centers. Westport, Conn.: Libraries Unlimited. (irregular)

Guide to Reprints. Munich: K. G. Saur. (annual)

Guide to the American Left: Directory and Bibliography. Olathe, Kans.: Laird Wilcox. (annual)

Guide to the American Right: Directory and Bibliography. Olathe, Kans.: Laird Wilcox. (annual)

Guide to U.S. Government Publications. Detroit, Mich.: Gale Research. (annual)

Index to Current Urban Documents. Westport, Conn.: Greenwood. (quarterly)

Index to Social Sciences and Humanities Proceedings. Philadelphia: Thomson. (quarterly)

International Books in Print. Munich: K. G. Saur. (annual)

International Directory of Little Magazines and Small Presses. Paradise, Calif.: Dustbooks. (annual)

The Internet Scout. Madison, Wis.: University of Wisconsin, Department of Computer Sciences. http://scout.cs.wisc.edu/report/sr/current/.(updated weekly)

Magazines for Libraries. New Providence, N.J.: R. R. Bowker. (annual)

Middle and Junior High Core Collection: A Selection Guide (formerly Middle andJunior High School Library Catalog). New York: H. W. Wilson. (quadrennial, plus annual supplements)

Monthly Catalog of United States Government Publications. Washington, D.C.: U.S. Government Printing Office. (monthly)

Newbery and Caldecott Medal Books, 1986 - 2000: A Comprehensive Guide to the Winners. Chicago: American Library Association. (irregular)

NewJour: Electronic Journals and Newsletters [announcement list for new serials on the Internet]. http://library.georgetown.edu/newjour/. (updated frequently)

Newsletters in Print. Detroit, Mich.: Gale Research. (irregular)

Notable Trade Books for Young People. New York: National Council for the Social Studies. (annual)

Outstanding Science Trade Books for Students K - 12. New York: Children's Books Council. (annual)

Oxbridge Directory of Newsletters. New York: Oxbridge Communications. (annual)

Public Library Core Collection: Fiction, a Selection Guide (formerly Fiction Catalog). New York: H. W. Wilson. (quadrennial, plus annual supplements)

Public Library Core Collection: Nonfiction, a Selection Guide (formerly Public Library Catalog). New York: H. W. Wilson. (quadrennial, plus annual supplements)

Recommended Reference Books for Small and Medium-Sized Libraries and Media Centers. Westport, Conn.: Libraries Unlimited. (annual)

Reference and User Services Notable Books [lists of fiction, nonfiction, and poetry books].www.ala.org/ala/rusa/protools/notablebooks/thelists/notable   books.cfm. (annual)

Resources for College Libraries. New Providence, N.J.: R. R. Bowker. (irregular)

Senior High Core Collection: A Selection Guide (formerly Senior High School Library

Catalog). New York: H. W. Wilson. (quadrennial, plus annual supplements)

Serials Directory: An International Reference Book. Birmingham, Ala.: EBSCO Publishing. (quarterly)

Software Encyclopedia: A Guide for Personal, Professional, and Business Users. New Providence, N.J.: R. R. Bowker. (annual)

Standard Periodical Directory. New York: Oxbridge Communications. (annual)

Statistical Reference Index: A Selective Guide to American Statistical Publications from Sources Other Than the U.S. Government. Washington, D.C.: Congressional Information Service.(monthly)

Ulrich's Periodicals Directory: International Periodicals Information. New Providence, N.J.: R. R. Bowker. (annual, with triennial supplements)

The Video Sourcebook. Detroit, Mich.: Gale Research. (annual with semiannual supplements)

서평 안내 자료 Review Sources and Guides to Reviews

Many titles listed here are online resources or have an online version and associated website with indexed reviews.

ALAN Review. Assembly on Literature for Adolescents of the National Council for Teachers of English. (three per year)

Audiofile: The Magazine for People Who Love Audiobooks. Portland, Maine: Audiofile. (bimonthly)

Billboard: The International Newsweekly of Music, Video, and Home Entertainment. New York: Nielsen Business Publications. (weekly)

Book Links: Connecting Books, Libraries, and Classrooms. Chicago: American Library Association. (bimonthly)

Book Review Digest: An Index to Reviews of Current Books. New York: H. W. Wilson. (monthly except February and July; annual cumulation)

Book Review Index. Detroit, Mich.: Gale Research. (three per year)

Booklist. Chicago: American Library Association. (bimonthly)

Bookwire: The Book Industry Resource. www.bookwire.com. New Providence, N.J.: R. R. Bowker.

Bulletin of the Center for Children's Books. Baltimore, Md.: Johns Hopkins University Press. (monthly except August)

Children's Magazine Guide: Subject Index to Children's Magazines and Web Sites. Westport, Conn.: Greenwood. (nine per year)

Children's Technology Revue. Flemington, N.J.: Active Learning Association. (monthly)

Children's Video Report. Brooklyn, N.Y.: Great Mountain Proeditions. (eight per year)

Choice: Current Reviews of Academic Books. Middleton, Conn.: Association of College and Research Libraries. (monthly, except bimonthly in July/August)

Chronicle of Higher Education. Washington, D.C.: The Chronicle. (49 per year)

CM Magazine: Canadian Review of Materials. Manitoba: Manitoba Library Association. (biweekly)

The Comics Journal: The Magazine of Comics News and Criticism. Seattle: Fantagraphics Books. (monthly)

Counterpoise: For Social Responsibilities, Liberty and Dissent. Gainesville, Fla.: Civic Media Center and Library. (quarterly)

Criticas Magazine: An English Speaker's Guide to the Latest Spanish-Language Titles. New York: Reed (two per year)

Down Beat: Jazz, Blues, and Beyond. Elmhurst, Ill.: Maher Production. (monthly)

EContent: Digital Content Strategies and Resources. Wilton, Conn.: Information Today. (ten per year)

Educational Media Reviews Online (EMRO).
    http://libweb.lib.buffalo.edu/emro/search.asp. Buffalo, N.Y.: University at Buffalo Libraries.

The Electronic Library: The International Journal for the Application of Technology in Information Environments. Bradford, England: Emerald. (bimonthly)

Factsheet 5: The Definitive Guide to the Zine Revolution. San Francisco: F5. (six per year)

Five Owls: A Publication for Readers, Personally and Professionally Involved in Children's Literature. Marathon, Tex.: Jara Society. (quarterly)

Government Information Quarterly. Amsterdam: Elsevier. (quarterly)

Harvard Gay and Lesbian Review Worldwide. Boston, Mass.: Harvard Gay and Lesbian Review. (quarterly)

Horn Book Magazine: Recommending Books for Children and Young Adults. Boston, Mass: Horn Book. (bimonthly)

The Independent. New York: Independent Media Publications. (quarterly)

Kirkus Reviews: Adult, Young Adult, and Children's Book Reviews. New York: Nielsen Business Media. (monthly)

Kliatt: Reviews of Selected Current Paperbacks, Hardcover Fiction, Audiobooks, and Educational Software. Wellesley, Mass.: Kliatt. (bimonthly)

Knowledge Quest. Chicago: American Library Association (five per year)

Lambda Book Report. Washington, D.C.: Lambda Literary Foundation. (eleven per year)

Library Journal. New York: Reed. (22 per year)

Library Media Connection: Magazine for Secondary School Library Media and Technology Specialists. Worthington, Ohio: Linworth. (seven per year)

Literature Film Quarterly. Salisbury, Md.: Salisbury State College. (quarterly)

Media and Methods. Philadelphia: American Society of Educators. (five per year)

Microform and Imaging Review. Munich: K. G. Saur. (quarterly)

Multicultural Review: Dedicated to a Better Understanding of Ethnic, Racial, and Religious Diversity. Tampa, Fla.: Goldman. (quarterly)

New Technical Books. New York: New York Public Library. (bimonthly)

New York Review of Books. New York: New York Review. (20 per year)

New York Times Book Review. New York: New York Times Company. (weekly)

Notes. Canton, Mass.: Music Library Association. (quarterly)

Parents' Choice: Reviewing Children's Media since 1978. Timonium, Md.: Parents' Choice Foundation. www.parents-choice.org.

Publishers' Weekly: The Journal of the Book Industry. New York: Reed. (weekly)

Quarterly Review of Film and Video. Philadelphia: Taylor and Francis. (five per year)

Rolling Stone. New York: Rolling Stone. (biweekly)

SB & F: Your Guide to Science Resources for All Ages. Washington, D.C.: American Association for the Advancement of Science. (bimonthly)

School Library Journal: The Magazine of Children, Young Adults and School Librarians. New York: Reed. (monthly)

School Library Media Activities Monthly. Westport, Conn.: Libraries Unlimited. (ten per year)

Serials Review. Amsterdam: Elsevier. (quarterly)

Sing Out. Bethlehem, Pa.: Sing Out Corp. (quarterly)

Small Press Book Review. Southport, Conn.: Greenfield. (quarterly)

Small Press Review. Paradise, Calif.: Dustbooks. (bimonthly)

Software Encyclopedia: A Guide for Personal, Professional, and Business Users. New Providence, N.J.: R. R. Bowker. (quarterly)

Sound and Vision: Home Theater—Audio—Video—Multimedia—Movies—Music. New York: Hachette Filipacchi. (ten per year)

Teacher Librarian: The Journal for School Library Professionals. Lanham, Md.: Scarecrow. (five per year)

Technology and Learning. New York: Newbay Media. (ten per year)

TLS: The Times Literary Supplement. London: TLS Education. (weekly)

Video Choice. Peterborough, N.H.: Connell Communications. (monthly)

Video Librarian: The Video Review Guide for Libraries. Seabeck, Calif.: Video Librarian. (bimonthly)

VOYA: Voice of Youth Advocates. Lanham, Md.: Scarecrow. (bimonthly)

Sample Collection Development
Policy Statements

Saint Paul Public Library Collection Development Policy

The mission of the Saint Paul Public Library is to anticipate and respond to the community's need for information; to facilitate lifelong learning; to stimulate and nurture a desire to read in young people; to provide materials to meet the interests of all ages; and to enrich the quality of life in the community.

Purpose of the Collection Development Policy

The policy reflects the mission of the Library and a commitment to intellectual freedom. The policy serves as a blueprint to guide staff in the selection and retention of materials and to inform the public of the principles supporting selection decisions. The Library serves a diverse population possessing an unlimited range of interests and tastes but the Library has limited means and must make choices to serve all said interests. Therefore, the Library partners with other libraries through consortia and organizational commitments in order to expand its capacity to make more information and materials available to citizens than would otherwise be possible.

Basic to this policy is the Library Bill of Rights as adopted by the American Library Association. This statement, together with other official interpretations by the American Library Association, is considered to be adopted by reference in this document. Final responsibility for materials selection lies with the Director of the Saint Paul Public Library who delegates to the Collection Management Librarian and other staff selectors the authority to make individual selections. The Library seeks to meet the needs of the total community, recognizing that some materials may be controversial. It is the responsibility of the individual library users to choose materials which suit his or her tastes and needs. Users are free to restrict for themselves materials of which they do not approve, but they may not restrict the freedom of others to read what they desire. Responsibility for children's use of library materials rests with their parents or legal guardians. Selection of materials for adults will not be inhibited by the possibility that such materials may be accessible to children. For more complete explanation of this policy see the section of this policy, Intellectual Freedom.

The Roles of the Library's Public Agencies

The Saint Paul Public Library system comprises a Central Library, 12 branches and Bookmobile service. The Central Library is the system's primary reference and resource center. The branch libraries primarily serve their neighborhoods, with collections and services tailored to the characteristics and information needs of the various communities. All these resources are easily accessible to users systemwide through interlibrary delivery, fax transmission, online holds, and reserves for customer pickup.

As the primary reference and resource center of the Saint Paul Public Library system, the Central Library collection is the most inclusive and comprehensive. However, the Central Library does not necessarily collect a copy of every title that is held in the system. Often the Central Library will be the first site in the library system to initiate a new service, such as new databases offered through computer access or other technological advances. The Central Library houses very expensive resources which cannot be widely purchased and materials which are less frequently used. Both reference and circulating materials are available at Central since it is the neighborhood library for those who live, work, go to school or day care in the downtown area. Included in this neighborhood base are those on job assignments for city agencies.

Branch libraries collect and access materials to meet the informational, educational, and recreational needs of their communities. These needs are continually assessed by studying population demographics; evaluating the use of the collection; monitoring community interests and activities; monitoring other services
and programs available in the community; and collaborating with appropriate neighborhood organizations and schools.

Collection Priorities and Objectives

The Library's primary collection priority is to support its mission and the roles it serves in the community. Specifically these include

- To provide popular and factual materials, reference tools, materials that assist in life-long learning and multi-lingual collections. Materials will be purchased in multiple formats and will always strive to reflect the diversity of the communities the Library serves.
- To defend the Library's commitment to the protection of every person's freedom to read, establishing a balanced collection that reflects many aspects of our society and not avoiding acquiring materials that some may find controversial.
- To continue the Library tradition of meeting new demands with thoughtful innovations that respectfully build on past achievements.

Basic Selection Principles

Selectors use their training, knowledge and expertise along with [the] following standard criteria to select materials. An item need not meet all criteria to be selected.

General Criteria
- Relevance to current and anticipated community needs
- Suitability of subject and style for intended audience
- Critical reviews
- Reputation and qualifications of the author and/or publisher
- Cost
- Relation to the current collection and other materials on the subject
- Local significance of the author or topic
- Potential user appeal

Content Criteria
The selection of materials includes, but is not limited to

- Comprehensiveness of treatment
- Authority, competence, reputation and purpose of the author
- Currency and accuracy of the information
- Long-term significance or interest
- Representation of diverse points of view

Selectors decide how many copies to purchase based on anticipated demand, the interests of library users in our many neighborhoods, physical space available in branches and total cost of the materials. The Library recognizes that users have differing abilities and backgrounds and thus provides materials on varying levels of difficulty and scholarship. The library does not attempt to be a historical repository of all materials which have contributed to the development of various fields of interest. The Library does not serve as an archive for the city of Saint Paul or any organization. It maintains a selective, not complete, collection of materials which document local history. Some of that material is featured in the Saint Paul Collection.

Electronic Formats Criteria

- Ease of use of the product
- Availability to multiple users, usually simultaneously
- Equipment, technology and training requirements
- Enhancement of the print equivalents in terms of speed, flexibility, combinations of search terms, full text
- Access to retrospective information
- Reduction of space requirements over print products
- Reduction or elimination of need to purchase multiple copies of a print source for multiple locations
- Cost

Gifts

The Library welcomes gifts of materials, with the understanding that the same standards of selection are applied to gifts as to materials purchased for the collection. If gifts are accepted, they will be accepted without commitment as to their final disposition and with the understanding that they may not necessarily be added to the collection. The library may choose not to accept some gifts. Those gifts added to the collection will be housed in the agency the library deems most appropriate. They may be sold if not needed in the collection.

Prospective donors should contact the library to discuss appropriate donations and procedures before dropping off gifts. A general guideline is that materials should be less than three years old. All material should be in good condition. The library will give a donor an acknowledgment of receipt, which may be used for income tax purposes, stating the number and type of materials donated. The library does not assign a value to the materials. It is a donor's responsibility to determine the value of the donated materials.

Intellectual Freedom

As the Library meets its mission it is expected that some of the materials acquired will be controversial, not suiting everyone's taste, interest or code of ethics. The Library does not select its materials on the basis of anticipated approval or disapproval. It considers the merits of the works and the need for the material in its collection. Users are free to choose what they like from the collection, to reject what they don't like, but not to restrict the freedom of others to read what they desire. Selection of materials for adults is not inhibited by the possibility that such materials are accessible to children. Moreover, the responsibility for children's use of library resources rests with their parents or legal guardians who are free to guide their children according to their particular family values.

Library selectors make a concerted effort to present various points of view on controversial subjects and to have a balanced collection. The fact that an item is included in the collection does not mean that the Library endorses any theory or statement contained in it.

The Library may include proselytizing works representing political, economic, moral, religious or other vested positions when they meet the selection criteria and the needs of the collection.

The Library does not remove, restrict or withdraw materials solely because they are regarded as discriminatory or inflammatory by an individual group.

The Library does not label materials to indicate approval or disapproval of the content or philosophy of the author, nor does it expurgate any material in the collection. Access to materials is restricted only to ensure they are available to all. For example, materials may be designated reference to ensure a copy is always available.

Because the Library is committed to freedom of information, and because information is neither intrinsically good or bad, materials are not excluded from the collection because they describe an illegal act or explain how to commit an illegal act. Materials that argue that the law is bad and should be changed are not excluded. However the Library does not collect materials which are intended to persuade the reader to commit an illegal act.

All that being said, the library staff welcome input from library users on the quality, balance, and responsiveness of the collection. Suggestion for Purchase forms are available at all library agencies to recommend books or subject areas of importance to the user.

Reprinted with the permission of the Saint Paul Public Library, Saint Paul, Minnesota. www.stpaul.lib.mn.us/userguide/collection-policy.html.

Dentistry / Dental Hygiene Collection Scope Policy

Selector

[name and contact information]

Web Page

- Subject Resources on the Bio-Medical Library web page: Dentistry
  www.biomed.lib.umn.edu/bmslist.html?id=47
- Research QuickStart — Dentistry:
  http://research.lib.umn.edu/rqs.phtml? subject_id=47&x=22&y=18
- Research QuickStart — Dental Hygiene:
  http://research.lib.umn.edu/rqs .phtml?subject_id=46&x=70&y=11

Background / Overview

The dentistry fund (1004) at the Bio-Medical Library covers acquisition of materials on dentistry and dental hygiene topics.

Primary Departments and Research Centers Profile(s)

Among the primary users of this collection are the faculty, staff, and students affiliated with the Academic Health Center, and specifically the School of Dentistry. School of Dentistry academic units include

Diagnostic and Surgical Sciences

- Oral Medicine and Diagnosis
- Oral and Maxillofacial Surgery
- Orthodontics
- TMJ and Orofacial Pain

Restorative Sciences

- Endodontics
- Operative Dentistry
- Oral Anatomy
- Patient Management
- Maxillofacial Prosthodontics
- Prosthodontics

Preventive Sciences

- Cleft Palate
- Dental Hygiene
- Health Ecology
- Neurosystems Center
- Oral Health Clinical Research Center
- Pediatric Dentistry
- Periodontology

Degree Programs Supported/Types of Degrees Offered

- B.S. (dental hygiene)
- M.S.(endodontics, orthodontics, pediatric dentistry, periodontics, prosthodontics, temporomandibular disorders and orofacial pain, oral biology, dentistry [for dentists or hygienists])
- D.D.S
- Ph.D.

Departmental Demographics

- Spring 2006 Registration for School of Dentistry—590 students.

Research Focus/Research Interest

- Minnesota Oral Health Clinical Research Center supports research projects in the areas of oral surgery, dental materials, restorative procedures, facial pain, neuroscience, caries, periodontal diseases, and oral medicine

Areas of Emphasis/Specific Areas of Emphasis

NLM Classification: WU Dentistry, Oral Surgery

- WU1-49: Reference and general works
- WU50-95: Ethics. Professional practice, and Personnel records
- WU100-113: Anatomy. Physiology. Hygiene
- WU140-166: Diseases. Injuries. Technologies. Therapeutics
- WU170-190: Dental Chemistry and Materials
- WU210-290: Dental Anatomy. Diseases
- WU300-360: Operative Dentistry
- WU400-440: Orthodontics
- WU460-495: Special Patient Groups
- WU500-530: Prosthodontics
- WU600-640: Oral Surgery

Level of Coverage

- Print and electronic journals
- Books
- Reference materials

General Exclusions/Exclusions

- Course textbooks
- Board exam preparation materials

Core Databases
- MEDLINE
- CINAHL

Reprinted with the permission of the University of Minnesota Libraries.

Pennsylvania State University Libraries
Collection Development Policy
History (HIST fund)

Latest revision: July 1, 2007

Principal Selector

[name and contact information]

I: Purpose and Programs Supported

The History fund provides primary support for the curricular and research needs of faculty and students in the History Department. The Department offers an undergraduate major and minor, and an M.A. degree en route to a Ph.D. The fund supports 40 - 50 faculty, 60 - 70 graduate students, and over 300 undergraduate minors in the History Department, as well as an indeterminate number of scholars in other disciplines whose research employs historical materials including African-American Studies, American Literature, Classics and Ancient Mediterranean Studies, Communication Arts and Sciences, Comparative Literature, Film, History of the Book, Philosophy, Political Science, Science, Medicine, and Technology in Culture, and Women's Studies. The Religious Studies Program, administratively housed within the Department of History, is primarily supported by the Religion fund

The History Department offers a broad curriculum of undergraduate and graduate courses, and sustains a robust program of faculty and student research. In addition to national and region-based history, subjects include

> History of Religion, Diaspora Studies, Comparative Colonialism, Women and Gender History, Political and Diplomatic History, Cultural and Social History, Military History, Economic History, Labor History, Environmental History, and History of Science, Technology, and Society

Collection development is focused on acquiring materials that match PennState's History course offerings and research interests. Current areas of Faculty strength include the early modern period, the U.S. Civil War era, and modern society. The Department has also developed faculty concentrations in thematic areas which cut across geographical or chronological lines, such as gender, the African diaspora (including Latin America and the Caribbean), and empire and colonialism. In conjunction with the Department of Classics and Ancient Mediterranean Studies, Penn State also has a strong emphasis on Ancient history. The history selector works collaboratively with other selectors to ensure interdisciplinary needs are met.

Additional Sources of Support

Many subject specialists acquire materials related to the history of the discipline they collect for (e.g., Medicine, Anthropology, Education). Additional materials of value to historians are acquired through communication and cooperation with selectors across the libraries, including African and African American Studies, Archaeology, Art, Asian Studies, Classics and Ancient Mediterranean Studies, Comparative Literature, English, Ethnic Studies, Global Studies, Jewish Studies, Latin American Studies, Law, Lesbian, Gay, Bisexual, and Transgender Studies, Middle East Studies, Politics and Government, and Religious Studies.

In addition to subject based funds, historians rely on material purchased by related Penn State libraries including the Business Library, the News and Microforms Library, the Social Sciences Library, the Maps Library, and the Special Collections Library. Certain history of science courses depend upon the science library collections.

II: General Collection Guidelines

Location of Materials: Physical collections acquired using HIST funds are ordinarily housed at University Park. The History subject specialist consults and cooperates with subject specialists at Penn State campus libraries to ensure coverage of needed research materials at all locations.

Languages: English is the most commonly collected language, with important primary and secondary works in modern languages collected including German, French, Spanish, and to a lesser degree, Italian and Russian. Works in Chinese and Japanese are often acquired in cooperation with the Asian Studies librarian (see the collection policy statement for Asian Studies). Other languages are selectively acquired in consultation with researchers working in these areas, with an emphasis on acquiring core works, reference materials such as directories, biographies, etc., and collections of primary source documents.

Chronological Guidelines: Acquiring recent in-print publications takes priority. However, older, out-of-print materials are frequently pursued to fill gaps in the collections as they are discovered. Ordinarily no preference will be given to original printings over reprints.

Geographical Guidelines: Collecting follows the University's research and teaching emphases, with significant current concentrations in Asia, Latin America and the Caribbean, Western Europe, and the States. Collecting of materials concerning Eastern Europe, Canada, and modern Africa mirrors the evolving emphases of the Department. Materials related to Pennsylvania history are collected extensively.

Weeding and Deselection: By definition Historians retain an interest in older materials long after they lose value in most other disciplines. To support historical research it is understood that acquired materials will ordinarily be retained indefinitely in the collection. In the event of deselection, preference will be given to retaining works that are unique to Penn State (or held by few other libraries), and works in subject areas where Penn State has developed in-depth collections.

III: Types of Materials Collected

The collection is developed to support teaching and research in higher education. Regardless of format, academic publications are the focus.

Monographs form the largest portion of the collection and include University Press books, trade publications, conference proceedings, etc. Facsimile reproductions, anthologies, and other collections of English language primary source documents are collected selectively as needed for teaching. These materials may be collected in greater depth for languages other than English where we lack the original documents.

Journals: Scholarly journals publishing research throughout the sub-disciplines of History are acquired in all relevant languages. Subscriptions to new journals are initiated after careful review and in consultation with the History faculty.

Theses and dissertations from institutions other than Penn State are acquired in limited numbers, typically on a case by case basis upon request.

Archival materials including rare books, original manuscripts, broadsides, interviews, and other unpublished materials, which are not in microform, are the primary responsibility of Special Collections and are covered by separate collection statements.

Microforms including primary source materials, manuscript collections, periodical and newspaper backfiles, and other items unavailable or too expensive in hard copy are often acquired on microform (microfilm, microfiche, etc.). Additional microform collections are purchased as funds permit. Often such purchases are possible only when additional funds are available through endowed library funds, Arts and Humanities Group funds, or other sources.

Government documents are acquired and managed by the Government Documents Librarian. See the statement for the U.S. federal government Depository Program.

Maps and atlases are primarily the responsibility of the Maps selector. Additional cartographic materials may be purchased on the History fund. Historical news sources are typically acquired on microfilm, or more recently, online. The Communications selector has primary responsibility for current newspaper subscriptions. History funds are used to acquire retrospective archives of older publications as funds permit. For online, databases that provide facsimile page images are preferred over those that provide text only.

Reference works including bibliographies, dictionaries and encyclopedias, directories, indexes and abstracts are collected extensively in print and online to support faculty and student research.

Films are acquired primarily to support curricular interests in the Department.

Electronic resources are acquired for most formats, particularly scholarly journals, reference works, and collections of historical documents such as Early American Imprints or Eighteenth

Century Collections Online.

The following types of materials are not ordinarily collected: minor revisions and reprints of works, works on poor quality paper, and juvenile literature. Textbooks, anthologies, and popular level publications are acquired selectively when they relate to research and teaching in the Department. Genealogical materials are not collected excepting resources relevant to historical researchers such as the U.S. Census Manuscripts, or selected items documenting central Pennsylvania history.

IV: Other General Considerations

All selectors are guided by the Collection Development Guideline adopted by the Dean's Library Council in 2001. In addition the Collection Development Council has begun working on Core Principles to guide the overall development of the collection.

V: Collection Levels

The levels below reflect existing collection strengths, which are heavily influenced by the cumulative impact of prior collection decisions. It is not a statement of desirable future collection levels. These will evolve with the interests of historical scholars. Collecting patterns and strengths within the broad categories are in the "Comments" column.

(F = non-English language collection level; E = English language collection level)

Subject	Collection Level	Comments
Auxiliary Sciences of History	3	See also the appropriate collection policy statements for CC (Archaeology), CJ (Numismatics), and CN (Inscriptions, Epigraphy).
History, General	4E, 3F	
Great Britain	4	

France	4E, 3F	
Germany	4E, 3F	
Mediterranean, Greco-Roman World		See the Statement for Classics and Ancient Mediterranean Studies. Modern history of the region is collected at level 3E and level 2F.
Italy	4E, 3F	See also the Collection Statement for Classics and Ancient Mediterranean Studies.
Netherlands and Belgium	3	
Eastern Europe, Balkans	3E, 2F	Acquisitions relating to the Ottoman Empire have recently increased.
Russia, U.S.S.R.	4E, 3F	
Northern Europe, Scandinavia	3	Emphasis on trade and relations in the early modern world.
Spain	4	See also the Spanish Collection Development Policy.
Portugal	3	
Asia	4E, 3F	Acquisitions have strengthened since the 1990s with an emphasis on China, Japan, and India.
Middle East	4E, 3F	
Africa	4	
Indians, North America	4	
United States	4	All time periods, with an emphasis on Slavery and the Civil War Era, African American history, women's history.
New England, Atlantic Coast	4	Pennsylvania history collected at near level 5.
Southern U.S., Gulf States	4	
Midwest, Mississippi Valley	3	
The West	3	Increasing emphasis since early 2000s in conjunction with new Latino/a Studies minor.
Latin America	3	Areas closer to level 4 include Mexico, the Caribbean, and topics such as African Diaspora, colonialism.
Canada	2	

- Continue to pay special attention to Women's history and African American history.
- Support new areas of interest in the Department such as Latino/a Borderlands Studies, and Ottoman History.
- Expand subjects collected at Level 3 and 4 in languages other than English.
- Continued purchase of microform and online primary source materials
- Expand upon current strengths in historical newspapers from the United States and Pennsylvania to include more international titles, and titles from minority populations in the United States.

Reprinted with the permission of the Pennsylvania State University Libraries.

A contract is a formal, legally binding written agreement between two or more parties. At its most basic, a contract consists of an offer, acceptance of the offer, and consideration, which is the exchange of something of value in the eyes of the law (e.g., a good, service, or money). The publisher or vendor (e.g., licensor) offers a product with terms and conditions set forth in the contract, the library accepts the offer, and the vendor provides access to the product for which the library pays a fee. The licensor is free to ask whatever price and set whatever conditions on use the market will bear. A license or license agreement is a legally binding form of contract through which a library (the licensee) pays for the right to use or access a resource, usually for a fixed period of time. A lease is a contract by which one party grants access to another party to use a resource for a specified term and for a specified amount.

The terms that follow are presented in the order in which they usually appear in a contract for an electronic resource.

Content. The contract should describe the product and make clear if the library is acquiring a product or content that it can keep forever, leasing content, or purchasing the rights to access the product. It should state whether or not the library has any permanent rights to the product, perhaps the files in existence at the time the contract is terminated.

Parties. The parties (the licensee and licensor) to the agreement are named or defined. If a library is part of a larger institution or organization, the licensee may be the firm or corporation, the college or the university, or the executive board, board of education, or board of regents.

Definitions. All potentially disputable terms should be defined. The most important of these are authorized user and authorized site. Authorized users are those individuals authorized under the contract to have access to the product. They may be the citizens of a state; currently enrolled students, faculty, and staff of an educational institution; or current employees of a specific office in a corporation. A college or university may wish to ensure that visiting lecturers, emeriti, and part-time students are also authorized users. Many academic libraries seek to permit insubstantial use by unaffiliated, walk-in users; these are part of the definition of authorized users. If the library expects to provide the resource to remote users, this should be addressed in the definition. The authorized site is the physical location where the licensee provides access to the e-resources. Libraries with several branches or located on several campuses or in several buildings should ensure that the authorized site(s) defines these.

Authentication. This is the process through which the identity of authorized users is verified before access is granted and often is specified in the agreement. Some common methods are passwords and user IDs, Internet protocol (IP) addresses, and public keys and digital certificates.

Grant of rights and restrictions. Rights are the permitted uses of the licensed digital information. By contract law, any rights not expressly granted in the license agreement are reserved to the licensor. Typical rights are user rights to search, browse, retrieve, view, display, download, and print the search results; store or save them to disk for a specific period; forward electronically to others or to oneself; fax to oneself and to others; and library rights to use the product in interlibrary loan transactions, distance education, and course reserves. Most contracts explicitly prohibit copying substantial portions of the database, downloading or printing issues of a journal, or modifying the search software or content. Type of use may be restricted to, for example, academic or noncommercial use. Some may grant the right to the library to make and save a copy of the e-resource and of the software during the duration of the contract.

Contractual obligations. Contracts typically assign obligations to both parties. Obligations of the licensor may include training staff, providing user support updates, replacing defective products, guaranteeing hours of access and service for a remote resource, and protecting the privacy of users. The library may seek to obligate the licensor to provide use statistics. Library obligations most often have to do with the level and type of security provided. Care must be taken so that the library does not promise a level of control it cannot provide. Another common contractual obligation is to keep financial aspects of the agreement confidential. A breach is the failure of a party to perform a contractual obligation.

Penalties. Penalties are applied when contractual obligations are not fulfilled. Examples are a penalty fee charged a library for a late payment or immediate cancellation of access if contractual obligations are breached.

Warranties. Warranties are promises or assurance made by parties to the contract. The licensor may guarantee hours of access or server performance for a remote resource. Another typical warranty is the assurance that the licensor legally owns the copyright to or the content of the product.

Payment and cost. This section lays out the terms of payment—cost, how it is determined, and payment schedule.

Contract term and termination. The term of the contract is its duration, which may or may not match the term of the subscription. It may be automatically renewed unless the licensee notifies the licensor. The section dealing with termination specifies under what conditions the contract can be terminated—for failure to fulfill obligations or deception in the warranties. For example, the licensor may specify immediate termination of access in the case of a security breach. Libraries usually ask for a cure period in which to remedy a breach.

Indemnity and limitation of liability. Indemnification is one party's agreement to insure or otherwise defend another party against any claims by third parties resulting from performance under the agreement. It can, for example, provide for financial compensation should the warranties made in the contract prove false. A limit of liability clause sets out how much and what kind of damages are to be paid for remedies. Many libraries have policies that forbid them from indemnifying a licensor or holding them harmless to other parties.

Force majeure. This clause excuses the licensor from poor performance or nondelivery in the case of conditions beyond the reasonable control of the vendor. Typical instances are war, postal strikes, and acts of terrorism.

Governing law. Governing law identifies the state's or country's law or courts under which a dispute relating to the contract are to be adjudicated. Libraries usually negotiate for the laws of the state in which they are located; the licensor prefers the state or country in which its primary office is located. A reasonable compromise is to agree to adjudicate the dispute in the state or country in which the grieving party is located.

Amendments. These are any modifications to the original contract. They should be dated and signed by all parties who signed the original agreement. Authorized signature. The contract is signed by an individual authorized to represent the parties to the contract. Care should be taken in a library that signatory authority is carefully controlled; this helps ensure thoughtful review of contracts by focusing responsibility within the library. All parties to the contract should receive signed and countersigned copies.

Archives and perpetual access. Libraries signing contracts should consider the importance they are willing to place on access to archived materials, if such an archive exists. Most contracts provide access to or use of a product only during the duration of the agreement. Some may include a provision to provide files created during the term of the contract in a specified format (perhaps CD-ROM) or a format yet to be determined. A perpetual license guarantees access to those files after the contract is terminated.

A–Z serials list. Listing of a library's serial holdings, usually available via the library's website and providing direct links from the entry to the serial.

Accrual method. Accounting method that focuses on the passage of time (usually a fiscal year) to recognize revenues and expenses.

Acid-free. Materials with a pH value of 7.0 (neutral) or greater (alkaline). Acidic. Having a pH value less than 7.0 (neutral).

Acquisition. (1) Process of obtaining and receiving physical library materials or access to online resources. (2) Organizational unit within a library that handles the acquisitions function.

Agent. Individual or company that acts as an intermediary between a library and a publisher in the purchase of materials, such as a subscription service that manages periodical subscriptions. See also vendor.

Aggregation. Process of gathering information from multiple websites.

Aggregator. (1) Service or intermediary that provides access to a large number of electronic journals and, perhaps, other electronic resources from different publishers and offers the end user access to these journals through a single interface. (2) More broadly, organization, individual, or application that gathers content from multiple sources for presentation elsewhere.

Agreement. Understanding between two or more parties. See also contract.

Allocation. (1) The amount distributed to fund lines in the budget. (2) The process of distributing financial resources.

Alternative literature. Publications not part of the dominate culture and not sharing the perspectives and beliefs of that culture.

Alternative press. Small, independent publisher. Alternative presses often address social issues and the interests of minority and diverse populations and publish innovative and experimental works.

Amendment. Addition to the terms of an agreement.

American National Standards Institute (ANSI). Private, nonprofit organization that administers and coordinates the U.S. voluntary standardization and conformity assessment system.

Analog. Pertaining to data represented by a continuous, physically measurable quantity. Analog data cannot be processed by computer unless it is first translated into digital format.

Appropriation. Funds granted through formal action by a controlling or funding authority.

Approval plan. Method of acquiring library materials, usually books. The vendor supplies books automatically, according to a profile from the library, which may keep or return the books to the vendor. Some plans provide advance notification slips instead of sending the physical item. See also blanket order.

Approval profile. See profile.

Archivally sound. Nontechnical term describing a material or product that is permanent, durable, free of contaminates, and chemically stable. No formal standards exist to specify how long "archivally sound" material will last.

Area specialist. See subject specialist.

Artifact. Physical object made or modified by a person.

Assessment. See collection assessment.

Association for Library Collections and Technical Services (ALCTS). Division of the American Library Association that serves the needs of those who are responsible for the following activities: selection, evaluation and assessment, acquisition, cataloging, classification, management, and preservation of library materials.

Association of American Publishers (AAP). Principal trade association of the book publishing industry.

Association of Research Libraries (ARL). Organization leading university and research libraries in the United States and Canada.

Audit. Systematic evaluation of procedures, operations, and cash records to determine whether they conform to established financial criteria.

Authentication. Process that verifies the identity of a person or process, usually through a user name and password. In security systems, authentication is distinct from authorization. Authentication confirms that the individual is who he or she claims to be but does not address authorization.

Authorization. Process that gives or denies an individual access rights to an online resource based on his or her identity, which often is matched against a directory with various profiles granting various types of access. Most computer security systems are based on a two-step process: authentication, followed by authorization.

Authorized signature. Signature of a person legally empowered to represent a party to a contract.

Authorized user. Person having permission, under a contract, to access or use an electronic resource.

Back file or back run. Issues of a periodical that precede the current issue. Balanced scorecard. Management and measurement system that links strategic objectives to a comprehensive range of key performance indicators, to provide a balanced view.

Banned book. Book that has been prohibited or suppressed by a governing or religious authority because its content is considered objectionable or dangerous (or both), usually for moral, political, or cultural reasons. See also censorship and intellectual freedom.

Bibliographer. Usually, a subject specialist in a larger library, whose primary or sole responsibility is selecting for and managing a collection; may be used interchangeably with selector.

Bibliographic utility. Online service that provides a shared database of cataloging records created by member libraries. The database may be used for copy cataloging, interlibrary loan, selection, and bibliographic verification.

Bibliography. (1) Systematic list of works by an individual author on a given subject, or of works that share one or more characteristics. (2) List of references to sources cited in the text of an article or book, or for further reading.

Bibliometrics. Use of mathematical and statistical methods to study the usage of materials and services within a library or to analyze the historical development of a specific body of literature. See also citation analysis.

Big Deal. License agreement, often multiyear, that provides access to all or a substantial portion of titles from a single publisher. Libraries participating in such an agreement usually have limited ability to select titles, and canceling titles before the end of the contract period results in financial penalties.

Blanket order. Order placed with a publisher, vendor, or distributor to supply automatically all publications that match a profile. Blanket orders can be for a single publisher's series, all publications of an individual publisher, or all materials of a particular type or subject. Most blanket orders do not allow returns.

Blog. Web log functioning as a journal or newsletter of short, dated entries posted on the Web; frequently updated and intended for general public consumption. Bookseller. Person in the business of selling new or used books and related materials to the retail trade. See also dealer and jobber.

Born digital. Created originally in digital format.

Breach. Failure to perform an obligation set forth in a contract.

Brittleness. Fragility of paper due to acid-caused deterioration. The standard test for brittleness in paper is whether a corner can withstand folding in each direction twice.

Budget. (1) Plan for the use of money available during a fiscal year, reflecting allocations, expected revenues, and projected expenditures. (2) Total amount of funds available to meet a library's expenditures over a fixed period of time. See also fund line and materials budget.

Bundling. (1) Practice of providing a group of serial titles to a library. (2) Practice of providing access to an online version packaged with subscription to the print version, or vice versa.

Cancellation. Termination of a subscription, a standing order, or firm order. Capital expenditure or capital expense. One-time expenditure, expected to benefit more than the current period and recorded as an asset. Library materials expenditures are usually capitalized, except in the case of expenditures for the rights to access an online resource.

Cash accounting method. Method of bookkeeping that records transactions when a cash exchange has taken place, that is, when an account is paid, not when an expense in incurred.

Censorship. Suppression or prohibition of the production, distribution, circulation, or display of a work on grounds that it contains objectionable or dangerous material. Censored materials may be deemed objectionable on moral, political, military, or other grounds. See also banned book.

Center for Research Libraries (CRL). Cooperative, nonprofit organization of research institutions, located in Chicago, intended to increase research resources available for scholarly use. Members can deposit little-used publications at CRL, which also acquires esoteric, little-used, and expensive materials to lend to members.

Children's Internet Protection Act (CIPA). Federal law that requires public libraries and schools to install filters on their Internet computers to retain federal funding and discounts for computers and computer access.

CIC. See Committee on Institutional Cooperation.

Circulation analysis. Examination of statistics compiled on the circulation of library materials, usually broken down by classification, material type, category of borrower, time of year, and so on, to determine patterns of usage.

Citation analysis. Technique in bibliometrics that examines the works cited in publications to determine patterns. Two methods are counting the number of times a journal title appears in footnotes and bibliographies, and counting the number of times a title is cited by local faculty.

Clapp–Jordan formula. Quantitative method, developed by Verner W. Clapp and Robert T. Jordan, to calculate the total number of volumes required for minimum-level collection adequacy in an academic library.

Classed analysis. Format for collection analysis that describes the collection and, perhaps, current collecting levels and desired future collecting levels in abbreviated language and numerical codes, according to a classification scheme.

Client–centered. See user-centered.

CLOCKSS (Controlled LOCKSS). Partnership of publishers, libraries, and OCLC that provides a dark archive, for electronic journal content. See also LOCKSS.

Closed stacks. Shelving area in a library to which only library staff members have access.

Collection. Group of materials assembled by a library or a private individual. A library collection consists of both physical items held by the library and digital resources (local and online) selected and organized by the library and accessed by library users and staff members.

Collection assessment. Systematic quantitative and qualitative measurement of the degree to which a library's collections meet the library's goals and objectives and the needs of its users. See also collection evaluation.

Collection–centered analysis. Analytical method that focuses on the collection itself, not on its users.

Collection condition survey. Detailed survey of the physical nature and condition of the collection.

Collection development. Originally used to mean activities involved in developing a library collection in response to institutional priorities and user needs and interests—that is, the selection of materials to build a collection. Collection development was understood to cover several activities related to the development of library collections, including selection, determination and coordination of policies, needs assessment, collection use studies, collection analysis, budget management, community and user outreach and liaison, and planning for resource sharing. Now the term is often used interchangeably with or in combination with collection management.

Collection Development and Evaluation Section (CODES). Section of the References and User Services Association, a division of the American Library Association, that addresses the collection development interests of reference and user services librarians in libraries of all types.

Collection development officer (CDO). Individual within a library charged with managing or overseeing collections-related activities. This person may also have an organizational title, such as assistant university librarian for collection development, deputy librarian for collections, or collections coordinator.

Collection development policy, collection development and management policy, or collection policy. Formal written statement of the principles guiding a library's selection of books and other materials, including the criteria used in selection, deselection, and acceptance of gifts. It may also address intellectual freedom, future goals, and special areas of attention.

Collection evaluation. Systematic consideration of a collection to determine its intrinsic merit. Evaluation seeks to examine or describe collections either in their own terms or in relation to other collections and checking mechanisms (lists, standards, etc.). See also collection assessment.

Collection management. Proposed in the 1980s as a term under which collection development was to be subsumed. In this construct, collection management includes collection development and an expanded suite of decisions about withdrawal, transfer, canceling serials, storage, and preservation. Collection development and collection management tend to be used synonymously or in tandem.

Collection mapping. Technique for graphically representing the strengths and weaknesses of a library collection, used primarily in school library media centers. The categories of the collection map are usually based on the curricular needs of the school, often presented through curriculum mapping. See also Conspectus.

Collection profile. Statistical picture of a collection at one point in time.

Collections librarian. See selector.

Committee on Institutional Cooperation (CIC). Academic consortium of twelve major teaching and research universities in the Midwest, with programs and activities in all aspects of university activity except intercollegiate athletics. The Center for Library Initiatives, a unit of the CIC, focuses on the activities of the libraries at CIC member institutions.

Common good. Something shared and beneficial for all (or most) members of a given community. See also public good.

Compact storage or compact shelving. Storage area for less used materials in stacks that are either designed with narrower aisles and higher-than-normal shelves or mobile and compacted by being moved together. Compact storage accommodates more materials than conventional stack arrangements.

Concurrent use. Simultaneous use of digital information by more than one user.

Conservation. Noninvasive physical or chemical methods employed to ensure the survival of manuscripts, books, and other documents. See also preservation and restoration.

Consortium. Two or more libraries that have formally agreed to coordinate, cooperate in, or consolidate certain functions. Consortia may be formed on the basis of locality, function, type, format, or subject.

Conspectus. Comprehensive collection survey instrument, first developed by the Research Libraries Group, to record existing collection strengths, current collecting intensities, and intended future intensities. The Conspectus is arranged by subject, classification, or a combination of these two and contains standardized codes for languages of materials collected and for collection or collecting levels.

Constituency. Users and potential users of a library.

Contingency fund. Amount set aside, usually at the beginning of the allocation process, in a budget to cover unexpected or unplanned expenditures and emergencies.

Contingency planning. Process of preparing a plan of action to be put into effect when prior arrangements become impossible or certain preestablished conditions arise.

Continuation order. See standing order.

Contract. Formal, legally binding written agreement between two or more parties. See also license.

Cooperative collection development. Sharing responsibilities among two or more libraries for the process of acquiring materials, developing collections, and managing the growth and maintenance of collections in a way that benefits users and leverages investments.

Copyright. Set of exclusive rights to permit or forbid particular uses of a work for a specified period of time. In the United States, copyright is defined by statute. Copyright gives the author, the author's employer, or anyone to whom the author transfers his or her right the legal ability to control who may copy, adapt, distribute, publicly perform, or publicly display his or her work, subject to certain legal exceptions.

Copyright Term Extension Act (CTEA). Passed in 1998, this legislation extended the duration of copyright an additional twenty years. Also called the Sonny Bono Copyright Term Extension Act.

Core collection. (1) Collection intended to meet the basic information needs of a library's primary user group. (2) Collection that represents the intellectual nucleus of a discipline.

Council on Library and Information Resources (CLIR). Formed by a merger of the Council on Library Resources (CLR) and the Commission on Preservation and Access in 1997, CLIR is an independent foundation that supports initiatives in preservation awareness, digital libraries, information economics, resources for scholarship, and international developments in library and information science.

Creative Commons. Organization founded in 2001 that has defined an alternative to copyrights by filling in the gap between full copyright, in which no use is permitted without permission, and public domain, where permission is not required at all. Creative Commons' licenses let people copy and distribute the work under specific conditions.

Cure period. Time within which a party to a contract has to fix a contractual breach.

Curriculum mapping. Process of documenting by teacher, grade, and class what is taught over an academic year; the structured overview usually contains a time line, content, units or broad activities, and perhaps applicable standards and benchmarks.

Dark archive. Repository that protects digital content as a failsafe measure, to be used only if the content is not available elsewhere. See also light archive.

Database. (1) Large store of digitized information, consisting of records of uniform format organized for ease and speed of search and retrieval, managed by a database management system. (2) In libraries, usually a set of records that provides bibliographic information from indexes and abstracts; may or may not include full-text articles associated with the bibliographic information.

Deaccession. See withdrawal.

Deacidification. Process of chemically reducing the acid content of paper to a pH of 7.0 (neutral) or higher. Deacidification may also deposit an alkaline buffer intended to neutralize any acids that develop in the future.

Dealer. Individual or commercial company in the business of buying and selling new books, used books, or rare books for resale to libraries, collectors, and other booksellers. See also bookseller and jobber.

Deed of gift. Signed document stating the terms of agreement under which legal title to property, such as a gift to a library or archives, is transferred, voluntarily and without remuneration, by the donor to the recipient institution, with or without conditions.

Democratic planning. Cyclic planning process in which all units are requested to formulate their plans for program development on a regular schedule. The source of ideas rests with individuals and individual units, and these ideas are assembled into a coherent plan for the larger organization.

Depository Library. A U.S. library legally designated to receive, without charge, all or a portion of the government documents provided by the U.S. Government Printing Office and other federal agencies to the superintendent of documents for distribution under the Federal Depository Library Program.

Deselection. Usually applied to the process of identifying serial subscriptions for cancellation. See also withdrawal.

Desiderata file. List of materials needed and wanted by a library, to be purchased when money is available or when the item is located.

Differential pricing. (1) Practice of charging different rates based on the geographic location of the customer library and the number of users, or both. (2) Practice of charging different rates to institutions and individuals.

Digital. Of, pertaining to, or using digits, that is, numbers. Computers are digital machines because, at their most basic level, they distinguish between two values, 0 and 1. See also analog.

Digital divide. Metaphorical term for the separation between people who have ready access to a personal computer and those who do not.

Digital Library Federation (DLF). Consortium of major libraries and libraryrelated agencies dedicated to establishing, maintaining, expanding, and preserving a distributed collection of digital materials accessible to scholars, students, and a wider public.

Digital materials. Both digital surrogates created by converting analog materials to digital format and born-digital materials for which there is no analog equivalent.

Digital Millennium Copyright Act (DMCA). Law updating U.S. copyright law, passed in 1998, intended to protect rights to intellectual property in digital form.

Digital repository. Computer server where digital content is stored and made accessible to a user community. Digital repositories may be open to all or require authentication.

Digital rights management (DRM). Technologies, tools, and processes that protect intellectual property during digital content commerce by enabling secure distribution or disabling illegal distribution or both of the data.

Digitization. Process of converting analog materials to digital format.

Direct order. Order placed with a publisher instead of with a vendor or other intermediate supplier.

Disaster preparedness plan or disaster response plan. Procedures prepared in advance by a library to deal with an unexpected occurrence (flood, fire, earthquake, etc.) that has the potential to cause injury to personnel or damage to equipment, collections, and facilities. See also contingency planning.

Discretionary purchase. Individual order for an item or items placed by a library that is outside any existing approval plan, blanket order plan, serial subscription, or other nondiscretionary purchase. See also firm order. Document. Object that comprises intellectual or artistic content or both and is conceived, produced, and/or issued as an entity.

Document delivery. Provision of documents upon request. Commercial document delivery services charge a fee to provide libraries or individuals with the requested item. The commercial service usually manages payments to publishers for copying rights.

EDI (Electronic Data Interchange). Transfer of data between different entities using a network, usually the Internet.

Electronic book or e-book. Book created in digital format, or converted from print to digital format, for electronic distribution.

Electronic journal or e-journal. Serial publication available in digital format.

Electronic resources management system (ERMS). Automated system used to manage the creation, use, and maintenance of information related to electronic resource contracts.

Embargo. Publisher-imposed block on access to current content of electronic journals. The length of the embargo varies by publisher and is called a moving wall.

Emergency plan. See contingency planning and disaster preparedness plan.

Emulation. Techniques for imitating obsolete systems on future generations of computers and thus providing continued access to digital content formatted on early systems.

En bloc or en masse. Acquired at one time or through a single purchase decision, applied, for example, to the acquisition of a large collection of materials.

Encumbrance. Recorded commitment of monies for an anticipated purchase. An encumbrance at the end of a fiscal year is carried forward into the next fiscal year as an outstanding commitment.

Endowment. Permanent fund consisting of gifts and bequests invested to earn interest. The interest can be spent, sometimes for purposes specified by the donor(s), leaving the principal intact to generate further income.

Entrepreneurial planning. Laissez-faire, individual approach to planning that relies on individuals coming forward whenever they have an idea for altering or expanding programs. Sometimes called opportunistic planning.

Environmental scanning. Method used to gather information and enhance understanding of an organization's environment and constituents. Its purpose is to detect, monitor, and analyze trends and issues in the environment, both internal and external, in which an organization operates.

Ephemera. Materials of everyday life not normally retained because they are perceived to have little or no permanent value. Pamphlets, leaflets, fliers, performance programs, and comic books often are considered ephemera. Sometimes called fugitive material. See also gray literature.

Ethics. Principles of conduct or standards of behavior governing an individual or a profession. These standards may be legal, moral, personal, or institutional.

Evaluation. See collection evaluation.

Exchange. (1) Arrangement in which a library sends items it owns to another library and receives in return items owned by the other library or sends duplicate copies to another library and receives duplicate materials in return. (2) Any publication given or received in this manner.

Expenditure. Payment made during the current fiscal period.

Fair Use. The legal right, codified in Section 107 of the 1987 U.S. Copyright Act, which permits use of copyrighted work for education, scholarship, teaching, news reporting, commentary, and research purposes.

Farmington Plan. A federally funded program (1948 - 72) intended to ensure that at least one copy of every book important for research, regardless of place of publication, is available in at least one U.S. library.

Firm order. Purchase order for an item submitted to a publisher or vendor. Money is encumbered for these orders, and the materials cannot normally be returned unless defective or damaged. Firm orders normally are placed for materials requested by individual selectors. See also discretionary purchase.

Fiscal year. Accounting or budget twelve-month cycle.

Fixed asset. Item with a determined and continuing value owned by the organization.

Focus group. Technique for gathering opinions and perspectives on a specific topic. A small group of people, with common interests or characteristics, is led by a moderator, who asks questions and facilitates group interaction on the topic being investigated.

Folksonomy. Collaborative approach to describing content, usually on the Web, by assigning descriptive words that are selected by individuals and not associated with a thesaurus or established subject term source.

Force majeure ("greater force"). Clause that protects a party to a contract against failures to perform contractual obligations caused by unavoidable events beyond the party's control.

Free balance. Money available for purchasing. The free balance is the allocation minus payments made and any encumbrances.

FTP (file transfer protocol). Communication method for transferring data between computers on the Internet.

Fund or fund line. Self-balancing account in a budget with monies set aside for a specific purpose.

Fund accounting. Process of dividing an organization's budget into categories, usually according to prescribed regulations, restrictions, and limitations.

Fund balance. Amount remaining in a fund that is the difference between assets (allocations or revenue or both) and liabilities (expenses and encumbrances). For most funds, a fund balance is available for additional allocation or spending.

Fund-raising. Programs and activities intended to encourage benefactors to contribute to a library or library system.

Gift. Items or money donated to a library, usually by an individual but sometimes by a group, organization, estate, or other library.

Governing law. Jurisdiction under which a dispute related to a contract is adjudicated.

Graphic novel. Book-length illustrated story.

Gray (or Grey) literature. Printed works such as reports, internal documents, dissertations, and conference proceedings, not usually available through regular market channels because they were never commercially published, listed, or priced. See also ephemera.

Historical budgeting. See incremental budgeting.

Holdings. The entire collection of materials owned by a library or library system, usually listed in a catalog.

HTML (hypertext markup language). Tagging scheme used to create hypertext documents accessible via the Web. Tags imbedded in the text control formatting.

Hypertext. Method of presenting digital information that allows related files and elements of data to be interlinked dynamically rather than viewed in linear sequence.

Impact factor. Measure of the importance of a journal in a subject field: the number of times an article is cited within a given time period divided by the number of articles published during that period.

Incentive planning. Planning model that views an organization in economic terms and has an incentive structure that rewards particular types of activities. Incentives are frequently financial—increased budget allocations or the opportunity to retain funds generated through various activities or operations.

Incremental budgeting. Process by which historical allocations are added to or subtracted from a standard amount or percentage.

Indemnity. One party's agreement to insure or otherwise defend another party against any claims by third parties resulting from performance or nonperformance under the contract.

Inflation rate. Percentage the level of prices rises, usually in one year.

Infringement. Unauthorized use of materials protected by copyright, patent, trademark law, or contract.

Inputs. Resources (e.g., money, staff, collections) that provide a service or program.

Integrated library system (ILS). Group of automated library subsystems working together and communicating within the same set or system of software to control such activities as circulation, cataloging, acquisitions, and serials control.

Integrating resource. Library information resource that is added to or changed by means of updates that do not remain discrete but rather are integrated into the whole.

Intellectual freedom. The right granted in the First Amendment to the U.S. Constitution that permits a person to read or express views that may be unpopular or offensive to some people, within certain limitations. See also banned book and censorship.

Intellectual Freedom Round Table (IFRT). A round table in the American Library Association that advocates freedom of access and expression in libraries, provides support to librarians and other library employees who may be facing censorship, and monitors legal and other developments in intellectual freedom that affect libraries.

Intellectual property. Products of the human mind, creativity, and intelligence that are entitled to the legal status of personal property, especially works protected by copyright, patented inventions, and registered trademarks.

Interlibrary loan or interlibrary lending (ILL). Transaction in which one library requests and another library lends an item from its collections (a returnable) or furnishes a copy, either paper or digital, of the item (a nonreturnable) to another library.

International Coalition of Library Consortia (ICOLC). Informal, self-organized group established in 1997, composed of more than 150 library consortia from around the world, and intended to facilitate discussion among consortia on issues of common interest.

Interoperability. Condition achieved when two or more technical systems can exchange information directly.

Inventory profiling. See Conspectus.

Invoice. Report sent to a purchaser by a vendor or other supplier indicating the total amount owed for items sold and services rendered. An invoice includes sufficient descriptive information to identify the item or service clearly.

Invoice download. Electronic transmission of invoice data from a supplier's automated system to the library's system.

IP (Internet protocol) **address.** Physical address of a computer attached to a network governed by the TCP/IP protocol.

ISO (International Organization for Standardization). Network of national standards institutes from 140 countries working in partnership with international organizations, governments, industry, and business and consumer representatives.

Jobber. Wholesale dealer who stocks new books and nonprint materials issued by various publishers and supplies them to bookstores or libraries on order, usually at a discount. Some jobbers offer customized services such as continuation orders, approval plans, cataloging, and technical processing.

Journal. Serial that disseminates original research and commentary on current developments within a specific subject area, discipline, or field of study. Librarians distinguish between journals and magazines, but publishers and users often use the terms interchangeably; for example, Ladies Home Journal is considered a magazine by librarians.

JSTOR. Nonprofit organization that provides searchable bibliographic databases containing the complete full-text back files of core scholarly journals in a wide range of disciplines, current to two to five years.

Lease. Contract by which one party grants access to or the use of real estate, equipment, or a resource for a specified term and for a specified dollar amount to another party.

Liability. Legal responsibility for an act or failure to act. Liaison. Communication for establishing and maintaining mutual understanding and cooperation; in academic libraries, denotes librarians' responsibilities to work with and reach out to academic departments in order to better meet their needs. See also outreach.

Library binding. Especially strong and durable binding, usually conforming to the ANSI standard for library binding.

Library cooperation. Methods by which libraries and library systems work together for mutual benefit, including cooperative collection development, cooperative cataloging, exchange of bibliographic information, resource sharing, and union catalogs.

Library network. Mechanism that links libraries through shared bibliographic utilities or other formal arrangements.

Library survey. Written or oral question-and-answer instrument designed to elicit feedback from library users.

License or licensing agreement. Permission to do something which, without such permission, would be illegal. A license is a contract that presents the terms under which a vendor grants a license to a library, granting the rights to use one or more proprietary bibliographic databases or online resources, usually for a fixed period of time in exchange for payment.

Licensee. Party to a contract receiving permission or the rights to access or use an electronic resource.

Licensor. Party to a contract granting permission or the rights to use or access an electronic resource.

Light archive. Data storage site that can be accessed by authorized users.

Line-item budget. Detailed financial plan or method of tracking allocation and expenditures by categories.

Link resolver. Tool that enables users of online library resources to navigate from a cited resources (e.g., journal article or abstract) to a full-text copy of the cited item.

LOCKSS (Lots of Copies Keep Stuff Safe). Open-source software, developed at Stanford University, that enables participating libraries to store and manage digital content.

Macro selection. Adding large quantities of materials to the library or access to numerous resources through a single decision. See also micro selection.

Magazine. Popular-interest serial publication usually containing articles on a variety of topics, written by various authors in a nonscholarly style. See also journal.

Management report. Term used in libraries for statistical and informational reports, typically used in acquisitions and collection management activities, produced by vendors or locally by libraries.

Manga (lit. "whimsical pictures"). Commonly used in reference to all Japanese comics, or those created in that style, particularly graphic novels.

Marketing. Umbrella term denoting several activities: understanding an entity's market (in the case of a library—its present and future users), planning how best to serve that market, implementing the plan, and assessing its effectiveness.

Master planning. Top-down planning that begins in the administrative offices of an organization.

Materials budget. Portion of a library's budget allocated for the purchase of books, media, serials, and other information resources. Some libraries include electronic resources, postage and service charges associated with acquiring materials, and conservation and preservation in the materials budget; others have separate allocations for them. This part of the budget may also be called the acquisition budget, access budget, or collections budget.

Mending. Minor restoration of a book's condition, not requiring replacement of material or removal of the text block from the cover. See also repair and rebinding.

Metadata (lit. "data about data"). Metadata are used for different purposes: (1) Resource description or resource discovery metadata serve to identify and locate a piece of information. Library cataloging is one specific use of a subset of resource discovery metadata; Dublin Core is an example of this descriptive metadata. The Dublin Core contains a rights element as well as descriptive elements. (2) Rendering is the process of realizing a specific information object on the user's computer. To do this, the receiving computer needs technical information, transmitted by metadata, about the characteristics of the object; for example, the need to open Adobe Acrobat to access a web-based document is conveyed in metadata imbedded in that document in the file extension. (3) Rights management is related to the ownership of content and the right of a user to carry out any operation on that informational object. This may involve making a payment to the owner of the right, or the operation (e.g., viewing, downloading, printing) may be carried out free of charge under an existing license agreement.

Micro selection. Selecting titles to acquire or to which a library will provide access individually, one title at a time. See also macro selection.

Migration. Transferring digital resources from one hardware or software configuration to another or from one generation of computer technology to another.

Monograph. Any nonserial publication, either complete in one volume or intended to be completed in a finite number of successive parts issued at regular or irregular intervals, consisting of a single work or collection of works.

Monographic series. Group of individual monographs that have a collective title applying to the group as a whole. Monographic series may be numbered or unnumbered; publication is expected to continue indefinitely.

Monographic set. Multipart title with a predetermined last volume; the date of the last volume may or may not be specified. Examples include encyclopedias and collected letters of historical or literary figures.

Moving wall. Fixed period of time, usually ranging from two to five years, that defines the gap between the most recently published issue and the date of the most recent issues available in a given online database.

Mutilation. Intentional damage of library materials, either out of malicious intent or to mark or obtain parts of the items for personal use.

Narrative collection policy. Prose-based collection policy. See also classed analysis.

National Endowment for the Humanities (NEH). Independent grant-making agency of the

U.S. government that supports research, education, preservation, and public programs in the humanities.

National Information Standards Organization (NISO). Organization accredited by the American National Standards Institute to identify, develop, maintain, and publish technical standards for libraries, information sciences, and the publishing community.

Needs analysis or needs assessment. Systematic process that gathers information about a user community and then analyzes that data for planning.

Network. Two or more connected computers. See also library network.

Newsreader. Automated service that gathers news from multiple blogs or online news sites via RSS, allowing readers to access all their news from a single website or program.

Nondisclosure. Agreement to treat certain information as confidential, often specified in a contract.

Nondiscretionary purchase. Any purchase that happens automatically. Examples are serial subscriptions, approval plans, and blanket orders. Nondiscretionary purchases imply a continuing annual commitment against the acquisitions budget.

Notification slip. Online or printed form provided by the library's approval plan vendor announcing a new book that meets the library's profile. In most cases, a title is supplied only if the vendor is notified that the library wishes to order it.

Obscenity. Speech, writing, or artistic expression that appeals to prurient interests with no artistic, literary, or scientific purpose. The courts have had difficulty developing a legal definition of obscenity because of differences in what people find offensive. See also pornography.

OCLC or Online Computer Library Center, Inc. Largest bibliographic utility in the world, providing cataloging and acquisitions services, serial and circulation control, interlibrary loan support, and access to online databases. OCLC maintains OCLC WorldCat, an online bibliographic database of member records and holdings.

ONIX (Online Information Exchange). International standard for representing and communicating book industry product information in electronic form to wholesale and retail booksellers, other publishers, and anyone else involved in the sale of books.

OPAC (online public access catalog). Computer catalog of the books and other materials owned by a library; also called an online catalog.

Open access. Resources that are digital, online, free of charge, and do not use copyright and licensing restrictions on access and legitimate use.

Open Archives Initiative (OAI). Organization that develops and promotes interoperability standards to facilitate the exchange of information content in digital formats.

Open source. Source code freely available to anyone for collaboration, applied to software.

Operating budget. Element of the budget allocated to meet the ongoing expenses incurred in running a library or library system.

Orphan work. Original work still protected by its term of copyright but for which the author, creator, or rights holder cannot be found.

Out of print (OP). Publication no longer obtainable through regular market channels because the publisher has no more copies and does not plan another printing.

Outcomes. Benefits to the user or user community as a result of a library's inputs and outputs, that is, the ways library users are changed as a result of contact with a library's resources and programs.

Outputs. Results from the library's inputs that can be measured quantitatively (e.g., numbers of books circulated).

Outreach. Act of extending services beyond current or usual limits; usually applied to activities in public and school libraries. See also liaison.

Outsourcing. Contracting of library services formerly performed in-house to an outside service provider. Examples of outsourcing are conservation and preservation (particularly binding and reformatting), purchasing catalog records in machine-readable form, purchasing cataloging for foreign language materials, and acquisitions plans (approval plans, blanket orders, subscription agents, etc.).

PDF (portable document format). Proprietary file format developed by Adobe Systems into which documents formatted by a variety of desktop publishing applications are rendered for ease of delivery.

Peer review. (1) Process by which the job performance and professional ontributions of a librarian or other library staff member are reviewed and evaluated by the individual's colleagues, who make recommendations about contract renewal, promotion, and tenure decisions. (2) Process by which experts critically evaluate a work, typically to inform a prospective publisher of the work's worthiness for publication.

Penalty. Specific cost or consequence to be assessed against a contractual party for breach of a term specified in the contract

Periodical. See serial.

Perpetual license. Continuing rights to access an electronic resource after the termination of a license.

Pittsburgh Study. Major study of the usage of library materials, conducted at the University of Pittsburgh by Allen Kent during the 1970s. It reported that approximately 40 percent of the materials purchased never circulated.

Pornography. Works of no artistic value in which sexuality is depicted with the intention to arouse sexual desire. See also obscenity.

Portico. Nonprofit service that provides a dark archive for digital scholarly literature, to be deposited by publishers.

Postprint. Draft of a research paper that has been peer-reviewed and accepted for publication in a scholarly journal.

Preprint. Draft of a research paper before it has been peer-reviewed.

Preservation. Broad range of activities intended to prevent, retard, or stop deterioration of materials or to retain the intellectual content of materials no longer physically intact. See also conservation.

Preservation needs assessment. Analysis of the condition of a library collection and the environmental conditions in which it is housed to determine what preservation treatments are needed.

Price index. Method of calculating and describing the inflation rate. It shows the effects of price change on a fixed group of items over a period of time.

Print on Demand (POD). Technology, made possible through digital printing, employed by publishers, in which new copies of a book are not printed until after an order has been received.

Profile. (1) Description prepared by a library for a publisher or agent that supplies materials on an approval plan or through a blanket order. The profile usually describes subject areas, levels of specialization and/or difficulty, languages, series, formats, price ranges, and so on. (2) Demographic study of the community served by a library or library system that measures economic, social, and educational variables. See also collection profile.

Programmatic or program budgeting. Approach to budgeting in which categories of funding relate to organizational goals or programs.

Project MUSE. Joint project initiated by the Johns Hopkins University Press and Milton S.

Eisenhower Library at Johns Hopkins that offers online access to the full text of more than two hundred scholarly journals by subscription.

Provider. Individual or entity that provides access to information and delivery services; includes traditional print and electronic scholarly publishers, trade publishers, information aggregators, vendors, and other electronic-only information disseminators.

Public domain. In copyright law, the total absence of copyright protection for a creative work (e.g., article, book, painting, photograph, movie, poem, musical composition, or computer program). Works enter the public domain through either deliberate surrendering of the copyright by the creator of the work or the expiration of the copyright after the passage of some legally stipulated period of time.

Public good. In economics, something that is nonrivalrous and nonexcludable: consumption of the good by one individual does not reduce the amount of the good available for consumption by others, and no one can be effectively excluded from using that good. See also common good.

Publisher. Person, commercial venture, university, or other organization that prepares and issues materials for public sale or distribution, normally on the basis of a legal contract in which the publisher is granted certain exclusive rights in exchange for assuming the financial risk of publication.

Purchase order (PO). Order placed by a library, authorizing a publisher, jobber, dealer, or vendor to deliver materials or services at a fixed price. A purchase order becomes a contract once it is accepted by the seller.

Qualitative methods. Analytical techniques that measure perceived success or goodness.

Quantitative methods. Analytical techniques that count things (volumes, circulation transactions, etc.).

Rebinding. Complete rehabilitation of a book too worn to be mended or repaired. Rebinding usually entails removing the case or cover, resewing the sections or regluing the text block, and applying a new cover.

Recasing. Process of regluing a book that has come loose from its cover.

Reference and User Services Association (RUSA). Division of the American Library Association responsible for stimulating and supporting the delivery of reference/information services. The Collection Development and Evaluation Section of RUSA addresses the collection development interests of reference and user services librarians in libraries of all types.

Reformat. Process of copying information content from one storage medium to a different storage medium or converting from one file format to a different file format.

Refresh. Copy digital information to a new storage medium without changing the data's content or structure.

Remote access. Access and use of digital content from a location other than where the information is physically located or the primary site identified in a contract.

Repair. Partial rehabilitation of a worn book or other item, including restoration of the cover and reinforcement of the hinges or joints. More extensive than mending but less extensive than recasing or rebinding.

Repository. Central place where data are stored and maintained; often used in place of digital repository.

Reprint. New printing of an existing edition, with no changes in the text except the correction of typographical errors.

Request for proposal (RFP). Document listing the requirements for vendor services along with the steps to be followed for vendors that wish to submit proposals to handle a library's account. RFPs are typically issued for services provided by, for example, monographic vendors, serials vendors, binders, and integrated library systems.

Resource sharing. Sharing of resources among a group of libraries. Resource sharing has traditionally referred to the sharing of materials through interlibrary loan.

Restoration. Returning a book, document, or other archival material as nearly as possible to its original condition. Restoration can include mending, repairing, rebinding, and deacidification. See also conservation and preservation.

Retrospective selection. Process of selecting materials, which may be old, rare, antiquarian, used, or out of print, to fill in gaps in the collection or to replace missing or damaged items.

Rights. Powers or privileges granted by a contract or law.

RSS. Web format for syndicating online information so that the information is readable by different kinds of software. RSS stands for Really Simple Syndication, RDF (Resource Description Framework) Site Summary, or Rich Site Summary.

Scenario planning. Process of developing scenarios that describe alternatives futures and formulating plans or strategies for the library in those various futures.

Scholarly communication. Means by which individuals engaged in academic research and creative endeavors inform their peers, formally or informally, of the work they have accomplished. See also peer review.

Scholarly Publishing and Academic Resources Coalition (SPARC). International alliance of approximately two hundred universities, research libraries, and library associations that seeks to educate faculty on academic serials issues, fosters competition in the scholarly communication market, and advocates changes in the system and culture of scholarly communication. See also Open Archives Initiative.

Search engine. Software that searches a file, database, or network for a specific character string typed as input by the user.

Selection. Process of deciding which materials should be added to a library collection.

Selection criteria. Set of guidelines used by librarians in deciding whether an item should be added to a collection. See also collection development policy.

Selector. One who selects materials for a library and, usually, makes decisions about collection management (e.g., what to withdraw, preserve, store, transfer). See also bibliographer, liaison, and subject specialist.

Self-archiving. Practice of an author (or a publisher as part of the agreement with an author) to deposit his or her work in free, open electronic archives or repositories, usually either discipline-based repositories or institutional repositories.

Serial. Publication issued over a period of time, usually on a regular basis with some sort of numbering used to identify issues, without a foreseeable end date. Serials may be popular magazines, scholarly journals, electronic journals, or annual reports. The term is often used interchangeably with the term periodical to reflect the periodic nature of its publication.

Serials vendor. See vendor.

Server. Computer that provides some service for other computers connected to it via a network.

SGML (standard generalized markup language). ISO standard governing the rules for defining tag sets that determine how machine-readable text documents are formatted. Not dependent on a specific computer system or type of software, SGML is widely used in preparing machine-readable text archives. The HTML code used to create web pages is an SGML language that uses a fixed set of predefined tags. See also XML.

Shelf-ready book. Book supplied by a vendor received ready to go to the stacks. Shelf-ready books are usually cataloged and processed (with spine labels, book plates, antitheft strips, etc.) by the vendor and supplied with a bibliographic record.

SHERPA. Partnership of U.K. academic and research libraries collaborating to foster the development of institutional repositories and support other open access projects.

Site. As used in a license, a physical location affiliated with the licensee where the licensee may permit access to digital information to authorized users.

Site license. License that grants official permission from the producer or vendor of an electronic resource to use it, under specified conditions, on all the computers at a specific location, a specific IP address, or range of IP addresses.

Small press. Small independent publisher.

Social bookmarking. Collaborative process of sharing web browser bookmarks.

Social networking. Process through which people with shared interests link to each other via websites.

Social return on investment (SROI). Measure of the social impact of an organization or agency not included in traditional profit-and-loss accounts.

SPARC (Scholarly Publishing and Academic Resources Coalition). International alliance of libraries, research institutions, and organizations from the academic and research community that encourages competition in the scholarly communication market through the support of high-quality, economical alternatives to high-priced scholarly journals.

Standing order. Order placed by a library with an agent or publisher to supply automatically until further notice each succeeding issue, volume, or part of a serial or series as published. Standing orders usually do not permit returns. See also approval plan.

Stewardship. Careful management of gifts; may include regular reports to the donor.

Storage. Transfer of lesser-used materials or rare, valuable, and fragile materials to restricted access areas within a library building or to a remote facility. See also compact storage.

Strategic planning. Systematic, broadly participative process by which an organization formulates policy objectives for future growth and development over a period of years. A strategic plan has an external focus and usually involves an environmental scan.

Subject specialist. Librarian responsible for selecting materials, managing a collection, and providing bibliographic instruction and reference services to users in a specific academic discipline or field of study. See also bibliographer, liaison, and selector.

Subscription. Agreement or arrangement through which a library (or individual) receives a periodical or the rights to access a remote electronic resource for a designated period of time or number of issues upon paying a fee to the publisher, subscription agent, or vendor.

Surrogate. Substitute for an original item. In preservation, a surrogate is usually made in another medium that is more durable.

Survey. See library survey.

Syndication. Process through which content is taken from one place and reused in another.

Tags. Keywords (metadata) attached to web pages, photos, documents, and so on that help identify them and make them searchable.

TCP (transmission control protocol). TCP is the most common Internet protocol and enables two hosts on a network to connect and exchange data; nearly always used in the combination TCP/IP. See also IP (Internet Protocol) address.

Term. (1) Period of time during which a contract is in effect. (2) Clause or agreement in a contract.

Termination. Cancellation or ending of an agreement.

Transfer. Physically move library materials from one location in a library to another.

Trial. Limited period during which a library may test a new electronic product or resource without paying a fee.

Trueswell's 80/20 Rule. Circulation pattern, first reported by Richard W. Trueswell in the 1960s, in which 20 percent of a library's collection accounts for 80 percent of its circulation.

Unauthorized user. Any person designated in a contract as not having permission to access or use the digital information covered in the contract.

User-centered and use-centered. Assessment method that focuses on how a collection is being used and how well it meets user needs.

Utility. In economics, a measure or expression of an individual's expected or anticipated satisfaction.

Vendor. (1) Distributor through which the library obtains books, serials, other materials, and services instead of dealing directly with a publisher. (2) Company in the business of providing access to one or more electronic resources See also agent.

Verification list. Extensive subject-based list of important monographs and serials against which a library's holdings are checked to evaluate the quality of a collection.

Warranty. Promise or guarantee, such as assurances about ownership, quality, and hours of performance.

Web 2.0. The second generation of Internet-based services— such as social networking sites, communication tools, and folksonomy—that let people collaborate and share information online.

Weeding. Process of selecting items in a library collection for withdrawal or relocation to storage.

Wide area network (WAN). Computer network that spans a relatively large geographic area. The largest WAN in existence is the Internet.

Withdrawal. Removing an item from a library's collection and removing the bibliographic record from the library's catalog.

WLN. Originally the Western Library Network, now part of OCLC and formally named the OCLC/WLN Pacific Northwest Service Center.

World Wide Web (WWW; the Web). Global network of Internet servers that provides access to documents written in HTML, which allows content to be linked, locally and remotely.

WorldCat. Bibliographic database of materials cataloged and held by OCLC member libraries and institutions. WorldCat.org is the version of WorldCat freely available to anyone via the Web.

XML (extensible markup language). Subset of SGML in which tags are unlimited and not predefined.

Zero-based budgeting. Budgeting process in which all allocations start at zero, and funding needs and requirements are estimated as if no previous allocation had been made.

'Zine. Small-circulation, narrowly focused, often irregular, noncommercial magazine, newsletter, or newspaper, self-published by one person or a small group and usually not available by subscription.

찾아보기

| A B C |

AMICALnet Consortial Governance 488
Ariel 소프트웨어   464
BioOne   223
BookKeeper   291
Books in Print   58, 91
Bowker   186
Charles W. Eliot   280
CODES   20
Conspectus levels   154
COUN TER(Counting Online Usage of NeTworked Electronic Resources) 414
CREW(Continuous Review, Evaluation, and Weeding)   268
CSC BookSaver   291
DRM   193
Ebook Library   192
EBSCOhost   224
Elsevier사   313
ESL   87
Farmington Plan   473
Film and Video Finder   188
Francis K. W. Drury   196
Heritage Health Index   282
ICOLC (International Coalition of Library Consortia)   413
ILLINET   491

INFOhio   492
JSTOR   223, 286
just in case   42, 279
just in time   42, 279
Karl Marx   339
LOCKSS(Lots of Copies Keep Stuff Safe)   314
Michael Gorman   288
MNITEX Library Information Network 492
MnLINK   493
MUSTIE   273
MUSTY   273
NetLibrary   192
NISO(National Information Standards Organization)   215
OCLC FirstSearch   464
OCLC(Online Computer Library Center) 41
OCLC's World Cat Collection Analysis 397
OCLC   294
OCLC의 WorldCat   464
OhioLINK   314
OJT(on the job training)   88
OpenDOAR   558
Papersave   291
Peter Drucker   126
Project Muse   223
Reed Elservier그룹   58

Richard Abel   226

S. R. Ranganathan   196

SERVQUAL(Service Quality)   439

SROI   513

Ulrich   186

walking the halls   365

Wei T'o process기법   291

WIFM(What's in it for me?)   346

WORST   273

| ㄱ |

가능성 있는 미래possible future   126

가상 컨소시엄virtual consortia   490

가치평가assessment   389

개방사회연구소the   Open   Society
        Institute   530

개요모델Conspectus   152

개인 설득의 힘The Power of Personal
        Persuasion   369

개조식 모델Classed Model   151

거시적 선택   220

격발 이벤트trigger event   315

경영학   92

경쟁우위   135

계량서지bibliometrics   433

계속자원continuing resources   208

계속주문   83

계속주문standing orders   220

고가서적   171

고객 모델   103

고객관계   관리customer   relationship
        management   346

고서자료판매조합   233

고서판매상 국제연맹   233

고아 자료   62

고아 저작물orphan work   300

공공도서관Public Libraries   26, 29

공공재public good   333

공공정책   92

공동보존   480

공동온라인목록   459

공식적 기획   126

공유 승인플랜   476

공유재common good   333

관내이용 연구   437

관외outreach 활동   331

괴팅겐대학   28

교육 상담 평가표   358

교육과정 지도   358

교육마스터플랜   128

교육웹사이트   354

교육학   92

교환협정   74, 228

구글 도서관 프로젝트   194

구텐베르크 프로젝트   193, 546

국가서지   198

국가정보 표준기구   215

국가종합목록   465

국립농학도서관   480

국립교육통계센터   428

국립학술출판사   546

국제 도서관 컨소시엄 연합   432

국제도서관협회연맹 연구소   214

국제디지털출판포럼   193

권익옹호   333

권장도서목록   198

규모의 경제economies of scale   223

기관보존소   556

기금조성 161
기능단순화deskilling 99
기능모델 102
기부 161
기업가적 기획 130
기업인수합병 58
기존 장서의 강도 153
기초 수준Basic 405
기탁도서관프로그램 203
기회요인 132
기획모델 128
기획업무 125
긴축재정 41

| ㄴ |

남북전쟁 27
네덜란드국립도서관 313
노데Gabriel Naude 24
노동가치설 339
농업정보네트워크 480
뉴멕시코대학도서관 265
뉴욕공공도서관 67
뉴욕타임즈 서평 199
뉴욕타임즈 191
뉴잉글랜드 보존도서관 481
뉴잉글랜드 보존소 283
니네베도서관Nineveh 23

| ㄷ |

다나(John Cotton Dana) 31, 46
다문화자료교환소 57

대량탈산 290
대안출판사 220
대출 연구 435
대출도서관 30
대학 및 연구도서관협회 189
대학도서관 25
대학의 심장 341
대학출판사 528
대형서적 171
도서관 상호대차 분석 441
도서관 상호협력 455
도서관 서적거래연감 489
도서관 웹사이트 364
도서관 투어 345
도서관권리장전 52
도서관의 업무위임 141
도서관의 친구들 364
도서관정보자원위원회 292
도서관제본연구소 298
도서박람회 201
독서의 자유 52, 239
독서자유 선언서 238
독서자유재단 237
동료 평가 117
동료심사과정 534
동료심사저널 311
동성애자lesbian 235
디지퀄DigiQUAL 439
디지털 밀레니엄 저작권법(The digital
    Millennium Copy right Act enacted
    into law in 1998) 63
디지털보존연맹 484
디지털 아카이빙 550
디지털 콘텐츠 보존 566
디지털도서관연맹 301

디지털보존소(institutional repositories)
  67
디지털장서   234
디지털저작권관리   192

| ㄹ |

라이선스 계약협상   219
라이선스   43
라인항목예산   166
랜드그랜트 대학land-grant universities
  27, 527
리브퀄LibQUAL+   438

| ㅁ |

마스터 플래닝Master planning   128
마자랭Cardinal Mazarin   24
마케터marketers   352
마케팅 믹스   342
마케팅 전략   362
마케팅   331
만화   190
망가Manga   190
망라적 수준   405
매사추세츠공과대학   27
메가컨소시엄megaconsortium   487
메일링 리스트   371
메일법Mail Act   242
멘토링   96
모릴법(the Morrill Act)   27
모릴법the Morrill Act(1862)   527
목록 체크List Checking   421

목표시장   336, 369
무정부주의anarchism   236
문헌전달테스트   442
문헌전달비용   222
문헌전달서비스   345
물가상승률   186
미국 과세조정법률   231
미국 작가 조합   303
미국 출판 연합   303
미국 화학회   314
미국대학교수연합   533
미국도서관협회(ALA)   20, 235
미국마케팅협회   334
미국시민자유연합   243
미국심리학회   207
미국정부인쇄국(GPO)   203
미국출판협회   192, 220
미네소타도서관 접근센터   283
미시간대학University of Michigan   28
미시적 선택   220
민주적 참여기획   129
밀레니엄 세대   372

| ㅂ |

바람직한 미래   130
바이오메드센터   544
배분 공식   169
백만서적프로젝트   194
백지주문   220
백지플랜   32
버지니아기술대학도서관   370
법무 직원   352
베스트셀러   343

벤자민 플랭클린　29

보들리언 도서관　302

보조금　161

보존Preservation　288

보호Protection　142

본 디지털(born-digital)　66

본질적 평가　204

부다페스트 오픈엑세스 대회　530

북미 보존 트러스트　482

비밀사서　379

비영리조직　136

비영어권 학생　148

비용연관도표　309

빅딜　60

| ㅅ |

산학협동　372

상업서지　198

상호대차　310

상황대비기획　129

상황주의 문학　236

생산적인 관계　377

서가 스캐닝　424

서술식 모델　151

서지 접근　465

서지데이터베이스　213

서지전문가　21, 78

서평자료　188

선택　19

선택도구　86, 185

선택이론　45

선택조건　185

선호도진술기법　511

성과측정 방법　374

성전환자transgender　235

성차별 주의　267

세금조정법　231

소급선택　233

소급자료 선택　232

소셜 네트워크　349

수서 옵션　185, 220

수서예산　157

수서　217

수석사서　105

수선　56

순회문고　33

스미소니언 학회　389

스탠포드대학　54

스포포드Ainsworth Spofford　46

스폰서 전시 프로그램　378

승인플랜　32, 100, 167, 220, 226

시나리오 기획　130

시너지 접근법　470

시민교육　45

시장세분화　350

시장조사　349

시정마스터플랜　128

시청각자료　39

| ㅇ |

아마존 닷 콤　201

아웃소싱　227

아이젠하워 도서관　223

알 마문Al-Mamun　23

알렉산드리아도서관　23

알리브리스 닷 콤 202
애완동물 통제 316
야후(Yahoo)그룹 67
양성애자bisexual 235
양적평가evaluation 389
어린이 온라인 보호법 246
어린이 인터넷 보호법 62
어린이보호법 38
언더블록 248
엠바고 기간 224
엠바고embargo 554
연계업무 가이드라인 351
연계liaison 331
연구 삼각지 473
연구도서관그룹 41, 294, 459
연구도서관센터 283
연구지원수준 405
연속간행물 위기 529
영기준예산 159
영인본 234
영혼창조론creationism 236
예비비 171
예산 기법 159
예산관리 19
예산신청서 162
예산의 기초 156
예산Budgeting 128
예의범절manner 기능 401
예일대학 60
오디오출판협회 189
오레곤 디지털 도서관 컨소시엄 479
오버블록 248
오프라북클럽Oprah's Book Club 199
오픈 엑세스 저널 543
오픈 엑세스 62, 539

오픈엑세스 아카이브 530
오픈콘텐츠연맹 194
오픈콘텐츠연합 305
오하이오링크OhioLINK 492
오하이오주립대학교 27
옥스포드대학Oxford University 67, 192
온라인 학부도서관 372
요구분석needs analysis 350
요구평가needs assessment 350
움직이는 벽moving-wall 224
웹기반선택도구Web-based tool 201
위스콘신대학교 27
위협요인 132
유네스코 통계연감 186
유비쿼터스 43
유아자료종합웹사이트 200
유증 161
유통경로place 344
유해 출판물 34
윤리 규범Code of Ethics 109
윤리규범 107
이브러리ebrary 192
이용촉진활동 365
이용촉진promotion활동 345
인구센서스 데이터 354
인상적 판단 388
인센티브 기획 131
인용 연구 Citation Studies 433
인용 연구 401
인종차별주의 267
인터페이스 23
일리노이대학교 27
있을 수 있는 미래 130
있음직한 미래 126, 130

| ㅈ |

자금 배분　165
자금원Funding Sources　160
자료선정위원회　84
자원 공유　461
자원공유　19
자원관리　141
장서 프로파일Collection Profiling　420
장서개발 조직모형　102
장서개발　19
장서개발사서 교육훈련가이드　335
장서개발자　21
장서개발정책　22, 75, 92
장서개발정책서　137
장서관리 서비스 연계업무 가이드라인
　332
장서분석　19, 387
장서분석보고서　400
장서분석의 테크닉　394
장서예산　157
장서의 심도depth　427
장서의 유용성collection's utility　387
장서이용통계　397
장서지도그리기　388
재난대응계획　319
저널리즘의 한탄　293
저널회람서비스　345
저작권　536
저작권법　89, 299
저장Storage　280
적격성assumed competencies　88
적합성 평가　204
전략기획Strategic planning　129
전문도서관Special Libraries　87

전자자원 예산　168
전자저널e-journal　208
전자책　191
전자토론그룹　525
전자프린트 아카이브　295
접근권leasing access　168
접속 기록Transaction log　417
정보리터러시　78
정보의 힘Information Power　462
정보자료 패키지　371
정부간행물　202
정부인쇄국　203
정성분석　404
정신적상상법mental model　195
정책의 대상　145
제적 기준Weeding Criteria　269
제적선택deselection　264
조건평가기법　511
존 홉킨스대학Johns Hopkins University
　223
존재의 대 사슬　455
종신계약　117
주문준비　217
주제연계사서　81
주제전문가　21, 77
주제중개인　21
지역 정보지도 그리기　475
지역모델　102
지역사회분석community analysis　350
지적 재산권intellectual property　537
지적자유매뉴얼　237
지적재산권　89
지혜의 집the House of Wisdom　23
직무기술서　94
직업윤리　108

직업전문학교   26
직접 상호대차Unmediat ed ILL   464

| ㅊ |

착한 돈good money   263
최소 수준   405
최신정보주지서비스   345

| ㅋ |

캘리포니아 대학도서관   215
컨소시엄   61, 142, 310
코넬대학교   27
콤스톡Comstock Law법   242
퀸시공공도서관   266
클랩조던공식Clapp-Jordan formula   402
클레임   223

| ㅌ |

타당성 조사accreditation surveys   141
턴키시스템   65
토네이도   318
통계 비교   426
통솔범위   106
투자의 사회 환원   513
팀 빌딩   107

| ㅍ |

퍼듀대학교   27
페르가몬도서관Pergamum library   23,
    457
포스트프린트   549
포커스 그룹   360, 432
푸트남Herbert Putnam   46
풀William F. Poole   46
프로그램 책임   101
프리프린트   549
플로리다대학   222
피터바로 타운도서관   29
필라델피아 도서관 회사   30

| ㅎ |

하버드대학   26
하이브리드 모델hybrid models   496
학과연계사서departmental liaison   81
학술 커뮤니케이션   524
학술정보교류시스템   523
학습지원 수준Study   405
학자사서   79
학제적 영역   419
한국자료Korean materials   485
핵심 장서core collection   471
핵심만화컬렉션   198
핵심장서그룹   271
허리케인   318
허황된 자료   230
현대언어학회   528
현상 유지 접근법   469
현장훈련   96

현재 수집 강도   153

현존 장서existing collections   404

협동 보존collaborative storage   482

협력 보존cooperative storage   482

협력 장서개발 가이드   485

협력적 장서개발   402, 456

혼합모델   153

홍보 포트폴리오   367

확정주문   220

환경 스캐닝   131

환경운동   236

저자

Peggy Johnson

미네소타 대학도서관 사서이다. "Library Resources Services"와 "Technical Information Forum for the Library Services Practitioner"의 편집을 맡고 있다.
"New Directions in Technical Services: Trends and Sources (1993~1995) (ALA, 1997)", "The Searchable Internet Bibliography: An On-Disk Annotated Guide to Timely Materials about the Internet (ALA, 1996)", "Collection Management and Development: Issues in an Electronic Era (coedited with Bonnie MacEwan; ALA, 1994)"를 포함한 6권의 책을 저술 또는 편집하였다.

역자

이종권

성균관대학교 대학원 문헌정보학과를 졸업(문학박사)하고 건국대학교 강의교수, 제천기적의도서관장을 역임했다. 현재 성균관대학교, 건국대학교 문헌정보학과에서 학생들을 가르치고 있다.
(e-mail : 450345@hanmail.net)

주요논문으로는 「공공도서관의 평생교육 프로그램 체계화 방안 연구」(2011), 「공공도서관에서의 어린이 문학 이용 활성화 방안」(2009), 「그로컬시대의 시민과 도서관」(2007), 「우리나라 사서직의 평생교육 체계에 관한 연구」(2007), 「공공도서관 서비스 질의 고객평가에 관한 연구」(박사)(성균관대학교 대학원, 2001), 「조선조 국역불서의 간행에 관한 연구」(석사)(성균관대학교 대학원, 1989)가 있다.
주요저서로는 『21세기 시민사회를 위한 명품도서관 경영』(도서출판 문헌, 2011), 『도서관 경영학 원론』(도서출판 문헌, 2011), 『공공도서관서비스경영론(공저)』(도서출판 문헌, 2011), 『남에게 행복을 주는 사람은』(도서출판 문헌, 2010), 『어린이도서관 서비스 경영(공역)』(도서출판 문헌, 2010), 『실크로드 여행일기』(조은글터, 2009), 『바른 국어생활(공저)』(국립국어원, 2009), 『문헌정보학이란 무엇인가』(조은글터, 2008), 『책 읽는 세상은 아름답다』(조은글터, 2008), 『도서관에 피어나는 아카데미 연꽃』(조은글터, 2008), 『도서관 전문성 강화방안(공저)』(한국문화관광정책연구원, 2004), 『바른교육 좋은 도서관을 위하여』(미디어성지, 2004), 『자료보존론(공역)』(사민서각, 1999) 등이 있다.

노동조

성균관대학교 대학원 문헌정보학과 졸업(문학박사). 현 상명대학교 인문사회과학대학 문헌정보학과 교수.
(e-mail : djnoh@smu.ac.kr)

주요논문으로는 「청소년 담당 사서의 역량에 대한 국립중앙도서관 사서의 인식에 관한 연구」(2010), 「한국의 문헌정보학 교육을 위한 표준교육과정 개발에 관한 연구」(2009), 「국립디지털도서관의 정보서비스 정책 수립에 관한 연구」(2008), 「문화관광부의 도서관발전종합계획(2003~2011)에 대한 타당성 평가에 관한 연구」(2007), 「공공도서관의 전략경쟁분석에 관한 연구」(2006)가 있다.
주요저서로는 『공공도서관 서비스경영론(공저)』(도서출판 문헌, 2011), 『전자도서관 특강(공저)』(에듀컨텐츠, 2006), 『자료조사와 정보검색(공저)』(에듀컨텐츠, 2006), 『지식재산권(공저)』(이프레스, 2005), 『기업의 경쟁정보 활용과 검색』(에듀컨텐츠, 2004), 『온라인 정보탐색 행태 분석』(한국학술정보(주), 2004) 등이 있다.

Fundamentals of collection development and management / Peggy Johnson.
-2nd ed.

ISBN: 978-0-8389-0972-0

장서개발관리론

2012년 10월 05일 초판인쇄
2012년 10월 15일 초판발행

지은이   Peggy Johnson
옮긴이   이 종 권 · 노 동 조
펴낸이   한 신 규
편 집   김 영 이
펴낸곳   도서출판 **문현**
주 소   138-210 서울특별시 송파구 문정동 99-10 장지빌딩 303호
전 화   Tel.02-443-0211 Fax.02-443-0212
E-mail   mun2009@naver.com
등 록   2009년 2월 24일(제2009-14호)

ⓒ 이종권 · 노동조 2012
ⓒ 문현, 2012, printed in Korea

ISBN   978-89-94131-60-3 93020   정가 32,000원